# 華嚴經談玄決擇記

조계학술총서 04

# 화엄경담현결택기 2

1판1쇄 인쇄 2022년 1월 10일
1판1쇄 발행 2022년 1월 27일

지은이 지현(박은영)
발행인 정지현
편집인 박주혜

대표 남배현
본부장 모지희
책임편집 박석동
마케팅 조동규, 김관영, 조용, 김지현, 서영주
디자인 홍정순, 동경작업실

펴낸곳 (주)조계종출판사
편집위원 덕문, 동은, 법장, 이미령, 심정섭, 이세용, 박석동
주소 서울시 종로구 삼봉로 81 두산위브파빌리온 831호
전화 02-720-6107
전송 02-733-6708
이메일 jogyebooks@naver.com
등록 2007년 4월 27일 (제2007-000078호)
구입문의 불교전문서점(www.jbbook.co.kr) 02-2031-2070~1

ISBN 979-11-5580-175-8 (94220)
979-11-5580-173-4 (세트)



조계종 출판사 지혜와 자비의 눈으로 세상을 바라봅니다.

조계
학술
총서
04

# 화엄경담현결택기 2

권제4~권제6
역주

선연대사 짓고
보인지현 풀어 쓰다

조계종
출판사

**일러두기**

1. 이 책은 2019년도 대한민국 교육부와 한국연구재단의 지원(NRF-2019S1A5B5A01035151) 및 대한불교조계종 교육아사리의 연구비 지원을 받아 수행한 연구임.

추천의 글

# 화엄법계에 들어가는 훌륭한 안내서

신라시대의 고승 의상義湘(625~702) 스님은 불교의 총결론이 《화엄경華嚴經》임을 깨닫고 일찍이 중국으로 건너가 화엄종의 제2조인 지엄화상智儼和尙 문하에서 제3조 현수법장賢首法藏 스님과 동문수학하였고, 그 과정에서 〈화엄일승법계도華嚴一乘法界圖〉라는 범접할 수 없는 유산을 남겼습니다. 귀국한 뒤 전국에 화엄십찰華嚴十刹을 세워 한국불교가 화엄수행도량으로써 기틀을 마련하는 데 결정적인 역할을 하였습니다. 면면히 내려온 화엄십찰은 물론이거니와 이후에도 꾸준히 대적광전大寂光殿, 보광명전普光明殿, 비로전毘盧殿 등을 주 법당으로 하는 사찰이 상당수 창건되어 한국불교 속에서 《화엄경》이 차지하는 위상을 증명합니다. 한국불교의 이런 전통은 《법화경》을 위주로 발달한 일본불교가 내심 부러워하는 것이기도 하며, 선종이 발달한 중국불교와도 구분되는 점입니다.

조계종의 선교일치禪教一致 가풍에서 선禪은 간화선看話禪을 중심으로 하고 교教는 화엄華嚴을 위주로 하는 전통이 자리 잡았습니다. 또 선은 화엄을 수용하여 사상적인 토대를 심화시켰으며, 화엄은 선을 통해 실천적인 전개를 열어 왔습니다. 이처럼 한국불교의 사상적 토대가 된 경전은 바로 《화엄경》이며, 역대의 고승들은 거의 화엄교학을 깊이 연찬했던 것입니다.

그런데 《화엄경》은 분량이 방대할 뿐만 아니라 내용 역시 심오하여 경문만을 읽고 바로 이해하는 것은 매우 어렵습니다. 물론 경문을 위주로 읽어보는 것이 중요합니다만, 전통적으로 강원講院의 이력 과정에서는 《화엄경》을 읽을 때 반드시 먼저 화엄종 제4조 청량징관淸涼澄觀(738~839) 스님의 《화엄경소초華嚴經疏鈔》(80권)와 그것의 개론 부분인 《화엄경현담華嚴經玄談》(8권)을 찾아 읽었으며, 대교반 이상의 이력 과정에서는 또다시 《화엄경현담》의 깊고 현묘한 의미를 이해하기 위해 그에 관한 주석서를 함께 찾아보았습니다. 조선 중·후기 불교의 중흥을 이끌었던 백암성총栢庵性聰(1631~1700) 스님은 고려의 대각국사大覺國師가 고려교장高麗教藏으로 간행한 이후 조선 전기에 거의 사라져가던 《화엄경소초》를 다시 간행하였습니다. 이를 계기로 한국불교에서는 《화엄경소초》를 강독하는 강좌가 여럿 개설되었고, 그중 조선 후기의 대강백인 연담유일蓮潭有一(1720~1799) 스님이 《화엄경현담》과 더불어 《화엄현담회현기華嚴懸談會玄記》(40권, 보서 저술)를 강의하면서 직접 이를 주석한 《중현기》를 저술하기에 이릅니다. 조선 후기 화엄의 중흥을 이끈 선봉에 《화엄경소초》가 있었다고 할 수 있습니다.

지금 추천사를 쓰고 있는 《화엄경담현결택기華嚴經談玄決擇記》(6권, 선연 저술)는 대중들에게는 그다지 잘 알려지지 않은 책입니다만, 《화엄경현담》을 강독한 이들에게는 조금 익숙한 주석서입니다. 이 책은 《화엄경현담》의 6종 주석서 가운데 현존하는 최고본으로써 동아시아의 화엄 사상사에서의 위치가 상당한 데도 불구하고 요나라(916~1125)의 저술인 까닭에 비교적 덜 알려져 있는 것도 사실입니다. 그런데 이 《화엄경담현결택기》를 대각국사 의천 스님이 고려교장으로써 간행했다는 것은 매우 중요합니다. 고려교장에 포함되었다는 것은 제법 까다로운 의천 스님의 선정 기준에 부합한 것이고 그만큼 훌륭한 주석서라는 방증이기 때문입니다. 당시 요나라는 현 북경지역을 포함한 연운16주를 차지하고 있었고, 요대 황실의 두터운 후원 속에 뛰어난 역량을 발휘한 학승들이 많았으며, 가장 활발히 번성했던 종파 중 하나가 화엄종이었습니다. 요대 화엄종의 제일인자가 바로 선연鮮演(1040-45~1118) 스님이었다고 하니 이 주석서의 가치가 얼마나 높을지 충분히 짐작케 합니다. 의천 스님의 교장간행의 성과가 여기서 다시 확인된 점 역시 기쁘기 그지없습니다.

◉

조계종교육원장 시절, 실상사 화엄학림 번역 대중이 교감하고 번역한 《화엄경현담》(상·하권)을 교육원에서 간행하면서 간행사를 쓴 인연이 이렇게 《화엄현담》을 주석한 《화엄경담현결택기》 역주본의 추천사에까지 이어진 듯합니다. 또 역자는 개인적으로는 범어사의 동문사형이셨던 고 통광 스님의 친조카인 보현 스님의 상좌이기도 하다니 이것이 또한 추천사를 쓰게 된 인연인 듯합니다. 그러나 제가 범어사 문수선원에서 사부대중들을 위해 《화엄경》을 강의한 지 십여 년이 넘었으니 화엄학자의 길이든, 보현행자의 길이든, 선지식의 길이든 계속 가고 있다 할 수 있고 또 앞으로 가야할 것이기에 《화엄경담현결택기》를 장장 5년여에 걸쳐 번역 작업한 역자의 노고에 누구보다 격려를 보내고 싶습니다. 사사무애법계事事無礙法界의 중중무진重重無盡한 작용 원리 속에서 항상 《화엄경》의 한 구절 한 게송도 소중히 새겨왔던 세월이 이렇게 글로나마 접점이 있게 된 것이리고 봅니다.

여기에 이 역주본이 출판되는 시절인연이 참으로 절묘합니다. 앞서 조계종교육원에서 출간한 《화엄경현담》이 절판으로 구할 수 없게 되어 몹시 아쉬웠던 시점에, 마침 지난해 관허수진 스님에 의해 《청량국사화엄경소초》(화엄현담-10권, 운주사)가 새롭게 출간되었고, 또 서옹반산 스님에 의해 본문을 모두 번역한 《화엄경청량소》(총34권, 담앤북스)가 완간되기에 이르렀으며, 그리고 제가 완역했던 《한글 화엄경》(전12권, 민족사)이 재출간되기도 했습니다. 바야흐로 《화엄경》을 수지 독송하면서 《화엄경소초》와 《화엄현담》을 통해 화엄을 이해하려는 이들에게 이 《화엄경담현결택기》의 출간은 아주 반가운 소식입니다. 더 많은 사람들이 읽고 공부할 수 있는 좋은 시간이 도래했다고 할 수 있습니다. 이제 여러분들이 선재동자가 되어 선지식을 찾아 나서고, 보현보살의 광대한 열 가지의 행원을 몸소 실천하면서, 하나의 진실한 화엄법계에 깨달아 들어가는 데에 이 책이 훌륭한 안내서가 되어지기를 바랍니다.

불기 2565년 11월 말일에

범어사梵魚寺 화엄전華嚴殿에서

여천무비如天無比 씀

머리글

# 두루 익혀 해탈문에 들어가길 발원합니다

《화엄경담현결택기》 6권을 만난 것은 지도교수인 김천학 선생님이 추천하여 처음 접하게 되었지만 가만히 인연을 따져보니, 봉선사 능엄승가대학원에서 피땀 흘려가며 《화엄현담회현기》 40권을 완독한 이력이 중요한 연결고리였고, 이보다 앞서 운문사승가대학에서 징관 스님과 종밀 스님의 글을 몹시 좋아했던 시절이 또한 인연의 시발점이었다. 시간을 좀 더 올라가보면 민족문화추진회(현 한국고전번역원)에서 3년 동안 사서삼경四書三經을 공부하면서 문리를 터득한 과정까지 모두가 《결택기》를 만나기 위한 여정이었다. 금번 《결택기》 역주본의 출간은 어쩌면 필연적이었던 듯하다.

이 필연적이란 말이야말로 역자가 그동안 번역불사의 동기와 풀어야 할 과제 속에서 뼈저리게 경험한 노고에 가장 어울리는 표현일 것이다. 본문을 교감校勘하고 번역하는데 걸린 3년 반, 이어진 후속 작업에만 다시 1년 반 동안은 말 그대로 지고지난한 시간의 연속이었다. 그러나 이 모든 과정을 견딜 수 있었던 원동력은 단연코 《결택기》가 지닌 주석서로써의 독보적인 매력 덕분이다. 지금 돌이켜 보면 매일 일정한 분량을 꾸준히 작업하면서 때로는 무릎을 탁 치면서, 때로는 아! 그렇구나! 하는 감탄사를 외치면서 선연 스님과 징관 스님 나아가 법장 스님이 풀어 놓은 탁월한 견해와 화엄사상의 깊이에 푹 빠져들었넌 시간이었다. 이는 아주 힘겨운 고통이면서 동시에 비길 수 없는 즐거움이었다.

◉

《결택기》는 원칙적으로 징관 스님의 《화엄경소초》의 현담 부분(8권)을 수문해설한 기문이지만, 더 엄밀히 말하면 80권(혹 90권)에 달하는 《화엄경소초》의 전체를 종횡으로 자유자재하게 정리한 최고의 요약본이라고 할 수 있다. 선연 스님은 화엄사상을 이해하는 데에 필요한 핵심적 쟁점을 잘 뽑아낸 것은 물론이고, '오위백법五位百法' 등 유식사상唯識思想의 중요한 토대를 정리하는 데에 있어서도 발군의 능력을 발휘했다. 그의 저술에 대해 〈선연대사묘비鮮演大師墓碑〉에서 "《인명론因明論》의 대의를 소통하면서는 도중에 폭우에도 그 옷을 적시지 않았으며, 《능엄초楞嚴鈔》의 문장을 간정하면서는 산속의 마른 우물에서 저절로 그 샘이 용솟게 하였다"고 평가한 것은 매우 타당하다. 그리하여 고려 대각국사 의천 스님이 마음을 기울여 고려교장의 하나로써 간행하기에 이르렀으니, 《결택기》의 현존 사본인 일본의 〈고잔지본〉과 〈가나자와사본〉은 모두 필사본의 형태이지만 최초의 간본은 고려의 대흥왕사 교장도감에서 간행한 것(1096년)이라는 사실을 그 〈사본기〉에서는 명시하고 있다. 이 때문에 《결택기》는 요나라의 대표적인 화엄 저술이지만 고려가 남긴 훌륭한 문화유산이기도 하다.

◉

본 역주본은 크게 해제 연구와 본문 역주로 구성되어 있다. 역자는 분량상의 편의를 위해 1권에는 〈해제 연구〉와 《결택기》 권제1, 2, 3권의 역주를 함께 실었으며, 2권에서는 《결택기》 권제4, 5, 6의 역주를 실었다. 1권의 〈해제 연구〉는 선연의 생애와 저술, 《결택기》의 심층 연구, 《결택기》에 나타난 선연의 화엄사상으로 나누어 정리하였다. 서문에서는 《결택기》의 연구 이유와 목적으로 주석 대상인 《소초》가 지닌 동아시아 화엄사상의 위상 등을 밝히고, 요대 불교의 개괄 설명을 통해 그 배경에 관한 이해를 도왔다. '선연의 생애와 저술'에서는 〈선연대사묘비〉의 분석을 통해 그의 생애를 고찰하고 저술 목록상의 특이 사항을 분석했다. 그는 학승으로서 유식, 화엄, 밀교 등 관련 저술이 다수 있으며, 강주로서 탁월한 역량을 발휘하여 중요도시의 강주로 맹활약하였고, 전계화상으로서 수십 회의 포살법회를 봉행했다. 또한 《대각국사외집》 속 서신 중에 《결택기》가 고려교장으로써 간행된 일에 감사하는 마음을 전한 내용과 그의 비문에 고려승통을 언급한 점 등을 통해 그 교류 상황을 파악했다. '《결택기》의 심층 연구'에서는 《결택기》의 저술 동기와 시기, 현존 사본 4종의 서지 사항 등을 밝히고 텍스트 간 교감 결과를 교감표로 제시하였다. 각 권마다 수백 개 항에 모두 수천 자에 달하여 《결택기》의 정본 텍스트는 거의 구축되었다. 또 그 구성을 《현담》의 구성과 비교 분석하고, 그 주요 내용을《현담》전체를 총정리한 글로써 제시하였다. 주석상의 특징을 가장 큰 장점인《소초》80권을 필요에 따라 자재하게 인용·요약·정리한 것과 핵심적인 문답으로 화엄사상을 드러낸 것 등 7조 항으로 정리했다. '《결택기》에 나타난 선연의 화엄사상'에서는 화엄교판사상을 딕상·업용문과 52계위에 관한 그의 정리 등으로 제시했고, 〈진리망사비일비이도〉와 선교일치와 제종융합에 관한 그의 견해와 천태교학을 활용하고, 법상교학을 융합한 그의 방식을 구체적으로 정리하였다. 그리고 그의 독특한 중도이론인 〈오중중도도〉의 설명으로써 중도 사상을 밝혔다.

◉

1·2권의 〈본문 역주〉는 크게 선연 찬술 부분(권1초, 권6말)과《현담》주석 부분(권제1~6)으로 나뉜다. 주석 부분의 역주는《현담》의 과문을 해당 단락에 맞춰 삽입하고 차례에서 이를 모두 제시하여 글의 방향성을 잃지 않고 따라갈 수 있게 했으며 원문은 세밀한 표점 작업을 마쳤다.《현담》은 총서명의(서문), 귀경청가, 개장석문(본문), 회향게송의 4문으로 구성되어 있다. 서문과 본문은 다시 각각 10장으로 구성되어 있는데, 차례를 살펴보면 그 내용을 쉽게 파악할 수 있다. 선연 스님은 서문을《결택기》권제1~2에서, 본문의 제1장(교기인연)을 권제3~4에서, 제2장(장교소섭)을 권제4~5에서, 제3장~제8장을 권제6에서 수문 해설하고 있다. 따라서 역주본의 2권은 본문 제1장의 셋째 단락인 '교주에 의지함'에서부터 글이 시작된다. 2권 말미의 선연 찬술 부분은《화엄경》의 7처9회

39품의 요지를 총체적으로 밝힌 글과 《현담》을 요약정리한 명문장으로 마무리되고 있다. 부록에는 〈선연대사묘비〉 전문을 수록하고, 《결택기》에 수용된 법장의 화엄사상을 분석하여 발표한 논문을 수록하여 독자들의 사상적인 이해를 도왔다. 또 새로 보충한 2,069자와 247자(권6)를 수록하고, 《결택기》의 인용 문헌을 전부 수록하여 주석서로써의 탁월한 역량(《현담》의 역량과 상통)을 계량적으로 제시했다. 수문 해설임에도 불구하고 어디를 읽어도 좋은 글이어서 독자들은 읽자마자 금방 이 책의 뛰어남을 알게 될 것이다.

◉

이 연구 역주본을 출간하기까지 소요된 5년이라는 물리적인 시간만큼이나 국가와 종단과 학교와 가족과 도반 모두의 엄청난 지원과 아낌없는 후원이 있었다. 그야말로 '오종대은명심불망五種大恩銘心不忘'의 결정판이라고 할 만하다. 우선, 역주본을 완성하고 간행할 수 있게 된 것에 대해 불보살님 전에 지성으로 감사를 올린다. 원문 교감과 번역 과정에서 혹 막히거나 혹 놓치거나 혹 실수하거나 하는 경우엔 기이하게도 어김없이 그 자리에 멈춰서 다시 찾아 확인하고 새로운 결과를 도출하였고 그때마다 저절로 '부처님! 감사합니다' 하고 되뇌곤 했다. 수많은 업장 소멸의 순간들은 일일이 열거할 수 없을 정도이다. 나는 이를 가감없이 불보살님의 가피가 충만했다고 표현하고 싶다. 다만 번역 역량이 완벽하진 않아 여전히 껄끄러운 문장도 있겠고 놓친 부분도 물론 있겠지만, 원문 교감을 세밀하게 진행하여 정본 텍스트를 마련한 점과 수문 해설 형식으로 인한 난독을 해결하기 위해 단락이나 구절에 일일이《만속장본卍續藏本》의 페이지를 제시하고 해당 과목을 삽입한 점 등은 역주본으로써의 최대치에 근접했다고 하겠다.

◉

이 번역불사의 최초 혜택은 대한불교조계종 교육원에서 지원하는 동국대학교 일반대학원 한국불교융합학과의 불전한문 번역전공을 통한 인재양성 시스템을 통해서였다. 먼저 종단 차원의 재정지원을 해주신 종단의 모든 어른스님과 교육원 소임자스님들께 깊이 감사드리며, 전 교육원장이신 현응 스님께는 매우 특별한 감사의 인사를 올린다. 불전번역 인재양성을 위한 현응 스님의 비전과 전폭적인 지원이 없었다면 이 모든 과정은 불가능했을 것이다. 또 금강산 법기문중(석남사)의 박사학위 장학금 수혜로써 관심과 독려를 표명해 주신 본각 스님 외 모든 문중 어른스님께 심심한 감사의 인사를 드린다. 무엇보다 은사이신 보현 스님과 출판에 도움을 주신 대기 스님께도 진심어린 감사의 말씀을 올린다. 그리고 막바지의 번역 작업을 마칠 수 있도록 아무 조건 없이 거처를 허락해 주셨던 백양사 천진암의 정관 스님, 대학원생 시절 먼 길 마다 않고 일부러 올라와 학비도움을 주었던 동원 스님 외 운문사 43회 도반스님들, 함께 절차탁마한 한국불교융합학과의 학우들과 멀리 능엄승가대학원의 강사스님과 학우스님들께 이 자리를 빌어서 감사의 마음을 전한다.

재가의 도움 역시 매우 컸는데, 결정적으로《결택기》라는 더 없이 훌륭한 주석서를 만날 수 있도록 이끌어 주신 김천학 교수님, 박사수료 후 1년간 연구비 지원을 해주신 전 동국대 불교문화연구원장 김종욱 교수님, 늘 따뜻한 모습으로 연구 활동에 힘을 실어주신 포닥(postdoc) 지도교수 김영미 교수님, 촘촘하게 논문을 체크해 주셨던 이케다 선생님께 감사 인사를 드린다. 또 오로지 번역과 연구에만 몰두할 수 있도록 물심양면으로 보살펴 주신 모친 김명숙 보살님과 출판비용에 이르기까지 전방위적인 도움을 준 형제가족들께 깊은 감사의 마음을 전하며, 대학원 입학 후 선뜻 큰 도움을 주었던 수미산상회의 지인 내외와 법보시로써 동참해 준 동문법우 이상형 보살님과 살뜰히 챙겨주었던 수경사 담우(수현) 스님 및 신도님들과 그 밖에 이 책이 나오기까지 도움을 주셨던 모든 인연 있는 분들께 감사의 인사를 드린다. 그리고 보통의 서적보다 세 배나 공력이 더 드는 편집 과정임에도 꼼꼼히 교정을 봐주신 편집자와 디자인 담당자님, 수익 창출이 어려운 학술 서적임에도 불사봉행의 일환으로 출판 결정을 해주신 조계종출판사 남배현 대표님과 모지희 본부장님께 심심한 감사의 말씀을 드린다.

◉

이 책의 추천사를 허락해 주신 범어사 문수선원의 무비 큰스님께 진심으로 감사의 인사를 올리며, 전강제자 전수로써 축하해 주신 전 동국역경원장 월운 큰스님께 큰 삼배의 인사를 올린다. 출가 이전부터 한문공부를 하도록 이끌어 주고 경전공부에 매진하도록 이끌어 주셨던 진정한 스승 고 제월당 통광 큰스님과 동국역경원의 번역 불사에 국가차원의 지원을 성사시키셨던 문중어른이신 석남사 고 인홍 큰스님 전에 이 《결택기》 역주본을 바친다. 그리고 대한민국 교육부와 한국연구재단의 박사후과정연구원으로 선정되면서 이 《결택기》 번역 불사의 대장정을 마무리할 수 있었으니, 매우 영광스런 일이며 참으로 감사한 일이다. 끝으로, 이 《결택기》를 읽는 모든 분들이 선연 스님의 회향 게송과 같이 '두루 익혀서 널리 해탈의 문에 들어가길 발원합니다.'

나무청정법신비로자나불

나무대지문수보살마하살

나무대행보현보살마하살

2021년도 11월 25일

사가 연구실에서

보인지현寶印智玄 삼가 씀.

## 차례



## 《화엄경담현결택기》 권제4

## 2) 장藏과 교敎와 거둬지는 곳

## 《화엄경담현결택기》 권제5

## 《화엄경담현결택기》 권제6

### 3) 뜻과 의리의 분제

### 4) 가르침을 받을 대상의 근기



### 5) 교체의 얕음과 깊음

## 6) 종취의 공통적인 것과 국한된 것

## 7) 부류와 품과 회

## 제4편
## 《대소》의 문장을 총체적으로 해설함

**일러두기**

# 역주의 기준 및 방식

## 1. 역주 기준

1) 《화엄경담현결택기》 전반에 관한 사항(총6권)

① 원문 교감 방식은 Critical Methods를 사용한다.

② 교감에 참고한 사본은 일본 도쿄의 쇼묘지稱名寺 소장·가나자와문고(金澤文庫) 관리 사본의 복사본과 교토대학 도서관부속 장경서원藏經書院 소장본의 복사본이다.

③ 권제1은 가나자와문고 관리 사본에 근거하여 가나자와문고 활자본(1975년본)과 교감하였다.

④ 권제2~6은 가나자와문고 보관 사본에 근거하여 일본의 《만속장경卍續藏經》 수록본과 그것의 저본인 《장경서원본》 등 3종을 교감하였다.

⑤ 위 ③④항의 교감 사항은 《대소大疏》와 《연의초演義鈔》 등 본문에 인용된 모든 문헌의 원문과의 교감을 병행하였다.

⑥ 교감 내용에 대해서는 일일이 주기注記하였고, 그중 새로 첨가된 2,600여 자 등은 부록으로 실었다.(주기 방법은 교감 방식에 제시)

2) 녹문錄文에 관한 사항

(권제1에 해당된다. 권제2~6은 《만속장본》에 유실된 글자일 경우에 해당한다.)

① 번각은 가나자와 사본에 근거하며 원문의 이체 자, 속자, 약자 등은 현재 통용되고 있는 정자체로 고친다.

② 가차假借나 호환互換 글자는 내용에 따라 고치고 주기注記를 하지 않는다.

예) 惠→慧, 俻→修, 弁→辯·辨, 或→惑, 反→變, 檑→攝, 円→圓, 花→華, 折→析 등.

③ 저본의 글자체가 비슷해서 분간하기 어려운 경우는 문맥에 맞게 채택한다.

예) 後-復, 况-呪, 着-者, 未-末, 日-曰, 貪-貧 등.

④ 아래의 문자는 본래 다른 문자이지만 관용에 따라 다음과 같이 고친다.

예) 廿→二十 등.

⑤ 같은 문자가 반복될 때 사용하는 생략 기호는 원래의 문자로 고친다.

예) 人〃→ 人人 正念〃〃→正念正念 등.

⑥ 현재 한국에서 통용되지 않는 한자는 파자破字 형식으로 입력한다.

예) 嚯+又, 口+栗, 木+乃

⑦ 번각할 때 저본에 보이는 연자衍字의 삭제기호(▩), 문자의 착간錯簡을 바로잡는 도치 기호(≀), 보유補遺 등은 그대로 따르고, 특별한 해설이 필요한 경우 이외에는 주기에 이를 각각 지적하지 않는다. 또한 명확히 오탈자가 인정되는 경우, 번각문에서는 이것을 바른 형태로 표기하고 교감 주기를 한다.

⑧ 번각할 때 정리자의 이해에 따라 원문에는 없는 구두점, 모점 및 부호·괄호를 기본적으로 한문 용법에 따라 삽입한다. 단, 엄밀한 구분이 곤란한 경우에는 정리자의 독자적인 판단 기준에 따른다.

⑨ 정리자의 이해에 따라 적당하게 개행改行한다. 단, 세주細注는 본문의 개행을 1행으로 간주한다.

⑩ 세주細注, 행간주行間注는 ( )안에 본문보다 작게 별색으로 그 부분을 표기한다.

⑪ 위에서 언급한 사항 이외에 특별한 표기의 필요성이 있을 경우에는 주기의 첫 부분에서 개별적으로 보충한다.

## 2. 역주 방식

### 1) 교감 방식

① 권제1은 가나자와문고 출판본→저본底本, 쇼묘지소장·가나자와문고 관리 사본→《가나자와 사본》, 권제2~6은 《만속장경》 수록본→저본, 쇼묘지소장·가나자와문고 관리 사본→《가나자와 사본》, 교토대학 도서관 장경서원 소장 사본→《장경서원본》으로 표시한다.

② 저본의 교감 전 글자는 각주에서 표기할 때 저본은 “ ”로 표시한다.

③ 교정 혹은 첨삭한 경우에는 '《가나자와 사본》 등 참조 수정/보충/삭제'로 표시한다.

④《대소》와《연의초》 및 인용된 문헌의 원문에 근거하여 교정하거나 첨삭할 경우에도 위와 같이 표시한다. 다만, 인용된 문헌은《 》로 직접 제시한다.

⑤ 저본과《가나자와 사본》 및 인용 문헌의 원문 글자가 모두 달라 역자가 판단한 경우는 교감 뒤에 [역자 주]로 표시한다.

⑥《만속장본》의 교감 주대로 수정된 경우는 '교감 주'로 적어 표시한다.

⑦ 저본에 유실되어 보충한 글자는 모두 본문 원문에 별색 밑줄로 표시한다.

2) 역주 방식

① 본문에서 소문疏文은 [소]로, 초문鈔文은 [초]로 문장 첫머리에 제시한다. 별도의 표시가 없는 경우는 그 문장이 이어지는 것이다.

② 본문 원문은 CBETA에서 정리된 방식(첫머리에 [083a23])을 그대로 활용했고, 필요에 따라서 약간 수정했다.

③ 주석하는 문장은 ' '로 구분하고, 본문 인용문은 필요에 따라 " ", ' '로 표시한다.

④ 전후 문맥의 이해를 위해 번역문에 추가로 단어나 구절을 넣는 경우,《담현결택기》 원문의 전후에서 가져온 경우와 번역자가 새로 넣은 경우는 ( )로 표시한다.

⑤ 번역문에 한자를 병기한 경우, 음이 동일한 단어는 ( ) 없이 표시하고, 음이 다른 경우는 ( ) 속에 넣어 표시한다. 최초 병기 이후 생략을 원칙으로 하나 필요할 경우 다시 병기하기도 한다.

⑥ 본문에서 과판 등에서 나열하거나 열거에 쓰인 숫자는 필요에 따라 1, 1), (1), ① 등으로 번역하기도 하였다.

⑦ 본문에 숫자로 열거되지 않았더라도《대소》와《연의초》에 숫자로 열거된 경우에는 ⑥과 같은 방식으로 숫자를 명시하기도 하였다.

⑧ 본문 원문에 ( )로 표시된 소주小註는 대부분 선연이 주석한 글이므로, 별도의 표시 없이 그대로 번역하였다. 다만 인용문의 경우, 인용된 원문의 주석일 때는 그대로 두고, 선연이 직접 주석하거나 요약한 글일 경우는 그때마다 주기하여 구분하였다.

⑨ 주석 대상의 문장을 '等'자로 생략한 경우,《결택기》의 본문에서 '등'의 해당 내용

이 나오거나 해설되었으면 '등'자를 풀지 않고 그대로 넣어 번역하고, 내용이 없으면 '등'자에 해당하는 구절을 (  )속에 넣어 번역함으로써 앞뒤 문맥의 이해를 도왔다.

⑩ 번역문에는 과목을 단락에 맞춰 일일이 편입시키고, 목차에서 해당페이지를 모두 제시하여 독자들의 이해를 도왔다. 편입 방식은 선연이 직접 작성한 본문의 과목은 별도의 순서로 정리하고, 수문해설 구간에는《대소》와《연의초》의 과목 순서에 맞추어 정리하였다. 다만《결택기》가 문장이나 문구를 따라가면서 해설한 주석서이기 때문에 중간에 생략된 과목이 있어 부여된 번호가 일정하지 않게 나열되고 있음을 밝혀둔다. (옛사람들이《소초》의 과목만을 정리한 주석서를 쓸 정도로 중요시한 내용이기도 하다. 부여된 번호순은 현대의 편집 방식을 이용했다.)

⑪ 간단히 번역어 용례를 정리하면 다음과 같다.

▶ 빈번하게 나오는 故의 경우, 대부분은 '때문이다'로 번역했지만, 문장의 마침표 정도로 쓰여 의미가 없을 때는 '이다', '것이다'로 번역하였다.

▶ '約'은 '기준 삼다, (기준) 잡다, 혹은 요약하다'의 의미인데, '기준 삼다'는 '準'과의 변별성을 위해, '(기준) 잡다'는 '攬'과 구분하기 위해, '요약하다'는 '要, 略'등과 구별하기 위해 쓰지 않고 셋의 의미를 다 포함할 수 있는 '한정하다'로 번역하였다.

▶ '就'는 '나아가다'의 의미인데, 이는 조금 뭉뚱그린 표현이어서 현대어에 맞게 '입각하다'로 번역하였다.

▶ '據'는 '의거하다, 근거하다'로, '準'은 '준거하다, 기준하다'로 번역하였다.

▶ '釋成'은 해설하여 성립시키다, 해설하여 이뤄주다, 해설하여 완성하다.

▶ '所以者何': 왜냐하면, '何故': 무슨 까닭인가?, '何者': 어째서인가? 무엇인가?

▶ 能·所는 동사에 주체적인 측면(능동)과 대상이 되는 측면(수동)이 잘 드러나게 표현할 수 있는 경우는 그대로 한글 속에 묻어 번역하였고, 언어적인 함축성을 드러내거나 반복적으로 쓰인 경우는 대부분 능·소를 그대로 동사에 붙여 번역하였다.

⑫ 통용되는 역주문과 교감주의 방식은 일일이 기록하지 않는다.

# 大方廣佛華嚴經談玄決擇 卷第四

# 대방광불화엄경담현결택 권제4

上京開龍寺 圓通悟理大師 賜紫沙門 鮮演述

상경 개룡사 원통오리대사 사자사문 선연鮮演이 짓다.

다) 교주教主에 의지함(依主)

(가) 대의를 모두 드러냄(總彰大意)

㉮ 불신의 체용이 법계의 체용과 같음을 밝힘(明佛之體用同法界之體用)[001]

[31a20] [《疏》] 夫眞身等者, 謂離妄別倒, 名眞, 依止積聚, 稱身. 此屬自報及法二身, 相合爲體.

[소] '무릇 진신眞身은'[002] 등은, 말하자면 전도망상顚倒妄想에서 멀리 벗어난 것을 '진眞'이라고 하며, 의지하여 쌓이고 모인 것을 '신身'이라고 한다. 이 진신은 자수용보신과 법신의 둘에 귀속되며, 서로 합치된 것으로 자체를 삼는다.

[31a21] ○言寥廓者, 謂遠色遠聲, 亡境亡心, 超言超思, 無爲無相也. ○言與法界合其體者, 謂能與自受用報體, 所與理法界也. 能所冥合, 共爲眞身之體. ○言包羅無外者, 顯應用普周也. 含容無外曰包, 廣容也, 該博無外曰羅, 普遍也. ○言與萬化齊其用者, 能與十重他報·三類化身, 所與萬類事法也. ○言齊其用者, 約融三世間及混四法界, 皆爲佛身, 是故萬類幻化, 卽是佛身應用. 今據人法有異, 故假言齊, 實無能所差別故.

○ '텅 비고 끝없이 넓어서'라는 것은 색성色聲을 멀리하고 경계도 마음

---

001 〈(가) 대의를 모두 드러냄〉의 세부 과목 ㉮~㉯는 정식 과목은 아닌데, 독자의 이해를 돕기 위해 문장에 근거하여 보입한 것이다. [역자 주]

002 《大疏》 권제1(T35, 505c15).

도 잊고 말도 생각도 초월하며 작위함도 형상도 없음을 말한다.

○ '법계와 더불어 그 체가 합하고'라는 것은 능여能與는 자수용보신의 자체이며, 소여所與는 이법계理法界를 말한다. 능여와 소여가 그윽하게 합치되어 함께 진신의 자체가 된다.

○ '밖이 없이 포용하고 펼쳐서'는 응용이 널리 미치고 두루함을 드러낸 것이다. 함유하고 용납하여 밖이 없는 것을 '포용'이라고 하니 널리 포용하는 것이며, 포괄하고 드넓어 밖이 없는 것을 '펼친다'고 하니 두루 변만한 것이다.

○ '만 가지의 변화와 더불어(與) 그 작용이 나란하다'는 것은 능여能與는 10중의 타수용보신과 세 종류의 화신이며, 소여所與는 온갖 종류의 사법이다.

○ '그 작용이 나란하다'는 말은 삼종 세간과 사종 법계를 혼융하여 모두 불신을 삼은 것에 한정한 것이다. 그러므로 온갖 종류의 환과 같은 변화가 그대로 불신이 응현하는 작용이다. 지금은 사람과 법의 차이가 있는 것에 근거하였으므로 임시로 '나란하다'고 하였고, 실제로는 능能·소所의 차별이 없다.

[31b06] [《鈔》] 卽以如智共爲眞身者, 攝賢首義. 賢首大師, "自受用身無彼色聲功德, 但有大定智悲." 如智冥合, 共爲體故.

[초] '곧 진여眞如와 진지眞智로 함께 진신眞身을 삼는다'[003] 고 한 것은 현

---

003　《演義鈔》 권제4(T36, 027b13). 아래도 동일.

수의 뜻을 거둔 것이다. 현수대사는 "자수용신은 색성色聲의 공덕은 없으며, 단지 대선정과 지혜와 대비가 있을 뿐이다"[004]고 하였다. 진여와 진지가 그윽하게 합치된 것을 함께 자체로 삼기 때문이다.

[31b08] ○言旣智合如則令色相佛身功德無不合如者, 攝《刊定》義. 《刊定記》主, '自受用身, 具有色聲, 以佛身有十蓮華藏塵數相故. 無漏蘊·界遍帝網刹, 窮未來際故.' 《涅槃》云: "滅無常色, 獲常色故." 淸凉雙用, 故《鈔》云爾.

○ '이미 진지眞智가 진여眞如와 합치되었으니 색상 불신의 공덕이 진여와 합하지 않음이 없게 된다'는 것은 《간정기》의 뜻을 거둔 것이다. 《간정기》의 소주는 "자수용신은 색色·성聲을 다 갖추고 있다. 불신이 열연화장 티끌 수만큼 상相이 있기 때문이며, 무루의 온蘊·계界는 제망찰토에 변만하여 미래제까지 다하기 때문이다"라고 하였다. 《열반경》에서는 "무상한 색상을 소멸하고 항상 있는 색상을 얻었다"[005]고 하였다. 청량은 둘을 다 활용했다. 그러므로 《초》에서 그렇게 말하였다.

[31b12] ○[《鈔》] 混萬化卽眞者, 約法也, 混融萬化, 卽一眞無障礙法界也. ○言會精麤一致者, 約人也, 會同報化之精麤, 歸一法界無盡之身雲也. ○言三江者, 《尙書》注韋招云: "謂吳松江·錢塘江·浦陽江也. 然三江之源, 出自崑崙積石之山也." 今云岷山, 卽指此也.

---

004 《探玄記》 권제6 〈菩薩說偈品〉 제16(T35, 216a25); 《大疏》 권제20(T35, 659c01).

005 《涅槃經》 권제39 〈憍陳如品〉 제13-1(T12, 597a20).

○ [초] '만 가지의 변화와 혼융한 것이 그대로 진신'[006]이란 것은 법에 한정한 것이다. 온갖 변화와 혼융한 것이 그대로 하나의 참된 무장무애 법계이다.

○ '정미하고 추탁한 것을 모아 일치시킨 것'이라는 것은 사람에 한정한 것이다. 보신의 정미함과 화신의 추탁함을 회동하여 일진 법계의 다함 없는 신운으로 귀결시킨 것이다.

○ '삼강三江'은《상서尙書》의 주석에서 위초韋招가 "오송강吳松江, 전당강錢塘江, 포양강浦陽江이다. 그러나 삼강의 원류는 곤륜산崑崙山의 적석산積石山으로부터 나온다"고 하였다. 지금 '민산岷山'이라고 한 것은 바로 이것을 가리킨다.

### ㉯ 일신과 다신을 경론에서 달리 설함(一身多身經論異說)

#### a. 오직 일신뿐이라고 설함(或說唯一身)

[31b17] ○[《鈔》] 同共一法身[007]者, 於中有五; 一身一, 所證法界諸佛無別故. 二心一, 八識心王, 俱不可知故. 三智慧一, 四智·三智·二智·一智, 皆無別故. 四十力一, 今承文便, 粗陳十力, 辨釋有二; 一釋名出體, 二列數解義. 且釋名出體者, 釋名復二; 一者通名, 二者別名. 言通名者, 能摧怨敵, 自能勝他, 不可屈伏, 他須劣己, 故此十種通名爲力. 別名如下. 二出體者, 就其强勝, 慧爲體性, 若據相應, 四蘊爲體, 通論眷屬, 定·道共戒·無漏色等, 助爲體故. 若依此經, 融一切法, 以爲

006 《演義鈔》 권제4(T36, 027b19).

007 底本 및《金澤寫本》에는 "身+雲"로 되어 있음.《演義鈔》 참조 "雲" 삭제.

其性. 二列數解義者, 數有其十. 問:如來唯一諸法實相智力, 何以列十? 答:從緣境用, 故成十種. 若爾, 由時品類相續, 分別有無量力, 豈但十種? 答:度人因緣, 以此十力, 足辨其事, 故不增多. 一處非處智力, 因果相當, 名之爲處, 因果不相當, 名之爲非處. 二過·未·現在業報智力. 三世衆生自作自受故. 三根勝劣智力, 謂信[008]等五根, 有軟·中·上故. 四種種解智力, 染·淨解·欲, 所好不同故. 五種種界智力, 內具五乘, 貪·瞋·癡·等, 種性不同故. 六一切至處道智力, 有無漏因行, 至於果故. 七禪定解脫三昧智力, 示同三昧, 現神變故. 八宿住隨念智力, 明記過去本生事故. 九天眼智力, 觀緣未來死此生彼故. 十漏盡智力, 自他解脫無疑惑故. 上依《大疏》, 揀略以明. 欲知其源, 更應撿問. 五無畏一, 故《智度論》云: "一總持無畏, 於法記持不懼忘失. 二智根無畏, 知根受法, 不懼差失. 三決疑無畏, 隨問能答, 不懼不堪. 四答難無畏, 有難皆通, 不懼疑滯." 是也.

○ [초] '(시방의 모든 여래가) 모두 똑같은 하나의 법신'[009]이라 하는 것에는 다섯 가지가 있다. 첫째, 몸이 하나이니 소증所證의 법계가 제불과 차이가 없기 때문이요, 둘째, 마음이 하나이니 팔식八識의 심왕은 모두 알 수 없기 때문이요, 셋째, 지혜가 하나이니 사지四智와 삼지三智와 이지二智와 일지一智가 모두 차별이 없기 때문이요, 넷째, 십력十力이 하나이니 지금 문장상 편리를 이어받아 '십력'을 대충 진술해 보겠다.

변별하여 해석하는 데 두 가지가 있다. 첫째는 명칭을 해석하고 체성을 냄이요, 둘째는 수數를 열거하고 의미를 이해함이다.

008 底本에는 없음.《大疏》및《金澤寫本》참조 보충.

009 《演義鈔》권제4(T36, 027c02).

우선, '명칭을 해석하고 체성을 냄'에서 '명칭을 해석함'에 다시 두 가지가 있다. 공통적인 명칭과 개별적인 명칭이다. '공통적인 명칭'은 원수와 적을 능히 꺾는 것은 자신이 저들보다 수승해서이며 굴복시킬 수 없는 것은 저들이 반드시 자신보다 열등해서이다. 그러므로 이 열 가지를 통칭해서 '역力'이라고 한다. '개별적인 명칭'은 아래와 같다. 두 번째, '체성을 냄'은 그 강력하고 수승한 측면에 입각하면 지혜가 체성이 되고, 만일 상응하는 데 근거하면 4온蘊이 체성이 된다. 권속을 모두 논하면, 정공계定共戒·도공계道共戒·무루색無漏色 등이 보조적인 체성이 된다. 만일 이 경에 근거하면 모든 법을 융합하는 것으로써 그 체성을 삼는다.

둘째, '수를 열거하고 의미를 이해함'에서 수는 10이 있다.

묻는다. 여래는 오직 하나의 제법 실상인 지력智力뿐인데, 어째서 10수를 열거하는가?

답한다. 연을 따라서 경계가 작용하므로 10종류를 이룬다.

묻는다. 만일 그렇다면 시간과 품류가 상속되는 것을 이유로 분별하면 무량한 역이 있을 텐데 어찌 10종류뿐이겠는가?

답한다. 제도될 사람의 인연은 십력으로 그 일을 충분히 마련한다. 그러므로 많이 늘리지 않는다.

(개별적인 명칭은) ①처비처지력處非處智力이니, 인과가 상당하는 것을 '처'라고 하고 인과가 상당하지 않는 것을 '비처'라고 한다. ②과거·미래·현재의 업보지력業報智力이니, 삼세의 중생은 자신이 짓고 자신이 받기 때문이다. ③근승열지력根勝劣智力이니, 신信 등 오근五根(정진精進·염念·정定·혜慧)에 하·중·상(품)이 있기 때문이다. ④종종해지력種種解智力이니, 염오와 청정, 이해와 욕락이 좋아하는 대상이 다르기 때문이다. ⑤

종종계지력種種界智力이니, 안으로 갖추고 있는 5승과 탐·진·치·등분等分(행)이 종성마다 다르기 때문이다.[010] ⑥일체지처도지력一切至處道智力이니, 유루·무루의 인행이 (열반의) 과에 이르기 때문이다. ⑦선정해탈삼매지력禪定解脫三昧智力이니, 동일한 삼매를 시현하고 신통변화를 나타내기 때문이다. ⑧숙주수념지력宿住隨念智力이니, 과거 본생의 일을 분명하게 기억하기 때문이다. ⑨천안지력天眼智力이니, 미래에 이곳에서 죽어 저곳에서 태어나는 연을 관하기 때문이다. ⑩누진지력漏盡智力이니, 자타가 해탈하여 의혹이 없기 때문이다. 이상, 《대소》[011]에 의거하여 간략하게 밝혔으니, 그 근원을 알고자 하면 다시 검토해 봐야 할 것이다.

다섯째, 두려움 없음(無畏)이 하나이다. 그러므로 《대지도론》에서 "첫째는 총지總持하는 데에 두려움이 없으니(總持無畏), 법에 대해 기억하여 지녀서 망실할까 두려워하지 않는다. 둘째는 근기를 아는 데에 두려움이 없으니(智根無畏), 근기들이 받을 법을 알아서 잘못될까 두려워하지 않는다. 셋째는 의심을 터주는 데에 두려움이 없으니(決疑無畏), 질문하는 대로 잘 답변하여 감당하지 못할까 두려워하지 않는다. 넷째는 어려운 것을 답변하는 데에 두려움이 없으니(答難無畏), 어려운 것을 모두 소통하여 의심으로 막힐까 두려워하지 않는다"[012]라고 하였다.

#### e. 오신을 설하기도 함(或說五身)

---

010 《大疏》 권제8(T35, 560c24), "或貪·瞋·癡·等分行等, 乃至八萬四千行名種種性." 참조 번역.

011 《大疏》 권제8 〈如來現相品〉 제8(T35, 558b26)을 요약 정리.

012 《大疏》 권제15 〈淨行品〉 제11(T35, 614a11)에서 재인용.

[31c19] ○言詳而辨之乃至所謂眞法身也者, 攝他報幷化, 歸自報眞佛也, 通指無漏五蘊·二報·三化之身爲體.

○ '상세하게 변별하자면 … 이른바 진법신이다'[013]라고 한 것은 타(수용)보신 및 화신을 섭수하여 자수용보신의 진불로 귀속시킨 것이다. 무루의 오온五蘊과 두 가지 보신과 세 종류 화신[014]을 통틀어 가리켜서 체로 삼은 것이다.

[31c21] ○言若直指功德實相至非色像之謂也者, 亦兼萬行功德及無爲法, 法·報·化三身爲體也.

○ '만일 공덕의 실상을 곧바로 가리킨다면 (법신이라고 한다. 이것은 깊은 이치로써 가명假名하여 몸이라고 하는 것이지) 색상을 말하는 것은 아니다'라고 한 것은 또한 만행의 공덕 및 무위법과 법신·보신·화신의 삼신을 겸하여 체로 삼은 것이다.

#### f. 십신을 설하기도 함(或說十身)

[31c23] ○言一約十地所得十身等者, 隨地各得一身故, 一離諸邪曲, 見性故, 二淸淨戒故, 三離嗔恚故, 四常勤故, 五見諸諦故, 六觀因緣理, 非覺觀所知故, 七

013 《演義鈔》 권제4(T36, 028a01~17).

014 세 종류 화신은 ①大化身, ②小化身, ③隨類化身이다. 長水子璿, 《金剛經纂要刊定記》 권제1(T33, 174b20) 참조.

具足方便故, 八離一切戲論, 無煩惱故, 九身相不可量, 遍一切故, 十成就一切種智故. 如次釋上十種身也. 問: 今論佛身, 十地因身, 豈相關預? 答: 以因徹果故. 凡心尙卽佛心, 因身豈非佛身. 或以分同圓故, 如海十德, 德德皆海故, 十地十身, 身[015]身皆佛故. 或據三世間, 十身中菩薩身故.

○ '첫째는 십지十地로 얻어진 십신十身에 한정한 것이니'[016] 등이라고 한 것은 지地에 따라 각각 하나의 신身을 얻기 때문이다. 첫째는 모든 삿되고 왜곡된 것을 벗어나 견성하기 때문이요, 둘째는 청정한 계이기 때문이요, 셋째는 성냄을 벗어나기 때문이요, 넷째는 항상 부지런히 닦기 때문이요, 다섯째는 모든 진리(諦)를 보기 때문이요, 여섯째는 인연의 이치를 관조하니 각관覺觀으로 알 것이 아니기 때문이요, 일곱째는 방편을 구족하기 때문이요, 여덟째는 모든 희론에서 벗어나 번뇌가 없기 때문이요, 아홉째는 신상을 헤아릴 수 없으니 일체에 변만하기 때문이요, 열째는 일체 종지를 성취하기 때문이다. 차례대로 위의 십종신十種身을 해설하였다.[017]

묻는다. 지금 논하는 불신佛身이 십지의 인위因位의 신과 무슨 상관이 있는가?

답한다. 인이 과에 어우러져 통하기 때문이다. 범부심도 오히려 불심에 즉하는데 인위의 신이 어찌 불신이 아니겠는가. 혹은 분위가 원만과

015 底本에는 "十".《金澤寫本》참조 수정.

016 《演義鈔》 권제4(T36, 028a28).

017 十種身은 ①平等身, ②淸淨身, ③無盡身, ④善修身, ⑤法性身, ⑥離尋伺身, ⑦不思議身, ⑧寂靜身, ⑨虛空身, ⑩妙智身이다.《演義鈔》 권제4(T36, 028a28).

같기 때문이다. 마치 바다의 열 가지 덕이 덕마다 모두 바닷물인 것처럼 십지의 십신은 신마다 모두 불신이기 때문이다. 혹은 삼종 세간에 근거한 것이니 십신 가운데 보살신이기 때문이다.

#### ㈐ 총상으로 회통함(總相會通)

#### ㉯ 바른 것을 드러냄(顯正)

#### b. 힐난을 대하여 회융함(對難會融)

#### b) (眞·應과 一·多) 둘을 함께 해석함(雙釋)

[32a08] [《鈔》] 有世界名娑婆其佛即毗盧遮那故知相融也者, 約處辨佛, 即是化身, 約名辨佛, 乃是眞身, 明知眞應相融也.

[초] '세계가 있으니 이름은 사바요, 그 부처님은 비로자나불이라고 했으므로 서로 융통한 줄 알 수 있다'[018]라는 것은 장소에 한정하여 불신을 변별하면 곧 화신(석가모니불)이고, 명칭에 한정하여 불신을 변별하면 바로 진신(비로자나불)이니, 진신과 응신이 서로 융통한 것을 분명하게 알 수 있다.

[32a11] 言身不分異亦非一故者, 一多無礙也. 故下《疏》云: "其猶竝安千器數步, 而千月不同,(一不礙多也.) 一道澄江萬里, 而一月孤映.(多不礙一也.) 情隔則法

018 《演義鈔》 권제4(T36, 028c04).

身成異, 心通而玄旨必均[019], 云云自他, 於佛何預?"

'몸이 달리 나뉜 것도 아니요, 또한 하나도 아닌 까닭이며'[020]라고 한 것은 일신一身과 다신多身이 무애한 것이다. 그러므로 아래 《소》에서 "그것은 마치 나란히 놓인 천 개의 그릇이 몇 보이지만 천 개의 달이 다르며(하나가 여럿을 장애하지 않는다), 한 줄기 맑은 강이 만 리지만 한 개의 달이 홀로 비추는 것과 같다(여럿이 하나를 장애하지 않는다). 정식情識으로 막히면 법신은 차이 나게 되며, 마음이 통하면 현묘한 지취는 반드시 똑같을 것인데, 자타를 운운하는 것이 불신과 무슨 상관이겠는가"[021]라고 하였다.

[32a15] [《鈔》] 以一身全現故非一非多也者, 言一身非多也, 全現非一也. 此言全現者, 處處現故.

[초] '일신이 전부 나타나기 때문에 일신도 아니고 다신도 아니다'[022]라는 것은 '일신'은 다신이 아니며, '전부 나타남'은 일신이 아님을 말한다. 여기서 '전부 나타난다'고 말한 것은 곳곳에 나타나기 때문이다.

[32a16] ○言故下〈光明覺品〉《疏》中明有同時同處見異時異處見等者, 彼《疏》云:

---

019 底本에는 "指", 《大疏》 및 《金澤寫本》 참조 수정.

020 《演義鈔》 권제4(T36, 028c17).

021 《大疏》 권제13 〈光明覺品〉 제9(T35, 598c02).

022 《演義鈔》 권제4(T36, 028c21).

"一, 或多機異處各感見一. 二, 或同處各見. 三, 或異時別見. 四, 或同時異見. 五, 或同時異處見. 六, 或同處異時見. 七, 或異時異處見. 八, 或同時同處見. 九, 或一人於同異交互時處, 見多人所見. 十, 或一人於同異俱時處, 見一切人所見. 以是[023] 普眼機故. 然佛不分身, 無思普現也."

○ '그러므로 아래 〈광명각품〉의 《소》에서 같은 시간 같은 공간에서 보는 것과 다른 시간 다른 공간에서 보는 것 등이 있다고 밝혔다'[024]라는 것은 저 《대소》[025]에서 "첫째는 혹은 여러 근기가 다른 공간에서 각각 감득하여 일신을 보는 것이요, 둘째는 혹은 같은 공간에서 각각 보는 것이요, 셋째는 다른 시간에 달리 보는 것이요, 넷째는 혹은 같은 시간에 달리 보는 것이요, 다섯째는 혹은 같은 시간에 다른 공간에서 보는 것이요, 여섯째는 같은 공간에서 다른 시간에 보는 것이요, 일곱째는 혹은 다른 시간에 다른 공간에서 보는 것이요, 여덟째는 같은 시간에 같은 공간에서 보는 것이요, 아홉째는 한 사람이 같고 다름이 서로 엇갈리는 시간과 공간에서 여러 사람이 본 것을 보는 것이요, 열째는 혹은 한 사람이 같고 다름이 동시인 시간과 공간에서 모든 사람이 본 것을 보는 것이다. 이것은 보안普眼의 근기이기 때문이다. 그러나 불은 몸을 나누지 않고 생각함 없이 널리 나타난다"고 하였다.

### c. 생각하기 어렵다고 결론지음(結成難思)

---

023 底本에는 "見", 《大疏》 및 《金澤寫本》 참조 수정.

024 《演義鈔》 권제4(T36, 029a04).

025 《大疏》 권제13 〈光明覺品〉 제9(T35, 597b04).

[32a24] 菩薩尚不能思況人天能見耶者, 問: 下《鈔》明見佛通局, 敘此宗云, "不論凡聖, 通見十身." 又云, "非唯見丈六化質, 亦徹見法界身雲." 今此不見, 豈不相違? 答: 此約盡窮佛德, 云不見, 彼約分覩佛身, 云見. 又云, 此約偏根, 云不見, 彼約圓根, 云見. 又此約以事就理, 云不見, 彼約以理從事, 云見. 又此拂跡, 云不見, 彼約寄跡, 云見. 又此約自利功德證道境界, 云不見, 彼約利他業用教道境界, 云見. 或此約下不測上, 非自分境, 云不見, 彼約上加於下, 承佛神力, 云見. 更希刊削.

'보살도 오히려 생각할 수 없는데 하물며 인간과 천상이 볼 수 있겠는가'[026]라는 것은, 묻는다. 아래《초》에서 부처를 보는 것(見佛)의 통함과 국한을 설명하면서 이 원종을 서술하여 "범부와 성인을 막론하고 십신을 통틀어 본다"[027]고 하였고, 또 (아래《소》에서) "6척 장신으로 화현한 바탕(몸)을 볼 뿐만 아니라, 법계의 신운을 꿰뚫어 본다"[028]고 하였는데, 지금 여기선 '보지 못한다'고 하였으니 어찌 서로 어긋나는 것이 아닌가?

답한다. 이것은 불덕을 끝까지 다한 것에 한정하여 '보지 못한다'고 하였고, 저것은 불신을 부분적으로 보는 것에 한정하여 '본다'고 하였다. 또 이것은 치우친 근기에 한정하여 '보지 못한다'고 하였고, 저것은 원만한 근기에 한정하여 '본다'고 하였다. 또 이것은 사법으로 이치에 입각한 것에 한정해서 '보지 못한다'고 하였으며, 저것은 이치로 사법을 따른 것에 한정해서 '본다'고 하였다. 또, 이것은 자취를 털어내어 '보지 못한다'고 하였고, 저것은 자취에 기탁해서 '본다'고 하였다. 또 이것은 자리의

026 《演義鈔》 권제4(T36, 029a13).

027 《演義鈔》 권제6(T36, 042b12).

028 《大疏》 권제6 〈世主妙嚴品〉 제1(T35, 541a26).

공덕인 증도證道의 경계에 한정하여 '보지 못한다'고 하였고, 저것은 이타의 업용인 교도敎道의 경계에 한정하여 '본다'고 하였다. 혹은 이것은 아래는 위를 헤아리지 못하므로 자분의 경계가 아닌 것에 한정하여 '보지 못한다'고 하였고, 저것은 위는 아래를 가피하므로 불의 신통력을 받는 것에 한정하여 '본다'고 한 것이니, 다시 간삭하길 바란다.

(라) 장문을 열어 해석함(開章解釋)

㉮ 십신을 밝힘(先明十身)

a. 삼 세간을 융합한 십신(融三世間十身)

[32b10] [《鈔》] 明前十身各有十相者, 良以十身文雖頻列, 義亦常聞. 恐昧體相, 略伸區別. 一衆生身,(謂有漏五蘊爲體, 三界業惑·五趣之報爲相.) 二國土身,(卽以微塵眞如法界爲體, 乃以小·中·大, 染·淨, 廣·狹, 倒·正, 普入, 一重平漫·方網, 重重無盡, 以爲之相.) 三業報身,(謂業及煩惱, 以爲其體. 謂自相各各守其體性, 共相同[029]有苦·空等故, 假名差別以爲其體.) 四聲聞身,(謂以向·果聖人爲體.) 五緣覺身,(謂以麟角部行爲體.) 六菩薩身,(謂發心以去, 等覺已還, 賢聖爲體. 此上三身, 同業報身, 俱[030]以自·共之相假名差別, 以之爲相. 此上四身, 相皆同者, 但有自相·共相差別假名分別, 實無我人. 餘亦假名, 偏語此四者, 業因尙假, 苦果可知, 聖人尙假, 況於凡類? 又三乘聖人方能知假, 佛德超絶, 不得云假也.) 七如來身,(卽以究竟覺智眞如法性, 以爲其體. 其相復以十身爲相; 一菩提身, 覺樹道成故. 二願身, 願生兜率, 酬本願

029 底本에는 "固",《金澤寫本》 참조 수정.

030 底本에는 "但",《金澤寫本》 참조 수정.

故. 三化身, 應根化現佛相好等, 揀異猿猴鹿馬等化, 故云爾也. 四力持身, 遺形舍利塑畫等類, 皆此身攝. 諸佛神力, 住持在世, 故名力持. 此上四身, 於三身中, 皆化身攝. 五相好莊嚴身, 具十蓮華藏無邊相好故, 揀異三十二相等, 於三身中, 實報身攝. 六威勢身, 所有光明, 攝伏衆生故. 遠公云: 善軟衆生慈光攝取, 剛强衆生威光伏取, 故云攝伏, 卽通報·化身也. 七意生身, 由得自在解脫, 應彼地前地上. 若凡若聖, 同異類等, 無量之身隨意俱生, 故名意生. 此通變化及他受用身. 八福德身, 所有不共二乘之福, 能作廣大利益因故. 是故衆生種少善根, 當得佛果也. 九法身, 唯取如來性淨圓明無漏眞[031]界所證法體, 界是藏義生義, 含無邊德, 生世·出世諸樂事故, 故名法身. 三身之中, 亦法身攝. 十智身, 謂以圓明無漏妙·平等四智, 以爲身也. 此通四身; 智冥於理, 同法性身, 大圓鏡智相應淨識, 能頓現於自受用身, 平等性智現他受用身, 成所作智起變化身, 妙觀察智亦通四身, 通觀四故. 是則智身, 通於四也.) **八智[032]身,**(謂以三乘聖人能證之智, 以爲其體. 有十一; 一善思量相, 通於聞·思二慧. 二如實決擇相, 卽是修慧. 上二俱通理·教, 約體分別也. 三果·行所攝相, 卽因果分別, 行卽是因, 通於三慧, 果唯證入, 離前三慧也. 四世·出世間差別相, 此下俱約位分別, 此相爲總. 謂世間俗智, 名之爲世, 三乘聖智, 名爲出世. 又見道前, 名世, 見道已去, 名爲出世. 五三乘差別相, 小乘卽法·類四諦, 他心世俗, 及盡無生等智. 中乘卽七十七智等, 大乘權·實無量. 六共相. 七不共相, 於大乘中, 麤妙分別, 甚深般若不共二乘, 相似般若 是則名共. 八出離相, 九非出離[033]相, 通就三乘縛解分別, 於新熏種習未習故. 十學相, 十一無學相, 通於三乘修習·究竟, 分別前行果中, 中乘雖約學無學, 意在行果, 小乘學中亦有果故, 大乘位位容有果故, 由此得知, 不同彼也.) **九法身,**(其體卽以三乘所證之法爲體.

---

031 底本에는 "身",《金澤寫本》참조 수정.

032 底本에는 "知",《金澤寫本》참조 수정.

033 底本에는 "世",《華嚴經》및《金澤寫本》참조 수정.

其相有五；一平等相, 卽是理法. 一法身生佛無二故. 二不壞相, 卽是行法, 謂稱理起行故. 三隨時隨俗假名差別相, 卽是義法, 隨所化根, 相應時分, 說差別故. 理本無言, 假言顯理, 權實皆是假名. 四衆生非衆生法差別相, 卽熏顯理法所遍之境. 此通染·淨, 平等法身遍情非情故. 五佛法聖僧法差別相, 卽是乘法唯約於淨, 三乘同證第一義故. 隨智有異, 三種不同, 故所顯理亦說淺深.) 十虛空身.(其體多以事空, 義兼於理. 其相謂一無量故, 芥子中空, 亦無分量故. 二周遍故, 遍至一切色非色處故. 三無形故, 不可見也. 世人見者, 但見空中光明之色, 想心於中, 知無實物, 作虛空解, 便謂見空, 其實不見. 又此含無爲空故, 亦不可見也. 四無異故, 謂無障礙, 不同色法, 彼此相異, 有障礙故. 五無邊故, 謂無始終起盡之邊故. 六現色身故, 謂虛空寬廣, 能現一切諸色像等故. 上之所明, 附教採摭, 義旣勝妙, 不可闕略, 唯希達者, 勿謂詞技.)

[초] '앞의 십신十身에 각각 십상十相이 있음을 밝힌다'[034]라는 것은 십신에 관한 글이 비록 자주 열거되었고, 또한 뜻도 항상 들었다 하더라도 체상體相에 어두울까 싶어 간략하게 구별해보겠다.[035]

첫째는 중생신(유루의 오온五蘊으로 체성을 삼고, 삼계의 업혹業惑과 오취의 과보가 상相이 된다)이요, 둘째는 국토신(미진수의 진여법계로 체성을 삼으며, 소천·중천·대천의 상과 염상染相·정상淨相과 광상·협상과 도주倒住·정주正住·보입普入의 상, 1겹의 평만상과 방망상의 중중무진함으로 그 상을 삼는다)이요, 셋째는 업보신(업과 번뇌로 체성을 삼는다. 말하자면 자상自相은 각각 체성을 고수하고, 공상共相은 고苦·공空 등을 다 같이 지니고 있기 때문에 가명 차별로 체성을 삼는다)

---

034 《演義鈔》 권제4(T36, 029a27).

035 《大疏》 제42 〈十地品〉 '제7원행지'(T35, 823c28~824c06)를 요약 정리.

이요, 넷째는 성문신((4)향向·(4)과果의 성인으로 체성을 삼는다)이요, 다섯째는 연각신(인각독각[036]과 부행독각[037]으로 체성을 삼는다)이요, 여섯째는 보살신(발심 이후 등각 이전까지의 현성으로 체성을 삼는다. 이상의 삼신은 업보신과 같다. 다함께 자상·공상과 가명차별로써 상을 삼는다. 이상의 사신의 상은 모두 같은 것이다. 다만 자상과 공상, 가명차별로 분별됨이 있지만 실제로는 아我도 인人도 없다. 나머지도 또한 가명인데, 이 사신에만 치우쳐 말한 것은 업의 원인도 오히려 가명인데 고통의 과보는 알 것이며, 성인도 오히려 가명인데 하물며 범부 종류이겠는가. 또 삼승의 성인이라야 비로소 가명인줄 알 수 있으며, 불덕은 초월하고 절대적이어서 가명으로 말할 수 없는 것이다)이다.

일곱째는 여래신(곧 구경각지의 진여법성으로 체성을 삼는다. 그 상은 다시 십신으로 상을 삼는다.

① 보리신菩提身이니, 보리수에서 도가 성취되었기 때문이요,

② 원신願身이니, 도솔천에서 태어나길 원하여 본래의 원력을 받기 때문이요,

③ 화신化身이니, 근기에 응하여 화현하는 부처의 상호 등이니, 원숭이와 기린과 말 등으로 화현하는 것과는 다름을 가려냈으므로 그렇게 말한 것이요,

④ 역지신力持身이니, 남겨진 형상과 사리와 조각상과 그림 등 종류가 모두 이 신에 섭수된다. 제불의 위신력으로 주지하여 세상에 존재하는 것이므로 '역지'라고 한다. 이상 사신은 삼신 중에 모두 화신에 섭수된다.

⑤ 상호장엄신相好莊嚴身이니, 열연화장세계의 무변한 상호를 갖추었기 때문이며,

---

036 인각독각은 100대겁 동안 보리의 자량을 닦고 나서야 이룰 수 있고, 홀로 머물면서 오도하는 것이 마치 기린이 겨우 뿔 하나를 갖추고 있는 것과 같으므로 麟角을 독각에 비유한다.

037 부행독각은 部衆을 취합해서 독자적으로 과를 증득하는 緣覺人을 가리킨다. 많은 수행자를 한곳에 모아 놓고 부당을 조직하므로 部行이라고 하며, 스승 없이 교리를 떠나서 독자적으로 과를 증득하므로 독각이라고 한다.

32상 등이 삼신 중에 실제 보신에 섭수되는 것과는 다름을 가려낸 것이요,

⑥ 위세신威勢身이니, 모든 광명으로 중생을 섭수하거나 절복시키기 때문이다. 혜원慧遠 공이 '착하고 유연한 중생은 자비의 광명으로 섭수하여 취하고, 군건하고 강한 중생은 위세의 광명으로 절복시켜 취하므로 섭수하거나 절복시킨다고 한다'라고 하였으니 곧 보신과 화신에 통한다.

⑦ 의생신意生身이니, 자재해탈을 얻게 됨으로부터 저 지전地前과 지상地上에 응한다. 범부든 성인이든 동류이든 이류든 무량한 몸이 뜻한 대로 모두 생하므로 '의생'이라고 한다. 이것은 변화신과 타수용신에 통한다.

⑧ 복덕신福德身이니, 이승과 공유하지 않는 모든 복덕이 광대하게 이룹게 하는 원인을 지을 수 있기 때문이다. 그렇기 때문에 중생은 적은 선근을 심고도 미래에 불과를 이루게 된다.

⑨ 법신法身이니, 오직 여래의 성품이 청정하고 원명하며 무루의 진계眞界로 증득된 법체를 취한 것이다. '계'는 함장의 뜻이고 생함의 뜻이니, 무변한 덕을 함유하고 세간과 출세간의 모든 즐기운 일을 생하기 때문이다. 그러므로 '법신'이라고 한다. 삼신 중에 역시 법신에 섭수된다.

⑩ 지신智身이니, 원명하고 무루인 묘관찰지와 평등성지 등 4지로 신을 삼는다. 이것은 사신四身[038]에 통한다. 지혜가 이치에 그윽하게 계합하고, '법성신'과 같아져 대원경지와 상응하는 청정식이 '자수용신'을 단박에 현현하고, 평등성지는 '타수용신'을 나타내고, 성소작지는 '변화신'을 일으킨다. 묘관찰지도 또한 사신에 통하니, 사신을 통관通觀하기 때문이다. 이렇다면 지신은 사신에 통한다)**이요,**

**여덟째는 지신**智身(삼승의 성인이 증득한 지혜로 체성을 삼는다. 상에 열한 가

---

038 삼신 중 보신을 다시 '자수용보신'과 '타수용보신'으로 나눈 것이다.

지가 있다. 첫째는 잘 사량하는 상이니, 문혜聞慧와 사혜思慧의 두 가지에 통한다. 둘째는 여실하게 결택하는 상이니, 곧 수혜修慧이다. 위의 두 가지는 모두 이理와 교敎에 통하지만 체에 한정해서 분별한 것이다. 셋째는 과·행으로 섭수하는 상이니, 즉 인과로 분별하면 행은 인이니 3혜에 통하고, 과는 오직 증입만이니 앞의 3혜에서 벗어난다. 넷째는 세간·출세간의 차별한 상이니, 이 아래는 모두 계위에 한정하여 분별한 것으로 이 (넷째) 상이 총상이 된다. 말하자면 세간의 속지俗智를 '세'라고 하며, 삼승의 성지聖智를 '출세'라고 한다. 또, 견도 이전을 '세'라고 하며 견도 이후를 '출세'라고 한다. 다섯째는 삼승의 차별된 상이니 소승은 사성제에 대한 법지法智·유지類智와 타심지, 세속지 및 진지, 무생지 등이며, 중승은 77지 등이며, 대승은 권지·실지가 무량하다. 여섯째는 공유하는 상이요, 일곱째는 공유하지 않는 상이다. 대승 속에서 추탁함과 정묘함을 분별하면 심심반야甚深般若는 이승과 공유하지 않으며, 상사반야相似般若는 공유한다고 한다. 여덟째는 출리하는 상이요, 아홉째는 출리가 아닌 상이다. 통틀어 삼승의 계박해탈분별[039]에 입각하면 새로 훈습된 종성에 대해 수습하거나 수습하지 않기 때문이다. 열째는 학상學相이요, 열한째는 무학상無學相이다. 통틀어 삼승의 수습위와 구경위에서 분별하면, 앞의 행行·과果 가운데 중승은 학·무학에 한정한 것이라도 의미는 행·과에 있다. 소승은 학 중에 역시 과가 있기 때문이며, 대승은 계위마다 과가 있음을 용납하기 때문이다. 이로서 저것과는 다름을 알 수 있다)**이요,**

**아홉째는 법신**(그 체는 삼승이 증득한 법으로 체성을 삼는다. 그것의 상은 다섯 가지이다. 첫째는 평등상이니, 곧 이법이다. 하나의 법신상이어서 중생과 부처가

039 《大乘入楞伽經》(T16, 606b12)에서 '妄計自性差別相'의 11가지 중에 제11번째로, "云何縛解分別? 謂執因能縛, 而有所縛. 如人以繩方便力故縛已復解, 是名縛解分別."라고 설명하고 있다.

둘이 없기 때문이다. 둘째는 무너지지 않는 상이니, 곧 행법이다. 이치에 걸맞게 행을 일으키기 때문이다. 셋째는 시간과 속제에 따라서 가명으로 차별된 상이니, 곧 의법義法이다. 교화되는 근기에 상응하는 시분을 따라서 설하는 것이 차별되기 때문이다. 이치는 본래 언설이 없지만 언설을 임시로 빌려서(假藉) 이치가 드러나므로 권·실이 모두 가명이다. 넷째는 중생과 비중생의 법으로 차별된 상이니, 훈습하여 드러난 이법이 변만된 경계이다. 이것은 염오와 청정에 통한다. 평등한 법신이 유정有情과 비정非情에 변만하기 때문이다. 다섯째는 불법과 성승聖僧의 법으로 차별된 상이니, 곧 승법은 청정에만 한정된 것이니 삼승이 제일의제를 함께 증득하기 때문이다. 지혜를 따라 차이가 있어 세 가지가 다르기 때문에 드러난 이치도 역시 깊고 얕은 것을 설한다)이요,

열째는 허공신(그 체는 다분히 사법이 공한 뜻으로써 이치를 겸한다. 그 상은 이른바 첫째는 무량한 것이니, 겨자 속의 허공도 역시 분량이 없기 때문이다. 둘째는 두루 변만한 것이니, 일체의 색처와 비색처에 변만하게 이르기 때문이다. 셋째는 무형인 것이니 볼 수 없다. 세간 사람들이 보는 것은 다만 허공 속 광명의 색만을 보고 그 속에 마음으로 상상해서 실물이 없다고 알아 허공이라는 이해를 짓고 곧 허공을 본다고 여기지만 실제로는 보지 못한다. 또, 이것은 무위 허공을 포함하기 때문에 역시 볼 수 없다. 넷째는 차이가 없는 것이니, 말하자면 장애가 없는 것이 색법이 피차 간에 차이가 있어서 장애가 있는 것과는 다르기 때문이다. 다섯째는 무변한 것이니, 말하자면 처음에 일어나거나 끝에 다하는 것이 없기 때문이다. 여섯째는 색신을 현현하는 것이다. 말하자면 허공은 실로 광대하여 일체의 모든 색상 등을 나타내기 때문이다. 이상의 설명은 교에 부쳐서 채록한 것인데, 뜻이 수승하고 묘하여 빠뜨리거나 생략할 수가 없으니 통달한 자들은 사족이라고 여기지 않길 바랄 뿐이다)이다.

### b. 불신 위에 자체적으로 있는 십신(就佛上自有十身)

[32c19] ○言成正覺佛(菩提身), 願佛(願身), 業報佛(相好身), 住持佛(力持身), 涅槃佛(化身), 法界佛(法身), 心佛(威勢身[040]), 三昧佛(福德身), 本性佛(智身), 隨樂[041]佛(意生身).

○ 말한 성정각불[042]은 (보리신이요), 원불은 (원신이요), 업보불은 (상호장엄신이요), 주지불은 (역지신이요), 열반불은 (화신이요), 법계불은 (법신이요), 심불은 (위세신이요), 삼매불은 (복덕신이요), 본성불은 (지신이요), 수락불은 (의생신이다).[043]

[32c22] ○言所謂安住世間成正覺佛無著見者,(無著自屬正覺, 非謂菩薩於彼不著. 若菩薩於此不著, 下九豈當著耶? 是知皆就所見明見, 亦不得半就所見半就能見. 言無著者, 安住世間, 故不著涅槃, 成正覺故, 不著生死. 乘無住道, 示成正覺, 故名無著. 稱此而見, 是見正覺, 他皆依[044]此.) 願佛出生見,(乘願出生見故. 又乘此願, 能生一切德故.) 業報佛深信見,(萬行之因, 深信爲首.) 住持佛隨順見,(隨順衆生, 住持舍利等故.) 涅槃佛深入見,(深入涅槃故, 能示[045]滅, 深入生死故, 示滅非眞.[046]) 法界佛

---

040 底本 및 《金澤寫本》에는 없음. 문맥상 보충.

041 底本 및 《金澤寫本》에는 "意", 《演義鈔》 참조 수정.

042 《演義鈔》 권제4(T36, 029b06).

043 《演義鈔》 권제16(T36, 120a10).

044 《大疏》에는 "準"으로 되어 있다.

045 底本에는 "持", 《金澤寫本》 및 《大疏》 참조 수정.

046 底本 및 《金澤寫本》에는 深入 뒤의 "生死故, 示滅非眞"의 일곱 자가 없다. 《大疏》 참조 보

**普至見,**(法身充滿於法界故.) **心佛安住見,**(湛然安住眞唯識性, 是佛心故.) **三昧佛無量無依見,**(寂然無依, 故三昧, 觸類皆寂, 故無量.) **本性佛明了見,**(平等性智, 了本性故, 本覺眞性, 性本了故.) **隨樂佛普受見,**(隨自他意, 無身不受故.) **依上十見, 則眞見**[047]**佛.**

○ **'소위 세간에 안주하여 정각을 성취한 불의 집착이 없음을 보며'**[048] **라는 것은 "**(집착이 없음이 저절로 정각에 귀속된 것이지, 보살이 저것에 대해 집착하지 않는 것을 말하는 것이 아니다. 만일 보살이 이것에 집착하지 않는다면, 아래의 아홉 불이 어찌 집착에 해당하겠는가? 이로서 모두 소견所見에 입각해서 능견能見을 밝힌 것이며, 또한 절반은 소견에 입각하고 절반은 능견에 입각한 것이 아님을 알 수 있다. 집착이 없다는 것은 세간에 안주하기 때문에 열반에 집착하지 않으며, 정각을 이루기 때문에 생사에 집착하지 않는다. 머무름이 없는 도를 타고서 정각 이룸을 보여준 것이다. 그러므로 '집착이 없다'고 한다. 이것에 걸맞게 보면 이것이 '정각불'을 보는 것이니 저것은 모두 이것을 의거한다.)

**원불의 출생을 보며**(원력을 타고서 출생하는 것을 보기 때문이며, 또 이 원력을 타고 일체 덕을 내기 때문이다)**, 업보불의 깊은 믿음을 보며**(만행의 인因은 깊은 믿음이 으뜸이 된다)**, 주지불의 수순함을 보며**(중생에 수순하여 사리 등을 주지하기 때문이다)**, 열반불의 깊이 들어감을 보며**(열반에 깊이 들어가기 때문에 적멸을 보이며, 생사에 깊이 들어가기 때문에 적멸을 보인 것이지 진실로 적멸한 것은 아니다)**, 법계불의 널리 다다름을 보며**(법신이 법계에 충만하기 때문이다)**, 심불의 안주하는 것을 보며**(담연하게 진실한 유식성에 안주하는 것이 불심

---

충.[역자 주]

047 底本 및《金澤寫本》에는 "見眞",《大疏》참조 "眞見"으로 도치.[역자 주]

048 《演義鈔》권제4(T36, 029b09).

이기 때문이다), **삼매불의 한량없는 의지함이 없음을 보며**(적연하게 의지함이 없으므로 삼매이며, 닿는 종류마다 모두 적연하므로 한량없는 것이다), **본성불의 명료함을 보며**(평등성지로 본성을 분명하게 알기 때문이며 본각진성은 성이 본래 분명하게 알기 때문이다), **수락불의 널리 받음을 본다**(자·타의 뜻에 따라 받지 않는 몸이 없기 때문이다).

위 열 가지의 봄에 의거한 것이 곧 진실로 부처를 보는 것이다."[049]

㈏ 무애를 밝힘(後彰無礙(十義))

b. 열거하여 해석함(列釋)

c) 적정하고 작용함이 무애함(寂用無礙)

[33a08] [《鈔》] 如摩尼天鼓等者, 摩尼雨寶, 天鼓出聲.

[초] '마니주와 천고天鼓 등과 같다'는 것은 마니주는 보배를 비 내리고, 천고는 소리를 내는 것이다.

d) 의지하고 일어남이 무애함(依起無礙)

[33a09] [《疏》] 四依起無礙者, 所依能起, 海印定也, 能依所起, 寂用故. 問: 上言寂用已有其定, 今言海印, 豈非重倂? 答: 有云, 前依寂起用, 此依照起用. 此義

049 《大疏》 권제53 〈離世間品〉(T35, 904b02)을 요약 정리하여 인용.

不爾, 若但依照, 且非是定. 今謂通云, 前寂用無礙, 依別末[050]定而興用, 今依起無礙, 依本總定而興用, 別定對總, 咸作能依. 又解云, 前雖云定, 意顯無心. 今方論定, 故《鈔》云, "謂雖寂用無心, 不妨皆依海印之力故."

[소] '넷째는 의지하고 일어남이 무애하다'[051]는 것은 소의所依와 능기能起는 '해인삼매'이며, 능의能依와 소기所起는 '적용寂用'이다. 묻는다. 앞(셋째)에서 말한 적정의 작용이 이미 선정에 있는 것인데, 지금 해인삼매를 말한 것은 중복하여 병렬한 것이 아닌가?

답한다. 어떤 이는 '앞은 적정에 의지하여 작용을 일으킨 것이며, 이것은 관조에 의지하여 작용을 일으킨 것'이라고 하였는데, 이 뜻이 그렇지 않다. 만일 관조에만 의지한다면 우선 이것은 선정이 아니다. 이제 소통해서 말하겠다. 앞에서 '적정하고 작용함이 무애'한 것은 개별적인 말단 선정에 의지하여 작용을 일으킨 것이고, 여기서 '의지하고 일어남이 무애'한 것은 총체적인 근본 선정에 의지하여 작용을 일으킨 것이다. 개별적인 선정(別定)은 총체적인 선정(總定)을 상대하면 모두 능의能依가 된다. 또 해설해 보면, 앞은 선정이라고 했지만 의미는 무심을 드러낸 것이고, 지금에서야 비로소 선정을 논한 것이다. 그러므로 《초》에서 "말하자면 비록 적정의 작용이 무심일지라도 모두 해인삼매의 힘에 의지하는 것을 방해하지 않는다"고 한 것이다.

---

050 底本에는 "末", 《金澤寫本》 및 '本總定' 참조 수정.

051 《大疏》 제1(T35, 506a10). '십신十身이 무애함'의 10가지 무애 중 네 번째이다.

[33a16] [《鈔》] 隨其所樂悉令見者, 謂色無定色, 若金剛之合朱紫, 形無定形, 猶光顯之住脩短, 相無定相, 似明鏡之對姸媸, 故隨樂皆見也.

[초] '그들이 좋아하는 것을 따라서 모두 다 보게 하니'[052]라는 것은 말하자면 색이면서 고정된 색이 없는 것이 마치 금강이 붉거나 보랏빛에 합하는 것과 같고, 형상이면서 고정된 형상이 없는 것은 광채가 나는 것이 길거나 짧은 것에 머무는 것과 같으며, 모습이면서 고정된 모습이 없는 것은 밝은 거울이 예쁘거나 미운 것을 상대하는 것과 같다. 그러므로 좋아하는 대로 다 보는 것이다.

#### f) 나눠짐과 원만함이 무애함(分圓無礙)

[33a19] [《鈔》] 若分與圓異分旣有多應有多箇法界合成一身者, 問: 假令多箇法界合成一身, 復有何過? 答: 同[053]軍林等是假非實, 又性應非一故. 問: 若分與圓一, 寧雜分圓? 答: 圓融行布二義不同, 圓融則分圓常一, 行布卽分圓常異, 如有分限事與無分限理, 更相遍也. 若爾行布門中, 應有多箇法界, 合成一身, 其過何免? 答:全圓融之行布故無前失.

[초] '만일 나눠진 것(支分)과 원만한 것(全身)이 다르다면 나눠진 것에 이미 여럿이 있으니 여러 개의 법계가 합해져서 하나의 몸을 이뤄야 하지

---

052 《演義鈔》 권제4(T36, 030a14).

053 底本에는 "問",《金澤寫本》 참조 수정.

만'[054]이라는 것은, 묻는다. 가령 여러 개의 법계가 합해져서 하나의 몸을 이룬다고 한들 또다시 무슨 허물이 있는가?

답한다. 군대나 숲 등은 가명이지 실재가 아니며, 또 성性은 하나가 아니기 때문이다.

묻는다. 만일 나눠진 것과 원만한 것이 동일하다면 어째서 나눠진 것과 원만한 것을 뒤섞는가?

답한다. 원융圓融과 항포行布의 두 가지 뜻에서 동일하지 않다. 원융 측면에선 나눠진 것과 원만한 것이 항상 하나이고, 항포에서는 나눠진 것과 원만한 것이 항상 다르다. 분한이 있는 사법과 분한이 없는 이치가 다시 서로 변만한 것과 같다.

묻는다. 만일 그렇다면 항포문에서 여러 개의 법계가 합쳐져 하나의 몸을 이루게 될 것이니 그 과실을 어떻게 면하겠는가?

답한다. 원융을 온전히 한 항포이기 때문에 앞의 잘못이 없다.

#### i) 스며들어감이 무애함(潛入無礙)

[33b02] [《鈔》] 不染(不變體空)而染,(隨緣相有) 染而(隨緣相有)不染.(不變體空)

[초] '물들지 않으면서도(不變體空) 물들고(隨緣相有), 물들면서도(隨緣相有) 물들지 않는다(不變體空).'[055]

---

054 《演義鈔》 권제4(T36, 030b04).

055 《演義鈔》 권제4(T36, 030b26~27). 아래도 동일. 별색 괄호는 선연의 주석이다.

[33b02] ○言若轉以喩顯等者, 前擧眞心隨緣, 喩世不見形, 復擧海水成波喩, 以況深旨, 故《鈔》云, 轉以喩顯.

○ '만일 점점 비유로 드러낸다면 등'이라는 것은 앞은 진심眞心이 수연隨緣하는 것을 들어 세상에서 형상을 보지 못하는 것을 비유하였고, 또 다시 바닷물이 파도를 이루는 비유를 들어 깊은 지취에 견주었다. 그러므로 《초》에서 '점점 비유로 드러낸다'고 하였다.

#### j) 원만하고 융통하여 무애함(圓通無礙)

[33b05] [《鈔》] 非情卽佛體故者, 下《疏》釋眞如一百德,[056] 至九十六云, "無有少法而能壞亂, 令其少分非覺性者, 如遍非情, 則有少分, 非是覺悟. 況經云, '佛性除於瓦石.'《論》云, '在非情數中, 名爲法性, 在有情數中, 名爲佛性.' 明知非情非有覺性故. 應釋云, 以性從緣, 則情非情異, 爲性亦殊, 如《涅槃》等. 泯緣從性, 則非覺不覺, 本絶百非, 言[057]亡四句, 若二[058]性互融, 則無非覺悟.《起信》云: '以色性卽智性, 故名智身, 以智性卽色性故, 說名法身遍一切處.'《論》云: '菩提菩提斷, 俱名爲菩提, 說智及智處, 俱名爲般若.' 亦可證此. 旣二性相卽緣復卽性故, 無少分非覺悟者, 況心爲總相, 又融攝重重者哉!"

---

056 底本에는 "億",《金澤寫本》 참조 수정.

057 底本 및 《金澤寫本》에는 없음.《大疏》 참조 보충.

058 底本 및 《金澤寫本》에는 없음.《大疏》 참조 보충.

[초] '비정非情이 불체佛體에 즉하기 때문'[059]이라는 것은 아래 《소》에서 진여의 백가지 덕상을 해석하면서 아흔 여섯 번째에 이르러 "어떤 법도 괴멸하거나 잡란하여 조금이라도 각성이 아닌 것이 없지만, 진여가 비정에 변만하게 되면 아주 조금이라도 각오覺悟가 아닌 것이 있게 된다. 하물며 경에서는 '불성은 기와나 돌은 제외한다'고 하였다.

《논》에서는 '비정의 수에 있으면 법성이라고 하고, 유정의 수에 있으면 불성이라고 한다'고 하였다. 비정은 각성이 없는 줄을 분명하게 알 수 있다. 해설해 보면, 성性으로 연緣을 따르면 정精과 비정非情이 달라서 성도 역시 달라지니, 《열반경》 등과 같고, 연을 없애고 성을 따르면 각오도 각오 아닌 것도 아니니, 근본은 백 가지 부정이 끊어지고 언사는 4구가 없어진다. 만일 (두 가지) 성을 서로 융합하면 각오 아닌 것이 없다.

《대승기신론》에서 '색성色性이 지성智性에 즉하기 때문에 지신智身이라고 하며, 지성이 색성에 즉하기 때문에 법신이 모든 곳에 변만하다'고 하였다. 《논》에서 '보리와 보리가 끊은 것을 모두 보리라고 하며, 지智와 지처智處를 모두 반야라고 한다'고 한 것이 역시 이를 증명할 수 있다. 이미 두 가지 성이 서로 연에 즉하고, 또다시 성에 즉하기 때문에 약간이라도 각오 아닌 것이 없는데 하물며 마음은 총상이며, 또 융합하여 중중한 것이겠는가"[060]라고 하였다.

[33b16] ○言若以佛身上十身菩提·願·化·力持·意生, 卽三身中化身攝也, 相

---

059 《演義鈔》 권제4(T36, 031a05).

060 《大疏》 권제31 〈十廻向品〉 '제8, 眞如相廻向'(T35, 726b25).

好·威勢·福德, 義通報·化, 法身卽法身, 智身義通三身, 局唯法·報故者, 問: 何故下《疏》云: "菩提·威勢·福德皆名報身, 意生·相好·願·化皆化身, 法身·智身·力持皆法身"? 又彼《鈔》云: "菩提爲總, 亦是化身, 餘九中願·化·力持此唯化身, 意生·威勢通他受用及與變化, 福·智·相好通於二報及變化身, 法局法性." 下《鈔》又云: "又顯十身五體五用, 謂威勢·福德·智·法·相好, 此五皆[061]體, 餘五爲用, 體卽是眞, 用卽是應, 眞·應二身, 融爲一味." 此彼相戾, 其故何耶? 答: 良以此宗圓融無礙, 隨攝無拘, 故前後門, 隨應配攝.

○ '만일 불신佛身 위에서 십신인 보리신菩提身·원신願身·화신化身·역지신力持身·의생신意生身은 삼신 가운데 화신에 거둬지고, 상호신相好身·위세신威勢身·복덕신福德身은 의미상 보신, 화신에 통하며, 법신은 곧 법신이고, 지신은 의미상 삼신에 통하지만 국한하면 법신과 보신일 뿐이다. 그러므로 (삼신이 곧 십신이요, 십신이 곧 삼신이다)'[062]라고 한 것은,

묻는다. 어째서 아래 《소》에서는 "보리신·위세신·복덕신은 모두 보신이라고 하고, 의생신·상호신·원신·화신은 모두 화신이고, 법신·지신·역지신은 모두 법신이다"[063]고 했는가? 또, 《초》에서 "보리신은 총체가 되므로 역시 화신이며, 나머지 9신 가운데 원신과 화신과 역지신 이것은 화신일 뿐이고, 의생신과 위세신은 타수용신 및 변화신에 통하며, 복덕신·지신·상호신은 두 보신 및 변화신에 통하고, 법신은 법성에 국

061 底本 및 《金澤寫本》에는 "法", 《演義鈔》 참조 수정.

062 《演義鈔》 권제4(T36, 031a18).

063 《大疏》 권제4(T35, 533c03) 요약 정리.

한된다"[064]고 하였으며, 아래 《초》에서 또 "십신의 다섯 체성과 다섯 작용을 드러내면, 위세신·복덕신·지신·법신·상호신 이 다섯은 모두 체성이며 나머지 다섯은 작용이 된다. 체는 곧 진신이고 작용은 응신이며 진신과 응신의 둘은 융합하여 일미가 된다"[065]고 하였는데, 어째서 이것과 저것이 서로 어긋나는가? 그 까닭이 무엇인가?

답한다. 진실로 이 원종은 원융무애하고 섭수하는 것을 따라서 구속됨이 없다. 그러므로 앞뒤의 문이 배대하는 대로 거둬진다.

c. 두루하고 변만함을 총체적으로 결론지음(總結周遍)

[33c04] [《疏》] 以此身雲遍前時處常說《華嚴》者, 問: 旣彼佛身含四法界. 故《鈔》釋云, "未有一法非佛身也." 何有所遍時處也? 答: 佛門取之, 一切皆佛, 時處取之, 皆是時處. 全此全彼, 無障無礙.

[소] '신운身雲이 앞의 시간과 처소에 변만하여 항상 《화엄》을 설한다'[066]는 것은, 묻는다. 이미 저 불신佛身은 사종법계를 포함한다. 그러므로 《초》에서 해설하여 "어떤 한 법도 불신 아닌 것이 없다"고 하였는데, 어째서 소변所遍의 시간과 처소가 있는 것인가?

답한다. 불문으로 취하면 일체가 모두 불이고, 시간과 처소로 취하면 모두가 시간과 처소이다. 온전히 이것이고 온전히 저것이어서 무장무애

---

064 《演義鈔》 권제18(T36, 143b02).

065 《演義鈔》 권제44 〈十行品〉 '제9 善法行'(T36, 0340b09).

066 《大疏》 권제1(T35, 506a22).

하다.

(마) 다른 교를 회통하여 해석함(會釋餘敎)

㉮ 오문을 따로 회석함(別釋五文)

a. 《기신론》과 《유식론》 등 문장을 회석함(會起信唯識等文)

[33c08] [《疏》] 約攝報說者, 納果名攝, 酬因名報. 謂十地菩薩各有四種果; 一調柔果, 二發趣果, 三攝報果, 四願智果. 初地菩薩攝報, 作閻浮王, 乃至十地菩薩, 作第四禪王. 旣第十地菩薩爲彼天王, 明知說色究竟天成佛, 是約攝報果說.

[소] '섭보과에 한정하여 말하면'[067]이란 것은 과를 받아들인 것을 '섭수'라고 하고, 인을 받는 것을 '과보'라고 한다. 말하자면 십지 보살은 각각 네 종류의 과가 있다. 첫째는 조유과調柔果요, 둘째는 발취과發趣果요, 셋째는 섭보과攝報果요, 넷째는 원지과願智果이다. 초지 보살의 섭보과는 염부제 왕이 되고, 내지 십지 보살은 제4선천의 왕이 된다. 이미 제십지 보살이 그 천의 왕이 되었으니 색구경천色究竟天에서 성불한다고 설했음을 분명하게 알 수 있다. 이것이 섭보과에 한정해서 말한 것이다.

[33c13] [《鈔》] 《起信論》云, 又是菩薩功德成等者, 此一段文, 人多異解, 今引《心地觀經》, 以爲注解, 貴令後學不生疑惑. ○言又是菩薩功德成滿於色究竟處示一切世間最高大身, (《心地觀經》云: "三僧祇劫, 所修萬行, 利益安樂諸衆生已, 十地滿

067 《大疏》 권제1(T35, 506a24).

心, 運身直往色究竟天, 出過三界. 淨妙[068]國土, 坐無數量大寶蓮華, 而不可說海會菩薩, 前後圍繞, 以無垢繒繫於頂上, 供養恭敬, 尊重讚嘆, 如是名爲後報利益.") 已上經文, 全無加減, 卽是《鈔》引《地論》云, "二者後報利益, 摩醯首羅智處生故, 謂以一念相應慧, 無明頓盡, 名一切種智." (《心地觀經》云: "爾時菩薩入金剛定, 斷除一切微細所知障, 證得阿耨多羅三藐三菩提, 如是妙果, 名現利益也.") 已上經文, 亦無加減, 卽是《鈔》引《地論》云, "一者現報利益, 受佛位故." 自然而有不思議業, 能現十方, 利益衆生者, 利他業用, 他報化身也. 上所引文, 相宗自報實成, 終敎他報示成, 仍寄示成, 以顯實成, 故今雙會.

[초] '《대승기신론》에서 또 이 보살의 공덕이 성만하여 등'이라는 것은, 이 한 단락 문장을 사람들이 달리 이해하는 경우가 많다. 지금 《심지관경心地觀經》을 인용하여 주해하니, 후학들은 의혹을 내지 않길 바란다.

○ '또 이 보살의 공덕이 성만하여 색구경천 처에서 일체 세간에서 가장 큰 몸을 보이나니'라고 한 것은 (《심지관경》에서 "삼아승지겁 동안 닦은 만행으로 모든 중생에게 이롭고 안락하게 하고 나서는 십지만심十地滿心에 운신하여 곧장 색구경천으로 가서 삼계를 벗어나 청정하고 미묘한 국토에서 헤아릴 수 없는 큰 보배 연꽃에 앉자 말할 수 없는 해회海會의 보살들이 앞뒤로 둘러싸고 때가 없는 비단을 정수리에 매달아 공양하고 공경하며 존중하고 찬탄한다. 이와 같은 것을 '후보이익後報利益'이라고 한다"[069]고 하였다.) 이상 경문은 전혀 보태거나 뺀 것이 없다. 즉 이것이 《초》에서 《십지경론》을 인용하여 "둘째는 후보이익

---

068　底本에는 "名", 《金澤寫本》 및 《심지관경》 참조 수정.

069　《心地觀經》 권제2 〈報恩品〉제2-상(T03, 298b29~c07)의 내용. 아래도 동일.

이니, 마혜수라 지처智處에 태어난다"[070]고 한 것이다.

'말하자면 일념에 상응하는 지혜로 무명이 한꺼번에 다하는 것을 일체종지라고 한다'는 것은 (《심지관경》에 "이때 보살이 금강정에 들어가 일체의 미세한 소지장所知障을 단멸시켜 제거하고 아뇩다라삼먁삼보리를 증득한다. 이와 같은 묘과를 '현세이익'이라고 한다"고 하였다.) 이상의 경문 역시 보태거나 뺀 것이 없다. 즉 이것이 《초》에서 《십지경론》을 인용하여 "첫째는 현보이익이니, 부처의 지위를 받는다"고 한 것이다.

'자연스럽게 부사의 한 업이 있어서 시방에 나타나 중생을 이롭게 한다'고 한 것은 이타의 업용이니 타보화신이다. 위에서 인용된 문장은 상종相宗의 자보화신은 실제로 성취하고, 종교終敎의 타보화신은 시현으로 성취하는 것이니, 이에 시현으로 성취하는 것에 기탁하여 실제로 성취하는 것을 드러낸 것이다. 그러므로 지금 둘을 다 회통한 것이다.

[34a02] ○言何故他受用報身在此天者等者, 問: 此他受用爲菩薩現耶? 爲如來現耶? 若菩薩現, 何故《心地觀經》云, "一切如來爲化十地諸菩薩衆, 現於十重[071]他受用身", 不言菩薩現耶? 若如來現, 何故《鈔》云, "然第十地寄當此天, 卽於彼身, 示成菩提, 故在彼天"? 答: 一云, 唯如來現. 隱自報實佛故, 說天王菩薩示成菩提, 如對小乘隱一心眞見道, 便說世第一無間引生苦法智忍也. 二云, 菩薩現. 旣許地前十信尙得現於化身, 何不許十地得現報身耶? 又十地旣得平等性智, 豈不能現化報身耶?

070 《十地經論》〈初歡喜地〉 제1의1(T26, 125c01~02)의 내용. 아래도 동일.

071 《心地觀經》에는 "種"으로 되어 있다.

○ '어째서 타수용보신이 천상에 있는가?'[072] 등은, 묻는다. 타수용신은 보살이 나타내는가, 여래가 현현하는가? 만일 보살이 나타낸다면 어째서 《심지관경》에서는 "일체 여래가 십지의 모든 보살 무리로 변화하여 10중의 타수용신을 현현한다"[073]고 하며 보살이 나타낸다고는 하지 않았는가? 만일 여래가 현현한다면 어째서 《초》에서는 "그러나 제10지(보살)은 지위에 기댄 것(寄位)이 천왕에 해당되니, 곧 그 몸에서 보리를 시현으로 성취한다. 그러므로 천상에 있다"고 하였는가?

답한다. 첫째 해설은 오직 여래만이 현현한다. 자보自報의 실불實佛을 숨겼기 때문에 천왕보살이 시현으로 보리를 성취한다고 설한 것이다. 마치 소승을 상대해서는 일심의 진실한 견도를 숨기고, 곧 세제일위의 무간도에서 고법지인苦法智忍을 이끌어낸다고 설하는 것과 같다.

둘째 해설은 보살이 나타낸다. 이미 지전地前인 십신十信의 지위에서도 오히려 화신을 나타낼 수 있다고 인정했는데, 어째서 십지에서 보신을 현현하는 것을 인정하지 않겠는가? 또, 십지에서 이미 평등성지를 얻었다면 어찌 보신을 화현하지 못하겠는가.

[34a11] ○言餘義如別說者,《起信鈔》釋在彼天者, 而有五義; "一云, 以二乘人執[074]化身八相爲眞佛, 不信別有聖人. 又信第四禪是聖人生處. 今欲令二乘知八相非眞, 故於彼天示成佛也. 二由, 三災不及故. 三緣, 欲界色質麤重是有, 無色界都無色質是無, 表離有無契於中道故. 四, 以摩醯首羅面有三目, 表證三德大涅槃

072 《演義鈔》 권제4(T36, 031b09). 아래도 동일.

073 《心地觀經》 권제2 〈報恩品〉제2-상(T03, 298c28).

074 底本에는 "報",《起信論疏筆削記》 및 《金澤寫本》 참조 수정.

故. 五, 下界慧多定少, 上界四空定多慧少, 爲表定慧平等故." 又依彼《疏》, 重解前文, "又是菩薩功德成滿者, 一因位窮也. 故《地論》云, '一者現報利益, 受佛位故.' 於色究竟處, 示一切世間最高大身者, 二果位彰也. 故《地論》云, '二者後報利益, 摩醯首羅智處生故也.' 何故他受用報身, 在此天者? 一義云, 以寄十王顯此[075]十地. 然第十地菩薩, 寄當此天, 卽於彼身, 示成菩提, 故在彼天. 餘義如別說, 謂以一念相應慧者, 謂一念始覺至心源時, 契於本覺, 無明頓盡, 名一切種智, 無明盡故, 顯照諸法.[076] 亦可, 一念等是[077]無間道, 名一切種智, 是解脫道, 卽顯上眞心於此成也. 上皆自利行滿, 下利他德顯. 便云, 自然而有不思議業, 能現十方利益衆生者, 顯上方便心, 明不待功用也. 又亦可初智淨相, 後不思議業相, 皆是本覺隨染所成也."

○ '나머지 뜻은 별설과 같다'고 한 것은 《대승기신론초》에서 '(색구경처)천에 있다'는 것을 해석한 것에 다섯 가지 의미가 있다. "첫째는 이승인은 화신의 팔상八相에 집착하여 진불이라고 여기고, 달리 성인이 있다는 것을 믿지 않는다. 또 제4선천이 성인이 태어나는 곳이라고 믿는다. 이제 이승인들이 팔상이 진불이 아님을 알게 하려고 저 천상에서 부처를 시현으로 성취하는 것이다. 둘째 연유는 삼재三災가 미치지 않으며, 셋째 연유는 욕계는 색질이 추중하여서 '있는 것'이며 무색계는 전혀 색질이 없어서 '없는 것'이지만, (천상에 있다는 것은) 유·무를 벗어나 중도에 계합함을 표시한 것이다. 넷째는 마혜수라의 얼굴에 세 개의 눈이

075 《起信論義記》에는 "別"로 되어 있다.

076 底本에는 "佛", 《起信論義記》 및 《金澤寫本》 참조 수정.

077 底本 및 《金澤寫本》에는 "皆", 《起信論義記》 참조 수정. [역자 주]

있는 것은 삼덕의 대열반을 증득함을 표시한 것이다. 다섯째는 하계는 지혜가 많고 선정이 적으며 상계의 4공천은 선정이 많고 지혜가 적지만, (천상에 있다는 것은) 선정과 지혜가 평등함을 표시하려 한 것이다"[078] 고 하였다.

또 《(대승기신론)소》에 의거해서 앞의 문장을 거듭 해석해 보면, "'또 이 보살이 공덕이 성만하여'라는 것은 첫째, 인위가 궁극인 것이다. 그러므로 《십지경론》에서 '첫째는 현보이익이니 부처의 지위를 받는다'고 하였다. '색구경천 처에서 일체 세간에서 가장 큰 몸을 보이나니'라고 한 것은 둘째, 과위가 드러난 것이다. 그러므로 《십지경론》에서 '둘째는 후보이익後報利益이니, 마혜수라摩醯首羅 지처智處에 태어난다'고 한 것이다. '어째서 타수용보신이 천상에 있는가?'라고 한 것은 한 가지 뜻은 십왕에 기탁하여 이 십지를 드러낸 것이다. 그러나 제십지 보살은 지위에 기댄 것(寄位)이 천왕에 해당되니, 곧 그 몸에서 보리를 시현으로 성취하므로 천상에 있는 것이다. '나머지 뜻은 별설과 같다'는 것은 말하자면 '일념에 상응하는 지혜'는 일념에 시각始覺이 마음의 근원에 다다를 때 본각本覺에 계합한 것이고, '무명이 한꺼번에 다하는 것을 일체종지라고 한다'는 무명이 다했기 때문에 제법을 현현하게 비추는 것을 말한다. 또한 '일념' 등은 '무간도'이고, '일체종지라고 이름한다'는 것은 '해탈도'라고 하는 것도 가능하다. 곧 위의 진심이 여기서 성취됨을 드러낸 것이다. 상계에서는 모두 자리自利의 행이 만족하고, 하계에서는 이타利他의 덕이 드러난다. 곧바로 '자연스럽게 부사의한 업이 있어서 시방에 나타나 중

078 長水子璿 述, 《起信論疏筆削記》 권제17(T44, 392b14)을 요약 인용.

생을 이롭게 한다'고 한 것은 위의 방편심을 드러낸 것으로 공용에 기대지 않았음을 밝힌 것이다. 또, 처음은 '지정상智淨相'이고, 뒤는 '부사의업상不思議業相'이라는 것도 가능하다. 모두 본각이 염오를 따라 이룬 것이다"[079]라고 하였다.

#### b.《열반경》과《앙굴경》등에 통함(通涅槃央崛等經)

[34b09] [《鈔》] 十[080]功德者, 經云: "一者, 根深難可頓拔, 二者, 自身生決定想, 三者, 不觀福田及非福田, 四者, 修淨佛土, 五者, 滅除有餘, 六者, 斷除業緣, 七者, 修淸淨身, 八者, 了知諸緣, 九者, 離諸怨敵, 十者, 斷除二邊."《鈔》引《涅槃經》高貴德王難, 與此經〈問明品〉文殊賢首二士難答, 文意頗同. 故彼《疏》文結成前難云: "謂若諸佛於因行法, 有具不具, 可有刹等不同, 今皆同具, 刹等那別? 答中意云, 非唯因同, 果德亦同. 而見異者, 隨機感耳. 非佛自位而有差別, 何者? 諸佛因果具同異故. 謂同滿行海, 是同因也. 將此同因, 隨所調伏, 種種廻向, 應根之果, 是異因也. 由此異因, 感差別果. 由上同因, 同感眞應身土等果. 是則約佛, 卽同能隨異, 約根, 同處而見異. 以生就佛, 雖異而常同, 以佛就生, 雖同而見異. 以佛望佛, 能異之必同. 其猶錦窠, 常同常異.《瑜伽》三十八, 諸佛平等, 唯除四法; 一壽量, 二名號, 三族性, 四身相. 意明隨機故. 除此四事, 餘皆等也. 就果同中, 自性身土一向體同, 自受用者平等無二, 相似名同. 餘二身土, 亦相似名同, 而隨機見異. 故《成唯識》云: 自性身土一切如來, 同所證故, 體無差別. 自受用身及所依土, 雖

079 法藏 撰,《起信論義記》권하(T44, 280c24)를 요약 인용.

080 底本에는 "十+事",《演義鈔》및《金澤寫本》참조 "事" 삭제.

一切佛各變不同, 而皆無邊不相障礙. 餘二身土, 隨諸如來所化有情, 有共不共. 所化共者, 同處同時, 諸佛各變, 爲身爲土, 形狀相似, 不相障礙, 展轉相雜, 爲增上緣, 令所化生自識變現. 謂於一土, 有一佛身, 爲現神通, 說法饒益. 於不共者, 唯一佛變, 諸有情類屬佛異故."

[초] '열 가지 공덕'[081]이라는 것은 경에서 "첫째는 근이 깊어서 한꺼번에 뽑기 어려움이요, 둘째는 자신이 결정된 생각을 냄이요, 셋째는 복전 및 복전 아님을 관찰하지 않음이요, 넷째는 청정 불토를 닦음이요, 다섯째는 유여를 제멸함이요, 여섯째는 업연을 단멸하여 제거함이요, 일곱째는 청정신을 닦음이요, 여덟째는 모든 연을 분명하게 앎이요, 아홉째는 모든 원수와 적을 떠남이요, 열째는 양변을 끊어버림이다"[082]고 하였다. 《초》에서는 《열반경》의 고귀덕왕의 질문과 이 경의 〈보살문명품〉에 문수보살과 현수보살 두 보살의 질문과 대답을 인용하였다. 문장 의미는 거의 같다.

그러므로 《소》의 문장에서 앞의 논란을 결론지으면서 "만일 제불이 인행법에 대해 갖추거나 갖추지 못함이 있다면 찰토 등이 같지 않음이 있겠지만 이제 모두 똑같이 갖추고 있는데 찰토 등이 어째서 구별되는가?' 하고 대답한 의미는 인행이 같을 뿐만이 아니라 과덕도 역시 같다. 그런데도 다른 것을 보는 것은 근기가 감득한 것에 따른 것이고, 부처의 자체 지위가 차별이 있는 것이 아니다. 왜냐하면 제불의 인·과는 동이

---

081 《演義鈔》 권제4(T36, 031b19).

082 《涅槃經》 권제24 〈高貴德王菩薩品〉(T12, 506a25).

同異를 갖추었기 때문이다. 말하자면 행해行海를 똑같이 만족한 것은 동일한 인이며, 동일한 인으로 조복하는 것을 따라서 갖가지로 회향하여 근기에 응하는 과는 다른 인이다. 다른 인으로 인해 차별된 과를 감득하고, 위의 동일한 인으로 인해 똑같이 진신과 응신과 찰토 등의 과를 감득한다. 이렇다면 불에 한정하면 곧 같으면서 능히 다른 것을 따르고, 근기에 한정하면 같은 곳에서도 다른 것을 보는 것이다. 중생으로 부처에 나아가면 비록 다르더라도 항상 같고, 부처로 중생에 나아가면 같더라도 다른 것을 보며, 부처로 부처를 마주하면 다른 것도 반드시 같게 하는 것이니, 마치 비단격화문양(錦窠)이 항상 같으면서 항상 다른 것과 같다.

《유가사지론》 권제38에 '제불은 평등하지만 네 가지 법만은 제외된다. 첫째는 수량이요, 둘째는 명호요, 셋째는 족성이요, 넷째는 신상이다'고 하였으니 그 의미는 근기를 따름을 밝힌 것이다. 이 네 가지 사법을 제외하고 나머지는 모두 평등하다. 과가 동일한 것에 입각하면 자성의 신身·토土는 줄곧 체가 같고, 자수용신은 평등하여 둘이 없다. 비슷한 것을 같다고 한 것이니, 나머지 두 신·토 역시 비슷한 것을 같다고 한 것이며, 근기에 따라서 다른 것을 본다. 그러므로《성유식론》에서 '자성의 신·토는 모든 여래가 똑같이 증득한 것이어서 체에 차별이 없지만 자수용신과 그것이 의지하는 국토는 모든 부처가 각각 변화하여 다르지만 모두 다 끝이 없어서 서로 장애하지 않는다. 나머지 두 신·토는 모든 여래가 교화하는 바 유정에 따라 공유하거나 공유하지 않는 것이 있으니, 교화되는 대상(중생)에 따라서 '공유하는 것'은 같은 장소와 같은 시간에 제불이 각각 변화하여 몸이 되고 국토가 되는데, 형상이 비슷하여 서로 장애하지 않으며 점차로 서로 뒤섞여서 증상연이 되고, 교화되는 중생의 자체 의식에 변화하여 나타난다. 말하자면 한 국토에 하나의 불신이 있어 신통력을 나타내고 설법하여 요익하게 하는 것이다. '공유하지 않는 것'이란 오직 한 분의 부처만이 변화하고 유정의 부류들은 부처의 차이에 귀속되기 때문이다'"[083]라고 하였다.

㉰ 혼동될 것을 가려냄(揀濫)

[34c11] [《疏》] 若不融前義亦失經宗者, 此意若不融前權佛, 權外立實, 亦失《華嚴》無礙之宗. 問: 前之四教, 爲有佛耶? 爲無佛耶? 若云有佛, 何故下《鈔》云: "前四因中卽有, 至果皆無."《大鈔》又云: "別教十地證竟, 但是圓家住爾. 〈出現品〉說, '權教菩薩終不生如來家故.'" 豈有佛耶? 若云無佛, 何故《疏》云, "若不融前義, 亦失經宗." 權教無佛, 不融何過? 今謂通云, 若依前四教, 實行衆生, 當不成佛, 如前引教. 是知無佛, 若依圓教修行, 已得成佛, 爲應權根, 示作權佛, 此佛是有. 若不融此, 故失經宗.

[소] '만일 앞의 뜻을 융합하지 않으면 역시 《화엄경》의 종지를 잃게 된다'[084]는 것은 이 의미는 만일 앞(4교)의 권불權佛을 융합하지 않으면 권 밖에 실을 세우는 것이어서 역시 《화엄》의 무애하다는 종지를 잃게 된다는 것이다.

083 《大疏》 권제15 〈菩薩問明品〉 제10(T35, 611a28).

084 《大疏》 권제1(T35, 506a28).

묻는다. 앞의 4교는 불이 있는가, 불이 없는가? 만일 불이 있다고 하면 어째서 아래《초》에서 "앞의 4교는 인因에는 곧 (불이) 있지만 과果에 이르러서는 모두 없다"고 하였으며,《대초》에서 또, "별교는 십지의 증득에서 마치지만 이는 다만 원교 집안의 십주十住일 뿐이다.〈여래출현품〉에 '권교보살은 끝내 여래 집안에 태어나지 못한다'고 하였다"[085]고 했으니 어찌 불이 있겠는가. 만일 불이 없다고 한다면 어째서《소》에 "만일 앞의 뜻을 융합하지 않는다면 역시 경의 종지를 잃게 된다"고 했는가? 권교에는 불이 없는데 융합하지 않은들 무슨 잘못인가?

답한다. 이제 소통해서 말하겠다. 만일 앞의 4교에 의지하면 실제로 수행한 중생들이 당래에 성불하지 못한다. 앞에서 인용한 가르침과 같다. 이로서 불이 없는 줄 안다. 만일 원교에 의지하여 수행하면 이미 성불했지만 권교의 근기에 응하기 위해 시현으로 권불을 만든 것이다. 이 불이 있다. 만일 이것을 융합하지 않으면 경의 종지를 잃게 된다.

#### 라) 삼매에 의지함(依三昧)

#### (가) 이치를 세워 바로 밝힘(立理正明)

#### ㉮ 입정의 의미를 별도로 드러냄(別顯入意)

[34c20] [《疏》] 明將有說必須靜鑒前理者, "《周易》〈繫辭〉云: '尺蠖之屈, 以求伸也, 龍蛇之蟄, 以存身也, 精義入神, 以致[086]用也.' 註云: '精義, 物理之微者也, 入

085 《演義鈔》 권제40 〈초발심공덕품〉 제17(T36, 0308c).

086 底本 및《金澤寫本》에는 "到", 〈繫辭傳〉 및《演義鈔》 참조 수정.

神, 寂然不動, 感而遂通者也, 故能乘天下之微, 會通其用也.'" 斯之謂也.

[소] '장차 이 법을 설하려면 반드시 앞의 이치를 고요하게 비추며'[087]라는 것은 "《주역》〈계사전繫辭傳〉에서 '자벌레가 몸을 움츠리는 것은 펴기 위한 까닭이요, 용이나 뱀이 겨울잠을 자는 것은 몸을 보존하는 까닭이요, 뜻을 정밀하게 하여 신묘한 경지에 드는 것은 작용을 지극히 하는 까닭이다'라고 하였는데, 그 주석에서 '뜻을 정밀하게 하는 것'은 물리의 기미이며, '신묘한 경지에 드는 것'은 적연히 부동하다가 감득하면 마침내 통하는 것이다. 그러므로 천하의 기미를 타고서 그 작용을 회통한다"[088]고 하였으니 이것을 이른다.

[34c24] [《鈔》] 含前四意者, 靜鑒二字, 具前第一第二故. 或以言略, 應云明將有說, 必須靜鑒前理, 受諸佛加, 含前四意.

[초] '앞의 네 가지 의미를 포함한다'는 '고요히 비춘다(靜鑒)'는 두 글자가 앞의 첫 번째와 두 번째를 갖추었기 때문이다. 혹은 말이 생략된 것이니, '장차 이 법을 설하려면 반드시 앞의 이치를 고요하게 비추고 제불의 가피를 받는다'고 말해야 앞의 네 가지 의미를 포함하는 것이다.

㉯ 총체적으로 결론지음(總結成)

087 《演義鈔》 권제4(T36, 032b12). 아래도 동일.

088 《演義鈔》 권제30 (T36, 226b05).

[35a03] [《鈔》] 入毗盧遮那藏身三昧者, 毗盧遮那能觀大智, 如來藏身所觀深理. 以果揀因, 毗盧遮那之如來藏身三昧定也, 從境彰名. 或卽體爲名.

[초] '비로자나 여래장신 삼매에 든다'[089]에서 '비로자나'는 능관能觀하는 대지혜요, '여래장신'은 소관所觀의 깊은 이치이다. 과로써 인을 가려내면 비로자나의 여래장신 삼매선정이니, 경계를 따라서 명칭을 드러낸 것이다. 혹은 체성에 즉하여 명칭을 삼은 것이다.

[35a05] ○言菩薩者, 揀果也. 言無量者, 十住各攝多聞·善巧. 言方便者, 任性能智, 觀解善巧.

○ '보살'이라고 한 것은 과果를 가려낸 것이다. '무량하다'고 한 것은 십주十住는 각각 다문多聞과 선교善巧를 거둔다. '방편'이라고 한 것은 성품대로 맡기는 능관能觀의 지혜로 관찰하고 이해하는 것을 매우 잘하는 것이다.

[35a07] ○言入者, 謂心詣於法. 言善思惟者, 巧順理事, 揀無礙無心成事.

○ '든다'고 한 것은 마음이 법에 이른 것을 말한다. '잘 사유한다'고 한 것은 이理·사事를 절묘하게 수순하는 것이니, 무애함이 무심으로 사법을 성취하는 것과 가려낸 것이다.

---

089 《演義鈔》 권제4(T36, 032b18~26). 아래 삼매 내용도 동일.

[35a08] ○言智光者, 智卽是體, 光有三義; 一正智前相, 二斷惑眞用, 三了境俗用. 眞·俗二用無礙, 明照理事法界.

○ '지광智光'이라고 한 것에 지혜는 곧 체이고 광명은 세 가지의 뜻이 있다. 첫째는 정지正智이니 앞의 모습이요, 둘째는 미혹을 끊는 것(斷惑)이니 진지眞智의 작용이요, 셋째는 경계를 분명하게 아는 것이니 속지俗智의 작용이다. 진지와 속지의 두 작용이 무애하여 이사법계를 밝게 비춘다.

[35a10] ○言智慧光明者, 照事名智, 照理名慧. 此二無礙, 能破見惑及與無明.

○ '지혜광명智慧光明'이라고 한 것은 사법을 비추는 것을 '지智'라고 하며, 이치를 비추는 것을 '혜慧'라고 한다. 이 둘이 걸림 없이 견혹과 무명을 무너뜨린다.

[35a12] ○言刹那者, 時之極促[090]也. 言際者, 時相都寂也.

○ '찰나刹那'는 시간이 지극히 짧은 것이다. '한계(際)'는 시상時相이 모두 적정한 것이다.

090 底本에는 유실, 《金澤寫本》 참조 보충.

[35a13] ○言佛華嚴者, 萬行披[091]敷嚴法身故.

○ '불화엄佛華嚴'이라고 한 것은 만행이 활짝 펼쳐져 법신을 장엄하기 때문이다.

[35a14] ○言頻伸者, 縮展之義也. 卽用之體, 寂而造極, 曰頻. 卽體之用, 不爲而普周, 曰伸. 通言入, 或云住者, 五識對境, 意從門出, 遠境護根, 意識却入. 此通權·小. 今此經宗, 卽照之寂名入, 卽寂之照名出, 入已未起名住.

○ '빈신頻伸'은 움츠렸다가 편다는 뜻이다. 작용에 즉한 체가 적정하면서도 조작이 극다한 것을 '빈頻'이라고 하며, 체에 즉한 작용이 작위하지 않으면서도 널리 두루한 것을 '신伸'이라고 한다. 공통적으로 (삼매에) '든다'고 하거나 '머문다'고 한 것은 오식이 경계를 대할 때 의식이 문에서 나오며, 경계를 멀리하고 근을 보호하면 의식은 즉각 들어간다. 이것은 권교와 소승에 통한다. 지금 《화엄경》의 종지로는 관조에 즉한 적정을 '든다'고 하고, 적정에 즉한 관조를 '나온다'고 하며, 들고 나서 아직 일어나지 않은 것을 '머문다'고 한다.

[35a18] ○言二不入者未[092]入位故者, 〈問明〉等三其義可爾, 〈名號〉等三其理如何? 說佛三業, 豈未入位耶? 故下《鈔》云: "信未[093]入位, 許不入定, 說佛三業, 何不

---

091 底本에는 "被", 《金澤寫本》 참조 수정.

092 底本에는 "末", 《演義鈔》 및 《金澤寫本》 참조 수정.

093 底本에는 "求", 《演義鈔》 및 《金澤寫本》 참조 수정.

入定? 以果從因, 因卽十信, 十信不入, 果亦不入, 是十信中所說果故."

○ '제2회에는 (선정에) 들지 않았다고 한 것은 아직 지위에 들지 않았기 때문'이라는 것은, 묻는다. 〈보살문명품〉 등 3품은 그 뜻이 그럴 수 있지만, 〈여래명호품〉 등 3품은 그 이치가 어떠한가?

답한다. 설법하는 부처의 삼업三業이 어찌 아직 지위에 들지 않았겠는가? 그러므로 아래 《초》에서 "십신十信은 아직 지위에 들지 않았으니 선정에 들지 않는다는 것을 받아들일 수 있지만 설법하는 부처의 삼업이 어찌 선정에 들지 않았겠는가. 과로 인을 따르면 인이 곧 십신이고, 십신이 (선정에) 들지 않으면 과 역시 들지 않은 것이니 이는 십신 가운데 설해진 과이기 때문이다"[094]라고 하였다.

[35a22] ○言說世間法尙須入定者, 〈世界成就品〉普賢入定是也.

○ '세간법을 설하는 데도 오히려 선정에 들어야 하는데'라는 것은 〈세계성취품〉에서 보현보살이 선정에 든 것이 이것이다.

#### 마) 현상에 의지함(依現相)

##### (다) 방광을 별도로 밝힘(別明放光)

[35a24] [《鈔》] 眉間放光者, 通表一乘中正之道者, 下《疏》釋云: "表離二邊故.

094 《演義鈔》 권제28 〈如來名號品〉 제7(T36, 214c23).

於體不計[095]有無二邊, 於義不著常無常等諸法相邊, 於行不習苦樂二邊, 於道不住邪正二邊, 於人不執因果二邊, 於教不說世出世二邊, 於諦不見眞俗二邊, 於化不定權實二邊, 是故爲衆放眉間光."

[초] '미간에서 방광하는 것은 일승의 중정中正한 도를 통틀어 표시한 것'[096]이라는 것은 아래《소》에서 "(미간은) 양변을 벗어났음을 표시한다. 체에 있어서는 유·무의 양변을 계탁하지 않으며, 뜻에 있어서는 상주함과 무상함 등 여러 법의 상변相邊에 집착하지 않는다. 수행에 있어서는 고·락의 양변을 익히지 않으며, 도에 있어서는 삿됨과 바름의 양변에 머물지 않으며, 사람에 있어서는 인·과의 양변에 집착하지 않으며, 교에 있어서는 세간과 출세간의 양변을 말하지 않으며, 진리(諦)에 있어서는 진제와 속제의 양변을 보지 않으며, 교화에 있어서는 권·실의 양변에 고정되지 않는다. 이 때문에 중생을 위해 미간에서 광명을 놓은 것이다"[097]라고 해설하였다.

바) 설하는 자에 의지함(依說者)

㈎ 유래한 의미를 총체적으로 드러냄(總顯來意)

㉯ 인증(引證)

[35b06] [《鈔》] 譬如闇中寶者, 喩法顯略. 喩中五事; 一闇, 二寶, 三無燈, 四有

095 底本에는 "許",《大疏》및《金澤寫本》참조 수정.

096 《演義鈔》권제5(T36, 033a14).

097 《大疏》권제9〈如來現相品〉제2(T35, 566c12).

眼, 五不可見. 喩闕有眼一事. 法中五事; 一障染, 二心寶, 三無人說, 四有智慧, 五莫能了. 法闕(障染)一事, 學者應知.

[초] '비유하면 어둠 속의 보배와 같다'[098]고 한 것은 비유와 법에서 생략된 것을 드러내보면 비유의 다섯 가지 사법은 첫째는 어둠이요, 둘째는 보배요, 셋째는 등불이 없음이요, 넷째는 눈이 있음이요, 다섯째는 볼 수 없음이다. 비유에는 '눈이 있음'의 한 사법이 빠졌다. 법의 다섯 가지 사법은 첫째는 염오에 장애됨이요, 둘째는 마음 보배요, 셋째는 무인설이요, 넷째는 지혜 있음이요, 다섯째는 분명히 알 수 없음이다. 법에는 '(염오에 장애됨)' 한 사법이 빠졌으니 학자들은 알아야 할 것이다.

### (나) 장문을 열어 따로 해석함(開章別釋)

#### ㉮ 설하는 사람을 총괄적으로 밝힘(總明說人)

[35b10] [《鈔》] 言有情者卽含前佛菩薩等者, 問: 佛[099]菩薩是情, 佛非有情. 若是有情, 發弘願云, 有情無邊誓願度, 豈是佛所度耶? 若非有情, 何故《鈔》云, "言有情者, 卽含前佛等"? 答: 言有情者, 通有三義; 一情者愛也, 二情者識也, 三情者性也. 若約初義, 佛非有情. 若約後二義, 佛是有情. 六十二種有情中, 佛是一數. 或據示現, 佛爲有情. 亦通初義, 愛語羅睺故.

---

098 《演義鈔》 권제5(T36, 033b07).

099 "佛"은 문맥상 없어야 한다.

[초] '유정이라고 한 것은 곧 앞의 불보살 등을 포함한다'[100]는 것은, 묻는다. 보살은 유정이지만 불은 유정이 아닐 것이다. 만일 (불이) 유정이라면 사홍서원에 '유정이 끝이 없지만 제도하길 서원한다'고 하였으니 어찌 불이 제도될 대상이겠는가? 만일 (불이) 유정이 아니라고 한다면 어째서 《초》에서 "유정이라고 한 것은 곧 앞의 불보살 등을 포함한다"고 했는가?

답한다. 유정이라고 말한 것은 통틀어 세 가지 뜻이 있다. 첫째 정情은 애愛요, 둘째 정은 식識이요, 셋째 정은 성性이다. 만일 첫 번째 뜻에 한정하면 불은 유정이 아니고, 만일 뒤의 두 가지 뜻에 한정하면 불은 유정이다. 62종류의 유정 가운데 불이 그 한 수이다. 혹은 시현에 근거하면 불은 유정이다. 또한 첫 번째 뜻에도 통하니 라훌라에게 애어愛語하기 때문이다.

[35b17] [《鈔》] 五類法界皆有說義者, 問: 第四旣泯法界, 旣是人法雙亡, 絶言絶相, 何有說義? 答: 但因人法雙泯之義, 引生了解, 便名爲說, 非要興言. 故《綱要》云: "說者則該[101]於萬類, 觸物皆有表彰." 是也. 或泯不礙存, 故有說義. 問: 準此所談, 能說之人通世間, 與前依主復有何別? 彼亦融三世間故. 答: 統體咸同, 就義有異, 彼據以佛爲門, 此據本位而說, 故無相濫.

---

100 《演義鈔》 권제5(T36, 033b20).

101 底本에는 "諼", 《演義鈔》 및 《金澤寫本》 참조 수정.

[초] '5류 법계[102]에 모두 설하는 뜻이 있다'[103]는 것은, 묻는다. 네 번째에 이미 법계를 없앴다면 사람과 법이 둘 다 없어지고, 언설과 상이 끊어졌는데 무슨 언설한 뜻이 있겠는가?

답한다. 다만 사람과 법이 둘 다 없어지는 뜻으로 인해 분명한 이해를 이끌어내는 것을 편리상 '설'이라고 한 것이지 언설을 꼭 일으킨 것은 아니다. 그러므로 《화엄강요》에서 "설이란 만유를 포괄해서 사물에 닿는 것은 모두 표현하여 드러냄이 있다"고 한 것이 이것이다. 혹은 없어지는 것이 두는 것을 장애하지 않으므로 설한 뜻이 있다.

묻는다. 여기서 언급된 것에 준거하면 능설하는 사람은 세간에 통하는데, 앞의 교주에 의지함(依主)과는 또다시 무슨 구별이 있는가? 저것 또한 삼세 간을 융합하기 때문이다.

답한다. 총체는 모두 같지만 뜻에 입각하면 차이가 있다. 저것은 부처로 문을 삼은 것에 근거하였고, 이것은 본위에 근거해서 말한 것이다. 그러므로 서로 혼동되지 않는다.

사) 듣는 자에 의지함(依聽者)

(가) 대의를 총체적으로 밝힘(總明大意)

[35b24] [《疏》] 七依聽者, 然準外典, 而有三種. 《文子》云: "上學神聽, 中心, 下耳也."

102 5류 법계: ① 法法界, ②人法界, ③俱融, ④俱泯, ⑤無障礙.

103 《演義鈔》 권제5(T36, 033b27).

[소] '일곱째는 청자聽者에 의지한다'[104]는 것은 외전에 준거하면 세 종류가 있다. 《문자文子》에서 "상학上學은 신묘하게 듣고, 중학中學은 마음으로 들으며, 하학下學은 귀로 듣는다"[105]라고 하였다.

㈏ 류가 다름을 간략히 지적함(略指類別)

[35c02] [《疏》] 卽下諸衆略有十類至文當明者, 故下《鈔》[106]云: "一影響衆,(若影之隨形, 響之應聲.) 二常隨衆,(謂作輔翼, 得圓滿故, 如賢首等.) 三守護衆,(爲守護如來, 如執金剛等.) 四嚴會衆,(爲莊嚴, 如道場神等.) 五供養衆,(如偈讚, 卽行[107]供養, 若華香幢等, 卽財供養也.) 六發起衆,(諸請嘆者, 卽其事也.) 七當根衆,(聞法獲益, 當根領悟.) 八表法衆,(同名林等表行, 同名首等表信.) 九證法衆,(順證, 佛菩薩等證說[108]不虛故.) 十顯法衆.(卽聲聞不聞, 顯法不共故.) 對前十類辨(權·實)者, 影響一衆, 自有二類; 一果德衆, 謂能加證法, 諸佛互爲主伴, 非權非實. 然權實有其二類. 一本高跡下, 如佛爲菩薩. 二本下跡高, 如菩薩爲佛. 今旣是佛, 則非跡下, 實是如來, 又非本下. 卽是實非權, 無權可對, 故亦非實, 因果海故. 若位極菩薩, 影響一向是權. 故有經云: '昔爲能仁師, 今爲佛弟子, 二尊不竝化, 故我爲菩薩等.' 當根唯實, 餘八通權·實. 若辨地位, 影響·證法通因果, 餘皆爲因. 因位高下, 以難準定."

104 《大疏》 권제1(T35, 506b26).

105 《文子》〈道德篇〉에 의하면, "故上學以神聽, 中學以心聽, 下學以耳聽."이다.

106 底本 및 《金澤寫本》에는 "鈔"로 되어 있다. 그러나 "疏"여야 한다. 《大疏》 권제5의 내용을 의취한 것이기 때문이다. [역자 주] 번역문에는 이를 반영함.

107 《大疏》 원문에는 "正行"으로 되어 있다. 번역문에 반영함.

108 底本 및 《金澤寫本》에는 "說證", 《大疏》 참조 도치.

[소] '곧 아래의 여러 대중은 간략하게 10종류가 있는데, 문장에 이르러 밝힌다.'[109] 그러므로 아래 《소》에서 "첫째는 영향 대중이요(그림자가 형상을 따르고, 메아리가 소리에 응하는 것과 같다), 둘째는 항상 따르는 대중(말하자면 보익이 되어 원만할 수 있게 하기 때문이다. 현수보살 등과 같다)이요, 셋째는 수호하는 대중(여래를 수호하기 위한 것이니, 집금강신 등과 같다)이요, 넷째는 법회를 장엄하는 대중(장엄하기 위한 것이니 도량신 등과 같다)이요, 다섯째는 공양하는 대중(저 게송으로 찬탄하는 것은 곧 정행공양이고, 꽃과 향과 당번 등 같은 것은 재물공양이다)이요, 여섯째는 발기 대중(모든 간청하고 찬탄하는 자들이 곧 그 일이다)이요, 일곱째는 해당 근기의 대중(법을 듣고 이익을 얻어 해당근기들이 증득하게 된다)이요, 여덟째는 법을 표시하는 대중(동명의 림林 등은 행行을 표시하고, 동명의 수首 등은 신信을 표시한다)이요, 아홉째는 법을 증명하는 대중(따라서 증명하는 것이니, 불보살이 말씀이 허망하지 않음을 증명하기 때문이다)이요, 열째는 법을 드러내는 대중(곧 성문은 듣지 못하여 공유하지 않는 법임을 드러내기 때문이다)이다.

앞의 10종류를 상대해서 (권·실을) 가린다면, 영향 대중은 자체에 두 부류가 있다. 첫째는 과덕 대중이니, 말하자면 가피로 법을 증명하여 제불이 서로 주체와 반려가 되는 것이니, 권도 실도 아니다. 그러나 권·실에는 두 가지 부류가 있다. 하나는 본문本門은 높고 적문迹門은 낮은 것이니, 불이 보살이 되는 것과 같다. 둘은 본문은 낮고 적문은 높은 것이니, 보살이 불이 되는 것과 같다. 지금은 이미 불이니 적문이 낮은 것이 아니며, 실제는 여래이니 또 본문이 낮은 것도 아니다. 곧 실이지 권이

109 《大疏》 권제1(T35, 506b27). 아래도 동일.

아니나 상대할만한 권이 없기 때문에 역시 실도 아니다. 인과해因果海이기 때문이다. 만일 지위가 제일 높은 보살의 경우에는 영향 대중은 줄곧 권이다.

그러므로 경에서 '옛날에는 능인能仁의 스승이었고, 지금은 부처의 제자이다. 두 분의 존자는 나란히 교화하지 않는다. 그러므로 나는 보살이 된다' 등이라고 하였다. 해당 근기의 대중은 오직 '실'뿐이고, 나머지 여덟 (대중)은 '권·실'에 통한다. 만일 지위로 가려내면 영향 대중과 증법 대중은 인·과에 통하고, 나머지 대중은 모두 인이 된다. 인위의 높고 낮음은 준정하기 어렵다"[110]라고 하였다.

[35c16] [《疏》] 除當根[111]衆餘皆是[112]緣者, 此意當根之衆, 卽第三順根感因, 故此除之. 若爾, 何故《綱要》云: "聽者則正在當根, 傍兼影響"? 今謂通云, 此約以人從法, 當根屬因.《綱要》約人法別論, 感者善相乃在因中, 當根之人故在緣攝. 故彼此文, 不相矛楯.

[소] '해당 근기의 대중을 제외하고, 나머지(대중)는 모두 (교敎가 일어난) 연緣이다'라는 의미는 해당 근기의 대중은 곧 세 번째 '근기가 감득하는 데에 수순하는 인'이므로 이것은 제외한다는 것이다.

묻는다. 만일 그렇다면 어째서 《화엄강요》에서 "듣는 자는 바로 해당 근기에 있고, 부차적으로 영향 대중을 겸한다"고 했는가?

---

110 《대소》 권제5(T35, 533c21)의 내용을 요약 정리.

111 《대소》에는 "機"로 되어 있다.

112 底本에는 "見",《대소》 및 《金澤寫本》 참조 수정.

답한다. 이제 회통해서 말하겠다. 이것은 사람으로 법을 따른 것에 한정했으므로 해당 근기가 인因에 속하고, 《화엄강요》는 사람과 법을 별도로 논한 것에 한정했으므로 감득한 자의 선한 상은 이내 인因 가운데 있고, 해당 근기의 사람은 연緣에 거둬진다. 그러므로 저것과 여기 문장이 서로 모순되지 않는다.

#### 자) 청하는 자에 의지함(依請者)

##### (가) 청하는 형식을 따로 보임(別示請儀)

[35c21] [《疏》] 然有二類; 一者言請, 二者念請. 諸會有無, 〈現相品〉當辨者, 故下《疏》云: "四請問儀式, 復有二義; 一約言念, 二約通別. 初中請有二種; 一言, 二念. 答亦有二; 一言答, 二示相. 交絡相望, 應成九句, 在文唯四. 初會之中, 具二問答. 謂〈現相品〉長行念請[113], 供聲言請, 初光示法主, 現華表義, 現衆表教, 卽示相答. 〈三昧品〉中, 以言重請. 下之二品, 亦以言答. 第二會唯念請, 如來示相答, 菩薩言說答. 佛心自在, 不待興言, 佛力殊勝, 現相能答. 第八會言請言答, 此顯菩薩不同佛故. 第九會念請示相答, 顯以心傳心, 唯證相應, 離言說故. 二通別者, 初·後二會, 別問通答. 二·八兩會, 別問別答. 又初會亦得是別問別答. 次文當明."

[소] '그러나 두 부류가 있다. 첫째는 말로 간청하는 것이요, 둘째는 생각으로 간청하는 것이다. 여러 법회에 있음과 없음은 〈여래현상품〉에서

113 底本에는 "聲", 《大疏》 및 《金澤寫本》 참조 수정.

가린다'[114] 한 것은, 그러므로 아래 《소》에서 "넷째 간청하여 질문하는 의식에 또다시 두 가지 뜻이 있다. 첫째는 말과 생각에 한정함이요, 둘째는 통괄과 개별에 한정한다.

첫 번째 간청에는 두 종류가 있다. 하나는 말이고, 둘은 생각이다. 대답에도 역시 두 가지가 있다. 하나는 말로 대답함이요, 둘은 현상으로 보여줌이다. 서로 엮어 마주하면 9구를 이뤄야 하지만 문장에는 사구만 있다.

초회 법회에는 두 가지 질문과 대답을 갖추고 있다. 말하자면 〈여래현상품〉에서 장행長行 문장은 생각으로 간청함이요, 공양하는 음성은 말로 간청함이다. 처음에 광명으로 법주를 보이고, 꽃을 나타내어 뜻을 표시하며 대중을 나타내어 교를 표시하는 것은 곧 현상으로 보여주는 대답이다. 〈보현삼매품〉은 말로 거듭 간청하고, 아래 3품은 역시 말로 대답한 것이다. 제2회에는 오직 생각으로만 간청하며, 여래는 현상으로 보여주어 대답하고, 보살은 언설로 대답한다. 불심은 자재하여 말을 일으키는 데에 기대지 않으며, 불의 위신력은 수승하여 현상을 나타내어 대답할 수 있다. 제8회에는 말로 간청하고 말로 대답하는데, 이는 보살이 부처와 같지 않음을 드러낸 것이다. 제9회에는 생각으로 간청하고 현상으로 보여주어 대답한다. 마음으로 마음을 전하는 것은 오직 증득한 자라야 상응하고 언설을 여의었음을 드러낸 것이다.

둘째 통괄과 개별은 처음과 뒤의 2회는 개별적으로 묻고 통괄해서 대답하였으며, 2회와 8회 두 법회는 개별적으로 묻고 개별적으로 대답

114 《大疏》 권제1(T35, 506c11)

한 것이다. 또, 첫 회도 역시 개별적으로 묻고 개별적으로 대답한 것이다. 다음 글에서 밝힐 것이다"[115]라고 하였다.

차) 가피하는 자에 의지함(依加者)

(나) (가피하는) 까닭을 따로 해석함(別釋所以)

㉮ (가피의) 유무를 총체적으로 드러냄(總顯有無)

[36a09] [《疏》] 如第九會者, 一云, 屬上. 第九[116]會中, 佛入師子頻伸三昧, 令大衆頓證法界, 義當說經. 故《疏》云: "師子奮迅, 衆海頓證於林中." 卽其義也. 二云, 屬下. 第九會中, 普賢·文殊等, 承佛神力, 說經故. 三云, 屬上. 九字誤書, 應是七字. 第七會中, 〈僧祇〉〈隨好〉佛自說故. 四云, 屬下. 第字應無, 通指九會. 因人說經[117], 要假上加. ○言不異前故略無有加者, 謂第八會, 重總說五十二位故. ○言不入定故無有[118]加者, 爲第二第七第九三會, 說人不入定故.

[소] '제9회와 같다'는 것은 첫째 해설은 위 구절[119]에 속한다. 제9회에서 불佛이 사자빈신삼매師子頻伸三昧에 들어[120] 대중들이 단박에 법계를 증득하게 한 것이니 뜻이 경을 설한 것에 해당한다. 그러므로 《소》에서 "사자가 분신하면 중해衆海가 단박에 숲속에서 증득한다"고 한 것이니

115 《大疏》 권제9 〈如來現相品〉 제2(T35, 562c19).

116 底本에는 없음. 《金澤寫本》 참조 보충.

117 《大疏》 원문에는 "有說"로 되어 있다.

118 底本에는 "有無", 《大疏》 및 《金澤寫本》 참조 도치.

119 위 구절은 "若佛自說, 則不俟加, 如第九會."이다.

120 《大疏》 권제1(T35, 506c14).

이 뜻이다. 둘째 해설은 아래 구절[121]에 속한다. 제9회에 보현보살과 문수보살 등이 불의 위신력을 받들어 경을 설하기 때문이다. 셋째 해설은 위 구절에 속한다. 9자는 잘못 쓴 것이니, 7자여야 한다.[122] 제7회의 〈아승지품〉과 〈여래수호공덕품〉은 불이 직접 설했기 때문이다. 넷째 해설은 아래 구절에 속한다. '제第' 자는 없어야 하니 9회를 통틀어 가리키는 것이다. 인위의 사람이 경을 설하므로 위로부터 가피를 빌릴 필요가 있다.

○ '앞의 회와 다르지 않기 때문에 가피가 생략되고 없다'고 한 것은 말하자면 제8회에 거듭 52계위를 총체적으로 설했기 때문이다. ○ '선정에 들지 않았기 때문에 가피가 없다'고 한 것은 제2회, 제7회, 제9회의 3회는 설하는 사람이 선정에 들지 않았기 때문이다.

### ㉯ 가피하는 이유를 드러냄(出加所以)

[36a18] [《鈔》] 一切說是一說者, 顯法無異故是一說. 問: 其第四句, '我等諸佛亦如是說.' 亦顯法無異故. 與此何別? 答: 彼就說人, 體非一故. 與此不同也. 又准下《鈔》云: "然有四句; 一, 一切處文殊同說一[123]偈故, 是一切卽一. 二, 但一文殊十節說偈, 是一卽一切. 三, 各於佛所, 卽一唯是一. 四, 諸處文殊各偈不同, 卽是一切中一切." 今此所論, 卽當初句.

---

121 아래 구절은 "如第九會, 因人有說, 要假上加."이다.

122 《大疏》의 교감 주에 의하면, '甲本에는 "七"로 되어 있다.'

123 底本에는 "一說", 《演義鈔》 및 《金澤寫本》 참조 "說一"로 도치.

[초] '(제3구) 일체설이 일설이다'[124]는 법을 드러낸 것이 차이가 없으므로 일설이다. 묻는다. 제4구[125]에 '우리들 제불도 또한 이와 같이 설한다'고 하였다. 또한 법을 드러낸 것이 차이가 없는 것이니, 이것과 무엇이 다른가?

답한다. 저것은 설하는 사람에 입각한 것이니 체가 하나가 아니기 때문에 이것과는 다르다. 또, 아래《초》에 준거하여 말하면 "그러나 4구절이 있다. 첫째는 일체처의 문수보살이 똑같이 한 게송을 설한다. 이는 '일체설'이 곧 '일설'이다. 둘째는 단 한 명의 문수보살이 10구절로 게송을 설한다. 이는 '일설'이 곧 '일체설'이다. 셋째는 각각이 불의 처소에서 게송을 설하니, 곧 '일설'이 오직 '일설'이다. 넷째는 여러 처소에서 문수보살이 각각 게송한 것이 다르니, 곧 이는 '일체설' 가운데 '일체설'이다"[126]라고 하였다. 지금 여기서 논한 것은 곧 첫째 구절에 해당한다.

㉰ 힐난을 풀어줌(釋通妨難)

[36b01] [《疏》] 若爾〈僧祇〉〈隨好〉應非一切者, 此難影略. 更云, 應非同說應非果海無言. 或此難中, 通含三難, 同說·一切說·果海無言, 三義通表一經, 〈僧祇〉〈隨好〉既佛自說, 是知三義不能該攝一切, 故云應非一切.

[소] '만일 그렇다면 〈아승지품〉과 〈여래수호공덕품〉은 일체(설)이 아닐

---

124 《演義鈔》 권제5(T36, 034a22).

125 일체설이 일체설이다.

126 《演義鈔》 권제29(T36, 0223c).

것'이라는 것은 이 논란은 영략되었다. 다시 말해 '똑같이 설한 것(同說)이 아닐 것이며, 과해는 무언無言이 아닐 것이다.' 혹은 이 논란은 세 가지 논란을 통틀어 포함한 것이다. '똑같이 설하고, 일체를 설하고, 과해는 무언'이라는 세 가지 뜻은 하나의 경을 통틀어 표시한 것이며, 〈아승지품〉과 〈여래수호공덕품〉은 불이 직접 설한 것이다. 이로써 세 가지 뜻이 일체를 꾸려 섭수하지 못한다는 것을 알게 된다. 그러므로 '일체(설)이 아닐 것이다'라고 하였다.

[36b05] [《鈔》] 唯佛能了故佛自說者, 文準下《疏》(第八下半六十九紙)云: "佛自說者, 有二意故; 一〈僧祇〉因終, 此品果極故, 二皆佛說. 二好用劣相, 而用難思. 恐物不信, 故佛自說."

[초] '오직 불이 분명하게 알 수 있기 때문에 불이 직접 설한 것'이라 문장을 아래 《소》(제8 하반 69쪽)에 준거해서 말하면, "'불이 직접 설한다'는 것은 두 가지 의미가 있다. 첫째는 〈아승지품〉은 인위의 끝이고, 〈(수호공덕)품〉은 과위의 지극이기 때문에 2품을 모두 불이 설한 것이다. 둘째는 수호隨好의 작용은 대상大相보다는 열세이지만 작용은 헤아리기 어렵다. 만물이 믿지 않을까 염려되므로 불이 직접 설한 것이다"[127]고 하였다.

[36b08] ○言欲拂前因果之相故佛自說者, 一云, 餘菩薩說, 表因分可說, 對彼因

127 《大疏》 권제48 〈如來隨好光明功德品〉 제35(T35, 0867a).

分, 果分名不可說. 今佛自說, 却表因分不可說, 前對因分可說, 果分名不可說, 今表因分不可說, 已無可說之跡, 果分寧有不可說之跡? 故《鈔》云爾. 二云, 餘品菩薩因人說, 如來果人不說, 表因分可說, 果分不可說. 若不重遣, 還成滯跡. 今如來果人說, 菩薩因人不說, 表果分可說,(但可總標, 令人知有.) 因分不可說,(拂跡入玄, 冥同性海.)

無前因定可說, 果定不可說之蹤跡也. 故賢首《義分齊》云: "一性海果分, 定[128]是不可說義, 何以故? 不與教相應故. 卽十佛自境界也. 故《地論》云, '因分可說, 果分不可說.' 是也. 二緣起因分, 卽普賢境是也. 此二無二, 全體遍收. 其猶波水, 思之可見." 又下《疏》云: "是地所攝有二種; 一因分, 二果分. 說者謂解釋, 一分者是因分, 以於果分爲一分故. 然因果二分, 古有多釋. 全乖文旨者, 今所不論, 有可通者, 正而用之. 直望論意, 卽指義大, 爲果分故不可說.(遠公云: '三是所顯證道之行, 四是證道所表地法. 此二合爲義大. 以證依法成, 法由證顯, 故合爲義.' 賢首云: '一所依果海, 如太虛空. 二地智所證十重法界, 如空中所畫[129]之處. 三根本地智能證法界, 如能[130]依畫[131]相. 此三合爲義大') 說大爲因分, 是則可說. (遠公云: '一是言教, 二是所說教道之行. 此二合爲說大. 以行依言成, 言依行發, 故合爲說.' 賢首云: '四諸地後得, 隨事起行, 悲智不住. 五諸地加行, 所起解行, 爲趣地方便. 六寄法顯成, 諸地差別. 此三合爲說大.') 更以義取, 略有二種; 一唯就十地以明, 以證智爲果分, 方便寄法等竝因分. 此復二義; 一以修·證相對, 則方便造修爲因分, 息修契實爲果分. 二以詮·表相對, 則以寄法顯地差別爲因分, 眞實證智爲果分. 如初三地寄同

---

128 《教義分齊章》에는 없고, 교감 주에 "當+是"로 되어 있다.

129 底本에는 "盡",《金澤寫本》및《探玄記》참조 "畫"로 수정.

130 底本 및《金澤寫本》에는 "前",《探玄記》참조 "能"으로 수정.

131 底本에는 "盡",《金澤寫本》및《探玄記》참조 "畫"로 수정.

世間, 次三寄二乘及禪支道品等, 令衆因此表解地義, 爲因所表, 證智是此因之果. 斯皆證[132]智, 言所不及, 故不可說, 如彼鳥跡同於虛空, 方便寄法可以言顯, 故云可說, 如空中鳥跡. 約鳥說異, 是以一跡, 通有二分, 卽可說不可說也. 二約究竟佛果對普賢因說, 義通一部, 謂卽此證智冥同究竟果海, 爲果分, 如鳥[133]處之空不異太[134]空. 地相之因, 同普賢因. 以廣說則有無量差[135]別事, 殊勝願力, 復過於此故. 是則跡處之空, 隨於空處之跡, 亦有說義. 地智亦可寄言標擧故. 問: 上《論》云, 是地所攝有二, 如何說爲究竟果耶? 答: 豈不向言冥同果海? 故上《論》云, 此智是誰證? 偈言佛所行故. 又上加分云, 不思議佛法. 又地影像分云, 彼十大山因大海得名, 大海亦因十山得名. 菩薩十地亦爾, 同在一切智, 因一切智[136]得名, 彼因果相順故. 是知論主亦用究竟之果爲十地攝. 又且依一相不可指陳等, 云不可說及與可說. 若有因緣故, 果可寄言, 卽事入玄, 因亦叵說, 故云說少分也. 不可局執." 上言因緣者, 卽四悉檀也. 故下《鈔》(十九上半十紙內)云: "果海離言, 唯證相應, 皆不可說. 有因緣故者, 卽四悉檀因緣, 卽得無說之說耳." 因果二分, 別教要義, 事希覽者, 審細詳悉.

○ '앞의 인과의 상을 지워버리고자 했기 때문에 불이 직접 설한 것'[137]이라는 것은 첫째 해설은 나머지 보살들이 설한 것은 인분因分은 가설可說임을 표시한 것이니, 인분을 상대하여 과분果分을 불가설不可說이라고

---

132 底本에는 無, 《金澤寫本》 및 《大疏》 참조 보충.

133 《大疏》에는 "迹"으로 되어 있다.

134 底本에는 "大", 《金澤寫本》 참조 수정.

135 底本에는 "著", 《金澤寫本》 및 《大疏》 참조 수정.

136 底本에는 없음. 《십지경론》 및 《金澤寫本》 참조 "一切智" 보충.

137 《演義鈔》 권제5(T36, 034b13).

한 것이다. 지금 불이 직접 설한 것은 도리어 인분은 불가설임을 표시한 것이다. 앞에서는 인분은 가설에 상대하여 과분을 불가설이라고 한 것이고, 지금은 인분이 불가설임을 표시한 것이니 이미 말할 만한 자취가 없다면 과분에 어찌 불가설한 자취인들 있겠는가. 그러므로 《초》에서 그렇게 말하였다.

둘째 해설은 나머지 품은 인위의 사람인 보살이 설하고 과위의 사람인 여래는 말하지 않았으니 인분은 가설이고 과분은 불가설임을 표시한 것이다. 만일 거듭 보내버리지 않으면 다시 자취에 막히게 된다. 지금은 과위의 사람인 여래가 말하고 인위의 사람인 보살은 말하지 않아서 과분은 가설이고(다만 총체적으로 표시했을 뿐이니 사람들이 있음을 알게 한 것이다), 인분은 불가설임을 표시하였으니(자취를 지워버리고 현묘함에 들어가 성품의 바다와 그윽하게 같아진 것이다), 앞의 인위는 결정코 말할 수 있고 과문은 결정코 말할 수 없다는 종적이 없게 된다. 그러므로 현수의 《교의분제장》에서 "(별교일승의 두 가지는) 첫째는 성해性海의 과분이니, 결정코 이는 '불가설'의 뜻이다. 어째서인가? 교와 상응하지 않기 때문이다. 곧 십불十佛 자체의 경계이다. 그러므로 《십지경론》에서 '인분은 가설이고, 과분은 불가설이다'고 한 것이 이것이다. 둘째는 연기의 인분이니, 곧 보현보살의 경계가 이것이다. 이 둘은 둘이 없다. 온전한 체가 변만하게 거두기 때문이다. 그것은 파도와 물과 같으니 생각하면 알 수 있다"[138]라고 하였다.

또 아래 《소》에서 "(지금 '나는 일부분만을 설했다'고 한 것은 이 말

---

138 《教義分齊章》 권제1(T45, 477a14).

은 무슨 뜻이 있는가?)[139] 지地에 섭수되는 것에는 두 종류가 있다. 첫째는 인분이요, 둘째는 과분이다. '설했다'는 것은 해석했다는 것을 말하며, '일부분'이란 인분이니, 과분에 대해 일부분이기 때문이다. 그러나 인분과 과분의 둘은 옛날에 여러 해설이 있으니, 완전히 문장의 취지에 어긋난 것은 지금 논하지 않을 것이지만 소통할만한 것이 있어 바로 쓰겠다.《논》의 의미에 곧장 마주하면, 곧 '의대義大'는 과분이 되므로 '불가설'(혜원慧遠 공은 '셋째는 드러난 증도 행이요, 넷째는 증도로 표시된 지법地法이니, 이 두 가지를 합쳐 의대라고 한다. 증득하는 것은 법을 의지하여 성취되고, 법은 증득으로 인해 드러나기 때문에 합쳐서 의義라고 한다'고 하였고, 현수는 '첫째는 의지하는 바의 과해이니 태허공과 같고, 둘째는 지지地智로 증득한 십중의 법계이니, 허공 속에 구획된 곳과 같으며, 셋째는 근본 지지地智로 법계를 증득하는 것이니, 구획된 상에 의지하는 것과 같다. 이 세 가지를 합쳐 의대라고 한다'고 하였다)이요,[140]

'설대說大'는 인분이 되니 이는 '가설'(혜원 공은 '첫째는 언교요, 둘째는 설법된 교도의 행이니, 이 두 가지가 합쳐져 설대가 된다. 수행은 언사를 의지해서 성취되고 언사는 수행을 의지해서 개발된다. 그러므로 합쳐서 설대라고 한다' 하였고, 현수는 '넷째는 여러 지地의 후득지로 사법을 따라 수행을 일으키며 대비와 지혜는 머물지 않는다. 다섯째는 여러 지의 가행으로 일으킨 해행이 지地에 나아가는 방편이 된다. 여섯째는 법에 의탁해서 여러 지의 차별을 드러나게 이룬다. 이 세 가지를 합해 설대라고 한다'고 하였다)이다.

다시 의취하면 간략하게 두 종류가 있다. 첫째, 오직 십지에 입각해

---

139 선연이 인용한 문장 바로 앞의 내용이 "今言我但說一分. 此言有何義?"이다.

140 《大疏》 권제32(T35, 750c02)의 내용으로, 지금 인용하는 단락과는 별개의 문장인데, 선연이 소주의 형식으로 덧붙인 것이다. 아래 괄호도 동일.

서 밝힌 것이니, 증득한 지혜로 과분을 삼고, 방편으로 법에 의탁하는 등은 모두가 인분이다. 여기에 또다시 두 가지 뜻이 있다. 하나는 수행과 증득으로 상대하면, 방편으로 수행을 짓는 것은 인분이 되고, 수행을 쉬고 실제에 계합하는 것은 과분이 된다. 둘은 설명과 표시로 상대하면, 법에 의탁해서 지地의 차별을 드러내는 것은 인분이 되고, 진실한 증지證智는 과분이 된다. 처음 3지地(환희지·이구지·발광지)는 동일한 세간에 의탁하며, 그 다음 3지(염혜지·난승지·현전지)는 이승과 선지도품禪支道品 등에 의탁하는 것과 같다. 중생들이 이 표시로 인해 지地의 뜻을 이해한 것이 인이 표시한 바가 되며, 증지證智는 인의 과이다. 이는 모두 증득한 지혜여서 말로 미치지 못하는 것이므로 '불가설'이라고 하니, 새발자국이 허공과 똑같은 것과 같으며, 방편으로 법에 의탁해서 말로 드러낼 수 있으므로 '가설'이라고 하니, 허공 속의 새발자국과 같다. 새에 한정하면 다르다고 설한다. 이 때문에 하나의 흔적에 통틀어 두 나뉨이 있으니, 즉 '가설'과 '불가설'이다.

둘째, 구경의 불과로 보현의 인위에 상대하여 설한 것에 한정하면 뜻은 한 부 경전에 통한다. 곧 이 증지가 구경의 과해와 그윽하게 같아진 것을 과분이라고 한다. 새발자국이 있었던 허공이 커다란 허공과 다르지 않은 것과 같다. 지상地相의 인은 보현의 인과 같아서 자세하게 설하면 무량한 차별의 사법이 있지만 수승한 원력이 또다시 이것보다 훨씬 지나친다. 이렇다면 발자국이 있던 곳의 허공이 허공인 곳의 발자국을 따른 것이니 역시 설한 뜻이 있다. 지지地智 또한 말에 의탁해서 표방하여 거론할 수 있기 때문이다.

묻는다. 위의 《(십지경)론》에서 '이 지에 거둬지는 것에는 두 가지가 있다'고 하였는데 어째서 구경의 과가 된다고 하는가?

답한다. 어찌 그윽하게 과해와 같아진 것을 말하려고 한 것이 아니겠는가. 그러므로 위의 《논》에서 '이 지혜는 누가 증득했는가?' 게송에서 '부처가 행한 것이다'라고 했기 때문이다. 또 위의 '가분加分'에서 '불법은 부사의하다'고 하였고, 또 '지영상분地影像分'에서는 '열 개의 큰 산은 대해大海로 인해 이름을 얻고, 대해 또한 열 개의 산으로 인해 이름을 얻게 된다. 보살의 십지 또한 그러하여 일체지와 함께 있으며, 이 일체지로 인하여 이름을 얻게 된다. 저것은 인·과가 서로 수순하기 때문이다.' 이로서 논주도 구경의 과를 십지에 거둬들인 것을 알 수 있다. 또한 우선 하나의 상으로 가리켜 진술할 수 없는 등을 의지해서 '불가설'과 '가설'이라고 한 것이다. 만일 인연이 있기 때문이라면 과는 말에 의탁할 수 있으며, 일에 즉하여 현묘한 데 들어가면 인 또한 설할 수 없다. 그러므로 '조금 설했다'고 하는 것이니 국한하여 집착해선 안 된다"[141]고 하였다.

위에서 말한 인연은 곧 4실단悉檀[142]이다. 그러므로 아래 《초》(19 상반 10쪽 내)에 "과해는 말을 벗어나 있어 오직 증득한 자라야 상응하니 모두 '불가설'이다. '인연이 있기 때문'이란 것은 사실단의 인연이니, 곧 설함 없이 설할 수 있을 뿐이다"[143]고 하였다. 인분과 과분의 둘은 별교의

141 《大疏》 권제33(T35, 755b28).

142 悉檀은 梵語 siddhānta, 의역하면 成就, 宗, 理 등이다. 부처가 중생을 교화하고 인도하는 교법은 4개 범주로 나뉘는데, 즉 世界悉檀, 各各爲人悉檀, 對治悉檀, 第一義悉檀이다. '悉'은 항상함의 의미이며, '檀'은 범어 檀那(dāna, 施)의 약칭이다. 불이 이 4법으로 모든 중생에게 항상 베풀기 때문에 4실단이라고 한다.

143 《演義鈔》 권제79 〈如來出現品〉 제37(T36, 619b).

핵심적인 뜻이니 그 일들을 살펴보길 바라는 자는 자세히 살펴야 상세히 다 알 것이다.

㉣ 가피의 종류에 입각해 다름을 드러냄(就類彰別)

[37a07] [《鈔》] 但有作用發起等者, 故下《疏》(第九上半三十一紙)云: "第三入此三昧時下, 明發起分. 先[144]明動地, 警群根故. 後顯出聲, 令聞法故. 前皆有加, 而無發起, 此有發起, 而無加分者, 前表解可從他, 故有他加. 此表行因已立, 故自力發起. 又表行依解起無別法, 故不加. 攝解成行, 亦須入定. 聖旨多端, 不可一準." ○言冥常不捨又有意加故者, 釋冥加有二義也. 前約自他俱不知故, 後據唯他不知故.[145]

[초] '다만 작용이 발기하는 것만이 있는 등'[146]이란 것은 그러므로 아래 《소》(세9권 상반 31쪽)에서 "세 번째는 '이 삼매에 든 때' 아래는 '발기분'을 밝힌 것이다. 먼저 땅을 진동한 것을 밝혔으니, 많은 근기들을 경각시키기 때문이요, 다음에 소리를 냈음을 나타냈으니 법을 듣게 하였기 때문이다. 앞에서는 모두 가피는 있으면서 발기는 없고 이것은 발기는 있으면서 가피분이 없는 것은 앞에서는 이해는 타력을 따랐음을 표시한 것이므로 타의 가피가 있고, 이것은 수행의 인을 자신이 성립했음을 표시한 것이므로 자력으로 발기한 것이다. 또 수행은 이해를 의지해서 일어

144 底本에는 "光", 《大疏》 및 《金澤寫本》 참조 수정.

145 底本에는 "故+藏攝", 《金澤寫本》 참조 "藏攝" 삭제.

146 《演義鈔》 권제5(T36, 034c01)이다.

나고 별도의 법이 없음을 표시한다. 그러므로 가피하지 않고, 이해를 섭수하여 수행을 성취하려면 또한 선정에 들어야한다. 성인의 종지는 단서가 많아서 한 가지로 준거해선 안 된다"[147]고 하였다.

○ '(드러난 가피(顯加)를 할 때에) 그윽한 가피(冥加)를 항상 버리지 않으며, 또 의업으로 가피함이 있기 때문에'라고 한 것은 그윽한 가피에 두 가지 뜻이 있음을 해설하였다. 앞은 자타가 모두 알지 못하는 것에 한정한 것이며, 뒤는 오직 타만이 알지 못하는 것에 근거한 것이다.

## 2) 장藏과 교敎에 거둬짐(藏教所攝)

(1) 장에 거둬지는 것을 밝힘(明藏攝)

① 장을 설명함(先藏)

나. 개별적으로 해석함(別釋)

(나) 삼장을 해석함(釋三藏)

㉮ 수다라장(修多羅藏)

b. 따로 해석함(別釋)

a) 명칭을 분별함(辨名)

(b) 고덕의 번역을 서술함(敍古譯[五])

ⓓ 육합석으로 회통함(會六釋)

147 《大疏》 권제51 〈離世間品〉 제38(T35, 889b).

[37a15] [《鈔》] 以契對經卽名依主者, 所契名契, 若望能契, 可作持業. 或揀席經, 揀別依主.

[초] '계契로서 경經을 상대하면 의주석[148]이라고 한다'[149]는 것은 소계所契를 '계'라고 한 것이다. 만일 능계能契와 마주하면 지업석이 될 수 있다. 혹은 석경席經[150]과 가려낸 것이니, 의주석과 다름을 가려낸 것이다.

(c) 고인이 깨뜨린 것을 서술함(敍古破)

[37a17] [《鈔》] 如質多名心者, 具云質多耶, 卽集[151]起心也. 汎言其心, 通有四種, 梵語名別, 所目亦殊. 一訖利陀[152]耶, 此云肉團心, 此是身中五藏也.(具如《黃庭經》〈五藏論〉說[153]也.) 二訖栗[154]乃耶, 此云緣慮心, 此是八識, 俱能緣慮自分境故.(謂色是眼識境, 乃至根身·種子·器界, 是阿梨耶識之境, 各[155]緣一分, 故云自分也.) 三

---

148 이는 '이치에 계합한 경을 '계'라고 이름한 것이니 의주석이다(契理之經, 名爲契, 依主釋也.)'라는 뜻이다.

149 《演義鈔》 권제5(T36, 035a15).

150 《金剛經纂要刊定記》 권제2(T33, 185)에 의거하면, "범어의 '수다라'를 정식으로 번역하면 '線'이다. 중국에서는 '線'을 귀하게 여기지 않으므로 수다라를 '경'으로 번역하였다. 인도에서는 '수다라'라는 한 가지 명칭으로 네 가지 실(①聖教, ②席經, ③井索, ④線)을 부르기 때문에 여기서 '석경'이라고 하는 것과 구분하기 위해 '계경'으로 번역했다."

151 底本에는 "業", 《金澤寫本》 참조 수정.

152 底本에는 "他", 《金澤寫本》 참조 수정.

153 底本에는 "訖", 《金澤寫本》에는 유실, 교감주 참조 및 문맥상 수정.

154 底本 및 《金澤寫本》에는 "[口*栗]", 이 글자는 없으며, 또 범어 "紇哩乃耶"에 준거하면 "哩"여야 할 것이다. "訖栗乃耶"는 《華嚴演義鈔纂釋》(T57, 0168)에 있다.

155 底本에는 "名", 《金澤寫本》 참조 수정.

戰[156]栗陀耶, 此云堅實心, 亦云貞實心, 是眞心也. 通上質多耶集起之心, 故有四種焉.

[초] '예컨대 질다質多는 심心을 이름한 것이요'[157]라는 것은 갖추어 말하면 질다야質多耶[158]이니, 곧 집기심集起心이다. 넓게 말하면 이 심에는 통틀어 네 종류가 있는데, 범어의 명칭이 달라지면 지목되는 것이 역시 달라진다. 첫째는 흘리타야[159]이니, 번역하면 육단심肉團心[160]이다. 이것은 바로 몸속에 있는 오장五藏이다(자세한 것은 《황정경黃庭經》[161] 〈오장론五藏論〉에서 설한 것과 같다). 둘째는 흘률내야[162]니, 번역하면 연려심緣慮心이다. 이것은 팔식八識이 모두 자분의 경계를 연려하기 때문이다(말하자면 색은 안식의 경계이고, 내지 근신根身·종자種子·기계器界는 아리야식의 경계인데, 각각 일부분씩 연려하므로 '자분'이라고 한다). 셋째는 전(건)율타야이니, 번역하면 견실심堅實心 또는 정실심貞實心이라고 한다. 이것은 진심이다. 위의 질다야 집기심까지 통괄하므로 네 종류가 된다.

[37a23] ○言今謂若十二部修多羅至思之者, 淸凉出古意也. 謂修多羅分通三藏,

156 다른 본에는 거의 모두 "乾"으로 되어 있다.

157 《演義鈔》 권제5(T36, 035b06).

158 梵語 citta의 音譯이다.

159 梵語 hrd 또는 hṛdaya의 音譯이다.

160 《華嚴原人論發微錄》(X58, 0728), "肉心有質者, 謂肉團心有形質故. 按〈五藏論〉(心脾肝肺腎)說人之心藏唯一方寸.《正法念經》云, 如蓮華開合.《提謂經》云, 心如帝王, 皆肉團心也."

161 《黃庭經》은 도가청파의 주요경전으로, 內丹家에서는 內丹을 수련하는 중요 경전으로 받들고 있다.《周易》〈參同契〉의 연단도와 결합하여 중당이후 도가의 양생방술에 주류를 이룬다.

162 梵語 hrd 또는 hṛdaya의 音譯이다.

修多羅藏通十二分, 分藏互通, 理趣既齊, 無勞顯示. 但修多羅分通餘十一分, 修多羅藏不通餘二藏. 此義不齊, 故須解釋. 一云, 十二部帙不別故, 修多羅分通餘十一, 三藏部帙別故, 修多羅藏不通餘二藏. 二云, 十二分三學無別許通, 三藏三學隔別不通. 今詳不爾. 但以餘十一分有契合義, 無修多羅名, 乃用第一修多羅分名貫通, 餘之二藏雖有契合之義, 然無修多羅藏名, 仍具修多羅分名, 不用修多羅藏名貫通. 如京南二十里有百姓, 是京官所管, 彼處自無官長故. 京北二十里雖有百姓, 然非京官所管, 自有押洲官長故. 以喻對法, 學者應悉. 故《鈔》自通釋云: "二藏之中有契合者." 細思. 由此得知, 修多羅藏名是別非總, 古無總別不分失. 又解, 修多羅分, 約名通於三藏, 當分之中, 具三藏故. 約名不通餘十一分, 別得總名故, 餘有別名故. 約義通十一, 略相修多羅, 義該十一故. 所以者何, 以彼十一分, 但重廣釋前略相故. 修多羅藏, 約名通於十二分, 當藏之中, 具十二故. 約名所不通餘二藏, 別得總名故, 餘有別名故. 約義不通餘二藏, 俱具總相, 不具略相故. 何以故? 餘之二藏, 亦非重廣釋此故. 細思細思, 愼勿輕浮. 故下《鈔》云: "其後一總別, 彼爲挺拔, 今正破之. 彼意云, 旣契理合根, 名修多羅, 則律與論皆有契合, 豈得不名修多羅耶? 故今示云, 二藏有契合者, 卽十二部中修多羅爾. 此約義該, 何須更立兩重總別, 則三藏中修多羅, 唯局總相, 十二分中却具三相, 故從總相立於經藏, 揀異二藏也." 若兼順義, 經非敵對, 古無敵對翻名失, 揀異席經, 借義助名, 古無以義爲名失, 古旣無失, 過歸《刊定》. 故前《鈔》中云, "非是重古輕今, 不欲欺誣亡沒." 是也.

○ '이제 말해보면 12부경 중에 수다라분修多羅分은 … 생각해 보라'[163]

163 《演義鈔》 권제5(T36, 035c05).

고 한 것은 청량이 고덕(법장)의 의미를 낸 것이다. 말하자면 (12부경 중) 수다라분은 삼장三藏에 통하고, (삼장 중) 수다라장修多羅藏은 십이분교十二分教에 통한다. 분교와 경장이 서로 통하는 이취理趣는 이미 가지런하므로 번거롭게 현시하지 않겠다. 그런데 수다라분은 나머지 11분에 통하지만, 수다라장은 나머지 2장에는 통하지 않는다. 이 뜻은 가지런하지 않으므로 해석이 필요하다.

첫째 해석은, 12분교의 부질部帙은 구별되지 않기 때문에 수다라분이 나머지 11분에 통하지만, 삼장의 부질은 구별되기 때문에 나머지 2장에 통하지 않는다. 둘째 해석은, 12분교는 삼학이 각별하지 않아서 통하는 것이 인정되지만, 삼장은 삼학이 격별하여서 통하지 않는다. 지금은 상세하게는 그렇지 않다. 다만 나머지 11분은 계합의 뜻은 있지만 '수다라'라는 명칭은 없으니 이에 첫 번째 수다라분의 명칭을 써야 관통한다. 나머지 2장은 계합의 뜻은 있지만 수다라장이란 명칭은 없으니 그렇더라도 수다라분의 명칭을 갖추고 있음으로 인하여 수다라장을 쓰지 않고도 관통한다. 마치 수도의 남쪽 20리에 있는 백성들이 수도장관의 관할이면 그곳에는 자체에 장관이 없고, 수도 북쪽 20리에 비록 백성들이 있더라도 수도장관의 관할이 아니면 자체에 고을을 감독하는 장관이 있는 것과 같다. 비유로 법에 대응시키면 학자들은 다 알 것이다. 그러므로《초》에서 자신이 통석하여 "2장 가운데 계합이 있는 것은 (본래 12분교 중 수다라분에만 귀속된다)"라고 하였으니 자세하게 살펴보라. 이로 인해 수다라장의 명칭이 별명이고, 총명이 아니어서 고덕이 총·별을 분별하지 않은 잘못[164]이 없음을 알 수 있다.

또, 해석한다. 수다라분은 명칭이 삼장에 통하는 것에 한정하면 해당(수다라)분에 삼장을 갖춘 것이고, 명칭이 나머지 11분에 통하지 않는 것에 한정하면 별도로 총명을 얻은 것이며, 나머지는 별명이다. 뜻이 11분에 통하는 것에 한정하면 약상略相의 수다라는 뜻이 11분을 꾸린 것이다. 왜냐하면 저 11분은 다만 거듭 앞의 약상의 수다라를 자세하게 해석(廣釋)한 것이기 때문이다. 수다라장은 명칭이 12분에 통하는 것에 한정하면 해당 (수다라)장에 12분을 갖추고 있고, 명칭이 나머지 2장에 통하지 않는 것에 한정하면 별도로 총명을 얻은 것이고 나머지는 별명이다. 뜻이 나머지 2장에 통하지 않는 것에 한정하면 모두가 다 총상을 갖추고 있고, 약상은 갖추고 있지 않다. 어째서인가? 나머지 2장은 또한 이것을 거듭 광석한 것이 아니기 때문이다. 자세히 생각하고 생각하여 삼가 가볍게 여기지 말라.

그러므로 아래 《초》[165]에서 "뒤의 하나는[166] 총·별을 그가(혜원) 공략(挻拔)했으므로 지금 논파하겠다. 그의 뜻은 '이치에 맞고 근기에 부합하면 수다라라고 이름한다면 율장과 논장이 모두 계합이 있는데 어찌 수다라라고 이름하지 못하겠는가'라는 것이다. 그러므로 지금 제시해 보면, 2장에 계합이 있는 것은 곧 12부 가운데 수다라일 뿐이다. 이것은 뜻으로 꾸린 것에 한정한 것인데, 다시 두 겹의 총·별을 세울 필요가 어

164 慧苑이 《刊定記》에서 법장의 잘못이라고 언급한 세 가지 ①敵對翻名失, ②以義爲名失, ③總別不分失 중 '③총칭과 별칭을 구분하지 않은 잘못'이라고 한 것에 대해 반박한 것이다.

165 《演義鈔》 권제46 〈十無盡藏品〉 제22(T36, 358a09).

166 《演義鈔》에서 징관이 '둘째는 말하자면, 수다라가 총체적인 호칭이 되며, 율장·응송 등은 개별적인 제목이 된다'고 한 내용이다.

디 있겠는가. 곧 삼장 가운데 수다라(장)은 오직 총상에 국한되고, 12분 가운데 (수다라분은) 도리어 3상(총상·별상·약상)을 갖추고 있다. 그러므로 총상을 따라 '경장'을 세워서 2장과는 구별된다"라고 하였다.

만일 수순하는 뜻을 겸했다면 경은 직역(敵對)[167] 한 것이 아니어서 고덕이 '적대로 이름을 번역한 잘못'이 없으며, 석경席經과의 차이를 가려내려고 (계합의) 뜻을 빌려서 (경의) 명칭에 보탰다면 고덕이 '뜻으로 이름한 잘못'이 없는 것이다. 고덕에게 잘못이 없으므로 허물은 《간정기》로 귀속된다. 그러므로 앞의 《초》에서 "옛것을 중하게 여기고 지금 것을 가볍게 여긴 것이 아니라, 속이거나 업신여겨서 없애버리려 하지 않은 것이다"라고 한 것이 이것이다.

(d) 수순함과 어긋남을 회통함(會順違)

ⓐ 전부 긍정함과 ⓑ 반쯤 부정함

[37c06] 科云, 仲全縱彰半奪者, 一云, 亦名四皆敵對, 名全, 約義, 唯聖教一名敵對, 餘三名非敵, 稱半. 二云, 但約名爲難,《刊定》全是, 古人全非, 名全. 更約義奪, 古人半是半非, 名半. 何者? 約名, 古人言線是敵對一半是也, 經非敵對一半非也. 約義, 古人言經非敵對一半是, 線是敵對一半非, 故云半奪. 三云, 經線俱敵對, 名全, 唯經從義, 名非敵對, 稱半. 是知古人亦知, 經線約名, 俱是敵對, 經線約[168]義, 俱非敵對. 言線是敵對約名也, 影取經亦敵對, 言經非敵對約義也, 影取線非敵

167 범어를 번역하는 데에 '敵對飜'과 '會義飜'의 두 가지가 있다. 요즘말로 적대번은 '직역'에 해당하고, 회의번은 '의역'에 해당한다.

168 底本에는 "亦",《金澤寫本》참조 수정.

對, 故[169]云, "古人旣以敵對[170]爲線, 明知言契經半從義耳." 卽其義也.

'과단科段에서 전부 긍정함(全縱)을 펴고, 반쯤 부정함(半奪)을 드러낸다'[171]는 것의 첫째 해설은, 역시 명칭의 넷을 모두 직역(敵對)한 것이라고 한 것은 '전부 긍정'이라고 하며, 뜻에 한정하면 오직 '성교' 하나의 명칭만 직역한 것이고, 나머지 세 명칭은 직역한 것이 아니라는 것은 '반쯤 부정'이라고 한다.

둘째 해설은, 다만 명칭에 한정해서 논란하면, 《간정기》는 '전부 맞다'고 하고 옛사람은 '전부 아니다'라고 한 것을 '전부 긍정'이라고 하였다. 다시 뜻에 한정해서 부정하면, 옛사람이 반쯤은 맞고 반쯤은 아니라고 한 것을 '반쯤 부정'이라고 한다. 어째서인가? 명칭에 한정하면 옛사람이 '선線은 직역한 것'이라고 한 것은 반쯤은 맞고, '경은 직역한 것이 아니다'라는 것은 반쯤은 아니고, 뜻에 한정하면 옛사람이 '경은 직역한 것이 아니다'라고 한 것은 반쯤은 맞고 '선은 직역한 것'이라는 것은 반쯤은 아닌 것이다. 그러므로 '반쯤 부정'이라고 한다.

셋째 해설은, '경'과 '선'이 모두 직역한 것이라는 것은 '전부 긍정'이라고 하며, 오직 경은 뜻을 따르고 명칭은 직역한 것이 아니라고 하면 '반쯤 부정'이다. 그래서 옛사람이 역시 '경'과 '선'은 명칭에 한정하면 모두 직역한 것이고, '경'과 '선'이 뜻에 한정하면 둘 다 직역한 것이 아님을 알

169 《金澤寫本》에는 유실. 문맥을 검토하여 보충.

170 底本에는 敵對와 爲線사이에, "言經非敵對約義也, 影取線非敵對. [故]云古人旣以敵對"의 22자가 누락되어 있다. 《金澤寫本》 참조 보충

171 《演義鈔》 권제5(T36, 035c11).

고 있다는 것을 알게 된다. '선은 직역한 것이라는 것은 명칭에 한정한 것'이라고 말한 것은 '경도 역시 직역한 것'이라는 것을 영략해서 취했고, '경은 직역한 것이 아니라는 것은 뜻에 한정한 것'이라고 말한 것은 '선도 역시 직역한 것이 아니다'는 것을 영략해서 취한 것이다. 그러므로 "옛사람이 이미 직역해서 '선'이라고 하였으니, '계경契經'이라고 말한 것은 반은 뜻에 따랐음을 분명하게 알 수 있다"[172]라고 하였으니 바로 그 뜻이다.

ⓒ 옛 의미를 냄(出古意)

[37c16] [《鈔》] 儒則儒教夫子爲主者,《正理》云: "儒也在乎家治, 長幼順序, 不嬌不亂, 盡忠盡孝, 大則配天地, 小則正身節用, 施政閨門之內, 流恩僕隷之下."

[초] '유儒는 유교이니 남편(夫子)이 주主가 되고'[173]라는 것은《변정론》[174]에서 "유교는 집안에 있으면서 다스리는 방도이니, 어른과 아이는 순서를 따르고, (윗사람이 되어서는) 교만하지 않고 (아랫사람이 되어서는) 잡란하지 않으며, 충성을 다하고 효도를 다하며, 크게는 천지와 짝하고 작게는 몸을 바르게 하여 쓰임을 절제하며, 정치는 규방의 문안까지 베

172 《演義鈔》 권제5(T36, 036a11).

173 《演義鈔》 권제5(T36, 036a03). 아래도 동일.

174 唐 法琳 撰,《辯正論》〈三教治道篇〉 제1(T52, 0491) "夫論儒之教也. 意在居家理治, 長幼順序. 在上不驕, 爲下不亂. 臣子盡其忠孝. 僕妾竭其歡心. 大則配天祀帝尊親享祖. 欲使天地昭察鬼神效靈. 災害不興禍亂不作. 小則就利乘時謹身節用. 施政閨門之內. 流恩僕隷之下."를 요약해서 인용한 듯하다.

풀고 은택은 종복의 아래까지 흐르게 하는 것이다"라고 하였다.

[37c18] ○言墨翟爲主者,《破邪論》云: "竊聞八十老父擊壤[175]而歌, 十五少童鼓腹爲樂, 耕能讓畔, 路不拾[176]遺, 孝子家承, 忠臣滿國, 然君王有難則殉命以報讐, 父母有痾則終身以待側. 豈非曾參·閔子之友, 庠序成林, 墨翟耿恭之儔, 相承羽翊."

○ '묵적墨翟이 주主가 된다'고 한 것은《파사론破邪論》[177]에서 "들으니, 80살 늙은 아비는 땅을 두드리면서 노래하고, 15살 어린 아이는 배를 두드리면서 즐거워한다. 밭에서는 두둑을 양보하고 길에서는 잃어버린 것을 줍지 않는다. 효자들이 집안을 승계하고 충신들은 나라에 가득하다. 그러나 군왕이 어려움이 있으면 목숨을 바쳐 원수를 갚고 부모가 숙병을 앓으면 종신토록 곁에서 모신다. 어찌 일찍이 증삼曾參과 민자閔子의 벗들이 상서庠序[178]에서 숲을 이루고, 묵적과 경공의 무리들이 서로 계승하여 우익한 것이 아니겠는가"라고 하였다.

[37c23] ○言五經者, 謂《周易》《毛詩》《尙書》《春秋》《禮記》. 九經者,《春秋》中開三,(謂《左氏》《公羊》《穀梁》.)《禮記》開三,(謂《周禮》《儀禮》《曲禮》.) 幷《周易》《毛詩》《尙書》, 故成九也.

---

175 底本 및《金澤寫本》에는 "繫壞",《破邪論》참조 "擊壤"으로 수정.

176 底本에는 "捨",《金澤寫本》및《破邪論》참조 수정.

177 唐 法琳 撰,《破邪論》(T52, 0475c).

178 鄕校를 周나라에서는 '庠', 殷나라에서는 '序'라고 한 데서 온 명칭으로 학교의 다른 이름이다.

○ '5경'이라고 한 것은 《주역》《모시毛詩》《상서尙書》《춘추春秋》《예기禮記》를 말한다. '9경'은 《춘추》를 셋으로 분리하고(《좌씨左氏》《공양公羊》《곡양穀梁》을 말한다), 《예기》를 셋으로 분리하며(《주례周禮》《의례儀禮》《곡례曲禮》를 말한다), 아울러 《주역》《모시》《상서》이다. 그러므로 9경이 된다.

b) 상을 드러냄(顯相)

(c) 뜻으로써 관통함(以義貫通)

ⓑ 꿰고 거두는 바의 법을 드러냄(彰所貫攝)

ㄱ. 《섭론》을 인용하여 바로 해석함(引《攝論》正釋)

[38a02] [《鈔》] 蘊卽五蘊等者, (色·受·想·行·識也.) 十八界者, (六根·六境·六識.) 十二處, (六根·六境.) 十二因緣, (無明·行·識·名色·六入·觸·受·愛·取·有·生·老死.) 四諦, (苦·集·滅·道.) 四食, (段·觸·意思·識.) 四靜慮, (離生喜樂, 定生喜樂, 離喜妙樂, 捨念淸淨.) 四無量, (慈·悲·喜·捨.) 四無色, (空無邊處, 識無邊處, 無所[179]有處, 非想非非想處也.) 八解脫者, "(先釋名, 次出體.) 初釋名者, 一有色觀諸色解脫, (未得無色定, 未離色界染, 觀內外色, 作光明想.) 二內無色想觀外諸色解脫, (已得空處, 內離色染, 而觀外色, 作少多等.) 三淨解脫身作證具足住, (已得捨念, 圓滿淸白, 以此爲依, 修習淸淨, 勝[180]行圓滿, 名淨解脫. 身者意身. 作證者, 由於智斷, 得作證故. 前二意解疎遠, 名觀, 今此除障最勝, 聖意親取, 名作證. 由此聖者, 多住於此及於第八, 此二勝故, 二界邊故. 又四根本圓, 八九次滿[181]故.) 四空無邊處解脫, (境空無色故

179 底本에는 "處", 《金澤寫本》 참조 수정.

180 《瑜伽師地論》에는 "聖"으로 되어 있다.

181 底本에는 "備", 《法苑義林章》에 "具足住者. 第四靜慮根本圓滿. 第八亦爾. 九次第定得圓滿故"

是境界, 此[182]能緣空無邊之處也. 下皆倣此.) 五識無邊處解脫, (謂緣無邊虛空之識, 而爲境界.) 六無所有處解脫, (境空無色故, 上境[183]界推求之時, 無少所得故.) 七非想非非想處解脫, (非想者, 謂超無處, 有麤想故. 非非想者, 非全無細想故.) 八想受滅解脫身作證具足住. (由想受二種, 强勝於餘. 是心行故, 厭患勞慮, 暫未止息. 止息此時, 要斷障得, 名爲解脫. 爲滅受想之解脫[184], 依主釋也. 上七持業, 解脫障故. 或以別揀通, 卽爲依主.) 已知名義, 次顯體性者, 《俱舍論》說, '前三無貪性, 眷屬五蘊性. 次以[185]無色定善爲性.' 大乘則, '世間出世間正智爲體.' 有漏者, 以分別中世間正智爲體, 無漏者, 卽無分別智及後得智, 唯慧爲性, 緣色非色及眞如境, 離諸定障, 引生勝德, 非餘能故. 若相應體, 初七以四蘊爲性, 眷屬五蘊性體故. 《對法》云, '若定若慧, 及彼相應諸心心所, 無色界中許有, 定道無表色故.' 第八解脫, 以二十二法厭心種子爲體, 卽不相應行蘊所攝." 八勝處,(青·黃·赤·白, 地·水·火·風.) 十遍處,(前八勝處上, 加於空識.) 三十七品; 謂四念處,(身·受·心·法.) 四正勤,(已惡令止, 未惡令不生, 已善令增, 未善令生也.) 四神足,(欲·勤·心·觀.) 五根,(信·進·念·定·慧也.) 五力,(卽前五根, 魔不能伏.) 七覺支,(念·擇法·精進·喜·定·行捨·輕安也.) 八聖道.(語·業·命·念·定·見·思惟·精進, 皆正貫也.) 四無礙,(法·義·詞·樂說也.) 四意趣; 一平等,(法身平等.) 二別時,(戱塔成佛等也.) 三別義,(法無生滅.) 四衆生意樂,(毁讚令進等也.) 四隨者; 一隨樂,(將護彼意, 稱悅其心.) 二隨宜,(隨宿習化.) 三隨治,(應病投藥.) 四隨義.(導根熟時, 聞卽悟故.) 亦名四悉檀; 初則世界悉檀, 二則爲人悉檀,

---

및《金澤寫本》참조 수정.

182 底本에는 "是",《法苑義林章》및《金澤寫本》참조 수정.

183 底本에는 無,《金澤寫本》참조 보충.

184 底本 및《金澤寫本》에는 "解脫+障",《法苑義林章》참조 "障" 삭제.

185 《法苑義林章》에는 "四"로 되어 있다.

三則對治悉檀, 四卽第一義悉檀. 梵云悉檀, 此云義宗.

[초] '오온'은 (색온·수온·상온·행온·식온이다.) '18계'는 (6근, 6경, 6식이며,) '12처'는 (6근, 6경이며,) '12인연'은 (무명·행·식·명색·육입·촉·수·애·취·유·생·노사이며,) '4제'는 (고제·집제·멸제·도제이고,) '4식食'은 (단식·촉식·의사식·식식이며,) '4정려'는 (이생희락·정생희락·이희묘락·사념청정이고,) '4무량심'은 (자·비·희·사이며,) '4무색'은 (공무변처·식무변처·무소유처·비상비비상처이다.)

'8해탈'은 "(먼저는 명칭을 해석하고, 다음은 체성을 낸다.) 처음에 '명칭을 해석함'은 첫째 유색관제색해탈有色觀諸色解脫이요(아직 무색선정을 체득하지 못하여 색계의 염오에서 벗어나지 못했으나 안팎의 색을 관조하여 광명이라는 생각을 짓는다), 둘째 내무색상관외제색해탈內無色想觀外諸色解脫이요(공처를 체득해서 안으로 색의 염오를 벗어났지만 바깥 색을 관찰하여 적다 많다 등 생각을 짓는다), 셋째 정해탈신작증구족주淨解脫身作證具足住요(사념捨念을 체득해서 청백淸白을 원만히 하며, 이것으로 의지를 삼아서 청정하게 수습하여 수승한 행이 원만해진 것을 '정해탈淨解脫'이라고 한다. '신'은 의신意身이다. '작증作證'이란 지혜로 단멸함을 말미암아서 증명을 얻었기 때문이다. 앞의 두 가지는 의해意解가 소원하므로 '관조'라고 하였고, 지금 이것은 장애를 제거함이 가장 수승하고 성인聖人의 의미를 몸소 취득하였으므로 '작증'이라고 한다. 이로 인해 성자들이 대부분 이 해탈과 제8 해탈에 머무는 것은 이 두 가지 (해탈)이 수승하기 때문이고, (욕계·색계) 2계의 끝이기 때문이다. 또, ('구족주'라고 한 것은) 제4 (정려) 근본정根本定에서 원만해지고, (제)8 (해탈)도 9차제선정[186]에서 원만해지기 때문이다), 넷째 공무변처해탈空無

186 색계 네 번, 무색계 네 번, 멸진정 한 번의 9차제 선정으로 아래로부터 위로 향하는 것을 '순출

邊處解脫이요(공무색의 처를 대상으로 하기 때문에 경계이며, 이것은 무변처의 허공을 반연한다. 아래는 모두 이것에 준거한다), 다섯째 식무변처해탈識無邊處解脫이요(무변한 허공을 반연하는 식이 그 경계이다), 여섯째 무소유처해탈無所有處解脫이요(공무색의 처를 대상으로 하기 때문이며, 위의 경계에 대해 추구할 때 얻은 바가 조금도 없기 때문이다), 일곱째 비상비비상처해탈非想非非想處解脫이요('비상'이란 무소유처를 초월하였으나 추탁한 생각이 있기 때문이며, '비비상'이란 미세한 생각이 전혀 없는 것은 아니기 때문이다), 여덟째 상수멸해탈신작증구족주想受滅解脫身作證具足住이다(상想·수受 두 가지가 나머지보다 강력하게 월등함으로 인해서이니, 이 심행 때문에 싫증나도록 우려하고 수고롭게 사려하여 잠시도 그치거나 쉬지 못하다가 이것을 그쳐 쉬는 때는 반드시 장애를 끊어서야 얻게 되므로 '해탈'이라고 하며, '멸수상의 해탈'이므로 의주석이다. 위의 일곱 (해탈)은 지업석이니, '해탈장解脫障'이기 때문이다. 혹은 별칭으로써 통칭을 가려내면 의주석이 된다).

명칭과 의미를 알게 되었으니 다음에 '체성을 드러냄'은, 《구사론》에서는 '앞의 셋(해탈)은 부탐無貪의 성질이며, 오온의 성질을 권속으로 하고, 다음 (넷)은 무색정의 선심善心으로 체성을 삼는다'고 하였으며, 대승 (《유가사지론》 권제72)에서는 '세간과 출세간의 정지正智로 자성을 삼는다'[187]고 하였으니, 유루는 분별지가운데 세간의 정지正智로 체성을 삼고, 무루는 곧 무분별지 및 후득지로 오직 혜慧로써 체성을 삼으며 색色과 비색非色 및 진여의 경계를 반연한다. 모든 선정의 장애를 벗어나 수

입'이라고 하며, 위에서 아래로 향하는 것을 '역출입'이라고 한다.(《결택기》 권4, X8, 045c06)

187 《法苑義林章》(T45, 327b09), "大乘之中七十二卷解五法中云, 世間出世間正智爲體"와 《瑜伽師地論》 권제72(T30, 699b12), "八解脫於五事中, 用誰爲自性? … 答: 用世間出世間正智爲自性." 참조 번역.

승한 덕을 인발해 내는 것은 나머지가 능히 할 수 있는 것이 아니기 때문이다. 만일 상응하는 체성이라면, 처음 (해탈)부터 일곱째 (해탈)는 4온蘊으로 체성을 삼으니, 오온의 체성을 권속으로 삼기 때문이다.《대법론》에서 '선정이든 지혜이든 그것과 상응하는 모든 심과 심소가 무색계에 있는 것이 인정된다. 선정의 도는 무표색이기 때문이다'고 하였다. 제8 해탈은 22법의 염심厭心 종자로 체성을 삼으니, 곧 불상응 행온에 섭수된다."[188]

'8승처勝處'는 (파란색·노란색·붉은색·흰색과 땅과 물과 불과 바람이다.) '10변처遍處'는 (앞의 여덟 수승처에 공空과 식識을 더한다.) '37(조도)품'은 말하자면, 4념처(신·수·심·법)와 4정근正勤(이미 행한 악은 그치게 하고, 아직 행하지 않은 악은 생기지 않게 하며, 이미 행한 선은 늘어나게 하고, 아직 행하지 않은 선은 생기게 하는 것이다)과 4신족神足(욕·근·심·관이다)과 5근根(신심·정진·념·정·혜)과 5력力(곧 앞의 5근이니, 마군이 조복시키지 못하기 때문이다)과 7각지覺支(염·택법·정진·희·정·행사·경안)와 8성도(어·업·명·염·정·견·사유·정진이 모두 정正 자로 꿰어진다)이다.

'4무애'는 (법·의·사변·요설이다.) '4의취意趣'는 첫째 평등이요(법신평등이다), 둘째 특별 시간이요(희탐과 성불 등이다), 셋째 특별 의미요(법은 생멸이 없다), 넷째 중생 의락이다(꾸짖거나 찬탄하여 정진하게 하는 등이다).

'4수자隨者'는 첫째는 희락함을 따름이요(중생의 뜻을 옹호하는 것을 그 마음을 기쁘게 한다고 하는 것이다), 둘째는 마땅함을 따름이요(숙세에 익힌 것에

188 窺基 撰,《大乘法苑義林章》권제4〈八解脫章〉(T45, 327b07~328b17)을 요약 정리해서 인용하고 있다.

따라서 교화한다), 셋째는 따라 다스림이요(병에 맞게 약을 준다), 넷째는 뜻을 따름이다(근기가 순숙할 때 인도하면 듣는 즉시 깨닫기 때문이다). 또한, 4실단悉檀이라고도 한다. 첫째는 세계실단이요, 둘째는 위인실단이요, 셋째는 대치실단이요, 넷째는 제일의실단이다. 범어로는 '실단'이고 번역하면 '의종義宗'이다.

### ㄴ. 같은 것을 예로 들어 그 밖의 것을 가리킴(例同指餘)

[38b11] [《鈔》] 竝在〈十藏品〉中救之等者, 然此十二分教, 義綰一代, 旨旣幽邃,[189] 故今引釋. 故下《疏》云: "舊名十二部經恐濫部帙, 改名分教. 各[190]有二相, 唯修多羅, 或二或三. 修多羅者, 此云契經. 言二相者, 一總相, 謂《涅槃》十五云: '始從如是我聞, 終至歡喜奉行, 皆名修多羅.' 二者別相, 《雜集》第十一云: '謂長行綴緝, 略說所應說義.' 然更有異名, 異名有四; 一法本, 二但名經, 三直說, 四聖教. 言法本者, 遠公以五義釋之, 一教爲理本, 二經爲論本, 三總爲別本, 四初爲後本, 五略爲廣本. 以彼立三修多羅故. (以前五中, 後三爲修多羅相故.) 一總相, 二別相, 三本相, 亦名略相, 總不異前.(前二中總故.) 別謂就前總相, 分出十一. 餘不収者,(卽長行綴緝等,) 還復攝在修多羅中, 名爲別相. 用斯別相, 望祇夜等, 爲其本故, 名初爲後本.(由長行未盡, 方起祇夜故.) 言本相者, 於彼別相十二部中, 初略標擧, 名修多羅. 後廣釋者, 隨別名之. 如言色者, 卽是根本略相, 後云青黃等者, 是名廣相, 故云略爲廣本. 然其後二,(卽別·略二,) 不違《雜集》長行綴緝等言, 卽是十一處不攝

189 底本에는 "遠", 교감주 및《金澤寫本》참조 수정.

190 底本에는 "名", 교감주 및《金澤寫本》참조 수정.

者, 如〈賢首品〉出, 爾時文殊師利說無濁亂淸淨行大功德已等類. 此是結集綴緝, 非佛正說, 故云十一所不攝者. (然其後二等者, 彼《鈔》云: "以《刊定記》破云, '隋遠法師, 雖說修多羅, 總別略三; 初順《涅槃》, 二無聖教, 亦乖正理. 三違《雜集》, 《雜集》云: 〈修多羅者, 謂長行綴緝, 略說所應說義.〉 彼自釋云, '略說所應說義, 卽是長行綴緝. 曾無先略標擧, 後廣釋之相. 當知略者, 總之異名. 謂修多羅一分是總, 餘十一分是別. 今修多羅, 依藏部中總相業用, 而立其名. 餘藏部名, 依藏部中別相業用. 所以者何? 修多羅業用能貫攝故, 餘藏餘部所詮所化, 由此貫攝, 彼方成故. 故《涅槃》云, 〈始從如是我聞, 終至歡喜奉行, 皆修多羅攝.〉' 釋曰, 此卽彼之立破. 由此《刊定》言違《雜集》故, 令辨相却同《雜集》, 故云不違. 此正成別相, 故云長行綴緝, 是十一所不攝者, 恐義未顯故, 引〈賢首品〉文示之.") 其略說所應說義, 卽是略爲廣本, 如欲顯示菩提心功德故, 卽其類也. (《鈔》云: "其略說所應說義者, 通略相修多羅. 卽開《雜集論》文而爲兩段, 出別略之據. 只用上〈賢首品〉一文, 雙證二義. 如云文殊師利說無濁亂淸淨行大功德已者, 但是長行綴緝. 若云欲顯示菩提心功德故, 卽是略相, 標下文之所說故.") 此第三略相, 亦順《成實》. 《成實》名直說, 語言總相而言, 名爲直說. 一一語言多義分別, 名非直說. 斯則通十二分, 皆有此一.(不同別相十一不攝.) 若十二分中修多羅, 竝通前三, 若三藏中修多羅, 唯局總相, 有不曉者妄非先賢而云, 修多羅但依總相業用, 則違諸《論》長行綴緝等. 言二祇夜者, 此云應頌, 一顯前未了故, 二應後來根故. 三授記者, 梵云和伽羅那, 亦云記別. (一記生死因果, 二記當來成佛事.) 四伽陀者, 此云諷誦, 謂孤起頌. (一云, 易誦持故, 二云, 爲樂偈者故.) 五尼陀那[191], 此云因緣. (一因請方說, 爲重法故, 如三家五請等. 二因事方說, 知[192]本末

191 底本에는 "耶", 《金澤寫本》 및 《大疏》 참조 수정.

192 底本 및 《金澤寫本》에는 "如", 《大疏》 참조 수정.

故. 如觀善財并因事制戒等.) 六優陀那[193], 此云自說. (一爲令知而請法故, 如十地本分等. 二爲令所化生慇重故, 念佛慈悲, 爲不請友故.) 七本事, 梵云伊帝目多伽. (一說如來往事, 如說威光太子等. 二說弟子往事, 如說諸善友因緣故.) 八本生, 梵云闍陀伽. 謂說昔受身. (一說如來, 如說威光太子數數轉身, 値諸佛等. 二說弟子, 如諸善友等. 然其本事, 但云其事, 除所生事, 本生要說受身等.) 九方廣, 梵云毗佛略. (一廣大利樂故, 二正法廣陳故.) 十未曾有, 梵云阿浮達磨, 亦云希法. (一德業殊異故. 如初生卽行七步. 斯經不起而升四天. 二法體希奇[194]故. 謂說佛菩薩不共功德, 經文非一.) 十一譬喩, 梵云阿波陀那. (一爲深智, 說似令直解故. 如《法華》云: "諸有智者, 以譬喩得解." 二爲淺識, 就彼取類誘令信故, 如爲擔[195]人說二蘊等. 此經所無, 《雜集》通說, 爲令本義得明了故.) 十二論義, 梵云優波提舍. (一以理深故, 二義不了故, 竝須循環硏覈.) 此之十二, 於大於小, 爲局爲通. 若皆大者, 則違《涅槃》等文. 《涅槃》第三云: '護大乘者, 受持九部.' 《法華》第一云: '我此九部法, 隨順衆生說.' 《瑜伽》等論說, '聲聞藏無有方廣.' 然諸經·《論》, 且約一相故作是說. 如實說者, 大小皆有. 且如《深密》中, '菩薩依十二分教, 修奢摩陀.' 《瑜伽》二十一云: '佛爲聲聞, 一一具演十二分教.' 而《涅槃》說大但有九者, 依三部中之小相故, 謂因緣中取因事制戒, 依譬喩中, 依爲誘引, 於論義中, 約非了義.[196] 《法華》九部小者, 三相大故, 於記別中, 取記作佛, 於自說中, 依不請友, 方廣之中, 依廣大利益. 其正法廣陳, 通大通小. 然契經望餘, 總相·略相, 則許通有, 別相卽無. 應頌·諷頌, 本事·本生, 互望竝無, 本事·本生望於記別, 亦是互無. 自說·因緣, 容得互有, 如因事說, 不由請故.

---

193 底本에는 "耶", 《金澤寫本》 및 《大疏》 참조 수정.

194 底本에는 "寄", 《金澤寫本》 및 《大疏》 참조 수정.

195 《金澤寫本》 및 底本에는 "誓", 《大疏》 참조 수정.

196 底本에는 無, 《金澤寫本》 및 《大疏》 참조 보충.

除上所除, 餘皆互有. 此經之中, 具足十二, 已如上引. 十二分教義已略周."

[초] '모두 〈십장품〉에서 변론하기 때문에'[197] 등은 그러나 이 12분교는 뜻으로는 일대一代를 꿰뚫지만 종지는 이미 아득히 깊다. 그러므로 지금 인용해서 해석하겠다. 그러므로 아래 《소》[198]에서 "옛 명칭인 12부경은 부질部帙과 혼동될까 해서 분교分教로 개명한 것이다. 각각 두 가지 상이 있는데, 수다라만은 혹 둘이거나 셋이다. '수다라(Sutra)'[199]는 이곳 말로 '계경契經'이다. '두 가지 상'이라는 것은 첫째는 '총상'이니, 《열반경》 권15에서 '처음에 〈이와 같이 나는 들었다〉부터 〈환희하여 받들어 행했다〉까지를 모두 수다라라고 이름한다'고 한 것을 말한다. 둘째는 '별상'이니, 《잡집론》[200] 제11에서 말하길 '장행으로 엮어서 모으고, 설법하게 될 뜻을 약설하는 것이다'라고 하였다.

그런데 다시 다른 명칭이 있으니 다른 명칭에는 넷이 있다. 첫째 법본法本이요, 둘째 다만 '경'이라고 함이요, 셋째 직설直說이요, 넷째 성교聖教이다. '법본'이라고 한 것은 혜원慧遠 공이 다섯 가지 뜻으로 해설하였다. 하나는 교는 이치의 근본이 되고, 둘은 경장은 논장의 근본이 되며, 셋은 총상은 별상의 근본이 되고, 넷은 처음은 나중의 근본이 되며, 다섯은 약상은 광상의 근본이 된다. 그가 세 가지 뜻의 수다라를 세웠기 때

197 《演義鈔》 권제5(T36, 036c15).

198 《大疏》 권제24 〈十無盡藏品〉 제22(T35, 0681c05).

199 2분교의 범어 원음의 영문 표현은 이해를 돕기 위해 역자가 덧붙였다. 아래의 나머지 분교도 동일하다.

200 無著 造, 玄奘 譯, 《大乘阿毘達磨雜集論》 권제6 〈決擇分中法品〉제2(T31, 686a25).

문이니(앞의 다섯 중에 뒤의 셋이 수다라의 상인 것이다), 첫째 총상總相이요, 둘째 별상別相이요, 셋째 본상本相이다. 또한 약상略相이라고도 한다.

'총상'은 앞과 다르지 않다(앞 (수다라)의 2상 가운데 총상이기 때문이다).

'별상'은 앞의 총상에 입각해서 11분교로 분리되어 나온 것을 말한다. 나머지가 거두지 못하는 것을(곧 '장행으로 엮어서 모으고' 등이다) 되돌아서 또다시 수다라에 거두어 둔 것을 '별상'이라고 하고, 이 별상으로써 기야祇夜 등과 맞대면 그것들의 근본이 되기 때문에 '처음은 나중의 근본이 된다'고 하였다(장행이 끝나지 않아야 비로소 '기야'를 일으키기 때문이다).

'본상'이란 것은 저 별상 12부에서 처음 간략하게 표방해 들은 것은 수다라라고 이름하고, 뒤에 광석廣釋한 것은 개별적으로 이름한 것이다. 예컨대 색이라고 하면 기본적인 '약상'이며, 뒤에 청색·황색 등 이라고 하면 이것을 '광상'이라고 하는 것과 같다. 그러므로 약상은 광상의 기본이 된다. 그러나 뒤의 두 가지(별상과 약상)는《잡집론》에서 말한 '장행으로 엮이시 모으고' 등과 어긋나지 않으니, 곧 이것은 11처에 거둬지지 않는다. 저 〈현수품〉에서 나온 '이때 문수사리보살이 혼탁함이 없는 청정한 수행의 대 공덕을 설하여 마쳤다' 등의 종류와 같으니, 이것은 결집할 때 엮어서 모은 것이고, 부처가 바로 설한 것이 아니기 때문에 '11처에 거둬지지 않는다'고 하였다(그런데 '뒤의 두 가지 등'이란《초》[201]에서 "《간정기》에서 논파하여 '수나라 혜원慧遠법사가 비록 수다라를 총상·별상·약상의 세 가지로 설했지만, 처음은《열반경》에 수순하고, 둘째는 성교가 없으니 역시 정리正理에 괴리되며, 셋째는《잡집론》에 어긋난다.《잡집론》에서 '수다라는 장행으로 엮어서 모

---

201 《演義鈔》 권제46, 〈十無盡藏品〉 제22(T36, 357c07).

으고, 설법하게 될 뜻을 약설하는 것을 말한다'라고 하였기 때문이다'고 하였고, 그 자신(혜원)이 해설하여 설법하게 될 뜻을 약설하는 것은 곧 장행으로 엮어서 모은 것이다. 먼저 간략하게 표방하여 들고 뒤에 광석한 모습은 없었으니 당연히 약상이라는 것은 총상의 다른 명칭임을 알아야 한다. 말하자면 수다라분 하나는 총상이고, 나머지 11분은 별상이다. 지금 수다라는 (삼)장藏과 (12)부部 중에 총상의 업용에 의거해서 그 명칭을 세운 것이고, 나머지 장藏과 부部의 명칭은 장과 부의 별상의 업용에 의거했다. 왜냐하면 수다라의 업용은 꿰어서 섭수하기 때문이며, 나머지 장과 부에서 설명되는 것과 교화되는 것은 꿰어서 섭수하는 것을 통해서만이 그것이 성취되기 때문이다. 그러므로 《열반경》에서 '처음에 〈이와 같이 나는 들었다〉부터 〈환희하여 받들어 행했다〉까지는 모두 수다라에 거둬진다' 하였다. 해설해 보면, 이것은 곧 그가 세워 논파한 것인데, 이로 인해 《간정기》의 말이 《잡집론》과 어긋난다. 상을 변별해보면, 도리어 《잡집론》과 똑같다. 그러므로 어긋나지 않는다고 하였다. 이것이 바로 별상을 이룬다. 그러므로 '장행으로 엮어서 모은 것, 이것은 11처에 거둬지지 않는 것'이라고 하였고, 뜻이 드러나지 않을까봐 〈현수품〉의 문장을 인용해서 보인 것이다"라고 하였다).

'설법하게 될 뜻을 약설한다'는 것은 곧 약상은 광석의 기본이 된다는 것이다. 예컨대 '보리심의 공덕을 현시하고자하기 때문'이라는 것이 그런 종류이다(《초》에서 "설법하게 될 뜻을 약설한다는 것은 약상수다라에 통한다. 곧 《잡집론》의 문장을 분리하여 2단을 만들어서 별상과 약상의 근거를 낸 것으로, 〈현수품〉의 한 문장만을 써서 두 가지 뜻을 쌍으로 인증한 것이다. 예컨대 '문수사리보살이 혼탁함이 없는 청정한 수행의 대 공덕을 설하여 마쳤다'는 것은 다만 장행으로 엮어서 모은 것이다. 만일 '보리심의 공덕을 현시하고자하기 때문'이라고 하면 약상인 것이니, 아래 문장에서 말할 것을 표방했기 때문이다"[202]고 하였다).

이 세 번째 약상은 또한 《성실론》에 수순한다. 《성실론》에서 '직설'이라고 한 것은 말들이 총상으로 말해진 것을 직설이라고 한 것이고, 낱낱 말들이 많은 의미로 분별되면 직설이 아니라고 한다. 이렇다면 전체 12분에 모두 이 하나가 있다(별상이 11처에 거둬지지 않는 것과는 다르다). 만일 12분교 가운데 수다라라면 모두 앞의 셋에 통하고, 삼장 가운데 수다라라면 오직 총상에만 국한한 것인데, 알아채지 못한 이들이 망령되게 선현을 비난하여 이르길, '수다라는 총상의 업용에만 의거한 것이어서, 여러 《논》에서 '장행으로 엮어서 모은 것' 등이라고 한 것에 어긋난다'고 한 것이다.

둘째 '기야(Geyya)'라는 것은 번역하면 '응송應頌'이다. 하나는 앞에서 아직 분명히 알지 못했음을 드러내고, 둘은 뒤늦게 온 근기에게 응해준 것이다.

셋째는 '수기授記'이니, 범어로는 '화가라나(vyakarana)'이다. 또한 '기별記別'이라고도 한다(하나는 생사의 인과를 수기하고, 둘은 당래에 성불할 일을 수기한다).

넷째 '가타(Gāthā)'라는 것은 번역하면 '풍송諷誦'이니, 홀로 일으킨 게송을 말한다(첫째는 외워 지니기 쉽기 때문이고, 둘째는 게송을 좋아하는 자를 위하기 때문이다).

다섯째는 '니타나(Nidāna)'이니, 번역하면 '인연'이다(법을 청함을 통해서만 설법을 하는 것은 법을 중하게 여기기 때문이다. 예컨대 세 집안에서 다섯 번 청하는

202 《演義鈔》 권제46, 〈十無盡藏品〉 제22(T36, 357c25).

등이다. 둘째는 일을 통해서만이 설법하는 것은 본말을 알기 때문이다. 예를 들어 선재를 관찰하고 아울러 일을 통해서 계율을 제정하는 등이다).

여섯째는 '우타나(Udāna)'이니, 번역하면 '자설自說'이다(하나는 알게 하기 위해서 법을 청하는 것이니, 십지본분 등과 같다. 둘째는 교화될 자들이 은근하게 중후한 마음을 내게 하기 때문이니, 불의 자비를 생각하여 법을 간청하지 못한 선우를 위하기 때문이다).

일곱째는 '본사本事'이니, 범어로는 '이제목다가(Itivuttak)'이다(첫째는 여래의 지난 일을 설한 것이니 위광태자를 설하는 등이며, 둘째는 제자의 옛 일을 설한 것이니 여러 선우들의 인연을 설한 것이다).

여덟째는 '본생本生'이니, 범어로는 '자타가(Jātaka)'이다. 말하자면 옛적에 받았던 몸을 설한 것이다(첫째는 여래께서 위광태자가 자주자주 몸을 바꾸어 제불을 뵈었다고 설하는 등과 같이 설하는 것이다. 둘째는 제자들이 여러 선우들과 같다고 설하는 것이다. 그러나 본사는 다만 그 일만을 말하고 태어났었던 일은 제외하였으므로 본생에서 몸을 받는 일들을 설할 필요가 있다).

아홉째는 '방광'이니, 범어로는 '비불약(vaipulya)'이다(첫째는 이익과 즐거움이 광대하기 때문이며, 둘째는 정법을 광대하게 진술하기 때문이다).

열째는 '미증유'이니, 범어로는 '아부달마(Abbhuta-dhamma)'이다. 또한 '희법'이라고도 한다(첫째는 덕업이 특이하기 때문이니, 예를 들어 처음 태어나자마자 일곱 걸음을 걷고, 이 경에서 '일어나지 않고 네 곳 천상에 오른 것'이다. 둘째는 법체가 드물게 기이하기 때문이다. 말하자면 불보살의 불공不共 공덕을 설한 경문이 하나가 아닌 것이다).

열하나는 '비유'이니, 범어로는 '아파타나(Apadāna)'이다(첫째는 지혜가 깊은 이를 위해서 비슷하게 설하여 곧장 이해시키려하기 때문이다.《법화경》에서 '모든 지혜 있는 자는 비유로 이해할 수 있다'고 한 것과 같다. 둘째는 견식이 천근한 이를 위해서 그들에 입각해서 비슷한 것을 취하여 유인해서 믿게 하려하기 때문이니, 중담인重擔人을 위해서 2온을 설하는 등과 같다.[203] 이 경에는 없는데 《잡집론》에서 통설한 것은 본의를 명료하게 하려하기 때문이다).

열둘은 '논의'이니, 범어로는 '우파제사(Upadesa)'이다(첫째는 이치가 깊기 때문이며, 둘째는 뜻을 분명하게 알지 못하기 때문에 모두 다 순환해서 연구하고 실상을 조사해야 하는 것이다).

이 12부가 대승이나 소승에 대해 국한되기도 통괄되기도 한다. 모두가 대승이라고 한다면 《열반경》 등의 문장에 어긋난다. 《열반경》 제3에 '대승을 호지하는 자는 9부경을 수지한다'라고 하였고, 《법화경》 제1에 '나는 이 9부법을 중생들에게 수순해서 설한다'라고 하였으며, 《유가사지론》 등의 논서에 '성문장聲聞藏은 방광이 없다'라고 하였다. 그러나 여러 경론들을 우선 한 가지 상에 한정했기 때문에 이렇게 말한 것이지 여실하게 말한다면 대승과 소승에 모두 있다.

우선, 《해심밀경》에서 '보살은 12분교에 의지하여 사마타를 닦는다'고 하였고, 《유가사지론》 제21에서 '불이 성문들을 위해서 낱낱이 12분교를 갖추어 연설하였다'고 하였다. 그런데 《열반경》에서 '대승에는 다만 9부가 있다'고 한 것은 3부 가운데 소상에 의거했기 때문이니, 말하자면 '인연'에서는 일로 인해 계율을 제정하는 것을 취하였고, '비유'에 의거해서는 유인誘引하는 것에 의거했고, '논의'에서는 뜻을 분명하게 알지

203 婆藪盤豆 造, 眞諦 譯, 《阿毘達磨俱舍釋論》 권제22 〈破說我品〉 제9, "或執爲常住. 或執爲不可言. 諸陰自能滅諸陰. 謂前陰於後陰. 爲顯荷負重擔義. 故說此文."

못하는 것에 한정한 것이다. 《법화경》에서 '9부가 소승'이라고 한 것은 3상이 대승이기 때문이니, '기별'에서는 작불을 수기하는 것을 취하였고, '자설'에서는 법을 청하지 않은 선우에 의거했으며, '방광'에서는 광대하게 이롭게 함에 의거한 것이다. 정법을 광대하게 진술한 것은 대승에도 소승에도 통한다.

그러나 계경으로 나머지 분교와 서로 마주하면 총상과 약상은 모두에 있다고 인정되지만 별상은 없다. '응송'과 '풍송', '본사'와 '본생'은 서로 상대하면 모두 없으며, '본사'와 '본생'을 '기별'에 상대하면 또한 서로 없다. '자설'과 '인연'은 서로 있는 것이 용납되니, 저 일로 인해 설법한 것이고, 법을 청하는 것을 말미암지 않기 때문이다. 이상 제외된 것을 제외하고 나머지는 모두 서로 있다. 이 경은 12부를 구족했으니 위에서 인용했던 것과 같다. 12분교의 뜻을 간략하게 둘러봤다.

㉯ 비나야장(毘奈耶藏)

b. 따로 해석함(別釋)

a) 명칭을 분별함(辨名)

(b) 다른 명칭을 분별함(辨異名)

[39b04] [《疏》] 離熱惱因者, (一滅業非, 二滅煩惱.) 得清凉果者, (三得滅果.)

[소] '열뇌의 인因에서 벗어났다'[204]는 것은 (첫째는 업비業非를 단멸함이요,

204 《大疏》 권제1(T35, 507b11).

둘째는 번뇌를 단멸함이다.) '청량한 과를 얻었다'는 것은 (셋째 멸과滅果를 얻은 것이다.)

[39b04] [《鈔》] 定共道共二戒者, 禪定聖道相應現思, 在定時道, 法爾能遮惡法功能殊勝, 名戒, 未入已出, 其戒卽無, 故名隨心, 散心位中不能遮故.

[초] '선정과 함께하는 계(定共戒)와 성도와 함께하는 계(道共戒)의 2계'[205] 라는 것은 선정과 성도와 상응하여 생각에 나타나는 것인데, 선정에 들어있을 때의 도는 법이 으레 악법을 차단하는 공능이 수승하므로 '계'라고 이름하며, 선정에 들기 전이나 나온 뒤에는 그 계가 곧 없으므로 '마음을 따름'이라고 이름한다. 산란한 마음자리에서는 (악법을) 차단하지 못하기 때문이다.

b) 상을 드러냄(顯相)

[39b08] [《鈔》] 小謂性罪等者, 一云, 佛未制時, 世人已知是罪, 名性, 佛制已後, 方知是罪, 名遮. 或分別煩惱所發三業過非, 名性, 俱生煩惱所發三業過非, 名遮. 是故三乘見道已去, 遠離性罪.

[초] '소小는 성죄性罪를 말하며'[206] 등은 일설은 불이 아직 제정하지 않

205 《演義鈔》 권제5(T36, 037a08).

206 《演義鈔》 권제5(T36, 037b10).

았을 때, 세상 사람들이 죄인 줄 알았다면 '성性'이라고 하며, 불이 제정한 뒤에서야 죄인 줄 알게 되면 '차遮'라고 한다. 혹은 분별번뇌가 발생시킨 삼업의 과비過非를 '성'이라고 하며 구생번뇌가 발생시킨 삼업의 과비를 '차遮'라고 한다. 그러므로 삼승은 견도이후에 '성죄'를 멀리 벗어난다.

㉰ 아비달마장(阿毗達磨藏)

b. 바로 해석함(正釋)

b) 상을 드러냄(顯相)

[39b12] [《鈔》] 論體論處所等者,《因明》釋云: "一者論體, 謂言生因, 立論之體. 二者論處所, 謂於王家, 證義者等, 論義處所. (此有六種; 一於王家, 二執理家, 三大衆中, 四於賢哲前, 五於善解法義沙門波羅門前, 六於樂法義者前.) 三者論據, 謂論所依. 卽眞能立, 及眞·似現·比量等. 其自性差別義爲言詮, 亦所依攝. 四者論莊嚴, 謂眞能破. 五者論負, 謂似立似破. 六者論出離, 將興論時, 立敵安處身心之法. 七者論多所作法, 由具上六, 能多所作."

[초] '논의 체성과 논의 처소 등'[207]이라고 한 것은 《인명(론소)》에서 해석하여 "첫째는 논의 체성이니, 언론이 생긴 인연과 입론하는 체를 말한다. 둘째는 논의 처소이니, 왕가나 증의證義하는 자 등의 논의하는 처소를 말한다(이것은 여섯 종류가 있다. 첫째는 왕가에서, 둘째는 집리가執理家에서, 셋째는 대중 속에서, 넷째는 현철 앞에서, 다섯째는 법의를 잘 이해하는 사문과

207 《演義鈔》 권제5(T36, 037c17).

바라문 앞에서, 여섯째는 법의를 즐기는 자들 앞에서이다). 셋째는 논거이니, 논의 소의所依를 말한다. 곧 참주장(立宗) 및 진짜와 유사, 현량과 비량 등이다. 저 자성과 차별의 뜻이 언어로 설명한 것이 되니, 또한 소의에 거둬진다. 넷째는 논의 장엄이니, 참논파를 말한다. 다섯째는 논의 타부墮負이니, 유사 주장과 유사 논파를 말한다. 여섯째는 논의 출리出離이니, 장차 논을 일으키려 할 때, 적론敵論을 세우고, 신심의 법을 안처하는 것이다. 일곱째는 논의 다소작법多所作法이니, 위의 여섯을 구족함으로 인해 소작所作이 많은 것이다"[208]고 하였다.

(다) 소전所詮을 모두 드러냄(總顯所詮)

[39b20] [《疏》] 一者剋性等者, 問: 旣約兼正, 通詮其三, 何故尅性, 三二一別耶? 答曰: 望義別故. 何者? 經詮三學, 俱盡其玄, 律詮三學, 二盡其玄, 論詮三學, 一盡其玄, 故此云爾. 如世三僧各稱三藏, 一正二兼. 正稱經僧, 博通三藏. 正稱律僧, 但精二藏. 正[209]稱論僧, 唯窮一藏. 以喩例法, 昭然可悉. 又解, 經多詮三, 律多詮二, 論多詮一. 所尙不同, 又分兼正.

[소] '첫째 원칙적인 면에서 등'[210]이란 것은, 묻는다. 이미 겸한 것과 주된 것에 한정했다면, 삼장을 통틀어 설명한 것일 텐데, 어째서 극성剋性하면 3학, 2학, 1학으로 다른가?

208 窺基 撰,《因明入正理論疏》권상(T44, 096a05)의 문장이다.

209 底本에는 無,《金澤寫本》참조 보충.

210 《大疏》권제1(T35, 507c09).

답한다. 뜻으로 관망하면 각별하기 때문이다. 무엇인가? 경장에서 (계·정·혜) 3학을 설명한 것은 그 현묘함을 모두 다하였고, 율장에서 3학을 설명한 것은 2학만 그 현묘함을 다하였으며, 논장에서 3학을 표현한 것은 혜학 하나만 그 현묘함을 다했다. 그러므로 여기서 그렇게 말한 것이다. 마치 세상에서 세 명의 승려가 각각 삼장이라고 불리면 하나는 주된 것이고 둘은 겸한 것이며, 주로 '경승'이라고 불리면 삼장에 널리 통달한 것이고, 주로 '율승'이라 불리면 다만 2장에 정묘한 것이고, 주로 '논승'이라고 불리면 오직 한 장만을 궁구한 자인 것과 같다. 비유로 법을 준례하면 훤해서 다 알 것이다.

또, 해설이 있다. 경장은 3학을 많이 설명하였고, 율장은 2학을 많이 설명하였으며, 논장은 1학을 많이 설명하였다. 숭상한 것이 다르므로 또 '겸한 것'과 '주된 것'으로 나뉜 것이다.

### 나) 이장을 해석함(釋二藏)

[39c03] [《鈔》] 若不爲說毗伽羅論可名爲藏者, 藏者慳祕也. 故《法華》云: "若以小乘化, 乃至於一人, 我則墮慳貪, 此事爲不可." 又解, 隱匿名藏. 故《涅槃經》, "迦葉菩薩曰: '諸佛有密語, 無密藏.' 世尊讚之曰: '如來之言開發顯露, 淸淨無翳. 愚人不解, 爲之密藏, 智者了達, 則不名藏.'" 釋曰, 待根成熟, 若不爲說大乘之法, 則應名藏. 若許爾者, 乃與此文, 甚相乖反也.

[초] '만일 비가라론毗伽羅論[211]을 설하지 않게 되면 감춰두고 설하지 않았다고 할 수 있는 것처럼'[212]에서 '장藏'은 아껴서 감춘 것이다. 그러므로《법화경》에서 "만약 한 사람이라도 소승으로 교화한다면 나는 간탐함에 빠지리니 이런 일은 옳지 못하네"[213]라고 하였다.

또, 해설이 있다. 은닉하는 것을 '장'이라고 한다. 그러므로《열반경》에서 "가섭보살이 '제불께서는 비밀한 말은 있어도 비밀스런 장藏은 없습니다'라고 하자, 세존께서 찬탄하시길 '여래의 말은 개발되어 환하게 드러나며 청정하고 가리개가 없다. 어리석은 사람은 알지 못하여 비밀스런 장이라고 하겠지만 지혜로운 사람은 분명히 알고 '장'이라고 하지 않느니라'고 하셨다"[214]라고 하였다. 해설해 보면 근기가 성숙하길 기다린 것이니, 만일 대승법을 설하지 않는다면 '장'이라고 해야 할 것이며, 만약 그렇다고 인정하면 곧 이 문장과는 매우 괴리되고 상반된 것이다.

② 기둬지는 곳을 밝힘(明所攝)

가. 저 장藏이 이 경을 거둠을 밝힘(明彼攝此經)

[39c10] [《疏》] 則唯十藏攝者, 非是〈十藏品〉中十藏, 但取十種玄門, 以爲十藏. 故《疏》釋曰, "具足·主伴, 顯無盡故." 十玄之中, 擧初及後, 影中間故. 問: 十玄是義, 十藏是教, 豈相愜當? 答: 上《疏》云, "以義揀教", 此意用十玄義, 揀能詮經,

211 방등대승경전을 말한다.

212 《演義鈔》 권제5(T36, 038b04).

213 《法華經》 권제1 〈序品〉 제1(T09, 008a26).

214 《涅槃經》 권제5 〈如來性品〉 제4-1(T12, 390b15).

將教從義, 故名十藏. 如彼三藏亦是, 以教從三學義, 故名三藏.

[소] '곧 오직 십장十藏에 거둬진다'[215]는 것은 〈십장품〉 가운데 십장이 아니고 다만 십종의 현문玄門을 취하여 십장이라고 한 것이다. 그러므로 《소》에서 해설하여 "'구족문'과 '주반문'은 다함이 없음을 드러낸 것이다"라고 하였으니 십현문 중에 처음 및 뒤를 들고 중간을 영략한 것이다.

묻는다. 십현은 뜻이고 십장은 교인데, 어째서 서로 짜 맞추는가?

답한다. 위의 《소》에서 "뜻으로서 교를 가려내면"이라고 한 의미는 십현문의 뜻을 써서 능전能詮의 경을 가려내고, 교를 가지고 뜻을 따랐으므로 '십장'이라고 한 것이다. 삼장도 역시 교로써 삼학의 뜻을 따른 것이므로 '삼장'이라고 하는 것과 같다.

[39c15] ○言教義融故者, 亦答前難. 以義從教, 但號十玄, 以教融義, 通稱十藏. 又解, 亦是此經〈十藏品〉中, 十藏所攝. 故《綱要》云: "若依此經〈十藏品〉中, 自明信等十藏, 十藏爲實, 攝於此經."

○ '교와 뜻이 융합하기 때문'이란 말은 역시 앞의 논란에 답한 것이다. 뜻으로서 교를 따르면 다만 십현으로 불리고, 교로서 뜻을 융합하면 통칭해서 '십장'이라고 한다. 또, 해설이 있다. 역시 이 경의 〈십장품〉 가운데 십장에 거둬진다. 그러므로 《화엄강요》에서 "만약 이 경의 〈십장품〉에서 자체적으로 신信 등 십장을 밝힌 것에 의거하면 십장은 실實이어

215 《大疏》 권제1(T35, 507c24). 아래도 동일.

서 이 경에 거둬진다"고 하였다.

(2) 교敎에 섭수됨을 밝힘(明敎攝)

① 통상적으로 12분교로 나눔(通相十二分敎)

[39c19] [《疏》] 通相十二分敎者, 今古諸師同稟故.

[소] '통상적으로는 12분교이다'[216]라는 것은 고금의 여러 대사들이 똑같이 품수하였기 때문이다.

② 모든 종파에서 교를 세움(諸宗立敎)

가. 깊고 현묘함을 총체적으로 말함(總辯深玄)

가) 표방함(標)

[39c20] [《疏》] 夫敎海沖深等者, 四句如次, 配敎·理·行·果之四法也. 雖非《鈔》意, 消《疏》可得. 準《鈔》釋者, 敎海·法雲·智光, 各上一字是法, 下一字是喩. 敎深且廣, 近喩名海, 雲雨所說之法, 故名法雲. 智如光故, 名爲智光, 謂佛功德無有邊際, 猶赫日揚光, 偏語其勝, 故名爲智. 敎海法雲, 通該前三, 智光一種, 唯目佛果.

[소] '무릇 교해敎海는 깊고 깊으며 등'[217]에서, 4구절[218]은 차례대로 교·

216 《大疏》 권제1(T35, 507c29).

217 《大疏》 권제1(T35, 508a02). 아래도 동일.

218 4구는 "제1구-교해敎海가 깊고 깊으며, 제2구-법운法雲이 두루 가득하고, 제3구-지혜광명이

리·행·과의 4법에 배대한 것이다. 비록《초》의 의도는 아닐지라도《소》를 소석하는 데는 괜찮다.《초》의 해석에 준거하면, '교해敎海'와 '법운法雲'과 '지광智光'은 각각 위의 한 글자는 법이고, 아래의 한 글자는 비유이다. 교는 깊고도 광대하니 딱 들어맞는 비유로 '해海'라고 한 것이고, 설법할 법을 구름으로 비 내리므로 '법운'이라고 한 것이다. 지혜는 광명과 같기 때문에 '지광'이라고 한 것이다. 말하자면 부처의 공덕이 한계가 없는 것이 마치 붉은 해가 빛을 발산하는 것과 같으니, 수승한 측면에 치우쳐 말했으므로 '지智'라고 한 것이다. '교해'와 '법운'은 앞의 3법(교·리·행)을 통틀어 포괄하고, '지광' 하나는 오직 불과만을 가리킨다.

[40a01] ○言智光無際者, 日光合空, 既亡限量, 眞智證如, 故無邊際. 故下《大疏》, 以法對喩. "略伸十義, 廣辨難思. 一謂日與空, 非卽非離.(眞空智日, 一異似同.) 二非住非不住.(眞理無相, 名非住, 正智契遠, 名非不住.) 三而日善作破闇, 良緣顯空之要.(冥蒙惑暗, 待此方除, 微妙眞空, 因茲始顯.) 四雖復滅暗顯空, 空無損益.(智雖斷證, 理本凝然.) 五理實無損, 事以推之, 闇蔽永除, 性乃無增, 空界所含萬像皆現.(所依眞理, 損益雖無能, 德障顯除, 仍有. 斯乃不損益之損益, 妙之至也.) 六而此虛空性雖淸淨, 若無日則暗起.(疑然眞理, 體本寂寥, 智光不起, 隨緣障生.) 七非虛空空, 故自能除, 闇若除者, 必假日光.(非眞空絶相, 能自破惑, 惑若破時, 須憑智日.) 八日若無空, 無光無照, 空若無日, 暗不自除.(智無眞理, 匪鑒匪明, 眞空無智, 惑寧自滅.) 九然此暗性, 無來無去, 日之體相, 亦不生不滅.(惑染自性, 尙無去來, 覺智本然, 寧有起滅.) 十但有日照空, 則乾坤洞曉.(智若明則, 因果理事, 等分明故.)"

---

한계가 없어서, 제4구-미묘한 변재로도 다할 수 없다"이다.

○ '지혜광명은 한계(邊際)가 없어서'라는 말은 햇빛이 허공과 합쳐짐에 이미 한량이 없게 된 것이며, 진지는 진여를 증득하므로 한계가 없다. 그러므로 아래《대소》에서 법으로써 비유를 상대하여 "간략하게 열 가지의 뜻을 펴서 생각하기 어려운 것을 자세하게 변별하겠다. 첫째는 태양과 허공은 즉하지도 여의지도 않는다(진공과 지일智日이 동일하거나 다른 것이 유사하게 같다). 둘째는 머무는 것도 아니고 머물지 않는 것도 아니다(진리는 상이 없으므로 머무는 것이 아니라고 하며, 정지正智는 멀리까지 계합하기 때문에 머물지 않는 것도 아니라고 한다). 셋째는 태양이 어둠을 잘 없애서 진실로 허공을 드러내는 요구에 반연한다(어둡게 미혹의 어둠에 덮여 있다가 이것을 기다리고 나서야 비로소 제거되며, 미묘한 진공은 이로 인해서 처음으로 드러난다). 넷째는 비록 또다시 어둠을 없애고 허공을 드러내더라도 허공은 줄어들거나 늘어남이 없다(지혜로 단멸시키거나 증득하더라도 이치는 본래 응연하다). 다섯째는 이치는 사실 손실이 없다. 사법으로 추구하면 어둠의 그늘을 영구히 제거해도 성性은 이내 증가함이 없고, 허공계에 함유되어 있는 만상이 모두 나타난다(소의所依의 진리는 줄거나 늘어남에 비록 무능하더라도 덕이 드러나고 장애가 제거되면 이내 줄거나 늘어남이 있다. 이것이 바로 손익하지 않는 손익이니 묘함이 지극하다). 여섯째는 이 허공의 체성이 비록 깨끗하더라도 태양이 없으면 어둠이 일어난다(응연한 진리는 체성이 본래 적요하지만 지광이 일어나지 않으면 연을 따라서 장애가 발생한다). 일곱째는 허공이 공하기 때문에 저절로 없앨 수 있는 것이 아니니, 어둠을 없애려면 반드시 햇빛을 빌려야 한다(진공절상이 자체적으로 미혹을 없앤 것이 아니고 미혹을 제거하려면 반드시 지일智日에 기대야 한다). 여덟째는 태양은 허공이 없으면 빛남도 비춤도 없으며 허공은 태양이 없으면 어둠을 자체로

는 없애지 못한다(지혜는 진리가 없으면 비출 수도 밝힐 수도 없으며, 진공은 지혜가 없으면 미혹을 어찌 저절로 소멸시키겠는가). 아홉째는 그러나 어둠의 체성은 오고 감이 없고 태양의 체상 역시 발생함도 소멸함도 없다(혹염惑染의 자성도 오히려 오고 감이 없거늘, 각지覺智는 본연한 것인데, 어찌 생기하고 소멸함이 있겠는가). 열째는 태양이 있어서 허공에서 비추기만 하면 하늘과 땅은 훤히 밝아진다(지혜가 밝아지면 인·과와 이·사가 똑같이 분명하기 때문이다)"[219] 라고 하였다.

[40a14] ○妙辯叵窮者, 拂跡入玄, 四辨八音不可說也.

○ '미묘한 변재로도 다할 수 없다'는 것은 자취를 털어내고 현묘한 데에 들어간 것이니, 4변재와 8종의 범음으로도 설할 수 없다.

[40a16] [《鈔》] 四辯者, 一法無礙辯, 二義無礙辯, 三詞無礙辯, 四樂說無礙辯. 復於第四, 約義開七; 一捷辯, 須言卽言故. 二無斷盡辯, 謂相續連環, 終無竭故. 三迅辯, 明於事理, 心無癡暗, 言卽迅疾, 如懸河故. 四應辯, 應時應根, 無差異故. 五無錯謬辯, 凡說契理, 無錯失故. 六豐義味辯, 名數事理, 皆無量故. 七一切世間最上妙辯, 此有五德; 一甚深如雷, 二淸徹遠聞, 三其聲哀雅, 如迦陵頻伽, 四能令衆生入心愛樂, 五其有聞者歡喜無厭, 具斯五義, 故云無勝.[220] 言八音者, 一最好

219 《大疏》 권제7 〈世主妙嚴品〉 제1(T35, 553a)이며, 괄호 속 내용은 선연이 덧붙인 해설이다.

220 底本 및 《金澤寫本》에는 "無勝+上"으로 되어 있음. 《大疏》 권제17(T35, 634a19), "具斯五義, 故云無勝. 上卽七辯."에서 "上"은 뒤 구절이므로 잘못 인용된 것으로 판단하여 "上" 삭제. [역자 주]

音,(其音淸雅, 如伽陵鳥.) 二易了聲,(言詞辨了.) 三調和,(大小得中.) 四柔軟,(言無麤獷.) 五不誤,(言無失誤.) 六不女,(其音雄[221]朗.) 七尊慧,(言無戰懼.) 八深遠.(臍輪發聲.)

[초] '4변재辯才'는 첫째 법무애변재法無礙辯才요, 둘째 의무애변재義無礙辯才요, 셋째 사무애변재詞無礙辯才요, 넷째 요설무애변재樂說無礙辯才이다. 또다시 네 번째를 뜻으로 분리하면 일곱이 된다. 하나는 민첩한 변재이니 말이 필요하면 말하기 때문이요, 둘은 단절됨 없이 다하는 변재이니 상속되고 고리처럼 연결되어 끝내 소진됨이 없기 때문이요, 셋은 신속한 변재이니 사리에 대해 분명하여 마음에 어리석은 암둔함이 없어서 말이 신속하고 빠른 것이 마치 거침없는 폭포수(懸河)와 같기 때문이요, 넷은 상응하는 변재이니 때와 근기에 상응하여 차이가 없기 때문이요, 다섯은 착오나 어긋남이 없는 변재이니 모든 설명이 이치에 계합하여 착오나 실수가 없기 때문이요, 여섯은 풍부한 의미의 변재이니 명수名數와 사리가 모두 무량하기 때문이요, 일곱은 일체 세간에서 최상의 미묘한 변재이니 이것에 5덕이 있다. 1덕은 매우 깊은 것이니 우레와 같고, 2덕은 청정함으로 꿰뚫으니 멀리까지 들리고, 3덕은 그 음성이 애잔하고 청아하니 가릉빈가와 같으며, 4덕은 중생들에 마음속으로 들어가 애락하게 하고, 5덕은 들은 자들이 환희하고 싫증냄이 없다. 이 다섯 뜻을 갖췄기 때문에 '무승無勝'이라고 한다.

221 底本 및 《金澤寫本》에는 "雅"로 되어 있음. 《演義鈔》 권제35(T36, 396a13), "六無雌小者. 亦云不女. 其聲雄朗故" 참조 "雄"으로 수정. [역자 주]

'8종의 범음'[222]이란 것은 하나는 최고로 좋은 음성(그 음성이 청아하여 가릉빈가 새와 같다)이고, 둘은 쉽고 분명하게 아는 음성(언사를 구별하여 분명히 안다)이며, 셋은 조화롭고(크고 작음에 중간을 얻었다), 넷은 유연(말이 거칠거나 사나움이 없다)하며, 다섯은 오류가 없고(말에 실수나 오류가 없다), 여섯은 여리지 않고(그 음성이 웅장하고 낭랑하다), 일곱은 존귀하고 슬기롭고(말이 두렵고 떨림이 없다), 여덟은 깊고 멀다(배꼽에서 발성한다).

나) 까닭을 해석함(釋所以)

[40b04] [《疏》] 以無言(理體也.)之言(事用也.), 詮(事用)言絶之理,(理體也.) 以無變(一法門)之變,(無量門) 此是能化言說多端也. ○言無窮之根[223]者, 所化根感非一也.

[소] '말 없는(이치의 체성) 말(사법의 작용)로써 말이 끊어진 이치(이치의 체성)를 설명하고(사법의 작용), 변화 없는(하나의 법문) 변화(무량한 문)로써'는 교화하는(能化) 언설이 단서가 많은 것이다. ○ '다함없는 근기'라고 한 것은 교화 대상(所化)의 근기가 감득하는 것이 하나가 아닌 것이다.

[40b07] [《鈔》] 能廣能深[224]能高能遠者, 或將教理行果, 如次配釋. 或將教海沖

---

222 《演義鈔》 권제35(T36, 271c28) 및 권제50(T36, 396a08)을 요약 인용.

223 《大疏》에는 "機"로 되어 있다.

224 《演義鈔》에는 "能深能廣"으로 되어 있다. 아래 "深廣高遠"에 의거해도 能深能廣의 순서임을 알 수 있다. 교·리·행·과를 배석한 것이라고 했기 때문에 순서는 중요하다.[역자 주]

深等四句, 如次配釋. 或散嘆深廣高遠也.

[초] '넓고 깊으며 높고 멀다'고 한 것은 혹은 교·리·행·과를 가지고 차례대로 배대해서 해석한 것이고, 혹은 '교해는 깊고 깊으며' 등의 네 구절을 가지고 차례대로 배대해서 해석한 것이며, 혹은 '심광하고 고원하다'는 것을 흩어뜨려 찬탄한 것이다.

다) 생각하기 어렵다고 결론지음(結成難思)

[40b10] [《鈔》] 皆不能安等者, 反表大海皆能, 所謂安而不溢故, 受而不濁故, 攝而同名故, 持而不盡故.

[초] '(나머지 일체처에서는) 모두 안치하지 못하고'[225]는 대해大海는 모두 능하다는 점을 반대로 표시한 것이니, 이른바 안치하면서도 넘치지 않기 때문이며, 받아들이면서도 혼탁하지 않기 때문이고, 거두면서도 똑같이 이름하기 때문이며, 지니면서도 다하지 않기 때문이다.

[40b11] ○言大法明, (聞思所了.) 大法照, (修慧所了.) 大法雨, (益他所作.)

○ 대법명大法明(문혜와 사혜로 분명히 알게 된 것이다)과 대법조大法照(수혜로 분명히 알게 된 것이다)와 대법우大法雨(이타로 짓게 된 것이다)를 말하였다.

---

225 《演義鈔》 권제5(T36, 038c28).

[40b12] ○言皆不能安等者, 反表唯第十地菩薩方能, 所謂安存而不捨, 信受而不疑, 上二約文, 包攝而不散, 次一約義, 住持而不亡, 次一雙通文義.

○ '(내지 제9지 보살은) 모두 안치하지 못하고'라고 한 것은 오직 제10지 보살이라야 비로소 능하다는 점을 반대로 표시한 것이다. 이른바 안치하여 보존하면서 버리지 않고, 믿어 받아들이면서 의심하지 않는 것이다. 위의 둘은 문장에 한정한 것이고, '포함하여 섭수하면서 흩뜨리지 않으며' 다음 하나는 뜻에 한정한 것이며, '머물러 지니면서 잃지 않는다' 다음 하나는 문장과 뜻에 쌍으로 통한다.

다. 장을 열어 따로 해석함(開章別釋)

가) 장문을 표방함(標)

[40b16] [《鈔》] 具縛凡夫能知等者, 問: 前說九地不知, 今云具縛能知, 豈不相違? 今謂通云, 前云九地不知, 不能盡知, 此云能知, 少分知故, 不相違. 或前約證窮, 此據信解. 或前自力, 下不測上, 此據他力, 上加於下, 故不相違.

[초] '번뇌로 말미암아 생사에 얽매이는 범부(具縛凡夫)도 (여래의 비밀장을) 안다'[226]라는 것은, 묻는다. 앞에서는 9지 보살도 알지 못한다고 했는데 지금은 구박범부도 안다고 하였으니 어찌 상위하지 않는가?

답한다. 이제 회통해서 말해보겠다. 앞에서 '9지 보살도 알지 못한다'

226 《演義鈔》 권제6(T36, 039a19).

고 한 것은 다 알지 못하는 것이고, 지금 '안다'고 한 것은 조금 안 것이기 때문에 상위하지 않다. 혹은 앞은 증득하여 다한 것에 한정하였고, 이것은 믿고 이해한 것에 의거했다. 혹은 앞은 자력이어서 아래는 위를 헤아리지 못한 것이고, 이것은 타력에 의거해서 위에서 아래를 가피한 것이다 그러므로 상위하지 않다.

[40b20] ○言仰推之智者, 彼經, "勝鬘白佛言, 三種善男子善女人, 於甚深法[227]義, 離自毀謗, 生大功德, 入大乘道. 何等爲三? 謂若有善男人善女人, 自成就甚深法智. 若善男子善女人, 成就隨順法智.[228] 若[229]善男子善女人, 於諸深法, 不自了知. 仰推世尊, 非我境界, 唯佛所知. 是名善男子善女人仰推如來智. 除此諸善男子善女人已. 餘諸衆生, 於諸深法, 堅著妄說. 違[230]背正法, 習諸外道, 腐敗種子. 當以王力及天龍鬼神力而調伏之."

○ '우러러 미루는 시혜'라고 한 것은《승만경》[231]에서 승만이 부처님께 아뢰었다. "세 종류의 선남자와 선여인이 깊고 깊은 법의法義에 대해 스스로 훼방하는 것에서 벗어나 대공덕을 일으켜 대승의 도에 들어갑니다. 어떤 것이 세 종류인가 하면, 선남자와 선여인이 깊고 깊은 법지法智를 스스로 성취하는 것이요, 선남자와 선여인이 수순하는 법지를 성취

227 《勝鬘經》에는 "法"자가 없다.

228 底本 및《金澤寫本》에는 없음.《勝鬘經》및《演義鈔》참조 "智" 보충.

229 底本 및《金澤寫本》에는 없음.《勝鬘經》및《演義鈔》참조 보충.

230 底本에는 "遲",《金澤寫本》및《勝鬘經》참조 수정.

231 《勝鬘經》〈眞子章〉제14;〈勝鬘章〉제15(T12, 222c19~223a01)의 내용.

하는 것이요, 선남자와 선여인이 깊은 법에 대하여 스스로는 알지 못하지만 세존을 우러러 미루어 '내가 알만한 경계가 아니요, 오직 세존만이 아신다'고 하면 이것을 선남자와 선여인이 여래께 우러러 미루는 지혜라고 합니다. 이 (세 종류) 선남자와 선여인을 제외한 나머지 중생이 깊은 법들에 대해 망령되게 설한 것을 견고히 집착하여 정법을 위배하고 외도를 익혀 종자가 썩은 이들은 마땅히 국왕의 힘과 천룡과 귀신의 힘으로써 조복하여야합니다"라고 하였다.

나) 해석함(釋)

(가) 대의의 나눔과 합함을 밝힘(大意離合)

㉮ 나눔과 합함을 함께 표방함(雙標開合)

[40c05] [《鈔》] 四輪者, 下《疏》云: "然《莊嚴論》第[232]六, 名四種不放逸輪. 先辨相者, 各具五種因緣, 一住好國土輪者, 彼名勝土輪. 言五緣者, 一易求, 謂四事易故, 二善護, 王如法故, 三善地, 處調和故, 四善伴,[233] 同戒見故, 五善寂, 無喧聲故, 二依止善人輪, 五緣者, 一多聞, 二見諦, 三巧說, 四憐愍, 不貪利故, 五不退, 無疲倦故. 三集福德輪, 當彼第四名先福輪. 一可樂, 謂由住勝世爲因故. 二無難, 由值善人爲因故. 三無病, 四三昧, 五智慧. 此三以自正輪爲因. 四發大誓願輪, 當彼第三名自正輪. 故《成實論》名自[234]發正願輪. 一善緣, 妙法爲緣故. 二善聚, 具福智故. 三善修, 止觀諸行相應修故. 四善說, 無求利故. 五善出, 所有善法恭順修故.

232 底本에는 "等",《金澤寫本》 및 《大疏》 참조 수정.

233 底本에는 "侍",《金澤寫本》 및 《大乘莊嚴經論》 등 참조 수정.

234 底本에는 "目",《金澤寫本》,《大疏》,《探玄記》 참조 수정.

然前二就果立稱, 後二從因立名. 雖俱通因果, 影略互顯. 前二外緣, 後二內因. 願是智因, 德[235]是福因. 此四何緣受輪之稱? 依《成實論》, 以此四輪能摧八難故. 謂初住善處, 能除五難, 卽三塗北洲及長壽. 次依善人, 除佛前後難. 三發大願, 除世智辨聰. 四宿植善根, 除生盲聾啞. 前五是惡處, 六是惡時, 七是惡因, 八是惡果." 或彼四輪, 非此四輪, 彼除八難之障, 非判一代之教. 多聞闕疑, 未敢詳定.

[초] '사륜四輪'이란 아래 《소》[236]에서 "그러나 《장엄론》 제6에서는 '4종의 불방일륜不放逸輪'이라고 한다. 먼저 행상을 가려보면, 각각 다섯 인연을 갖추고 있다.

첫째는 좋은 국토에 안주하는 윤이니, 저기서는 '승토륜勝土輪'이라고 한다. 말한 다섯 가지 연緣이란, 1연은 쉽게 구함이니, 말하자면 4사事가 쉽기 때문이요, 2연은 잘 외호함이니, 왕이 여법하기 때문이요, 3연은 훌륭한 땅이니, 처소가 조화롭기 때문이요, 4연은 훌륭한 도반이니, 지계와 견해를 함께하기 때문이요, 5연은 잘 적정함이니, 떠들썩한 소리가 없기 때문이다.

둘째는 선인善人에 의지하는 윤이다. 다섯 가지 연은 1연은 다문함이요, 2연은 진리를 봄이요, 3연은 잘 설법함이요, 4연은 애민함이니 이익을 탐하지 않기 때문이고, 5연은 물러나지 않음이니 피곤함과 나태함이 없기 때문이다.

셋째는 복덕을 적집한 윤이니, 저것의 네 번째 선복륜先福輪에 해당한

235 底本,《金澤寫本》,《大疏》에는 "福",《探玄記》 참조 수정.

236 《大疏》 권제28 〈十迴向品〉(T35, 0713b02).

다. 1연은 즐거움이요, 말하자면 수승한 세상에 안주하는 것으로 인을 삼기 때문이다. 2연은 무난함이요, 선인을 만나는 것으로 인을 삼기 때문이다. 3연은 무병이요, 4연은 삼매요, 5연은 지혜이다. 이 셋은 자정륜自正輪으로 인을 삼는다.

넷째는 대서원을 발하는 윤이니, 저것의 세 번째 자정륜에 해당한다. 그러므로 《성실론》에서는 '자발정원륜自發正願輪'이라고 이름한다. 1연은 훌륭한 연이니, 묘법으로 연을 삼기 때문이다. 2연은 훌륭한 취집이니, 복덕과 지혜를 갖췄기 때문이다. 3연은 훌륭한 수행이니, 지관의 제행에 상응하여 닦기 때문이다. 4연은 훌륭한 설법이니, 이익을 추구함이 없기 때문이다. 5연은 훌륭한 출리이니, 소유한 선법을 공순하게 닦기 때문이다. 그러나 앞의 두 가지는 과에 입각해서 명칭을 세우고 뒤의 두 가지는 인을 따라서 이름을 세운 것이다. 비록 인과에 모두 통하지만 영략해서 서로 드러내면, 앞의 두 가지는 외연이고 뒤의 두 가지는 내인이다. 원은 지혜의 인이고 덕은 복덕의 인이다.

이 넷이 무슨 인연으로 '윤'이란 명칭을 받았는가? 《성실론》[237]에 의거하면, 이 4륜이 팔난八難을 꺾을 수 있기 때문이다. 말하자면 첫째는 선처善處에 안주하면 5난을 없앨 수 있다. 곧 삼악도와 북구루주와 장수천이다. 둘째는 선인善人을 의지하면 불 이전이나 불 이후에 (태어나는) 난을 없앨 수 있으며, 셋째는 대원을 발원하면 '세지변총난'을 없앨 수 있고, 넷째는 선근을 심게 되면 맹인이나 농아로 태어나는 난을 없앨 수 있다. 앞의 다섯은 악처惡處이고, 여섯째는 악시惡時이며, 일곱째는 악

237 訶梨跋摩 造, 鳩摩羅什 譯, 《成實論》 권제2 〈四法品〉 제16(T32, 250b20).

인惡因이고, 여덟째는 악과惡果이다"라고 하였다. 혹은 저 《성실론》의 4륜은 여기의 (생공生公이 세운) 4륜이 아니니, 저것은 팔난의 장애를 없앤 것이지 일대의 교를 교판한 것은 아니다. '다문'이 결여된 것이 의심스럽지만 상정할 수는 없다.

[41a01] ○言四教者, 藏·通·別·圓也.

○ '사교四教'라고 한 것은 장교藏教·통교通教·별교別教·원교圓教이다.

㉯ 나눔과 합함을 함께 해석함(雙釋開合)

a. 나누지 않은 의미를 해석함(釋不分之意)

b) 열거하여 해석함(列釋)

(b) 한 소리로 널리 응하며 한 줄기의 비로 널리 적시기 때문

[41a02] [《鈔》] 所謂解脫相等者, 如次卽是我·樂·淨·常之四德也.(不空如來藏之相大也.)

[초] '이른바 해탈상 등'[238]이란 차례대로 아我·락樂·정淨·상常의 4덕이다(불공여래장의 상대相大이다).

(c) 성인의 본의를 찾아보면 하나의 일을 위한 것이기 때문

238 《演義鈔》 권제6(T36, 039b12), '②離相, ③滅相, ④究竟涅槃常寂滅相'이다.

[41a03] ○言我此九部法者, 故《法華》云: "或說修多羅, 伽陀及本事, 本生[239]未曾有, 亦說於因緣, 譬喩竝祇夜, 優波提舍經." 是也.

○ '우리의 이 9부법九部法'[240]이라고 한 것은 그러므로 《법화경》에서 "혹은 수다라와 가타와 본사와 본생과 미증유를 설하고, 또한 인연과 비유와 기야와 우파제사(논의) 경을 설한다"[241]고 한 것이 이것이다.

(d) 하나하나의 글을 따라서 여러 견해가 같지 않기 때문

[41a05] ○言如經說一無常等者, 《鈔》有六義, 如次是小教·立相·破相·頓教·終教·圓教義也.

○ '마치 경에서 설한 하나의 무상無常 등'[242]이란 말은 《초》에 여섯 가지의 뜻[243]이 있는데, 차례대로 소승교, 입상교, 파상교, 돈교, 종교, 원교의 뜻이다.

[41a07] ○言生滅代謝者, 由生待滅, 非常滅, 由滅待生, 非常生, 故名無常.

---

239 底本에는 "主", 《金澤寫本》 및 《法華經》 참조 수정.

240 《演義鈔》 권제6(T36, 039b17).

241 《法華經》 권제1 〈序品〉 제1(T09, 007c25).

242 《演義鈔》 권제6(T36, 039b20).

243 6의義는 아래에서 차례대로 4의까지 해설하였고, 나머지 제5의는 '眞如一法隨染淨緣轉變不常'이며, 제6의는 '無常便知對常以說無常'이다.

○ '(제1의) 생멸이 교대로 사라지므로'라는 말은 발생은 소멸하길 기다리므로 항상 소멸하는 것이 아니고, 소멸은 발생하길 기다리므로 항상 발생하는 것이 아니다. 그러므로 '무상'이라고 한다.

[41a08] ○言無彼常故者, 此依他法, 無彼遍計常無相, 無彼圓成常有相, 名無常.

○ '(제2의) 저것의 상주함이 없기 때문'이란 말은 의타기법은 변계소집성의 항상 무無인 상相도 없고, 원성실성의 항상 유有인 상相도 없다. 그러므로 '무상'이라고 한다.

[41a10] ○言不生滅者, 謂但空眞理, 本來不生名無, 畢竟不滅名常. 或俗諦門中, 常有生滅, 眞諦無彼, 故名無常. 又準下《疏》, 義引《菴提遮經》云: "不生不滅是無常義, 生滅卽是常義."《鈔》釋曰: "此意正顯性相交徹, 二義相成, 生滅相盡, 無常卽常, 故不生不滅是無常義. 隨緣變易, 常卽無常, 則生滅是常[244]義也. 又性卽相故, 不生不滅是無常義, 相卽性故, 生滅是常義. 又遠公用《中邊論》意, 解曰, '不生不滅是彼無常實性, 故名無常.' 又生公釋云, '常之爲無, 乃所以無無常故, 卽不生不滅矣. 卽諸行而不可得, 故入中道, 非常非無常也.' 又肇公釋《淨名》云, '小乘觀法, 以生滅爲無常義, 大乘之士, 以不生滅爲無常義, 無常名同, 而幽致殊[245]絶矣. 其道虛微, 故非常情之所能測, 妙得其旨, 其唯《淨名》乎.' 遣常故言[246]無常, 非謂有無常, 無常常無, 故云不生不滅是無常義. 又大乘法師云, '小乘以生滅爲無常,

244 底本 및《金澤寫本》에는 "無+常",《演義鈔》및 문맥상 참조 "無"삭제.

245 《注維摩詰經》에는 "超"로 되어 있다.

246 底本 및《金澤寫本》에는 "者",《演義鈔》참조 수정.

謂不生滅爲常, 故今折彼, 汝見有不生滅爲常者, 此常還是無常, 故云不生不滅是無常義.'"

○ '(제3의) 불생불멸'이라고 한 것은 다만 공空의 진리는 본래 불생인 것을 '없다(無)'라고 하고, 필경에 불멸인 것을 '상주(常)'라고 한다. 혹은 속제문에는 항상 생멸함이 있고, 진제문에는 저것이 없기 때문에 '무상'이라고 한다.

또, 아래《소》[247]에 준거하면《엄제차경菴提遮經》을 뜻으로 인용하여 말했다. "불생불멸은 '무상'의 뜻이며, 생멸은 '상주'의 뜻이다"라고 하였는데,《초》[248]에서 해설하여 "이 의미는 바로 성性·상相이 서로 어우러져 통하여 두 뜻이 서로 성립시키는 것을 드러내었다. 생멸의 상이 다하면 무상함이 곧 상주함이므로 불생불멸이 '무상'의 뜻이며, 수연해서 변역하면 상주함이 곧 무상함이니 즉 생멸이 '상주'의 뜻이다. 또 성이 상에 즉하기 때문에 불생불멸이 '무상'의 뜻이고, 상이 성에 즉하기 때문에 생멸이 '상주'의 뜻이다.

또, 혜원 공이《중변론中邊論》의 의미를 써서 '불생불멸은 무상의 실성이기 때문에 무상이라고 한다'고 해설하였고, 또 도생道生 공이 '상주함이 없는 것이 바로 무상함이 없는 까닭이다. 그러므로 불생불멸이다. 곧 모든 행을 얻을 수 없기 때문에 중도에 들어가니, 상주도 무상도 아닌 것이다'라고 하였다.

247 《大疏》 권제18 〈十住品〉 제15(T35, 637a22).

248 《演義鈔》 권제38(T36, 0292a15)을 요약 정리.

또, 승조僧肇 공이 《정명경》을 해설하면서 '소승의 관법에는 생멸로 무상의 뜻을 삼고 대승의 학사들은 불생불멸로 무상의 뜻을 삼는다. '무상'이란 이름은 같아도 그윽한 이치가 아주 절묘하다. 그 도는 텅 비고 어우러져 통하므로 상정常情으로 헤아릴 수 있는 것이 아니다. 묘하게 그 종지를 얻은 것은 오직 《정명경》일 뿐이로다'[249] 하였으니, 상주함을 보내버리려고 했기 때문에 '무상'이라고 말한 것이지, 무상함이 있다는 것은 아니다. 무상함도 상주함도 없기 때문에 불생불멸은 '무상'의 뜻이라고 한 것이다.

또, 대승의 법사들이 '소승에서 생멸로 무상을 삼은 것은 말하자면 불생불멸로는 상주를 삼은 것이다. 그러므로 지금 저것을 근절하여 그대가 불생불멸로 상주함이 있다고 여긴다면 이 상주함은 도리어 무상한 것이 된다. 그러므로 불생불멸이 무상의 뜻이다'라고 하였다."

[41b03] ○言無法可常者, 絶待眞理無彼對待可常, 故名無常. 是故眞門隨順, 但具非常非無常之言念. 今遮可常, 故名無常. 言非常非無常者, 約圓融義, 更互相卽, 故乃雙非. 不滯一邊, 以爲中道. 言又苦集·滅·道等者, 隨藏·通·別·圓之四教, 分生滅·無生·無量·無作之四諦也. 言十二支者, 一無明支,(正唯分別, 兼通俱生. 世俗勝義, 二愚別發. 下惑發上, 上不發下.) 二行支,(自性爲思, 相應同聚, 福與非福, 不動業故.) 初發次招, 竝爲能引, 寔通種現. 三識支,(唯第八識.) 四名色支,(業招五蘊, 除後三支.) 五六處支,(業感六根.) 六觸支,(業報觸數.) 七受支,(業報受數.)

---

249 僧肇, 《注維摩詰經》 권제3 (T38, 354a10).

上五咸爲導[250]引. 熏感同時, 義立前後. 實唯種子, 未潤已前, 假通現行, 結生已後. 八愛[251]支,(正唯俱生, 兼通分別.) 九取支,(或前愛增, 或目四取, 欲貪見戒, 我語取故.) 上二能潤, 實通種現. 唯除不還, 唯種潤故. 一發敎潤, 不同無明. 初後位別, 分愛取二. 十有支,(識等五支, 能招行種. 愛取潤已, 近有果故.) 此三咸爲能生, 通前十支. 或過或現, 竝爲其因, 而破常見. 十一生支,(結生已去, 少壯已還.) 十二老死支.(衰滅之位, 五蘊[252]爲體.) 此之二支, 咸爲所生. 或現或當, 竝爲其果, 而遣斷見, 實現假種. 老非定有故, 死[253]非徧地故, 合附爲支. 病非定徧, 憂悲不順, 故不立支. 行人於此, 而修觀行, 而有二種; 一雜染安立觀, 二淸淨非安立觀者. 謂行麤淺, 安立施設, 名曰安立. 菩薩將故斷除, 先順觀之, 從無明生行, 行生識乃至老死也. 如是順觀生死相續, 令生厭離. 旣順觀已, 逆觀其果, 從何而有, 謂觀老死果由誰有? 謂由生, 乃至行支由誰有? 謂由無明. 作四諦觀, 觀老死支, 苦集滅道, 乃至行支, 準上可知. 不觀無明, 以無因故. 是故但作四十四智. 非安立觀者, 無非分別智, 體合如理, 心境二冥, 非假施設, 名非安立, 諸惑永滅, 故云淸淨. 於中有二; 一順, 二逆. 先順觀者, 由根本智, 見諦斷惑, 無明滅行不生, 乃至老死苦果不有. 無明滅故, 慧解脫相應, 諸惑滅故, 心解脫能發, 無明旣滅故, 所發諸業亦亡. 惑業無故, 後果不續, 卽得無學. 得無學已, 逆觀所滅, 生死苦果由誰滅, 乃能由

250 底本 및 《金澤寫本》에는 "導引"이지만, 문맥상 뒤 글이 "能生"과 "所生"이 상응되게 설명한 것처럼 "能引"과 상응하는 "所引"인 듯하다.[역자 주]

251 底本에는 "受", 《金澤寫本》 참조 수정.

252 底本에는 "滅+蘊", 《金澤寫本》 및 《演義鈔》 권제65(T36, 0523) 참조 "滅" 삭제.

253 底本 및 《金澤寫本》에는 "色", 문맥상 '死'로 수정. 이는 '老死支'중에 "死支"를 설명하는 글이며, '支'의 성립요건은 '定有'와 '徧有'의 두 가지를 갖춰야 되는데, '老死'의 둘은 모두 한 요건만을 갖췄다는 설명이고, 합해 붙여야 '支'가 된다는 말이 뒤따르고 있다. 이를 의거해 수정.[역자 주]

無明滅. 又作七十七智, 觀十二支者, 一一支中有三智; 一推[254]因智, 二審因智, 三法住智, 推因智者, 謂觀老死從誰生? 由生生, 次審因智, 重審觀故. 推·審二智, 別觀三世法. 法住一智, 總觀三世, 故共有七智. 唯除無明, 義不異前. 餘十一支, 各有此七, 成七十七智. 緣生要義, 經·《論》多明. 池魚暫聞而生天, 緣覺頓了而證聖. 振毛張目, 畢在《疏》文, 舉領提綱, 粗如此說.

○ '(제4의) 상주할만한 법이 없다'는 말은 절대 진리에는 대대對待하여 상주할만한 것이 없다. 그러므로 '무상無常'이라고 한다. 이 때문에 진리문에 수순하면 다만 상주도 아니고 무상도 아니라는 말과 생각만을 갖추고 있다. 지금은 '상주할만하다'는 것을 차단하려고 '무상'이라고 한다. '상주함도 무상함도 아니다'는 말은 원융의 뜻에 한정하면 다시 서로 상즉하기 때문에 이에 쌍으로 '아니다'고 한 것이니, 한쪽에 막히지 않아야 중도가 된다. 또, '고·집·멸·도'라고 한 것은 장교·통교·별교·원교의 4교에 따라 '생멸사제'와 '무생사세'와 '무량사제'와 '무작사제'의 사제로 나눈 것이다.

'12지支'라는 것은, ①무명지無明支(정식으로는 오직 분별分別만이고, 겸해서는 구생俱生에도 통한다. 세속제와 승의제에 대한 두 가지 어리석음이 별도로 발생한다. 하위의 미혹은 상위의 미혹을 발생시키지만 상위의 미혹은 하위의 미혹을 발생시키지 않는다), ②행지行支(자성은 사思이다. 동취同聚와 상응하니, 복福과 비복은 변동하지 않는 업이기 때문이다)이다. 처음이 발생하면 다음이 초래되므로

254 底本 및 《金澤寫本》에는 "觀因", 《演義鈔》 권제67(T36, 0539c) 및 《孔目章》 권제4(T1870, 0582)과 다음구절 '推·審二智'에 의거 "推"로 수정. 아래도 동일.[역자 주]

나란히 능인能引이 된다. 이것은 종자와 현행에 통한다.

③식지識支(오직 제8식이다), ④명색지名色支(업으로 초래된 오온이다. 뒤의 3지는 제외된다), ⑤6처지六處支(업으로 감득된 육근이다), ⑥촉지觸支(업으로 받은 촉수觸數이다), ⑦수지受支(업으로 받은 수수受數이다)이다. 이상 다섯 지는 모두 도인導引이 된다. 훈습과 감득은 동시이지만 뜻은 전후로 성립된다. 실제로 오직 종자뿐인 것은 아직 윤택하기 이전이며, 임시적으로 현행에도 통하는 것은 맺어져 발생한 뒤이다.

⑧애지愛支(정식으로는 오직 구생만이고, 겸해서는 분별에도 통한다), ⑨취지取支(혹은 앞의 애지가 증장한 것이며, 혹은 4취取를 지목한 것이니, '욕'과 '탐'과 '견'과 '계'이다. '아'를 '취'로 말하기 때문이다)이다. 이상 두 가지는 윤택할 수 있어 실제로는 현행과 종자에 통한다. 오직 불환과(아나함과)에서 제외된다. 종자만이 윤택하기 때문이다. 한번 발생하여 윤택하게 되면 실제로는 종자뿐이다. 무명과 달리 앞뒤의 자리가 별개여서 애지, 취지의 둘로 갈라진다.

⑩유지有支(식 등의 5지가 현행과 종자를 초래해 감득하고, 애지·취지가 윤택하고 나서 가까이에 과가 있기 때문이다)이다. 이상 3지는 모두 능생能生이 되어 앞의 10지에 통한다. 혹 과거이든 혹 현재이든 나란히 그 인이 되어 상견常見을 무너뜨린다.

⑪생지生支(맺어져 발생한 뒤이고, 조금 장성하기 이전이다), ⑫노사지老死支(쇠멸하는 자리이니 오온이 체성이 된다)이다. 이상 2지는 모두 소생所生이 된다. 혹 현재이든 혹 미래이든 나란히 그 과가 되어 단견斷見을 보내버린다. 실제로는 현행이지만 임시적으로는 종자이다. 늙음(老)은 결정코 있는 것이 아니며, 죽음(死)은 두루 미치는 자리가 아니기 때문에 합해 붙

여야 '지支'가 된다.[255] '병'은 결정코 있는 것도 두루 미치는 것도 아니며, '근심(優)'과 '슬픔(悲)'은 수순하지 않기 때문에 '지支'를 성립하지 못한다.

수행인이 이 (12지)에 대해 관행을 닦는 것에 두 종류가 있다. 하나는 잡염안립관雜染安立觀이요, 둘은 청정비안립관淸淨非安立觀이다. 말하자면 '행行'은 추탁하고 천근하지만 안립하여 시설하므로 '안립'이라고 한다. 보살이 이미 지난 것을 가지고 제멸하는 것은, 먼저 순행으로 관하면 '무명'에서 '행'을 내는 것으로부터 '행'에서 '식'을 내고 이내 '노사'에 이른다. 이와 같이 생사가 상속하는 것을 순행으로 관하여 싫어하고 벗어나려는 마음을 내게 한다. 순관하고 나서는 그 과가 무엇으로부터 있게 되었는가를 역행으로 관한다. 이를테면 '노사'라는 결과를 관하여 무엇으로 인해 있게 되었는가? 말하자면 '생'을 말미암아서이다. 내지 '행지'는 무엇으로 인해 있게 되었는가? 말하자면 '무명'을 말미암아서이다. 4제관으로 '노사지'의 고·집·멸·도를 관하고, 이에 '행지'에 이르는 것은 위를 준거하면 알 것이다. 무명을 관하지 않는 것은 인이 없기 때문이다. 그 때문에 다만 44지智만을 짓게 된다.

'비안립관'은 분별지 아님이 없어서 체가 여리지와 합하고 마음과 경계 둘이 그윽하게 계합하여 임시적으로 시설한 것이 아니기 때문에 '비안립'이라고 하며, 모든 미혹이 영구히 소멸되었으므로 '청정'이라고 한다. 그중에 둘이 있다. 하나는 순관이요, 둘은 역관이다. 먼저 순관은 근본지를 말미암아 진리를 보고 미혹을 단멸한다. '무명'이 소멸하면 '행'이 생기지 않고 내지 '노사'의 고과苦果가 없다. '무명'이 소멸하기 때문에 혜

255 《成唯識論》 권제8(T31, 043c), "老非定有, 附死立支. 病何非支, 不遍定故." 참조 번역.

해탈慧解脫이 상응하며, 여러 미혹이 소멸되기 때문에 심해탈心解脫이 발생하고, 무명이 이미 단멸되었기 때문에 발생된 여러 혹업惑業이 역시 없어진다. 혹업이 없기 때문에 뒤의 과가 상속하지 못하니 곧 무학을 얻게 된다. 무학을 얻고 나서는 소멸되는 것을 역관한다. 생사의 고과는 무엇으로 인해 소멸되는가? 내지 무명이 소멸됨을 말미암기 때문이다.

또, 77지智를 지어 12지支를 관하는 것은 낱낱 지에 3지智가 있으니, 첫째는 추인지推因智요, 둘째는 심인지審因智요, 셋째는 법주지法住智이다. '원인을 추구하는 지(推因智)'는 말하자면 노사는 무엇으로부터 생기는가? 태어남으로 인해 생긴다고 관찰하는 것이다. 다음으로 '원인을 찾아 살피는 지(審因智)'는 거듭 찾아서 관찰하는 것이다. '추인지'와 '심인지' 두 가지로 삼세의 법을 별도로 관하고, '법주지' 하나로 삼세를 총체로 관하기 때문에 7지智를 공유한다. 오직 무명만은 제외되니 뜻은 앞과 다르지 않으며, 나머지 11지 각각에 이 7지智가 있어 77지智를 이룬다. 인연으로 생겨나는 것(緣生)의 핵심적인 뜻은 경론에서 많이 밝히고 있다. 연못의 물고기가 잠시 들어도 천상에 태어나고 연각은 한꺼번에 깨달아 성인을 증득한다. 미세한 세절목(細目)을 떨쳐 편 것은[256] 모두《소》의 문장에 있는데, 강령을 들어 제시한 것은 대략 여기서 말한 것과 같다.

[41c20] 言又如《中論》偈云等者, 偈有四句; 初一句標法體, 下三句釋義. 在境爲三諦, 在心爲三觀也.《鈔》依四教, 具細顯示. 今束大綱, 貴令易曉. 一藏教釋者,

256 道宣 撰,《四部律刪補隨機羯磨》권제1 "是此一綱所攝之細目也. 至於後八篇. 其說亦然. 故云前舉綱領未振毛目. 毛謂微細"에 의거하면 '모'는 미세, '목'은 세목을 가리키는 말임을 알 수 있다.

分析因緣果法, 成無名空, 藉託因緣果法, 成有名假, 由無故離常, 由有故離斷. 合上空假二義, 名中. 如一品字, 具上三義, 分彼三口離散, 品字成無, 名空, 假藉三口和合, 品字方有, 名假, 具上二義, 離定有無, 名中. 二通教釋者, 約體眞空, 空也, 就相妄有, 假也, 雙離斷常, 中也. 如一空華, 約體本空, 空也, 病眼見有, 假也, 都無榮枯之相, 中也. 三別教釋者, 緣生無性, 空也, 無性緣生, 假也, 空假所依佛性妙理, 中也. 如彼鏡像, 實體無故, 空也, 假相有故, 假也, 空假所依淸淨明鏡, 中也. 四圓教釋者, 但將別教三種, 擧一全收, 卽是上來, 大綱已竟. 下隨《鈔》逐難釋者.

○ '또《중론》의 게송에서 말한다'[257]에서 게송에는 4구[258]가 있다. 처음 한 구절은 법체를 표방하였고, 아래 3구절은 뜻을 해설하였다. 경계에 있으면 '삼제三諦'라고 하며, 마음에 두면 '삼관三觀'이라 한다.《초》에서는 4교에 의거하여 자세하게 현시하였는데 지금 큰 강령을 엮어서 알기 쉽도록 하겠다.

첫째는 '장교'로 해석하는 것이니, 인연과법因緣果法으로 분석하여 없게 된 것을 '공'이라고 하고, 인연과법을 의뢰해서 있게 된 것을 '가假'라고 하니, 없음을 말미암기 때문에 상견에서 벗어나고, 있음을 말미암기 때문에 단견에서 벗어난다. 위의 공·가의 두 뜻에 합치되면 '중도'라고 한다. 예를 들어, 품品 한 글자에 위의 세 가지 뜻을 갖추었는데, 세 개의 '구口'를 나눠 흩어뜨리면 품 자가 없어지는 것을 '공'이라고 하며, 세

257 《演義鈔》 권제6(T36, 039c01~23). 아래도 동일.

258 제1구: 인연으로 생겨나는 법을, 제2구: 나는 곧 '공'이라고 설한다. 제3구: 역시 이것은 '가명'이요, 제4구: 또한 중도의 뜻이다.

개의 '구口'를 임시적으로 의뢰하여 화합하면 '품品' 자가 있게 되는 것을 '가'라고 한다. 위의 두 가지 뜻을 갖추어 결정코 있거나 없는 것에서 벗어난 것을 '중도'라고 한다.

둘째는 '통교'로 해설하는 것이다. 체성이 본래 공한 것에 한정하면 '공'이고, 병든 눈으로 있다고 보는 것은 '가'이며, 전혀 영락함도 쇠락함도 없는 모습은 '중도'이다. 셋째는 '별교'로 해설하는 것이다. 인연으로 생긴 것이어서 무성無性이 '공'이고, 무성이 인연으로 생긴 것을 '가'라고 하며, '공'과 '가'가 의지하는 불성의 묘한 이치가 '중도'이다. 저 거울의 영상이 실체는 없기 때문에 '공'이고, 임시로 영상이 있기 때문에 '가'이며, '공'과 '가'가 의지하는 청정하고 밝은 거울이 '중도'이다. 넷째는 '원교'로 해설하는 것이다. 다만 별교 세 가지를 가지고 하나를 들면 온전히 거둬진다. 이상 대강령은 마쳤고, 아래는《초》의 문장을 따라 뒤쫓아 논란하면서 해설한다.

[42a10] ○言雖三句皆空者, 假言空者, 獨立法無故, 中言空者, 斷常法無故.

○ '비록 삼구三句가 모두 공일지라도'에서 '가假'를 공하다고 말한 것은 홀로 성립하는 법이 없기 때문이며, '중도'를 공하다고 말한 것은 단절되거나 상주하는 법이 없기 때문이다.

[42a11] ○言尙不得成卽空等者, 擧淺況深, 揀定也. 此意, 藏敎所明三義, 尙不成破相通敎所明, 緣生無性, 擧體全眞, 第一眞空淺觀, 何況別敎所明, 無性緣生, 佛性妙理, 第二第三幻有中道深觀也.

○ '즉공卽空조차도 이루지 못하는데' 등이라고 한 것은 천근淺近한 것을 들어 심심甚深한 것을 견주어 간정한 것이다. 이 의미는 장교에서 밝힌 세 가지 뜻이 오히려 파상교에서 밝힌 '인연으로 생긴 것이어서 무성인 것'과 통교에서 밝힌 '온 체성이 모두 진인 것'은 제1 진공관의 천관淺觀조차도 이루지 못하는데, 어떻게 별교에서 밝힌 '무성이 인연으로 생긴 것'과 '불성의 미묘한 이치'라는 제2의 환유관幻有觀과 제3의 중도관中道觀의 심관深觀에 견줄 수 있겠는가 하는 것이다.

[42a15] ○言不須破滅體卽是空者, 形揀藏教析[259]法歸空也. 此教所明妄緣生時, 體實是空, 如彼空華病眼見時, 體實本空.

○ '반드시 파멸하지 않고서도 체가 곧 공이라서'라는 것은 장교藏教에서 법을 분석해서 공으로 돌아가는 것을 형세로 가려낸 것이다. 이 교에서 밝힌 '허망한 인연으로 생길 때' 자체가 실제로는 공한 것이니 마치 저 허공 꽃을 병든 눈으로 볼 때 자체가 실제로는 본래 공한 것과 같다.

[42a17] ○言而不得卽假·卽中者, 以彼破相空宗, 不存幻有之假相, 未彰佛性之妙理.

○'즉가卽假·즉중卽中이 아닌데'라고 한 것은 파상공종破相空宗은 환으로 있는 가상假相을 두지 않아 불성의 묘리를 드러내지 못한다.

259 底本에는 "折",《金澤寫本》및《연의초》참조 수정.

[42a19] ○言設作假·中皆順入空[260]者, 彼宗設縱作假·中二觀, 覈其定實, 還成空觀. 如作假觀, 審知萬法隨順世俗, 虛妄爲有, 稱實是空. 如作中觀, 了彼但空之理, 無斷常故, 豈非是空? 故《鈔》云: "假亦卽空, 假施設故, 中亦卽空, 離斷常二邊故."

○ '설령 가관과 중관을 지었더라도 모두 공관에 수순하여 들어간다'고 한 것은 저 (파상공)종에서 설령 가관과 중관의 2관을 지었더라도 정실定實을 엄격히 하면 도리어 공관을 이룬다. 마치 '가관'을 지어서 만법이 세속을 수순하여 허망하게 있는 것을 살펴서 알면 실제로는 '공관'으로 불리는 것과 같고, 중관을 지어 저 '다만 공'인 이치가 단절함도 상주함도 없다는 것을 분명하게 알면 어찌 '공관'이 아니겠는가. 그러므로《초》에서 "가관도 또한 공관에 즉하니 가假로써 시설하였기 때문이며, 중관도 또한 공관에 즉하니 단견·상견의 양변을 벗어났기 때문이다"고 하였다.

[42a23] ○言進非別圓者, 非同別圓三觀足具故.

○ '나아가서 보더라도 별교와 원교의 뜻이 아니다'고 한 것은 별교와 원교가 삼관을 구족한 것과는 같지 않기 때문이다.

[42a24] ○言卽空·卽假·卽中者, 非是三諦互卽, 但是一種之法生之法, 卽此三

260 底本에는 "空+空",《金澤寫本》및《연의초》참조 "空" 삭제.

義. 若云三諦互卽, 何異圓教? 言卽空者, 約遍計也, 卽假者, 約依他也, 卽中者, 約圓成也.

○ '즉공·즉가·즉중'이라고 한 것은 삼제三諦가 서로 즉한 것이 아니고, 다만 일종의 법이 생기는 법칙이 이 세 가지 뜻에 즉한다는 것이다. 만약 삼제가 서로 즉한다고 하면 원교와 어떻게 다르겠는가? '즉공'이라고 한 것은 변계소집성에 한정한 것이고, '즉가'라는 것은 의타기성에 한정한 것이며, '즉중'이라는 것은 원성실성에 한정한 것이다.

[42b03] ○言三種迤邐各各有異者, 空·假·中三, 展轉相望, 各各不同也. 如攬麻成繩, 妄認作蛇, 三義各別. 蛇空, 繩假, 麻爲所依, 以況中道.

○ '(즉공·즉가·즉중) 세 가지가 잇닿아서 각각 차이가 있다'고 한 것은 공·가·중의 셋을 점점 전개하여 상망하면 각각 다르다. 예컨대 삼베를 뽑아서 새끼줄을 만들었는데 잘못 인식하면 뱀이 되는 것처럼 세 가지 뜻이 각별하다. 뱀은 '공'이고, 새끼줄은 '가'이며, 삼베는 소의所依가 됨으로서 '중도'에 비유된다.

[42b06] ○言三種皆空者, 義當三無性也.

○ '(즉공·즉가·즉중) 세 가지가 모두 공하다'고 한 것은 뜻이 '세 가지가 무성無性인 것'에 해당한다.

[42b07] ○無主故空者, 無實我也, 虛假[261]故空者, 無實法也, 無邊故空者, 無斷常也. 問: 豈空假二觀, 不離斷常耶? 何故中觀獨名無邊故空? 答: 空多涉斷, 假多涉常, 唯斯中觀, 迴離斷常, 故獨名得.

○ '주체가 없기 때문에 공하다'고 한 것은 실아實我가 없는 것이고, '허망으로 가설했기 때문에 공하다'고 한 것은 실법實法이 없는 것이며, '변邊이 없기 때문에 공하다'는 것은 단견과 상견이 없는 것이다.

묻는다. 공관, 가관의 두 관법이 어찌 단견과 상견을 벗어나지 않았겠는가. 어째서 중관만을 홀로 '무변無邊하기 때문에 공하다'고 이름하는가?

답한다. 공관은 대부분 단견을 섭렵하고, 가관은 대부분 상견을 섭렵하며, 오직 이 중관만이 멀리 단견과 상견에서 벗어난다. 그러므로 홀로 이름을 얻게 된 것이다.

[42b10] ○言三種皆假者同有名字故者, 謂物無當名之實故. 旣無當名之實, 豈非假也. 如食油名, 寔非食油.

○ '세 가지가 모두 가假인 것은 똑같이 명名 자가 있기 때문'이라고 한 것은 말하자면 사물은 이름에 해당하는 실체가 없기 때문이다. 이미 이름에 해당하는 실체가 없으니 어찌 가假가 아니겠는가. 마치 '먹는 기름'이라는 이름이 진실로 먹는 기름이 아닌 것과 같다.

261 《연의초》에는 "設"로 되어 있다.

[42b12] ○言中眞者, 眞諦之中, 遍計空故, 中根者, 俗諦之中, 化衆生故, 中實者, 義諦之中, 離虛妄故. 所以三諦通名中者, 俱離兩邊故.

○ '중도의 진리'라고 한 것은 '진제 중도'에서 변계소집성은 공하기 때문이고, '중도의 근기'라고 한 것은 '속제 중도'에서 중생을 교화하기 때문이며, '중도의 실제'라고 한 것은 '제일의제 중도'에서 허망을 벗어나기 때문이다. 그렇기 때문에 3제를 통틀어 '중도'라고 한 것은 모두 양변을 벗어났기 때문이다.

[42b15] ○言不住作不作者, 作卽動也, 不作靜也. 不住彰動靜無礙, 卽是寂用無礙義也.

○ '짓거나 짓지 않는 데 머물지 않는다'에서 '짓는 것'은 동요하는 것이고, '짓지 않는 것'은 적정한 것이다. '머물지 않는 것'은 동·정이 무애함을 드러낸 것이니 곧 적정과 작용이 무애하다는 뜻이다.

[42b16] ○言雖三而一者, 行布不礙圓融也. 雖一而三者, 圓融不礙行布也.

○ '비록 셋이지만 하나이다'라고 한 것은 항포문이 원융문을 장애하지 않으며, '비록 하나이지만 셋이다'라는 것은 원융문이 항포문을 장애하지 않는다.

[42b18] ○言三種皆空者, 標[262]也. 言思道斷故者, 釋三諦絶跡故皆空也.

○ '세 가지가 모두 공'이라는 것은 표방한 것이고, '말과 생각의 길이 끊어졌기 때문'이라는 것은 3제諦의 자취가 끊어졌기 때문에 '모두 공'이라고 해설하였다.

[42b19] ○三種皆假三種皆中, 文顯可知.

○ '세 가지가 모두 가假인 것과 세 가지가 모두 중도인 것'이란 문장에 드러났으니 알 것이다.

### b. 교를 나눈 여러 가지 뜻(分教有多義[十])

#### a) 앞의 다섯은 앞의 다섯 가지 뜻에 상대함(前五對前五義)

[42b21] [《鈔》] 今分後二之語不分初一者, 此意, 但由後之二語故分教, 非由初一故分教. 若分教時, 三語皆分, 如世弟兄三人, 長者唯和孝, 次唯傅[263]逆, 少通孝逆, 若據長兄, 不可分居, 但據二弟, 故乃分居. 若分居時, 三皆分居, 分居之因, 唯後二故, 不關初一.

[초] '지금은 뒤의 두 가지 말씀은 나누고, 처음 한 가지(自意를 따른 것)로

262 《金澤寫本》에는 "摽"으로 되어 있다.

263 底本에는 "轉", 《金澤寫本》 참조 수정.

는 나누지 않는다'[264]고 하는 의미는 다만 뒤의 두 가지 말씀을 말미암은 까닭에 교敎를 나눈 것이지, 처음 한 가지를 말미암아 교를 나눈 것은 아니라는 것이다. 만약 교를 나눌 때 세 가지 말씀이 모두 나눈 것이라면, 마치 세상에서 세 명의 형제 가운데 장자는 오직 화목하고 효도하며, 그 다음은 오직 근심되고 거스르며, 막내는 효도하기도 거스르기도 하는데, 맏형에 의거하면 분거하지 않겠지만 두 아우에 의거하는 까닭에 분거하게 된다. 만약 분거할 때 세 사람이 모두 분거하면 분거의 원인이 오직 뒤의 둘에게 있고, 첫째 한 사람은 관계되지 않은 것과 같다.

[42c02] [《疏》] 言有通別就顯說故者, 此潛通外妨. 謂有問言, 若細推尋, 豈[265]不互通? 故此遮云, 今就顯說也.

[소] '말에는 통괄함과 각별함이 있으니, 현료설顯了說에 입각했기 때문이다'라고 한 것은 은근하게 외부의 비난을 회통한 것이다. 말하자면 어떤 이가 묻기를 "만약 세밀하게 추구해 찾으면 어찌 서로 간에 통하지 않겠는가"라고 하였다. 그러므로 여기서 차단하여 '지금은 현료설에 입각했다'고 한 것이다.

[42c04] [《疏》] 王之密語所爲[266]別故者, 此喩. 王言雖同, 所要物殊, 臣不分別, 豈符王意? 法令準之, 佛言雖密, 義有權實, 若不分別, 豈符佛意也.

---

264 《演義鈔》 권제6(T36, 040a22).

265 底本에는 "互", 《金澤寫本》 참조 수정.

266 底本 및 《金澤寫本》에는 "謂", 《연의초》 참조 수정.

[소] '왕의 비밀스런 말은 위하는 것이 각별하기 때문'이라고 한 것은 이것은 비유이다. 왕의 말은 같더라도 요구하는 물건은 다르니, 신하가 분별하지 못하면 어찌 왕의 의도에 부합하겠는가. 법으로 준거해 보면 부처의 말씀이 비록 비밀스런 것이어도 뜻에 권·실이 있으니 만일 분별하지 못하면 어찌 부처의 의도에 부합하겠는가.

b) 뒤의 다섯은 앞(不分)보다 수승함을 드러냄(後五顯過於前)

(a) 첫 번째의 뜻(왕의 비밀스런 말은 목적이 다르기 때문)

[42c07] [《鈔》] 有四無常者, 攝相說也. 無常爲門, 苦·空·無我皆號無常, 故云有四.

[초] '네 가지의 무상無常이 있으니'[267]라고 한 것은 섭상문攝相門으로 말한 것이다. 무상으로 문을 삼으면 고苦·공空·무아無我는 모두 무상으로 불린다. 그러므로 네 가지가 있다고 한다.

[42c08] ○言若佛出世等者, 經有五節; 一寄佛寶, 顯無常觀. 二寄法寶, 顯苦觀. 三寄僧寶, 顯無我觀, 佛亦名僧, 上首僧故. 上三所觀唯屬生死, 能觀唯屬權行, 如[268]次合水·鹽·馬三喩也. 四[269]於空中顯正解脫, 所觀唯屬解脫, 能觀雙通權實. 但無二十五有, 欲令比丘修學空想, 通權行也.

267 《演義鈔》 권제6(T36, 040b16). 아래도 동일.

268 底本에는 없음. 《金澤寫本》 참조 보충.

269 底本에는 "四+四", 《金澤寫本》 참조 삭제.

○ '만일 부처가 세상에 나오시어' 등이라고 한 것은 경에는 다섯 구절이 있다. 첫째는 불보에 의탁하여 '무상관無常觀'을 나타낸 것이요, 둘째는 법보에 의탁하여 '고관苦觀'을 나타낸 것이요, 셋째는 승보에 의탁하여 '무아관無我觀'을 나타낸 것이니, 불을 또한 승이라고 이름하니 상수上首의 승이기 때문이다. 위의 셋은 소관所觀은 오직 생사에만 속하며, 능관能觀은 오직 권행權行에만 속하니, 차례대로 물과 소금과 말(馬)의 세 가지 비유에 합치된다. 넷째는 공空 가운데 정해탈正解脫을 나타낸 것이니, 소관은 오직 해탈에 속하고 능관은 권행·실행 둘 다에 통한다. 다만, (정해탈에는) 25유有는 없어서 비구들에게 공상空想을 수학하게 하였으니, 권행에 통하는 것이다.

[42c13] ○言二十五有者, 頌云: "四洲四惡趣, 梵王六欲天, 無想五那含, 四空并四禪." 廣如《涅槃》十四. 而解脫中, 空無我空苦空不淨空無常, 遮此四種權行. 能空之法卽是眞常解脫異名, 密含三德; 所謂不動是樂德, 無想是淨德, 無變是常德, 唯實[270]行也. 雖含權實之行, 並合前器喩. 五寄佛性, 彰其妙有, 兼顯我德, 卽合前馬喩. 此五節經, 前三節文, 理顯可知, 後二節文,《鈔》釋有二; 一云, 空是眞空, 遮詮顯實,(遮四權行.) 佛性是妙有, 表詮顯實.(顯一實行.) 二云, 兩節經中, 含具四德, 空中含三德, 如文昭著. 佛性中含我德, 四德具矣. 在境名德, 在心名行.

○ '25유有'[271]라고 한 것은 게송에서 "4대주와 4악취, 6욕천, 범왕천, 무

270 底本에는 "寔",《金澤寫本》참조 수정.

271 《演義鈔》권제6(T36, 040b24).

상천과 5나함천, 4공천 및 4선천"이라고 하였다. 자세한 것은 《열반경》 제14와 같다. 해탈 가운데 무아도 공하고, 고苦도 공하며, 부정不淨도 공하고, 무상無常도 공하니, 이 네 가지의 권행을 차단한다. 능공能空의 법은 바로 진실하고 항상 있는 해탈의 다른 이름으로, 비밀스럽게 3덕을 함유하고 있다. 이른바 부동不動은 낙덕樂德이고, 무상無想은 정덕淨德이며, 무변無變은 상덕常德이다. 오직 실행實行이다. 권행과 실행을 포함하더라도 나란히 앞의 그릇 비유에 합치된다. 다섯째는 불성에 의탁하여 묘유를 드러낸 것이니 겸하여 아덕我德을 나타낸다. 곧 앞의 말(馬) 비유에 합치된다. 이 다섯 구절 경문에서 앞 세 구절 문장은 이치가 드러났으니 알 것이다.

뒤 두 구절 문장은 《초》의 해설에 두 가지가 있다. 첫째, 공은 진공이니 차단으로써 설명(遮詮)하여 실實을 나타낸 것이며(네 가지의 권행을 차단한다), 불성은 묘유이니 표출로써 설명(表詮)하여 실實을 나타낸 것이다(한 가지 실행을 나타낸다). 둘째, 두 구절 경문에 4덕을 갖추고 있으니 공에 3덕이 갖춰진 것은 문장에 환하게 드러난 것과 같고, 불성 가운데 함유된 '아덕'으로 4덕이 갖춰진다. 경계에 있으면 덕이라고 하고 마음에 있으면 행이라고 한다.

[42c24] ○言馬又我義者, 此《鈔》言略, 具足應云: '最後佛性, 彰其妙有, 卽合[272]前馬, 又是我義.' 此言又者, 非是對前不自在馬, 但對空中三種異名. 已具三德, 佛性

272 底本 및 《金澤寫本》에는 "含", 《演義鈔》 참조 수정.

合馬,[273] 又是我德, 兩節文中, 四德具矣. 學者細思, 勿滯舊聞, 不生正解.

○ '말(馬)은 또, 아我의 뜻'[274]은《초》에서 이 말은 생략되었다. 구족해 보면 '최후의 불성은 묘유를 드러낸 것으로 곧 앞의 말(馬)에 합치되며, 또 아의 뜻이다'라고 해야 한다. 여기서 '또'라고 말한 것은 앞의 자재하지 못한 말(馬)에 대응시킨 것이 아니고, 다만 공空의 세 가지 다른 이름과 대응시킨 것이다. 이미 3덕을 갖추었고, '불성은 말(馬)에 합치되며, 또 아덕이다'라는 두 구절 문장에 4덕이 갖춰진 것이다. 학자들은 자세하게 생각하여 예전에 들은 것에 막혀서 바른 이해를 내지 못하지 말라.

[43a04] ○言是則此中具彰八行者, 此一段經中, 具彰無常·苦·無我·空四種權行, 常·樂·我·淨四種實行, 故名爲八.

○ '이렇다면 이 중에 여덟 행을 갖추어 드러낸 것이다'고 한 것은 이 한 단락 경문에 무상·고·무아·공의 네 가지 권교의 수행과 상·락·아·정의 네 가지 실교의 수행을 갖추어 드러내었다. 그러므로 '여덟'이라고 하였다.

#### (b) 두 번째의 뜻

(권·실을 알지 못하여 깊은 것으로 얕은 것을 삼아 큰 이익을 잃는 까닭)

273 底本에는 "焉",《金澤寫本》참조 수정.

274 《演義鈔》권제6(T36, 040c17). 아래도 동일.

[43a07] [《疏》] 以深爲淺失於大利者, 類焦沅而鬻炭也. ○言以淺爲深虛其功者, 同蒸砂而求飯也.

[소] '깊은 것으로 얕은 것을 삼아서 큰 이익을 잃게 된다'[275]는 것은 원강沅江을 태워서 숯을 파는 것과 비슷하다.
○ '얕은 것으로 깊은 것을 삼아서 그 공력을 헛되게 한다'고 한 것은 모래를 쪄서 밥을 구하는 것과 같다.

[43a09] [《鈔》] 如言初發心時便成正覺等者, 初心成佛, 因徹果海. 稱性深義, 若能善修, 頓成佛果. 理定無疑, 如不分教, 却同權宗但是如來接引劣根, 方便假說, 致令行人不能正修. 稱性圓融, 發菩提心, 高推聖境, 非自分故, 殊不知自身包性德而爲體, 本是如來依智海以爲源, 隨緣流浪, 有何德[276]而不本具? 有何行而不能修? 若云如此妙行賢聖所修, 非我能辨者, 卽是欺誣自身本具法身眞佛. 不唯失其大利, 抑又妄招過罪. 故《神變經》說: "若有人見神呪功驗殊勝, 却云此是普賢文殊等能爲斯事, 非我所能者, 斷祕密乘命根, 犯三昧耶淨戒. 何以故? 良以欺誣自身本具法身眞佛也." 上之過罪, 竝不分權實爾. 故下《疏》云: "若謂久習無明, 云何頓成大智者, 豈不聞冥室千年之闇一燈倏忽頓除耶? 夫機差教別, 聖旨深玄. 竝未證眞, 同居學地, 共詳聖智, 誠曰[277]才[278]難. 且以淺爲深, 有符理之德. 以深爲

275 《大疏》 권제1(T35, 508a20).

276 底本에는 "得",《金澤寫本》 참조 수정.

277 底本에는 "日",《金澤寫本》 및 《연의초》 참조 "曰"로 수정.

278 底本에는 "戈",《金澤寫本》 및 《연의초》 참조 수정.

淺, 有謗法之愆.[279] 以遠爲近, 則有益於行人. 以近爲遠, 法非我分. 諸佛說教, 貴在俯就物機, 後輩學人, 若欲高推聖境, 儻失大利, 豈不傷哉! 旦夕鈎磻溪, 朝昇台輔, 豈與[280]夫《明經》《常選》, 而語其優劣者哉! 況纔生王宮, 貴極臣佐, 寧同百戰夷項, 備歷艱辛? 況十千劫之功高, 亦非聊爾人耳? 是以語其智, 等虛空而非類. 論其德, 碎塵刹而難量. 極念劫之圓融, 盡法門之重現, 初心契於智海, 豈有邊涯. 猶微滴入於天池, 齊無終始. 經云: '發心畢竟二不別. 如是二心, 先心難等.'" 卽其義也.

[초] '예컨대 처음 발심할 때 바로 정각을 성취한다는 말'[281] 등은 초심에 성불하는 것은 인행이 과해에 어우러져 통하는 것이니, 성품에 걸맞은 깊은 뜻을 잘 수행한다면 단박에 불과佛果를 성취한다. 이치상 결정코 의심할 것 없는 것이 마치 교를 나누지 않은 것과 같으니, 되레 권종權宗은 여래께서 하열한 근기를 접인하려고 방편으로 가설한 것일 뿐인데 수행인들이 바른 수행을 하지 않는 지경에 이르게 된 것과 똑같다. 성품에 걸맞은 원융함과 보리심을 일으키는 것에 대해 성인의 경지로 높이 추대하고 자신의 분한이 아니라고 여기기 때문에 자신에게 함유된 성덕性德이 체성을 이룬 것인 줄을 아주 알지 못하니, 본래 이것은 여래가 지혜바다에 의거해서 본원을 삼은 것으로서 연을 따라 유랑하는 것이다. 어떤 덕인들 본래 갖추고 있지 않은 것이 있으며, 어떤 수행인들 닦지 못할 것이 있겠는가. 만일 이와 같은 묘한 수행은 현성들이 닦

---

279 底本에는 "[億-音+(天*天)]",《金澤寫本》및《연의초》참조 수정.

280 底本에는 "謂",《金澤寫本》및《연의초》참조 수정.

281 《演義鈔》권제6(T36, 040c23).

는 것이지 내가 마칠 수 있는 것이 아니라고 한다면 곧 자신이 본래 갖추고 있는 법신진불을 속이고 기만하는 것이니, 큰 이익을 잃게 될 뿐만이 아니라 또 망령되게 과실죄를 초래한다.

그러므로 《신변경神變經》에서 "만일 어떤 사람이 신비한 진언의 공력과 영험이 수승함을 보고서 도리어 이것은 보현보살이나 문수보살이 이 일을 할 수 있는 것이지 내가 할 수 있는 것은 아니라고 한다면 비밀승의 명근을 끊는 것이고 삼매야정계三昧耶淨戒를 범하게 된다. 왜냐하면 참으로 자신이 본래 구족한 법신진불을 속이고 기만한 것이기 때문이다"라고 하였다. 위의 과실죄는 모두 권·실을 나누지 않아서이다.

그러므로 아래 《소》[282]에서 "만일 오랫동안 무명을 익혔는데, 어떻게 단박에 대지혜를 이루겠는가 한다면, 어찌하여 어둔 방 안에 천년 동안의 어둠을 등불 하나로 갑자기 한꺼번에 없앤다는 것을 듣지 못했는가. 대저 근기가 차이 나서 가르침이 다르고 성스런 종지는 깊고 현묘하므로 나란히 진여를 증득하진 못하더라도 함께 배움의 위치에 머물면서 성스런 종지를 같이 상고하는 것이다. 진실로 재난才難이라고 할만하지만 우선 얕은 것으로 깊은 것을 삼으므로 이치에 부합하는 덕이 있고, 깊은 것으로 얕은 것을 삼으므로 법을 비방하는 허물이 있게 된다. 고원高遠한 것으로 인근隣近을 삼으면 수행인에게 이익이 있고, 인근으로 고원한 것을 삼으면 법은 나의 분한이 아니다. 제불이 교를 설한 것은 그 귀중함이 굽혀서 근기에 따른 데에 있다. 후배 학인들이 만약 성인의 경지로 높이 미루려 한다면 홀연히 큰 이익을 잃게 될 것이니, 어찌

282 《大疏》 권제19 〈初發心功德品〉 제17(T35, 643b21).

슬프지 않겠는가. 다만 저녁에 낚싯줄을 개울에 던져 놓았다가 아침에 태보台輔를 들어올리는 것인데, 어찌 대저 《명경明經》《상선常選》과 더불어 그 우열을 말할 것이겠는가. 하물며 왕궁에 태어나자마자 귀함이 지극하여 대신이 보좌하였는데, 어찌 온갖 오랑캐들과 싸우면서 어려움을 다 겪는 것과 같겠으며, 하물며 만겁의 공이 높은 것은 또한 애써서 그렇게 된 사람이 아니겠는가. 그렇기 때문에 그 지혜를 말한다면 허공과 같아서 짝할 것이 없고, 그 덕을 논한다면 찰토의 미진을 다 부순다 해도 헤아리기 어렵다. 염겁의 원융함을 지극히 하고 법문을 거듭 드러내어(重現) 다했으므로 초심에 지혜바다에 계합하는 것이니 어찌 변애邊涯가 있겠는가. 마치 작은 물방울이 천지天池에 들어가면 가지런해져 끝과 시작이 없는 것과 같다. 경에서 '발심과 필경의 둘은 차별되지 않나니, 이와 같은 두 가지 마음 가운데 앞의 마음이 어렵다' 등이라고 하였다"고 하였으니 그 뜻이다.

(c) 세 번째의 뜻(성교를 장엄하여 넓고 깊게 하려는 까닭)

[43b10] ○言分折權(小·始二教)實(後之三教), 取捨偏(前之四教)·圓,(第五圓教)遲(前三種教, 遲成佛果.)·速.(後二種教, 速成佛果.)

○ 권權(소승교와 시교의 2교)과 실實(뒤의 3교)로 분석하고, 편분(앞의 4교)과 원만(제5 원교), 더딤(앞의 3교는 불과를 더디게 이룬다)과 빠름(뒤의 2교는 불과를 빨리 성취한다)을 취사해서야 (비로소 불법이 미묘하고 깊고 현묘하여 포섭하

지 않음이 없음을 알 수 있다.)[283]

(d) 네 번째의 뜻(모든 성교에 본래 나누어져 있기 때문)

[43b11] ○言三時者, 有·空·中也.

○ '삼시'[284]라고 한 것은 유교시, 공교시, 중도교시이다.

[43b12] ○言三輪者, 轉·照·持也.

○ '삼륜'[285]이라고 한 것은 전법륜轉法輪, 조법륜照法輪, 지법륜持法輪이다.

[43b12] ○言半·滿者, 文顯小乘名半, 大乘名滿. 意通權教名半, 實教名滿.

○ '반半·만滿'이라고 한 것은 글에서는 소승은 '반교'이고, 대승은 '만교'로 나타냈지만, 의미는 권교를 '반교'라고 하고, 실교를 '만교'라고 하는 것에 통한다.

---

283 《演義鈔》 권제6(T36, 041a04).

284 《演義鈔》 권제6(T36, 040a14). 아래도 동일.

285 삼륜: (一)轉法輪은 불의 성도 후 7년간 소승의 사제법륜을 굴렸으므로, (二)照法輪은 7년 뒤에 제부반야를 설하여 공을 밝히고 공으로써 유를 비췄으므로, (三)持法輪은 30년 후에 《解深密經》 등을 설하여 공유를 설하여 앞의 전법륜과 조법륜을 지녔으므로 그런 명칭을 붙인 것이다.

[43b14] ○言五味者, 故《涅槃經》云: "善男子, 譬如從牛出乳, 從乳出酪, 從酪出生酥, 從生酥出熟酥, 從熟酥出醍醐, 醍醐最上. 若有服者, 衆病皆除. 所[286]有諸藥, 悉入其中. 善男子, 佛亦如是. 從佛出於十二部經, 從十二部經出修多羅, 從修多羅出《方等經》, 從《方等經》出般若波羅蜜, 從般若波羅蜜出大涅槃, 猶如醍醐. 問曰: 十二部經總攝諸經, 復云何言出修多羅等? 故遠公云: "以佛合牛, 約應身佛, 十二部經合乳, 說小乘經, 修多羅合酪, 說[287]大乘教, 藉小開大, 故名爲出. 後[288]四俱大乘. 詮事之教, 名修多羅, 謂施戒等事. 方等合生酥, 卽大乘中破相空教, 因事顯理, 故名爲出. 以般若合熟酥, 究竟離相, 證實之慧, 名爲般若. 依理起慧, 是故名出. 約行辨教, 亦得名出. 《般若經》云: '然此般若卽是向前菩提體也.' 以醍醐[289]合涅槃, 般若了因, 了彼無始法性涅槃, 是故名出. 約實教辨, 亦得名出. 《涅槃經》.[290]" 淸涼釋云: "佛自揀此經, 異於小乘, 今牛出乳, 是大乘教耳. 若爾何成五味? 謂十二部經辨所說教, 出修多羅者, 十二分出生契理合機之義,[291] 修多羅出方等者, 由契理故, 顯出眞理, 廣陳爲方等故, 從方等出般若者, 依理出[292]生智故, 般若出涅槃者, 以智契理, 成極果故, 故云: '涅槃猶如醍醐.'"

○ '다섯 가지 맛'이라고 한 것은, 《열반경》에서 "선남자야! 비유하면 마

---

286 底本에는 "諸", 《金澤寫本》 및 《연의초》 참조 수정.

287 《演義鈔》에는 "名"으로 되어 있다.

288 底本에는 "復", 《金澤寫本》 및 《연의초》 참조 수정.

289 底本 및 《金澤寫本》에는 '菩提', 《연의초》 참조 '醍醐'로 수정

290 《演義鈔》 (T36, 182b25) "以醍醐合涅槃, 般若了因, 了彼無始法性涅槃, 是故名出. 約實辯教, 亦得名出. 《涅槃經》言: '佛性卽是如來者, …'"에 의하면 《涅槃經》은 다음 문장의 시작이다. 따라서 여기선 연문으로 보인다. 교감하진 않았으나 번역에는 반영하였다.

291 《演義鈔》에는 "義故"로 되어 있다.

292 《演義鈔》에는 없다.

치 젖소에서 우유가 나오고, 우유에서 요구르트가 나오고, 요구르트에서 생소生酥가 나오고, 생소에서 숙소熟酥가 나오고, 숙소에서 제호醍醐가 나오는데 제호가 최상이다. 만일 먹는 이가 있으면 수많은 병이 모두 제거되고 존재하는 모든 약이 전부다 그 가운데로 들어가는 것과 같다.

선남자야! 불도 또한 이와 같으니, 부처로부터 12부경이 흘러나오고, 12부경으로부터 수다라가 나오며, 수다라로부터 《방등경》이 나오고, 《방등경》으로부터 반야바라밀이 나오며, 반야바라밀로부터 대열반이 나오는데 그것은 제호와 같다"라고 하였다.

묻는다. 12부경이 모든 경전을 총체적으로 거둬들이는데 또다시 어떻게 수다라 등이 나온다고 말하는가?

답한다. 혜원 공은 "'불'은 젖소에 합치되니 응신불에 한정한 것이고, '12부경'은 우유에 합치되니 소승경전을 설한 것이며, '수다라'는 낙에 합치되니 대승경전을 설한 것이다. 소승을 밑바탕으로 해서 대승을 열었기 때문에 '나온다'고 한다. 뒤의 네 가지는 모두 대승이다. 사법事法을 설명한 교를 '수다라'라고 이름하니, 말하자면 보시, 지계 등의 사법이다. 《방등경》은 생소와 합치되니 곧 대승 가운데 파상공교이다. 사법을 통해서 이치를 드러내는 까닭에 '나온다'고 한 것이다. '반야'는 숙소에 합치되니 구경에 현상을 여의고 진실을 증득하는 지혜이므로 '반야'라고 이름한다. 이치에 의거하여 지혜를 일으키는 까닭에 '나온다'고 한 것이다. 수행에 한정하여 교를 가려내면 역시 '나온다'고 할 수 있다. 《반야경》에서 '그런데 이 반야는 곧 앞의 보리의 체성이다'라고 하였다. 제호는 열반에 합치되니, 반야 요인了因으로 저 시작 없는 법성 열반을 분명하게 알기 때문에 '나온다'고 한 것이며, 실에 한정하여 교를 판별하면 역시 '나온다'고 할 수 있다"고 하였다.

청량이 해설하여, "불이 스스로 이 경이 소승과 다름을 가려낸 것이다. 지금 '젖소'가 '우유'를 내는 것은 대승교일 뿐이다. 그렇다면 어떻게 다섯 가지 맛을 이루는가? 말하자면 '12부경'은 설해진 교를 판별한 것이니, '수다라'가 '나온다'는 것은 12분교가 이치에 계합하고 근기에 합당한 뜻을 출생하기 때문이며, '수다라'에서 '방등'이 '나온다'는 것은 이치에 계합함으로 인해 진리를 현출하여 광대하게 진술한 것이 '방등'이 되며, '방등'으로부터 '반야'가 '나온다'는 것은 이치에 의거해서 지혜가 나오기 때문이며, '반야'로부터 '열반'이 '나온다'는 것은 지혜가 이치에 계합함으로서 지극의 불과를 성취하기 때문이다. 그러므로 '열반은 제호와 같다'라고 한 것이다"[293]라고 하였다.

#### (e) 다섯 번째의 뜻(모든 대보살들도 교를 나누었기 때문)

[43c11] ○言四門者, 共與不共, 觀照·實相也. 共者, 三乘同稟, 不共者, 菩薩獨覺也.

○ '네 가지 문'이라고 한 것은 공(반야)과 불공(반야), 관조(반야)와 실상(반야)이다. '공'은 삼승이 함께 품 받은 것이고, '불공'은 보살과 독각이다.

---

293 《演義鈔》 권제24 〈現相品〉 제2(T36, 182b16)를 요약·정리해서 인용하였다. 위도 동일.

### ㉰ 나눔과 합함을 쌍으로 결론지음

[43c13] [《疏》] 開則得多而失少者, 理開之十義, 爲十種得, 合之五義, 爲五種失, 故云得多而失少也.

[소] '(교를) 분리하면 이득이 많고 소실이 적으며'[294]라는 것은 이치상 열 가지 뜻으로 분리하면 열 가지 이득이 되고, 다섯 가지 뜻으로 합치면 다섯 가지 소실이 된다. 그러므로 이득이 많고 소실이 적다고 한 것이다.

[43c14] ○合則得少而失多者, 合之五義, 爲五種得, 開之十義, 爲十種失, 故云得少而失多也. 問: 合之五義, 爲開之失者, 其義未詳, 何者? 且如開教家, 前之五義, 對其合教, 一一奪之, 云何有失? 一云, 理雖一味(縱[295]合教義也.), 詮有淺深.(奪歸開教也.) 此意, 今辨分教, 何關其理? 縱[296]理一味, 不違教殊. 由此得知, 理本一味, 不爲開教之失, 餘準例知. 旣爾, 開教應全無失, 云何失少? 答: 得意之流, 任開任合, 皆無過失, 迷昧之輩, 見開見合, 皆生過失. 如見開教, 便謂理殊, 佛音非一, 佛意爲多, 佛言唯局, 淳源枝流, 故爲其失, 非謂違[297]人亦有其失, 餘之得失, 準此應思.

---

294 《大疏》 권제1(T35, 508a23). 아래도 동일.

295 底本에는 "從", 《金澤寫本》 참조 수정.

296 底本에는 "從", 《金澤寫本》 참조 수정.

297 《金澤寫本》에는 "遠인가" 하는 세필주가 있다.

○ '합하면 이득이 적고 소실이 많다'는 것은 합교合教의 다섯 가지 뜻이 5종의 이득이 되고, 개교開教의 열 가지 뜻은 10종의 소실이 된다. 그러므로 '이득이 적고 소실이 많다'고 한 것이다.

묻는다. 합교의 다섯 가지 뜻이 개교하는 데는 소실이 된다는 것은 그 뜻이 상세하지 않으니 무엇인가? 우선 저 개교가의 앞의 다섯 가지 뜻을 그 합교에 대응시키면 하나하나 부정될 텐데 어째서 소실이 있다고 하는가?

답한다. 한 가지 해설은, 이치는 비록 일미이지만(합교의 뜻을 긍정한 것이다), 설명에는 얕고 깊은 것이 있다(부정해서 개교로 돌아간다). 이 의미는 지금은 분교를 변별하는 것인데 그 이치가 무슨 상관인가 하는 것이다. 이치가 일미인 것을 긍정하면 교가 달라지는 것에 어긋나지 않는다. 이로써 이치는 본래 일미여서 개교하는 데 소실이 되지 않는다는 것을 알 수 있다. 나머지는 준례하여 알라.

묻는다. 이미 그렇다면 개교는 전혀 소실이 없어야 할 것인데 어째서 소실이 적다고 하는가?

답한다. 득의한 부류들은 임의대로 분리하고 임의대로 합쳐도 모두 과실이 없지만 미혹하고 어둔 무리들은 분리된다고 보고 합쳐진다고 봄으로 모두 과실이 생긴다. 예컨대 개교한 것을 보면 곧 이치가 다르다고 여겨서 부처의 음성은 하나가 아니고, 부처의 의도는 많은 것이 되며, 부처의 말씀은 국한 되고, 순박한 근원이 지류로 흐르기 때문에 소실이 된다는 것이지, 사람에게 어긋나 역시 소실이 있다는 것은 아니다. 나머지의 득실은 이것에 준거하여 생각하라.

(나) 옛날과 지금의 어긋남과 수순함(古今違順)

㉮ 이곳 중국을 서술함(先敍此方)

b. 개별적으로 해석함(別釋)

a) 일음교를 세움(立一音教)

[44a01] [《鈔》] 順下〈出現〉至有十義等者, 彼《疏》云: "一隨類音,(一無聲不至, 二無根不聞. 經云: '衆生隨類各得解.' 是也.) 帖遍降種種喻.(婆竭羅龍王所興, 雲電雷風雨, 四洲六天, 隨類不同故.) 二隨樂欲音,(前多類音, 各隨欲樂, 說種種法. 經云: '如來於一語言中, 演說無邊契經海.' 是也. 又'佛以一妙音, 周聞十方國. 衆音悉具足, 法雨皆充滿.' 通證上二也.) 帖降雨[298]滋榮喻.(阿那婆達多龍王, 遍閻浮提, 普注甘雨, 百穀苗稼, 皆得生長等.) 三隨根解音,(隨前樂欲, 所說一法, 大小各聞. 《寶積》云, '佛以一音演說法, 衆生各各隨所解.' 是也.) 帖天女妙聲喻.(善口[299]天女出一妙音, 與百千種樂相應.) 四隨時音,(卽上大小之法, 令聞不聞, 皆自在故, 云不失時. 亦兼隨聞一法, 令欣憂不同. 《寶積》云, '或有恐畏, 或歡笑.' 是也.) 帖梵聲及衆喻.(宮中出聲, 梵衆皆聞, 各謂我語, 不出衆外.) 上四多約卽體之用, 是圓音義. 後六多約卽用之體, 顯一音義. 五外隨緣扣,[300] 我無生滅.(應根感而談有始終, 稱法性而言亡起盡.) 帖谷響隨緣喻. 六內集緣成, 何有主宰?(就相有而修幻緣, 約體空而無實我.) 帖劫盡唱聲喻.(三災將壞, 雖無主我, 次第有聲, 聲初禪等, 安樂殊勝, 聞已進修, 卽生上界.) 七甚深,(欲言其一, 萬類殊應, 欲言其異, 一體無二, 雖多差別, 皆於甚深法界

---

298 底本 및 《金澤寫本》에는 "注", 《大疏》 참조 수정.

299 底本에는 "日", 《金澤寫本》 및 《大疏》 참조 수정.

300 底本에는 "招", 《大疏》에는 "叩", 《金澤寫本》 참조 "扣"로 수정.[역자 주]

之所流出.) **帖降霔[301]難思喩.**(大莊嚴龍王, 不思議力, 能降無邊, 莊嚴雨等.) **八純稱法界,**(但隨生有差別韻, 約體元無邪曲音.) **帖衆水一味喩.**(逐器分成異, 本體未曾差.) **九橫入無斷,**(遍入法界, 化生無斷.) **帖天鼓開覺喩.**(無心出聲, 覺悟諸天, 捨放逸等.) **十竪[302]歸一極,**(聲無變易, 至於究竟, 始漸成就, 終令圓益.) **帖漸降成熟[303]喩.**(摩那斯龍王, 將欲降雨, 先興大雲, 凝停[304]七日, 待作務已, 乃降微細之雨.)"

[초] '(긍정하면) 수순하는 것이니, 아래 〈여래출현품〉에서 … 열 가지 뜻이 있다'[305]는 것은 《대소》[306]에서 "첫째는 부류에 따르는 음성(첫째는 이르지 않는 음성이 없는 것이요, 둘째는 듣지 못하는 근기가 없는 것이다. 경에서 '중생은 부류에 따라 각각 이해한다'고 한 것이 이것이다)이니, '변만하게 갖가지를 내려주는 비유'라고 표제한다[307](파갈라 용왕이 일으킨 구름과 번개와 우레와 비바람은 4대주와 6욕천에서 부류에 따라 다르기 때문이다).

둘째는 욕락을 따르는 음성(앞의 많은 부류의 음성으로 각각의 욕락에 따라서 갖가지 법을 설하는 것이다. 경에서 '여래는 한마디 말 속에 무변한 계경契經바다를 연설한다'고 한 것이 이것이며, 또 '불은 하나의 묘음으로 시방국토에 널리 들리게 하며, 여러 음성들이 다 구족되어 법우法雨가 모두 충만하다'고 한 것은 위의 두 가지를 통틀어 인증한 것이다)이니, '강우로 물대주어 꽃을 번성시키는 비유'라

---

301 底本 및 《金澤寫本》에는 "雨". 《大疏》 참조 수정.

302 底本에는 "堅". 《金澤寫本》 및 《大疏》 참조 수정.

303 底本에는 "一". 《金澤寫本》 및 《大疏》 참조 수정.

304 底本에는 "復", 교감주와 《金澤寫本》 및 《大疏》 참조 수정.

305 《演義鈔》 권제6(T36, 041a24).

306 《大疏》 권제49 〈如來出現品〉 제37(T35, 876b09~877b07)을 요약 정리해서 인용.

307 '표제(帖)'라는 말은 인용 원문에는 없는 것으로 선연이 덧붙인 주석이다.

고 표제한다(아나발다라 용왕이 염부제에 항상 있으면서 감로우를 널리 대어주어 온갖 곡식과 새싹들이 모두 생장할 수 있는 등이다).

셋째는 근기가 이해하는 것에 따른 음성(앞의 욕락에 따라 설해진 한 가지 법을 대소승에서 각각 듣는 것이다.《보적경》에서 '부처님은 하나의 음성으로 법을 연설하지만 중생들은 각각 이해한 대로 따른다'고 한 것이 이것이다)이니, '천녀의 묘한 음성의 비유'라고 표제한다(선구천녀가 하나의 미묘한 음성을 내면 백 천 가지의 음악과 상응한다).

넷째는 때에 따르는 음성(곧 위의 대·소의 법을 듣게 하거나 듣지 못하게 하는 것이 모두 자재한 까닭에 때를 잃지 않는다고 한다. 겸하여 동일한 법을 듣는 대로 흔쾌해하거나 근심하는 것이 다르다.《보적경》에서 '혹은 염려하고 두려워하며, 혹은 환희하고 기뻐한다'고 한 것이 이것이다)이니, '범 음성으로 중생에 미치는 비유'라고 표제한다(천궁에서 음성을 내는 것은 범천과 중생이 모두 다 듣는다. 각각 자신의 말이라고 여기고 대중 밖에 벗어나지 않는다). 위의 네 가지는 대부분 체성에 즉한 작용에 한정한 것으로 원음圓音의 뜻이다. 뒤의 여섯 가지는 작용에 즉한 체성에 한정한 것으로 일음一音의 뜻을 나타낸다.

다섯째는 밖으로는 연을 따라 두드린 것이니 아我는 생멸함이 없다(근기가 감득한데 응현하므로 담설에는 시작과 끝남이 있지만, 법성에 걸맞으므로 언설은 일어남도 다함도 없다). '골짜기의 메아리가 연을 따르는 비유'라고 표제한다.

여섯째는 안으로는 연을 적집하여 이뤄진 것이니 무슨 주재함이 있겠는가(현상이 있다(相有)는 것에 입각하여 환과 같은 연기(幻緣)를 닦지만, 체성이 공함(體空)에 한정하므로 실아實我는 없다). '겁이 다할 때에 제창하는 음성의 비유'라고 표제한다(삼재三災로 무너지려 할 때에 비록 주재하는 '아'는 없지만 차례대로 음성이 있어서 초선 등에는 음성이 안락한 것이 수승하여 듣고 나서는 정진 수행하여 상계에 태어난다).

일곱째는 매우 깊은 것이니(하나라고 말하려 해도 온갖 부류가 달리 응하고, 다르다고 말하려 해도 하나의 체여서 둘이 없다. 비록 차별이 많지만 모두 매우 깊은 법계로부터 유출되는 것이다), '때에 맞는 비를 내려줌은 생각하기 어렵다는 비유'라고 표제한다(대 장엄용왕이 부사의 한 힘으로 무변한 장엄의 비를 내리는 등이다).

여덟째는 순전히 법계에 걸맞은 것이니(다만 중생을 따르면 차별된 음운이 있고, 체에 한정하면 원래 어긋나거나 굽혀진 음성이 없다), '여러 물이 한 가지 맛인 비유'라고 표제한다(근기의 분한에 따라서 차이를 이루지만 본체는 일찍이 차이가 없다).

아홉째는 공간(횡단)적으로는 단절됨이 없는 곳에 들어가니(법계에 항상 하게 들어가 중생을 교화하는데 단절됨이 없다), '천상의 북이 열어 깨워주는 비유'라고 표제한다(부심하게 소리 내어 모든 천상을 깨어나게 하고 방일함을 버리게 하는 등이다).

열째는 시간(수직)적으로는 하나의 지극으로 돌아가니(음성에 변역됨이 없이 구경까지 이른다. 처음에는 점차로 성취되지만 종래에는 원만하게 이룹게 된다), '점차로 비 내려 성숙시키는 비유'라고 표제한다(마나사용왕이 비를 내리려고 할 때 먼저 큰 구름을 일으키고, 7일간 응연히 멈췄다가 안개가 일어나기를 기다리고 난 뒤에야 미세한 비를 내리는 것이다)"고 하였다.

[44a20] ○又言六句者, 一莫窮其邊, 故非量, 二隨根隨時, 有聞不聞, 故非無量, 三多緣集故, 非有主, 四純一法界生, 故非無主, 五當體無生, 故無能示, 六巧顯義

理, 故非無示.

○ 또, '여섯 구절'이라고 한 것에서 첫째는 그 끝을 궁구할 수 없기 때문에 헤아릴 수 있는 것이 아니고, 둘째는 근기와 시간에 따라 듣거나 못 듣는 것이 있기 때문에 헤아릴 수 없는 것도 아니며, 셋째는 많은 연으로 모여졌기 때문에 주재함이 없고, 넷째는 순전히 하나인 법계에서 나오기 때문에 주재함이 없는 것도 아니며, 다섯째는 당체가 나옴이 없기 때문에 현시함이 없고, 여섯째는 의리를 교묘하게 나타내기 때문에 현시함이 없는 것도 아니다.

[44a23] ○言各得圓音一義者, 菩提留支得第三隨根解音, 羅什法師得第七純稱法界音也.

○ '각각 원음圓音의 한 가지 뜻을 얻었다'[308]고 한 것은 보리유지菩提留支는 '세 번째, 근기가 이해하는 것에 따른 음성'을 얻었고, 구마라즙鳩摩羅什법사는 '일곱 번째, 순전히 법계에 걸맞은 음성'을 얻은 것이다.

[44b01] ○言齊楚俱失者, 出《文選》第四子虛賦.

○ '제나라와 초나라 둘 다 잘못'[309]이라고 한 것은 《문선》 제4 〈자허부子

308 《演義鈔》 권제6(T36, 041a23).

309 《演義鈔》 권제6(T36, 041b01).

虛賦〉[310]에 나온다.

[44b01] ○言竝應奪之者, 奪開教也, 而與之耳者, 縱合教也. 言然竝爲教本下又都奪耳者, 奪歸開教也. 此意, 佛音但是教本, 非是其教. 今辨判教, 何關其本. 二師談本, 豈相愜當. 故《鈔》云, "又都奪[311]耳."

○ '나란히 부정한 것이다'라고 한 것은 개교開教를 부정한 것이고, '함께 할 뿐'이라는 것은 합교合教를 긍정한 것이다. '그러나 다 같이 교의 근본은 나눌 수 없다는 뜻 일뿐이다. 아래는 또, 모두 부정한 것'이라고 한 것은 부정하여 개교로 돌아간 것이다. 이 의미는 부처의 음성은 다만 교의 근본이지 교는 아니다. 지금은 교판을 변별한 것인데 근본과 무슨 상관이 있겠는가. 두 법사가 근본을 담론한 것이 어찌 서로 흡족하겠는가. 그러므로《초》에서 "또 모두 부정한 것이다"고 하였다.

b) 두 종류의 교를 세움(立二種教)

(c) 당초 인법사(立二種教[屈曲·平道])

ⓑ 수순함과 어긋남을 분별함(辨順違)

ㄱ. 긍정함(縱)

310 사마상여 〈자허부〉의 내용을 의취한 것으로 이에 대해 元代 普瑞는《會玄記》 권제16에 다음과 같이 다루고 있다. "子虛上林二賦之意. 初子虛賦中 '誇楚之雲夢高奢顯侈而烏有先生又說齊地之大云呑若雲夢者八九於其胷中曾不蔕芥此齊楚相誇則今云互不相許也至上林賦初云亡是公听然而笑曰楚則失矣齊亦未爲得也(此則齊楚俱失也)且夫齊楚之事又焉足道乎君未觀夫巨麗也獨不聞天子之上林乎(云云)此則竝奪之也"라고 서술하고 있다.

311 底本에는 "集",《金澤寫本》 및《演義鈔》(T36, 041b03) 참조 수정.

ㄴ) 깨뜨린 것을 막아 해석함(遮破釋成)

(ㄱ) 총체적인 이름을 구함(求總名)

[44b06] [《鈔》] 《華嚴》《梵網》等者, 印[312]師所立, 唯《華嚴經》名平道教, 《刊定》錯認, 將謂《梵網》亦爲平道, 由見《梵網》亦居蓮藏舍那說故.

[초] '《화엄경》과 《범망경》이 (이미 노사나불의 말씀인데)'[313]라고 한 것은 인印법사가 세운 바, 오직 《화엄경》만을 '평도교'라고 한다는 것을 《간정기》에서 잘못 인식하여 《범망경》 역시 '평도교'라고 여김으로 인해서 《범망경》도 역시 연화장에 머물면서 노사나불이 설했다고 본 것이다.

[44b08] ○言皆是稱性善巧者, 揀異隨宜方便也. ○言一時頓演者, 揀異前後漸說也.

○ '모두 성품에 걸맞은 선교善巧 방편'[314]이라고 한 것은 마땅함에 따르는 선교 방편과는 다름을 가려낸 것이다.
○ '일시에 한꺼번에 연설한다'고 한 것은 전후에 점차로 설한 것과는 다름을 가려낸 것이다.

[44b09] ○言說於世尊餘處隨根等者, 如《法華》云: "昔於波羅奈, 轉四諦法輪."

---

312 底本에는 "卽", 《金澤寫本》 참조 수정.

313 《演義鈔》 권제6(T36, 041c04).

314 《演義鈔》 권제6(T36, 041c10).

亦是指鹿苑所說, 非是自說靈山法華會也.

○ '세존이 다른 곳에서 근기에 따른 것을 말하는 것이지'[315]라고 한 것은, 예컨대《법화경》에서 "옛날에 바라나시에서 사성제 법륜을 굴렸다"고 한 것은 또한 녹야원에서 설법하신 내용을 가리킨 것이지 영취산 법화회상에서 스스로 말씀한 것은 아닌 것과 같다.

[44b12] ○言或有國土唯說三乘者, 此顯不說《法華》也. 問:[316] 此國土中, 爲說《華嚴》? 爲不說耶? 若說《華嚴》, 云何唯說三乘?《華嚴》之經, 是一乘故. 若不說《華嚴》, 何云我[317]不見有一佛土其中如來不說此法, 明是平道? 答: 若就德相常遍, 說其《華嚴》, 今從業用, 云唯說三乘. 若爾, 就德相,《法華》亦常遍說故, 何云《法華》亦有不說? 若就業用, 云有不說者, 其《華嚴經》, 就業用門, 亦有不說. 故《鈔》云: 或有國土, 唯說三乘故. 今謂通云, 若就德相, 唯是《華嚴》, 更無餘經, 但就業用, 曲巧隨根.《華嚴經》中, 分出餘經, 是故餘經德相乃無, 業用方有, 說業用門, 有說不說.《華嚴》之經, 約德相門, 常說遍說. 又解,《法華經》唯是一乘,《解深密經》唯是三乘, 其《華嚴經》非一非三, 能一能三. 語深名一乘, 語廣名無量乘, 深卽廣故非一乘, 廣卽深故非三乘. 今云或有國土唯說三乘, 但見不說《法華》, 唯一乘故, 不遮《華嚴》, 非一乘故, 是故《華嚴》無不說故.

315 《演義鈔》권제6(T36, 041c15).

316 底本에는 "同",《金澤寫本》참조 수정.

317 底本에는 "祕", 교감 주 및《金澤寫本》참조 수정.

○ '혹 어떤 국토에서는 오직 삼승만을 설하였고'[318]라는 이것은 《법화경》을 설하지 않았음을 나타낸 것이다.

묻는다. 이 국토에서는 《화엄》을 설했는가, 설하지 않았는가? 만일 《화엄경》을 설했다면 어째서 오직 삼승만을 설했다고 하는가? 《화엄》은 일승이기 때문이다. 만일 《화엄》을 설하지 않았다면 어떻게 '나는 한 불국토라도 그중에서 여래가 이 법을 설하지 않은 것을 보지 못했다는 것은 평도교임을 밝힌 것이다'라고 하는가?

답한다. 만일 덕상이 항상 있고 변만한 것에 입각하면 《화엄》을 설한 것이다. 지금은 업용을 따랐으므로 오직 삼승만을 설하였다고 하였다.

묻는다. 만일 그렇다면 덕상에 입각하면 《법화》도 또한 항상 설하고 변만하게 설했을 것인데, 어째서 '《법화》는 또한 설하지 않은 적이 있다'고 하는가? 만일 업용에 입각하여 설하지 않은 적이 있다고 하면, 《화엄경》도 업용문에 입각하면 역시 설하지 않은 적이 있다. 그러므로 《초》에서 '혹 어떤 국토에서는 오직 삼승만을 설하였다'고 했기 때문이다.

답한다. 이제 소통해서 말하겠다. 만일 덕상에 입각한다면 오직 《화엄》만이고, 다시 다른 경은 없다. 다만 업용에 입각하면 곡진하게 선교하여 근기에 따른 것이다. 《화엄경》에서 나머지 경이 갈라져 나왔기 때문에 다른 경은 덕상에서는 이에 없고 업용에서야 있다. 업용문으로 말하면 설함도 있고 설하지 않음도 있지만 《화엄경》은 덕상문에 한정하여 항상 설하고 변만하게 설한다.

또, 해설이 있다. 《법화경》은 오직 일승일 뿐이고, 《해심밀경》은 오직

---

318 《演義鈔》 권제6(T36, 042a02).

삼승일 뿐이며, 《화엄경》은 일승도 삼승도 아니고, 일승이기도 삼승이기도 하다. 깊은 것을 말한다면 일승이라고 하고, 광대한 것을 말한다면 무량승이라고 한다. 깊은 것이 광대한 것에 즉하기 때문에 일승이 아니고, 광대한 것이 깊은 것에 즉하기 때문에 삼승이 아니다. 지금 '혹 어떤 국토에서는 오직 삼승만을 설하였다'고 한 것은 다만 《법화경》을 설하지 않은 것을 본 것이니 일승이기 때문이며, 《화엄경》을 차단하지는 않았으니 일승이 아니기 때문이다. 그러므로 《화엄경》은 설하지 않은 적이 없다.

(ㄴ) 깨뜨린 바의 네 가지 다른 점을 변론함(求破四異)

[44c04] [《鈔》] 釋迦爲主但是三身中化身遮那爲主十身具顯者, 問: 若準餘教, 釋迦唯化, 遮那唯眞. 故經云:[319] "淸淨法身毗盧遮那佛, 千百億化身釋迦牟尼佛." 若準此經〈名號品〉云, 或名釋迦牟尼, 或名毗盧遮那, 云何偏言釋迦唯化, 遮那十身? 答: 釋迦唯化, 約餘教說, 遮那十身, 約此經說.

[초] '석가모니불이 주체가 되면 다만 삼신 중에 화신化身일 뿐이지만 비로자나불이 주체가 되면 십신十身이 구족하게 드러난다'[320]라는 것은,

묻는다. 만일 다른 교에 준거하면 석가모니불은 오직 화신일 뿐이고 비로자나불은 오직 진신일 뿐이다. 그러므로 경에서 "청정법신 비로자

319 底本에는 "經云" 두 자가 없다. 《金澤寫本》 참조 보충.

320 《演義鈔》 권제6(T36, 042a16).

나불, 천백억 화신 석가모니불"이라고 한 것이다. 만일 이 경의 〈여래명호품〉에서 말한 것을 준거하면 혹은 석가모니불이라고 하고, 혹은 비로자나불이라고 하였는데, 어째서 치우쳐서 석가모니불은 오직 화신일 뿐이고 비로자나불은 십신이라고 하는가?

답한다. 석가모니불을 오직 화신이라고 한 것은 다른 교에 한정해서 말했고, 비로자나불은 십신이라고 한 것은 이 경에 한정하여 말하였다.

#### ㄷ) 옛 뜻을 결론지음(結成昔義)

[44c10] [《疏》] 略云四異異實有多者,《鈔》列十門, 而與賢首《教義》十異, 理亦相參. 彼云:"一時異, (此經念劫相收, 餘經年月尅定.) 二處異, (本末相融, 唯在娑婆.) 三主異, (具足十身, 唯是化身.) 四衆異, (同·異一乘衆, 權·小三乘衆.) 五所依異, (海[321]印炳現, 後智流出.) 六說異, (主伴通方, 有說不說.) 七位異, (因果交徹, 賢聖歷別.) 八行異, (稱性圓修, 隨相分齊.) 九法門異, (略舉十種; 一彼有三佛, 此有十佛. 二彼有六通, 此有十通. 三彼有三明, 此有十明. 四彼有八解脫, 此有十解脫. 五彼有四無畏, 此有十無畏. 六彼有五眼, 此有十眼. 七彼有三世, 此有十世. 八彼有四諦, 此有十諦. 九彼有四辯, 此有十辯. 十彼有十八不共法, 此有十不共法. 餘門無量, 餘如經說.) 十事異. (觸類之事, 卽法門故. 依坐等事, 但表法故.)" 應知《刊定》不唯破彼印[322]公, 抑又彈於本師. 淸涼扶昔, 故伸敍釋.

321 底本에는 "侮",《金澤寫本》및《教義分齊章》참조 수정.

322 底本에는 "卽",《金澤寫本》참조 수정.

[소] '간략하게 말해서 네 가지 차이라고 했지만 실제로는 차이가 많다'[323]는 것은 《초》에서는 10문으로 열거하였는데, 현수의 《교의분제장》[324]의 열 가지 차이와 이치상 역시 서로 엇비슷하다.

저기서 말했다. "첫째는 시간이 다르고(이 경은 염겁念劫이 서로 거두고, 다른 경은 연월年月이 확정된다), 둘째는 장소가 다르고((이 경은) 본처와 말처가 서로 원융하고, (다른 경은) 오직 사바세계에만 있다), 셋째는 설주가 다르고((이 경은) 십신을 구족하고, (다른 경은) 오직 화신뿐이다), 넷째는 대중이 다르고((이 경은) 동류·이류의 일승 대중이고, (다른 경은) 권·소의 삼승 대중이다), 다섯째는 소의所依가 다르고((이 경은) 해인삼매에서 훤하게 나타나고, (다른 경은) 후득지에서 유출된 것이다), 여섯째는 설법하는 것이 다르고((이 경은) 주체와 반려가 시방에 통하고, (다른 경은) 설하기도 설하지 않기도 한다), 일곱째는 지위가 다르고((이 경은) 인과가 서로 어우러져 통하고, (다른 경은) 현성이 달리 경력한다), 여덟째는 수행이 다르고((이 경은) 성품에 걸맞은 원만한 수행이고, (다른 경은) 현상에 따른 분제이다),

아홉째는 법문이 다르고(간략하게 10종류의 해탈이 있다. 첫째, 저것은 삼불이 있고, 이것은 십불十佛이 있다. 둘째, 저것은 육신통이 있고, 이것은 십신통이 있다. 셋째, 저것은 삼명三明이 있고, 이것은 십명이 있다. 넷째, 저것은 팔해탈이 있고, 이것은 십해탈이 있다. 다섯째, 저것은 사무외가 있고, 이것은 십무외가 있다. 여섯째, 저것은 오안五眼이 있고, 이것은 십안十眼이 있다. 일곱째, 저것은 삼세가 있고, 이것은 십세가 있다. 여덟째, 저것은 사제四諦가 있고, 이것은 십제十諦가 있다. 아홉째, 저것은

---

323 《大疏》 권제1(T35, 508b29).

324 《教義分齊章》 권제1(T45, 0483c08)을 요약 정리해서 인용.

사변재가 있고, 이것은 십변재가 있다. 열째, 저것은 십팔불공법이 있고, 이것은 십불공법十不共法이 있다. 나머지 문이 무량하니, 나머지는 경에서 설한 것과 같다), 열째는 일이 다르다((이 경은) 부류에 부딪치는 일이 그대로 법문이기 때문이고, (다른 경은) 좌정하는 등의 일에 의거하여 다만 법을 표시하기 때문이다)." 《간정기》는 인印 공을 논파했을 뿐만 아니라, 또 본사本師(현수)를 논책하였는데, 청량은 옛것을 붙잡았으므로 펼쳐서 해설한 것임을 알아야 할 것이다.

[44c19] [《鈔》] 五說教時分異者, 問: 與前教門儀式中一時頓演, 有何異耶? 答: 彼得時而顯儀, 此正論時. 或彼據一時, 此兼十重. 故不同也.

[초] '다섯째, 설교한 시간을 나눈 것이 다르다'[325]고 한 것은, 묻는다. 앞의 교문의 의식儀式 중에서 일시에 한꺼번에 연설하는 것과 무슨 차이가 있는가?

답한다. 저것은 시기를 얻어서 (설교한) 의식을 나타낸 것이고, 이것은 바로 시간을 논한 것이다. 혹은 저것은 일시에 근거하였고, 이것은 10중重을 겸하였다. 그러므로 같지 않다.

c) 세 종류의 교를 세움(立三宗教)

(b) 개별적으로 해석함(別釋)

ⓐ 남조의 여러 법사(南中諸法師)

ㄱ) 옛것을 서술함(敍昔)

325 《演義鈔》 권제6(T36, 042b13).

㈀ 총괄하여 밝힘(總明)

ⓒ 부정교의 상을 드러냄(出不定相)

[44c22] [《疏》] 偏方不定教者, 一云, 方者法也, 卽偏爲一類, 非漸非頓根, 說大乘法, 故名偏方. 二云, 方者處也, 通途時處, 正弘於小, 偏於一處, 而說大乘, 故名偏方. 言不定者, 漸頓不攝, 故名不定.

[소] '편방偏方의 부정교不定教'[326]라고 한 것에서 첫 번째 해설은, '방方'은 방법이니 곧 한 부류의 점근漸根도 아니고, 돈근頓根도 아닌 근기만을 치우쳐 대승의 법을 설했기 때문에 '편방'이라고 한다. 두 번째 해설은, '방'은 장소이다. 시간과 처소를 관통해서 소승을 넓히려고 치우치게 한 곳에서 대승을 설한 것이므로 '편방'이라고 한다. '부정不定'이라고 한 것은 점교에도 돈교에도 거둬지지 않기 때문에 정해지지 않은 것이라고 한다.

㈁ 점漸의 뜻을 별도로 밝힘(別明漸義)

㉠ 둘로 나눔(分二)

[45a02] [《疏》] 或但分爲二者卽是半滿者, 問: 此言半滿, 與前牟讖立二教中半滿, 何殊? 答: 前唯據法, 此兼約時. 故《鈔》云, "旣破五時, 四三二時, 皆已破竟也."

326 《大疏》 권제1(T35, 508c12).

[소] '혹은 다만 둘로 나누었으니 곧 반半과 만滿이다'라는 것은, 묻는다. 여기서 말한 반·만은 앞에서 무참牟讖이 세운 2교 가운에 반교·만교와 무엇이 다른가?

답한다. 앞에서는 오직 법에 준거하였고, 이것은 시간에 한정한 것을 겸하였다. 그러므로 《초》에서 "이미 5시時를 논파했으니 4시, 3시, 2시도 모두 이미 논파해 마쳤다"[327] 라고 하였다.

ㄴ) 수순함과 어긋남을 분별함(辨順違)

(ㄴ) 이치에 어긋난 것을 따로 논파함(別破違理)

㉠ 2가의 5시를 별도로 논파함(別破二家五時)[328]

一. 도량사의 5시를 논파함(破道場五時)

一) 제1시를 논파함(破第一時)

[45a05] [《疏》] 實義卽空者, 法空也. 若云我空, 無殊《俱舍》故. 學者應悉.

[소] '실의實義는 곧 공이다'[329] 라는 것은 '법공法空'이다. '아공我空'을 말한 것이라면 《구사론》과 차이가 없기 때문이다. 학자들은 다 알아야 할 것이다.

327 《演義鈔》 권제6(T36, 043a16).

328 1) 도량사 혜관慧觀의 5시는 ①有相教, ②無相教, ③抑揚教, ④同歸教, ⑤常住教이며, 2)유공劉公의 5시는 ①人天教, ②有相教, ③無相教, ④同歸教, ⑤常住教이다.

329 《大疏》 권제1(T35, 509a03).

### 二) 제2시를 논파함(破第二時)

#### ㈢ 상주를 밝히지 않았다는 주장을 논파함(破不明常主)

##### ㈣ 긍정과 부정으로 논파함(縱奪破)

[45a07] [《鈔》] 理絶百非者, 所謂有, 無, 亦有亦無, 非有非無, 成四句也, 非有, 非無, 亦非有亦非無, 非非有非非無, 成八句也, 一異同前, 又成八句, 共有十六句, 隨三世開, 共成四十八, 斷常各具, 卽有九十六, 幷本四句, 乃成百非.

[초] '이치는 백비百非가 끊어졌다'[330]라는 것은 이른바, '유'이고, '무'이며, '유이기도 하고 무이기도 하며', '유도 아니고 무도 아니다'로 4구를 이루고, '유가 아니고', '무가 아니며', '유가 아니기도 하고 무가 아니기도 하며', '유가 아닌 것이 아니고 무가 아닌 것이 아니다'로 8구를 이룬다. '동일하다' '다르다'는 앞과 같으니 또 8구를 이루어 함께 16구를 이루고, '삼세'를 따라 갈라져서 함께 48구를 이루고, '단견斷見'과 '상견常見'을 각각 갖춰서 곧 96구가 있게 되며 본래 4구와 병합하면 백비를 이룬다.

[45a11] ○言故《智度論》云一切實等者, 如次配眞諦·俗諦·雙表中道·雙遮中道也. 或有·空俱非, 四句皆實, 故云一切實, 有·空俱非, 四句皆非實, 有·空俱非, 四句皆亦實非實, 有空[331]俱非, 四句皆非實非非實. 又準《大鈔》, 有四重四句; 初單四句, 如向已明. 二複[332]四句者, 一有有有無, (卽是幻有門中, 所攝幻有眞空.) 二無

330 《演義鈔》 권제6(T36, 043c01).

331 底本에는 "空有",《金澤寫本》 참조 "有空"으로 도치.

332 底本에는 "復", 교감 주 및《金澤寫本》 참조 "複"으로 수정. 아래도 모두 수정.

有無無, (眞空爲門, 所攝幻有眞空.) 三亦有亦無有, 亦有亦無無. (雙照門中, 還攝有無故.) 四非有非無有, 非有非無無. (雙遮門中, 亦攝有無.) 而言複者, 四句之中, 皆說有無故. 第三具足四句者, 四句之中, 皆具四句故. 第一有句具四句者, 謂一有, 二有無, 三有亦有亦無, 四有非有非無. (卽是幻有爲門, 攝餘三句故也.) 第二無句中四句者, 一無有, 二無無, 三無亦有亦無, 四無非有非無. (有空爲門, 攝餘三句故.) 第三亦有亦無具四句者,[333] 一亦有亦無有, 二亦有亦無無, 三亦有亦無亦有亦[334]無, 四亦有亦無非有非無. (表句爲門, 攝餘三句故.) 第四非有非無具四者, 一非有非無有, 二非有非無無, 三非有非無亦有亦無, 四非有非無非有非無. (遮句爲門, 攝餘三句故.) 上四四一十六句, 爲具足四句. 第四絶言四句者. 一單四句外一絶言, 二複四句外一絶言, 三具足四句外一絶言, 有三絶言. 前三重四句, 乃屬因門. 第四絶言四句沒同果海. 又前三四句, 卽是教道. 絶言四句, 卽是證道也.

○ '그러므로 《대지도론》에서 일체가 실實이요, (비실非實이요, 실이면서도 비실이요, 비실이면서 비실도 아니다)'[335]라고 한 것은 차례대로 진제, 속제, 쌍으로 표전表詮한 중도제, 쌍으로 차전遮詮한 중도제에 배대된다. 혹은 유와 공을 둘 다 부정하면 4구는 모두 실이다. 그러므로 '일체가 실'이라고 한 것이다. 유와 공을 둘 다 부정하면 4구는 모두 실이 아니다. 유와 공을 둘 다 부정하면 4구는 모두 실이기도 실이 아니기도 하

333 《演義鈔》 권제21에는 "第三亦有亦無具四者. 一亦有亦無有. 二亦有亦無無. 三亦有亦無有亦有亦無無. 四亦非有非無有亦非無非無無. 第四非有非無具四者. 一非有非無有. 二非有非無無. 三亦非有非無有亦非有非無無. 四非非有非無有非非有非無無."인데 《결택기》는 조금 더 간결하게 다루고 있다.

334 底本 및 《金澤寫本》에는 없음. 교감 주 및 문맥상 참조 보충.[역자 주]

335 《演義鈔》 권제6(T36, 043c04)이다.

다. 유와 공을 둘 다 부정하면 4구는 모두 실이 아니기도 하고 실 아닌 것이 아니기도 하다. 또, 《대초》[336]에 근거하면 4중의 4구가 있다. 1중은 홑 4구이니, 앞서 이미 밝힌 것과 같다.

2중은 겹 4구이다. ①유가 유이고, 무가 유이며(곧 이것은 환유문에 거둬진 환유幻有와 진공眞空이다), ②유가 무이고, 무가 무이며(진공으로 문을 삼아 거둬진 환유와 진공이다), ③유이기도 하고 무이기도 한 것이 유이고, 유이기도 무이기도 한 것이 무이며(쌍으로 관조하는 문중에 다시 유무를 거둔 것이다), ④유도 아니고 무도 아닌 것이 유이며, 유도 아니고 무도 아닌 것이 무이다(쌍으로 차단하는 문에서 또한 유와 무를 거둔 것이다). '겹'이라고 말한 것은 4구중에 모두 유와 무를 설했기 때문이다.

3중은 구족 4구이니, 4구중에 모두 4구를 갖춘 것이다.

첫 번째는 '유'구 중에 4구를 갖춘 것이니, 말하자면 ①유가 유이고, ②무가 유이며, ③유이기도 하고 무이기도 한 것이 유이고, ④유도 아니고 무도 아닌 것이 유이다(곧 환유로 문을 삼아서 나머지 3구를 거둔 것이다).

두 번째는 '무'구 중에 4구를 갖춘 것이니, ①유가 무이고, ②무가 무이며, ③유이기도 무이기도 한 것이 무이고, ④유도 아니고 무도 아닌 것이 무이다(곧 진공으로 문을 삼아서 나머지 3구를 거둔 것이다).

세 번째는 유이기도 무이기도 한 것에 4구를 갖춘 것이니, ①유이기도 무이기도 한 것이 유이고, ②유이기도 무이기도 한 것이 무이며, ③유이기도 무이기도 한 것이 유이기도 무이기도 하고, ④유이기도 무이기도 한 것이 유도 아니고 무도 아니다(표전表詮하는 구절로 문을 삼아서 나

336 《演義鈔》 권제21(T36, 160b)의 내용이다.

머지 3구를 거둔 것이다).

네 번째는 유도 아니고 무도 아닌 것에 4구를 갖춘 것이니, ①유도 아니고 무도 아닌 것이 유이고, ②유도 아니고 무도 아닌 것이 무이며, ③유도 아니고 무도 아닌 것이 유이기도 무이기도 하며, ④유도 아니고 무도 아닌 것이 유도 아니고 무도 아니다(차단하는 구절로 문을 삼아서 나머지 3구를 거둔 것이다). 위의 4구의 4구인 16구가 구족4구가 된다.

4중은 절언絶言 4구이니, 첫째는 홑 4구 이외에 일체가 절언이고, 둘째는 겹 4구 이외에 일체가 절언이며, 셋째는 구족 4구 이외에 일체가 절언이어서 3구의 절언이 있다. 앞의 3중 4구는 이에 인문因門에 속하고, 제4중의 절언 4구는 없어져 과해果海와 같아진다. 또 앞의 3중 4구는 곧 교도教道이고, 절언4구는 증도證道이다.

[45b09] ○言是知失意則四句便成四謗, 得旨則四句卽是四德也. 故下《鈔》(十八上半)云: "謂定有者, 是[337]增益謗. 若定無者, 是損減[338]謗, 亦有亦無相違謗, 非有非無戱論謗. 一眞如是有義, 以迷悟依故, 不空義故, 不可壞故. 二眞性是空, 以離相故, 隨緣義故, 對染說故. 三眞如亦有亦空, 以具德故, 逆順自在故, 體融鎔故. 四眞性非有非空, 以二不二故, 定取不可得故. 餘之四句, 前已略明. 又皆卽有之空, 方爲具德之空. 卽空之有, 方爲具德之有. 是則非有之有, 非空之空, 爲具德耳. 又盡有之空, 盡空之有, 方爲具德. 又隨一句, 必具餘三. 若隨闕者則非具德. 又四句齊照, 成解境故, 四句齊泯, 成行境故. 皆[339]言亡慮絶, 方爲具德耳." 如次

337 底本에는 없음.《金澤寫本》 참조 보충.

338 底本에는 "滅", 교감 주 "減" 및《金澤寫本》 참조 수정.

339 底本에는 若뒤의 "…隨闕者則非具德. 又四句齊照成解境故. 四句齊泯成行境故. 皆"의 25글

證上謗德可知.

○ '이로써 뜻을 잃게 되면 4구가 곧 네 가지의 비방을 이루게 된다는 것을 알 수 있다'[340]는 것은 종지를 얻으면 4구가 곧 4덕인 것이다. 그러므로 아래《초》(18권 상반)에서 말하였다. "말하자면 결정코 있다는 것은 '증익이라는 비방'이고, 결정코 없다는 것은 '손감이라는 비방'이며, 있기도 하고 없기도 한다는 것은 '서로 어긋나는 비방'이고, 있지도 않고 없지도 않다는 것은 '희론이라는 비방'이다. 첫째, 진여가 있다는 뜻은 미혹과 각오가 의지하기 때문이며, 공하지 않다는 뜻이며, 무너뜨릴 수 없기 때문이다. 둘째, 진성이 공하다는 것은 현상을 여의었기 때문이고, 연을 따른다는 뜻이며, 염오법에 대해 설하기 때문이다. 셋째, 진여는 유이기도 공이기도 하다는 것은 덕을 구족했기 때문이고 역·순이 자재하기 때문이며 체가 용융하기 때문이다. 넷째, 진성은 유도 아니고 공도 아니라는 것은 둘이면서 둘이 아니기 때문이고, 결정코 취하여 얻을 수 없기 때문이다. 나머지 4구는 앞에서 이미 간략하게 밝힌 것과 같다.

또, 모두가 '유'에 즉한 '공'이라야 덕을 갖춘(具德) '공'이 되고, '공'에 즉한 '유'라야 구덕의 '유'가 된다. 이렇다면 유가 아닌 유이고, 공이 아닌 공이 구덕이 되는 것이다. 또, 유를 다한 공이고, 공을 다한 유여야 구덕이 된다. 또, 1구를 따라서 반드시 나머지 3구를 갖춰야 한다. 만약 결여된 대로 한다면 구덕이 아니다. 또, 4구가 일제히 비추면 해경解境을 이

---

자가 빠져 있다.《金澤寫本》참조 보충.

340 《演義鈔》권제6(T36, 043c12).

루고 4구가 일제히 없어지면 행경行境을 이루기 때문에 모두 말이 없어지고 생각이 끊어져서야 덕을 구족한다."[341] 그러니 차례대로 위의 비방과 덕을 인증한 것임을 알 수 있다.

### (三) 결론지어 바른 뜻을 세움(結立正義)

[45b21] [《鈔》] 一切衆生皆有佛性等者, 言有, 但有因性. 言無, 但無果性.

[초] '일체 중생들이 모두 불성이 있다'[342]에서 '있다'고 말한 것은 다만 인성因性이 있는 것이고, '없다'고 말한 것은 다만 과성果性이 없는 것이다.

[45b22] ○言伽毗羅城空者, 各歸四大故, 大涅槃空者, 各歸三事故.

○ '가비라성이 공하다'고 한 것은 사대四大로 각각 돌아가기 때문이고, '대열반이 공하다'는 것은 (법신 · 반야 · 해탈) 삼사三事로 각각 돌아가기 때문이다.

[45b23] ○言非有如虛空非無如兔角者, 故彼經云: "善男子, 衆生佛性非有非無. 所以者何? 佛性雖有, 非如虛空. 何以故? 世間虛空, 雖以無量善巧方便, 不可得見, 佛性可見, 是故雖有, 非如虛空. 佛性雖無, 不同兔角, 何以故? 龜毛兔角, 雖以

341 《演義鈔》 권제75 〈十忍品〉(T36, 592a12).

342 《演義鈔》 권제6(T36, 043c23).

無量善巧方便, 不可得生, 佛性可生, 是故雖無, 不同兎角."

○ '허공처럼 있는 것이 아니고 토끼의 뿔처럼 없는 것이 아니다'[343]고 한 것은《열반경》에서 "선남자야, 중생의 불성은 있는 것도 아니고 없는 것도 아니다. 왜냐하면 불성이 비록 있다고 해도 허공과 같지는 않으니, 어째서인가? 세간의 허공은 비록 무량한 선교방편善巧方便으로도 볼 수가 없지만 불성은 볼 수 있다. 이 때문에 비록 있더라도 허공과 같지는 않으며, 불성이 비록 없다고 해도 토끼의 뿔과는 같지 않다. 어째서인가? 거북이 털과 토끼 뿔은 비록 무량한 선교방편으로도 나게 할 수 없지만 불성은 나게 할 수 있다. 이 때문에 비록 없지만 토끼의 뿔과는 같지 않다"[344]라고 하였기 때문이다.

### 五) 제5시를 논파함(破第五時)

[45c06] [《鈔》] 逆順入出等者, 於色界四無色四滅定一九次第定, 自下向上, 名順出入, 從上向下, 名逆出入. 或順或逆, 皆有全超半超, 以表自在故. 此據小乘, 若大乘所見, 與此稍異. 故《涅槃經》〈大衆問品〉云: "爾時, 一切菩薩摩訶薩, 天人雜類, 異口同音, 唱如是言: '奇哉! 純陀, 成大福德, 能令如來受取最後無上供養, 而我等輩, 無福所致, 所設供具, 則爲唐捐.' 爾時, 世尊欲令一切衆望滿足, 於自身上一一毛孔, 化無量佛, 一一諸佛, 各有無量諸比丘僧, 是諸世尊及無量衆生, 皆

343 《演義鈔》권제6(T36, 043c29).

344 《涅槃經》권제35〈迦葉菩薩品〉제12-3(T12, 572b13).

示現受其供養. 釋迦如來, 自受純陀所奉設者, 爾時, 純陀所持粳粮米成熟之食, 摩訶陀國滿足八斛, 以佛神力, 悉皆充足一切大會, 爾時純陀, 見是事已, 心生歡喜, 踊躍無量. 一切大衆, 亦復如是等." 斯則一處見異, 大小竝彰矣.

[초] '역·순으로 (초월삼매에) 출입하시고'[345]라는 것은 색계 네 번, 무색계 네 번, 멸진정 한 번의 아홉 차제 선정으로 아래로부터 위로 향하는 것을 '순출입'이라고 하며, 위에서 아래로 향하는 것을 '역출입'이라고 한다. 순이거나 역이거나 모두 완전한 초월과 반쯤인 초월이 있으니, 자재함을 표시한 것이다. 이것은 소승에 근거한 것이다. 만일 대승의 소견이라면 이것과는 조금 다르다.

그러므로 《열반경》 〈대중문품〉[346]에서 말씀하셨다. "그때 모든 보살마하살과 하늘과 사람과 여러 무리들이 입은 다르나 같은 음성으로 제창하여 이렇게 말하였다. '기특하다. 순타여! 큰 복덕을 성취하여 여래께서 위없는 마지막 공양을 받으시도록 하였구나. 우리들은 복이 없어 마련한 공양거리도 부질없게 되었다.' 그때 부처님께서 모든 대중의 소망을 만족하게 하려고 당신의 몸에 있는 털구멍마다 한량없는 부처님들을 변화로 내신다. 그 한 분, 한 분의 부처님들께는 각각 무량한 비구승단이 있고, 모든 부처님들과 한없는 대중들이 다 같이 공양을 받는 것을 보이셨다. 그리고 석가여래께서는 순타가 받들어 올린 공양을 받으셨다. 이때 순타가 가져 온 양식 쌀과 숙성한 음식들은 마가다국의 용량

345 《演義鈔》 권제6(T36, 044a15).

346 《涅槃經》 권제10 〈一切大衆所問品〉 제5(T12, 424a13)의 내용이다.

으로 8곡斛정도 찼는데, 부처님의 신통으로 모든 대중들이 만족하게 먹었다. 이때 순타는 이 일을 보고나서 뛸 듯이 기쁜 마음을 헤아릴 수 없었고, 모든 대중들도 그러하였다." 이렇다면 한 곳에서 다른 것을 본 것이고, 대·소법을 나란히 드러낸 것이다.

### 二. 유공劉公의 5시를 논파함(破第二家劉公之義)

[45c20] [《鈔》] 四大本淨等者, 悟彼性空, 擧體全眞, 故云本淨.

[초] '사대가 본래 청정하다'[347]는 것은 성품이 공한 줄을 깨달아 온 체體가 온전히 진眞이기 때문에 '본래 청정하다'고 하였다.

[45c21] ○言不(無)起(生)法忍者, 七八九三地也. 言柔順忍者, 四五六地也. 言須陀洹果, 此云預流, 乃是初果.

○ '일어나지(生) 않는(無) 법인法忍'이라고 한 것은 7지, 8지, 9지의 삼지三地이다. '유순인柔順忍'이라고 한 것은 4지, 5지, 6지이다. '수다원과'라는 말은 예류과와 같으니, 바로 초과初果이다.

#### (ㄷ) 어긋남과 수순함을 결론지음(結成違順)

347 《演義鈔》 권제6(T36, 044a26). 아래도 동일.

[45c23] [《疏》] 揀去不定者, 謂與所立教各相返者, 皆名不定也.

[소] '부정교不定教를 가려내 버리고'[348]라는 것은 이른바 세워진 교와 각기 상반된 것을 모두 '부정교'라고 이름한 것이다.

ⓑ 후위의 광통율사(後魏光統律師)

ㄴ. 세운 뜻을 드러냄(顯立義)

ㄱ) 옛것을 서술함(敍昔)

[45c24] [《鈔》] 於中漸約不具者, (談有時不談其空, 云空時不云其有, 故名不具.)

[초] '그 가운데 점교는 갖추어서 말하지 않은 것에 한정했다'[349]는 것은 (유를 얘기할 때 공을 얘기하지 않으며, 공을 말할 때 유를 말하지 않기 때문에 갖추어서 말하지 않았다고 한 것이다.)

[45c24] ○頓約具說者, (空有俱陳故.)

○ '돈교는 갖추어 말한 것에 한정했다'는 것은 (공과 유를 모두 진술했기 때문이다.)

---

348 《大疏》 권제1(T35, 509a27).

349 《演義鈔》 권제6(T36, 044b27). 아래도 동일.

[46a01]○言不同延公大小相望成漸頓也者, (延公, 大由小起名漸, 大不由小起名頓, 約根性以判[350]漸頓. 此師空有具陳名頓, 空有隨闕名漸, 約化儀以判漸頓, 故不同也.) 又此頓漸而有多門. 準下《大鈔》, 通有四句. 文云: "一頓悟漸修, 如頓見九層[351]之臺, 要須躡階而漸昇. 法亦如是. 頓了心性, 卽心卽佛, 無法不具, 而須積功遍修萬行. 此約解悟. (扶桑赫日頓然出, 芳草嚴霜漸爾消.) 二者頓修漸悟, 卽如頓遍磨鏡, 色漸明淨. 萬行頓修, 悟則漸勝. 此約證悟. (習射初心, 期中的調弓, 時久近華心.) 三者頓悟頓修, 如利劍斬絲, 千[352]莖齊斷. 亦如染絲, 一時齊染, 一時成色故. 萬行齊修, 一時朗悟. (仙藥一丸纔點處, 頑銅千兩頓成金.) 四漸修漸悟, 猶如斬竹節節不同. (如臨涬澥前前淺, 似瑩泥珠後後明.)" 又《大鈔》引《楞伽經》, 有四漸四頓, 俱以喩顯: "一如菴蘿菓, 漸熟非頓. (此喩十信.) 二如陶家作器, 漸成非頓. (此喩十住.) 三如大地, 漸生非頓. (此喩十行.) 四如習藝, 漸就非頓. (此喩十向) 二四頓者, 一明鏡頓現喩. (喩初地至七地.) 二日月頓照喩. (此喩八地已上) 三藏識頓知喩. (此喩報佛) 四佛光頓照喩. (亦喩法報, 前喩頓[353]成, 此喩頓照.)" 又《禪詮都序》云: "諸家有云, 先因漸修功成, 而豁然頓悟, (猶如伐木, 片片漸斷, 一時頓倒. 亦如遠詣都城, 步步漸行, 一日頓到.) 有云, 因頓修而漸悟, (如人學射, 此說運心, 頓修不言, 功行頓畢.) 有云, 因漸修而漸悟, (如登九層之臺, 足履漸高, 所見漸遠故. 有人云, '欲窮千里目, 更上一層樓.') 皆說證悟也. 有云, 先須頓悟, 方可漸修者, 此約解悟也. (如孩子頓生, 功業漸成.) 故《華嚴》說, '初發心時卽成正覺.' 然後三賢十聖次

---

350 底本에는 "剌",《金澤寫本》참조 수정. 아래도 동일.

351 底本에는 "曾",《金澤寫本》및《演義鈔》참조 수정.

352 底本에는 "千+葉",《金澤寫本》및《演義鈔》참조 "千"으로 수정.

353 底本 및《金澤寫本》에는 "報",《演義鈔》참조 수정.

第修證, 若未悟而修, 非眞修也. (良以非眞流之行, 無以稱眞, 何有修[354]眞之行, 不從眞起, 故彼經說, '若未聞此法, 多劫修六度行, 畢竟不證眞也.') 有云, 頓悟頓修者, 此說上上智根性, (根勝故悟) 樂欲(欲勝故修)俱勝, 一聞千悟, 得大總持, 一念不生, 前後際斷. (斷障如斬絲, 萬條頓斷. 修行如染絲, 萬條頓色也. 荷澤云, 見無念體, 不逐物生. 又云, 一念與本性相應, 便具恒沙功德. 八萬四千波羅蜜門, 一時齊用也.) 此人三業唯獨自明了, 餘人所不及. (《金剛三昧經》云, 空心不動, 具六波羅蜜. 《法華》亦說, 父母所生眼, 徹見三千界等也.) 且就事跡而言之, 如牛頭融大師之類也. 此門有二意; 若因悟而修, 卽是解悟, 若因修而悟, 卽是證悟, 然上皆[355]只約今生而論, 若遠推宿世, 則唯漸無頓, 今頓見者, 已是多生漸薰而發現也. 有云,[356] 法無頓漸, 頓漸在根者, 誠哉此理, 固不在言, 本只論機. 誰言法體頓漸義, 意有此多門. 門[357]門有意, 非强穿鑿.[358] 比見時輩論者,但有頓漸之言, 都無分析. 就教, 有化儀之頓漸, (頓儀如《華嚴》, 化[359]儀如《法華》.) 應根之頓漸. (大不由小起, 名頓, 大由小起, 名漸.) 就人, 有教授方便之頓漸, (談眞空絶相, 名頓, 談事理無礙, 名漸.) 根性悟入之頓漸. (頓如《華嚴》本會, 漸如《華嚴》末會.) 發意修行之頓漸. (趣眞如門, 名頓,[360] 趣生滅門, 名漸.) 於中, 唯云先頓悟後漸修, 以違返也. 欲絶疑者, 豈不見猛風頓息, 波浪漸停. 明[361]良頓成, 禮樂漸學? (如高貴子孫, 於少時荒[362]亂, 沒落爲奴, 生來自

---

354 底本 및《金澤寫本》에는 "飾",《都序》참조 수정.

355 底本에는 "界",《金澤寫本》및《都序》참조 수정.

356 底本에는 "六", 교감 주 및《金澤寫本》참조 수정.

357 底本에는 "內",《金澤寫本》및《都序》참조 수정.

358 底本에는 "鑒", 교감 주 및《金澤寫本》참조 수정.

359 '化儀의 頓·漸'을 설명하는 구절이므로 '頓儀'의 대구인 "漸儀"가 되어야 할 것이다.

360 底本에는 없음. 교감 주 "+頓" 및《金澤寫本》참조 보충.

361 底本 및《金澤寫本》에는 "訴",《都序》참조 수정.

362 底本에는 없음.《金澤寫本》참조 보충.

不知貴. 時淸父母訪[363]得, 當日全身是貴人. 而行跡去就, 不可頓改, 故須漸學也.) 是知頓漸之義, 甚爲要矣." (勿謂頓漸多門似同, 不許頓漸多義有異, 請諸學者, 善須體釋.)

○ '연延 공이 대소승이 서로 마주하여 점교와 돈교를 이룬다고 말한 것과는 다르다'라는 것은 (연 공은 대승이 소승을 통해서 일어난 것을 '점'이라고 하고, 대승이 소승을 통하지 않고 일어난 것을 '돈'이라고 하였으니 근성에 한정하여 점·돈을 판단한 것이고, (광통)율사는 공·유를 갖추어 진술한 것을 '돈'이라고 하고 공·유를 빠뜨린 대로 설하는 것을 '점'이라고 하였으니, 화의化儀에 한정하여 점·돈을 판단한 것이다. 그러므로 다르다.)

또, 이 돈점에는 많은 문이 있다. 아래의 《대초》[364]에 준거하면, 통틀어 4구가 있다. "첫째는 돈오점수이니, 9층 누각에서 한꺼번에 보지만 반드시 계단을 밟고 점차로 올라가야만 하는 것처럼 법도 또한 이와 같다. 심싱이 그대로 심이고 그대로 불이며 갖추지 못한 법이 없다는 것을 한꺼번에 분명하게 알지만 반드시 공력을 적집하여 만행을 두루 닦아야만 하는 것이다. 이것은 해오解悟에 한정한 것이다(동쪽(扶桑)의 밝은 해는 단번에 떠오르지만 방초의 엄한 서리는 점차로 녹는다). 둘째는 돈수점오이니, 곧 거울을 한꺼번에 두루 문지르지만 색은 점차로 밝고 깨끗해지는 것처럼 만행은 한꺼번에 닦지만 깨달음은 점차로 수승해지는 것이다. 이것은 증오證悟에 한정한 것이다(활쏘기를 익힐 때, 초심에는 적중하기를 기대

363 底本 및 《金澤寫本》에는 "論". 《都序》 참조 수정.

364 《演義鈔》 권제21(T36, 164c08).

하며 활을 조절하지만 시간이 오래돼서야 화심에 가까워지는 것이다). 셋째는 돈오돈수이니, 예리한 칼로 실을 자르면 천개의 줄기가 일제히 끊어지는 것과 같고, 또한 실을 물들일 때 일시에 일제히 물들고 일시에 색깔이 나는 것처럼 만행은 일제히 닦아지고 일시에 훤하게 깨닫는 것이다(신선의 약 한 알은 겨우 점 만하지만 완연히 동 천 냥으로 단박에 돈이 되는 것이다). 넷째는 점수점오이니, 마치 대나무를 자를 때 마디마디가 다른 것과 같다(발해涬澥에 다다를 때 앞쪽일수록 얕은 것과 같고, 마니주를 빛나게 할 때 뒤로 갈수록 밝은 것과 같다)."

또,《대초》[365]에서《능가경》을 인용하여 4점漸과 4돈頓이 있어 모두 비유로 나타내었다. "(네 가지의 점은) 첫째, 엄라과는 점차로 익고, 한꺼번에 익지 않는 것과 같고(이것은 십신을 비유한 것이다), 둘째, 도예가에서 그릇을 만들 때 점차로 이뤄지고, 한꺼번에 이뤄지지 않는 것과 같으며(이것은 십주를 비유한 것이다), 셋째, 대지는 점차로 나고 한꺼번에 나지 않는 것과 같고(이것은 십행을 비유한 것이다), 넷째는 기예를 익힐 때 점차로 성취되고 단박에 성취되지 않는 것과 같다(이것은 십회향을 비유한 것이다).

두 번째, 네 가지의 돈은 첫째, 밝은 거울이 한꺼번에 나타내는 비유(초지에서 칠지까지를 비유한 것이다)이고, 둘째는 일월이 한꺼번에 비추는 비유(이것은 팔지 이상을 비유한 것이다)이며, 셋째는 장식藏識이 단박에 아는 비유(이것은 보신불을 비유한 것이다)이고, 넷째는 불의 광명이 단박에 나타나는 비유(또한 법신과 보신을 비유한 것이니, 앞은 단박에 성취함을 비유하고 이것은 단박에 비추는 것을 비유한 것이다)이다."

---

365 《演義鈔》 권제21(T36, 164b15).

또, 《선원제전집도서》[366]에서 "여러 가家에 해설이 있다. 먼저 점을 인하여 수행하여 공력을 이루고 활연히 돈오(마치 벌목할 때 조각조각 점차로 잘려나가지만 일시에 단박에 쓰러지는 것과 같고, 또한 멀리 도성에 이를 때 발걸음 걸음은 점차로 가지만 하루아침에 단박에 도착하는 것과 같다)하고, 어떤 해설은 돈수로 인해 점오(사람이 활쏘기를 배울 때 이것은 운심한다고 말하고 돈수라고 말하지 않지만 공행은 단박에 끝나는 것과 같다)하며, 어떤 해설은 점수로 인해서 점오(마치 9층의 누각에 오르는 것은 발로 밟아서 점차 높아지지만 보이는 것은 점차 멀어지는 것과 같다. 그러므로 어떤 해설에 '천리를 다 응시하려면 다시 한 층 누각을 올라가라'고 한 것이다)하니, 모두 증오를 말한 것이다.

어떤 해설은 먼저 돈오해야 점수할 수 있다고 하였으니, 이것은 해오에 한정한 것(어린 아이는 단박에 태어나지만 공업功業은 점차로 이루는 것과 같다)이다. 그러므로 《화엄경》에서 '처음 발심할 때 곧 정각을 성취한다. 그런 연후에 삼현과 십성을 차례로 수행하여 증득한다. 만일 깨닫지 못하고 수행하면 참 수행이 아니다'고 한 것(참으로 진류眞流의 수행이 아니면 '진'이라고 일컫을 수 없는데, 어떻게 '진'을 닦는 행이 '진'에서 일어나지 않을 수 있겠는가? 그러므로 경에서 '만일 이 법을 듣지 못하면 다겁토록 육바라밀의 행을 닦아도 결국에는 진을 증득할 수 없다'고 한 것이다)이다.

어떤 해설은 돈오돈수이니, 이것은 상상지上上智의 근성(근성이 수승하기 때문에 깨닫는다)이 욕락(욕락이 수승하기 때문에 닦는다)이 다 수승하여 한 가지를 듣고서 천 가지를 깨달으면 대총지를 얻게 되고 한 생각도 일어나지 않으면 전제·후제가 끊어지는 것을 말한다(장애를 끊는 것은 실을

366 《禪源諸詮集都序》 권하-1(T48, 407c13)을 요약 정리.

자를 때 만 가닥을 한꺼번에 끊는 것과 같고, 수행은 실을 염색할 때 만 가닥이 단박에 염색되는 것과 같다. 하택荷澤은 '무념의 체성을 알면 사물을 뒤좇아 발생하지 않는다.' 또, '일념이 본성과 상응하면 곧 항하사 공덕을 갖추고 팔만사천 바라밀문이 일시에 일제히 작용한다'고 하였다). 사람의 삼업은 유독 스스로 명료하여 다른 사람이 미칠 바가 아니다.《금강삼매경》에서 '마음을 비워 부동하면 육바라밀이 갖춰진다'고 하였고,《법화경》에서도 역시 '부모로부터 생긴 눈이 3천세계를 꿰뚫어 본다' 등이라고 하였다. 우선 일의 자취에 입각해서 말하면 우두법융대사와 같은 부류인데, 이 문에 두 가지 의미가 있다. 만일 깨달음을 통해서 닦는다면 곧 '해오'이고 수행을 통해서 깨달으면 '증오'이다. 그러나 이상은 다만 금생에 한정해서 논한 것이다. 만일 멀리 숙세까지 추구하면 오직 점뿐이고 돈은 없으니, 지금 단박에 아는 것은 이미 다생에 점차로 훈습하여 발현된 것이다.

어떤 해설은 법에는 돈점이 없으니, 돈점은 근기에 달려있다. 진실하도다. 이 이치여! 참으로 말에 있지 않고 본래 다만 근기를 논한 것이로다. 누군가 법체는 돈점의 뜻이라고 한다면 의미는 이러한 많은 문이 있는 것이다. 문마다 의미가 있으니 억지로 천착한 것이 아니다. 당시 무리들이 논한 것을 비교해 보면 다만 돈점이란 말만 두고 도무지 분석하지 않았다. 교에 입각하면 교화하는 의례의 돈점(돈화의는《화엄경》과 같고, (점)화의는《법화경》과 같다)과 근기에 응한 돈점(대승이 소승을 말미암지 않고 일어난 것을 '돈'이라고 하며, 대승이 소승을 통해 일어난 것을 '점'이라고 한다)이 있다. 사람에 입각하면 ①'교수방편의 돈점(진공절상을 얘기한 것을 '돈'이라고 하며, 사리무애를 얘기한 것을 '점'이라고 한다)'과 ②'근성오입의 돈점('돈'은《화엄》의 본회와 같고, '점'은《화엄》의 말회와 같다)'과 ③'발의수행의 돈점(진여문으로 취입한 것을 '돈'이라고 하며, 생멸문으로 취입한 것을 '점'이라고 한다)'이 있다. 이 중에서 오직 먼저 돈오를 말하고 뒤에 점수를 말한 것일 뿐이지 위반되지는 않는다. 의심을 끊게 하려고 한 것이니 어찌 사나운 바람이 단박에 그치더라도 파도는 점차 멈추며 명량明良은 단박에 성취되더라도 예악禮樂은 점차로 학습하는 것을 보지 못했는가. (예컨대 고귀한 자손이 어릴 적에 시대가 혼란해져 몰락하여 노비가 되어 태어나서부터 자신이 귀한 줄을 모르다가 시대가 좋아져서 부모의 방문을 받게 되면 당일에 전신이 귀인이지만, 행적과 거취는 단박에 고치지 못하기 때문에 점차로 배워야만 하는 것과 같다.) 이로써 알 수 있다. 돈점의 뜻은 매우 핵심이 된다"라고 하였다. (돈점의 여러 문이 비슷하거나 같다고 여겨서 돈점의 여러 뜻이 다름을 인정하지 않지는 말라. 여러 학인들은 해설을 잘 체득하길 바란다.)

[46b22] [《鈔》] 其第三亦約化法, 揀異前二從多分說, 此釋妨也. 應有問言: '第三亦約化法, 何不《疏》云亦約化法'? 答: 有二意; 一頓漸二名, 恐濫延師, 以義揀之, 故偏云耳. 第三圓教, 前無師立, 無相濫故, 不云化法. 二從多分說, 文顯可知.

[초] '제3 원교는 역시 화법化法에 한정하여 앞의 두 가지와 다름을 가려냈지만 다분설多分說을 따랐다'[367]는 것은 힐난(妨難)을 풀어준 것이다.

묻는다. 어떤 이가 '제3 원교 또한 화법에 한정한 것이라면 어째서 《소》에서는 역시 화법에 한정한 것이라고 말하지 않았는가?'라고 물을 것이다.

---

367 《演義鈔》 권제6(T36, 044c08).

답한다. 두 가지 의미가 있다. 첫째는 돈점의 두 이름이 연延법사와 혼동될까 싫어 뜻으로 가려낸 것이므로 특별히 말했을 뿐이고, 제3 원교는 앞에서는 세운 법사가 없어서 서로 혼란됨이 없었기 때문에 '화법'이라고 말하지 않은 것이다. 둘째는 다분설을 따른 것이다. 문장에 드러났으니 알 것이다.

ㄴ) 수순함과 어긋남을 분별함(辨順違)

(ㄴ) 힐난을 풀어줌(解妨難)

[46c03] [《鈔》] 若漸根生熟俱漸者, (桃兒生熟俱桃.) 頓根生熟俱頓, (杏兒生熟俱杏.) 則頓漸可分. (則桃杏可分) 上擧是也, 下顯非也. 旣云未熟名漸, 已熟名頓, (旣云未熟名桃, 已熟名杏.) 此則於一漸根, 但生熟爲異, 無別頓義. (此則於一桃兒, 但生熟爲異, 無別杏兒.)

[초] '만일 점근漸根의 생生·숙熟은 모두 점漸이고'[368]라는 것은(복숭아 열매는 설익든 잘 익든 모두 복숭아이다) '돈근頓根의 생·숙은 모두 돈頓이라면(살구 열매는 설익든 잘 익든 모두 살구이다) '돈점을 나눌 수 있지만'(복숭아와 살구를 나눌 수 있다)', 위에서 들은 것은 옳고 아래에서 드러낸 것은 그르다. '이미 익지 않은 것을 점이라고 하며 익은 것을 돈이라 한다고 했으니'(이미 익지 않은 것을 복숭아라고 하며, 익은 것을 살구라고 한다고 했으니) '이렇다면 하나의 점근에서 다만 생·숙으로 차이날 뿐이고, 돈의 뜻을 구

368 《演義鈔》 권제6(T36, 044c11).

별함은 없는 것이다.'(이렇다면 하나의 복숭아 열매에서 생·숙으로 차이날 뿐이고, 살구 열매를 구별함은 없다)

[46c07] ○言生必至熟者, 漸具頓也, 熟必從生者, 頓具漸也.

○ '설은 것은 반드시 익는 것에 이른다'[369]고 한 것은 점이 돈을 갖춘 것이고, '익은 것은 반드시 설은 것으로부터'라는 것은 돈이 점을 갖춘 것이다.

[46c08] ○言則第一難過矣[370]等者, 過者越也, 其難過越矣. 或過者失也, 其難錯失. 或是遣字, 悞書過也. 故《鈔》云, 爲此一通, 三難皆遣.

○ '그렇다면 첫 번째의 힐난을 빠져 나간다'[371] 등에서 빠져 나간다는 것은 초월한 것이니, 그 힐난을 넘어선 것이다. 혹은 과過는 잘못된 것이니, 그 힐난이 잘못된 것이다. 혹은 '견遣' 자이니, '과過' 자로 잘못 쓴 것이다.[372] 그러므로 《초》에서 "이것 하나가 통하면 세 가지 힐난을 다 보내버린다"라고 한 것이다.

369 《演義鈔》 권제6(T36, 044c14).

370 底本에는 "第一難過失", 《金澤寫本》에는 "第一過異", 《演義鈔》(T36, 044c23), "則第一難遣矣. 旣不約根, … 則第二第三難遣矣." 《현담》(X05, 0742), "第一難過矣" 참조 "第一難過矣"로 수정.

371 《演義鈔》 권제6(T36, 044c23).

372 선연의 주석처럼 《卍續藏經》(T36, 047c08)의 본문에는 '遣'으로 되어 있고, 甲·乙본에는 '過'로 되어 있다고 주석하고 있다.

[46c10] ○言況初發心時便成正覺等者, 縱合爲一義, 通釋此意. 既得正覺, 尙名圓階, 何況分階耶? 問: 若就行布, 不名分階. 若就圓融, 但名圓階. 是則進退不明分階, 云何合符? 答: 就圓融, 而成正覺, 名階佛境, 約行布, 而存初心, 名分, 兩義相合, 名分階佛境. 或擧勝況劣也, 既初心而卽成覺, 得名圓階. 若初心而卽十地, 豈非分階耶?

○ '하물며 처음 발심할 때 곧 정각을 성취하는 것이 (어찌 분계에서 부처의 경지에 오른 사람이 아니겠는가)'라는 것은 한 가지 뜻으로 종합하여 이 의미를 통석해 보면, 이미 정각을 얻었다면 오히려 '원계圓階'라고 할 텐데 어찌 분계分階에 견주는가? 이다.

묻는다. 만일 항포문에 입각하면 '분계'라고 이름하지 않으며, 원융문에 입각하면 '원계'라고만 할 뿐이다. 이렇다면 나아가거나 물러서거나 분계를 밝히지 않았는데 어떻게 부합하겠는가?

답한다. 원융에 입각하여 정각을 성취한 것을 '부처의 경지에 오른다'고 하며, 항포에 한정하여 초심을 둔 것을 '분계'라고 한다. 두 가지 뜻을 서로 합치면 분계에서 부처의 경지에 오른 것이다. 혹은 수승한 것을 들어서 열등한 것에 견준 것이다. 이미 초심에 곧 정각을 이뤘다면 '원계'라고 할 수 있지만 만일 초심에 곧 십지라면 어찌 '분계'가 아니겠는가.

#### ⓒ 수말당초의 길장법사(隋末唐初吉藏法師)

##### ㄱ. 정립함(正立)

[46c18] [《疏》] 隋末唐初吉藏法師等者, 問: 《法華》爲本末耶? 答: 亦本亦末, 故

對所攝而稱本, 對所歸而稱末. 或唯是本, 故《鈔》云: "又經但云, '除先修習學小乘者', 明知經意不指《般若》等爲枝末也."《法華》爲本, 居然可知.

[소] '수말당초의 길장吉藏법사가 (《법화경》 제5권에 의거하여 세 종류의 법륜을 세웠으니)'[373]라고 한 것은, 묻는다. 《법화경》은 근본 법륜인가, 지말 법륜인가?

답한다. 근본이기도 지말이기도 하다. 그러므로 섭수되는 대상(所攝)에 상대하여 '근본'이라고 일컬은 것이고, 돌아가는 대상(所歸)에 상대하여 '지말'이라고 일컫는다. 혹은 오직 근본일 뿐이다. 그러므로 《초》[374]에서 "또 경에서 '다만 먼저 소승을 수습하고 익힌 자는 제외한다'고 하였으니, 경의 의미는 《반야경》 등을 가리켜서 지말 법륜으로 삼지 않은 것을 분명하게 알 것이다"라고 하였으니 《법화경》은 근본 법륜임을 당연히 알 수 있다.

d) 네 종류의 교를 세움(立四種教)

(b) 네 분을 따로 해석함(別釋有四)

ⓐ 광택법사[375](第一光宅)

ㄱ. 옛것을 서술함(敍昔)

ㄴ) (삼승이 권교인) 이유를 드러냄(出所以)

(ㄱ) 양거·녹거처럼 다 얻지 못하기 때문(同羊鹿俱不得故)

---

373 《大疏》 권제6(T35, 509b09).

374 《演義鈔》 권제6(T36, 045b11).

375 《법화경》 제2권에 의지하여 권교삼승과 실교대승의 四乘教를 세웠다.

[46c22] [《鈔》] 俱無實證名不上車者, 故《彌勒所問經論》云: "一切聲聞辟支佛人, 不能如實修四無量, 不能究竟斷諸煩惱, 但能折伏一切煩惱." 故也. 又經云: "汝等, 所得涅槃, 非眞滅度." 又經云: "若不信此法, 得阿羅漢果, 無有是處." 已上二乘, 無有實證. 又〈出現品〉, 設有菩薩等文, 可證菩薩無有實證. 若爾旣無證, 云何出界? 今謂通云, 非是三乘聖人, 全無所證, 但彼所證, 實是一乘, 都無其三. 俯應權根, 假言三種. 今約一乘良斷, 故無三乘實證. 如彼三獸同渡一河, 實無三河. 非謂全無所渡之河, 云何到岸? 故賢首《義分齊》云: "若望自宗, 竝皆得果. 若不得者, 云何出世. 今云俱不得者, 以望一乘故. 是故[376]以實映權卽方便相盡故皆無得[377]也. 爲[378]欲廻[379]彼三人入一乘故, 以至自位究竟處故, 後皆進入別敎一乘故."

[초] '다 실증實證은 없으니 수레에 오르지 못했다고 한다'[380]라는 것은 《미륵보살소문경론》[381]에서 "일체의 성문과 벽지불인은 여실하게 사무량심을 닦지 못하여 구경에 모든 번뇌를 끊지 못하고, 다만 모든 번뇌를 절복시킬 수 있을 뿐이다"고 하였기 때문이다. 또 《(법화)경》[382]에서 "그대들이 얻은 열반은 진실한 멸도가 아니라는 것을 (관찰해야 한다)"라

376 底本에는 없음. 《金澤寫本》 참조 보충.

377 底本에는 "得無", 《金澤寫本》 참조 "無得"으로 도치.

378 底本 및 《金澤寫本》에는 "若", 《教義分齊章》 참조 수정.

379 底本에는 "迴", 《金澤寫本》 참조 수정.

380 《演義鈔》 권제6(T36, 045b27). 아래도 동일.

381 菩提流支 譯, 《彌勒菩薩所問經論》 권제8의 내용이다.

382 《法華經》 권제3 〈藥草喩品〉 제5 (T09, 026)

고 하였으며, 또《(법화)경》[383]에서 "만일 이 법을 믿지 않고 아라한과를 얻었다고 하면 이런 경우는 없다"고 하였다. 이상에는 이승은 실제로 증득함이 없는 것이다. 또, 〈여래출현품〉[384]에서 '설령 보살들이' 등의 문장으로 보살은 실증이 없다는 것을 인증할 수 있다.

묻는다. 그렇다면 이미 실증이 없는데 어떻게 삼계에서 벗어나겠는가?

답한다. 그래서 지금 소통해서 말하면, 삼승의 성인이 전혀 증득한 것이 없는 것이 아니고, 다만 그들이 증득한 것이 실제는 일승뿐이고 도무지 삼승은 없는 것이다. 권근權根들에게 구부려서 응하여 임시로 세 가지를 말한 것이고, 지금은 일승이 진짜로 끊은 것에 한정하였으므로 삼승은 실증이 없는 것이다. 마치 세 마리 짐승이 같은 강을 건널 때 실제로는 세 개의 강이 없는 것과 같으며 전혀 건널 강이 없는데 어떻게 언덕에 이르겠는가 한 것은 아니다.

그러므로 현수의《교의분제장》에서 말했다. "자신의 종(自宗)에 마주하면 모두 과를 얻은 것이다. 얻지 못했다면 어떻게 세간에서 벗어나겠는가. 지금 모두 증득하지 못했다고 한 것은 일승과 마주했기 때문이다. 그러므로 실實로서 권權을 비추면 곧 방편의 상이 다하기 때문에 모두 증득함이 없다. 삼승인을 회향시켜 일승으로 들어가도록 한 까닭이며, 자체 계위의 구경처에 이르게 한 까닭이며, 뒤에 모두 별교일승에 진입하게 한 까닭이다."[385]

383 《法華經》 권제1 〈序品〉 제1 (T09, 007).

384 《華嚴經》 권제52 〈여래출현품〉 제37-3 (T10, 0277).

385 《教義分齊章》 권제1(T45, 477b11).

### (ㄴ) 모두 다 실체가 없기 때문(竝無實體故)

[47a11] ○言竝無體故者, 所有法體奪歸一乘, 故說三乘無體, 勿謂同兔角等無故. 如分一品字而作三口, 收歸一品, 三口無體故.

○ '모두 다 실체가 없기 때문'이라고 한 것은 모든 존재하는 법체를 일승으로 부정하여 귀속시켰으므로 삼승은 실체가 없다고 말한 것이니, 토끼 뿔 등과 같이 없다고 여기지 말라. 예를 들어 '품品' 한 글자를 분리하면 세 개의 '구口' 자가 되지만 품 한 글자로 거둬 돌려보내면 세 개의 구 자는 체성이 없는 것과 같다.

[47a14] ○言盡智無[386]生智是二乘車體者, 問: 二乘無學起此二智不? 若起二智, 云何不得? 若不起二智, 云何言出界? 豈煩惱不盡而出界耶? 答: 起此二智, 故得出界. 但就一乘良斷, 奪歸一乘, 故云不得. 又解, 言出界者, 就三乘自說, 言不得車, 據一乘傍斷. 但就三乘自說, 亦得其車, 但約一乘傍斷, 亦不出宅. 故賢首《義分齊》云: "若先以三乘引, 後令得一乘, 亦是三一和合, 攝根成二益, 故屬同教. 此如《法華經》說."

○ '진지盡智와 무생지無生智는 이승 수레의 체성'[387]이라고 한 것은, 묻는다. 이승의 무학은 이 두 지혜를 일으키는가? 만일 두 지혜를 일으킨다

386 底本에는 "無盡生智",《金澤寫本》에는 "盡無生智",《演義鈔》 참조 "盡智無生智"로 수정.

387 《演義鈔》 권제6(T36, 045c01).

면 어째서 얻지 못했다고 하는가? 만일 두 지혜를 일으키지 못한다면 어째서 삼계에서 벗어난다고 했는가? 어찌 번뇌가 다하지 않았는데 삼계에서 벗어나겠는가?

답한다. 이 두 지혜를 일으키므로 삼계에서 벗어날 수 있다. 다만 일승이 진실로 끊은 것에 입각하면 부정해서 일승으로 귀속시켰으므로 '얻지 못했다'고 한 것이다. 또, 해설이 있다. '삼계에서 벗어난다'고 한 것은 삼승이 자체로 설한 것에 입각했고, '수레를 얻지 못했다'고 한 것은 일승 쪽에서 끊은 것에 근거한 것이다. 다만 삼승이 자체로 설한 것에 입각하면 또한 그 수레를 얻은 것이다. 다만 일승 쪽에서 끊은 것에 한정하면 또한 집에서 나오지 못한 것이다. 그러므로 현수의《교의분제장》에서 말했다. "만일 먼저 삼승으로 이끌어내고 뒤에 일승을 얻게 한다면 역시 삼승과 일승이 화합하여 근기를 거둬들여 두 가지 이익을 이룬 것이다. 그러므로 동교同教에 속한다. 이것은《법화경》에서 설한 것과 같다."[388]

[47a22] ○言丈六權智等者, 問: 色天四智, 豈非牛車. 答: 且據三乘共信, 故作此指. 或就寄化顯報, 作如是說.

○ '장륙丈六(화신불)의 권지權智는 (소 수레의 체성)'이라고 한 것은, 묻는다. 색천의 4지智가 어찌 소 수레가 아니겠는가?

답한다. 우선 삼승이 다함께 믿는 것에 근거했으므로 이렇게 지적한

388 《教義分齊章》 권제1(T45, 480a27).

것이다. 혹은 화신에 의탁해서 보신을 드러낸 것에 입각하여 이와 같이 말한 것이다.

#### (ㄷ) 모든 아들이 다 찾기 때문(諸子皆索故)

[47a24] ○言諸子皆索故者, 問: 喩中索權, (故經云: 羊車·鹿車·牛車, 願時賜與.) 法中索實. (一乘根發, 根宜扣聖, 義言[389]索者.) 若爲通會? 答: 喩就能索, 故分其三, 法從所索, 故爲其一.

○ '모든 아들이 다 찾았기 때문'[390]이라고 한 것은, 묻는다. 비유 가운데 찾는 것은 권이고(그러므로 경에서 '양 수레, 사슴 수레, 소 수레를 원하는 때에 준다'고 하였다), 법 가운데 찾는 것은 실이니(일승의 근기가 발현되면 근기는 마땅히 성인을 두드리는 것이니, 의미상 '찾는 것'이라고 한다), 어떻게 회통할 것인가?

답한다. 비유는 찾는 주체에 입각했으므로 삼승으로 나누고, 법은 찾는 대상을 따랐으므로 일승이 된다.

[47b02] ○言謂爲究竟不解索乘者, 賢首《敎義》云: "攝益者, 於中有三; 一唯攝界內機, 令得出世益, 卽以爲究竟, 此約三乘當宗說, 亦如《瑜伽》等辨. 二或攝界外機, 令得出出世益, 方爲究竟, 此有二種, 若先以三乘, 令其得出, 後乃方便得一乘者, 此卽一乘三乘和合說故, 屬同敎攝. 亦名廻[391]三入一敎, 此如《法華經》

389 底本에는 "言義", 《金澤寫本》 참조 "義言"으로 도치.

390 《演義鈔》 권제6(T36, 045c06).

391 底本에는 "迴", 《金澤寫本》 및 《敎義分齊章》 참조 수정.

說. 若先於一乘已成解行, 後於出世身上, 證彼法者, 卽屬別教一乘攝, 此如〈小相品〉說. 三或通攝二機, 令得二益. 此亦有二; 若先以三乘引出, 後令得一乘, 亦是一三和合攝機成二益, 故屬同教, 此如《法華經》說. 若界內見聞出世, 得法出出世證成. 或界內通見聞解行出世, 唯解行出出世, 唯證入, 此等屬別教一乘, 此如《華嚴》說." 今據初義, 故云究竟也.

○ '구경究竟으로 여기고 수레를 찾을 줄을 모르다가'[392]라고 한 것은 현수의 《교의분제장》에서 말했다. "거둬들이는 이익이란 그중에 셋이 있다.

첫째는 오직 계내界內의 근기만을 거둬들여 세간에서 벗어나는 이익을 얻게 한 것이 곧 구경이다. 이것은 삼승의 해당 종宗에서 설한 것에 한정한 것이니, 또한 《유가사지론》 등에서 변별한 것과 같다.

둘째는 혹은 계외界外 근기들을 거둬들여 '출출세'하는 이익을 얻게 한 것이라야 구경이 된다. 이 두 종류는 먼저 삼승으로써 출리하게 하였다가 뒤에 방편으로 일승을 얻게 한 경우라면 일승과 삼승을 합해서 설한 것이므로 '동교'에 섭속되며, 또한 '삼승을 돌이켜서 일승으로 들어간 교'라고 하니, 이것은 《법화경》에서 설한 것과 같다. 만일 먼저 일승에서 해·행을 성취하고 나서 뒤에 출세한 몸으로 법을 증득한 경우라면 곧 별교일승에 섭속된다. 이것은 〈소상품小相品〉[393]에서 설한 것과 같다.

셋째는 혹은 두 근기를 통틀어 거둬들여 두 가지 이익을 얻게 한다. 이것 역시 둘이 있다. 만일 먼저 삼승으로 이끌어내고 뒤에 일승을 얻

392 《演義鈔》 권제6(T36, 45c13).

393 晉譯《華嚴經》〈佛小相光明功德品〉 제30을 말한다.

게 한 경우라면 또한 일승과 삼승이 화합해서 근기를 거둬들여 두 가지 이익을 이룬 것이므로 동교에 속한다. 이것은 《법화경》에서 설한 것과 같다. 만일 계내에서 견문으로 출세하거나 득법으로 출출세하여 증성하는 경우, 혹은 계내에서 통틀어 견문과 해 · 행으로 출세하거나 오직 해 · 행으로 출출세하거나 오직 증입만 하는 경우라면 이런 것들은 별교일승에 속한다. 《화엄경》에서 설한 것과 같다."[394]

그러니 지금은 첫 번째 뜻에 한정하였으므로 '구경'이라고 하였다.

[47b16] ○言三乘三根者, 身子爲上根, 第一周法說卽解故, 四大聲聞爲中根, 第二周喩說方解故, 五百·千二百爲下根, 第三周宿世因緣說, 始得解了故.

○ '삼승의 세 근기'라고 한 것은 '사리불(身子)'은 상근기이니 제1주周에 법으로 말하면 곧 이해하기 때문이고, '4대 성문'은 중근기이니 제2주周에 비유로 설해서야 알기 때문이며, '5백 · 1천2백'은 하근기이니 제3주周에 숙세의 인연으로 말해야 비로소 분명하게 이해할 수 있기 때문이다.[395]

ㄷ) 이상의 뜻을 결론지음(結成上義)

[47b19] [《疏》] 以爲方便者, 問: 此言方便, 爲實非實耶? 答: 亦實亦非實, 故賢首《義分齊》中, "問曰: 臨門三車, 爲實不實耶? 答: 亦實亦不實. 何以故? 是方便故.

394 《敎義分齊章》 권제1(T45, 480a24).

395 窺基 撰, 《妙法蓮華經玄贊》 권제1(T34, 0653)및 권제3(T34, 0694)에서 인용.

由是方便, 引子得出, 非不實, 由是方便引, 故非是實. 此二不二, 唯一相也."

[소] '방편으로 삼았다'고 한 것은, 묻는다. 여기서 말한 방편은 실實인가, 실이 아닌가?

답한다. 실이기도 하고 실이 아니기도 하다. 그러므로 현수의 《교의분제장》에서 말했다. "묻는다. 문에 다다른 세 수레는 실인가, 실이 아닌가? 답한다. 실이기도 하고 실이 아니기도 한다. 어째서인가? 방편이기 때문이다. 방편을 말미암아서 아들을 이끌어 나오게 하였으니 실 아닌 것도 아니다. 방편을 말미암아서 이끌기 때문에 실이 아니다. 이것은 둘이면서 둘이 아니어서 오직 하나의 상이다."[396]

[47b24] [《鈔》] 無虛妄咎者, 彼得實益故, 許劣與勝故.

[초] '허망한 말을 했다는 허물이 없다'는 것은 저들이 실익을 얻었기 때문이며, 하열함과 수승함을 인정했기 때문이다.

ㄴ) 수순함과 어긋남을 분별함(辨順違[四])

(ㄴ) 그것에 어긋남이 있음을 밝힘(明其有違)

[47c01] [《疏》] 抑諸《般若》及諸大乘了義之經者, 《般若》亦法了故, 已有抑實之過, 諸大乘了義之經, 攝《華嚴》《勝鬘》等, 乘法俱了故, 成抑實之過也.

---

396 《教義分齊章》 권제1(T45, 477b19).

[소] '(오직 《법화경》만을 실이라고 말한다면) 모든 《반야경》 및 모든 대승요의의 경을 억누르는 것이다'[397]고 한 것은 《반야경》 또한 법이 요의이기 때문에 이미 실實을 억누른 잘못이 있게 되고, 모든 대승요의의 경은 《화엄경》과 《승만경》 등을 거두는데, 승乘과 법法이 둘 다 요의이기 때문에 실을 억누른 잘못을 이룬다.

### (ㄷ) 고지를 회통하여 어긋남과 수순함의 이유를 드러냄 (會通敎旨顯違順之由)

#### ㉡ 이승·삼승을 회통하는 의미를 밝힘(明會二會三之意)

[47c04] [《疏》] 會三爲一者, 問: 此言會三爲一, 爲存爲泯耶? 答: 二皆可通, 故賢首《教義》云: "一切三乘等, 本來悉是彼一乘法. 何以故? 三乘望一乘, 有二門故. 謂不異不一, 初不異中亦二; 一以三卽一, 故不異, 二以一卽三, 故不異. 問:[398] 若據初門, 三卽一者, 未知彼三爲存爲壞. 若存, 如何唯一. 若壞, 彼三乘機更依何法而得進修? 答: 有四. 一由卽一, 故不待壞. 二由卽一, 故不礙存. 三由卽一, 故無不壞. 四由卽一, 故無可存. 由初二義, 三乘根得有所依. 由後二義, 三乘機得入一乘, 由四句俱卽一故. 是故唯有一乘, 更無餘也."

[소] '삼승을 회통하여 일승을 삼은 것이다'고 한 것은, 묻는다. 여기서 말한 삼승을 회통하여 일승을 삼은 것이라는 것은 놓아둔 것인가, 없앤

397 《大疏》 권제2(T35, 509c02)

398 底本에는 "門", 《金澤寫本》 및 《教義分齊章》 참조 수정.

것인가?

답한다. 둘 다 통한다. 그러므로 현수의 《교의분제장》에서 말했다. "모든 삼승 등이 본래 다 일승법이다. 왜냐하면 삼승으로 일승에 마주하면 두 가지 문이 있기 때문이다. 말하자면 다르지도 않고 동일하지도 않다. 처음의 다르지 않은 문에 또한 둘이 있다. 첫째는 삼승이 그대로 일승이기 때문에 다르지 않고, 둘째는 일승이 그대로 삼승이기 때문에 다르지 않다.

묻는다. 첫 번째 문의 삼승이 그대로 일승인 것에 근거한 경우라면 삼승을 놓아둔 것인지 무너뜨린 것인지 알 수 없다. 만일 둔 것이라면 어떻게 오직 일승뿐이겠는가. 만일 무너뜨린 것이라면 삼승의 근기들이 다시 무슨 법에 의거해서 정진 수행하겠는가?

답한다. 넷이 있다. 하나는 (삼승이) 그대로 일승인 것을 말미암기 때문에 무너뜨린 것에 기대지 않고, 둘째는 (삼승이) 그대로 일승인 것을 말미암기 때문에 두는 것을 장애하지 않으며, 셋째는 (삼승이) 그대로 일승인 것을 말미암기 때문에 무너뜨리지 않음이 없고, 넷째는 (삼승이) 그대로 일승인 것을 말미암기 때문에 둘 만한 것이 없다. 처음의 두 가지 뜻으로 인해 삼승의 근기는 의지할 것이 있게 되고 뒤의 두 가지 뜻으로 인해 삼승의 근기가 일승으로 들어갈 수 있다. 네 구절이 모두 그대로 일승이기 때문에 그러므로 오직 일승이 있을 뿐이고 다시 다른 것은 없다."[399]

---

399 《教義分齊章》 권제1(T45, 478b24).

[47c14] [《鈔》] 此是光宅之意者, 此是依光宅意, 難淸凉也.

[초] '이것은 광택光宅의 의미다'[400]라는 것은 광택의 의미에 의거하여 청량을 힐난한 것이다.

[47c14] ○言若作[401]此宗難者, 此就[402]淸凉義, 難淸凉也.

○ '만일 (광택의 법화)종을 힐난한다면'이라고 한 것은 이것은 청량의 뜻에 입각해서 청량을 힐난한 것이다.

[47c15] ○言昔之權實二義亦存者, 此是淸凉通釋也. 此意, 會二歸一, 昔實義存, 無抑昔之過. 會三歸一, 昔權義存, 四乘義成, 故云: "二俱有理." 若爾, 光宅若作是說, 亦應無過. 若許無過, 淸凉何得不依? 今謂通云: 不依《法華》, 定斷一代時教, 昔之權實二義亦存, 卽無其過. 應問光宅, 昔之實教,[403] 何所攝耶? 若三乘攝, 有抑實之過, 若一乘攝, 在昔時故. 彼立一乘, 三後一故, 昔時一乘, 非三後故. 彼師唯立《法華》爲一乘故. 《疏》云: "若唯說《法華》爲一實等." 彼若救云, '昔日實教, 四乘不稱者.' 由此[404]汝宗不應依彼《法華》, 定斷一代教法也, 昔之實教, 非所判也.

---

400 《演義鈔》 권제6(T36, 046b07).

401 底本에는 "依", 《金澤寫本》 및 《演義鈔》 참조 수정.

402 底本에는 "就此", 《金澤寫本》 참조 도치.

403 底本에는 "昔之權實二義亦存, 卽無其過. 應問光宅, 昔之實教."의 20자가 없다. 《金澤寫本》 참조 보충.

404 底本에는 "比", 《金澤寫本》 참조 수정.

○ '옛 (대승)의 권權과 실實의 두 가지 뜻이 또한 있기 때문에'[405]라는 것은 청량이 통석한 것이다. 이 의미는 이승을 회통하여 일승으로 귀속시키면 옛 '실교'의 뜻을 두어서 옛 (대승)을 억누른 잘못이 없고, 삼승을 회통하여 일승으로 귀속시키면 옛 '권'의 뜻을 두어서 4승의 뜻이 성립된다. 그러므로 '둘 다 일리가 있다'고 한 것이다.

묻는다. 만일 그렇다면 광택光宅이 이런 말을 한 것도 또한 잘못이 없어야 한다. 만일 잘못이 없다고 인정한다면 청량은 어째서 의거하지 않았는가?

답한다. 이제 소통해보면, 《법화경》에 의거하지 않고 일대시교를 단정하여 옛 (대승의) 권과 실의 두 가지 뜻이 또한 있는 것이니, 곧 그 허물이 없다. 광택에게 옛 실교實教를 어디로 소속시켰는지를 물어야 할 것이다. 만일 삼승에 소속시킨다면 실교를 억누른 허물이 있고, 만일 일승에 소속시킨다면 옛날에 있기 때문이다. 그가 세운 일승은 삼승 뒤의 일승이기 때문이고, 옛날의 일승은 삼승 뒤가 아니기 때문이다. 법사가 오직 《법화경》만으로 일승을 세웠기 때문에 《소》에서 '만일 오직 《법화경》만으로 일승이라고 한다면' 등이라고 한 것이다. 그대가 변론하여 '옛날의 실교는 4승으로 불리지 않는다'고 하면 이로 인해 그대의 종파는 당연히 《법화경》에 의거하지 않고 일대교법을 단정한 것이니, 옛 실교가 교판대상은 아니다.

### ⓒ 옛것을 취하고 옛것을 없애는 의미를 밝힘(明取昔廢昔之意)

405 《演義鈔》 권제6(T36, 046b09).

### 一. 삼승을 회통하여 일승을 드러냄(明會三爲一)

[48a02] [《疏》] 若開權顯實則三是一更無別一者, 此是取昔之義, 取昔三乘理行果也. 昔說三乘, 閉[406]於一實. 今云無三, 卽是開權, 變表有一, 乃是顯實.

[소] '권權을 분리해서 실實을 드러내면 삼승이 일승이어서 다시 별도의 일승이 없다'[407]고 한 것은 이것은 옛 뜻을 취한 것이니 옛 삼승의 이·행·과를 취한 것이다. 옛날에 말한 삼승을 일승의 실로 폐합한 것이니, 지금 '삼승이 없다'고 한 것은 곧 권을 분리한 것이고, '일승이 있다'고 바꿔서 표현한 것은 바로 실을 드러낸 것이다.

[48a04] ○言則三是一更無別一者, 則三乘理行果體, 便是一乘, 離此更無一乘別體, 故名會三爲一, 當取昔義也.

○ '삼승이 일승이어서 다시 별도의 일승이 없다'고 한 것은 삼승의 이·행·과의 체가 곧 일승이다. 이것을 떠나서 다시 일승의 별체가 없다. 그러므로 '삼승을 회통하여 일승으로 삼는다'고 한 것이니, 옛 뜻을 취한 것에 해당한다.

[48a07] [《鈔》 三乘之因同歸一果故者, 因字悞書, 應是果[408]字.

406 底本에는 "閇",《金澤寫本》참조 수정.

407 《大疏》 권제2(T35, 509c06).

408 底本 및《金澤寫本》에는 "果"자가 없다. 바로 아래의 주석 및《演義鈔》뒤 문장의 "三乘之果

[초] '삼승의 인因은 다 같이 일승의 과로 돌아가기 때문이며'[409] 라는 것은 '인因' 자는 잘못 쓴 것이니 '(과果)' 자여야 한다.

[48a07] ○言開會等言竝通四種者, 四字悞書, 應是三字, 撿《鈔》自知.《鈔》中但是理行果三, 不言其教.

○ '분리, 회통 등의 말은 모두 네 종류에 통하니'에서 '4' 자는 잘못 쓴 것이니 '3' 자여야 한다.《초》를 검토하면 저절로 알 것이다.《초》에서는 다만 이 · 행 · 과의 셋뿐이고, 교를 말하지는 않았다.

### 二. 옛 삼승을 회통하여 지금의 일승으로 돌아옴을 밝힘 (明會昔三歸今之一)

[48a10] [《疏》] 若癈權立實等者, 癈彼三乘權教, 卽所癈也, 立此一乘實法, (理·行·果也, 卽所立也.) 能癈能立一乘教, 卽《法華經》也.

[소] '만일 권을 폐지하고 실을 세우는'[410] 등이란 저 삼승의 권교權教를 없앤 것이니 곧 소폐所癈이고, 이 일승의 실법實法을 세운 것이니(이 · 행 · 과이고, 곧 소립所立이다) 능폐能癈 · 능립能立의 일승교는 바로《법화경》이다.

---

非究竟故." 참조 "果" 보충. [역자 주]

409 《演義鈔》 권제6(T36, 046b23).

410 《大疏》 권제2(T35, 509c08).

[48a12] [《鈔》] 三外無別一實之法故云義說爲四等者, 問: 前會三爲一, 當取昔義. 故《疏》云, 則三是一更無別一. 此會三歸一, 當癈昔義.《鈔》云, 三外無別一實之法, 有何別耶? 答: 前約理行果也故取, 此約教故廢, 故不同也. 或前約三乘有體一乘無體, 當取昔義, 此約一乘有體三乘無體, 當癈昔義.

[초] '삼승 이외에 별도로 일승의 실법이 없다. 그러므로 뜻으로 4승을 설한 것이라고 한 것이니'[411] 등은, 묻는다. 앞에서 삼승을 회통하여 일승을 삼은 것은 옛 뜻을 취한 것에 해당한다. 그러므로《소》에서 '삼승이 일승이어서 다시 별도의 일승이 없다'고 하였으며, 여기서 삼승을 회통하여 일승으로 귀속시킨 것은 옛 뜻을 폐지한 것에 해당한다.《초》에서 '삼승 이외에 별도로 일승의 실법이 없다'고 한 것과는 무슨 차별이 있는가?

답한다. 앞은 이·행·과에 한정했기 때문에 취하였고, 이것은 교에 한정했기 때문에 폐지한 것이다. 그러므로 다르다. 혹은 앞에서는 삼승은 체가 있고 일승은 체가 없음에 한정했기 때문에 옛 뜻을 취한 것에 해당하고, 이것은 일승은 체가 있고 삼승은 체가 없음에 한정했기 때문에 옛 뜻을 폐지한 것에 해당한다.

[48a17] ○[《鈔》] 卽借《涅槃》第二, 三點成伊喩者, 文雖傍來, 義乃要妙. 故依〈出現〉《疏》《鈔》, 簡略明其紀綱, 貴令後學, 易知源矣. "然大涅槃, 蓋衆聖歸源[412]冥

411 《演義鈔》권제6(T36, 047a21).

412 《大疏》에는 "宗"으로 되어 있다.

會之所(總顯深廣, 包含無外), 寂寥無爲(顯深也), 而廣悉備(顯廣也). 形名絶朕, 識智難思(復拂深廣之跡). 今以無名强名, 亦爲五別. 一釋名, 涅槃正名爲滅. 取其義類, 乃有多方. (或云, 無作·無起·無爲·無相, 不識·寂靜·安隱·解脫, 此等異名, 皆是義翻, 卽多方也.) 總以義翻, 稱爲圓寂. 以義充法界, 德備塵沙曰圓, 體窮眞性, 妙絶相累爲寂. 而言大者, 橫無不包, 竪無初際. 此約三德涅槃. 若約義開, 略明三義; 一體大, 自性淸淨故. 二相大, 方便修淨, 累亡[413]德備故. 三用大, 化用無窮故. 二出體性, 涅槃旣妙絶常數, 恬怕希夷, 雖逈出百非, 而靡所不在. 今以義求, 不出三法, 卽摩訶般若·解脫·法身, 以爲其體. 所以三者, 翻三雜染故, (翻煩惱成般若, 翻結業爲解脫, 翻苦依身, 卽法身也.) 成智·斷·恩故, (般若是智, 解脫是斷, 法身是恩, 兼應物恩故.) 成法門身般若也, 法性身法身也, 應化身解脫也, 作用解脫故, 能證大智, 冥所證理, 累永寂故. 然此三種, 不離一如.[414] 德用分異, 卽寂之照, 爲般若. 卽照之寂, 爲解脫. 寂照之體, 爲法身. 如一明淨[415]圓珠, 明卽般若, 淨卽解脫, 圓體法身, 約用不同, 體不相離. 故此三法, 不縱·不橫, 不竝·不別. (南北曰縱,[416] 縱卽竪也. 謂法身本有, 次修般若, 後得解[417]脫, 則是縱義. 東西曰橫, 謂同時異體故. 合爲一體曰竝, 各居一處曰別. 滯在此四, 竝非涅槃. 故皆云不. 此意, 時則同異無礙, 處則合離罔滯, 體則一異莫拘, 言思叵寄, 故云耳爾.) 如天之目 , 如世之伊 . 名秘密藏, 爲大涅槃. 三顯種類, 雖理無不[418]統, 義類塵沙. 今自狹之寬,

---

413 底本에는 "方", 《金澤寫本》 및 《大疏》 참조 수정.

414 底本 및 《金澤寫本》에는 "殊", 《大疏》 참조 수정.

415 底本 및 《金澤寫本》에는 "如一明淨"뒤에 바로 "相離"가 있다. 《大疏》 참조 "圓珠, 明卽般若, 淨卽解脫, 圓體法身. 約用不同, 體不"의 20자를 "相離"앞에 보충.[역자 주]

416 底本및 《金澤寫本》에는 "蹤", 교감 주와 《大疏》 참조 수정. 아래도 동일.

417 底本에는 없음. 《金澤寫本》 참조 보충.

418 底本 및 《金澤寫本》에는 없음. 《大疏》 참조 보충.

略分一兩. 或唯說一, 卽大涅槃. 或說有二, 自有三門; 一餘無餘. (小乘有二釋; 一有宗云, 涅槃體一, 約時不同, 得二名字. 言體一者, 於此宗中, 煩惱業苦,[419] 以道[420]力故, 應起不起. 擇滅無爲是涅槃體, 此體是一. 約對身智, 得二名字. 身智未盡, 說前涅槃, 以爲有餘. 身智盡竟, 向前涅槃, 轉名無餘. 非身智滅卽名涅槃. 以此身智起已謝滅是無常故. 若斷因故, 令後不起. 是非擇滅, 故非涅槃. 二依《成實》, 涅槃體二; 生死因盡名一涅槃, 生死果盡名一涅槃. 由有宗中, 要道親斷, 方稱擇[421]滅. 身口二業及生死果, 非道親斷, 故不取之.《成實》由斷煩惱, 餘不起故, 見修斷故, 亦得擇滅, 故名涅槃. 然望大乘, 皆名有餘, 有變易故. 若依大乘, 遠公, 自有四別; 一云, 二死因盡, 名曰有餘. 二死果盡, 名曰無餘. 二云,[422] 分段因果盡, 名曰有餘. 變易因果盡, 名曰無餘. 三云, 分段因果及變易因盡, 名曰有餘, 變易果滅, 名曰無餘. 四者, 唯就變易因果爲二, 分段因果屬小乘故. 又《唯識》云: "二[423]有餘依涅槃,[424] 謂卽眞如出煩惱障, 雖有微苦所依未滅, 而障永寂, 故名涅槃. 三[425]無餘依涅槃, 謂卽眞如出生死苦, 煩惱旣[426]盡, 餘依亦滅, 衆苦永寂, 故名涅槃. 釋曰, 此通大小, 而說眞如爲體, 卽異小乘. 論下料揀云, 如何善逝, 有有餘依問也. 雖無實依, 而現似有. 或苦依盡, 說無餘依. 非苦依在, 說有餘依. 是故, 世尊可言具四. 餘不繁引.) 二性淨方便淨, (本性淨故, 從因方便之

---

419 《大疏》 및 《대승의장》에는 "思"로 되어 있지만, "業及苦果"가 합쳐진 것으로 보이므로 그대로 두었다.

420 底本에는 "通", 《金澤寫本》 및 《演義鈔》 참조 수정.

421 底本 및 《金澤寫本》에는 "揀", 《演義鈔》 참조 수정. 아래도 동일.

422 底本에는 "曰", 《金澤寫本》 및 《演義鈔》 참조 수정.

423 《演義鈔》에는 "一"로 되어 있다.

424 底本에는 涅槃 아래 "謂卽眞如出煩惱障, 雖有微苦所依未滅, 而障永寂, 故名涅槃. 三無餘依涅槃."의 30자가 없다. 《金澤寫本》 및 《演義鈔》 참조 보충.

425 《演義鈔》에는 "二"로 되어 있다.

426 底本에는 "說", 《金澤寫本》 및 《演義鈔》 참조 수정.

所顯故. 亦如體用, 餘如別說.) 三眞與應. 或分爲三, 此有二種; 一約三乘, 二卽自性眞應. (上明眞應, 自性合其,[427] 二皆[428]約淨. 今開[429]自性, 通於染淨.) 或 分爲四. 一自性清淨, (《唯識》云: '謂一切法相眞如理, 雖有客染, 而本性淨, 具無數量微妙功德. 無生無[430]滅, 湛若虛空. 一切有情, 平等共有. 與一切法, 不一不異. 離一切相一切分別, 尋思路絶, 名言道斷. 唯眞聖者, 自內所證. 其性本寂, 故名涅槃.') 二有餘依, 三無餘依, 四無住處. (《唯識》次云: '二有餘依, 三無餘依, 具如上說. 四無住處涅槃, 謂卽眞如出所知障, 大悲般若, 常所輔翼. 由斯不住生死·涅槃, 利樂有情, 窮未來際. 用而常寂, 故名涅槃. 一切有情皆有初一, 二乘無學容有前三. 唯我世尊, 獨言具四也.') 四彰業用, 囊括終古, 導[431]達群方, 靡不度生, 靡不成就. 故《涅槃》云: '能建大事, 則出現法門, 皆斯用也.'" 更有餘義, 竝如第五, 正釋其文, 恐繁不敍. 故上《鈔》云: "大涅槃一章, 必盡其體用." 誠不虛矣.

○ [초] '곧 《열반경》 권제2에서 세 점이 이伊 자를 이루는 비유'[432]에서 문장은 비록 곁들여 왔더라도 의미는 매우 미묘하다. 그러므로 〈여래출현품〉의 《소》《초》[433]에 의거하여 간략하게 그 기강을 밝히겠다. 후학들이 근원을 쉽게 알기를 바란다.

"대열반은 대개 많은 성현들이 근원으로 돌아가 그윽하게 회합하는

427 底本 및 《金澤寫本》에는 "眞", 《演義鈔》 참조 수정.

428 《演義鈔》에는 "佛"로 되어 있다.

429 底本 및 《金澤寫本》에는 "皆", 《演義鈔》 참조 수정.

430 底本 및 《金澤寫本》에는 "死", 《演義鈔》 참조 수정.

431 底本 및 《金澤寫本》에는 "道", 《大疏》 참조 수정.

432 《演義鈔》 권제6(T36, 047a24).

433 본문은 《大疏》 권제50(T35, 884a15); 주석문은 《演義鈔》 권제80(T36, 633b15)을 요약 정리.

곳이다(깊고 광대하며 포함하여 밖이 없음을 총체적으로 드러낸 것이다). 적요하여 무위이면서도(깊음을 드러낸 것이다) 광대하게 다 갖추고 있다(광대함을 드러낸 것이다). 형용과 명칭에 조짐이 끊어지고 의식과 지혜는 생각하기 어렵다(또다시 깊고 광대한 자취를 털어낸 것이다). 지금은 이름 없는 것으로써 억지로 이름붙이면 또한 다섯 가지로 구별할 수 있다.

첫째는 '명칭을 해설함'이니, 열반의 정식명칭은 '멸滅'이다. 그 뜻의 종류를 취하면 바로 여러 방면이 있다(혹은 무작無作·무기無起·무위無爲·무상無相, 불식不識·적정寂靜·안은安隱·해탈解脫이라고 한다. 이러한 다른 명칭은 모두 뜻으로 번역한 것이니 곧 여러 방면이다). 총체적 뜻으로 번역하여 '원적圓寂'이라고 한다. 뜻이 법계에 충만하고 덕이 항하사만큼 갖춰진 것을 '원만'이라고 하며, 진성까지 체득하여 다하고 형상의 연루까지 미묘하게 끊어진 것을 '적멸'이라고 한다. 그 큼을 말한다면 공간적으로 포함하지 않은 것이 없고 시간적으로는 초제가 없다. 이것은 열반의 3덕에 한정한 것이다. 뜻으로 분리하여 간략히 세 가지로 밝히면 첫째 뜻은 체대이니 자성이 청정한 것이고, 둘째 뜻은 상대이니 방편으로 청정을 닦아서 상루相累가 없어지고 덕이 갖춰진 것이며, 셋째 뜻은 용대이니 교화의 작용이 무궁한 것이다.

둘째는 '체성을 냄'이니, 열반은 이미 일상의 법수(常數)가 묘하게 끊어져(妙絶) 염화恬和하고 박정怕靜하고 희이하다. 비록 백비를 멀리 벗어나더라도 있지 않은 곳이 없다. 이제 뜻으로 변론하면 세 가지 법에서 벗어나지 않으니, 곧 마하반야·해탈·법신으로 그 체성을 삼는다. 셋인 까닭은 세 가지 잡염雜染을 뒤친 때문이고(번뇌를 뒤치면 반야를 이루고, 결업結業을 뒤치면 해탈이 되고, 고통의 의처인 몸(苦依身)을 뒤치면 곧 법신이다), 지덕

智德 · 단덕斷德 · 은덕恩德을 이루기 때문이며(반야는 지덕이고 해탈은 단덕이고 법신은 은덕이니, 겸하여 사물에 응하여 은애하기 때문이다), 법문신반야와 법성신법신과 응화신해탈을 이뤄 해탈을 작용하기 때문이고, 능증能證의 대지혜가 소증所證의 이치에 명합하여 상루相累가 영원히 적멸하기 때문이다. 그런데 이 세 가지는 하나의 진여에서 벗어나지 않지만 덕용으로 차이를 나눈다면 적멸에 즉한 관조는 '반야'이고, 관조에 즉한 적멸은 '해탈'이며, 관조와 적멸의 체성이 '법신'이다. 마치 하나의 밝고 맑고 둥근 구슬과 같으니 밝은 것은 반야이고 맑은 것은 해탈이며 둥근 체는 법신이다. 작용에 한정하면 같지 않지만 체는 서로 여의지 않는다. 그러므로 이 세 가지 법은 늘어지지도 않고 가로지르지도 않으며 병합되지도 않고 각별하지도 않다(남북을 '종縱'이라고 하니, 종은 곧 시간(수직)적인 것이다. 말하자면 법신은 본래 있고, 다음으로 반야를 닦고, 뒤에 해탈을 얻는 것이 곧 이 종의 뜻이다. 동서를 '횡橫'이라고 하니, 말하자면 동일한 시간에 다른 체이기 때문에 합하여 일체가 되는 것을 '병합'이라고 하고, 각각 한 곳에 머무는 것을 '각별'이라고 한다. 이 네 가지에 막혀 있으면 모두 열반이 아니다. 그러므로 모두 '그렇지 않다'고 한 것이다. 이 의미는 시간적으로는 같은 시간과 다른 시간이 무애하고, 처소로는 합하거나 여의거나에 막힘이 없고, 체는 같거나 다르거나에 구속되지 않는다. 언사가 의탁할 것이 없기 때문에 그렇게 말했을 뿐이다). 마치 천상의 눈  과 세간의 이伊 자  와 같으니, '비밀장'을 이름 붙여 '대열반'이라고 한다.

셋째는 '종류를 드러냄'이니, 비록 이치상 통합되지 않음이 없지만 뜻의 부류는 찰진 겁 항하사 만큼이다. 이제 협소한데서 관대한 데로 가면 간략하게 하나와 둘로 나뉜다. 혹은 오직 한 가지만을 말하니 곧 '대열반'이다. 혹은 두 가지가 있다고 말하니, 자체에 3문이 있다. 하나는 유여열반과 무여열반이요(소승에는 두 가지 해설이 있다. 첫째 해설은 유종有宗에서는 열반의 체성은 하나이지만 시간이 다른 것에 한정하면 두 개의 명자를 얻게 된다. '체성이 하나'라고 한 것은 이 종에서는 번뇌와 업과 고과苦果는 도력 때문에 일어나기도 일어나지 않기도 한다. 택멸무위가 열반의 체성이다. 이 체성은 하나지만 신身·지智에 대응시킨 것에 한정하면 두 개의 명자를 얻게 되니, 신·지가 다하지 않기 때문에 앞의 열반을 설하여 '유여'라고 하며 신·지를 다해 마쳤기 때문에 앞의 열반과 마주하여 '무여'로 이름이 바뀐다. 신·지가 멸한 것을 곧 '열반'이라고 한 것은 아니니 이 신·지는 일어났다가 이미 사라져 없어지면 무상하기 때문이다. 만약 인이 끊어지기 때문에 뒤에 일어나지 않게 되면 택멸이 아니다. 그러므로 열반이 아니다. 둘째 해설은 성실종에 의거하면 열반의 체성은 두 가지가 있다. 생사의 인因이 다한 것을 하나의 '열반'이라고 하며, 생사의 과果가 다한 것을 하나의 '열반'이라고 한다. 유종에서는 요컨대 도력으로 직접 끊어야 택멸이라고 일컫는데, 신업身業과 구업口業의 둘 및 생사의 과는 도력으로 직접 끊는 것이 아니므로 취하지 않는다. 성실종은 번뇌를 끊음으로 인하여 나머지가 일어나지 않기 때문에, 견도와 수도의 계위에서 끊어지기 때문에 또한 택멸을 얻을 수 있다. 그러므로 열반이라고 이름한다. 그러나 대승과 마주하면 모두 '유여'라고 이름한다. 변역생사가 있기 때문이다.

대승에 의거하면, 혜원慧遠 공은 자체적으로 네 가지로 구별하고 있다. 첫째, 두 가지 생사의 인이 다한 것을 '유여'라고 하며, 두 가지 생사의 과가 다한 것을 '무여'라고 한다. 둘째, 분단생사의 인과가 다한 것을 '유여'라고 하고, 변역생사의 인과가 다한 것을 '무여'라고 한다. 셋째, 분단생사의 인과 및 변역생사의 인이 다한 것을 '유여'라고 하며, 변역생사의 과가 멸한 것을 '무여'라고 한다. 넷째, 오직 변역생사의 인과에만 입각해서 두 가지 (열반)을 삼으니, 분단생사의 인과는 소승에 속하기 때문이다. 또,《유식론》에서는 '첫째는 유여의열반이니, 진여가 번뇌장에서 벗어난 것을 말한다.

비록 미세한 고통이 있어서 의지하는 것이 아직은 소멸하지 않았지만 장애는 영구히 적멸하기 때문에 열반이라고 한다. 둘째는 무여의열반이니, 진여가 생사의 고통에서 벗어난 것을 말한다. 번뇌장이 이미 다했으며 나머지 의지함 또한 소멸하고 모든 고통이 영원히 적멸하기 때문에 열반이라고 한다.' 해설해 보면 이것은 대소승에 공통적이지만 진여를 체성이라고 한 것은 소승과 다르다. 논 아래에서 요간하여 "어째서 선서께서 유여의 열반이 있는가? 묻는다면 비록 실제로 의지하는 것이 없지만 있는 듯이 나타난다. 혹은 고苦의 의지처가 다한 것을 '무여의'라고 한 것이지 고苦의 의지처가 있는 것을 '유여의'라고 한 것은 아니다. 이 때문에 세존은 네 가지를 갖추었다고 말할 수 있다"고 하였다. 나머지는 번거롭게 인용하지 않겠다),

둘째는 성정열반과 방편정열반이요(본래 자성이 청정하기 때문이고, 인행을 따라 닦아서 얻은(從因修得) 방편으로 드러난 것이기 때문이니, 또한 체성을 좇아 작용을 일으킨 방편과 같다. 나머지는 별설과 같다),

셋째는 진신열반과 응신열반이다. 혹은 세 가지로 나뉜다. 여기에 두 가지가 있다. 하나는 심승에 한정한 것이고, 둘은 곧 자성과 진신과 응신이다(위에서 밝힌 진신과 응신은 자성을 그것에 합친 것이므로 둘 모두는 청정함에 한정한 것이고, 지금은 자성을 분리시킨 것이므로 염오와 청정에 공통적이다).

혹은 네 가지로 분리된다. 하나는 자성청정열반이요(《유식론》에서 '말하자면 일체법의 상相은 모두 진여의 이치이다. 비록 객진의 염오가 있더라도 본성은 청정하다. 무한한 수량의 미묘한 공덕을 갖추고 생멸함이 없으며 허공처럼 맑다. 모든 유정들이 평등하게 지니고 있고 일체법과 동일하지도 다르지도 않다. 일체의 형상과 일체의 분별을 여의어서 찾고 생각하는 길이 단절되고 명자와 언어의 길이 끊어졌다. 오직 진실한 성인이라야 스스로 안으로 증득하는 것이다. 그 성품은 본래 적멸하기 때문에 열반이라고 한다'고 하였다), 둘은 유여의열반이요, 셋은 무여의열반이요, 넷은 무주처열반이다(《유식론》에서 다음으로 '둘째, 유여의열반, 셋째, 무여의열반이니 위에서 갖춰서 설한 것과 같다. 넷째 무주처열반은 말하자면 진여가 소지장所知障에서 벗어나 대비와 반야로 항상 보익 받아서 이로 말미암아 생사와 열반에 머물지 않고 미래제가 다하도록 유정을 이롭고 즐겁게 한다. 작용하면서도 항상 적멸하기 때문에 열반이라고 한다. 일체의 유정은 모두 첫 번째 하나를 지니고 있고 이승의 무학은 앞의 셋을 지니고 있다고 용납되며 오직 우리 세존만이 홀로 넷을 갖추었다고 할 수 있다'고 하였다).

넷째는 '업용을 드러냄'이니, 옛날의 끝까지 포괄하고 모든 방소에 도달하여 중생을 제도하지 않음이 없고 성취시키지 않음이 없다. 그러므로 《열반경》에서 '대사大事를 건립하는 것이 곧 법문을 출현하는 것이니 모두 이 것(열반)의 작용이다'고 하였다"라고 하였다. 다시 다른 뜻이 있으니 모두 제5권과 같다. 그 문장을 해석하는 것은 번거로울 것이므로 서술하지 않겠다. 그러므로 위의 《초》에서 "대열반 한 장章은 반드시 그 체용을 다했다"[434]고 하였으니 진실로 헛되지 않다.

[48c17] [《疏》] 實不兼權者, 法了故實, 乘不了故, 不兼權也.

[소] '(옛 삼승이 이미 별개이니) 실實은 권權을 겸하지 않으며'[435]라는 것은 법은 요의인 까닭에 '실'이고, 승乘은 불요의인 까닭에 '권'을 겸하지 않는다.

434 《演義鈔》 권제1(T36, 003c18).

435 《大疏》 권제2(T35, 509c10).

ⓑ 지자대사智者大師

ㄱ. 옛것을 서술함(敍昔)

ㄱ) 4교를 세움(正立四教)

(ㄴ) 통교通教[三]

ⓒ 힐난을 풀어줌(解妨[十])

[48c18] [《鈔》] 上通別·圓等者, 問: 若據嚴其定實, 唯成當教中義, 云何通別圓耶? 若據互有, 名通者, 餘之三教, 亦應名通, 皆互有故. 又違前文云, 退[436]非二乘析[437]法, 進非別圓, 此是三獸渡河之意等. 今謂通云, 但以無性空義, 別圓亦有. 各用當教, 餘義揀之, 故無相濫. 如彼終教事理無礙, 圓教亦具. 但以事事無礙, 揀之成別. 又解, 別圓教中所有通義, 皆屬[438]通教故. 餘雖互有, 各隨增强, 以立異名. 不應別難.

[초] '위로는 별교別教와 원교圓教에 통하며'[439]라고 한 것은, 묻는다. 만일 그 정실을 엄격히 한 것에 근거하면 오직 해당교의 뜻을 이룰 뿐인데 어째서 별교와 원교에 통한다고 하는가? 만일 서로 있는 것에 근거하여 '통'이라고 한다면 나머지 3교도 또한 '통'이라고 해야 할 것이다. 모두 서로 있기 때문이다. 또 앞의 문장에서 '물러서도 이승의 분석하는 법이 아니고 나아가도 별교나 원교가 아니니 이것은 세 짐승이 강을 건

436 底本에는 "還",《金澤寫本》 참조 수정.

437 底本에는 "折",《金澤寫本》 참조 수정.

438 底本에는 "屬義皆",《金澤寫本》 참조 "義皆屬"으로 도치.

439 《演義鈔》 권제7(T36, 048b28).

너는 의미이다'고 한 것에도 어긋난다.

답한다. 이제 소통해보겠다. 다만 무성無性 공空의 뜻은 별교에도 원교에도 있지만 각각 해당교의 다른 뜻으로 가려낸 것이다. 그러므로 서로 혼동되지 않는다. 저 종교終敎의 사리무애를 원교 또한 갖추고 있지만 사사무애로써 가려내면 구별을 이루는 것과 같다. 또 해석해 보면, 별교와 원교 가운데 존재하는 모든 '통'의 뜻은 모두가 통교에 속하기 때문이다. 나머지는 서로 있더라도 각각 증강함을 따라 다른 이름을 세운 것이니 별도로 논란할 것은 못된다.

[49a01] ○[《鈔》] 六位通者, 一乾慧地(通三乘資糧位), 二性地(通三乘加行地), 三八人地(或通預流向, 或唯苦法智忍), 四見地(通三乘見道位), 五薄地(一來果), 六離欲地(不還果), 七已辦地(阿羅漢), 八辟支佛地(獨覺地[440]), 九菩薩地, 十佛地. 此之十地, 不唯一乘, 故名位通.

○ [초] '여섯째는 지위가 통함'[441]은 ①건혜지乾慧地(삼승의 자량위에 통한다), ②성지性地(삼승의 가행지에 통한다), ③팔인지八人地(혹은 예류향에 통하고, 혹은 오직 고법지인苦法智忍뿐이다), ④견지見地(삼승의 견도위에 통한다), ⑤박지薄地(일래과이다), ⑥이욕지離欲地(불환과이다), ⑦이판지已辦地(아라한이다), ⑧벽지불지辟支佛地(독각지이다), ⑨보살지菩薩地, ⑩불지佛地이다. 이 십지는 오직 일승뿐만이 아니므로 '지위가 통함'이라고 한 것이다.

440 底本에는 "果".《金澤寫本》참조 수정.

441 《演義鈔》권제7(T36, 048c06).

[49a05] ○言九無礙同也者, 斷九品惑, 無間道也.

○ '아홉 가지의 무애가 같은 것이다'고 한 것은 9품의 미혹을 끊은 것이니 무간도이다.

[49a06] ○言九解脫者, 證九品擇滅之智也.

○ '9해탈'이라고 한 것은 9품의 택멸지擇滅智를 증득한 것이다.

[49a07] ○言二種涅槃者, 有無餘二涅槃也.

○ '두 가지 열반'이라고 한 것은 '유여열반'과 '무여열반'의 두 가지이다.

(ㄷ) 별교別教

㉠ 바로 해석함(正釋)

二. 소전을 밝힘(明所詮)

[49a09] [《鈔》] 苦有無量相等者, 約一界中, 有十千名故. 又經云: "分別諸陰, 有無量相, 悉是諸苦, 非是聲聞緣覺所知."

[초] '고제苦諦에 한량없는 상이 있어서'[442] 등이란 하나의 계界에 만 가

442 《演義鈔》 권제7(T36, 048c13).

지 이름이 있기 때문이다. 또, 《(열반)경》에서 말씀하셨다. "모든 음陰을 분별하면 한량없는 상이 있어서 다 모든 고苦이니 성문과 연각이 알 수 있는 것이 아니다."[443]

(ㄹ) 원교圓教

㉠ 이름을 세움(正立名)

一. 뜻을 해석함(釋義)

一) 소전을 분별함(辨所詮)

[49a12] [《鈔》] 略無無作四諦者, 陰入皆如, 無苦可捨. 煩惱卽菩提, 無集可斷. 生死卽涅槃, 無滅可證. 邊邪卽中, 無道可修, 名無作也.

[초] '무작無作 사제四諦라는 (말은) 생략되어 없다'[444] 고 한 것은 음陰·입入이 모두 진여이니 버릴만한 고제苦諦가 없고, 번뇌가 곧 보리이니 끊을 만한 집제集諦가 없으며, 생사가 곧 열반이니 증득할 만한 멸제滅諦가 없고, 양변의 사견이 곧 중도이니 닦을 만한 도제道諦가 없는 것을 '무작'이라고 한다.

二) 앞의 것과 대비하여 결론지음(對前結成)

(一) 별교의 여덟 가지 일(別教八事)

443 《涅槃經》 권제13 〈聖行品〉 제7-3(T12, 442b24).

444 《演義鈔》 권제7(T36, 049a03).

[49a15] [《鈔》] 一教別謂恒沙佛法者, 謂詮恒沙俗諦理之佛所說教法也.

[초] '첫째, 교敎의 별別은 항하사와 같은 불법을 말한다'[445]라는 것은 항하사와 같은 속제俗諦의 이치를 설명한 것이 부처님이 설법하신 교법임을 말한다.

[49a16] ○言藏識有恒沙俗諦理者, 謂十梨耶·九相·六染·五意等也. 上約多分. 故《鈔》云: "別教多約俗諦." 卽其義也.

○ '(둘째, 이理의 별別은) 장식藏識에 항하사와 같은 속제의 이치가 있다'고 한 것은 십아리야, 구상九相, 육염六染, 오의五意 등을 말한다. 위는 다분多分에 한정한 것이다. 그러므로 《초》에서 "별교는 대부분 속제에 한정한다"고 하였으니 곧 그 뜻이다.

[49a18] ○言道種智者, 斷[446]界外惑, 歷別假觀之智也.

○ '(셋째, 지智의 별別은) 도종지道種智이다'라고 한 것은 계외界外의 미혹을 끊은 것을 뚜렷이 구별하는 가관지假觀智이다.

### (二) 원교의 여덟 가지 뜻(圓教八義)

---

445 《演義鈔》 권제7(T36, 049a25). 아래도 동일.

446 《金澤寫本》에는 "欲"으로 되어 있다.

[49a19] ○言正說中道者, 表自義也. 談事卽理故, 談理卽事故, 無不與實相相應故.

○ '(첫째, 교敎의 원圓은) 바로 중도를 설했다'[447]는 것은 자신의 뜻을 표현한 것이다. 사법을 얘기하면 곧 이치이기 때문이고, 이치를 얘기하면 곧 사법이기 때문이고, 실상實相과 상응하지 않음이 없기 때문이다.

[49a20] ○言教不偏者, 揀他義也. 通多約理, 別多約事, 故號其偏.

○ '언교言教가 치우치지 않는다'고 한 것은 다른 이의 뜻을 가려낸 것이니 통교는 대부분 이치에 한정하고 별교는 대부분 사법에 한정했으므로 '치우친다'고 한 것이다.

[49a21] ○言一切種智者, 一智一切智, 遍知之智也.

○ '일체종지一切種智'라고 한 것은 하나의 지智가 일체지一切智이니 두루 아는 지혜이다.

[49a22] ○言不斷而斷者, 非初非中後名不斷, 前中後取故名斷. 故經云: "不斷婬怒癡, 亦不與俱."

447 《演義鈔》 권제7(T36, 049b04). 아래도 동일.

○ '끊지 않으면서도 끊는다'고 한 것은 처음도 아니고 중간도 뒤도 아닌 것을 끊지 않는다고 하며 처음에도 중간에도 뒤에도 취했으므로 끊는다고 한다. 그러므로《(유마)경》에서 "음욕과 성냄과 어리석음을 끊지도 않으며 또한 함께하지도 않는다"[448] 고 하였다.

[49a24] ○言自然而流入者, 流入中道也.

○ '자연스럽게 유입한다'[449] 고 한 것은 중도로 유입한 것이다.

[49b01] ○言不縱,[450] (無前後故.) 不橫, (非同時[451]也.) 不竝, (非一體故.) 不別, (非異處也.)

○ '늘어지지도 않음은 (전후가 없기 때문이며,) 가로지르지도 않음은 (동시가 아닌 것이며,) 함께하지도 않음은 (하나의 체가 아니기 때문이고,) 각별하지도 않음은 (다른 곳이 아니기 때문이다.)'

ㄴ) 통상적으로 헤아려 가림(通相料揀)

(ㄱ) 교를 세운 조건(立敎所因)

448 《維摩經》 권상 〈弟子品〉 제3(T14, 540b23).

449 《演義鈔》 권제7(T36, 049b09). 아래도 동일.

450 底本 및《金澤寫本》에는 "蹤",《演義鈔》 참조 수정.

451 底本 및《金澤寫本》에는 "勝", 앞 구절의 "東西曰橫, 謂同時異體故…" 참조 수정. [역자 주]

[49b03] [《鈔》]析[452]至極微都無實色者, 問: 小乘說彼極微, 是其實也, 云何言都無實色? 答: 若更析時, 便成空現, 故云都無實色. 或至極微, 眼不得故, 云都無實也.

[초] '극미極微에 이르도록 쪼개면 실색實色이 전혀 없다'[453]고 한 것은,

묻는다. 소승에서는 극미를 실색이라고 했는데 어째서 실색이 전혀 없다고 하는가?

답한다. 만일 다시 쪼갤 때면 곧바로 공이 나타나므로 실색이 전혀 없다고 한다. 혹은 극미에 이르면 눈으로 볼 수 없기 때문에 실색이 전혀 없다고 한다.

[49b05] ○言體法明空者, 一云, 體謂體性, 體性本空, 不須析破, 如彼空華體性空故. 一云, 體謂體達, 體會了達, 本來空故, 迷謂有體, 達知[454]空故.

○ '법을 체득하여 공을 밝히니'[455]라고 한 것은 일설은, 체는 체성을 이르니 체성이 본래 공하여 쪼개서 없앨 필요가 없다. 마치 허공 꽃의 체성이 공한 것과 같기 때문이다. 일설은, 체는 체달을 말하니 본래 공한 것임을 체득해서 이해해야 분명하게 알기 때문이고 미혹하면 체가 있다고 여기니 체달해야 공인 줄 알기 때문이다.

452 底本 및《金澤寫本》에는 "折",《演義鈔》참조 수정. 아래도 동일.

453 《演義鈔》권제7(T36, 049b25).

454 底本에는 "如",《金澤寫本》참조 수정.

455 《演義鈔》권제7(T36, 049b29). 아래도 동일.

[49b08] ○言卽三觀迤邐故成別教者, 如觀一有情作斯三觀, 先觀彼體, 緣生無性. 擧體常空, 是故行人, 恒無愛見, 唯修此觀, 恐沉空寂. 故出此觀, 次觀彼體, 無性緣生, 不壞相有, 是故行人, 恒不滯寂, 唯修此觀, 又多流散. 復出此觀, 次觀彼體, 空有無二, 佛性中道, 是故行人, 恒除邊執, 化而無化, 無化而化. 故下《疏》云: "月映淮流, 流水不將月去. 光[456]臨潭上, 萬仞不見光[457]沉. 喩菩薩常在中觀, 同世遷流, 不漂生死. 證眞寂滅, 不沉涅槃." 又肇公云: "旋嵐偃岳而常靜, 江河競[458]注而不流, 野馬飄鼓而不動, 日月歷天而不周." 斯亦動寂無二矣. 三觀別觀, 故有別教起.

○ '삼관三觀이 잇닿아 있기 때문에 별교別教를 이룬다'고 한 것은 예컨대 하나의 유정有情을 관조하여 삼관을 짓는 경우, 먼저 유정의 체성이 인연으로 생긴 것이어서 무성無性임을 관조한다. 온 체體가 항상 공하므로 수행인은 항상 애견愛見이 없지만 오직 이 관만을 닦으면 공적함에 빠질까 염려된다. 그러므로 관법에서 벗어나서 다음으로 유정의 체성이 무성이 인연으로 생김을 관조한다. 상유相有를 무너뜨리지 않으므로 수행인은 항상 공적함에 막히지 않지만 오직 이 관만을 닦으면 또 대부분 흘러 흩어진다. 또다시 관법에서 벗어나 다음으로 유정의 체성이 공空·유有가 둘이 없음을 관조한다. 불성은 중도이므로 수행인은 항상 양변의 집착을 제거한다. 교화하면서도 교화함이 없고 교화함이 없으면서도 교화한다.

456 底本 및《金澤寫本》에는 "月",《演義鈔》 참조 수정.

457 底本에는 "先",《金澤寫本》 참조 수정.

458 底本 및《金澤寫本》에는 "竟",《演義鈔》 및《肇論》 참조 수정.

그러므로 아래《소》에서 "달이 비치는 것은 물길을 따르지만 흐르는 물이 달을 데려가지 못하며, 달빛은 연못위에 닿지만 만 길 물속으로 빛이 가라앉는 것은 볼 수 없다. 비유하면 보살은 항상 중도에 있으면서 세간과 함께 흘러가지만 생사에 표류하지 않고, 진성을 증득하여 적멸하지만 열반에 가라앉지 않는다"[459]고 하였으며, 또 승조 공이 "회오리바람은 바위를 넘어뜨리면서도 항상 고요하고 강물은 다퉈 흐르면서도 떠내려가지 않으며 아지랑이(野馬)는 나부껴 부딪히면서도 동요하지 않고 일월은 하늘을 지나면서도 돌지 않는다"[460]고 하였으니, 이것 역시 동요와 적정이 둘이 없는 것이다. 삼관을 별관別觀하기 때문에 별교가 일어남이 있다.

(ㄴ) 해석한 바를 드러냄(彰其所釋)

[49b20] [《鈔》] 諸仁者是身無常等者, 此約生老死病四相, 配之緣會. 初起名生, 本無今有, 故無常也, 老奪盛色, 故無强, 爲疾所侵, 是無力, 死來壞滅, 故無堅, 已上[461]約麤事無常也. 亦云, 一期無常, 速朽之法不可信也者, 此約細無常也. 亦云, 刹那無常, 若悟無常, 可得四沙門果.

459 《大疏》 권제46(T35, 0856a11)의 내용.

460 《肇論》〈物不遷論〉 제1(T45, 151b07); 《演義鈔》 권제31(T36, 239a18).

461 底本에는 없음. 《金澤寫本》 참조 보충.

[462][초] '어진 이들이여! 이 몸은 무상하며'[463] 등이란 이것은 생·노·사·병의 사상四相에 한정하여 인연으로 모인 것에 배대한 것이니, 처음 일어난 것을 태어남이라고 하는데 본래 없다가 지금 있는 것이므로 '무상'하고, 늙음은 왕성한 색을 빼앗기 때문에 '강력함이 없으며', 질병에 침범을 받으므로 '무력'하고, 죽게 되면 괴멸하므로 '견고함이 없다.' 이상은 추탁한 일에 한정하여 무상한 것이다. 또한 '한 시기여서 무상하다'고도 하니, '빨리 썩는 법이어서 믿을 수 없다'고 한 것은 이것은 미세한 것에 한정하여 무상한 것이다. 또한 '찰나여서 무상하다'고도 하니, 만일 무상을 깨달으면 4사문과四沙門果를 얻을 수 있다.

[49c01] ○[《鈔》]《法華》無復兼·但·對·帶唯說圓教者, 問:《法華》云, '三界無安, 猶如火宅. 世界不牢固, 如水沫泡焰', 卽藏教也. '我等同入法性', 卽通教也. '金色三十二, 十力諸解脫, 同共一法中, 而不得此事, 大非小分', 卽別教也. 何故言唯說圓教? 答: 皆是敍昔之義, 而非所取. 問: 三草二木不同, 豈非是別? 答: 一時所生, 一雨所潤, 故屬圓教也.

○ [초] '《법화경》은 또다시 겸하거나(兼), 뿐이거나(但), 대응하거나(對), 띠거나(帶) 함이 없고, 오직 원교圓教만을 설한다'[464]고 한 것은, 묻는다. 《법화경》에서 '삼계가 편안하지 않은 것이 마치 불붙는 집과도 같으며, 세계가 견고하지 못한 것이 마치 물거품과 불꽃과 같다'고 한 것은 곧

462 이 문장은 순서상 뒤의 구절과 바뀌었다.

463 《演義鈔》 권제7(T36, 049c16).

464 《演義鈔》 권제7(T36, 049c15).

'장교藏教'이며, '우리들이 함께 법성에 들어간다'고 한 것은 '통교通教'이고, '금색의 32상과 십력과 모든 해탈이 똑같이 하나의 법을 공유하면서도 이 일을 얻지 못하나니, 대승은 소승의 분한이 아니다'고 한 것은 곧 '별교'일 텐데, 어째서 오직 원교만을 설한다고 하는가?

답한다. 모두 옛 (권)의 뜻을 서술한 것이어서 취하지 않은 것이다.

묻는다. 세 개의 풀과 두 개의 나무가 다른데 어찌 별교가 아니겠는가?

답한다. 일시에 생긴 것이고, 똑같은 비로 적셔준 것이므로 '원교'[465]에 속한다.

[49c07] ○言不斷婬怒癡, (緣生無性, 故不可斷.) 亦不與俱, (無性緣生, 故可斷可滅也.) 不壞於身, (十身歷然, 行布也.[466]) 而隨一相, (十身相作, 圓融也.) 不滅癡愛, 起於明脫者. (妄想弗煎, 而廓徹性空, 靈鑒匪磨, 而頓朗萬法也.)

○ 음욕과 성냄과 어리석음을 끊지 않지만(인연으로 생긴 것이어서 무성이므로 끊을 수 없다), 또한 더불어 함께하지도 않는다(무성이 인연으로 생긴 것이어서 끊을 수도 멸할 수도 있다). 몸을 무너뜨리지 않고서(십신十身이 뚜렷하니 항포문이다) 하나의 상을 따르며(십신을 서로 짓게 되니 원융문이다) 어리석음과 애욕을 없애지 않고도 광명과 해탈을 일으킨다[467](망상을 애태우지

465 5교 중 원교에는《화엄경》만이 해당되는 것과 달리, 여기서는 천태의 4교(장·통·별·원) 가운데 원교이므로《법화경》만을 설한다고 하였고,《화엄경》을 '별'을 겸하여 '원'을 설한다고 교판하고 있다.

466 底本에는 "成",《金澤寫本》참조 수정.

467 《演義鈔》권제7(T36, 049c21).

않고서도 성품이 공한 줄을 확실하게 꿰뚫으며, 신령한 비춤은 닦지 않고도 만법을 단박에 비추는 것이다).

ㄴ. 수순함과 어긋남을 분별함(辨順違)

ㄱ) 따로 해석함(別釋)

(ㄱ) 삼장교에 대한 힐난을 따로 해석함(別釋三藏教難)

ⓛ 삼장교를 세운 이유를 밝힘(明立三藏所以)

[49c11][《鈔》] 新舊二[468]醫之喩者, 彼云: "譬如國王暗鈍少智, 有一醫師, 性[469]復頑嚚, 而王不別, 厚賜俸[470]祿, 療治衆病, 純以乳藥, 亦復不知病起根源. 雖服乳藥, 復不善解, 或有風病·冷病·熱病, 一切諸病, 悉教服乳. 復有明醫, 曉八種術, 善療衆病, 知諸方藥. 從遠方來, 卽爲王說, 種種醫方, 王聞敬信. 知舊癡騃, 駈令出國, 令衆斷乳. 以種種藥, 療治衆病, 皆得安樂等." 是也.

[초] '새로운 의사와 옛 의사 둘로 비유한다'[471]라는 것은 (《열반경》)에서 "비유하면 어떤 국왕이 암둔하고 지혜가 없었다. 성품이 완고하고 우둔한 한 의사가 있었는데 왕이 구별하지 못하고 봉록을 후하게 주면서 많은 병을 치료하게 하였다. 순전히 우유 약만을 쓰고 또다시 병이 생긴 근본 원인은 알지 못하였다. 우유 약을 먹게 하면서도 또다시 풍병인지

468 底本 및 《金澤寫本》에는 없음. 《演義鈔》 참조 "二" 보충.

469 底本에는 "往", 《金澤寫本》 참조 수정.

470 底本 및 《金澤寫本》에는 "捧", 교감 주 및 《涅槃經》 참조 수정.

471 《演義鈔》 권제7(T36, 050b25).

냉병인지 열병인지를 잘 알지 못하고 어떤 병이든지 모두 다 우유 약을 복용하게 하였다. (중략) 또다시 8종의 기술에 밝은 명의가 있어서 여러 가지 병을 잘 치료하고 모든 처방약을 알았다. 먼 곳에서 와 왕을 위해서 가지각색의 의료 처방을 설명했다. (중략) 왕이 듣고는 공경하여 믿고, 옛 의사가 어리석고 미련하다는 것을 알았다. 쫓아내서 출국시키고 대중들에게 우유를 끊게 하고 갖가지 약으로 여러 병을 치료하게 하여 모두 안락함을 얻게 하였다"[472] 등이라고 한 것이 이것이다.

[49c17] ○言謂十善道者, 不煞·不盜·不邪婬等也.

○ '말하자면 십선도十善道이다'[473]라고 한 것은 불살생·불투도·불사음 등이다.

[49c18] ○言曉八種術者, 一知病體, 二知病因, 三知病相, 四知病處, 五知病時, 六知病藥, 七知治者, 八知禁者.

○ '여덟 가지 방법을 알고 있다'[474]라고 한 것은 첫째 병의 체성을 아는 것이요, 둘째 병의 원인을 아는 것이요, 셋째 병의 양상을 아는 것이요, 넷째 병이 난 곳을 아는 것이요, 다섯째 병의 시기를 아는 것이요, 여섯째 병의 처방약을 아는 것이요, 일곱째 치료하는 것을 아는 것이요, 여

472 《涅槃經》 권제2 〈壽命品〉 제1-2(T12, 378a18).

473 《演義鈔》 권제7(T36, 050b27).

474 《演義鈔》 권제7(T36, 050c05). 아래도 동일.

덟째 금지할 것을 아는 것이다.

[49c20] ○言五種得戒者, 善來·見諦·三歸·八敬·羯磨. 言無作有作者, 卽表無表也.

○ '5종으로 계戒를 얻어서'라고 한 것은 '잘 온 것(善來)'과 '사성제를 봄'과 '삼귀의'와 '팔경계八敬戒'와 '갈마법'이다. '작위作爲가 없고 작위가 있다'고 한 것은 표색과 무표색이다.

[49c22] ○言五部毗尼是也者, 一大衆, 二法藏, 三一切有, 四飮光, 五化地.

○ '5부 비니毗尼가 이것이다'라고 한 것은 첫째 대중부大衆部요, 둘째 법장부法藏部요, 셋째 일체유부一切有部요, 넷째 음광부飮光部요, 다섯째 화지부化地部이다.

[49c23] ○言八背捨者, 卽八解脫也.

○ '8배사八背捨'라고 한 것은 곧 8해탈이다.

[49c24] ○言入九次第定等者, 色界四無色界四及滅盡定也.

○ '9차제 선정에 들어서'라고 한 것은 색계의 4선정과 무색계의 4선천 및 멸진정이다.

[50a01] ○言六十二見者, 一云, 於色蘊上, 起四見; 一我見, 二我所見; 僮僕一, 瓔珞二, 窟宅三也. 餘四蘊上各四, 故成二十; 三世別開, 以成六十; 幷本身邊二見, 成六十二見, 此非正說. 二云,《法苑》有六十二見章, 常見四十; 斷見有七, 邪見十五. 須者應撿.

○ '62견'이라고 한 것은 첫째 해설은 색온色蘊에 대해 4견四見을 일으키니, 첫째 아견我見이요, 둘째 아소견我所見이니, ①(아)동복僮僕과 ②(아)영락瓔珞과 ③(아)굴택窟宅이다.[475] 나머지 4온 위에 각각 4견이기 때문에 20을 이루고, 삼세를 별도로 분리하면 60을 이루며, 신견身見과 변견邊見의 2견을 병합하여 62견을 이룬다. 이것은 정설은 아니다. 둘째 해설은 《대승법원장》[476]에 〈62견장六十二見章〉이 있으니, 상견이 40, 단견이 7, 사견이 15이다. 필요한 이는 검토해 보라.

[50a06] ○言十一智者, 一法, 二類, 三苦, 四集, 五滅, 六道, 七他心, 八世俗, 九盡, 十無生, 十一如實也.

○ '11지十一智'라고 한 것은 하나는 법지法智요, 둘은 류지類智요, 셋은 고지苦智요, 넷은 집지集智요, 다섯은 멸지滅智요, 여섯은 도지道智요, 일곱은 타심지他心智요, 여덟은 세속지世俗智요, 아홉은 진지盡智요, 열은 무생지無生智요, 열하나는 여실지如實智이다.

---

475 觀復 述,《遺教經論記》권제3 "於五蘊各有三我; 一我瓔珞, 二我僮僕, 三我窟宅."

476 窺基 撰,《大乘法苑義林章》권제4(T45, 322a14).

[50a07] ○言三無漏根者, 一當知, 二已知, 三俱知也.

○'세 무루근無漏根'이라고 한 것은 첫째 미래를 아는 것이요, 둘째 이미 지난 것을 아는 것이요, 셋째 둘을 다 아는 것이다.

### ㉢ 뒤의 3교를 삼장교로 이름하지 않는 까닭을 밝힘 (明後三不名三藏所以)

[50a09] [《鈔》] 故《法句經》云等者, 彼經, 六度皆有其偈, "布施偈云, 說諸布施福, 於中三事空, 究竟不可得, 施福如野馬. 戒云, 若說諸持戒, 無善無威儀, 戒性如虛空, 持者爲迷倒. 忍云, 若見嗔恚者, 以忍爲覊[477]鞅, 知嗔等陽焰,[478] 忍亦無所忍. 精進云, 若起精進心, 是妄非精進, 若能心不妄, 精進無有涯. 定云, 若學諸三昧, 是動非坐禪, 心隨境界流, 云何名爲定. 般若云, 森羅及萬像, 一法之所印, 云何一法中, 而生種種見. 一亦不爲一, 爲欲破諸數, 淺智之所聞, 見一[479]以爲一. 結云, 若有聞斯法, 常修寂滅行, 知行亦寂滅, 是則菩薩道." 言般若無知者, 無妄知也.

[초] '그러므로 《법구경》에서'라고 한 것은, 경에는 육바라밀이 모두 다 게송이 있다.

"보시 게송은 '모든 보시의 복덕을 말해보면 그중에 세 가지 일이 공

477 底本 및 《金澤寫本》에는 " [革*(立-一+可)]", 《법구경》 및 《演義鈔》 참조 수정.

478 《법구경》에는 "炎"으로 되어 있다.

479 底本에는 "一見", 《金澤寫本》 및 《법구경》 참조 도치.

하다네. 끝내 얻을 수 없어서 보시의 복덕은 야생마와 같다네'라고 하였다. 지계 게송은 '모든 지계를 말해보면 선함도 없고 위의威儀도 없다네. 계의 성품은 허공과 같아서 지키는 자는 미혹에 전도된다네'라고 하였다. 인욕 게송은 '성내는 자를 보면 인욕으로 고삐를 삼아야하네. 성냄이 아지랑이와 똑같은 줄을 알면 인욕도 또한 인욕할 것이 없다네'라고 하였다. 정진 게송은 '정진한다는 마음을 일으키면 이는 허망한 것이요 정진이 아니네. 마음을 허망하지 않게 한다면 정진은 가없다네'라고 하였다. 선정 게송은 '모든 삼매를 배운다면 이것은 동요요 좌선이 아니네. 마음이 경계를 따라 흐르면 어떻게 선정이라고 하리오'라고 하였다. 반야 게송은 '삼라만상은 하나의 법에서 찍혀있는 것이거늘 어찌하여 하나의 법에서 갖가지 견해를 내는가. 하나 역시 하나가 되지 않으나 모든 법수를 없애려는 것이네. 얕은 지혜로 들은 것으로 하나를 보고서 하나라고 여긴다네'라고 하였다.

결론지어서 '만일 이 법을 듣고서 항상 적멸행을 닦는다면 수행이 또한 적멸인 줄 아는 것이니 이것이 보살의 도이네'라고 하였다."[480]

'반야는 앎이 없다'라고 한 것은 허망하게 아는 것이 없는 것이다.

### ㉣ 소승교라고 이름하지 않은 까닭을 밝힘(明不名小乘所以)

[50a20] [《鈔》] 謂三僧企耶別修六度各有滿時者, "《俱舍論》第十八說: '於三無數劫, 各供養七萬. 又如次供養, 五六七千佛. 三無數劫滿, 逆次逢勝觀, 然燈寶髻

480 《演義鈔》 권제39 〈梵行品〉 제16(T36, 301b07); 《법구경》 〈序品〉제1(T85, 1435a15).

佛, 初釋迦牟尼.' 釋曰, 此二偈中, 初偈明法供養佛數, 謂初無數劫, 供養七萬五千佛. 第二無數劫, 供養七萬六千佛. 第三無數劫, 供養七萬七千佛. 後頌明逢何佛, 言逆次者, 從第三無數劫, 向前以明. 謂第三無數劫滿, 逢勝觀佛. 第二無數劫滿, 逢然燈佛. 第一無數劫滿, 逢寶髻佛. 最初發心, 逢釋迦牟尼佛. 發誓願言, 願我當作佛, 一如今世尊." 上明小乘定歷三祇然後成佛, 未審大乘時劫云何. 準下《鈔》云: "且如娑婆方之安養, 一劫名曰一日,[481] 則安養[482]世界乃經三無數日爾. 更方袈裟幢刹, 未經歲月, 況於後後, 以劫爲日之刹耶? 是則不可以此一方類定於成佛時劫之數. 二異[483]類刹者, 卽於一界, 卽具諸界. 互不相見, 時劫亦殊, 安知修短? 故朝菌不知晦朔, 況識[484]春秋耶? 況於大椿之歲也.《寶雲經》云: '善男子, 菩薩不能思議如來境界, 如來境界[485]不可思量. 但爲淺近衆生, 說三僧祇修習所得菩提, 而實發心已來, 不可計數.' 賢首釋云: '不可計者, 不可計數阿僧祇也.'《義分齊》云: '若依小乘, 自有三人; 下根者, 謂諸聲聞, 極疾三生漏盡得果, 極遲經六十劫. 中根者, 謂獨覺人, 極疾四生得果, 極遲逕百劫. 上根者, 謂佛, 定滿三僧祇劫. 此中劫數, 取水火等一劫爲一數, 十箇一爲第二數. 如是展轉, 至第六十, 爲一阿僧祇, 依此以數三僧祇也. 若依大乘, 修行成佛, 定逕三僧祇. 但此劫數, 不同小乘. 何者? 此取水火等大劫數, 至百千數. 此復至百千, 爲一俱梨,[486] 名第一數. 數此俱梨復至俱梨, 爲第二數. 如是次第, 次取數等, 能數至第一百, 名一阿僧祇. 此卽十大數中第一數也. 依此數, 滿三僧祇, 仍說百劫修相好等.《智度論》, 破

481 《演義鈔》에는 "日"앞에 "且如娑婆一劫方知安養得爲一日"로 되어 있다.

482 底本 및《金澤寫本》에는 "樂".《演義鈔》 참조 수정.

483 底本에는 "果".《金澤寫本》 및《演義鈔》 참조 수정.

484 底本 및《金澤寫本》에는 없음.《演義鈔》 참조 보충.

485 底本에는 "如來境界"의 4자가 없다.《金澤寫本》 및《演義鈔》 참조 보충.

486 《教義分齊章》에는 "胝"로 되어 있다.

此別修相好, 不許三祇之外別修, 卽是實教之意. 然實教之意. 自有二義; 一定三僧祇, 一方化儀故, 又是實佛故.《起信論》云: '或示超地速成正覺, 以爲怯弱衆生故. 或說我於無量阿僧祇劫, 當成佛道, 以爲懈怠衆生故, 能示如是無量方便, 不可思議, 而實菩薩, 種性根等, 發心則等, 所證亦等, 無有超過方法. 以一切菩薩皆經三阿僧祇劫故. 斯則定也'. 二者不定, 復有二意; 一爲通餘雜類世界故, 如《勝天王》[487]說, 卽前樹形等是. 二據佛德無限故, 如《寶雲經》. 若約別教一乘, 融攝以說. 如毗[488]目仙人執善財手, 時經多劫, 處歷無邊故, 不可以長短思之也. 若顯超勝, 一生頓圓. 若約甚深, 多劫莫窮. 故云不可定執, 貴在入玄."

[초] '말하자면 삼아승지겁에 육바라밀(六度)을 별도로 닦아서 각각 원만해질 때가 있지만'[489]이라는 것은 "《구사론》 제18권에 '3무수겁에 각각 7만 부처님께 공양하고, 또 차례대로 공양하여 5천, 6천, 7천의 부처님께 공양하여 3무수겁에 원만해진다. 역 차례로 승관불과 연등불과 보계불을 뵈옵되 맨 처음에는 석가모니불이다'고 하였으니, 해설해 보면 이 두 게송에서 첫 게송은 법공양을 올린 부처님의 명수를 밝힌 것이니 말하자면 첫 번째 무수겁에 7만 5천 부처님께 공양하고, 두 번째 무수겁에 7만 6천 부처님께 공양하고, 세 번째 무수겁에 7만 7천 부처님께 공양한 것이다. 뒤의 게송은 어느 부처님을 뵈었는지를 밝힌 것이니, '역 차례'라고 한 것은 제3 무수겁으로부터 앞쪽을 향해서 밝힌 것이니 말하자면 제3 무수겁이 원만해질 때 승관불을 뵙고, 제2 무수겁

487 《教義分齊章》에는 "王+經"으로 되어 있다.

488 《金澤寫本》에는 "毗"가 빠져 있다.

489 《演義鈔》 권제7(T36, 051a07)이다.

이 원만해질 때 연등불을 뵙고, 제1 무수겁이 원만해질 때 보계불을 뵌 것이다. 맨 처음 발심해서는 석가모니불을 뵙고 서원을 발하면서 '원컨대 제가 당래에 부처가 되어 지금의 세존과 똑같아지이다'라고 한 것이다."[490] 위는 소승은 결정코 삼아승지를 지낸 이후에야 성불함을 밝혔고, 대승의 시겁은 어떠한지 살피지는 않았다.

아래《초》에서 말한 것에 준거하면, "또, 예컨대 사바세계의 1겁을 안양세계에선 1일이라고 한다. 이렇다면 안양세계는 이에 3무수일을 지냈을 뿐이다. 다시 일방인 가사당찰袈裟幢刹 국토에서는 아직 세월을 보내지 않았는데 뒤에 더군다나 겁으로 하루를 삼는 찰토이겠는가. 이렇다면 이 일방一方의 일류一類로써 성불의 시겁 수를 정할 수 없다. 둘째, 이류의 찰토는 곧 한 세계에 모든 세계를 갖추고 있지만 서로가 서로를 보지 못하고 시겁 또한 다른데 어떻게 길고 짧은 것을 알겠는가. 그러므로 하루살이는 그믐달을 알지 못하는데 하물며 봄가을을 알겠는가. 하물며 대춘의 세월에 대해서이겠는가.

《보운경寶雲經》에서 '선남자야, 보살은 여래의 경계를 생각할 수 없으니, 여래의 경계는 불가사의하다. 다만 천근한 중생을 위해서 삼아승지 동안 수습해서 보리를 얻은 것이라고 말했지만 실제로 발심한 이후로는 셀 수가 없다'고 하였는데 현수가 해설하여 '셀 수가 없다고 한 것은 아승지를 셀 수 없다는 것이다'고 하였다.

《교의분제장》에서는 '만일 소승에 의거하면 자체에 세 사람이 있다. 하근기는 모든 성문을 말하는데, 매우 빨리는 3생에 누진하여 득과하

490 《演義鈔》 권제26 〈華藏世界品〉 제5(T36, 199b04).

고 매우 늦게는 60겁을 경력한다. 중근기는 모든 독각인을 말하는데, 가장 빠른 것은 4생에 득과하고 가장 늦은 것은 100겁을 지나야 한다. 상근기는 불을 말하는데, 결정코 삼아승지겁을 채워야 한다. 여기서 겁 수는 수재·화재겁 등의 1겁을 취해서 1수數를 삼고 10개의 1수가 제2수가 된다. 이와 같이 점점 제60에 이르면 일아승지가 된다. 이에 의거하여 삼아승지를 세는 것이다. 만일 대승에 의거하면 수행하여 성불하는 것은 결정코 삼아승지겁을 지내야 한다. 다만 이 겁 수는 소승과 다르다. 무엇인가? 이것은 수재·화재 등 대겁의 수를 취하여 만 겁수에 이르고 또다시 만 겁에 이르러 1구리가 되는 것을 제1수라고 한다. 이 구리를 세워 또다시 구리에 이르면 제2수가 된다. 이와 같은 차례로 다음의 수 등을 취하여 첫 번째 100에 이르도록 세면 일아승지겁이라고 한다. 이것은 곧 10대수 중에 제1수이다. 이 수에 의거하여 삼아승지를 채우는 것이니, 이에 백겁 동안 상호 등을 닦는다고 설하는 것이다.

《대지도론》에서는 이렇게 별도로 상호를 닦는 것을 무너뜨리고, 삼아승지 이외에 별도로 닦는 것을 인정하지 않았으니, 곧 실교의 의미이다. 그러나 실교의 의미는 자체에 두 가지 뜻이 있다. 하나는 정해진 것이니, 삼아승지 동안 일방에서 교화하는 의식을 행하기 때문이고, 또 실불이기 때문이다.

《대승기신론》에서 혹은 지위를 초월하여 빨리 정각을 성취하는 것을 보여준 것은 겁약한 중생을 위한 것이며, 혹은 나는 무량한 겁에 당래에 불도를 이룬다고 설한 것은 해태한 중생을 위한 것이다. 이와 같이 무량한 방편으로 불가사의함을 보일 수 있으나 실제 보살은 종성과 근기가 동등하고 발심이 곧 동등하며 증득한 것 역시 동등하여 초과하는 방법이 없어서 모든 보살들이 다 삼아승지겁을 거치기 때문이다. 이렇다면 정해진 것이다.

둘째는 정해지지 않은 것이니, 또다시 두 가지 의미가 있다. 첫째, 다른 잡류 세계와 통하기 위한 것이니, 《승천왕경》[491]에서 설한 것과 같다. 곧 앞의 나무 형태 등의 (찰토)가 이것이다. 둘째, 불덕이 무한한 데 근거한 것이니, 《보운경》에서 설한 것과 같다. 만약 별교일승에 한정해서 융합하여 거둬들여 설하면 비목선인이 선재의 손을 잡고서 많은 겁의 시간을 지나고 지나간 곳이 무변한 것과 같이 길고 짧음을 생각할 수 없다. 만일 초월이 수승한 것을 나타낸다면 일생에 단박에 원만해지고 만일 깊고 깊은 것에 한정하면 수많은 겁에도 다할 수 없다. 그러므로 정해 잡을 수 없다고 한 것이다. 귀중한 것은 현묘한 데 들어가는 것이다"[492]라고 하였다.

[50c15] ○言三十四心者, 十六心中, 八忍正斷三界分別煩惱, 兼斷下八地俱生煩惱. 於中八智, 證彼所顯擇滅無爲, 所謂苦法智忍一, 苦法智二, 苦類智忍三, 苦類智四. 苦諦有四旣爾, 集滅道諦各四亦然, 故有十六. 非想一地九品俱生煩惱, 無上可忻, 世道不伏, 前十六心不能斷除. 別起故,[493] 九無間道斷惑, 九解脫道證理, 竝前十六, 共成三十四心. 問: 藏敎之中說大乘故, 天台不名小乘, 以爲順理者, 淸凉立作小敎, 豈不違耶? 答: 天台但據所說, 有大乘故, 淸凉却據能說, 唯小乘故. 且如《佛說經》, 談外道義, 不名佛敎耶? 彼旣不隨所說, 但就能說, 名爲佛敎, 此

---

491 《勝天王般若波羅蜜經》(T08, 687a~).

492 《演義鈔》 권제26 〈華藏世界品〉 제5(T36, 199c12).

493 底本에는 "故別起"로 교감. 번역문에 반영함.[역자 주]

何不爾?

○ '34심心'[494]이라고 말한 것은 16심 가운데 '팔인八忍'은 바로 삼계의 분별번뇌를 끊고 겸하여 하계 8지八地의 구생번뇌俱生煩惱를 끊는다. 16심 가운데 '8지八智'는 저것이 드러낸 택멸무위擇滅無爲를 증득하니 이른바 고법지인苦法智忍이 하나, 고법지苦法智가 둘, 고류지인苦類智忍이 셋, 고류지苦類智가 넷이다. 고제의 넷이 있는 것이 이미 그렇고, 집제, 멸제, 도제 각각의 넷도 또한 그렇다. 그러므로 16심이 있다. 비상처 1지一地의 9품 구생번뇌는 위없이 흔쾌하여 세간도로 절복하지 못하니 앞의 16심으로 끊어 제거할 수 없다. 그러므로 별도로 일으킨 9무간도로 미혹을 끊고 9해탈도로 진리를 증득하니, 앞의 16심과 아울러 함께 34심을 이룬다.

문는다. 장교 가운데 대승을 설하기 때문에 천태는 소승이라고 하지 않았으니 그것이 순리라고 여겨지는데 청량은 소승교라고 세웠으니 어찌 어긋나지 않겠는가?

답한다. 천태는 다만 설해진 내용(所說)에만 근거한 것이니 대승이 있기 때문이고, 청량은 도리어 설하는 주체(能說)에 근거한 것이니 오직 소승뿐이기 때문이다. 우선 《불설경》과 같은 경우, 외도의 뜻을 얘기했는데도 불교라고 이름붙이지 않았는가. 저것은 이미 설해진 내용을 따르지 않고 다만 설하는 주체에 입각하여 불교라고 이름붙인 것이라면, 이것은 어찌 그렇게 하지 못하겠는가.

494 《演義鈔》 권제7(T36, 051a07).

### ㈁ 4교에 대한 힐난에 총체적으로 답함(總通四敎難)

[51a03] [《鈔》] 不詮別理者, 不詮法空理也.

[초] '별도의 이치를 설명하지 않았으며'[495]라는 것은 법공의 이치를 설명하지 않은 것이다.

[51a03] ○不斷別惑者, 不斷所知[496]障也.

○ '별도의 미혹을 끊지 않은 것이요'라는 것은 소지장所知障을 끊지 않은 것이다.

[51a04] ○言一相無相者, 謂一眞空相, 無彼虛妄相[497]故.

○ '하나의 상이며 무상無相이기 때문'[498]이라고 한 것은 하나의 진실한 공상을 말하니, 저 허망한 상相이 없기 때문이다.

[51a05] ○言又已得故者, 前藏敎初對舊醫戒定慧故, 創得新醫戒定慧故, 可立

495 《演義鈔》 권제7(T36, 051b06).

496 底本에는 "智", 《金澤寫本》 참조 수정.

497 底本에는 "想", 《金澤寫本》 참조 수정.

498 《演義鈔》 권제7(T36, 051b11). 아래도 동일.

三藏之名, 通教重得, 故不建號. 如極喜[499]地預流果, 從初建號故. 或前教已得藏名, 後教不可重立. 若重立時, 卽有相濫故.

○ '또 이미 얻었기 때문이다'이라는 것은 앞의 '장교藏教'는 옛 의사의 계·정·혜를 처음으로 대치했기 때문이며, 새로운 의사의 계·정·혜를 개창하였기 때문에 '삼장교'란 이름을 세울 수는 있지만, 통교에서 거듭 얻을 수 있기 때문에 그 호칭을 세우지 않은 것이다. 마치 극희지極喜地(환희지)나 예류과預流果(수다원)가 처음인 것을 쫓아 호칭을 건립한 것과 같기 때문이다. 혹은 앞의 교에서 이미 '장교'라고 이름붙인 것 때문에 뒤의 교에서 중첩해서 세울 수 없는 것이니, 만일 중첩해서 세운다면 곧 서로 혼란함이 있기 때문이다.

[51a09] ○言異生滅三者, 三學各具無量相故, 三學同以一理統之故.

○ '생멸의 삼장三藏과는 다르기 때문'[500]이라고 한 것은 (계·정·혜) 삼학이 각각 무량한 상을 갖췄기 때문이고, 삼학이 똑같이 하나의 이치로 통괄되기 때문이다.

[51a10] ○言不可得空者, 帶妙有之空故.

---

499 底本에는 "善", 교감 주 및《金澤寫本》참조 수정.

500 《演義鈔》권제7(T36, 051b16). 아래도 동일.

○ '언을 수 없는 공空이지'라고 한 것은 묘유를 띠고 있는 공이기 때문이다.

[51a11] ○言雖說歷別等者, 此意, 縱圓敎中, 有行布義, 奪歸圓融, 但屬圓敎, 不屬別敎. 若爾, 何故次段《鈔》云, '迷其行布, 謂爲別敎. 但取圓融, 以爲圓敎'? 答: 彼師本意, 帶圓融行布, 奪歸圓敎, 單行布義, 判屬別敎. 《華嚴》一經, 具二行布; 地前行布, 帶彼圓融, 判歸圓敎, 地上行布, 不帶圓融, 判歸別敎故. 問: 何故聖敎, 更互而說? 答: 有深所以. 故賢首云: "謂如三乘中, 亦有說因陀羅·微細等, 而主伴不具. 或亦說華藏世界, 而不說十等. 或一乘中, 亦有三乘法相, 謂以十眼中亦具有五眼, 十通中亦有六通等, 而義理皆別, 此則一乘, 垂於三乘, 三乘參於一乘. 是則兩宗交接, 連綴引攝, 成根·欲·性, 令入別敎一乘故."

○ '비록 뚜렷이 다르게 (계위에 오르는 법문을) 설하지만'[501] 하는 이 의미는 원교圓敎에 항포行布의 뜻이 있음을 긍정하지만, 부정해서 원융圓融으로 귀속시키면 다만 원교에 속하고 별교에 속하지 않는다는 것이다.

묻는다. 만일 그렇다면 무슨 까닭으로 다음 단락의 《초》문에서 '그 항포에 미혹해서 별교라고 하였으며 다만 원융만을 취하여 원교이라고 한 것이다'라고 하였는가?

답한다. 저 사(청량)의 본 의미는 원융을 띤 항포는 부정해서 원교로 돌려보내고, 홑으로 항포의 뜻 만이면 별교로 판단하여 귀속시킨 것이다. 《화엄경》 하나에 두 가지 항포를 갖추고 있다. 지전地前의 항포는 저

501 《演義鈔》 권제7(T36, 051b22).

원융을 띠어서 원교로 교판하여 돌려보내고 지상의 항포는 원융을 띠지 않아 별교로 교판하여 돌려보냈기 때문이다.

묻는다. 무슨 까닭으로 성교를 서로 바꿔서 설하는가?

답한다. 깊은 까닭이 있다. 그러므로 현수가 "말하자면, 삼승에서도 또한 '인드라망'과 '미세문' 등을 설한 것이 있지만 '주반문'은 구족하지 못한 것과 같다. 혹은 또한 화장세계를 말하지만 십 세계를 말하지는 않았으며, 혹은 일승에도 또한 삼승의 법상이 있다. 말하자면 십안十眼 가운데 역시 오안五眼을 갖추고 있고, 십통十通 가운데 또한 육신통 등을 갖추고 있지만 의리는 모두 각별하다. 이것은 일승은 삼승에 드리워져 있고 삼승은 일승과 섞여 있는 것이니 이렇다면 양 종이 서로 접해져 연결되어 묶이고 이끌어 거둬서 근·욕·성을 이뤄 별교일승에 들어가게 한 것이다"[502]라고 하였다.

ⓒ 원효법사元曉法師

ㄱ. 정립함(正立)

[51a23] [《疏》] 未明法空名別等者, 謂唯說生空, 狹故名別, 復說法空, 寬故名通.

[소] '아직은 법공을 밝히지 않은 것을 별상교라고 이름한다'[503] 등은 오직 생공生空만을 설한 것은 좁기 때문에 '별상교'라고 이름하고, 또다시

502 《教義分齊章》 권제1(T45, 478c13).

503 《大疏》 권제2(T35, 510a24).

법공法空을 설하면 넓기 때문에 '통교'라고 이름한다.

### ㄴ. 수순함과 어긋남을 분별함(辨順違)

[51b01] [《鈔》] 良以自謙者, "故《周易》謙卦云: '謙亨, 君子有終.' 〈彖〉曰: '謙亨, 天道下濟而光明, 地道卑而上行. 天道虧盈而益謙, 地道變盈而流謙, 鬼神害盈而福謙, 人道惡盈而好謙. 謙尊而光, 卑而不可踰, 君子之終也.'" 釋曰, 衆卦之內, 唯彼卦而無咎. 諸師立義, 獨此師而無非矣.

[초] '진실하게 (일체를 거둔 것은 아니라고)[504] 스스로 겸양하였으므로'[505]라는 것은, "그러므로 《주역周易》[506]의 '겸괘謙卦'에 '겸손하면 형통하니, 군자는 마침이 있는 것이다'라고 하였고, 〈단전彖傳〉에서 '겸손이 형통한 것은 천도天道는 아래로 구제하여 광명하고 지도地道는 낮은 데서 위로 올라가는 것이다. 천도는 가득 찬 것을 이지러지게 하여 겸손한 데에 보태주고, 지도는 가득 찬 것을 변하게 하여 겸손한 데로 흐르게 하며, 귀신은 가득 찬 것에는 해롭게 하며 겸손한 것에는 복을 주고, 인도人道는 가득 찬 것을 싫어하며 겸손한 것을 좋아하나니, 겸손은 (상대를) 높여서 빛나며 (나를) 낮추어도 (사람이) 넘지 않으니 군자의 마침

504 원효법사는 ①삼승별교, ②삼승통교, ③일승분교, ④일승만교의 4교를 세웠다. 여기서 '일승'은 이승과 함께하지 않는 것을 의미하며, '분교'는 隨分教, '만교'는 圓滿教를 의미한다.

505 《演義鈔》 권제7(T36, 051c11).

506 《주역》은 《上經》《下經》 및 십익十翼으로 구성되어 있다. 십익은 〈彖傳상·하〉〈象傳상·하〉〈繫辭傳상·하〉〈文言傳〉〈說卦傳〉〈序卦傳〉〈雜卦傳〉 등 10편을 말한다.

이다'고 하였다."[507] 해설하면, 여러(64) 괘 가운데에 오직 저 (겸)괘만이 허물이 없으니, 여러 법사들이 뜻을 세웠는데, 유독 이 (원효)법사만 잘못이 없는 것이다.

ⓓ 혜원慧苑 공公

ㄱ. 정립함(正立)

[51b07] [《疏》] 二謂小乘於眞如隨緣不變等者, 此《疏》言略, 具足應云, '於眞如隨緣不變二分義中, 唯得不變, 故名一分. 二空之中, 唯說生空所顯之理, 故名爲半.'

[소] '둘째는 말하자면, 소승은 진여의 수연隨緣과 불변不變'[508] 등이라고 한 것은 이 《소》에는 말이 생략되어 있다. 구족해서 말해보면, 진여의 수연과 불변의 2분의 뜻 가운데 오직 불변만을 얻었으므로 '일분一分'이라고 하며, 2공 가운데 오직 생공生空으로 드러난 이치를 설하였으므로 '반교半教'라고 한다고 해야 한다.[509]

ㄴ. 수순함과 어긋남을 분별함(辨順違)

ㄱ) (4교를) 따로따로 논파함(別破[二])

---

507 《演義鈔》 권제43(T36, 330a28).

508 《大疏》 권제2(T35, 510b07)이다.

509 《화엄경약소간정기》의 저자인 혜원 공이 세운 4교로 ①迷眞異執教, ②眞一分半教, ③眞一分滿教, ④眞具分滿教의 뜻을 설명하고 있다.

#### (ㄴ) 뒤의 삼교를 논파함(破後三)

[51b10] [《鈔》] 儒教等者, 優柔弘潤, 於物必濟曰儒, 用之不匱, 於物必通曰道. 其九流七經等, 前文已具.

[초] '유교儒教'[510] 등이란 충분히 부드럽고 널리 윤택하여 만물을 반드시 구제하므로 '유儒'라고 하며, 써도 다하지 않아서 만물을 반드시 통하게 하므로 '도道'라고 한다. 9류九流와 7경七經 등은 앞 문장에 이미 갖춰져 있다.

[51b12] [《疏》] 既得[511]不變一分豈名爲滿者, 問: 彼據義別立名故異, 何得相從而伸其難, 豈非異門難異門耶? 答: 約義雖殊, 立名不便. 何者? 頗有智者, 呼五尺人爲短長漢, 望六尺人, 故號其短, 對四尺人, 又號其長. 亦就義別, 不容他難者, 准此所破, 但破第三, 何故科文云破後三? 顯破第三, 影兼餘二, 謂此分·滿之名不立, 餘二分·滿之名豈成? 又所對分·滿二名不立, 能對半·滿兩號寧存? 科破後三, 誠不虛矣. 復有漸頓安辨, 偏圓不曉等過. 《疏》略不言, 學者準知.

[소] '이미 불변不變의 일분을 얻었다고 했는데, 어떻게 만분滿分이라고 할 수 있겠는가?'[512] 한 것은, 묻는다. 저것은 뜻이 각별한 것에 근거하여 이름을 세웠기 때문에 다를 텐데, 어떻게 서로 좇아서 그런 논란을 펼

510 《演義鈔》 권제7(T36, 051c18)이다.

511 《大疏》에는 "既但得"으로 되어 있다. 이 글에서 '但'자는 중요한데 《결택기》에는 빠져있다.

512 《大疏》 권제2(T35, 510b15).

쳤는가? 다른 문(일분·구분)으로 다른 문(반·만)을 논란한 것은 아닌가?

답한다. 뜻에 한정하면 비록 다르더라도 이름을 세우는 데에는 불편하다. 어째서인가? 제법 지혜 있는 사람이라면 5척인 사람을 작은 사람인지 큰 사람인지로 부를 때 6척인 사람과 상대하면 작다고 부르고, 4척인 사람과 상대하면 크다고 부른다. 또한 뜻이 각별한데 입각했으므로 다른 논란이 용납되지 않는다.

묻는다. 여기서 논파한 내용에 준거하면 다만 제3교(진일분만교)만을 논파하였는데, 무슨 까닭으로 과문에서는 '뒤의 3교를 논파함'이라고 했는가?

답한다. 제3교를 드러나게 논파하고 나머지 2교를 영략해서 겸한 것이다. 말하자면 이 교의 '(일)분'과 '만(교)'의 명칭이 성립되지 않는다면 나머지 2교의 분·만의 호칭이 어떻게 성립되겠으며, 또 소대所對인 (일)분·만(교)의 두 명칭이 성립되지 못하는데, 능대能對인 반교·만교의 양 호칭이 어찌 존재하겠는가? 과단에서 '뒤의 3교를 논파함'이라고 한 것은 진실로 허망하지 않다. 또다시 점漸·돈頓이 있는데 어찌 변별하겠으며, 편偏·원圓을 분명히 알지 못하는 등의 과실이겠는가?《소》에서는 생략하고 말하지 않았으니 학자들은 준거하여 알라.

e) 5종류의 교를 세움(立五種敎)

(b) 해석함(解釋)

ⓐ 파파삼장波頗三藏

[51b21] [《鈔》] 歲次娵觜者, 星名也.《雅》云: "娵觜之口, 營室東壁. 四方似口, 因

立名也." 若準《陰陽》, 有年直·月直·日直·時直等, 此或年直·月直也.

[초] '세차歲次는 추자娵觜이니'[513]라는 것은 별 이름이다. 《이아爾雅》[514]에 "추자의 어귀는 영실營室이며, 동벽東壁이다. 사방이 어귀와 비슷하므로 그로 인해 이름을 세웠다"라고 하였다. 만약 《음양》에 준거하면 년직, 월직, 일직, 시직 등이 있으니, 이것은 혹은 년직, 월직이다.

ⓑ 현수대사賢首大師

[51b24] [《鈔》] 前四名卽衍公四宗義在立宗之初者, 下文云: "一因緣宗, 謂薩婆多, (顯正因緣, 立有緣果之性.) 二假名宗, 謂卽經部, (破於定性, 但從緣有. 萬法從緣, 故無定實. 如鐵之堅, 過火卽鎔. 如水之濕, 遇寒卽堅. 明知從緣, 卽無定性, 假名而有.) 三不眞宗, 謂[515]諸般若, (第二但破於性, 而有其相, 如會指成拳, 雖無定性, 非無拳相. 今復破之, 明性相俱空, 爲法空矣.) 四眞實宗, 謂法性眞理佛性等敎. (第三但除妄計, 以顯空義, 未彰妙有不空眞性, 今此方顯妙有之眞性. 又第一宗, 是因緣所生法, 第三宗, 卽我說[516]卽是空, 第二宗, 又爲是假名, 第四, 亦是中道義, 故此不敍.)"

[초] '앞 4교의 명칭은 곧 연공衍公의 사종四宗인데, 뜻은 〈입종立宗〉의 처

513 《演義鈔》 권제7(T36, 052b15).

514 李學勤 主編, 《爾雅注疏》 "娵觜之口, 營室·東壁也者, 娵觜, 室·壁之次也. 壁居南則在室東. 孫炎曰: "娵觜之歎則口開方, 營室·東壁, 四方似口, 故因名也." 郭云: "營室·東壁, 星四方似口, 因名云." 由其營室與東壁相成, 故得正四方."[역자 주]

515 底本에는 "諸", 《金澤寫本》 참조 수정.

516 底本에는 "卽我說+卽我說", 교감 주 및 《金澤寫本》 참조 "卽我說" 삭제.

음에 있다'[517]라는 것은 아래의 《초》 글에서 "첫째는 인연종因緣宗이니 살바다를 말하고(바른 인연을 드러내어 연과緣果의 성이 있다고 세운 것이다), 둘째는 가명종假名宗이니 곧 경부를 말하며(정성定性에 대해서 다만 연을 따라서만 있다고 논파한 것이니, 만법은 연을 따르므로 고정된 실성實性이 없다. 철광의 견고함은 불을 지나면 녹아지고 물의 습윤함은 추위를 만나면 굳어지는 것처럼 연을 따르는 것은 고정된 성질이 없고 임시로 이름하여 있는 것임을 분명하게 알 수 있다), 셋째는 부진종不眞宗이니 제부반야를 말하고(제2종에서는 성性에 대해서만 논파하고 그 상相은 두었으니, 마치 손가락을 모아 주먹을 만들 때 비록 고정된 성질은 없지만 주먹의 모양이 없지 않은 것과 같다. 지금은 또다시 논파하여 성·상이 모두 공하여 법공임을 밝힌 것이다), 넷째는 진실종眞實宗이니 법성과 진리와 불성 등의 교를 말한다(제3종에서는 다만 허망한 계탁을 제거하여 공의 뜻만을 드러냈고, 아직 '묘유'의 공하지 않은 진실한 성품은 드러내지 않았다. 지금 이 종에서야 묘유의 진실한 성품을 드러내었다. 또 제1종은 '인연으로 생긴 법을'이며, 제3종은 '나는 곧 공하다고 설한다.'이며, 제2종은 '또 가명이라고 하며'이고, 제4종은 '또한 중도의 뜻이다'이다. 그러므로 여기서는 서술하지 않았다)"[518]라고 하였다.

517 《演義鈔》 권제7(T36, 052c02).

518 《演義鈔》 권제13(T36, 099a18).

《大方廣佛華嚴經談玄決擇》卷第四

대방광불화엄경현담결택기 권제4

〈錄摘文解〉

[51c12] 眞身, 與法界合其體等, 三江, 同一法身雲, 約十地身十佛, 依起無礙, 非情佛體, 色究竟天菩薩示高大身, 十事功德, 若不融前義亦失經宗, 十類衆, 因果二分古有多說, 十二部修多羅, 儒夫子爲主, 三科三十七品, 十二分, 教海沖深, 四辯, 八音, 四輪, 不生滅, 四諦, 十二支, 初發心時便成正覺, 開得多失少, 出現十喩, 或有國土唯說三乘, 十異, 四句四頓四漸俱以喩顯, 會三爲一, 三點成伊, 三僧祇修六度, 三十四心, 雖說歷別, 衍公四宗.

[51c24] 大宋咸淳第七(辛未)歲春中月下七日於宋朝湖州思溪法寶禪寺借得行在南山高麗教寺之祕本謹以寫留之畢. 執筆沙門辨智.

대송국 함순咸淳 제7(신미)년 봄 중월 하7일에 송조 호주湖州 사계思溪 법보선사法寶禪寺에서 남산의 고려교사高麗教寺에 있는 비본을 빌려 얻어서 삼가 베껴 두기를 행해 마쳤다. 집필사문 변지辨智

# 大方廣佛華嚴經談玄決擇 卷第五

# 대방광불화엄경담현결택 권제5

上京開龍寺 圓通悟理大師 賜紫沙門 鮮演述

상경 개룡사 원통오리대사 사자사문 선연鮮演이 짓다.

㉯ 서역(인도)을 서술함(敍西域)

a. 바로 서술함(正敍)

a) 근원에 대해서 총체적으로 서술함(總敍源由)

[52a09] [《鈔》] 玄飈纔擧則無著牽羊者, 《論語》云: "微子去[001]之, 箕子爲之奴, 比干諫而死. (註云, 微箕二國名, 子爵也. 微子紂之庶兄, 箕子比干紂王諸父. 微子見紂無道, 早去之, 箕子佯狂爲奴, 比干以諫見煞.) 武王遂統雄[002]兵, 八百諸候不期而會, 一陳交鋒, 紂軍大敗. 紂王旣敗, 左手執猫, 右手牽羊. 降伏之相也."

[초] '(용수龍樹의 종파가) 검은 깃발을 들자마자 무착無著이 양을 끌고'[003]라는 것은 《논어》에 "미자微子는 그를 떠났고, 기자箕子는 그의 종이 되었으며, 비간比干은 간언하다가 죽었다. (주자의 주석에서 "'미와 기'는 두 나라의 이름이고, '자'는 벼슬이다. 미자는 주왕의 서자 출신 이복형이고, 기자와 비간은 주왕의 백부와 숙부이다. 미자는 주왕이 무도함을 보고 일찍이 떠나버렸고, 기자는 미치광이를 가장하여 그의 종이 되었고, 비간은 간언하다가 죽임을 당했다"고 하였다.) 무왕이 마침내 웅병들을 통솔하시니 8백의 제후들이 기약하지도 않아도 모여 들었고, 한 부대가 교전하자 주왕紂王의 군대가 대패했다. 주왕은 패하게 되자 왼손으로는 고양이를 잡고 오른손으로는 양을 끌고 갔으니, 항복하는 모습이다"라고 하였다.

---

001 底本에는 "玄", 《金澤寫本》 및 《논어》 참조 수정.

002 底本에는 "雜", 《金澤寫本》 및 《논어》 참조 수정.

003 《演義鈔》 권제7(T36, 052c17). 아래도 동일.

[52a13] ○言翎[004]羽暫騰則陳那亂轍者,[005] 亂轍之言, 出於《春秋》: "魯莊公十年, 齊師伐魯. 魯莊公將戰, 魯人曹劌[006](音貴) 請從(才用切), 公與之乘.(繩證反, 共在兵車也.) 戰於長勺(上酌反, 地名也.), 公將鼓之, 劌曰未可. 齊人三鼓, 劌曰可矣. 齊師敗績, 公將馳之, 劌曰未可. 下視其轍登軾而望之, 曰可矣. 遂逐齊師旣克. 公問其故. 對曰, 夫戰勇[007]氣也, 一鼓作氣, 再而衰, 三而竭. 彼竭我盈故克之. 夫大國難測[008]也, 懼有伏焉. 吾視其轍亂, 望其旗靡, 故逐之知非詐也." 釋曰, 配合消文, 可以意得.

○ '영우翎羽(깃으로 된 부채)를 들어 올리자마자[009] 진나陳那는 수레바퀴 자국이 어지럽다'에서 '수레바퀴 자국이 어지럽다'는 말은 《춘추》에서 나왔다.

노나라 장공莊公 10년에 제나라 군사가 노나라를 침범했다. 장공이 전투하려 할 때에 노나라 사람 귀劌(음은 귀이다)를 만났는데 (그가) 따라가기(재와 용의 반 절음이다)를 청하자 장공이 그와 함께 수레를 탔다(승과 증의 반 절음이다. 함께 병거兵車에 있는 것이다). 장삭長勺('상'과 '작'의 반 절음이니, 지명이다)에서 싸울 적에 장공이 북을 치려 하자 귀가 말했다.

"아직 안됩니다."

---

004 底本에는 "翊", 《金澤寫本》 및 《演義鈔》 참조 수정.

005 底本에는 "其", 《金澤寫本》 참조 수정.

006 底本 및 《金澤寫本》에는 "[(尶-兀+(小/(几@示)))-虫+刂)]", 《춘추》 참조 수정.

007 底本에는 "用", 《金澤寫本》 및 《춘추》 참조 수정.

008 底本에는 "則", 《金澤寫本》 및 《춘추》 참조 수정.

009 《會玄記》 권제21(X08, 250b), "제갈공명이 백우白羽를 잡고 3군을 지휘하는 것을 써서 용수종파의 논의로 하여금 그러하다고 한 것이다."

제나라 사람이 세 번 북을 치자 귀가 말했다.

"됐습니다."

제나라 군사가 패배하여 퇴각하였다. 장공이 그들을 쫓아가려 하자 귀가 말했다.

"아직 안됩니다."

그러고는 내려가서 그들의 바퀴자국을 살펴보고 수레 위로 올라가 멀리 바라보면서 말했다.

"됐습니다."

마침내 제나라 군사를 추격해서 이겼다. 장공이 그 까닭을 묻자 대답하였다.

"대저 전투할 때의 용기는 첫 번째 북소리에 기운이 돋고, 두 번째에 쇠락하고, 세 번째에는 소진됩니다. 저들은 소진되고 우리는 가득 찼기 때문에 이긴 것입니다. 무릇 대국은 헤아리기 어렵지만 두려워하면 절복시킬 수 있습니다. 제가 그들의 수레바퀴자국을 보니 어지럽고, 저 멀리 그들의 깃발을 바라보니 쓰러져 있었습니다. 그러므로 추격해도 헛되지 않을 것을 알았습니다."

해설해 보면, 배합해서 문장을 소석하면 의도를 터득할 수 있다.

#### b) (두 분이) 세운 바를 쌍으로 해석함(雙釋所立)

##### (a) 계현논사戒賢論師

###### ⓐ 스승과 제자가 서로 이어받음(師資相承)

[52a23] [《鈔》] 護法難陀未有得聖之文者, 難陀可爾, 護法菩薩若准《唯識論樞

要》云: "菩薩臨終之日, 天樂雷迎悲聲動[010]城.[011] 空中響報婆[012]羅門曰, 此是賢劫千佛之一佛也."

[초] '호법과 난타는 성위聖位를 얻었다는 문장은 아직 없으니'[013]란 것은 난타논사는 그럴 수 있겠지만 호법보살은 《유식론추요唯識論樞要》[014]의 내용에 준거하면 "보살이 임종하는 날, 하늘에서는 천상의 음악으로 맞이하고 그 성에서는 슬픈 목소리로 슬퍼했다. 허공에서 메아리로 알려주는 바라문이 '이 분은 현겁의 천불 중에 한 분이시다'라고 말했다"[015]고 하였다.

ⓒ 세운 바를 바로 드러냄(正顯所立)

ㄴ. 3교를 따로 드러냄(別顯三教)

[52b03] [《鈔》] 初時約依他說有者, 四諦之中, 滅諦是圓成故, 七十五法中, 三無爲亦圓成故. 但從多分, 故作是說.

---

010 《唯識論樞要》에는 "慟"으로 되어 있다.

011 底本에는 "域", 《金澤寫本》 및 《唯識論樞要》 참조 수정.

012 底本에는 "波", 《金澤寫本》 및 《唯識論樞要》 참조 수정.

013 《演義鈔》 권제7(T36, 053a01).

014 《唯識論樞要》 4권 갖춘 명칭은 《成唯識論掌中樞要》로 唐 慈恩窺基가 지었다. 《成唯識論演秘》와 窺基의 《樞要》 및 慧沼의 《了義燈》을 합하여 唯識三疏라고 한다. 《성유식론》의 핵심적인 의미를 해설한 것이다. 《成唯識論述記》와 《大乘法苑義林章》 뒤에 완성한 듯하지만, 《述記》중에 〈如《樞要》說〉 혹은 〈如別章〉 등의 말이 있는 것으로 볼 때, 본서와 《述記》는 동시에 완성됐다고 유추해 볼 수 있다.

015 《成唯識論述記》(T43, 231c14)에도 나온다.

[초] '초시는 의타기성에 한정하여 유有를 설하였다'[016]는 것은 사성제 가운데 멸제는 '원성실성'이고, 칠십오법 중에 세 가지의 무위가 또한 '원성실성'이다. 다만, 다분多分을 따랐으므로 이런 말을 한 것이다.

[52b05] ○言初卽相無性者, 體相無故.

○ '처음 (변계소집성)은 곧 상相이 무성無性'[017]이라고 말한 것은 체상이 없기 때문이다.

[52b05] ○言次無自然性者, 託因緣有故, 自然性無故.

○ '다음 (의타기성)은 자연성이 없다'고 한 것은 인연에 의탁해서 있기 때문이고, 자연성은 없기 때문이다.

[52b06] ○言後由遠離前, (遍計對依他, 名前.) 所執我法性,[018] (二空生圓成門也, 性也.)

○ 뒤(원성실성)는 앞의(변계소집성은 의타기성에 대응시키면 '앞'이라고 한다) 집착하였던 바의 아·법을 멀리 여읜 성이다(2공은 원성실성을 내는 문이며, 성이다).

---

016 《演義鈔》 권제7(T36, 053a13).

017 《演義鈔》 권제7(T36, 053a18). 아래도 동일.

018 底本에는 없음. 《金澤寫本》 및 《演義鈔》 참조 "性" 보충.

### ⓓ 요의와 불요의를 밝힘(明了不了)

[52b08] [《鈔》] 此中等者, 指當段《疏》義, 當《鈔》中四門之內第二, 約心境空有, 論了不了也. 遍計唯境, 依·圓通心. 前第三時等者, 指前段正顯所立《疏》也, 卽是《鈔》中四門之內第一門也. 而言合[019]者, 初時不云約三性故有, 次時不云約三無性故空, 唯第三時方言三性三無性, 故云合也.

[초] '이 가운데'[020] 등이라고 한 것은 해당 단락의 《소》의 뜻을 가리키고, 《초》에서는 4문 가운데 두 번째에 해당하니, 심心·경境의 공空·유有에 한정해서 '요의'와 '불요의'를 논한 것이다. 변계소집성은 오직 경계뿐이고, 의타기성과 원성실성은 심에 통한다.

'앞의 제3시' 등이란 앞 단락인 〈세운 바를 바로 드러냄(正顯所立)〉의 《대소》를 가리킨 것이니, 즉 《초》의 4문 가운데 제1문이다.

'합한 측면에서'라고 말한 것은, 초시는 삼성에 한정했기 때문에 '있다'고 말하지 않았고, 그 다음 시는 삼무성에 한정했기 때문에 '공하다'고 말하지 않았는데, 오직 제3시에서야 삼성과 삼무성을 말했다. 그러므로 '합한 측면에서'라고 한 것이다.

[52b13] ○餘二門者, 卽一乘三乘, 成佛不成佛也.

---

019 底本 및 《金澤寫本》에는 "含", 《演義鈔》 참조 수정. 아래도 동일.

020 《演義鈔》 권제7(T36, 053a25). 아래도 동일.

○ '나머지 두 문'은 곧 '일승과 삼승'이며, '성불과 불성불'이다.

(b) 지광논사智光論師

ⓑ 의거한 바의 경론(所憑經論)

[52b15] [《疏》][021] 二智光論師至無相大乘爲眞了義者, 問: 准此所明, 空敎性敎合爲一種, 何故圭峯性宗空宗, 分成十異. 故彼師云: "第一第二空有相對, 第三第一性相相對, 皆迢然易見. 唯第二第三破相與顯性[022]相對, 講者禪者同迷, 皆謂同是一宗一敎. 皆以破相, 便爲眞性. 故令廣辨空宗性宗有其十異; 一法義眞俗異,(空宗則未顯靈知之性, 但以一切差別之相爲法. 法是俗諦, 照此諸法, 無爲無相, 不增不減等爲義. 義是眞諦. 故《智度論》: '以俗諦爲法無礙辯, 以眞諦爲義無礙辯.' 性宗則以一眞之性爲法, 空有等種種差別爲義. 故《華嚴》〈十地〉云: '法者知自性, 義者知生[023]滅. 法者知眞諦, 義者知俗諦等.' 十番皆以法爲眞諦, 以義爲俗諦.) 二心性二名異,(空宗一向目諸法本源爲性, 性宗多目諸法本源爲心. 目爲性者, 經·論多同, 不必敍述. 目爲心者,《勝鬘》云: '自性淸淨心.'《起信》云: '一切諸法從本已來, 離言說名字心緣等相, 乃至唯是一心.') 三性字二體異,(空宗, 以諸法無性爲性. 性宗, 以靈明常住不空之體爲性. 故性字雖同, 而體異也.) 四眞智眞知異,(空宗以分別爲知, 無分別爲智, 智深知淺. 性宗以能證聖理之妙慧爲智, 以該於理智通於凡聖之靈性爲知. 知通智局.) 五有我無我異,(空宗, 以有我爲妄, 無我爲眞. 性宗, 以無我爲妄, 有我爲眞. 故《涅槃》云: '無我者名爲生死, 有我者名爲如來.') 六遮詮表詮異,(遮謂遣其所非, 表謂顯其

---

021 底本에는 "鈔",《金澤寫本》및《演義鈔》참조 수정.

022 底本에는 없음.《金澤寫本》참조 보충.

023 底本에는 "性",《金澤寫本》참조 수정.

所是. 又遮者揀却諸餘, 表者直示當體, 如諸經所說, 其妙理性. 每云, 不生不滅, 不垢不淨等, 皆是遮詮. 若云, 知見覺照靈鑒等, 皆是表詮. 若無知[024]見等體, 顯何法爲性, 說何[025]法不生滅等. 如說水云, 不乾是遮, 云濕是表. 諸教每云, 絶百非者, 皆是遮詞. 直顯一眞, 方爲表語. 空宗之言但是遮詮, 性宗之言有遮有表. 但遮者未了, 兼表者乃的等.) **七認名認體異,**(謂一一法皆有名體. 設有人問, 每聞諸經云: '迷之卽垢, 悟之卽淨. 縱之卽凡,[026] 修之卽聖. 能生世出世間一切諸法.' 此是何物? {擧義用問也.} 答云是心. {擧名答也.} 愚者認名, 便謂已識, 智者應更問, 何者是心? {徵[027]其體也.} 答, 知[028]卽是[029]心. {指其體也.} 以此而推, 心之名體, 各唯[030]一字, 餘皆義用. 知之一字, 貫於貪嗔·慈忍·善惡·苦樂萬用萬義之處. 今時學禪人多疑云, 達磨但說心, 荷澤何以說知? 答, 直須悟得, 心是名不是體, 知是體不是名. 卽眞妄垢淨善惡, 無義不通也. 空宗等恐淺根隨言生執, 故但標名, 而遮其非, 廣以義用而引其意. 性宗令上根亡言認體故. 以知之一言, 直示其體.) **八二諦三諦異,**(空宗所說, 世出世間, 一切諸法, 不出二諦. 學者皆知, 不必引釋. 性宗則攝一切性, 相及自體, 總爲[031]三諦. 以緣起色等諸法, 爲俗諦. 緣無自性諸法卽空, 爲眞諦. {與前宗同.} 一眞心體, 非空非色, 能空能色, 爲中道第一義諦. {與前宗別.}) **九三性空有異,**(謂遍計所執性, 依他起性, 圓成實性. 空宗云, 諸經每說有者, 卽約遍計·依他. 每說空者, 卽是圓成實性, 三法皆無性也. 性宗卽

---

024　底本에는 "智",《金澤寫本》 참조 수정.
025　底本에는 "付",《金澤寫本》 참조 수정.
026　底本에는 "卽-",《金澤寫本》에는 "-凡",《都序》 참조 보충.
027　底本에는 "徹",《金澤寫本》 및《都序》 참조 수정.
028　底本에는 "之",《金澤寫本》에는 "云",《都序》 참조 수정.
029　底本에는 없음.《金澤寫本》 및《都序》 참조 보충.
030　底本 및《金澤寫本》에는 "爲",《都序》 참조 수정.
031　底本에는 없음.《金澤寫本》 및《都序》 참조 보충.

三法皆具空有之義, 謂偏計情有理無, 依他相有性無, 圓成情無理有, 相無性有.) 十佛德空有異.(空宗說佛以空爲德, 無有少法, 是名菩提. 色見聲求, 皆行邪道. 性宗則一切諸佛自體, 皆有常樂我淨. 十身十智眞實功德, 相好通光一一無盡, 性自本有, 不待根緣.)" 此上所明, 十異歷然, 二門煥矣, 豈得二宗合爲一敎? 今謂通云, 會不會故. 旣師宗各異, 何須會釋? 或總對相敎小敎, 合爲一宗, 今[032]別分破相顯性, 開成二敎, 故不相違. 如通論大小, 二乘合[033]作聲聞乘, 權實共爲菩薩藏.[034] 大小各開, 如名可知. 以彼例此, 居然易見.

[소] '두 번째는 지광智光논사가 … 무상대승을 밝힌 것으로써 참된 요의를 삼았다'[035]는 것은, 묻는다. 여기서 밝힌 것에 준거하면 공교와 성교를 합쳐서 하나의 종宗으로 삼았는데 어째서 규봉은 성종性宗과 공종空宗을 열 가지 차이로 나눠 성립시켰는가?

그러므로 그가 (《도서都序》에서)[036] "제1시와 제2시는 공空·유有가 상대하고, 제3시와 제1시는 성性·상相이 상대한다는 것은 모두 훤하여 알기 쉽지만 오직 제2시와 제3시는 파상破相과 현성顯性이 상대한다는 것은 강학하는 자나 참선하는 자나 똑같이 미혹하여 모두가 똑같이 하나의 종파이며, 하나의 교리라고 여겨서 모두가 파상으로써 곧 진성으로 여긴다. 그러므로 공종과 성종을 자세하게 변별하게 되면 열 가지 차이

---

032 底本에는 "分",《金澤寫本》 참조 수정.

033 底本에는 없음.《金澤寫本》 참조 보충.

034 底本에는 없음.《金澤寫本》 참조 보충.

035 《大疏》 권제2(T35, 510c10).

036 唐 圭峯宗密 述,《禪源諸詮集都序》 권하-1(T48, 407a09-28)의 내용을 요약 정리.

가 있다.

첫째는 법法·의義와 진眞·속俗이 다름(공종은 아직 신령하게 아는 성을 드러내지 않았고 다만 일체의 차별된 상으로서 법을 삼았으니 법은 속제이다. 이 제법을 비춰보면 무위無爲와 무상無相과 부증불감不增不減 등은 뜻이 되니 뜻은 진제이다. 그러므로《대지도론》에서 '속제로서 법무애변을 삼고, 진제로서 의무애변을 삼는다'고 하였다. 성종은 하나의 진성으로서 법을 삼고, 공·유 등의 갖가지 차별로 뜻을 삼는다. 그러므로《화엄경》〈십지품〉에서 '법이란 자성을 아는 것이고, 뜻은 생멸을 아는 것이다. 법은 진제를 아는 것이고, 뜻은 속제를 아는 것이다' 등이라고 하였다. 열 번 모두 법으로써 진제를 삼고, 뜻으로써 속제를 삼았다)이요,

둘째는 심心과 성性의 두 가지 이름으로 다름(공종은 줄곧 제법의 본원을 지목해서 성性이라고 하고, 성종은 대부분 제법의 본원을 지목해서 심心이라고 한다. '성'이라고 지목한 것은 경론에서 거의 동일하여 서술이 불필요하지만 '심'이라고 지목한 것은《승만경》에서는 '자성 청정심'이라고 하였고,《대승기신론》에서는 '일체의 모든 법은 본래로부터 언설과 명자와 심연心緣 등의 상을 여의었으며 내지 오직 일심일 뿐이다'라고 하였다)이요,

셋째는 성性자가 두 가지 체성으로 다름(공종은 제법이 무성無性인 것으로 '성'을 삼고, 성종은 신령하게 밝고 상주하며 공하지 않은 체성으로 '성'을 삼는다. 그러므로 '성'이란 글자는 같더라도 체성은 다르다)이요,

넷째는 진지眞智와 진지眞知가 다름(공종은 분별로서 '앎'을 삼고 무분별로 '지혜'를 삼았으므로 '지혜'는 깊고 '앎'은 얕지만, 성종은 성인의 이치를 증득할 수 있는 묘한 지혜로 '지혜'를 삼고 이치와 지혜를 꾸리고 성인과 범부에 통하는 신령한 성으로 '앎'을 삼아서 '앎'은 통괄적이고 '지혜'는 국한된다)이요,

다섯째는 유아有我와 무아無我로 다름(공종은 '유아'로서 망을 삼고 '무아'로

서 진을 삼지만, 성종은 '무아'로서 망을 삼고 '유아'로서 진을 삼는다. 그러므로《열반경》에서 '무아는 생사라고 이름하며 유아는 여래라고 이름한다'고 하였다)이요,

여섯째는 차전遮詮하고 표전表詮하는 것이 다름(차전은 아닌 것을 보내버리는 것이고, 표전은 맞는 것을 드러내는 것이다. 또, 차전이란 나머지들을 가려내 버리는 것이고, 표전이란 당체를 곧장 보이는 것이다. 예를 들어 여러 경전에서 설할 때 그 묘한 이성에 대해서 매번 '생겨나지도 않고, 소멸하지도 않으며, 더러운 것도 아니고, 깨끗하지도 않으며' 등이라고 하는 것은 모두가 차전한 것이고, 만일 '알아보고, 깨달아 비추며, 신령하게 비추는' 등이라고 한 것은 모두가 표전한 것이다. 만일 지견知見 등의 체성이 없다면 무슨 법을 드러내어 성이라고 하며 무슨 법을 생멸하지 않는다고 설명하겠는가? 물을 설명하면서 건조하지 않다고 하면 차전이고 습하다고 하면 표전이다. 여러 교에서 매번 '백비가 끊어졌다'고 하는 것은 모두 차전하는 말이다. 곧장 하나의 진을 드러내면 표전하는 말이 된다. 공종의 말은 다만 차전일 뿐이고, 성종의 말은 차전도 있고 표전도 있다. 다만 차전한 것인 줄을 알지 못하면 표전을 겸해서야 정확해지는 것이다)이요,

일곱째는 명칭과 체성을 인식함이 다름(말하자면 낱낱의 법은 모두 명칭과 체성이 있는 것이니, 가령 어떤 이가 묻기를 여러 경전에서 '미혹하면 염오되고 각오하면 청정하며, 방종하면 범부이고 수행하면 성인이다. 세간과 출세간의 모든 법을 낸다'라고 한 것을 매번 들었는데, 이것은 어떤 물건입니까{(공능)의용義用을 들어서 물은 것이다}[037]? 답하기를, 마음이다{명칭을 들어서 답한 것이다}. 어리석은 자는 명칭을 인식하여 이미 알았다고 여기지만, 지혜로운 자는 응당 다시 물을 것이다. 무

037 이 부분은《都序》의 행간 주에 해당하는데 선연 스님은 본문에 섞어 그대로 인용, 설명하고 있다. 따라서 역자는 { }안에 구분해서 번역했다.

엇이 마음인가{그 체성을 따진 것이다}? 답하기를, 아는 것이 곧 마음이다{그 체성을 가리킨 것이다}. 이로서 추구하면 '심心'의 명칭과 체성은 각각 한 글자만이고, 나머지는 모두 의용이다. '지知' 한 글자는 탐심과 성냄, 자비와 인욕, 선과 악, 고통과 즐거움 등 만 가지 작용과 만 가지 뜻 처를 꿴다. 요즘 참선을 배우는 자들은 대부분 의심하여 '달마는 다만 마음만을 말했는데 하택은 어째서 앎이라고 말하는가?' 한다. 답한다. 마음은 명칭이고 체성이 아니며, 앎은 체성이고 명칭이 아니어서 곧 진과 망, 염오됨과 청정함, 선과 악의 뜻이 통하지 않음이 없다는 것을 곧장 깨닫게 한 것이다. 공종 등은 얕은 근기들이 말에 따라서 집착을 낼까 염려되었으므로 다만 명칭만을 표시하고 그 아닌 것을 차단하였고 자세하게 의용으로 그 의미를 인용한 것이다. 성종은 상 근기들이 말을 잊고 체성을 인식하도록 하였기 때문에 '앎'이라는 한 말로 곧장 그 체성을 보인 것이다)이요,

여덟째는 2제와 3제가 다름(공종에서 말하는 세간과 출세간의 모든 법이 2제에서 벗어나지 않는다는 것은 학자들이 다 앎으로 인용해 해석할 필요가 없다. 성종은 일체의 성·상과 자체를 거둬서 총체적으로 3제로 삼는다. 연기하는 색 등의 제법은 '속제'가 되고, 연은 자성이 없어서 제법이 곧 공인 것이 '진제'가 된다{앞의 종들과 같다}. 하나의 진실한 심체는 공도 색도 아니지만 공이기도 색이기도 한 것이 '중도제일의제'가 된다{앞의 종들과 다르다} )이요,

아홉째는 삼성三性의 공·유가 다름((삼성은) 말하자면 변계소집성과 의타기성과 원성실성이다. 공종에서는 '여러 경전에서 매번 있다고 말한 것은 곧 변계소집성과 의타기성에 한정한 것이고 매번 공하다고 말한 것은 원성실성이니, 3법이 모두 무성無性이다.'라고 하며, 성종에서는 '3법이 모두 공·유의 뜻을 갖추고 있다. 변계소집성은 정情은 있고 이理는 없으며, 의타기성은 상相은 있고 성性은 없으며, 원성실성은 정情은 없고 이理는 있으며 상은 없고 성은 있다.'고 한다)이요,

열째는 불덕佛德의 공·유가 다르다(공종은 불佛이 공으로써 덕을 삼는다. 어떤 법도 없는 것을 '보리'라고 하며, 색으로 보고 소리로 구하면 모두 삿된 도이다. 성종은 모든 부처님들이 자체에 모두 상·락·아·정과 십신十身과 십지十智의 진실한 공덕이 있으며, 상호와 통광通光이 낱낱이 다함이 없으니 성은 자체에 본래 있고 근기의 연에 기대지 않는다).

이상에서 밝힌 열 가지 차이가 뚜렷하여 두 문이 훤한데 어찌하여 두 종을 합쳐서 하나의 교로 삼았는가?

답한다. 이제 통석해보겠다. 회통하고 회통하지 않은 것 때문이다. 이미 사師와 종宗이 각기 다른데 무슨 회석할 필요가 있겠는가. 혹은 상교相教와 소교小教를 모두 상대해서 합쳐서 하나의 종으로 삼은 것이고, 지금 (규봉)은 파상破相과 현성顯性을 따로 분리하여 두 개의 교로 나눠 성립시킨 것이다. 그러므로 서로 어긋나지 않는다. 마치 대소승을 통틀어 논하면 이승은 합하여 '성문승'이 되고, (대승의) 권·실은 함께 '보살장'이 되는 것과 같다. 대소승을 각각 나눈 것은 이름과 같아서 알 수 있다. 저것으로써 이것을 준례하면 있는 그 자체로 쉽게 알 것이다.

ⓓ 요의와 불요의를 밝힘(明了不了)

[53a04] [《鈔》] 寧起有見如須彌山, 不起空見如芥子許者, 良以空有二見, 雖皆是病, 存毀因果, 輕重迥異, 故此云爾.

[초] '차라리 수미산만 한 유견을 일으킬지언정 겨자씨만큼도 공견은

일으키지 말라'[038]는 것은 정말로 공견과 유견의 2견이 둘 다 병일지라도 인·과를 훼손하는 데 있어서는 그 경중함이 아주 다르다. 그러므로 여기서 그렇게 말한 것이다.

[53a06] ○言空有相卽者, 問: 旣許空有兩法更互相卽, 能卽所卽皆通有體無體, 豈不違能卽無體所卽有體耶? 答: 此云空者, 非無體法, 但是眞空故. 或據二有體相卽, 能卽有體癈, 所卽有體存. 今空有互卽, 若能卽空癈, 所卽有存, 或能卽有癈,[039] 所卽空存故.

○ '공과 유가 상즉하기 때문에'[040]라고 한 것은, 묻는다. 이미 공과 유의 양 법이 서로 상즉이라고 인정했으니 능즉能卽과 소즉所卽이 모두 유체와 무체에 통할 텐데 어찌 능즉의 무체와 소즉의 유체와 어긋나는 것이 아니겠는가?

답한다. 여기서 말한 공은 무체의 법이 아니고 다만 진공이기 때문이다. 혹은 둘의 유체가 상즉인 것에 의거하여 능즉의 유체는 없애고 소즉의 유체는 둔 것이다. 지금은 공과 유가 서로 상즉하였으니, 만일 능즉의 공을 없앴다면 소즉의 유는 놔둔 것이며, 혹은 능즉의 유는 없애고 소즉의 공은 놔둔 것이다.

---

038 《演義鈔》 권제7(T36, 053b11).

039 底本에는 "所卽有體存, 今空有互卽. 若能卽空癈, 所卽有存. 或能卽有癈,"의 24글자가 빠져있다. 《金澤寫本》 참조 보충.

040 《演義鈔》 권제7(T36, 053b17). 아래도 동일.

[53a09] ○言空有二體旣同何要偏留依他但空偏計者, 謂繩蛇同一麻體, 何故偏遣其蛇, 仍存繩耶? 以喩顯法, 學者可知.

○ '공과 유의 두 체가 이미 같은데 어찌 치우쳐 의타기성은 그대로 두고 변계소집성만이 공하다고 할 필요가 있는가?' 한 것은 말하자면, 새끼줄과 뱀이 삼베의 체와 동일한데 무슨 까닭으로 뱀만을 치우쳐 버리고 이에 새끼줄은 놔두는가? 비유로 법을 나타낸 것은 학자들이 알 것이다.

#### b. 수순함과 어긋남을 분별함(辨順違)

##### a) 수순함과 어긋남을 총체적으로 밝힘(總明順違)

###### (a) 앞에서 세운 것을 총체적으로 부정함(總非前立)

[53a13] [《鈔》] 隨緣益物何須和會者, 如對冷病, 讚附子而呵甘草, 若遇熱病, 讚甘草而呵附子, 何須和會?

[초] '수연하여 중생을 이롭게 한 것인데 어찌 서로 응하여 회통할 필요가 있겠는가'[041]라는 것은 냉병에 대응해서는 부자附子를 찬탄하고 감초甘草를 꾸짖으며, 열병을 만났을 경우에는 감초를 찬탄하고 부자를 꾸짖는 것인데, 어찌 서로 응하여 회통할 필요가 있겠는가.

041 《演義鈔》 권제7(T36, 053c02).

[53a14] ○言若約後門則法性宗爲了等者, 智光意, 合無相·法性二宗, 同爲一宗故.

○ '뒤의 문에 한정하면 법성종이 요의이고 (법상종은 요의가 아니다)'[042]라고 한 것은 지광논사의 의미이니, 무상종과 법성종의 두 종을 합쳐서 함께 하나의 종을 삼았기 때문이다.

[53a16] ○言今觀賢首之意等者, 上依文述古, 二宗理齊, 下約意增新, 兩教義殊.

○ '여기서 현수의 뜻을 살펴보면 (다분히 법성종의 입장에서 밝혔다)'라고 한 것[043]은 위는 문장에 의거하여 옛것을 서술한 것이어서 두 종의 이치가 가지런하고, 아래는 뜻에 한정하여 새 것을 보탠 것이어서 양 교의 뜻이 다르다.

[53a17] ○言攝生寬爲了不及益[044]物唯大爲了等者, 此意根性雖多, 不及益物殊勝, 言教[045]雖廣, 不及理趣增明.

○ '중생을 섭수하는 것(攝生)이 넓은 것으로 요의를 삼은 것이 만물을

---

042 《演義鈔》 권제7(T36, 053c19). 아래도 동일.

043 《演義鈔》, "今會此義, 有其二門. 一約攝生寬狹. 言教具闕. 以明了不了. 二約益物漸次. 顯理增微. 以明了不了 … 今觀賢首之意.. 多明法性. 何者. 有二義故. 一以攝生寬狹. 對益物漸次. 則攝生寬爲了. 不及益物唯大爲了. 以言教具闕. 對顯理增微. 則言教具爲了. 不及顯理相盡爲了." 위의 2문은 上에 해당하고 아래에 있는 2의가 下에 해당한다. 아래 부분은 다음 문장의 설명도 포함한다.

044 底本에는 "約", 《金澤寫本》 및 《演義鈔》 참조 수정.

045 底本에는 "故", 《金澤寫本》 참조 수정.

이롭게 하는 것(益物)이 대승만을 위한 것으로 요의를 삼은 것에 미치지 못하고' 등이라고 한 의미는 근성이 비록 많더라도 사물을 이롭게 하는 수승함에는 미치지 못하며, 언교가 비록 자세하더라도 이취理趣를 더욱 더 밝힌 것에는 미치지 못한다는 것이다.

[53a19] ○言雜以無稽[046]者, 故《尙書》云: "無稽之言勿聽, 弗詢之謀勿庸." 註云: "無考無信驗, 不詢專獨, 終必無成, 故誡勿聽用矣."

○ '고증 없이 섞인 것'[047]이라고 한 것은 그러므로 《상서尙書》에서 "고증 없는 말은 듣지 말고, 자문하지 않은 계책은 쓰지 말라"고 하였고, 주석에서 "고증 없는 것은 믿을만한 증험이 없는 것이고 자문하지 않는 것은 오로지 홀로 하는 것이니 끝내 반드시 성취함이 없다. 그러므로 듣거나 쓰지 말도록 경계한 것이다"[048]고 하였다.

[53a22] ○言則四不了皆屬前宗等者, 四不了義; 一攝生寬, (化雜類故.) 二言教具, (無稽言故.[049]) 三益物劣, (通三乘故.) 四顯理微. (眞未全故.) 四種了義; 一攝生狹, (唯菩薩故.) 二言教闕, (但一乘[050]故.) 三益物勝, (咸[051]成佛故.) 四顯理增, (盡緣相故.)

---

046 底本 및 《金澤寫本》에는 "稽+首", 《演義鈔》 참조 "首" 삭제.

047 《演義鈔》 권제7(T36, 054a04).

048 《尙書》 권2 〈大禹謨〉에 나온다.

049 底本에는 "教", 《金澤寫本》 참조 수정.

050 底本에는 "來", 《金澤寫本》 참조 수정.

051 底本에는 "減", 《金澤寫本》 참조 수정.

○ '곧 네 가지 불요의가 모두 앞의 (법상)종에 속하고' 등이라는 것은 네 가지 '불요의'는 첫째는 섭생이 넓은 것(잡류를 교화하기 때문이다)이요, 둘째는 언교가 갖춰진 것(고증 없는 언교이기 때문이다)이요, 셋째는 사물을 이롭게 하는 것이 하열함(삼승에 통하기 때문이다)이요, 넷째는 이치를 드러낸 것이 미미(진성이 아직 완전하지 않기 때문이다)하다.

네 가지 '요의'는 첫째는 섭생이 좁음(오직 보살만이기 때문이다)이요, 둘째는 언교가 결여됨(다만 일승만이기 때문이다)이요, 셋째는 사물을 이롭게 함이 수승함(모두 성불하기 때문이다)이요, 넷째는 이치를 드러냄이 더해졌기 때문(연상緣相을 다했기 때문이다)이다.

(c) 결론지어 서로 맞게 회통함(結成和會)

[53b01] ○言若得[052]經意則二家[053]俱得至合之雙[054]美者, 謂此上二教, 據佛本意, 雖不相違, 然後學所傳, 多執文迷旨. 或執一見, 彼此相非. 或二皆泛信, 渾純不曉, 故龍樹提婆等菩薩, 依破相教, 廣說空義, 破其執有, 令洞然解於眞空. 眞空者, 是不違有之空也. 無著天親等菩薩, 依唯識教, 廣說名相, 分析[055]性相, 不洞染淨, 各別破其執空, 令歷然解於妙有. 妙有者, 是不違空之有也. 雖各述一義, 而舉體圓具, 故無違也. 問: 若爾, 何故已後, 有清辨護法等諸論師, 互相破也? 答:

052 底本 및《金澤寫本》에는 없음.《演義鈔》참조 "得" 보충.
053 底本에는 "衆",《金澤寫本》및《演義鈔》참조 수정.
054 底本 및《金澤寫本》에는 "[雨/隻]",《演義鈔》참조 수정.
055 底本 및《金澤寫本》에는 "折", 호환자인 "析"으로 수정.

此乃是相成, 不是相破. 何者? 以末[056]學人根器漸鈍互執空有, 故清辨等破定有之相令盡, 徹至畢竟眞空, 方乃成彼緣起妙有. 護法等, 破斷滅偏空, 意存妙有. 妙存故, 方乃是彼無性眞空文, 卽相破意乃相成. 由妙有眞空有二義故, 一者極相違義, 謂互相容,[057] 全奪永盡. 二極相順義, 謂冥合一相, 擧體全攝. 若不相奪全盡, 無以擧體全收故. 極相違方極順也. 龍樹無著等, 就極順門, 故相成. 清辨護法等, 據極違門, 故相破. 違順自在, 成破無礙, 於諸法無不和會爾. 哀哉! 此方兩宗後學經論之者, 相非相斥, 不異仇讐, 何時得證無生法忍? 努力通鑒勿偏局也. 問: 西域先賢, 相破旣是相成, 豈可此方相非便成相嫉.[058] 答: 如人飮水, 冷暖自知, 各各觀心, 各各察念. 留藥防病, 不爲健[059]人, 立法防姧, 豈爲賢[060]士?《百喩》洗足之誨, 講者銘心,《涅槃》摸象之談, 學流書紳而已矣.

○ '만일 경의 뜻을 얻으려면 2가家의 뜻을 모두 얻어야지 … 합하면 곧 둘 다 좋다'[061] 한 것은 말하자면, 이상의 2교는 부처님의 본의에 근거하면 서로 어긋나지 않지만 그러나 후학들이 전한 것은 대부분 글에 집착해서 종지에 미혹하였으니, 혹은 한 가지 견해에만 집착해서 피차가 서로 그르다고 하거나 혹은 두 가지를 모두 범범하게 믿어서 순수한 것을 뒤섞고도 알아차리지 못하였다. 그러므로 용수龍樹와 제바提婆 등이 파상교에 의거하여 공의 뜻을 자세하게 밝히고 유에 집착한 것을 논파하

056 底本에는 "未",《金澤寫本》 참조 수정.
057 底本에는 "害",《金澤寫本》 참조 수정.
058 底本에는 "疾",《金澤寫本》 참조 수정.
059 底本에는 "鍵",《金澤寫本》 참조 수정.
060 底本에는 "質", 교감 주 및《金澤寫本》 참조 수정.
061 《演義鈔》 권제7(T36, 054a18).

여 진공을 아주 훤하게 이해시켰으니, 진공은 유와 어긋나지 않는 공이다. 무착과 천친 등은 유식교에 의거해서 명상名相을 자세하게 설명하고 성·상을 분석하되 염·정을 연통하지 않고 각각 별도로 그 공에 집착한 것을 논파하여 뚜렷하게 묘유를 이해시켰으니 묘유는 공과 어긋나지 않는 유이다. 각각 한 뜻을 진술하였지만 온 체가 원만하게 구족되었기 때문에 어긋남이 없다.

묻는다. 그렇다면 어째서 이후에 청변과 호법 등 논사들은 서로를 논파했는가?

답한다. 이것은 서로 성립시킨 것이지 서로 논파한 것이 아니다. 무엇인가? 말학인의 근기가 점점 지둔해져서 서로 공·유에 집착했기 때문에 청변논사 등이 '결정코 있다'는 상을 논파하여 다 꿰뚫어서 '필경의 진공'에 이르도록 하고서야 이에 저 '연기하는 묘유'가 성립된 것이다. 호법논사 등이 단멸이라고 하는 '치우친 공'의 뜻을 논파한 것은 '묘유'를 두려고 한 것이니 묘유가 있기 때문에 비로소 저 무성진공의 문이 성립된다. 곧 서로 논파한 뜻이 이에 서로를 성립시킨 것인데 묘유와 진공에는 두 가지 뜻이 있기 때문이다. 첫째는 지극히 서로 어긋나는 뜻이다. 말하자면 서로가 서로를 완전히 부정하여 영구히 다한 것을 용납한다. 둘째는 지극히 서로 수순하는 뜻이다. 말하자면 하나의 상으로 그윽하게 합쳐져 온 체성이 완전하게 거둬진다. 만일 서로 부정해서 완전히 다하지 않는다면 온 체성을 완전히 거둘 수 없는 것이다. 지극히 서로 어긋나는 것이 바로 지극히 수순하는 것이다. 용수와 무착 등은 지극히 서로 수순하는 문(極順門)에 입각해서 서로 성립시켰고, 청변과 호법 등은 지극히 서로 어긋나는 문(極違門)에 의거하여 서로 성립시켰다. 위순이 자재하여 논파를 성립시키는데 무애하니 제법에 대해 회통하지 않음이 없는 것이다. 슬프구나! 이 나라에 양 종의 후학 경론자들은 서로 그르다하고 서로 배척하여 원수와 다르지 않으니 어느 때에 무생법인을 증득하겠는가. 통틀어 살펴보도록 노력하고 치우쳐 국집하지 말라.

묻는다. 서역의 선현들은 서로를 논파한 것이 서로를 성립시킨 것인데 어째서 이 나라에서는 서로를 그르다고 한 것이 바로 서로 질타를 이루는가?

답한다. 예를 들어 사람이 물을 마시면 차고 따뜻한 것을 스스로 아는 것처럼 각각이 마음을 관조하고 각각 생각을 살펴야한다. 약을 주고 병을 막는 것은 건강한 사람을 위한 것이 아니며, 법을 세워 간사함을 막는 것이 어찌 현사를 위해서이겠는가?《백유경》에서 발을 씻는 가르침을 강학자들은 명심하고,《열반경》에서 코끼리를 만지는 이야기를 학류들은 새겨야할 것이다.

b) 각각 따로 회석함(各別會釋)

(b) 첫 번째와 두 번째의 뜻을 자세히 회통함(廣會初二)

ⓑ 두 상을 별도로 드러냄(別顯二相)

ㄱ. 법상종法相宗

ㄴ) 글을 인용하여 성립시킴(引文成立)

(ㄱ) 삼승이 요의가 되고 일승이 불요의가 됨을 밝힘(明三乘爲了一乘爲不了)

[53c03] [《鈔》] 小乘中說獨佛一人有大覺等者, 問: 如《阿含》中, 亦與彌勒授記,

若爲通會? 答: 部執不同故. 或雖授記, 不明顯故. 或多分說, 獨佛一人有大覺性, 如小乘不說法空之例也.

[초] '소승에서는 부처님 한 분만이 대각성이 있다고 설하고 (나머지는 있다고 설하지 않는다)'[062]라는 것은, 묻는다. 《아함경》에서 또한 미륵보살에게 수기한 것과는 어떻게 회통하겠는가?

답한다. 부파의 집착이 다르기 때문이다. 혹은 수기했더라도 분명하게 드러내지 않았기 때문이며, 혹은 다분으로 유독 부처님 한 분만이 '대각성'이 있다고 설한 것이니, 마치 소승에서 법공을 설하지 않았다고 하는 예와 같다.

㈁ 5성이 요의가 되어 앞의 삼승을 이룸을 밝힘(五性爲了成前三乘)

㉠ 《반야경》을 인용하여 5성이 있음을 설함(引《般若》說有五性)

[53c07] [《鈔》] 五段引經者, 尋科自知.

[초] '5단락으로 경을 인용하였지만'[063]이란 과단을 찾아보면 저절로 알 것이다.

[53c07] ○言三論附出者, 第四二論附, 第五復一論附, 卽地持也.

062 《演義鈔》 권제7(T36, 054b10)이다.

063 《演義鈔》 권제7(T36, 054b21~26)이다. 아래도 동일.

○ '삼론을 곁들여 내었으니'라고 한 것은 네 번째에 (《대장엄론》과 《유가론瑜伽論》) 두 론을 곁들여내고, 다섯 번째에 또다시 한 논을 덧붙여 내었으니 곧 《지지론地持論》이다.

[53c08] ○言第四云雖未已入正性離生者, 入謂證入, 離謂遠離, 能入[064]能離是解脫無間, 證理斷惑之眞智也. 正性卽所入眞理也, 生卽所斷之見惑也. 言已者, 至見道已. 言未者, 見道斷前也.

○ '네 번째 (부정승성不定乘性)에 아직 이미 정성이생正性離生에 들지 못하여'라고 한 것은 '들어간다'는 것은 증입하는 것이고, '여읜다(離)'는 것은 멀리 여의는 것이니, 능히 증입하고 능히 여의는 것은 해탈도와 무간도에서 진리를 증득하고 미혹을 단멸하는 진지眞智이다. '정성正性'은 곧 소입所入의 진리이며, '생生'은 곧 소단所斷의 견혹이다. '이미'라고 말한 것은 견도에 이른 이후이고, '아직'이라고 한 것은 견도단 이전이다.

[53c12] ○言若入見道則名正定聚者, 非是龍樹所論三聚, 此意但約小乘望於大乘, 分可迴心不可迴心, 而論定與不定. 龍樹唯論大乘三聚, 而有三解脫. 縱彼無學, 尙是邪定聚. 豈入見道, 名正定聚耶? 細思可知.

○ '견도에 증입했다면 정정취正定聚라고 이름한다'고 한 것은 용수龍樹

---

064 底本에는 없음. 《金澤寫本》 참조 "能入" 보충.

가 논한 삼취三聚[065]가 아니다. 이 의미는 다만 소승이 대승에 마주하여 회심할 수 있는가, 회심할 수 없는가로 나뉜 것에 한정해서 정성定性인가, 정성이 아닌가를 논한 것이다. 용수는 오직 대승의 삼취만을 논하여 3해탈이 있다고 하였다. 저것의 무학을 긍정하더라도 오히려 사정취邪定聚인데 어찌 견도에 증입한 것을 정정취正定聚라고 이름하겠는가. 세밀하게 생각하면 알 수 있다.

[53c16] ○言如入聲聞見道終無迴心作菩薩者, 問:《涅槃經》初果迴心八萬劫等, 此云何通? 答: 根教異故, 無有相違.《般若》應權,《涅槃》約實故.

○ '마치 성문이 견도위에 들면 끝내 회심하여 보살이 되는 경우가 없는 것과 같다'고 한 것은, 묻는다.《열반경》에서 '초과에 회심하면 8만겁' 등이라고 하였는데 여기서 말한 것과 어떻게 회통하겠는가?

답한다. 근기와 교가 다르기 때문에 서로 어긋남이 없다.《반야경》은 권權에 응한 것이고,《열반경》은 실實에 한정한 것이기 때문이다.

### ㉣ 5성을 바로 밝힘(正明五性)

[53c20] [《疏》]《無性》《瑜伽》亦同此說者, 無種性義,《瑜伽》亦同說故.《瑜伽》合爲一論, 前但云三.

065 聚는 취적聚寂을 의미한다. 삼취는 정정취正定聚, 사정취邪定聚, 부정취不定聚이다.

[소] '《무성섭론》과 《유가론》에서 또한 이와 같이 말한다'[066]고 한 것은 무종성의 뜻을 《유가론》 역시 똑같이 설했기 때문이다. 《유가론》과 합쳐 하나의 론으로 삼았으므로, 앞에서는 삼론만을 언급했다.[067]

[53c21]《鈔》六處殊勝者, 言總意別故. 內外六處中唯內六處, 內六處[068]中唯第六處, 第六處中有八識, 八識中有第八識內, 四智佛種, 有爲無漏, 故名殊勝.

[초] '6처가 수승하다'[069]고 한 것은 말은 총체적이지만 의미는 개별적인 것이다. 내內·외外의 6처 중에 오직 내6처이고, 내6처 가운데 오직 제6처이고, 제6처 가운데 8식이 있고, 8식 가운데에 제8식 안에 4지智의 불종성佛種性과 유위·무루가 있다. 그러므로 '수승'이라고 한 것이다.

ㄴ. 법성종法性宗

ㄴ) 인증하여 성립함(引證成立[十])

(ㄱ)《법화경》을 인용하여 일승과 일성을 함께 설명함

(引《法華》雙明一乘一性)

㉠ 일승을 세움(正立一乘)

[54a01] [《鈔》] 不乖所以大故不無之者, 賢首云: "雖權實有異, 同是菩薩所乘. 是

066 《大疏》 권제2(T35, 511b03).

067 湛叡 撰, 《華嚴演義鈔纂釋》 (T57, 229a27)의 해설 참조.

068 底本에는 "內六處"의 세 글자가 빠져있다. 《金澤寫本》 참조 보충.

069 《演義鈔》 권제7(T36, 054c08).

故經云: '唯此一事實, 餘二卽非眞.' 又云: '息處故說二等.[070]'"

[초] '(오늘날의 일승과 다르지 않기 때문에) 대승인 이유에 괴리되지 않으므로 없애지는 않는다'[071]라는 것은 현수가 말했다. "비록 권·실의 차이는 있지만 똑같이 보살이 타는 것이다. 그러므로 《(법화)경》에서 '오직 이 하나의 일만이 진실이고, 다른 두 가지는 진실한 것이 아니다'[072]고 하였고, 또 '(있는 것은 일불승뿐이지만) 쉬게 하려고 이승을 설한다'[073] 등이라고 하였다."[074]

[54a03] ○言趣擧二三者, 趣者意也. 或是向義也.

○ '의취는 이승과 삼승을 거론한 것이라서'라고 한 것은 취는 의취이다. 혹은 취향趣向하는 뜻이다.

### ㉡ 일성을 세워서 일승을 해석함(立一性釋成一乘)

[54a05] [《鈔》] 非自(不從因生.) 非他,(不從緣生.) 非共(不從二生.) 非離,(不自然生.) 此是四不生義, 以顯聖空. 如彼鏡像,[075] 非自鏡生,(無質不現故.) 非他質

---

070 底本에는 "菩",《金澤寫本》 참조 수정.

071 《演義鈔》 권제7(T36, 054c25).

072 《法華經》 권제1 〈方便品〉 제2(T09, 008a21)의 게송이다.

073 《法華經》 권제3 〈化城喩品〉 제7(T09, 027b02)의 게송이다.

074 《教義分齊章》 권제1(T45, 479a02).

075 底本에는 "緣",《金澤寫本》 참조 수정.

生,(無鏡[076]不[077]現故.) 非二合生,(無二影現故.) 非離二生.(自然無影故.)

[초] '자체로 인한 것도 아니고(인으로부터 생기지 않는다), 타를 인한 것도 아니며(연으로부터 생기지도 않는다), 함께하지도 않고(두 가지로부터 생기지도 않는다), 여의지도 않는다(자연으로 생기지도 않는다)'[078]는 것은, 이것은 네 가지 불생의 뜻으로 성스런 공을 드러낸 것이다. 마치 저 거울의 영상은 거울로부터 생겨난 것이 아니며(물질이 없으면 드러나지 않기 때문이다), 저 물질로부터 생겨난 것도 아니며(거울 없이는 나타나지 않기 때문이다), 둘이 합쳐져 생겨난 것도 아니고(둘이 없이도 영상이 나타나기 때문이다), 둘을 여의고 생겨난 것도 아니다(자연으로는 영상이 없기 때문이다).

[54a08] ○言《智度論》說法性·法界·法住·法位皆眞如異名者, 故下《鈔》云: "謂法性·不虛妄性·不變異性·平等性·離生性·法定·法住·實際·虛空界·不思議界(已上《大般若》文.), 眞如·實有·空不空性·勝義(已上《佛地論》,《攝論》也.), 無相·無爲·正性(已上《思益經》中.), 法位·眞性·無我性·眞實性·心性·一心,(《大品》,《華嚴》.) 唯識性·無性·法印(第一迴向云, '以法界印, 印諸善根.')·寂滅,(《智論》) 三性中名圓成實性, 三身中名法身, 三淨土中名法性土, 三佛性中名自性住性, 五法中名如如, 五藏中名皆是; 謂法界藏·法身藏·出世間上上藏·自性淸淨藏·如來藏.

076 底本에는 "境",《金澤寫本》참조 수정.

077 底本 및《金澤寫本》에는 없음, 앞의 "無質不現" 참조 "不+現"으로 보충.[역자 주]

078 《演義鈔》권제7(T36, 055b09).

四勝義[079]中名勝義勝義, 亦通證得及道理滅諦.(《瑜伽》六[080]十四中[081]) 六現觀中名眞諦, 七諦通達中, 名法性(《顯揚》). 二種佛性中, 名理佛性. 十四諦中, 名勝義諦. 三般若中, 名實相般若. 三三寶中, 名一體三寶. 三解脫中, 名空解脫.(出《智論》七十四) 二果中, 名智果. 涅槃中, 名性淨方便. 二諦中, 名眞諦勝義諦. 三諦中名空諦.(《仁王經》中.) 四諦中名滅諦. 或名實諦,(《顯揚論》名一諦.) 或名中道, 或名解脫. 《涅槃》中以一百門, 顯解脫異名, 或名不二法門, 或名無二性, 或名實性, 或名實相, 或名無量義, 亦名第一義諦, 亦名第一義空." 釋曰, 上竝眞如異名也.

○ '《지도론》에서 법성과 법계와 법주法住와 법위法位는 모두 진여의 다른 이름이라고 하였다'[082]라는 것은 그러므로 아래 《초》[083]에서 "말하자면 법성 · 허망하지 않은 성 · 변이되지 않는 성 · 평등한 성 · 이생성 · 법정 · 법주 · 실제 · 허공계 · 부사의계(이상은 《대반야경》의 문장이다), 진여 · 실유 · 공불공성 · 승의(이상은 《불지론》과 《섭론》이다), 무상 · 무위 · 정성正性(이상은 《사익경》에서이다), 법위 · 진성 · 무아성 · 진실성 · 심성 · 일심(《대품》 및 《화엄경》), 유식성 · 무성 · 법인(제1회향에 '법계 인장으로서 모든 선근을 도장 찍는다'고 한 것이다), 적멸(《지도론》이다)이다.

삼성三性중에서는 '원성실성'이라고 하고, 삼신 가운데에서는 '법신'이라고 하며, 삼정토 중에서는 '법성토'라고 하고, 삼불성 중에서는 '자성

079 底本 및 《金澤寫本》에는 "二". 교감 주 및 《演義鈔》 참조 수정.

080 底本에는 없음. 《金澤寫本》에는 "文". 《演義鈔》 참조 수정.

081 底本에는 "大十". 《金澤寫本》 및 《演義鈔》 참조 수정.

082 《演義鈔》 권제7(T36, 055c07). 아래도 동일.

083 《演義鈔》 권제43 〈十行品〉 제21(T36, 336b28)의 내용.

주성'이라고 하며, 5법 중에서는 '여여'라고 하고, 오장五藏중에서는 이름이 모두 이것이니 말하자면 '법계장', '법신장', '출세간상상장', '자성청정장', '여래장'이다.

4승의 중에는 '승의승의'라고 한다. 또한 증득(승의)와 도리(멸제)에도 통한다(《유가론》 제64이다). 6종 현관現觀 중에는 '진제'라고 하고, 7제 통달 중에는 '법성제'라고 한다(《현양론》이다). 2종 불성 가운데서는 '이불성理佛性'이라고 하며, 14제諦 중에서는 '승의제'라고 하고, 삼반야 중에서는 '실상반야'라고 하며, 삼삼보 중에는 '일체삼보'라고 하며, 삼해탈 중에는 '공해탈'이라고 하고(《지도론》 74에 나온다), 2과에서는 '지과智果'라고 하며, 열반 가운데서는 '성정방편'이라고 한다.

2제 가운데서는 '진제승의제'라고 하고, 3제 가운데서는 '공제'라고 하며(《인왕경》이다), 4제 중에서는 '멸제'라고 한다. 혹은 '실제'라고 하고(《현양론》에서는 일제一諦라고 한다), 혹은 '중도'라고 하며, 혹은 '해탈'이라고 한다. 《열반경》에서는 백 가지 문으로 해탈의 다른 이름을 드러냈으며, 혹은 '불이법문'이라고 하고, 혹은 '둘이 없는 성'이라고 한다. 혹은 '실성'이라고 하고, 혹은 '실상'이라고 하며, 혹은 '무량의'라고 하고, '제일의제'라고도 하며, '제일의공'이라고도 한다"라고 하였다. 해석해 보면 위는 모두 진여眞如의 다른 이름이다.

[54b04] ○言因乖常理成三界無常等[084]者, 卽生公意也. "彼云, 夫[085]泥洹本有, 不

084 底本에는 없음. 《金澤寫本》 참조 보충.

085 《金澤寫本》에는 "未". 《演義鈔》 참조 수정.

可爲無, 三界本無[086] 今有, 已有還無故不可爲有. 泥洹以不生滅爲實諦, 三界以生滅爲眞諦, 二理不偏, 名中道義. 彼問云: 常無常二理相反, 云何而爲中道不偏之理耶? 答: 二理雖殊, 理自相資. 何者? 因乖常故有三[087]界無常, 因解無常之實性故成常智. 所以經引二鳥, 義旨[088]在此. 二理不偏, 照與之符,[089] 猶懸鏡高堂, 萬像斯鑒.[090] 淸凉釋曰: 懸鏡高堂, 卽無心虛照, 萬像斯鑒, 則不簡姸[091]媸故. 以絶常無常之淨心, 照常無常之圓理." 卽斯義也. 上言因乖常理成三界無常者, 因根本無明, 迷乖眞諦常之理, 眞妄和合, 成三細六麤三界無常之法. 問: 根本無明假因緣不? 若無因緣, 便非釋子, 同自然外道者. 若有因[092]緣, 何者是耶? 答: 一云, 本覺爲因緣生故. 若爾, 本覺自性生耶[093]? 隨緣生耶? 若自性生, 佛果位中, 無明還生, 有本覺故. 本覺應是性染幻故. 若隨緣生, 更隨何緣, 生無明耶? 設更有法與彼爲緣, 無明應非名根本故. 今謂通云, 但用前念根本無明, 熏動本覺, 迷眞也, 不如[094]也. 生起後念根本無明, 妄念生也, 不覺念起也. 無明之外, 更無有法, 故號根本. 設有難云, 最初根本無明何法爲緣者? 此難違敎, 諸敎同說, 無明無始, 何得難言最初根本無明耶? 如彼相宗有種子, 但用前念爲因緣故, 生起後念. 推之無始, 故無諸難. 又解, 根本無明具二種義; 一有體有力義, 二無體無力義. 恒具二義, 非

---

086 底本에는 "卽生公意也. 彼云, 未泥洹本有不可爲無. 三界本無"의 20글자가 없다.《金澤寫本》 참조 보충.

087 《金澤寫本》에는 "十二"로 되어 있다.

088 底本에는 "自",《金澤寫本》 및《演義鈔》 참조 수정.

089 底本에는 "--",《金澤寫本》에는 "之無",《演義鈔》 참조 "之符"로 수정.

090 底本에는 "鑒+矣",《金澤寫本》 및《演義鈔》 참조 삭제.

091 底本에는 "奸", 교감 주 및《金澤寫本》 참조 수정.

092 底本에는 없음.《金澤寫本》 참조 보충.

093 底本에는 "卽",《金澤寫本》 참조 수정.

094 底本에는 "知", 교감 주 및《金澤寫本》 참조 수정.

前非後. 望有體有力義, 恒作能熏, 熏本覺故, 迷眞也, 不如也. 望無體無力義, 常爲所生, 依本覺故, 妄念生也, 不覺念起也. 如一望多望有體有力義, 常能生多望[095]無體無力義. 常是多生緣起之法, 理定如是, 亦如相宗. 心境相望, 爲[096]因義邊, 而作能變, 變彼境故, 爲果義邊, 而作所牽, 彼境牽故. 應云, 心所變境, 同念之中, 還能牽心, 心如無明, 境如彼覺, 比類可知. 又解, 無明之因而作能熏, 熏本覺故, 迷眞也, 不如也. 無明之體而作所生, 依本覺故, 妄[097]念生也, 不覺念起也. 如彼相宗, 種子是第八識功用, 而作能生第八識現行, 自證分是本體, 還爲所生. 亦如爲敎本, 用爲能起, 體爲所起故. 又解, 龍樹說一念本法有爲自在, 迷眞也, 不如也. 作彼五種有爲, 妄念生也, 不覺念起也. 如彼龍王尾未出標嵐也. 又解, 四相爲緣, 熏動本覺, 迷眞也, 不如也. 生起無明, 妄念生也, 不覺念起也. 良以無明四相, 無始法爾. 俱時成就, 互爲緣故. 龍樹論說上下·下上二種因緣, 卽其義也. 若爾, 旣互爲緣, 何分本末? 答: 麤細別故. 又如炷生焰, 焰燒[098]其炷. 雖互爲緣, 亦乃同時不妨. 炷爲其本, 焰爲其末故. 此義幽隱, 人多迷昧, 輙依鄙見, 粗伸區別, 更願群英, 各垂淸鑒.

○ '항상 있는 진리에 괴리됨으로 인해 삼계가 무상함을 이루지만 (무상의 본 모습이 무상에 즉하여 상주를 이룬 줄을 안다면)'이라고 한 것은 곧 도생道生 공의 의미다. "그가 말하기를 '대저 열반은 본래 있으므로 없다고 할 수 없고, 삼계는 본래 없다가 지금 있고, 있다가 다시없기

095 底本에는 "望多".《金澤寫本》 참조 도치.

096 底本에는 없음.《金澤寫本》 참조 보충.

097 底本에는 "望".《金澤寫本》 참조 수정.

098 底本에는 없음.《金澤寫本》 참조 보충.

때문에 있다고 할 수 없다. 열반은 불생멸로 실제를 삼고, 삼계는 생멸로 진제를 삼는다. 두 가지 이치가 치우치지 않은 것을 중도의라고 한다'고 하였다. 저기서 '묻는다. 상주함과 무상함의 두 이치가 서로 상반되는데, 어떻게 중도의 치우치지 않은 이치가 되는가?

답한다. 두 가지 이치가 비록 다를지라도 이치는 저절로 서로 돕는다. 무엇인가? 상주함에 괴리되므로 인해서 삼계의 무상함이 있게 되고, 무상의 실성實性을 이해함으로 인하므로 상지常智를 이룬다. 이 때문에 경에서 두 마리 새를 인용한 의지義旨가 여기에 있다. 두 이치가 치우치지 않아서 비추되 그와 더불어 부합하는 것이 거울을 높은 당호에 매달아 만 가지의 형상이 이에 비춰지는 것과 같다'고 하였다. 청량이 해설하여 '거울을 높은 당호에 매달은 것은 곧 무심으로 허공을 비추는 것이고, 만 가지의 형상이 이에 비춰지는 것은 예쁘고 미운 것을 가리지 않는 것이다. 상주함과 무상함이 끊어진 청정한 심법으로 상주함과 무상함의 원만한 진리를 비춘 것이다'"[099]라고 하였으니 곧 이 뜻이다.

위에서 '상주하는 진리에 괴리되므로 삼계의 무상함을 이룬다'고 한 것은 근본무명으로 인하여 진제의 항상 있는 진리에 괴리되는 것을 진술해보면 진과 망이 화합해서 삼세육추三細六麤와 삼계의 무상한 법을 이룬 것이다.

묻는다. 근본무명은 인연을 가자하는가? 만일 인연이 없다고 하면 곧 불자가 아니고 자연외도와 같을 것이다. 만일 인연이 있다면 무엇이 이것인가?

099 《演義鈔》 권제38 〈十住品〉 제15(T36, 291a23).

답한다. 일설은, 본각이 인연이 되어 생긴 것이다.

묻는다. 그렇다면 본각의 자성에서 생겨난 것인가, 수연隨緣하여 생겨난 것인가? 자성에서 생겨난 것이라면 불의 과위에서도 무명이 다시 생길 것이다. 본각이 있기 때문이고, 본각은 성이 염오되고 환영일 것이기 때문이다. 수연해서 생긴 것이라면 다시 무슨 연을 따랐기에 무명을 내는가? 가령 다시 어떤 법이 저것과 더불어 반연하는가? 무명은 근본이라고 이름할 수 없기 때문이다.

답한다. 이제 통석해 보겠다. 다만 전념의 근본 무명으로써 본각을 훈동熏動하여 진여를 미혹한 것이고 여여하지 못한 것이며, 후념의 근본 무명을 생기하여 망념이 생겨난 것이고 불각의 념이 일어난 것이다. 무명이외에 다시 별도의 법이 없으므로 '근본'이라고 불린다.

가령 어떤 이가 논란하여 '최초의 근본무명은 무슨 법을 반연하는가?' 하면 이 논란은 교에 어긋난다. 여러 교에서 똑같이 무명은 시작이 없다고 설했는데 어떻게 최초의 근본무명이라고 논란할 수 있겠는가. 예를 들어 저 상종에서 종자가 있는 것은 다만 전념으로써 인연을 삼기 때문에 후념이 생긴 것이고, 추구하면 시작됨이 없다. 그러므로 여러 논란이 없어진다.

또, 해설이 있다. 근본무명은 두 종류의 뜻을 갖추고 있다. 첫째는 유체와 유력의 뜻이고, 둘째는 무체와 무력의 뜻이다. 항상 두 가지 뜻을 갖추고 있고 앞도 뒤도 아니다. 유체유력의 뜻으로 마주하면 항상 능훈能熏이 되니, 본각을 훈습하기 때문에 진을 미혹하는 것이고 여여하지 못한 것이다. 무체무력의 뜻으로 마주하면 항상 소생所生이 되니, 본각에 의지하기 때문에 망념이 생겨난 것이고 불각의 념이 일어난 것이다.

마치 하나씩 마주하거나 여럿씩 마주하는 유체유력의 뜻이 항상 여럿이 마주하는 무체무력의 뜻을 내는 것과 같다. 상주함이 대부분 연기법을 생한다. 이치가 결정코 이렇다.

또한 상종의 '마음은 경계와 서로 마주하면, 인의 뜻 측면에서는 능변能變이 되니 저 경계를 전변하기 때문이고, 과의 뜻 측면에서는 소견所牽이 되니 저 경계가 견인하기 때문'인 것과 같다. 마음이 전변시킨 경계가 생각과 같아진 가운데에 도리어 마음을 견인하여 마음이 무명과 같아지고 경계는 저 각覺과 같아진다고 해야 할 것이다. 비교해서 유추하면 알 수 있다.

또, 해설이 있다. 무명의 인이 능훈이 되어 본각을 훈습하기 때문에 진을 미혹하는 것이고 여여하지 못한 것이다. 무명의 체성은 소생이 되어 본각을 의지하기 때문에 망념이 생기고 불각의 념이 일어난다. 저 상종에서 종자는 제8식의 공용이면서 제8식의 현행을 능생能生하는 것이 되고, 자증문이 본체인데 도리어 소생이 되는 것과 같으니, 또한 여如가 교본敎本이 되고, 작용은 능생이 되며, 체성은 소기所起가 되기 때문이다.

또, 해설이 있다. 용수가 말한 '일념의 본법이 유위 자재'하여 진을 미혹하는 것이고 여여하지 못한 것이다. 저 5종의 유위가 되어서 망념이 생겨난 것이고 불각의 념이 일어난 것이다. 마치 저 용왕의 꼬리가 아직 나오기 전에 회오리로 표시하는 것과 같다.

또, 해설이 있다. 사상四相이 연이 되어서 본각을 훈동하여 진을 미혹하는 것이고, 여여하지 못한 것이다. 무명을 생기하여 망념이 생겨난 것이고 불각의 념이 일어난 것이다. 진실로 무명의 사상은 비롯함이 없이 법이 으레 동시에 성취되어 서로 연이 되기 때문이다. 용수가 논서에서

상하와 하상의 2종 인연을 설한 것이 바로 그 뜻이다.

묻는다. 그렇다면 이미 서로 연이 되었는데 어떻게 본·말을 구분하겠는가?

답한다. 추탁함과 미세함이 다르기 때문이다. 또, 심지가 불꽃을 내고, 불꽃이 심지를 태우는 것처럼 서로 연이 되지만 또한 동시여도 무방하다. 심지는 근본이 되고 불꽃은 말엽이 되기 때문이다. 이 의미가 그윽하게 숨어 있어 사람들이 대부분 미혹하고 어둡다. 갑작스럽게 누추한 나의 견해에 의거하여 대충 구별해보았다. 다시 한 번 여러 뛰어난 이들은 각각 맑게 성찰하길 바란다.

[54c24] ○言所謂解脫相等者, 如次卽是我·樂·淨·常四德也.

○ '이른바 해탈상이며'[100]라고 한 것은 차례대로 아我·락樂·정淨·상常의 사덕이다.

[55a01] ○言離諸苦縛者, 苦卽苦諦, 縛卽集諦.

○ '모든 고통과 계박에서 벗어났다'[101]고 한 것은 고통은 고제이고, 계박은 집제이다.

---

100 《演義鈔》 권제7(T36, 055c19). 아래도 동일.

101 《演義鈔》 권제7(T36, 055c24).

[55a02] ○言又云常寂滅相卽性淨涅槃者, 重釋前經, 作涅槃解.

○ '또, 항상 적멸한 상이 곧 성정열반이라고 한다'고 한 것은 앞의 경을 중첩해서 해석하여 '열반'이라는 이해를 지은 것이다.

[55a03] ○言解脫相者, 有餘依[102]涅槃也. 解脫煩惱故.

○ '해탈상'이라고 한 것은 유여열반이다. 번뇌에서 해탈했기 때문이다.

[55a04] ○言離相者, 無住處涅槃也. 遠離二邊[103]故.[104]

○ '벗어난 상'이라고 한 것은 무주처열반이다. 양변에서 멀리 벗어났기 때문이다.

[55a05] ○言滅相者, 無餘依涅槃也, 身智皆滅故.《鈔》指一種, 影取前三, 學者應思.

○ '멸상'이라고 한 것은 무여의열반이다. 신身과 지智가 모두 멸했기 때문이다.《초》에서는 한 가지만을 가리키고 앞의 세 가지를 영략해 취했으니 학자들은 생각하라.

---

102 底本에는 없음.《金澤寫本》참조 보충.

103 底本에는 "迷",《金澤寫本》참조 수정.

104 底本 및《金澤寫本》에는 "也", 세필주 참조 수정.

### ㈁《열반경》을 인용하여 승乘과 성性이 서로 이룸을 밝힘

(引涅槃明乘性相成)

[55a07] [《鈔》]畢竟有二種者, 因種之別名也, 以對果法, 立畢竟名. 言莊嚴畢竟者, 緣因也,[105] 言究竟畢竟者, 正因也, 言世間畢竟者, 有漏種子也, 言出世間畢竟者, 無漏種子也. 又解, 准彼《涅槃疏》釋云: "望小大極, 故名畢竟. 因果不同, 故分二種. 因能[106]嚴果, 故曰莊嚴, 果德窮滿, 稱曰究竟. 世及出世, 約位分異, 十地已還, 通名世間, 皆是變易世間攝故, 佛名出世." 是也.

[초] '필경畢竟에는 두 종류가 있다'[107]고 한 것은 인종因種의 별명이니, 과법을 상대해서 '필경'이라는 이름을 세운 것이다. '장엄莊嚴 필경'이라고 한 것은 연인緣因이고, '구경究竟 필경'이라고 한 것은 정인正因이며, '세간世間 필경'이라고 한 것은 유루의 종자이고, '출세간出世間 필경'이라고 한 것은 무루종자이다.

또, 해설이 있다. 저《열반경소》의 해석에 준거하면 "소승에 마주하면 대승이 지극이기 때문에 '필경'이라고 한 것이다. 인과가 다르기 때문에 두 종류로 나뉘니, 인이 과를 장엄하기 때문에 '장엄'이라고 하며, 과덕이 끝까지 원만한 것을 '구경'이라고 한다. 세간과 출세간은 위位에 한정하여 달리 나뉜 것이니, 십지이전을 통틀어 '세간'이라고 일컫는 것은 모

105 底本에는 "以對果法立畢竟名 言莊嚴畢竟者, 緣因也"의 17자가 빠져있다.《金澤寫本》참조 보충.

106 底本에는 "能因",《金澤寫本》참조 도치.

107 《演義鈔》권제7(T36, 056a03).

두가 '변역세간'에 거둬지기 때문이다. 그러므로 불을 출세간이라고 일컫는다"[108]고 하였으니 이것이다.

[55a13] ○言六波羅蜜者, 此云到彼岸[109]也. 准《唯識》云: "要七最勝之所攝受, 方可建立波羅蜜多. 一安住最勝, 謂要安住菩薩種性, (性宗新修, 相宗本具.) 二依止最勝, 謂要依止大菩提心, (三心五願, 前已[110]曾發故.) 三意樂最勝, 要慈愍一切有情, (現與利樂心故.) 四事業最勝, 謂要具行一切事業, (隨修餘行, 以莊嚴故.) 五巧便最勝, 謂要無相智之所攝受, (造三輪空, 離二我相.) 六迴向最勝, 謂要迴向無上菩提, (三處迴向, 略故言一.) 七清淨最勝, 謂要不爲二障間雜, 卽三時無悔. (加行·根本·後得[111]無悔.)[112] 若七隨闕, 非到彼岸." 實具無邊, 略云六度. 今顯圓數, 而彰其十: "一施度, 輟已惠人故. 卽以無貪及所起三業而爲其性, 具有財·法·無畏施故. 二戒度, 防非止惡故. 卽受學菩薩戒時[113]三業爲性, 律儀·攝善·饒益生故. 三忍度, 堪受諸法, 雙忍事理故. 卽以無嗔[114]精進審慧, 及所起三業爲性. 耐被怨害, 安受苦楚, 諦察諸法故. 四進度, 鍊心於法, 名之爲精. 進心務達, 目之爲進. 以勤[115]及所起三業爲性, 被甲·攝善·利樂三故. 五禪度, 梵云禪那, 此云靜慮, 卽以等持爲性, 謂安住·引發·辦事三故. (安住法樂, 引起諸道, 辦利生事, 爲次第故.) 六

108 隋 慧遠 述,《涅槃義記》 권제8(T37, 828c05).

109 底本 및《金澤寫本》에는 "彼岸到",《演義鈔》 참조 도치.

110 底本에는 "三", 교감 주 및《金澤寫本》 참조 수정.

111 底本 및《金澤寫本》에는 "起",《성유식론》에 "慧學有三. 一加行無分別慧. 二根本無分別慧. 三後得無分別慧"참조 "得"으로 수정.[역자 주]

112 底本 및《金澤寫本》에는 ( )의 내용이 본문, 앞의 문장과 내용상 참조 소주로 수정.[역자 주]

113 底本에는 "持",《金澤寫本》 및《大疏》 참조 수정.

114 底本에는 "頂",《金澤寫本》 및《大疏》 참조 수정.

115 底本 및《金澤寫本》에는 "動",《大疏》 참조 수정.

般若度, 般若梵言, 此翻爲慧. 推求諦理, 名之慧也. 此及後四, 皆擇法爲體. 生空·法空及俱空故. 七方便度, 方謂方法, 便謂便宜. 此具迴向拔濟二方便故. 八願度, 卽希求要誓爲願, 謂[116]求菩提, 利樂自他, 二種願故. 九力度, 能摧怨敵不可屈伏, 隨思隨修, 任運成就, 名之爲力, 謂思擇·修習力故. 十智度, 如實覺了決斷名智, 謂受用法樂, 成熟有情, 成二種智故." 此合後四, 故但云六.[117]

○ '육바라밀'[118]이라고 한 것은 번역하면 '도피안'이다.《성유식론》에 준거하여 말하면[119] "반드시 일곱 가지의 수승함에 섭수되어야만 비로소 '바라밀다'를 건립할 수 있다. 첫째는 안주 최승이니, 반드시 보살의 종성에 안주해야하는 것을 말하며(성종에서는 새롭게 닦는 것이고, 상종에서는 본래 구족된 것이다), 둘째는 의지 최승이니, 반드시 대보리심에 의지해야 함을 말하며(삼심三心과 오원五願을 앞에서 이미 일찍이 일으켰기 때문이다), 셋째는 의락 최승이니, 반드시 일체의 유정을 애민해야 함을 말한다(현전에서 이롭고 즐거운 마음을 주기 때문이다). 넷째는 사업 최승이니, 반드시 모든 사업을 갖추어 행해야 함을 말하며(나머지 행을 닦는데 따라서 장엄하기 때문이다), 다섯째는 방편 최승이니, 반드시 상이 없는 지혜에 섭수되어야 함을 말하며(삼륜이 공함을 지어서 두 가지의 아상에서 벗어난 것이다), 여섯째는 회향 최승이니, 반드시 위없는 보리에 회향해야 함을 말하며(3처회향 중에서 간략하게 하나만을 언급하였다), 일곱째는 청정 최승이니, 반드시

116 底本에는 없음.《金澤寫本》참조 보충.

117 底本에는 없음. 교감 주 및《金澤寫本》참조 보충.

118 《演義鈔》권제7(T36, 056a05). 아래도 동일.

119 《성유식론》권제9(T31, 051b26)를 요약 정리한 것으로, 괄호는 선연이 부연 설명한 것이다.

두 가지 장애에 의해서 사이사이에 잡란하지 않아야 함을 말한다. 3시에 번뇌(悔)가 없는 것이다(가행, 근본, 후득지에 번뇌가 없다). 만약 이 일곱 가지가 (하나라도) 빠지게 되면, 바라밀(到彼岸)이 아니다"고 하였다.

실제로 갖춘 것은 무변하지만 간략히 해서 '육도六度'라고 한 것이다. 이제 원만 숫자를 드러내어 열 가지로 밝히겠다.

"첫째는 보시바리밀이니, 자신을 위하는 것을 그만두고 타인에게 베푸는 것이다. 무탐無貪과 그것으로 일으킨 삼업으로 체성을 삼는다. 재보시와 법보시와 무외보시를 갖추고 있다. 둘째는 지계바라밀이니, 그릇된 것을 막고 악을 그치는 것이다. 곧 보살계를 받아서 배울 때의 삼업으로 체성을 삼는다. 율의계, 섭선계, 요익중생계이다. 셋째는 인욕바라밀이니, 모든 법을 감득해 받아들이고, 사리에 쌍으로 인욕하기 때문이다. 곧 무진無嗔과 정진과 심審과 혜慧와 그것으로 일으킨 삼업으로 체성을 삼는다. 원망과 상처받는 것을 참고, 고초를 편안하게 받으며, 제법에 대해 세밀하게 관찰하는 것이다. 넷째는 정진바라밀이니, 법에 대해 마음을 단련하는 것을 '정精'이라고 하며, 일에 도달하도록 마음으로 나아가는 것을 '진進'이라고 한다. 정근과 그것으로 일으킨 삼업으로 체성을 삼는다. 피갑被甲(정진)과 섭선攝善(정진)과 이락利樂(정진)의 셋이다. 다섯째는 선정바라밀이니, 범어로는 '선나'이며 여기말로는 '정려'이다. 곧 등지等持로서 체성을 삼는다. 말하자면 안주安住(정려)와 인발引發(정려)과 판사辦事(정려)의 셋이다(법락에 안주하고, 여러 도를 인발하여 일으키며, 중생을 이롭게 하는 일을 성만하는 것이 차례가 되기 때문이다). 여섯째는 반야바라밀이니, 반야는 범어이고 여기말로 번역하면 '혜'이다. 진리의 이치를 추구하는 것을 '혜'라고 한다. 이것과 뒤의 네 가지 바라밀은 모두 택법

擇法으로서 체성을 삼는다. 생공과 법공 및 구공俱空이다. 일곱째는 방편바라밀이니, 방은 '방법'을 말하고 편은 '편의'를 말한다. 이것은 회향迴向과 발제拔濟의 두 가지 방편을 갖추고 있다. 여덟째는 원願바라밀이니, 희구하고 맹세하는 것이 '원'이다. 보리를 구하고 (중생을) 이롭고 즐겁게 하는 것이 자·타의 두 가지 원이다. 아홉째는 역力바라밀이니, 굴복시킬 수 없는 원적을 절복시켜서 생각하는 대로 닦는 대로 마음껏 성취하므로 '역'이라고 한다. 사택력思擇力과 수습력이다. 열째는 지智바라밀이니, 여실하게 깨달아 분명히 알고 결단하는 것을 '지'라고 한다. 법락을 수용하여 유정을 성숙시키는 것이 두 가지 '지'를 이룬다."[120] 여기서는 뒤의 넷을 합했기 때문에 다만 '육도六度'라고 한 것이다.

[55b15] ○言理運彌載者, 問: 眞理湛然, 焉能運載? 答: 豈不見商人載寶龍舟, 必仗於滄溟, 賈客[121]運珍象駕, 須憑於陸地者乎!

○ '이치가 움직여서 꽉 차게 실은 것은 (수레의 뜻이 된다)'[122]라는 것은, 묻는다. 진리는 담박한데 어떻게 실어 나르는가?

답한다. 어찌하여 상인들은 보배를 용주龍舟에 싣고 나서야 반드시 창해에 의지할 수 있고, 장사꾼들은 진주를 상가象駕로 운송하고서야 반드시 육지에 기댈 수 있는 것을 보지 못했는가!

---

120 《大疏》 권제8(T35, 560b02)의 내용을 요약 정리.

121 底本에는 "容", 《金澤寫本》 참조 수정.

122 《演義鈔》 권제7(T36, 056a10).

[55b17] ○言海有八德者, 三十二經云: "一者漸漸轉深, 二者深難得底, 三者同一鹹味, 四者潮不過限, 五者有種種寶藏, 六者大身衆生在中居住, 七者不宿死屍, 八者一切大雨投[123]之不增不減."

○ '바다는 여덟 덕이 있다'[124]고 한 것은 《열반경》 권32에서 "일덕은 점점 더 깊어짐이요, 이덕은 바닥까지 닿는 것이 매우 어려움이요, 삼덕은 똑같은 짠 맛이요, 사덕은 조수가 기한을 틀리지 않음이요, 오덕은 갖가지의 보물장이 있음이요, 육덕은 커다란 몸의 중생이 그 속에 살고 있음이요, 칠덕은 죽은 시체를 머물게 하지 않음이요, 팔덕은 어떤 큰 비를 받아들여도 늘어나거나 줄어들지 않는다"[125]고 하였다.

[55b21] ○言甘露以喩涅槃者, 夫甘露陰陽精氣, 天地靈液. 其色潤白, 其味甘滑. 食之卽資色身, 而延壽命. 其涅槃者, 九流交歸, 衆聖冥會, 纖瑕必去, 片善無遺. 證之則圓法身, 而堅慧命, 所以云爾.

○ '감로를 (바로 드러내어) 열반을 비유한 것이다'고 한 것은 대저 감로는 음양의 정기이며 천지의 신령한 진액이다. 그 색깔은 촉촉한 흰색이고 그 맛은 달고 부드럽다. 그것을 마시면 색신色身을 자량하고 수명을 늘린다. 열반은 구류九流가 서로 돌아오고 뭇 성인들이 그윽하게 회합하는 것이니, 작은 티조차 반드시 제거하고 한 조각 선이라도 빠뜨림이

123 底本에는 "注", 《金澤寫本》 및 《涅槃經》 참조 수정.

124 《演義鈔》 권제7(T36, 056a16). 아래도 동일.

125 《涅槃經》 권제32 〈師子吼菩薩品〉 제11-2(T12, 558c24); 《演義鈔》 권제73(T36, 579b27).

없다. 그것을 증득하면 법신을 원만히 하고 혜명을 견고히 한다. 그래서 그렇게 말한 것이다.

ㄷ)《법화경》을 중첩해 인용하여 '취적이 없음'을 밝힘

(重引《法華》明無趣寂)

㉡《지론》을 인용하여 '무취적'의 뜻을 성립함

[55c01] [《鈔》] 有淨佛土出於三界者, 此《論》說羅漢已生淨土, 何故《仁王經》云, '三賢十聖住果報, 唯佛一人居淨土'? 答: 經據有漏皆除純淨之土, 《論》約煩惱盡斷分淨之土, 故不相違. 淨土多義, 廣如上說.

[초] '청정한 불국토는 삼계를 벗어나 있으며'[126]라는 것은, 묻는다. 이 《(지)론》에서는 아라한은 이미 정토에 태어났다고 했는데, 어째서 《인왕경》에서는 삼현三賢과 십성十聖은 과보에 머물고 오직 부처님 한 분만이 정토에 계신다고 했는가?

답한다. 경에서는 유루가 모두 제거된 순 정토에 근거했고, 《논》에서는 번뇌가 모두 단멸된 부분정토에 한정했다. 그러므로 상위하지 않다. 정토의 많은 뜻은 자세한 것은 위에서 설한 것과 같다.

㉢《법화론》을 인용하여 '무취적'의 뜻을 성립함

126 《演義鈔》 권제8(T36, 056b12).

[55c05] [《鈔》] 影響其迹者, 謂助佛傳化, 如影隨形, 如響應聲, 示現化迹. 或取不實是聲如響應故.

[초] '그림자와 메아리의 그 자취가 (권이 아닌 것이 없는데)'[127]라는 것은 부처님이 전법 교화하는 것을 돕는데 그림자가 형상을 따르는 듯이 하고, 메아리가 소리를 받듯이 하여 교화의 흔적을 시현한 것이다. 혹은 실재하지 않은 것이 소리가 메아리로 받는 것과 같음을 취한 것이다.

[55c06] ○言亦抑《法華》諸羅漢耳者, 暗彈也.

○ '(부루나만이 응화성문이라고 말하는 것은) 또한, 《법화경》의 모든 아라한을 억누른 것이다'라고 한 것은 암암리에 자은慈恩대사를 탄핵한 것이다.

[55c07] ○言何得不依者, 淸凉結憑也. 問: 安國之難, 此云何通? 答: 豈不《論》云, 如〈不輕品〉中等. 此意但擧昔時爲例, 是故言如. 非是昔時菩薩預記今日聲聞. 又解, 《論》但顯聲聞根熟未熟, 悉皆得記. 根熟得記者, 今日靈山佛自與記, 是也. 未熟得記者, 昔日不輕菩薩與記, 是也. 亦非昔時菩薩預記今日聲聞也.

○ '어떻게 의지하지 않을 수 있겠는가'[128]라고 한 것은 청량이 결론적으

127 《演義鈔》 권제8(T36, 056c09). 아래도 동일.

128 《演義鈔》 권제8(T36, 056c18).

로 기댄 것이다.

묻는다. 안국安國법사의 논란[129]을 이것과 어떻게 회통하겠는가?

답한다. 《(법화)론》에서 〈상불경보살품〉 등과 같다고 말하지 않았는가. 이 의미는 다만 옛날의 보살을 예로 들었기 때문에 저렇게 말한 것이고, 옛날의 보살들이 미리 금일 회상의 성문들에게 수기한 것이 아니다.

또, 해설이 있다. 《(법화)론》에서는 다만 성문근기가 성숙되든 성숙되지 못하든 모두 다 수기를 받았음을 드러냈다. 근기가 성숙하여 수기를 받은 것은 금일의 영산회상에서 부처님께서 몸소 수기를 주신 것이 이것이고, 근기가 미성숙한데 수기를 받은 것은 옛날에 상불경보살이 수기를 준 것이 이것이다. 옛날의 보살이 미리 금일 회상의 성문에게 수기를 준 것은 아니다.

[55c14] [《疏》] 不可不順己宗判[130]《論》錯者, 故彼《疏》云: "由趣寂者與增上慢, 合一處說, 翻譯之主同言根未熟令其發心. 正義應言, 趣寂者根不熟故, 佛不與記, 菩薩與記, 全令發信解大乘心故. 增上慢者, 根未熟故, 佛不與記, 菩薩與記, 發趣向大乘心故. 若趣寂者, 後亦作佛, 違《涅槃》等處處教文." 卽其義也.

[소] '자신의 종을 따르지 않을 수 없으므로 《(법화)론》이 잘못되었다고 판단한 것'[131]이라는 것은 《소》에서 "취적자趣寂者와 증상만인增上慢人을

129 안국법사의 논란은 바로 앞글에 '어떻게 옛날의 보살이 오늘날의 회상에 있는 성문에게 미리 수기를 줄 수 있겠는가? 곧 법을 펼치는 여러 보살이다. 말하자면 약왕 등이 수기를 주는 것이다.'라고 한 것이다.(《演義鈔》T36, 0056c)

130 《大疏》에는 "判+爲"로 되어 있다.

131 《大疏》 권제2(T35, 511b23).

합쳐서 한곳에서 말함으로 인해 번역자가 '근기가 미숙하여 그들로 하여금 발심하게 했다'고 똑같이 말한 것이다. 적절한 뜻으로 말해보면 '취적자는 근기가 불숙不熟하기 때문에 부처님이 수기를 주지 않고 보살이 수기를 준 것이니 온전히 대승을 믿고 이해하려는 마음을 내게 한 것이며, 증상만인은 근기가 미숙未熟하기 때문에 부처님이 수기를 주지 않고 보살이 수기를 준 것이니 대승으로 취향하려는 마음을 내게 한 것이다'라고 해야 한다. 만일 취적자도 뒤에 또한 부처가 된다면, 《열반경》 등 곳곳의 교문에 어긋난다"[132]고 하였으니 곧 이 뜻이다.

㉣ 《입능가경》 등을 인용하여 '무취적'의 뜻을 성립함

[55c20] [《鈔》] 同引三卷者, 二·四·七三卷也. 彼經云: "大慧, 何故復說, 入涅槃衆生, 得成佛道? 佛言, 我爲無餘涅槃界故, 密勸令彼脩菩薩行." 又《密嚴經》云: "般涅槃者, 非是壞滅. 若解脫者, 衆生界滅, 卽壞如來一切智性, 譬如熱鐵投水, 熱勢[133]雖除, 而鐵[134]不壞." 又《十法經》云: "若不信入無餘依界聲聞成佛, 過挑一切衆生眼." 故《鈔》云, 明知定無趣寂也.

[초] '똑같이 세 권을 인용하여'라고 한 것은 2권, 4권, 7권의 세 권이다. 《입능가경》[135]에서 "대혜보살이 (세존께 여쭈었다.) '무슨 까닭으로 또다

132 窺基 撰, 《妙法蓮華經玄贊》 권제1(T34, 653a12)의 내용.

133 底本에는 "勢熱", 《金澤寫本》 참조 도치.

134 底本 및 《金澤寫本》에는 "體", 《密嚴經》 참조 수정.

135 《大乘入楞伽經》 권제6 〈變化品〉 제7(T16, 622b10), "世尊, …何故復說無般涅槃法衆生得成

시 열반에 든 중생이 불도를 이룬다고 하십니까?' 부처님이 '나는 무여열반계를 위한 까닭으로 비밀스럽게 저 보살행을 닦도록 권유한다'라고 말씀하셨다." 《대승밀엄경》[136]에서는 "반열반은 무너지거나 소멸하는 것이 아니다. 해탈한 자는 중생계가 소멸한다고 하면 여래의 일체 지성이 무너지는 것이니, 비유하면 뜨거운 철을 물에 넣으면 열기는 없어지더라도 철은 무너지지 않은 것과 같다"고 하였다. 또 《십법경十法經》에서 "만일 무여의계에 들어간 성문이 성불한다는 것을 믿지 않는다면 일체 중생의 눈을 잘못 휘게 한 것이다"라고 하였다. 그러므로 《초》에서 "결정코 취적은 없다는 것을 분명하게 알라"고 한 것이다.

[56a02] ○言但是深入[137]三昧等者, 問: 入此三昧, 是何位地人也? 答: 一云, 凡夫人也, 下引《論》證增上慢故, 寡聞比丘之類也. 二云, 是阿羅漢, 四聲聞中, 決定聲聞故. ○言第四爲有定人說化城[138]喩等者, 故彼《疏》云, "有定人者, 彼已得定諸有學凡夫人, 今說往事令憶念故. 此所起慢, 或欲界分別, 或上界煩惱. 三昧城者, 謂有學凡夫專心所求, 在無學身盡無生智, 後世間禪定所變解脫, 離能變無, 總名三昧, 此定有漏, 名爲世間. 此中意說佛說[139]三事名大般涅槃. 三乘同得擇滅解脫, 卽是無學解脫道中所證生空理. 由此後時, 惑[140]苦不生, 名爲解脫. 佛說此

佛道…"에 따르면 "무슨 까닭으로 또다시 열반법에 안주함이 없는 중생이 불도를 이룬다고 말씀하십니까?"이다. 약간의 차이가 있다.

136 《大乘密嚴經》〈阿賴耶微密品〉 제8(T16, 742a02)을 요약해서 인용.

137 底本 및 《金澤寫本》에는 "深入"의 2자가 없다. 《演義鈔》 참조 보충.

138 底本에는 "滅", 《金澤寫本》 및 《法華玄贊》 참조 수정.

139 底本에는 없음. 《金澤寫本》 및 《法華玄贊》 참조 보충.

140 底本에는 "或", 《金澤寫本》 및 《法華玄贊》 참조 수정.

解脫[141]名爲化城. 生空智證, 名爲暫入. 以息衆苦, 故言方便入涅槃城. 後引至寶所, 方至大般涅槃城. 二乘之人, 加行智求[142]變作此相, 至於無學解脫道中, 正證解脫, 都無分別種種之相. 出解脫道後, 世間定心重緣所得. 以心麤故, 不知於眞智[143]所證之法, 但見加行所求涅槃解脫相狀, 便謂涅槃. 謂有實滅, 豈非假解, 是世間定. 故言以有世間三昧.[144] 實無涅槃, 而生涅槃想. 凡夫有學聞此假解, 不識知故, 謂有實涅槃,[145] 起堅執心, 作意欣趣. 故今破之.[146] 說彼所證, 猶如化城. 尙爲不實, 不應趣求. 況在無學[147]假所變耶?" 問: 此當第三宿世因緣說, 彼下根五百千二百, 竝是羅漢. 何云對治增上慢耶? 答: 正被下根羅漢, 兼治彼慢. 故不相違.

○ '다만 삼매에 깊이 들어서 (많은 시간 동안 공에 잠겼으므로 열반이라고 가설하여)'[148]라고 한 것은, 묻는다. 이 삼매에 들면 어떤 지위의 사람인가?

답한다. 첫 번째 해설은 범부인이다. 아래에서 《논》을 인용하여 증상만을 증명했기 때문이며, 거의 듣지 못한 비구의 부류이다. 두 번째 해설은 아라한이다. 네 종류 성문 중에 '결정성문'이기 때문이다.

141 底本에는 없음. 《金澤寫本》 및 《法華玄贊》 참조 보충.

142 底本에는 "永", 《金澤寫本》 및 《法華玄贊》 참조 수정.

143 底本에는 "於眞智"의 3글자가 빠졌다. 《金澤寫本》 및 《法華玄贊》 참조 보충.

144 底本에는 없음. 《金澤寫本》 및 《法華玄贊》 참조 보충.

145 底本에는 "想. 凡夫有學聞此假解, 不識知故, 謂有實涅槃,"의 18자가 빠져있다. 《金澤寫本》 및 《法華玄贊》 참조 보충.

146 底本에는 "云", 《金澤寫本》 및 《法華玄贊》 참조 수정.

147 底本에는 "覺", 《金澤寫本》 및 《法華玄贊》 참조 수정.

148 《演義鈔》 권제8(T36, 057a12).

○ '네 번째 비유는 정성인定性人을 위하여 화성化城의 비유를 설한 것과 같다'고 한 것은 그러므로 《소》[149]에서 "정성인은 저들이 이미 결정코 유학 범부들이 되었으므로 이제 지난 일을 설하여 억념하게 한 것이다. 여기서 일으킨 '만慢'은 혹은 욕계의 분별이며, 혹은 상계上界의 번뇌이다. 삼매 성城은 말하자면 유학 범부들이 오로지 마음으로 구하는 것이며, 무학의 몸에 있으면서 진지盡智와 무생지無生智로 뒤에 세간의 선정으로 변화된 바의 해탈이 능변을 벗어남이 없는 것을 모두 다 '삼매'라고 하며, 이 선정은 유루이므로 '세간'이라고 한다. 여기서는 부처님이 설한 삼사三事를 '대반열반'이라고 뜻으로 말하였고, 삼승은 함께 택멸해탈을 얻으니 곧 무학해탈도에서 증득한 바의 생공의 이치이다. 이로 인해 이후에 '혹업惑業'과 '고과苦果'가 생하지 않는 것을 '해탈'이라고 하고, 부처님은 이 해탈을 '화성化城'이라고 하였다. 생공의 지혜로 증득한 것이므로 '잠입'이라고 하고, 여러 고통을 종식하기 때문에 방편으로 '열반성'에 들어간다고 하며, 뒤에 보배가 있는 곳으로 이끌어 이르러서야 비로소 '대반열반성大般涅槃城'에 이르는 것이다.

이승인二乘人은 가행지加行智로 이 상相을 변작하길 구하여 무학해탈도無學解脫道에 이르러서 바로 해탈을 증득한다. 분별하는 갖가지 상이 전혀 없고 해탈도에서 벗어난 후에 세간의 선정 심은 겹겹의 연으로 얻어진다. 마음이 추탁하기 때문에 진지眞智로 증득한 법에 대해 알지 못하고 다만 가행지로 얻어진 열반 해탈의 상상相狀만을 보고 곧 '열반'이라고 여기고 실로 멸함이 있다고 여긴 것이니, 어찌 방편적인 이해가 아

149 《法華玄贊》(T34, 0789)의 내용.

니겠는가? 이것은 세간의 선정이기 때문에 세간에 삼매가 있다고 말했지만 실제로는 열반이 없는데 열반상을 낸 것이다. 범부 유학들은 이 방편적인 이해를 듣고 알지 못하기 때문에 실제 열반이 있다고 여겨서 견고한 집착심을 일으켜 흔쾌히 취향하려는 생각을 짓는다. 그러므로 지금 논파하여 '저들이 증득한 것은 화성과 같으니 오히려 실제가 아니어서 취향하여 구할 것이 아닌데 하물며 무학에 있으면서 방편으로 변한 것이겠는가'고 한 것이다"라고 하였다.

묻는다. 이것은 제3 숙세인연설에 해당한다. 저 하근기의 오백, 천이백이 모두 아라한인데 어째서 증상만인을 대치對治한다고 하는가?

답한다. 바로 하근기의 아라한에 영향을 끼치고 겸하여 저 증상만인을 대치한 것이다. 그러므로 상위하지 않다.

[56a24] ○言三昧者, 正受也, 三摩跋提者, 等至也.

○ '삼매'라고 한 것은 정수正受이고, '삼마발제三摩跋提'는 등지等至이다.

㉰《무상의경》등을 인용하여 '무취적'의 뜻을 성립함

[56b02] [《疏》] 更受變易者, 釋此生死, 大分二段. 初依相宗釋, 二依性宗釋. 且初依相宗釋者, 定性二乘不受變易, 何以故? 非彼境界故, 厭生死切故, 趣寂滅深故, 闕智障緣故, 不長時修故, 不普化生故, 不求大覺故, 得少爲足故, 種性決定故, 法爾如是故. 不定二乘·五果聖人, 若在本乘, 亦不能受, 迴心已後, 皆許能受. 二種無學, 決定便受, 煩惱盡故, 分段無故. 初果聖人, 或時卽受, 或經一生二生等

受, 極遲不過七大生後受. 第二果人, 或時卽受, 或人或天一生, 一往來已後方受. 第三果人, 或時卽受, 或於上地, 一生二生. 極遲不過十六生後, 決定當受. 直往菩薩, 若智增上, 卽於初地, 斷盡分別, 伏竟俱生, 不受分段, 便受變易. 若悲增上, 直至八地, 生空觀恒相續, 煩惱不起, 無理能受分段, 方始受斯變易. 已上三乘聖人, 分別煩惱定斷, 俱生煩惱或斷或伏, 皆盡無容復受當分段身, 恐癈長時脩菩薩行, 遂以無漏勝定願力,(此是無漏後智相應, 王所一聚, 有分別業, 爲變易因.) 資現身因,(資昔地前所造故, 業招現身因, 功能殊勝, 凡小不測.) 令彼長時與果不絕.(一云, 令彼業種與果功能, 而不斷絕. 二云, 令彼報理與果功能, 而不斷絕.) 因旣如是, 果必殊勝. 彼顯報體, 改麤令細, 易短令長,(改麤身成細身, 易短命成長命.) 數數如是, 定願資助, 乃至成佛, 解脫道中, 方棄捨故.(覺其業勢盡時, 還用定顯[150]熏資.) 煩惱種在, 助願潤生, 每[151]一一資, 稍得長時, 煩惱種無, 闕彼潤緣. 每一一資, 時分仍促. 問: 變易報體何法是耶? 答: 總報正體第八識全, 唯業果故, 通一聚故. 別報兼體, 前六識中, 唯取無記業所招者, 又該根塵, 具五蘊故. 問: 變易因體是何? 答: 約《增勝論》, 無漏後得有分別智相應定願. 據《盡理論》, 通該一聚心王心所. 問: 變易緣體是何? 答: 所知障品. 問: 如何爲緣? 答: 有三種; 一悲願緣. 由所知障一類法執, 執菩提可求, 發起大願. 執情可度, 發起大悲. 欲求菩提, 欲度有情, 須賴所依果報之體, 乃用定願, 潛資故業, 方受變易故. 二所斷緣, 菩薩之人本求種智, 所知障品障彼智故.《唯識》云: "由斷礙解所知障故, 得大菩提." 欲斷彼障, 故留身住, 受斯變易故. 三所依緣, 一切生死染妄之法, 皆用智障而爲所依, 所依爲無, 生死難立. 如無大地, 草木奚存? 賴彼爲依, 變易方受故. 復依性宗釋

150 底本에는 "頭",《金澤寫本》 참조 수정.

151 底本에는 "無",《金澤寫本》 참조 수정.

者,《起信鈔》云: "二乘無學, 通定不定性.(長時未迴, 名定性, 早發大心, 名不定性.) 由此二種妄心資熏無明故, 有二種生死.(暗用龍樹論意.) 豈可事識資熏枝末無明, 令凡夫受分段苦時, 彼業識等不資熏於根本無明耶?(暗破相宗, 捨分段後, 方受變易.) 若令不熏彼, 枝末從何所起. 便失迷眞, 起妄道理.(破轉救也.) 然此細苦, 無始來有. 卽六道凡夫, 二苦本具. 無明熏眞, 莫窮其始. 上下熏力, 未嘗不無.(迷自義也.) 今三乘衆, 厭苦忻樂, 息妄顯眞. 變易旣屬妄苦, 理合厭而捨之.(表不故意, 資感而受.) 但爲智行未及, 何必資熏而受耶?(結破相宗.) 問: 二死之體, 隨因[152]何法, 爲同爲異耶? 若云同者, 三乘聖人, 分段旣捨, 變易寧存. 一體之法, 不應亦捨亦存故. 豈可一人亦死亦活也. 如斬眠士夫, 豈悟士夫而不傷耶? 若云體同用異, 但捨麤用, 名捨分段者, 亦不應理. 三乘聖人同出宅, 豈可難離燒燃之用而不出於火宅之體耶? 火宅之體, 卽分段體. 若言異者, 二死頓具, 應有二趣竝生之過.(分段旣屬趣生之體, 變易豈非趣生體耶?)" 又云: "二苦本具變易不賴資熏等因緣者, 分段亦應不賴造業等因緣故, 彼此異因不可得故. 若俱[153]不賴, 深違敎理. 諸敎同說, 業繫果故. 不脩善因, 應生天界. 不造惡因, 應墮地獄. 分段本具, 旣賴造業等因緣. 例准變易本具亦賴資熏等因緣故." 今謂通釋云, 二種報體, 同一眞界. 全此全彼, 隨緣轉故. 約性常一, 無始頓具. 約相不同, 派成前後. 分段緣合, 彼一眞界, 全作分段報體. 變易緣合, 彼一眞界, 全作變易報體.《楞伽經》云: "如來藏受苦樂, 與因俱若生若滅, 猶如伎兒." 又《法身經》云: "法身流轉五道, 名曰衆生." 又相宗但說阿賴耶爲趣生報體, 殊不知阿賴耶以如來藏爲體. 故《密藏經》云: "如來清淨藏, 世間阿賴耶, 如金與指[154]環, 展轉無差別." 仍恐未曉, 借以喩明. 如一團金(眞

152 底本에는 "目",《金澤寫本》 참조 수정.

153 底本에는 "具",《金澤寫本》 참조 수정.

154 底本에는 없음.《金澤寫本》 참조 보충.

界本一), 百鍊不輕, 千理不改. (四相莫遷, 三世莫轉.) 善隨良工, 作種種像.(妙隨衆緣, 作一切法.) 良工意鑄人形, 彼一團金, 隨彼良工, 全作人體. 復經多時, 消鎔人形, 卽鑄天形. 彼一團金, 全作天體, 復經多時, 消鎔天形, 改鑄形狀種種差別, 准上可知.(有同分段, 將此生彼.) 復經多時, 消雜類形, 鑄菩薩形, 彼金全作故. 初雖麤弱, 時[155]時出治, 漸漸細好.(有同變易, 轉麤令細.) 復經異時, 消菩薩形, 鑄作佛形, 彼金全作故.(如捨變易, 得自受用.) 論彼像體, 本是一金, 未作像時, 一切皆具,(論彼報體, 本是一眞, 未作報時, 一切皆具.) 論彼像相, 遇緣方有, 前後不同.(談彼報果, 隨緣乃有, 前後不同.) 但以相宗約相, 唯前後故, 性宗徹性, 亦頓具故. 非唯本具, 不賴招感等因緣也. 何者是因緣? 次引《無上依經》《寶性》《佛性論》等, 可知. 不唯二種生死, 餘一切法, 准此可知. 故下《鈔》云: "法離於性, 本無今有者, 性出自古, 此爲本有. 法旣離性, 故本無今有. 本無今有,[156] 有[157]何過[158]耶? 卽虛空中,[159] 本無衆生, 常出[160]衆生. 若爾法卽於性, 應非本無今有. 何以論云, '從無之有曰生, 自有還無稱滅'? 釋曰, 緣會事顯, 則是本無今有. 無始衆生不可得言本無今有." 卽斯義也. 更願諸賢證心鏡鑒, 勿滯常聞, 返生輕笑. 賢首師意, 寄彼六麤, 以顯分段, 寄彼三細, 以顯變易, 欲彰二苦麤細不同故, 非謂六麤唯[161]分段體, 三細唯變易體. 若不[162]爾者, 二乘無學, 未斷智相及相續相, 云何已離分段苦耶? 又分

---

155 底本에는 없음.《金澤寫本》 참조 보충.

156 底本에는 "本無今有" 4자가 빠져있다.《金澤寫本》 및《演義鈔》 참조 보충.

157 底本 및《金澤寫本》에는 없음.《演義鈔》 참조 보충.

158 底本 및《金澤寫本》에는 "遇",《演義鈔》 참조 수정.

159 底本 및《金澤寫本》에는 "等",《演義鈔》 참조 수정.

160 底本에는 "生",《金澤寫本》 및《演義鈔》 참조 수정.

161 底本에는 "分段. 寄彼三細, 以顯變易. 欲彰二苦麤細不同故, 非謂六麤唯"의 14자가 빠져있다.《金澤寫本》 참조 보충.

162 底本에는 없음.《金澤寫本》 참조 보충.

段體而無總報耶? 又無色界那含聖人入滅盡定, 應捨分段耶? 細思細思.[163] 賢首《義分齊》中, 五教料揀, 須者應檢.[164]

[소] '다시 변역생사變易釋生死를 받는다'[165]는 것은 이 변역생사를 해설하는 데 크게 두 단락으로 나뉜다. 첫째는 상종相宗에 의거한 해설이고, 둘째는 성종性宗에 의거한 해설이다.

먼저 상종에 의거해서 해설해 보면, 정성定性 이승은 변역생사를 받지 않는다. 왜냐하면 그들의 경계가 아니기 때문이고, 생사가 끊어짐을 싫어하기 때문이며, 적멸의 깊숙한 데로 취향하기 때문이고, 지장智障의 연을 빠뜨렸기 때문이며, 장시간 수행하지 않기 때문이고, 널리 화생하지 않기 때문이며, 대각大覺을 구하지 않기 때문이고, 적은 것을 얻고서 만족하기 때문이며, 종성이 결정되었기 때문이고, 법이 으레 이와 같기 때문이다.

부정성 이승과 5과 성인은 만일 본래 자신의 승(本乘)에 있으면 또한 받지 않지만 회심한 이후에는 모두 받는 것이 인정된다. 2종의 무학 가운데에 정성인은 곧 받는다. 번뇌가 다했기 때문이고, 분단생사가 없기 때문이다. 초과의 성인은 혹은 곧장 받거나, 혹은 한 생이나 두 생 등을 지낸 뒤에 받으며, 지극히 더디더라도 7대생七大生을 지나지 않은 후에 받는다. 제2과의 성인은 혹은 곧장 받고, 혹은 인간과 천상에 일생씩 한 번 왕래한 뒤에서야 비로소 받는다. 제3과의 성인은 혹은 곧장 받거나,

163 底本에는 "細思" 2자가 없음.《金澤寫本》 참조 "細思" 보충.

164 底本에는 "捨".《金澤寫本》 참조 수정.

165 《大疏》 권제2(T35, 511b29).

혹은 상위에서 일생과 2생에 받으며, 지극히 더딘 것도 16생을 지나지 않은 뒤에 결정코 받게 된다. '곧장 간 보살'은 지혜가 증상한 경우에는 곧 초지初地에서 분별번뇌를 다 끊고 구생번뇌를 끝까지 조복시키므로 분단생사를 받지 않고 곧장 변역생사를 받는다. 비심悲心이 증상한 경우에는 곧장 8지八地에 이르고 생공관이 항상 상속하여 번뇌가 일어나지 않아 분단생사를 받을 이치가 없고서야 비로소 처음으로 이 변역생사를 받는다.

이상의 삼승 성인은 분별번뇌는 결정코 끊어졌고, 구생번뇌는 혹은 끊어졌거나 혹은 조복시켰으므로 모두 당래에 분단신을 받을 일이 없지만 오랫동안 보살행 닦는 것을 폐할까 염려되어 마침내 무루의 수승한 선정과 원력으로(이것은 무루의 후득지와 상응하는 심왕과 심소의 한 무리(一聚)[166]가 분별업이 있어서 변역생사의 인이 된 것이다) 현신現身의 인을 자량하여(옛날 지전地前에 지었던 것을 자량하기 때문에 업이 현신의 인을 초래하고 공능이 수승하여 범부 소승은 헤아릴 수 없다) 그들이 오랫동안 과果와 끊어지지 않도록 한다(일설에는 저 업종자와 과공능이 단절되지 않도록 하는 것이며, 일설에는 저 보리와 과공능이 단절되지 않도록 하는 것이다). 인이 이미 이와 같으니 과도 역시 수승하다. 저것이 과체를 드러내어 추탁한 것을 미세하게 하고 짧은 것을 길게 하며(추탁한 몸을 고쳐서 미세한 몸을 이루고, 단명을 바꿔서 장명을 이룬다) 자주자주 이와 같이 선정과 원력으로 자량하여 도와서 이에 성불에 이른다. 해탈도에서야 비로소 버리기 때문이다(업의 세력이 다

166 世親 造, 玄奘 譯, 《阿毘達磨俱舍論》 권제1 〈分別界品〉 제1, "論曰. 諸有爲法和合聚義是蘊義. 如《契經》言"에 의하면 "취"는 "온"의 다른 이름이다.

했음을 깨달을 때, 도리어 선정이 드러남으로서 자량하고 훈습한다). 번뇌의 종자가 있으면 원력을 도와 윤생한다. 하나하나마다 자량하는 것이 점점 장시간이 걸린다. 번뇌의 종자가 없으면 저 윤생潤生의 연이 결여되어 하나하나마다 자량하는 것이 시분이 이에 빨라진다.

묻는다. 변역생사 과보의 체성은 무슨 법인가?

답한다. 총보의 정식 체성은 제8식 전체이니, 오직 업과뿐이기 때문이며, 한 무리(一聚)에 통하기 때문이다. 별보의 겸한 체성은 전6식 중에 오직 무기업으로 초래된 것만을 취하고, 또 근진根塵을 꾸리니 오온을 갖추었기 때문이다.

묻는다. 변역생사의 인因의 체성은 무엇인가?

답한다. 《증승론增勝論》에 준거하면, 무루의 후득지에 분별지와 상응하는 선정과 원력이 있으며, 《진리론盡理論》에 근거하면, 한 무리의 심왕과 심소를 통틀어 꾸린다.

묻는다. 변역생사의 연緣의 체성은 무엇인가?

답한다. 소지장품所知障品이다.

묻는다. 어떻게 반연하는가?

답한다. 3종류가 있다. 첫째는 비심과 원심이 반연하니, 소지장의 한 부류의 법집으로 인해 보리를 구할 수 있다고 집착하여 대원을 발기하고 제도할 만한 유정이 있다고 집착하여 대비를 발기한다. 보리를 구하고자 하고 유정을 제도하고자 하는 데는 반드시 소의의 과보 체성에 의뢰하고서 이에 선정과 원력을 써서 가만히 옛 업을 자량해서야 비로소 변역생사를 받기 때문이다.

둘째는 소단所斷이 반연하니, 보살인은 본래 종지種智를 구한다. 소지장품이 저 종지를 장애하기 때문이다. 《유식론》[167]에서 "이해를 장애하는 소지장所知障을 끊음으로써 대 보리菩提를 증득할 수 있다"고 하였으니, 저 장애를 끊고자 하므로 몸을 남겨두고 이 변역생사를 받는 것이다.

셋째는 소의所依가 반연하니, 일체의 생사 망염의 법이 모두 지장智障으로써 소의를 삼는다. 소의가 없다면 생사는 성립되기 어렵다. 예컨대 대지가 없으면 초목이 어떻게 존재하겠는가. 저것을 의뢰하여 의지로 삼고서야 변역생사를 비로소 받게 되는 것이다.

다음으로 성종에 의거해서 설명하면, 《대승기신론초》[168]에서 "이승과 무학은 정성과 부정성에 통한다(장시간동안 회심하지 않는 것을 '정성'이라고 하며, 일찍 대심을 발기하면 '부정성'이라고 한다). 이 두 종류의 망심이 무명을 자량하고 훈습하여 두 가지 생사가 있게 된다(은근히 용수의 《마하연석론》의 의미를 인용하고 있다). 어찌 사식事識이 지말 무명을 자량하고 훈습하여 범부가 분단생사의 고통을 받게 될 때, 업식 등이 근본 무명을 자량하고 훈습하지 않을 수 있겠는가(은근히 상종의 분단생사를 버린 후에서야 변역생사를 받게 된다는 것을 논파한 것이다). 만일 저 근본무명을 훈습하지 않는다면 지말 무명은 무엇으로부터 일어나겠는가. 곧 진을 미혹하고 망을 일으킨다는 도리를 잃게 된다(점점 더 변론하는 것을 논파했다). 그러나 이 미세한 고통은 무시이래로 본래 있었으니, 곧 육도의 범부는 두 가지 고통을 본래 갖추고 있다. 무명이 진여를 훈습하는 것은 그 시작을 궁구할 수 없고 위아래로 훈습하는 힘은 일찍이 없지 않다(미혹 자체의 뜻이

167 《成唯識論》 권제1(T31, 001a12)이다.

168 《大乘起信論義記》 권하(T44, 270c)를 요약 정리하여 인용한 것이고, 괄호 속은 선연의 주석이다.

다). 이제 삼승의 중생은 고통을 싫어하고 낙을 좋아하며 망식을 쉬어서 진심을 드러낸다. 변역생사는 망식의 고통에 속하고 이치로는 '싫어하여 버린 것'에 합치된다(일부러 의도하지 않고 자량으로 감득하여 받는 것임을 표시하였다). 그런데 지행智行이 아직 끼치지 않았는데 하필이면 자량하고 훈습하는 것으로서 받겠는가(상종을 결론지어 논파한 것이다).

묻는다. 두 가지 생사의 체성은 어떤 법을 원인 했느냐에 따라 같은 것인가, 다른 것인가? 만일 같다고 한다면 삼승의 성인은 분단생사를 이미 버렸는데 변역생사를 어찌 두겠는가. 동일한 체성의 법을 버리기도 하고 두기도 하지는 못할 것이기 때문이다. 어찌 한 사람을 죽었다고도 하고 살았다고도 할 수 있겠는가? 예컨대 잠든 사람을 목 벤다면 어찌 깨어난 사람인들 다치지 않겠는가. 체성은 같지만 작용은 다르다고 하면 다만 거친 작용을 버린 것으로 분단생사를 버렸다고 한 것이니 이치에 안 맞는다. 삼승의 성인은 똑같이 집에서 나왔는데 어찌 불타고 있는 작용에서 벗이나기 어렵다고 불난 집의 체성에서 빠져나오지 못하겠는가. 불난 집의 체성은 곧 분단생사의 체성이다. 만일 다르다고 한다면 두 가지 생사가 한꺼번에 갖춰져 있고 두 가지 취에 모두 태어나는 과실이 있게 될 것이다(분단생사가 이미 취생의 체성에 속한다면 변역생사인들 어찌 취생의 체성이 아니겠는가)."

또 말하기를, "두 가지 고과苦果가 본래 갖추어져 있다고 하면 변역생사는 자량하고 훈습하는 등의 인연에 의지하지 않을 것이며, 분단생사도 역시 업을 짓는 등의 인연에 의뢰하지 않을 것이기 때문이다. 피차간이 다른 인을 얻을 수 없기 때문이다. 둘 다 의뢰하지 않는다면 교리에 깊이 어긋날 것이다. 여러 교에서 업에 얽매인 과라고 똑같이 설했기 때문이다. 선의 원인을 닦지 않고도 천계에 태어나고 악의 원인을 짓지 않고도 지옥에 떨어질 것이다. 분단생사가 본래 갖춰져 있다는 것은 이미 업을 짓는 등의 인연에 의뢰한 것이라면 준례하여 변역생사가 본래 갖춰져 있다는 것도 역시 자량하고 훈습하는 인연을 의뢰한 것이기 때문이다"고 하였다.

답한다. 이제 통석해 보겠다. 두 가지 과보의 체성은 하나인 진 법계와 동일하여 온전히 이것이고 온전히 저것이다. 연을 따라서 전변하기 때문이다. 성에 한정하면 항상 동일하여 시작 없는 때부터 한꺼번에 갖춰져 있고, 상에 한정하면 같지 않아서 전후로 갈라져 이뤄진다. 분단생사의 연이 하나인 진 법계와 합쳐져 온전히 분단생사의 과보의 체성이 되고, 변역생사의 연이 저 하나의 진 법계와 합쳐져 온전히 변역생사의 과보의 체성이 된다.

《능가경》[169]에서 "여래장은 고락을 받으니, 인과 함께 생겨났다가 없어지는 것이 마치 광대 아이와 같다"고 하였고, 또 《법신경》에서 "법신이 5도에서 윤회하는 것을 중생이라고 한다"고 하였다. 또 상종은 아뢰야식을 다만 취생하는 과보의 체성이라고만 하였는데 아뢰야식이 여래장의 체성인줄을 아주 몰랐던 것인가. 그러므로 《밀엄경》에서 "여래의 청정한 장식과 세간의 아뢰야식은 마치 금과 가락지가 점차로 차별이 없는 것과 같다"[170]고 하였다. 알아채지 못할까 염려되어 비유를 빌려서 밝

169 實叉難陀 譯, 《大乘入楞伽經》 권제5 〈無常品〉 제3의 내용이다. 뒤의 4자는 《능가경》에는 보이지 않고, 《釋摩訶衍論》 권제2 "楞伽契經中作如是說. 如來藏者. 爲善不善因受苦樂. 與因俱若生若滅. 猶如伎兒故"에서 나온다.

170 《大乘密嚴經》 권하 〈目識境界品〉 제7(T16, 747a19)의 내용.

히겠다.

한 덩어리 금을(진계는 본래 하나이다) 백 번 담금질해도 가벼워지지 않고 천 번을 손질해도 바뀌지 않는 것과 같다(사상四相이 옮기지 못하고 삼세가 전변시키지 못한다). 솜씨 있는 장인을 잘 따라서 갖가지 모양이 되니(많은 연을 묘하게 따라서 모든 법을 짓는다), 솜씨 있는 장인이 사람모습을 만들려고 하면 저 한 덩어리 금은 저 솜씨 있는 장인을 따라서 온전히 사람의 체성이 되고, 또다시 많은 시간이 지나 사람 모습을 녹여서 하늘 모양을 만들면 저 한 덩어리 금은 온전히 하늘의 체성이 된다. 또다시 많은 시간이 지나 하늘 모양을 녹여서 갖가지 차별된 형상으로 개조하는 것은 위를 준거하면 알 것이다(분단생사가 이것을 가지고 저것을 내는 것과 같은 점이 있다). 또다시 많은 시간을 경과하여 잡류의 형상을 녹여서 보살모습을 주조하면 저 금으로 온전히 짓는 것이다. 처음에는 비록 추탁하고 약하지만 때때로 벗어나서 대치하면 점점 미세하고 좋아진다(변역생사가 추탁한 것을 진변하여 세밀하게 하는 것과 같은 점이 있다). 또다시 다른 시간을 경과하여 보살모습을 녹여서 부처의 형상을 주작하면 저 금으로 온전히 짓는 것이다(변역생사를 버리고 자수용신을 얻는 것과 같다).

저 형상의 체성을 논한다면 본래 동일한 금이고 아직 모양이 만들어지지 않아서는 일체를 모두 갖추고 있다(저 과보의 체성을 논하면 본래 동일한 진이고 아직 과보를 짓지 않아서는 일체를 모두 갖추고 있다). 저 형상의 모습을 논한다면 연을 따라서야 비로소 있게 되고 앞과 뒤가 다르다(저 과보를 논한다면 연을 따라서야 이에 있는 것이고 앞뒤가 다르다). 다만 상종은 상에 한정하였으니 오직 앞뒤일 뿐이고, 성종은 성을 꿰뚫었으니 또한 한꺼번에 갖춰져 있다. 본래 갖춰졌을 뿐만이 아니라 초감하는 등의 인연에 의뢰하지 않는다. 어떤 것이 인연인가? 다음으로 《무상의경》과 《보성론》과 《불성론》 등을 인용하였으니 알 것이다. 두 가지 생사뿐만이 아니라 나머지 일체법도 이것을 준거하면 알 수 있다.

그러므로 아래 《초》에서 "법이 성을 여읜 것을 본래 없다가 지금 있는 것이라고 한다는 것은 성은 옛것에서 나왔으니 이것이 본래 있는 것이 되고, 법은 이미 성을 여의었기 때문에 본래 없다가 지금 있는 것이다. 본래 없다가 지금 있는 것이 무슨 잘못이 있겠는가. 곧 허공 속에는 본래 중생이 없지만 항상 중생을 내는 것과 같다. 그렇다면 법은 성에 즉하여 본래 없다가 지금 있는 것이 아닐 텐데 어째서 논에서는 없는 것으로부터 있게 된 것을 '생한다'고 하고, 있는 것으로부터 도리어 없게 된 것을 '멸한다'고 했는가? 해석해 보면, 연이 모여서 사법이 드러나면 이것이 본래 없다가 지금 있는 것이고, 시작이 없는 중생을 본래 없다가 지금 있다고 할 수는 없다"[171]고 하였으니 바로 이 뜻이다. 다시 여러 현인들은 마음을 증득하여 거울처럼 비춰보고 항상 듣는 것이라는데 막혀서 반대로 가볍게 여기거나 웃지는 않길 바란다.

현수의 의미는 육추六麤에 기탁해서 분단생사를 드러내고, 삼세三細에 의탁해서 변역생사를 드러낸 것으로 두 고과苦果의 추탁함과 미세함이 다른 것을 나타내려고 한 것이지 육추는 오직 분단생사의 체성일 뿐이고, 삼세는 오직 변역생사의 체성일 뿐이라고 한 것은 아니다. 그렇지 않다면 이승의 무학들은 지상智相 및 상속상相續相이 끊어지지 않았는데 어떻게 분단생사의 고통에서 벗어났겠는가? 또, 분단생사의 체성은

171 《演義鈔》 권제32(T36, 244a26)의 내용.

총보는 없겠는가? 또, 무색계 아나함 성인은 멸진정에 들었으니 분단생사를 버리게 될 것인가? 세밀하게 생각하고 세밀하게 생각하라. 현수의 《교의분제장》에서 5교를 요간하였으니 필요하면 검토하라.

[57b16] [《鈔》] 生緣惑者, 所生變易體也, 能生緣惑體也. 生對緣惑之卽可知. (相宗, 所知障爲體. 性宗, 根本無明.) 助感變易故名爲緣. 障彼淨德, 乃號其惑.

[초] '생연혹生緣惑'[172]이라고 한 것은 소생所生은 변역의 체성이고, 능생能生은 연혹緣惑의 체성이다. 생이 연혹을 상대하는 것은 곧 알 것이다(상종은 소지장으로 체성을 삼고, 성종은 근본무명이다). 변역생사를 도와 감득하기 때문에 '연緣'이라고 하고, 저 정덕淨德을 장애하므로 '혹惑'이라고 부른다.

[57b19] 言生因惑者, 所生變易體也, 能生因惑體也. (相宗資感, 性宗親招.) 力勢强勝名因, 障彼我德稱惑.

'생인혹生因惑'이라고 한 것은 소생은 변역의 체성이고 능생은 인혹의 체성이다(상종은 자량으로 감득하고, 성종은 친히 초래한다). 세력이 강력하고 수승하므로 '인因'이라고 하며 저 아덕我德을 장애하므로 '혹惑'이라고 한다.

---

172 《演義鈔》 권제8(T36, 057a25). 아래도 동일. 여기부터 《無上依經》 제1권 "모든 아라한과 벽지불, 대지보살이 네 가지의 장애로 인해 여래법신의 4덕을 갖추지 못하니, 첫째, 생연혹이요, 둘째, 생인혹이요, 셋째, 유유요, 넷째, 무유이다. … "에 관한 설명이다.

[57b20] ○言有有[173]者, 一云, 有此變易故名有有, 二云, 有此細苦故名有有, 三云, 生表現有故名有有. 言無有者, 一云, 無彼分段故名無有, 二云, 無彼麤苦故名無有, 三云, 滅表後無故[174]名無有.《無[175]上依》義釋竟. 更依《佛性論》第三, 略示名相者; 一方便生死, 謂生死緣, 卽無明住地惑能生新無漏業, 譬如界內無明生行, 以惑生智非同類故, 名爲方便. 二因緣生死, 謂生死因, 卽上無明所生無漏, 有分別業, 譬如無明所生行業, 但感同類, 故名因緣. 三有有生死, 卽由前因緣, 感得變易, 異熟有果. 如三界內, 以有漏業, 感六趣身. 言有有者, 未來生有, 更有一生故. 如上流般阿那含第二生般涅槃故. 亦云, 有此果故名有有. 四無有生死, 卽改變易脫. 譬如生爲緣有老死等過患. 以其報謝後, 更無有有, 故名無有. 名義稍穩, 細尋可知. 言緣無明住地者, 緣之一字, 義應在下, 卽前生緣惑也. 因無明住地所起無漏行者, 因之一字, 義應在下, 卽前生因惑也. 雖擧因緣, 意取報故. 言三[176]種意生身者, 聲聞緣覺菩薩也. 又准下《疏》云, "然此身類, 有其三種; 一三昧樂, 二覺法自性, 三種類俱生無作行. 初者,《楞伽》[177]第四云, '謂入於三昧, 離種種心, 寂然不動. 心海不起轉識波浪, 了境心現皆無所有.' 云何覺法自性, 謂了法如幻皆無有相, 心轉所依, 依如幻定, 及餘三昧, 能現無量自在神通. 如華開敷, 速疾如意, 如幻如夢, 如影如像. 非造與造相似,[178] 一切色相具足莊嚴, 普入佛刹, 了諸法性故. 云何種類俱生無作行? 謂達諸佛自證法相. 釋曰, 初從所依定爲名, 次從所依智立稱,

173 底本에는 없음.《金澤寫本》및《演義鈔》참조 보충.

174 底本에는 없음.《金澤寫本》참조 보충.

175 底本 및《金澤寫本》에는 없음.《演義鈔》의 문맥에 따라 보충.[역자 주]

176 底本에는 없음.《金澤寫本》및《演義鈔》참조 보충.

177 底本에는 "類, 有其三種; 一三昧樂, 二覺法自性, 三種類俱生無作行. 初者, 楞伽"의 26자가 빠져있다.《金澤寫本》및《大疏》참조 보충.

178 底本에는 "以".《金澤寫本》및《大疏》참조 수정.

三自證法相, 義兼[179]定慧及法性相, 故名種類. 由此故能隨衆生類, 種種一時現生, 任運而成, 云無作行. 若依地位, 初則五地前, 次卽八地前, 後卽八地後等." 卽其義也.

○ '유가 있다(有有)'의 첫째 해설은 이 변역생사가 있으므로 '유가 있다'고 하며, 둘째 해설은 이 미세한 고통이 있으므로 '유가 있다'고 하며, 셋째 해설은 생生은 현재 있는 것을 표시하므로 '유가 있다'고 한다.

'유가 없다(無有)'의 첫째 해설은 저 분단생사가 없으므로 '유가 없다'고 하고, 둘째 해설은 저 추탁한 고통이 없으므로 '유가 없다'고 하며, 셋째 해설은 멸滅은 뒤에는 없는 것을 표시하므로 '유가 없다'고 한다.《무상의경無上依經》의 뜻으로 해석하는 것은 마쳤다.

다시《불성론》제3에 의거하여 명상名相을 간략하게 제시하겠다. 첫째는 방편생사이니, 말하자면 생사의 연이다. 곧 무명주지혹이 새로운 무루업을 내는 것이다. 비유하면 마치 계界 내에서 무명이 행을 내는 것은 미혹이 지혜를 내어 동류가 아니기 때문에 방편이라고 하는 것과 같다. 둘째는 인연생사이니, 말하자면 생사의 인이다. 곧 위의 무명으로 생긴 바의 무루가 분별 업이 있는 것이다. 비유하면 마치 무명으로 생긴 바의 행업이 다만 동류만을 감득하기 때문에 인연이라고 하는 것과 같다. 셋째는 유유생사이니, 곧 앞의 인연으로 인해 변역생사를 감득하여 달리 성숙된(異熟) 과가 있는 것이다. 마치 삼계 내에서 유루업으로 육취의 몸을 감득하는 것과 같다. '유유'라고 한 것은 미래에 생하는 것을 '유'라고

179 底本에는 없음.《金澤寫本》및《大疏》참조 보충.

하니, 다시 일생이 있기 때문이다. 마치 상류上流들이 아나함에 들고 제2생에서 열반에 드는 것과 같다. 또한 이 과가 있기 때문에 '유유'라고하기도 한다. 넷째는 무유생사이니, 곧 변역생사를 고쳐서 해탈하는 것이다. 비유하면 마치 태어남이 연이 되어 늙고 죽는 등 우환이 있게 되는 것과 같다. 그 과보가 사라진 뒤에는 다시 유가 없기 때문에 '무유'라고 한 것이다. 명칭과 의미가 점점 숨겨졌으니, 세밀하게 살피면 알 것이다.

'무명주지를 반연하며'라고 한 것은 연緣 한 글자는 뜻으로는 아래에 있어야 할 것이니, 곧 앞의 생연혹이다. '무명주지를 원인으로 하여 일어난 무루 행으로'라고 한 것은 인因 한 글자는 뜻으로는 아래에 있어야 할 것이니, 곧 앞의 생인혹이다. 인연을 거론했지만 의미상 과보를 취했기 때문이다. '세 가지의 의생신'이라고 한 것은 성문과 연각과 보살이다.

또, 아래《소》[180]에 준거하여 말하면 "그러나 이 (의생)신의 부류는 세 종류가 있다. 첫째는 삼매락三昧樂이요, 둘째는 각법자성覺法自性이요, 셋째는 종류와 함께 생긴 무작행無作行이다. 첫째는,《능가경》제4[181]에서 '삼매에 들어가 갖가지 마음을 여의고 적연하여 움직이지 않으며, 마음 바다에서 전식轉識의 파랑이 일어나지 않고, 경계는 마음에서 나타난 것이어서 모두 있는 바가 없다는 것을 분명하게 아는 것이다. (둘째) 무엇이 각법자성인가? 말하자면 법이 환영과 같아서 모두 상이 없는 줄을 분명하게 알고 마음이 의지하는 바를 전변하여 환영과 같은 선정 및 나머지 삼매에 의지하여 무량한 자재신통을 나타내는 것이 마치 꽃이

180 《大疏》권제28〈十迴向品〉(T35, 0715a).

181 《大乘入楞伽經》권제4〈無常品〉제3-1(T16, 607b29).

핀 것과 같고 빠른 것은 뜻과 같고 환과 같고 꿈과 같으며 그림자와 같고 형상과 같으니 조작하지 않음과 조작함이 서로 비슷하여 일체의 생각이 구족하게 장엄하여 널리 불찰에 들어가 제법의 성을 분명하게 알기 때문이다. (셋째) 무엇을 종류와 함께 생긴 무작행이라고 하는가? 말하자면 제불 자신이 증득한 법상을 통달하는 것이다'라고 하였다. 해설해 보면, 처음은 소의의 선정에 따라 이름한 것이고, 다음은 소의의 지혜에 따라서 명칭을 세운 것이며, 셋째는 자증한 법상이니 뜻은 정혜 및 법성의 상을 겸하므로 종류라고 이름한다. 이로 인해 중생의 부류를 따라서 갖가지로 일시에 현생하는 것을 마음대로 이루므로 '무작행'이라고 한 것이다. 만일 지위에 의거하면 처음은 5지 이전이고 다음은 8지 이전이고 뒤는 8지 이후이다"등이라고 하였으니, 곧 이 뜻이다.

[58a01] ○言譬如四取者, (戒[182]·見·欲貪[183]·我語.) 言三三有漏業爲因者, (三字在果, 欲色無色. 三字在因, 福·非福·不動.) 言起三種有者, (三界各一故.)

○ '비유하자면 사취四取로 연을 삼고'[184]라고 한 것은 (계취와 견취와 욕취와 아어취이다.)

'셋째는 세 유루업으로 인을 삼아서'라고 한 것은 (3자가 과에 있으면 욕계와 색계와 무색계이고, 3자가 인에 있으면 복과 복아님과 부동不動함이다.)

---

182 底本에는 "或", 교감 주 및《金澤寫本》참조 수정.

183 天親 造 眞諦 譯,《佛性論》권제3〈辯相分〉제4, "取名貪愛, 有四種; 一欲取. 二見取. 三戒取. 四我語取"에 의하면 이 欲貪의 貪은 취를 표현한 말이거나 오자이다.

184 《演義鈔》권제8(T36, 057b01)이다. 아래도 동일.

'세 종류의 유를 일으키는 것이다'고 한 것은 (삼계에 각각 하나씩이기 때문이다.)

[58a03] ○言何者[185]無有等者, 謂變易身爲緣, 刹那滅爲體. 如分段中, 生支爲緣, 老死支爲體故.

○ '무엇이 무유인가?'라고 한 것은 변역신으로 연을 삼고 찰나에 소멸함으로 체를 삼는 것을 말한다. 마치 분단생사 중에 생지生支로 연을 삼고 노사지老死支로 체를 삼는 것과 같다.

[58a05] ○言無明住地一切煩惱是其依處者, (相宗, 所知障與四住煩惱障作依處. 性宗, 智礙與九相煩惱礙作依處.) 言因無明住地起輕相惑有虛妄行者, 因字合在行字之下. 言輕相惑者, 揀異有漏, 有虛妄行者招生死故. (一云, 無漏之法非是其[186]惑, 由與惑俱, 故名爲惑. 如礦金故. 二無漏之法亦是其惑, 由帶其妄, 故名爲惑. 卽是不覺故.)

○ '무명주지는 일체번뇌가 의지하는 곳'[187]이라고 한 것은 (상종은 소지장이 사주四住 번뇌장에 의지처가 되어 주고, 성종은 지애智礙가 구상九相 번뇌애에 의지처가 되어 준다.)

'무명주지를 원인으로 해서 경상혹輕相惑을 일으켜서 허망한 행이 있

185 底本 및 《金澤寫本》에는 "無", 《演義鈔》 참조 보충.[역자 주]

186 《金澤寫本》에는 "其"가 없음.

187 《演義鈔》 권제8(T36, 057b04).

다'고 한 것은 '인因' 자는 '행行' 자 아래에 합해 두어야 한다.[188] '경상혹'이라고 한 것은 유루와 다름을 가려낸 것이니 허망한 행이 있으면 생사를 초래하기 때문이다. (첫째는 무루법은 '혹'이 아니지만 '혹'과 함께하기 때문에 '혹'이라고 한다. 마치 광석금과 같다. 둘째는 무루법도 또한 혹이다. 허망함을 띠고 있기 때문에 혹이라고 한다. 곧 불각이기 때문이다.)

[58a09] ○言緣無明住地等者, 緣字合在地[189]字下, 因字合在業字下, 起字合在因字下. 讀者應審. 言一切煩惱·諸業·生難, 如次因·緣·報[190]三法也. 言無明住地所起方便生死者, 卽生緣惑. 一云, 種起現故. 二云, 前起後故. 三云, 用起體故. 四云, 本起末故. 緣從果以得名, 生死之方便, 依主釋也. 如分段中無明支也.

○'무명주지를 반연하고 (미세허망을 원인하여 무루업을 일으켜서)'[191] 등이라고 한 것은 '연緣' 자는 '지地' 자 아래에 합쳐두고, '인因' 자는 '업業' 자 아래에 합쳐두며, '기起' 자는 '인因' 자 아래에 합쳐두어야 하니,[192] 독자들은 살펴야 할 것이다.

'일체번뇌와 모든 업과 생生의 어려움'이라고 한 것은 차례대로 인, 연, 과보의 3법이다.

---

188 鮮演의 註釋에 의하여 "無明住地, 起輕相惑, 有虛妄行因"로 바꾸면 "무명주지가 경상의 혹을 일으켜서 허망한 행의 원인이 있게 된다"이다.[역자 주]

189 底本에는 없음.《金澤寫本》참조 보충.

190 底本에는 "雜",《金澤寫本》참조 수정.

191 《演義鈔》권제8(T36, 057b09).

192 선연의 주석에 의거하면 "緣無明住地, 因微細虛妄, 起無漏業"을 "無明住地緣, 微細虛妄, 無漏業因起"로 된다. 따라서 "무명주지가 미세하고 허망한 무루업의 인을 반연하여 일으킨 것이다"가 된다.[역자 주]

'무명주지로 일으켜진 방편생사'라고 한 것은 곧 생연혹이다. 첫째는 종자가 현행을 일으키기 때문이고 둘째는 앞이 뒤를 일으키기 때문이며, 셋째는 작용이 체성을 일으키기 때문이고 넷째는 근본이 지말을 일으키기 때문이다. 연은 과로부터 득명하였고 생사의 방편이니 의주석이다. 분단생사 중에 무명지無明支와 같다.

[58a15] ○言因緣生死者, 生因惑也, 因得果名故. 分段中行支也. 言生報難, 生支也. 言過失難者, 老死支也. 問: 無漏業是道諦, 變易體是苦諦. 若許爾者, 理應集諦證彼滅諦. 彼既不爾, 此云[193]何然? 若皆許爾, 是則四諦因果便成雜亂. 今謂通云, 彼無漏業通二諦収. 約斷漏義, 得名道諦, 分證滅諦. 約相有義, 得名集諦, 招變易苦, 故無前失. 准上經論, 十地菩薩已出分段. 若依賢首《義分齊》中, 更有別理, 不可不知, 故彼文云, "若直進中有二說; 一謂寄位,[194] 顯十地之中功用無功用麤細二位差別相故, 卽說七地已還有分段, 八地已上有變易. 二就實報, 卽說[195]分段至金剛已還, 以十地中煩惱障種未永斷故, 留至金剛故. 既有惑障, 何得不受分段之身? 故《十住經》中, '十地已還有中陰者', 是此義也. 八地已上一切菩薩, 於煩惱障永伏不行, 以無漏[196]智[197]果恒相續故. 如阿羅漢, 既無現惑, 何得更受分段身耶? 答: 若是凡夫, 卽以現惑潤業受生, 聖人不爾, 但留惑種, 用以受生, 故《雜集論》云, '一切聖人, 皆以隨眠力故, 結生相續.' 又《梁攝論》云, '異凡夫故, 永伏上

193 底本에는 "云云",《金澤寫本》 참조 "云" 삭제.

194 底本 및《金澤寫本》에는 없음.《教義分齊章》 참조 보충.

195 CBETA에는 "談", 底本,《金澤寫本》,《教義分齊章》 참조 수정.

196 底本 및《金澤寫本》에는 "流",《教義分齊章》 참조 수정.

197 底本에는 "知",《金澤寫本》 참조 수정.

心. 異二乘故, 留彼種子.' 解云, 聖生非現潤, 彼復留種. 如何不受分段身耶? 若言八地已上以知障爲緣受變易者, 所留惑種, 卽便無用. 何不於此第八地初永害一切煩惱種子耶? 彼旣不爾, 此云何然. 若約迴向菩提, 聲聞已斷煩惱者, 彼卽可以所知障受變易身, 通諸位也. 問: 若爾, 何故有聖教說, 八地已上, 唯所知障爲依止故, 受變易身? 答: 等爲欲寄對二乘顯其優劣, 故作是說." 又云, "若准圓教, 不說變易, 但分段身, 至於十地離垢定前, 以至彼位得普見肉眼, 故知是分段也. 又如善財等, 以分段身, 窮於因位故也."

○ '인연생사因緣生死'[198]라고 한 것은 생인혹生因惑이니, 인이 과의 명칭을 얻은 것이다. 분단생사 중에 행지行支이다. '생보난生報難'이라고 한 것은 생지生支이다. '과실난過失難'이라고 한 것은 노사지老死支이다.

묻는다. 무루업은 도제이고 변역생사의 체는 고제라는 것을 그렇다고 인정하면 이치상 집제가 저 멸제를 증득할 것이다. 저것이 이미 그렇지 않다면 이것은 어째서 그러한가? 만일 모두 그렇다고 인정하면 이것은 4제의 인과가 곧 잡란함을 이룰 것이다.

답한다. 이제 회통해보겠다. 저 무루업은 2제를 통틀어 거둔다. 루漏를 끊은 뜻에 한정하면 '도제'라고 이름할 수 있고, 부분적으로 '멸제'를 증득한다. 상유의 뜻에 한정하면 '집제'라고 이름할 수 있다. 변역의 고통을 초래하므로 앞의 잘못이 없다. 위의 경론에 준거하면, 십지 보살은 이미 분단생사에서 벗어났다. 만일 현수의 《교의분제장》[199]에 의거하면

198 《演義鈔》 권제8(T36, 057b18).

199 《教義分齊章》 권제2(T45, 491a15).

별다른 이치가 있으니 알아야만 한다.

그러므로 저 문장에서 "만일 직진이라면 두 가지 설이 있다. 첫째는, 지위에 기탁한 것이니, 십지 가운데 공용과 무공용, 추탁함과 미세함의 두 지위의 차별된 상을 드러내기 때문에 곧 7지 이전은 도리어 분단생사가 있고, 8지 이상은 변역생사가 있다고 설한다. 둘째는, 실보實報에 입각한 것이니, 곧 분단생사는 금강 이전까지라고 설한다. 십지 가운데 번뇌장의 종자가 아직 영구히 단멸되지 않았기 때문에 남겨서 금강위에 이르는 것이다. 이미 혹장惑障이 있다고 하면 어찌 분단신을 받지 않을 수 있겠는가? 그러므로《십주경》에서 '십지 이전은 중음신이 있다'고 한 것이 이 뜻이다. 8지 이상의 모든 보살은 번뇌장을 영구히 조복시켜 행하여지지 않는다. 무루의 지과智果가 항상 상속하기 때문이다.

묻는다. 저 아라한은 이미 현행의 혹이 없는데 어떻게 다시 분단신을 받겠는가?

답한다. 범부일 경우는 현행의 혹으로 윤업하고 생을 받지만 성인은 그렇지 않고 다만 혹의 종자만을 남겨두고 그것으로써 생을 받는다. 그러므로《잡집론》에서 '모든 성인은 모두 수면력隨眠力을 쓰기 때문에 결국 생을 맺어 상속한다'고 하였고, 또,《양섭론》에서 '범부와 다른 까닭에 위의 마음을 영구히 조복시키고, 이승과 다른 까닭에 저 종자를 남겨둔다'고 하였다.

해설해 보면, 성인의 생은 현행이나 윤업이 아니고 저들은 또다시 종자를 남겨둔 것이니 어째서 분단신을 받지 않겠는가? 만일 8지 이상은 지장知障으로 연을 삼아서 변역생사를 받는다면 남겨둔 혹의 종자는 곧 쓸모없을 텐데 어째서 이 제8지에서 애초에 번뇌의 종자를 영구히 해치지 않았겠는가? 저것이 이미 그렇지 않다면 이것인들 어떻게 그러겠는가? 만일 보리에 회향하는데 한정하여 성문은 이미 번뇌를 끊었다고 하면 저것은 소지장으로 변역신을 받을 수 있으니 여러 위位에 통하는 것이다.

묻는다. 그렇다면 어째서 성교에서는 8지 이상은 오직 소지장으로 의지를 삼기 때문에 변역신을 받는다고 했는가?

답한다. 똑같이 이승에 상대하여 그 우열을 드러내고자 한 것이므로 이런 말을 한 것이다"라고 하였다.

또, "만일 원교에 준거하면, 변역신은 말하지 않고 다만 분단신은 십지의 이구정離垢定 앞에 이르러서니, 저 지위에 이르러 널리 보는 육안을 증득하기 때문에 분단신인 것을 알 수 있다. 또, 선재 등의 경우는 분단신으로 인위因位를 끝까지 다했기 때문이다"[200]라고 하였다.

[58b21] ○言下《疏》明四種生死可撿於此《論》者, 應平聲呼之, 卽是說義, 卽是〈名號品〉《疏》也.

○ '아래 《소》[201]에서 4종의 (변역)생사를 밝혔으니, 이 《논》에서 검증할 수 있다'고 한 것은 평성으로 불러야하는 것이 곧 말한 뜻이다. 곧 〈여래명호품〉 《소》이다.

200 《教義分齊章》 권제3(T45, 492b03).

201 《大疏》 권제12 〈如來名號品〉 제7의 내용이다.

### (ㄹ)《열반경》 제9권을 인용하여 '무성無性'이 없음을 밝힘

(引《涅槃》第九明無無性)

[58b23] [《鈔》] 大涅槃光所入毛孔者, 一云[202]涅槃時佛光入衆生毛孔故, 二云, 《涅槃經》敎光入衆生心毛孔故.

[초] '대열반의 광명이 들어갔던 털구멍'[203]이라고 한 것은 첫째 해설은, 열반하실 때 불의 광명이 중생의 털구멍으로 들어갔기 때문이고, 둘째 해설은, 《열반경》의 교광敎光이 중생의 마음의 털구멍으로 들어갔기 때문이다.

[58b24] ○言佛性略有五種者, 謂善如淸水性, 不善如濁水性, 無記如不太淸不太濁水性, 果如淸淨水性, 理如水濕性.

○ '불성은 간략하게 다섯 종류가 있다'[204]고 한 것은 말하자면 '선善'은 맑은 물의 성질과 같고, '불선不善'은 탁한 물의 성질과 같으며, '무기無記'는 아주 맑지도 아주 탁하지도 않은 성질과 같고, '과果'는 맑고 깨끗한 성질과 같으며, '이치(理)'는 물의 젖은 성질과 같다.

[58c03] ○言離欲善根人等者, 得定凡夫離欲, 但伏其現. 那含聖人離欲, 亦斷其

---

202 底本에는 없음. 교감 주 및 《金澤寫本》 참조 보충.

203 《演義鈔》 권제8(T36, 057c07).

204 《演義鈔》 권제8(T36, 057c24).

種. 問: 眞妄交徹中, 如來不斷性惡, 何故今云善根人無不善佛性耶? 答: 前約以相從性云不斷, 此約以性從相云無. 又前據曾談, 從舊得名云不斷, 此據現說, 新來離妄云無. 又彼相宗復有四句; 一因成果不成, 爲大悲菩薩. 二果成因不成, 有性斷善根[205]人. 三因果俱成, 有性不斷善根人. 四因果俱[206]不成, 無性斷善根人. 若約性宗, 容有前三, 但無第四. 又准彼宗, 第五無性有三梵名, 翻譯亦異. 一阿闡底迦, 此云不樂欲, 不樂涅槃故. 二云一闡提迦, 此云樂欲, 樂住生死故. 此上二名亦通大悲及與斷善二種人故. 三云阿顚底迦, 此云畢竟無, 唯局無性, 通斷善根及與不斷. 但無三乘無漏種故. 若准性宗, 斷善之人且就長時, 言畢竟無. 或約大悲願力故, 當不成佛, 名畢竟無.

○ '욕망을 여읜 선근인'[207]이라고 한 것은 선정력을 얻은 범부의 이욕은 다만 그 현행만을 조복한 것이고, 아나함 성인의 이욕은 그 종자도 역시 끊은 것이다. 묻는다. 진과 망이 서로 어우러져 통하는 가운데서는 여래는 성악性惡을 끊어버리지 않는데 무슨 까닭으로 선근인은 불선의 불성은 없다고 하였는가?

답한다. 앞에서는 상相으로 성性을 따른데 한정했으므로 '끊어버리지 않는다(不斷)'라고 했고, 여기서는 성으로 상을 따른데 한정했으므로 '없다(無)'고 한 것이다. 또, 앞에선 일찍이 담설했던 것에 근거하여 옛것을 좇아서 명칭해서 '끊어버리지 않는다'고 한 것이고, 이것은 현재의 설명에 근거해서 새롭게 와서 허망을 여의었으므로 '없다'고 한 것이다.

---

205 底本에는 "恨",《金澤寫本》참조 수정.

206 底本에는 "但",《金澤寫本》참조 수정.

207 《演義鈔》권제8(T36, 057c27).

또, 저 상종에는 다시 4구절이 있다. 첫째는 인은 성취되고 과는 성취되지 않은 것이니 '대비보살'이 되고, 둘째는 과는 성취되고 인은 성취되지 않은 것이니 '종성種性은 있지만 선근이 끊어진 사람'이고, 셋째는 인과가 모두 성취된 것이니 '종성種性이 있으면서 선근이 끊어지지 않은 사람'이다. 넷째는 인과가 모두 성취되지 않은 것이니 '종성種性이 없으면서 선근이 끊어진 사람'이다.

만일 성종에 한정하면 앞의 셋에는 '있다'는 것이 허용되지만 네 번째는 '없다.' 또 저 (성)종에 준거하면, 다섯 번째 무성에 세 가지 범어 명칭이 있으며, 번역도 또한 다르다. 첫째는 아천저가(aitthajtvika)이니, 번역하면 '불욕락'이다. 열반을 즐기지 않기 때문이다. 둘째는 일천제가(icchantika)이니, 번역하면 '욕락'이다. 생사에 즐겨 머물기 때문이다. 이상 두 가지 명칭은 또한 대비 및 두 종류 단선근인斷善根人에도 통한다. 셋째는 아전저가(ātyantika)이니, 번역하면 '필경 무'이다. 오직 무성에만 국한했지만 '선근이 끊어짐'과 '선근이 끊어지지 않음'에도 통한다. 다만 삼승의 무루종자는 없기 때문이다. 만일 성종에 준거하면 '선근이 끊어진 사람'은 우선 장시간에 입각해서 '필경에 없다'고 한 것이다. 혹은 대비 원력에 한정했기 때문에 당래에 성불하지 못하는 것이 '필경에 없다'고 한 것이다.

[58c19] [《疏》] 若有衆生不入涅槃我亦不入涅槃者, 故下《鈔》云, "一切如來因地發願, 度盡衆生, 生界不盡, 不取正覺. 現見[208]衆生沉淪九有. 故知諸佛未合有

208 底本에는 "是", 《演義鈔》 및 《金澤寫本》 참조 수정.

成,[209] 成則違誓. 古[210]有多釋; 一云, 本擬度生, 未期成佛, 積行淳熟, 行催自成. 如撥火杖, 本欲燒草, 不欲燒杖. 撥草旣多, 任運燒盡. 故三論師名爲不自在佛, 不欲成佛而自成故. 有云, 成佛若不化生, 可違本誓, 成佛亦化衆生, 豈違本誓? 難云, 化生之義, 雖許得存, 盡竟方成, 眞義何在? 豈得不違如實義者? 諸佛皆有悲智二門, 以大悲故, 窮未來際, 無成[211]時故, 菩薩闡提不成佛也. 以大智故, 念念速成. 又欲化盡諸衆生界, 自須速成方能廣化. 不懼違誓,[212] 盡竟成言, 又了衆生之本如故, 化而無化. 是則常[213]成, 亦常不成, 亦常化生, 而常無化. 悲智自在, 何局執耶?"

[소] '만일 어떤 중생이 열반에 들지 않는다면 나도 역시 열반에 들지 않겠다'[214]라고 한 것은 아래《초》[215]에서 "모든 여래는 인지因地에서 발원하여 '모든 중생을 제도하되 중생계가 다하지 않으면 정각을 이루지 않겠다'라고 했는데, 현재 중생이 구유九有에 빠져 있는 것을 본다. 그러므로 제불이 성불함은 합당하지 않다는 것을 알 수 있으니, 성불하면 서원에 위배되기 때문이다.

옛날에 많은 해설이 있다. 첫째는 본래 중생을 제도하는 것으로 헤아리면 성불을 기약하지 않고도 쌓여진 수행이 순숙되어 수행이 빨리 저

209 底本에는 없음.《演義鈔》및《金澤寫本》참조 보충.

210 《金澤寫本》에는 없다.

211 《演義鈔》에는 "成+佛"로 되어 있다.

212 底本 및《金澤寫本》에는 "昔",《演義鈔》참조 수정.

213 底本에는 "當",《演義鈔》및《金澤寫本》참조 수정.

214 《大疏》권제2(T35, 511c11).

215 《演義鈔》권제38〈十住品〉제15(T36, 294b18)를 요약 정리해서 인용.

절로 성취된다. 마치 불을 휘젓는 불쏘시개는 본래 풀을 태우려는 것이고 불쏘시개를 태우려 한 것이 아닌 것과 같다. 풀을 많이 휘저으면 마음껏 다 태우게 된다. 그러므로 삼론三論 사가 '자재하지 못한 불'이라고 이름을 붙였으니, 성불하지 않으려 해도 저절로 성불하기 때문이다.

어떤 해설에는 성불하는 것이 만약 중생을 교화하지 못한다면 본래 서원을 어기겠지만 성불하는 것이 또한 중생을 교화한다면 어찌 본래 서원에 어긋나겠는가. 논란해서 말하길 '중생을 제도하는 뜻이 있을 수 있다 하더라도 다하여 마치고서야 비로소 성불하겠다는 참된 의미는 어디에 있는가? 어찌 여실한 뜻에 어긋나지 않을 수 있겠는가?' 제불은 모두 자비와 지혜의 두 문이 있는데, 대비로써 하는 까닭에 미래제가 다하도록 성불할 때가 없다. 그러므로 보살천제菩薩闡提는 성불하지 않는 것이며, 대지혜로써 하는 까닭에 생각 생각에 빨리 성불하는 것이다. 또 모든 중생계를 다 교화하고자 하면 반드시 자신이 빨리 성불하고서야 널리 교화하는 것이니, 서원에 어긋난다고 근심하지 말라. '다하여 마치고서야 성불하겠다'는 말은 또 중생이 본래 여래임을 분명하게 알기 때문에 교화하되 교화함이 없는 것이다. 이렇다면 항상 성불하면서도 역시 항상 성불하지 않은 것이고, 역시 항상 중생을 교화하면서도 항상 교화함이 없는 것이다. 자비와 지혜가 자재한데 어째서 국한해서 집착하는가"라고 하였다.

(ㅂ) 여러 경을 자세히 인용하여 '정성'을 두둔하는 것을 막음 (廣引諸經遮求定性)

㉠ 뒤밟아서 논파함(正牒破)

[59a09] [《鈔》] **彼有十意者, 一爲引攝一類,** (引不定二乘, 令依大乘涅槃故.) **二謂任持所餘,** (卽六[216]住已前, 猶在[217]退位, 恐於大乘退, 思二乘故.) **三法等故,** (行乘雖[218]有異, 而[219]趣眞無別.) **四無我等故,** (若有實我, 可有乘別, 旣無實我, 故說一乘.) **五解脫等故,** (三乘竝於煩惱障中, 而得解脫, 解脫無別故.) **六性不同故,** (不定性人具大乘種, 由有此性, 故說一乘.) **七佛於有情得同自體意樂故,** (此彼相卽, 我旣成佛故, 彼亦成佛故.) **八二乘於佛得同自體意樂, 同名菩薩得受記別故,** (謂於此會中, 佛與二乘, 受佛記別, 爲令攝得如是意樂, 我等與佛, 平等無二. 菩薩名同, 一得記別.) **九化故,** (示同趣寂, 後起得記, 使彼不定信, 捨寂求記.) **十究竟故.** (由過此外, 無別勝乘, 依理究竟, 最爲殊勝, 故說爲一.)

[초] **'저 (《섭론》)[220]에는 열 가지 뜻이 있다'[221]고 한 것은 첫째는 한 부류를 이끌어 거두고**(부정종성不定種性의 이승을 이끌어 대승의 열반에 의지하게 하기 때문이다)[222],

**둘째는 나미지의 부류들을 맡아 지니며**(곧 제6주住 이전은 물러나는 지위에 있는 것과 같다. 대승에서 물러나 이승을 생각할까 염려되기 때문이다),

216 底本에는 "大",《金澤寫本》 참조 수정.

217 底本에는 "居",《金澤寫本》"若",《法華玄贊》 참조 수정.

218 底本에는 "唯",《金澤寫本》 참조 수정.

219 《法華玄贊》에는 "所"로 되어 있다.

220 眞諦 譯,《攝大乘論》 권제10(T31, 132a08)에는 "未定性聲聞　及諸餘菩薩　於大乘引攝　定性說一乘　法無我解脫　等故性不同　得二意涅槃　究竟說一乘"로 되어 있고, 無著 造, 玄奘 譯,《攝大乘論本》 권제10(T31, 0151)에는 "①爲引攝一類,　②及任持所餘. 由不定種性, 諸佛說一乘. ③法·④無我·⑤解脫, 等故⑥性不同. ⑦⑧得二意樂⑨化, ⑩究竟說一乘."으로 되어 있어 선연은《섭대승론본》을 인용했음을 알 수 있다.

221 《演義鈔》 권제8(T36, 058b28).

222 괄호 속의 설명은 모두《法華玄贊》 권제4(T34, 716a02)를 요약 정리해서 인용.

셋째는 법이 동등하기 때문이고(수행과 승乘은 비록 차이가 있더라도 나아간 바의 진여에는 차별이 없다),

넷째는 무아가 동등하기 때문이며(만일 실아實我가 있다면 승의 차별이 있을 수 있겠지만 이미 실아實我가 없기 때문에 '일승'이라고 한다),

다섯째는 해탈이 동등하기 때문이고(삼승은 모두 번뇌장 속에서 해탈을 얻는다. 해탈은 차별이 없기 때문이다),

여섯째는 종성種性이 같지 않기 때문이며(부정종성의 사람은 대승의 종자를 갖추고 있다. 이 성이 있음으로 인해 '일승'을 설하는 것이다),

일곱째는 불은 유정들에 대해 (그들과) 동등한 자체의 의락을 얻기 때문이고(이것과 저것이 서로 즉했으므로 내가 이미 성불했기 때문에 저들도 또한 성불한다),

여덟째는 이승은 불에 대해 (부처님과) 동등한 자체의 의락을 얻으며, 동명의 보살들이 수기를 받는 것은 개별적이기 때문이며(말하자면 이 법회에서 불과 이승은 불의 수기를 받은 것은 개별적이다. 이와 같은 의락을 거둬들이기 위한 것이니, 우리들은 제불과 평등하여 둘이 없다. 보살의 이름은 똑같지만 수기 받는 것은 개별적이다),

아홉째는 교화하기 때문이고(적멸에 똑같이 나아간 것을 보여준 후에 수기를 일으켜서 저 부정성들이 믿고서 적멸을 버리고 수기를 구하도록 한 것이다),

열째는 구경이기 때문이다(이것보다 넘어선 밖에 별도의 수승한 승이 없고, 이치의 구경에 의지하므로 가장 수승함이 된다. 그러므로 '일승'을 설한 것이다).

[59a18] [《鈔》] 義語相違者, 義當第二, 語判第三故.

[초] '뜻과 말이 서로 어긋난다'[223]고 한 것은 뜻은 제2시교時教에 해당하고, 말은 제3시교를 판단했기 때문이다.

### ㈀《열반경》을 인용하여 '무성'을 두둔하는 것을 막음
(引《涅槃》遮求無性)

[59a19] [《疏》] 理性定有, 行性或無, 斯言可爾者, 縱彼相宗, 所言契當也, 此約言同故[224]作是說. 若約本義, 理性大同, 行性全異. 行者相宗行性, 卽目法爾無漏四智本種. 性宗行性, 卽目所修善行攬理所成, 以爲其體. 泛約言同, 故言可爾.

[소] '이성理性은 결정코 있지만 행성行性은 없기도 하다는 이 말은 그럴 수 있다'[225]라는 것은 저 상종을 긍정하면 말한 것이 합당하겠지만 이것은 말이 같은 것에 한정해서 이같이 말한 것이다. 만일 본래의 뜻에 한정하면 '이성'은 거의 동일하지만 '행성'은 전혀 다르다. '행'이란 것은, 상종의 행성은 곧 법이 으레 그러한(法爾) 무루4지無漏四智의 본래 종자를 지목하며, 성종의 행성은 곧 닦은 바의 선행이 이치를 잡아서 성취된 것으로써 그 체성을 삼은 것을 지목한다. 평범하게 말이 같은 것에 한정했기 때문에 '그럴 수 있다'고 한 것이다.

[59a24] [《鈔》] 何以至今, 猶存無義者, 淸凉傷嘆也. 彼時經文未全, 諸德言無可

---

223 《演義鈔》 권제8(T36, 058c09).

224 底本에는 "教",《金澤寫本》 참조 수정.

225 《大疏》 권제2(T35, 512a12).

爾, 今時文具, 何存無義?

[초] '어찌 오늘날에 와서 오히려 '없다'는 뜻을 두겠는가'[226]라고 한 것은 청량이 안타까워 한탄한 것이다. 그때에는 경문[227]이 완전하지 못해서 여러 현덕들이 '없다'고 한 것은 그럴 수 있지만 현재에는 문장이 갖추어졌는데 어째서 '없다'는 뜻을 두는가.

### (ㅇ)《법화경》을 인용하여 '취적'을 두둔하는 것을 막음

(引《法華》遮求趣寂)

[59b02] [《鈔》] 能化便成無用者,《疏》云: "卽爲調伏所化聲聞, 佛菩薩等, 自化其身, 爲彼同類, 於無餘依, 現般涅槃. 經百千劫, 躭寂滅酒, 醉逸而臥, 後從彼起, 現受佛記. 令諸不定種性二乘, 盡作是心. 往昔耆尊入涅槃者, 今皆復起, 現受佛記, 況我今者不希作佛, 而入涅槃." 據上所說, 卽是有用. 何故《鈔》云, 便成無用耶? 答: 若依[228]相宗具大乘, 不定性人假設不化, 終不沉寂. 故《成唯識》云: "如諸異生, 拘煩惱故. 若定性人, 決定沉寂, 終不可化." 無用之難, 其理昭然.

[초] '(교화될 근기가 없다면) 교화하는 주체가(能化) 곧 쓸모없게 된다'[229]라고 한 것은 《(법화현찬)소》에서 "교화될 대상(所化)의 성문을 조

226 《演義鈔》 권제8(T36, 059c01).

227 《涅槃經》〈聖行品〉 이하를 말한다.

228 底本에는 없음.《金澤寫本》 참조 보충.

229 《演義鈔》 권제8(T36, 059c12).

복시키기 위해 불보살님들이 스스로 그 몸을 변화하여 저들과 동류가 되어 무여의에서 반열반을 시현하고, 백천 겁이 지나도록 적멸의 술을 탐닉하여 술에 취해 방일하면서 누워 있다가 뒤에 저것으로부터 일어나서 부처님에게 수기를 받는 것을 시현한 것이다. 모든 부정종성과 이승이 모두 다 이 마음을 짓되, 옛날에 열반에 들었던 존자들이 이제 모두 다시 일어나서 부처님께 수기를 받는 것을 시현하는데 하물며 나는 지금 불이 되는 것을 바라지 않고 열반에 드는 것임에랴"[230] 고 하였다.

묻는다. 위에서 언급된 것에 준거하면 곧 유용한 것인데, 어째서 《초》에서는 곧 쓸모없게 된다고 했는가?

답한다. 상종에서 대승(종성)을 갖추고 있는 것에 의거하면 부정종성의 사람은 가령 교화되지 못하더라도 끝내 적멸에 빠져있지 않는다. 그러므로 《성유식론》에서 "(이승의 부정성인은 결정코 영구히 무여열반에 빠져있지 않으니) 예컨대 모든 이생異生들은 번뇌에 얽매여 있기 때문이고, 정성인의 경우는 결정코 적멸에 빠져 있어 끝내 교화되지 못한다"[231] 고 하였으니, 쓸모없다는 논란이 그 이치가 분명하다.

(c) (성·상) 2종을 회통하여 어긋나지 않게 함(通略會釋)

ⓑ 바로 회통함(正會)

[59b11] [《鈔》] 然准法相立新熏者亦說有五等者, 准彼宗說, 護月菩薩: "唯談本

230 《法華玄贊》 권제4(T34, 716b03).

231 《成唯識論》 권제8(T31, 045a29).

有, 設後熏習, 但令增長, 離本有種, 更無別體." 難陀菩薩: "唯用新熏, 三乘無漏見道之種, 世第一心新所熏成. 建立五種種[232]性, 但依二障可斷不可斷義, 非謂法爾有無種異. 若依煩惱障種可斷義邊, 利鈍差別, 開成聲聞及與獨覺二類種性. 若依二障皆可斷除, 立作決定大乘種性. 若依二障單雙不定, 可作不定種性. 若約二障畢竟不斷, 立作無種性, 非無漏種. 法爾已來, 有無差別故. 有漏種子, 無始已來, 具能·所熏, 立作斷[233]熏." 其理可知. 護法菩薩: "新本合用, 本種遇緣, 本種生[234]現, 新熏遇緣, 新熏生現, 二齊遇緣, 二合生[235]現. 如一麥中多麵塵故, 能持識體無差別故. 無漏種子, 法爾已來, 有無類別. 不許有漏, 世第一心, 熏無漏種, 見道已去, 無漏現行, 方許新熏, 有漏種子具本具新." 其理昭然. 但在第八識中自證分內, 生現功能, 以爲其體故, 具足六義. 遮他表自, 以爲其相. 唯是有爲, 不通無爲. 與此性宗, 其義全別. 故《鈔》云, "今借其言, 不依其義也."

[초] '그러나 법상종이 세운 것에 준거하면 새로 훈습된 것(新熏)에는 또한 오성이 있다고 한다'[236]는 것은 저 종의 설명에 준거하면 호월보살護月菩薩은 "오직 '본래 있다(本有)'는 것만을 말했다. 뒤의 훈습을 시설했더라도 다만 증장하게 할 뿐이고, 본유인 종자를 벗어나서는 다시 별다른 체성이 없다"고 하였다.

난타보살難陀菩薩은 "신훈新熏 종자만을 썼으니, 삼승의 무루는 견도의

232 底本에는 없음.《金澤寫本》참조 보충.

233 《金澤寫本》의 교감 주에 의하면 "新"인 듯하다.[역자 주]

234 底本에는 "性",《金澤寫本》참조 수정.

235 底本에는 "性",《金澤寫本》참조 수정.

236 《演義鈔》권제8(T36, 060c12).

종자이고, 세제일심은 새로 훈습된 것으로 이뤄진다. 5종의 종성을 건립한 것은 다만 두 가지 장애를 끊었는지 끊지 못했는지 하는 뜻에 의거한 것이고, 법이 으레 종성이 있고 없음이 차이난다는 것을 말한 것은 아니다. 만일 번뇌장의 종자를 끊을 수 있다는 뜻 측면에 의거하면 예리함과 지둔함의 차별로 '성문'과 '독각'의 두 종류 종성으로 분리하고, 만일 두 가지 장애를 모두 끊어 없앨 수 있는 데 의거하면 결정코 '대승'의 종성이 되는 것이 성립되며, 두 가지 장애가 홑인지 쌍인지 정해지지 않는 것에 의거하면 '부정' 종성이 될 수 있다. 두 가지 장애가 필경에 끊어지지 않는 것에 한정하면 '무' 종성이 성립된다. 무루 종자는 법이 으레 그러한 이래로 차별이 없기 때문이며, 유루 종자는 무시 이래로 훈습하고 훈습되는 것을 갖추어 신훈이 성립된다"고 하였으니, 이치를 알 것이다.

호법보살護法菩薩은 "신훈과 본유를 합쳐서 썼으니, 본유 종자가 연을 만나면 본유 종자가 현행을 내고 신훈이 연을 만나면 신훈이 현행을 내며, 두 가지가 가지런하게 연을 만나면 두 가지가 합쳐져 현행을 낸다. 하나의 보리 밀에 여럿의 밀가루인 것처럼 능히 식의 체성을 지녀서 차별이 없기 때문에 무루 종자는 법이 으레 그러한 이래로 차별이 없다. 유루 (종자)를 인정하지 않으면 세제일심이 무루 종자를 훈습하여 견도 이전에 무루가 현행할 것이다. 신훈을 인정해서야 유루 종자가 본유와 신훈을 갖춘다"고 하였으니, 이치가 분명하다. 그러나 제8식 가운데 자증분 안에서 현행을 내는 공능으로써 체성을 삼기 때문에 여섯 가지의 뜻을 구족한다. 타를 차단하고 자신을 표시함으로써 그 상을 삼는다. 오직 유위에만 통하고 무위에는 통하지 않는다. 이것과 성종은 그 뜻이 완전히 다르다. 그러므로 《초》에서 "지금은 그 말을 빌린 것이고, 그 뜻에 의거하지는 않는다"고 한 것이다.

ⓒ 중생이 집착을 없애도록 항상 권과 실을 설함(令物除執常說權實)

[59c06] [《鈔》] 如折金杖者, 《俱舍疏》云: "建陀羅國有王, 名迦膩色迦. 其王敬信尊重佛經,[237] 味道忘疲, 傳燈是務. 有日請僧, 入宮供養. 王因問道, 僧說莫同, 王甚怪焉, 問脇尊者曰: 佛教[238]是同, 理無異趣, 諸德宣唱, 奚有異乎? 尊者答曰, 諸部肇[239]興, 雖復萬[240]途, 津梁一揆. 是故大聖喩折金杖等." 餘無《鈔》同.

[초] '마치 금지팡이를 쪼개는 것처럼'[241]은 《구사론소》[242]에 "건타라국에 카니시가라고 하는 왕이 있었는데, 그 국왕이 불경을 공경히 믿고 존중하여 도를 음미하는 데 피로한 줄도 모르고 전등하는 것을 임무로 삼았다. 어느 날 승려들에게 입궁하여 공양하도록 청하였다. 왕은 인하여 도를 물었는데 승려들의 말이 같지 않았다. 왕이 매우 기이하게 여기고 협존자脇尊者에게 물었다. '부처의 가르침은 같고, 이치는 달리 취향할 것이 없는데 여러 대덕들이 선창하는 것이 어째서 다릅니까?' 협존자가 대답했다. '여러 부파가 처음 발흥하고서 비록 또다시 만 가지 갈래일지

237 底本에는 "敎". 《金澤寫本》 및 《俱舍論頌疏論本》 참조 수정.

238 底本에는 없음. 《金澤寫本》 및 《俱舍論頌疏論本》 참조 보충.

239 底本 및 《金澤寫本》에는 "事". 《俱舍論頌疏論本》 참조 수정.

240 底本에는 "方". 교감 주, 《金澤寫本》, 《俱舍論頌疏論本》 참조 수정.

241 《演義鈔》 권제8(T36, 061a10). 아래도 동일.

242 唐 圓暉 述, 《俱舍論頌疏論本》 본제1(T41, 0813)의 내용.

라도 나루터와 교량은 하나의 경로입니다. 그러므로 대성께서 금지팡이를 자르는 것으로 비유한 것입니다'" 등이라고 하였다. 나머지는 《초》와 같은 것이 없다.

[59c11] ○言況以爭衣者, 《俱舍論》云: "過去迦葉佛父, 訖栗枳[243]王, 作十種夢, 來白彼佛. 佛言, 此表[244]當來釋迦如來遺法弟子之兆也. 其王夢見一衣, 堅而且廣, 有十八人, 各執少分, 四向[245]爭挽, 衣猶不破. 此不[246]表遺法弟子分佛正法, 成十八部, 雖有少異執,[247] 而眞法尙在, 依此修行, 皆得解脫." 彼有十夢, 此當第九夢矣. 故《鈔》云爾.[248]

○ '깨끗한 옷으로 견주고'라고 한 것은 《구사론》[249]에 "과거에 가섭불의 아버지인 흘률지왕이 열 가지 꿈을 꾸고 부처님께 와서 아뢰자, (가섭)불이 말씀하셨다. '이것은 당래에 석가여래의 유법제자들의 조짐을 표시한 것입니다.' 그 왕이 꿈에 옷 한 벌을 보았는데 견고하고 또 넓었다. 18인이 각각 조금씩 잡고서 네 방향으로 다투어 당겼으나 그래도 옷은 찢어지지 않았다. 이것은 유법제자가 부처님의 정법을 나누어 18부를 성립한다는 표시가 아닌가. 비록 조금씩 달리 집착함은 있을지라도 진

243 底本에는 "[木+乃]", 교감 주, 《金澤寫本》, 《俱舍論頌疏論本》 참조 수정.

244 底本에는 "衣", 《金澤寫本》 및 《俱舍論頌疏論本》 참조 수정.

245 《俱舍論頌疏論本》에는 "面"으로 되어 있다.

246 《俱舍論頌疏論本》 참조하면 "不"는 없어야 한다.

247 底本 및 《金澤寫本》에는 "軌", 《俱舍論頌疏論本》 참조 수정.

248 底本에는 없음. 《金澤寫本》 참조 보충.

249 《俱舍論頌疏論本》(T41, 868c10; 869a04).

법이 여전히 존재하니, 이것에 의거하여 수행하면 모두 해탈할 것이다" 고 하였다. 저 왕에게 열 가지 꿈이 있는데, 이것은 아홉 번째 꿈에 해당한다. 그러므로 《초》에서 그렇게 말한 것이다.

③ 교를 세우고 종을 분리함(立教開宗)

가. 장문을 표방함(標章)

가) 뜻으로써 교를 나눔(以義分教)

(나) 5교를 정립함(正立五教)

㉯ 해석함(解釋)

b. 시교始教

[59c18] [《疏》] 以《深密》第二第三時同許定性二乘俱不成佛者, 問: 前說《深密》第二時一向成佛, 是爲太過, 云何此言定性不成佛耶? 答: 《深密》第二時, 文雖說一切成, 意乃定性不成佛也. 又彼依二, 以判三時. 一約成佛·不成佛故, 第二時一向成, 第三時有成不成. 二約三性空有故, 第二時唯空, 第三時中道, 皆許定性無性不成佛故. 今據三性空·有, 云第二第三定性不成佛也. 問: 第二空宗一味眞空, 云何說得不成佛耶? 答: 眞諦皆空, 成與不成俱泯, 俗諦皆有, 有成不成故.

[소] '《해심밀경》의 제2시와 제3시에는 정성 이승이 모두 성불하지 못한다고 똑같이 인정했다'[250]라는 것은, 묻는다. 앞에서는 《해심밀경》이 제2시에 줄곧 성불한다고 말했으니, 이것은 아주 잘못되었다. 어째서 여기

250 《大疏》 권제2(T35, 512b20).

서는 정성은 성불하지 못한다고 하는가?

답한다. 《해심밀경》의 제2시의 문장에서 비록 모두가 성불한다고 했지만 뜻은 바로 정성은 성불하지 못한다는 것이다. 또, 저것은 두 가지에 의거해서 3시를 교판했다. 첫째는 성불과 불성불에 한정했으므로 제2시는 줄곧 성불이고, 제3시는 성불과 불성불이 있다. 둘째는 삼성三性의 공과 유에 한정했으므로 제2시는 오직 공이고, 제3시는 중도이니, 모두가 정성이승과 무성은 성불하지 못한다고 인정하기 때문이다. 지금은 삼성의 공·유에 근거하여 제2시와 제3시는 정성이승은 성불하지 못한다고 한 것이다.

묻는다. 제2시의 공종은 일미의 진공일 텐데 어째서 성불하지 못한다고 했는가?

답한다. 진제는 모두 공空이어서 성불과 불성불이 다함께 없어지지만, 속제는 모두 유有여서 성불과 불성불이 있기 때문이다.

d. 돈교頓教

b) 힐난을 풀어줌(解妨難)

[60a03] [《疏》] 頓詮此理故名頓教等者, 問: 此門相本自盡, 性本自現, 無斷無縛. 約法, 唯是絶待一如, 約人, 唯有淸淨解脫者, 何者能化, 何者所化? 何須設教, 化之何益? 又終教成佛, 爲實爲權耶? 若實, 何須頓教? 若權, 行相云何? 今通此等多難, 故立一章顯示. 蓋聞眞空絶[251]相, 無昇沉之兩岐, 幻有隨緣, 派上下

251 底本에는 "緣",《金澤寫本》 참조 수정.

之二轉. 由是迷[252]頭橫走, 捨父虛貧, 逐陽焰以撈魚, 趁空華而採菓. 故我世尊, 興[253]一子念, 身雲示遍於塵方, 運同體悲, 法雨宣流於沙界. 雖開通於多路, 復淺復深, 然綰攝於二門, 乃頓乃漸. 其頓敎也, 詮卽心卽佛之旨, 何假三祇, 顯無斷無縛之宗, 不登五位. 似神仙術, 點瓦礫兮, 卽時成金.[254] 如菩薩通, 攪江河兮, 頓然作乳. 其漸敎也, 說從凡入聖之旨, 定歷三祇, 闡斷妄證眞之宗, 須經五位. 類陶冶匠, 煉金砂兮, 漸漸成金. 同放牧人, 執牛乳兮, 微微得乳. 匪唯頓漸成殊,[255] 抑又權實不等. 故龍樹云, "欲開隔檀門, 權顯往[256]向位." 雖聖敎而昭昭, 同懸日月, 奈凡情而漠漠, 各說靑黃. 鮮演忝爲佛使, 濫作人師, 旣[257]丁迷昧之時, 難嘿斐然之說.[258] 是以時陳小喩, 助顯宏宗, 但曉悟於童蒙, 焉敢呈達識本意乎? 欲提耳而告, 擬指掌而示之, 冀信心而受獲, 照[259]體而證之者歟. 如世二人,(漸頓兩根[260]) 同在覺位,(向眞如門,) 無病安健,(相盡性見,) 同在眠位,(向生滅門,) 夢見自身,(妄認之體,) 尫羸憔悴,(凡夫下劣,) 復縈重病.(更纏厚障.) 由慣習力, 眠心變力,(由熏習力, 唯識變力.) 而於夢中,(生滅門內,) 遇自親知.(得逢是時, 親知世尊.) 伺察二人, (爾[261]時世尊, 觀緣兩根,) 利鈍有異.(頓漸成別.) 一人聞說本身無病, 卽便信受.(如彼頓根.) 一人聞說自體安健, 未肯信受.(如彼漸根.) 是時親知,(爾時世尊,) 隨彼二人,(應彼

252 底本에는 "逮", 교감 주 및 《金澤寫本》 참조 수정.
253 底本에는 "與", 교감 주 및 《金澤寫本》 참조 수정.
254 《金澤寫本》에는 "金成"으로 되어 있다.
255 底本에는 "株", 교감 주 및 《金澤寫本》 참조 수정.
256 底本에는 "狂", 《金澤寫本》 참조 수정.
257 底本에는 없음. 《金澤寫本》 참조 보충.
258 底本에는 "談", 《金澤寫本》 참조 수정.
259 底本에는 "昭", 《金澤寫本》 참조 수정.
260 底本에는 "眼", 교감 주 및 《金澤寫本》 참조 수정.
261 底本에는 "令", 《金澤寫本》 참조 수정.

兩根,) 利鈍有異,(頓漸成殊,) 乃設二法.(乃施兩教.) 爲初人云,(化頓根云,) 汝身自體無病,(相本自盡,) 本來安健,(性本自現.) 不須服藥而療治之.(非賴脩行, 而斷除之.) 汝今一切所見皆是眠心, 眠心生則, 眠位一切法生, 眠心滅則, 眠位一切法滅.(心生則種種法生, 心滅則種種法滅.) 眠心有也, 多時尫羸, 眠心息也, 頓爾安健.(心有也, 曠劫而滯凡夫, 心無也, 刹那而登證覺.) 上[262]所聞言, 雖夢[263]眠中仍[264]談覺位事, 順向覺位稱實說故.(上所聞教, 雖在生滅門中, 仍詮眞如義, 向眞如門, 如如說故.) 是時彼人,(爾時頓根,) 咸[265]皆信受,(總領頓教.) 卽生不羸不病之解, 求[266]於覺位故.(頓起寂滅寂靜之念, 隨順於眞如門.) 未覺之時, 恒如其上.(未臻得入, 但且同常.) 颯然得覺,(頓爾得入,) 所見親知,(所見世尊,) 所聞言說,(所聞頓教.) 求覺之心,(俱非心念,) 一切皆離,(說念咸[267]亡,[268]) 省本安健.(悟本元佛.) 爲後人云,(化漸根云,) 汝今尫羸,(汝是凡夫,) 身縈病重.[269](體具多障,) 汝病可差,(非同闡提,) 宜服良藥,(應脩對治,) 漸漸調治,(漸漸斷除,) 方得安健.(乃得成佛.) 是時彼人,(爾時漸根,) 咸皆信受.(總領終教.) 雖受此言, 未求良藥.(雖信佛語, 未脩對治, 寄邪邪地.) 復經少時,(又歷餘時,) 從親友[270]所,(向世尊逐,) 乞得良藥,(求[271]得對治.) 乍咽

262 《金澤寫本》에는 없다.
263 底本에는 "無",《金澤寫本》 참조 수정.
264 底本에는 "乃",《金澤寫本》 참조 수정.
265 底本에는 "成", 교감 주 및《金澤寫本》 참조 수정.
266 底本에는 "永", 교감 주 및《金澤寫本》 참조 수정. 아래도 동일.
267 底本에는 "成",《金澤寫本》 참조 수정.
268 底本에는 "主",《金澤寫本》 참조 수정.
269 底本에는 "重病",《金澤寫本》 참조 도치.
270 《金澤寫本》에는 "支"로 되어 있다.
271 底本에는 "永", 교감 주 및《金澤寫本》 참조 수정

乍吐.(或修不修,) 正氣纔生, 邪[272]氣微損.(覺心初發, 滅相始立, 寄十信位.) 藥力更盛, 病勢復痊.(覺心轉明, 執計相除, 寄三賢位.) 勉强學行,(同修十度, 寄十地位.) 平復如故.(寄如來位.) 雖得安健, 猶在夢中.(雖成妙覺, 而在生滅.) 伺彼信解, 還說前言.(待彼根熟, 却談頓教.) 方從夢眠, 以趣覺位.(乃從生滅, 以入眞[273]門.) 直就窮中, 但論平復, 不遮前位, 皆求其覺.(今論究竟, 直論妙覺. 不障餘位, 皆許入頓.) 義不異前, 無繁再示. 就覺位論,(約眞門說,) 在眠二人自體,(就相兩眠[274]己身,) 所見良善親知,(所遇大慈世尊,) 所聞權實兩說,(所聽終頓二教,) 一味元無.(平等眞空.) 就夢位論,(約生門說,) 二人自體,(兩眠己身,) 所見親知,(所遇世尊,) 所聞權實兩說,(所聞終頓二教,) 一向是有.(皆總成別.[275]) 以是[276]二位皆各總攝一切法故.(以此二門, 皆各總攝一切法故.) 所以者何?(何以故?) 以此二位不相離故.(以此二門, 不相離故.) 既爾, 二言皆齊, 寧分權實?(若爾, 兩教皆齊, 何分頓漸?) 答曰: 就體無別, 約詮有異.(尅體不別,[277] 隨用分異.) 一順覺位, 稱實說故,(一順眞門, 如如說故.) 一順眠位, 權假說故,(一順生門, 虛妄說故.) 是故得知權實有異.(由此應信, 頓漸總[278]別.) 雖眠覺之二位有異, 然士夫之心體不殊.(雖眞生之二門有異, 然法界而心性莫殊.) 隨眠位之種種妄解,(多一識心,) 在覺位之一向親知.(一一識心,) 若順眠位, 認自病生, 從微至著,(常住心念,) 認自病差, 從重向輕,(無常心念,) 屬眠位攝.(生滅門攝.) 若順覺位, 了本無病, 達無新差,(俱非心念,) 屬覺位攝.(眞如門收.) 前就覺位,

272 底本에는 "那",《金澤寫本》 참조 수정.

273 底本에는 "直", 교감 주 및《金澤寫本》 참조 수정. 아래도 동일.

274 底本에는 "眼",《金澤寫本》 참조 수정. 아래도 동일.

275 底本에는 "幻",《金澤寫本》 참조 수정.

276 底本에는 "見",《金澤寫本》 참조 수정.

277 底本 및《金澤寫本》에는 없음. 교감 주 참조 보충.

278 底本에는 "迴",《金澤寫本》 참조 수정.

心念皆無,(無一一法, 非眞如故.) 都約眠位, 心念皆有.(無一一法, 非生滅故.) 今從所順, 各歸一位.(俱就所順, 各屬一門.) 外曰認自病生, 從微至著,(常住心念.) 認自病差, 從重向輕,(無常心念.) 俱在眠位, 眠心所攝.(俱在生門, 多一心攝.) 理順無惑,(無勞被詰.[279]) 了本無病, 達[280]無新差之,(俱非心念.) 眠心攝耶?(多一心耶?) 覺心攝耶?(一一心耶[281]?) 若屬眠心, 順覺位故,(若屬多一, 是隨順故.) 若屬覺位, 在夢眠故.(若屬一一, 是[282]動念故.) 今謂通云, 據實, 二位皆收,(二[283]門齊攝.) 但從所順, 別屬覺位.(唯從所順, 判歸眞門.) 問答云云, 准前咸悉, 上來法喩, 瓅若星分, 勿對舊見, 不生新解. 豈不知愚癡農夫, 守株待兔, 智慧賈客, 厤須易金. 況乎依法, 不依於人, 依義不依於文者哉! 雖無顯教之所憑, 寔乃澄神之所得. 幸願群賢, 俯賜鏡鑒.

[소] '이 이치를 한꺼번에 설명했기 때문에 돈교라고 한다'[284]고 한 것은, 묻는다. 이 문(돈교)에는 상相은 본래 저절로 다하고 성性은 본래 저절로 드러나서 끊어짐도 없고 읽배임노 없다. 법에 한정하면 상대가 끊어진 일여一如일 뿐이고, 사람에 한정하면 청정한 해탈자가 있을 뿐인데 무엇이 교화하고 무엇이 교화되는가? 교를 시설할 필요가 어디에 있으며, 교화한들 무슨 이익이 있겠는가? 또, 종교終教에서 성불한다는 것은 실實인가, 권權인가? 실이라면 무슨 돈교가 필요하며, 권이라면 행상은 어

279 底本에는 "結",《金澤寫本》참조 수정.

280 底本에는 "違",《金澤寫本》참조 수정.

281 底本에는 "邪",《金澤寫本》참조 수정.

282 底本에는 없음.《金澤寫本》참조 보충.

283 底本에는 "一一",《金澤寫本》참조 "二"로 수정.

284 《大疏》권제2(T35, 512c02). 아래도 동일.

떠한가?

답한다. 이제 이런 많은 논란을 회통하겠다. 그러므로 한 장章을 세워서 현시하겠다. 대개 들으니, 진공眞空은 절상絶相이어서 떠오르거나 가라앉는 두 갈래가 없고 환으로 존재하는 것은 연을 따라서 올라가거나 내려가는 두 가지의 전변으로 갈라진다. 이로 인해 머리를 미혹하고는 종횡으로 내달리고 아버지를 버리고는 빈털터리로 가난하게 된다. 아지랑이를 뒤쫓아 가서 물고기를 잡으려 하고 허공 꽃을 쫓아서 과일을 따려한다.

그러므로 우리 세존께서 자식과 똑같다는 생각을 일으켜서 찰진국토에 신운身雲을 주변하게 보이시고 동체대비를 운용하시어 항하사 법계에 법우法雨를 널리 흩뿌려 주셨다. 비록 많은 길을 개통하였더라도 또 다시 얕거나 깊다. 그러나 두 문으로 줄여서 거둬들이면 곧 '돈'과 '점'이다. 그 돈교는, 곧 마음이고 곧 부처라는 종지를 설명하였는데 무슨 삼아승지를 가자 하겠으며, 끊어짐도 없고 얽매임도 없는 종지를 드러내었으니 5위에 오르지 않는다. 신선이 방술로 기와와 벽돌을 부숴서 즉시에 금을 만드는 것과 비슷하고, 보살이 신통으로 강물을 움켜잡아서 한꺼번에 우유로 만드는 것과 같다. 그 점교는 범부로부터 성인에 이르는 지취를 설명하였으니 결정코 삼아승지를 지낸다. 망식을 끊고 진심을 증득하는 종지를 천명하였으니 5위를 반드시 거쳐야 한다. 야장장이가 사금을 단련해서 점점 순금을 이루는 것과 유사하고, 방목하는 사람이 소의 젖을 잡고서 조금씩 우유를 얻는 것과 똑같다. 돈점의 차이를 이룰 뿐만이 아니라 또 권실도 똑같지 않다. 그러므로 용수보살이

"격단문隔檀門을 열고자하여, 권으로 왕향위往向位를 드러낸다"[285]고 하였으니, 비록 성인의 가르침이 밝고 밝더라도 해와 달처럼 현격하고 범부의 성정이 막막하더라도 청색과 황색으로 제각각 설명된다.

선연이 욕되게 부처님의 사자(佛使)가 되고, 외람되게 남의 스승(人師)이 되었으나, 이미 미혹하고 어둔 때를 맞닥뜨렸으니 오락가락하는 말에 탄식하여 입이 다물어졌다. 이 때문에 때때로 비유를 약간씩 펴서 광대한 종지를 드러내고자 힘썼다. 그렇지만 어리고 몽매한 것을 알아차리게 한 것일 뿐이고, 어찌 감히 통달한 식識과 본래의 뜻을 폈겠는가? 귀를 잡아당겨서 알려주고 손바닥을 가리키듯이 보여주고자 한 것은 믿는 마음을 수확하고 비추는 체성을 증득하기를 바란 것일 뿐이로다.

예컨대 세상에 두 사람이(돈점의 두 근기이다) 똑같이 깨달음 자리(覺位)에 있으면(진여문을 향하면) 병 없이 편안하고 건강하며(상이 다하고 성이 나타난다), 수면隨眠자리에 있으면(생멸문으로 향하면) 꿈속에 자신이(허망하게 인식하는 체성이다) 약하여 파리하고 초췌하며(범부는 하열하고), 또다시 중병으로 괴로워하는 것을 본다(다시 두터운 장애에 얽매여있다). 관습력과 수면심의 변화력으로 인해(훈습력과 유식의 전변력으로 인해) 꿈속에서(생멸문 내에) 자신의 친지를 만난다(이때를 만나면 친히 세존을 알게 된다). 두 사람을 살펴보면(이때 세존께서 몸소 두 근기에 반연하여) 예리하고 지둔함의 차이가 있어(돈점의 차이를 이룬다) 한 사람은 본래 몸이 병이 없다고 말하는 것을 듣고는 곧 믿어 받아들이고(돈근기와 같다) 한 사람은 자체가 편안

285 《釋摩訶衍論》 권제1(T32, 592b19). 聖法 鈔,《釋摩訶衍論記》 권1에 의하면 "隔檀門者入如意藏直門之稱. 言往向位者入如意藏經門之稱. 如是二門如其次第喩眞如生滅之二門."

하고 건강하다고 말하는 것을 듣고는 믿어 받아들이지 않는다(점근기와 같다). 이때에 친지가(그때 세존이) 두 사람의(두 근기에 응한다) 예리함과 지둔함에 따라서(돈점의 차이를 이룬다) 두 가지 법을 시설한 것이다(양 교를 시설한 것이다).

처음 사람을 위해서는(돈근기를 교화하여 말하길) '그대들 몸은 자체에 병이 없으며(상은 본래 저절로 다했고) 본래 편안하고 건강하다(성은 본래 저절로 드러난다). 약을 먹을 필요도 없이 치료되며(수행에 의뢰하지 않고 끊어 제거할 수 있다), 그대가 지금 보는 모든 것은 모두가 수면심이다. 수면심이 생기면 수면 자리의 모든 법이 생기고, 수면심이 소멸하면 수면 자리의 모든 법이 소멸된다(마음이 생기면 갖가지 법도 생기고 마음이 소멸하면 갖가지 법도 소멸한다). 수면심이 있으면 많은 시간동안 약하고 파리하며, 수면심이 쉬어지면 단박에 편안하고 건강하다(마음이 있으면 광겁토록 범부에 막혀있고, 마음이 없으면 찰나지간에 증각證覺에 오른다)'라고 한다.

위에서 들었던 말은 비록 꿈속에 잠든 와중에 이에 각오 자리의 일을 말한 것이니, 각오 자리를 수순해 향해서 실제에 걸맞게 설했기 때문이다(위에서 들었던 교는 비록 생멸문 속에 있으면서도 이에 진여의 뜻을 설명한 것이니, 진여문을 향해 진여와 똑같이 설하였기 때문이다). 이때 저 사람이(이때 돈근기가) 다 같이 모두 믿어 받아들이고(총체적으로 돈기를 가르친 것이다) 곧 파리하지 않고 병들지 않았다는 이해를 내고 각오 자리를 구하는 것이다(단박에 적멸과 적정이라는 생각을 일으키고 진여문에 수순한다). 각오하지 못할 때에는 항상 진여는 그 자리와 같았다가(들어가는데 이르지 못할 때는 다만 우선 보통과 같다고 여기다가) 보았던 친지와(보았던 것이 세존임을) 들었던 언설을(들었던 돈교를) 갑자기 각오하게 되면(갑자기 들어가게 되면) 각오하길 구하는 마음은(둘 다 심념이 아니고) 모든 것을 다 떠나서(말과 생각이 모두 없고) 본래 편안하고 건강하다는 것을 알아차린다(본래가 원래 불이라는 것을 깨닫는다).

뒷사람을 위해서는(점근기들을 교화하여 말하기를) '그대는 지금 약하여 파리하고(그대는 범부이다) 몸은 병이 심하여 괴롭다(체에 많은 장애를 갖추고 있다). 그대의 병은 나을 수 있으니(일천제와 같지는 않다) 좋은 약을 복용하고(수행하여 대치하고) 점점 조화롭게 치료해야만(점점 끊어 없앤다면) 비로소 편안하고 건강하게 된다(성불할 수 있다)'라고 한다. 이때 저 사람들이(이때 점근기들이) 모두 다 믿어 받아들인다(총체적으로 종교終教를 따르게 한 것이다). 비록 이 말을 믿기는 했지만 좋은 약을 구하지 못하다가(비록 부처님 말씀을 믿었지만 수행으로 대치하지 못하고 삿됨과 삿된 자리에 의탁했다) 다시 얼마를 지나서(또 다른 시간을 지내고서) 친우의 처소에서(세존을 향해 쫓아가서) 좋은 약을 얻어서(대치 방법을 구하여) 잠깐 먹기도 하고 잠깐 토하기도 한다(닦기도 하고 닦지 않기도 하다가). 정기가 막 생기자 나쁜 기운은 미세하게 줄어들고(각심覺心이 처음 발하여 멸상이 비로소 성립된 것이니, 십신十信의 지위에 의탁한 것이다) 약의 힘이 다시 강성해져서 병세가 또 다시 낫는다(각심이 점점 밝아져서 집착하거나 계탁하는 상이 없어진 것이니, 삼현의 지위에 의탁한 것이다). 힘써서 수학하고 수행하여(십바라밀을 함께 닦는 것이니, 십지十地의 지위에 의탁한 것이다) 평상대로 여여함을 회복한다(여래의 지위에 의탁한 것이다). 비록 편안함과 건강함을 얻었지만 여전히 꿈속과 같다(비록 묘각을 이뤘더라도 생멸문 속에 있다). 저들이 믿고 이해한 것을 살펴서 돌이켜 앞에서 설한 것을 설해서야(저들의 근기가 성숙하기를 기다렸다가 또다시 돈교를 설한다) 비로소 꿈속의 꿈으로부터 각오 자리로 나아가는 것이다(이에 생멸로부터 진여문으로 들어간다). 곧장 궁구한 가운데에 입각해서 다만 평상대로 회복한 것만을 논한 것이니, 앞의 지위를 차단하지 않고 모두 그 깨달음을 구한다(지금 논하는 구경은 곧장 묘각을 논한 것이니, 나머지 지위 모두가 돈頓에 들어가는 것을 인정하는데 방해되지 않는다). 뜻은 앞과 다르지 않으니 번거롭게 다시 보이지는 않겠다.

각오 자리에 입각해서 논하면(진여문에 한정해서 말하면), 수면심속에 있는 두 사람의 자체에(상에 입각하면 양쪽은 잠든 자신이다) 보았던 좋고 훌륭한 친지와(만난 것은 대자이신 세존이다) 들었던 권·실의 양 설은(들은 것은 종교와 돈교의 2교이다) 일미여서 원래 없다(평등한 진공이다). 꿈속자리에 입각해서 논하면(생멸문에 한정해서 설하면) 두 사람의 자체에(양쪽은 잠든 자신이다) 보았던 친지와(만났던 세존이다) 들었던 권·실의 양설은(들은 것은 종교와 돈교의 2교이다) 줄곧 있다(모두 총체가 개별을 이룬 것이다). 이 두 자리가 모두 각각 일체법을 총체적으로 거둬들이는 것이다(이 2문은 모두 각각 총체적으로 일체법을 거둬들이는 것이다). 그 까닭은 무엇인가(왜냐하면)? 이 두 자리는 서로를 여의지 않기 때문이다(이 2문은 서로를 여의지 않기 때문이다).

묻는다. 그렇다고 하면 두 자리의 말이 모두 똑같을 텐데 어찌해서 권·실을 나누는가(그렇다면 양 교가 모두 가지런한데 어째서 돈점을 나누는가)?

답한다. 체성에 입각하면 구별이 없고 설명한 것에 한정하면 차이가 있다(체에 확정하면 구별이 없고 작용을 따르면 차이가 나뉜다). 하나는 깨달음 자리에 수순하여 실에 걸맞게 설한 것이고(진여문에 수순한 것이니 진여와 같이 설하기 때문이다), 하나는 수면 자리에 수순하여 권으로 가설한 것이다(생멸문에 수순한 것이니 허망으로 설하기 때문이다). 그러므로 권·실로 차이가 있다는 것을 알 수 있다(이로 인해 돈·점이 총체와 개별임을 믿어야만 한다). 비록 수면과 각오라고 하는 두 자리의 차이가 있지만 사부士夫 마음의 체성은 차이나지 않는다(비록 진여문과 생멸문의 차이가 있더라도 법계는 심성과는 차이가 없다). 수면 자리의 갖가지 망령된 이해를 따라서(여럿과 하나인 식심이다) 각오 자리에 줄곧 친지가 있다(하나와 하나인 식심이다).

수면에 수순하는 자리의 경우는 자체에 병이 생겨서 미세한 데서 거친 데에 이르는 것을 인식하며(상주하는 심념이다), 자체에 병이 나아져서 심각한 것에서 가벼운 것으로 향하는 것을 인식하니(무상한 심념이다) 수면 자리에 거둬진다(생멸문에 거둬진다).

각오에 수순하는 자리의 경우는 본래 병이 없는 줄을 분명하게 알고 새로 쾌차한 것이 없음을 통달하니(다 같이 심념이 아니다) 각오 자리에 거둬진다(진여문에 거둬진다). 앎은 각오 자리에 입각하여 심념이 모두 없으며(어떤 낱낱 법도 진여 아닌 것이 없기 때문이다) 모두 수면 자리에 한정하면 심념이 모두 있다(어떤 낱낱 법도 생멸 아닌 것이 없기 때문이다). 이제 수순하는 것에 따르면 각각 하나의 자리로 돌아간다(모두 수순하는 것에 입각하면 각각 한쪽 문에 귀속된다).

외부에서는 '자체에 병이 생기는 것은 미세한 것에서 거친 것에 이르는 것을 인식하고(상주하는 심념이다) 자체에 병이 낫는 것은 심한 것에서 가벼운 것으로 향하는 것을 인식하니(무상한 심념이다) 모두 수면 자리에 있어서 수면심에 소속된다(모두 생멸문에 있다. 여럿과 동일한 심에 섭수된다)'라고 한다.

묻는다. 이치가 순하여 미혹됨이 없고 본래 병이 없는 줄을 분명하게 알고, 새로 나을 것이 없다는 것을 통달하면(모두 심념이 아닌 줄을 안다)

수면심에 거둬지는가(여럿과 동일한 마음인가), 각오심에 거둬지는가(하나와 동일한 마음인가)? 만일 수면심에 속한다면 각오 자리에 수순하는 것이고(여럿과 동일한 것에 속한다면 이는 수순하는 것이고), 만일 각오 자리에 속하면 꿈속에서 꿈꾸는 것이다(하나와 동일한 것에 속한다면 이는 생각을 동요하는 것이다).

답한다. 이제 회통해서 말해보면, 실에 근거하면 두 자리가 모두 거두지만(2문이 나란히 거둬들인다), 수순하는 것에 따르면 각오 자리에 별도로 속한다(오직 수순하는 것에 따랐으므로 진여문에 거둬진다고 판단된다). 문답으로 언급한 것들은 앞을 준거하면 다 알 것이다.

지금까지의 법과 비유는 별빛이 분명한 것처럼 찬연하니 옛 견해를 대하면서 새로운 이해를 안내지는 말라. 어찌 어리석은 농부는 그루터기를 지키면서 토끼를 기다리고, 지혜로운 상인은 삼베를 반드시 금으로 바꾼다는 것을 모르는가? 하물며 법에 의지하고 사람에 의지하지 않아야 함이겠으며, 뜻에 의거하고 글에 의거하지 않아야 함이겠는가. 비록 교가 기대고 있는 것을 드러냄이 없는 것 이것이야말로 맑은 정신으로 얻는 것이겠는가. 바라건대 여러 현인들은 고개 숙여 거울처럼 비춰보라.

[61a03] 言以四教中皆有一絶言故者, 四教之根, 見道已去, 所證眞理, 皆離言故.

○ '(천태가 돈교를 세우지 않은 까닭은) 4교에 모두 하나씩 절언絶言이 있기 때문'이라고 한 것은 4교의 근기는 견도이후에 증득된 진리는 모두 말을 여의기 때문이다.

[61a05] [《鈔》] 何得難言更何是教者, 教字悞書, 應是理字. 或據返難, 義亦可通.

[초] '어떻게 〈다시 이 무엇이 교[286]인가〉라고 논란할 수 있겠는가?'[287]라고 한 것은 '교敎' 자는 잘못 쓴 것이니 '이理' 자여야 할 것이다. 혹은 반대로 논란한 것에 근거하면 뜻이 또한 통할 수 있다.

[61a06] ○言形雖入室[288]智未昇堂者, 堂之與室, 義一名異. 意云, 論其身則, 以爲入室之資, 何殊十哲, 量其智則, 未是昇堂徒, 無異三千矣. 又解, 私寢在內稱室, 通賓處外堂, 以況《刊定》, 身已臻於內室, 智未階於外堂. 尙難齊於七十, 豈能預於四科者乎! ○言若不指一言等者, 一言卽知之一字也. 故圭峯云: "性宗對久學及上根, 令忘[289]言認體. 故一言直示, 卽知之一字也.(達磨云, '指一言以直示', 後人意不解, 尋思何言是一言, 若云卽心是佛, 是一言者, 此是四言, 何名爲一也.)"

○ '형상은 비록 (현수대사에게) 입실入室했지만 지혜는 아직 당堂에 오르지 못하였으며'[290]라고 한 것은 '당'과 '실'은 뜻은 같은데 명칭이 다른 것이다. 그 의미는, 몸을 논하자면 이것으로써 입실의 자량을 삼았으니 어찌 10철十哲과 다르겠는가. 그 지혜를 따져보면 아직 당에 오른 문도가 아니니 3천 명과 다를 것이 없다는 것이다.

---

286 《演義鈔》에는 선연의 교감대로 "理"로 되어 있고, 乙本에는 "敎"로 되어 있다.

287 《演義鈔》 권제8(T36, 062a14).

288 底本에는 "豈", 《金澤寫本》 및 《演義鈔》 참조 수정.

289 底本에는 "云亡", 《金澤寫本》 및 《禪源諸詮集都序》 참조 수정.

290 《演義鈔》 권제8(T36, 062a20).

또, 해설이 있다. 안에 있는 사적인 침실을 '실'이라고 일컫고, 밖에서 손님과 소통하는 처소를 '당'이라고 하는 것으로써 《간정기》를 몸은 이미 내실에 이르렀지만 지혜는 아직 외당에 못 오른 것에 견준 것이다. 오히려 70명과도 가지런하기 어려운데 어찌 4과科에 참여한 자이겠는가.

○ '만일 한마디 말도 가리키지 않고 (마음이 곧 부처라고 곧바로 말하려면 마음의 요체를 무엇으로써 전할 수 있겠는가?)'라고 한 것은 한마디 말은 곧 '지知'라는 한 글자이다. 그러므로 규봉이 "성종은 구학久學과 상근上根들을 상대하여 말을 잊고 체성을 인식하도록 했기 때문에 한마디 말로 곧장 보여주었으니 곧 '지知'라는 한 글자이다(달마는 '한마디 말로 가리켜서 곧장 보여준다'고 하였는데, 후대 사람들이 의미를 이해하지 못하여 어떤 말이 한마디 말인가를 심사숙고하고서, '곧 마음이 부처' 이것을 한마디라고 한다면 이것은 네 마디 말인데, 어떻게 한마디라고 하겠는가)"라고 하였다.[291]

e. 원교圓教

[61a15] [《疏》] 圓教者明一位卽一切位等者, 賢首《義分齊》中, "問曰: 旣一位中有一切位, 及信滿心卽得佛者, 何須更[292]說後諸位耶? 答: 說後諸位卽是初中之一切也, 如初後亦爾. 問: 若初卽具後,[293] 得初卽[294]得後者, 亦可後亦具初, 旣不得

291 《禪源諸詮集都序》 권하-1(T48, 0407a)의 내용.

292 底本에는 "臾", 교감 주, 《金澤寫本》, 《教義分齊章》 참조 수정.

293 底本에는 "諸位耶. 答說後諸位卽是初中之一切也. 如初後亦爾. 問若初卽具後"의 27자가 없다. 《金澤寫本》 및 《教義分齊章》 참조 보충.

294 底本에는 "則", 《金澤寫本》 참조 수정.

後, 應亦不得初耶? 答: 實爾, 但得初時, 無不得後故. 是故無有未得後而不得初也. 問: 若爾, 云何得說諸位階降次第? 答: 以此經中, 安立諸位, 有二善巧. 一約相, 就門分位前後, 寄同三乘引彼便故, 是同教也. 二約體, 就法前後相入, 圓融自在異彼三乘, 是別教也. 但以不移門而恒相卽, 不壞卽而恒前後. 是故二義融通不相違也. 問: 若爾, 是初門卽一切者, 何不說信位初心卽得, 而說滿心等耶? 答: 若自別教,[295] 卽不依位成. 今[296]寄三乘, 終教位說, 以彼教中信滿不退, 方得入位. 今則寄彼得入位處一時, 得此一切前後諸位行相. 是故不於信初心說. 以未得不退不成位相但是行故. 問: 若爾應云住位成佛, 何名信[297]滿? 答: 由信成故, 是行佛, 非位佛也. 餘義准之."

[소] '원교는 일위一位가 곧 일체의 위이며 (일체의 위가 곧 일위임)을 밝힌다'[298]라고 한 것은 현수의 《교의분제장》[299]에서 "묻는다. 일위에 이미 일체위가 있고, 신위信位의 만심에 성불한다면 다시 뒤의 여러 계위를 말할 필요가 어디 있겠는가?

답한다. 뒤의 여러 계위를 설한 것은 곧 초위 가운데 일체위이고, 초위와 마찬가지로 후위 또한 그렇다.

묻는다. 만일 초위가 후위를 갖추고 있어서 초위를 얻는 것이 곧 후위를 얻는 것이라면 또한 후위 역시 초위를 갖추고 있다는 것도 가능하

295 底本에는 "後+教", 《金澤寫本》 및 《教義分齊章》 참조 삭제.

296 底本에는 "令", 《金澤寫本》 및 《教義分齊章》 참조 수정.

297 底本에는 "心", 《金澤寫本》 및 《教義分齊章》 참조 수정.

298 《大疏》 권제2(T35, 512c05).

299 《教義分齊章》 권제2(T45, 490a15).

니, 이미 후위를 얻지 못했다면 역시 초위를 얻지 못했다는 것인가?

답한다. 실제로는 다만 초위를 얻을 때에 후위를 얻지 못하는 것은 없다. 그러므로 아직 후위를 얻지 못했으면서 초위를 얻지 못했다는 경우는 없다.

묻는다. 그렇다면 어째서 여러 지위의 오르고 내리는 차례를 설했는가?

답한다. 이 경에서 여러 지위를 안립하는 데에 두 가지의 좋은 방법이 있다. 첫째는 상相에 한정한 것으로 문門의 분위分位가 전후인 것에 입각하여 삼승과 동일하게 저들을 이끄는 방편에 의탁한 것이니, 이는 동교이다. 둘째는 체성에 한정한 것으로 법이 전후로 상입하는 것에 입각하여 원융하고 자재하여 저 삼승과는 다른 것이니, 이는 별교이다. 문을 옮기지 않고도 항상 상즉하며 상즉을 무너뜨리지 않고도 항상 전후이다. 그래서 두 가지의 뜻이 융통하여 서로 어긋나지 않는다.

묻는다. 그렇다면 초문이 곧 일체일 텐데 어째서 신위信位의 초심에서 곧 얻는다고 하지 않고 만심 등이라고 설했는가?

답한다. 별교 자체의 경우는 곧 지위에 의지하지 않고 성립되지만, 지금은 삼승에 의탁한 경우여서 종교의 지위로 말한 것이다. 종교에서는 신심이 꽉 차서 물러나지 않아야 비로소 지위에 들어갈 수 있다고 한다. 지금은 저것이 득입한 지위와 처소가 일시일 때 이 모든 전후의 여러 지위의 행상을 얻게 된다는 데 의탁한 것이다. 그러므로 '신심위의 초심에서'라고 말하지 않은 것이니 불퇴위를 얻지 않고는 위상位相을 이루지 못하여 다만 행일 뿐이기 때문이다.

묻는다. 그렇다면 주위住位에서 성불한다고 해야 할 것인데 어째서 신위 만심이라고 했는가?

답한다. 신심을 통해서 이루기 때문이니, 이는 행불行佛이고, 위불位佛은 아니다. 나머지 뜻은 그것을 준거하라"고 하였다.

(다) 소전所詮에 의거하여 다름을 가림(約所詮辨異)

㈏ 개별적으로 해석함(別釋)

a. 소승교小乘教

a) 법수의 다소에 한정하여 밝힘(約法數多少)

[61b07] [《鈔》] 欠二十五法者, 心法欠七, 心所欠五; 謂善中無癡一, 根本中惡見一, 大隨中不正知·妄念·散亂三, 不相應中欠十; 流轉與定異·相應并勢速·次第·時·方·數·和合·不和合, 無爲中欠三; 不動·想[300]受滅·眞如, 故二十五.

[초] '(대승에 비해서) 25법이 모자란다'[301]라는 것은 심법에 7법이 모자라며, 심소법에는 5법이 모자라니, 말하자면 선법에 '무치無癡' 1법과 근본(번뇌) 중에 '악견' 1법과 대수혹大隨惑 중에 '부정지不正知'와 '망념'과 '산란'의 3법이다. 불상응행법 중에는 10법이 모자라니, '유전流轉'과 '정이定異'와 '상응相應'과 '세속勢速'과 '차제次第'와 '시時'와 '방方'과 '수數'와 '화합和合'과 '불화합不和合'이다. 무위법에는 3법이 모자라니, '부동不動'과 '상수멸想受滅'과 '진여眞如'이다. 그러므로 25이다.

300 底本 및 《金澤寫本》에는 "念", 다음 문단에 근거 수정. [역자 주]

301 《演義鈔》 권제9(T36, 062c08).

### b. 시교始教

#### a) 총괄하여 설명함(總明)

##### (b) 앞의 소승교에 대하여 수승함을 드러냄(對前顯勝)

[61b12] [《疏》] 說有百法者, 夫百法者, 瑜伽經緯, 唯識宗挑. 具義何限於萬重, 出[302]體無過於百數. 若曾習於彼教, 罔假區分慮, 但鍊於斯文. 故伸標釋. 此一百法, 勒爲五門; 一心法, 二心所有法, 三色法, 四不相應行法, 五無爲法. 心法有八; 一眼識, 二耳識, 三鼻識, 四舌識, 五身識. 諸識雖差, 體性行相了別是同. 然此五識別了, 色[303]等五塵爲境, 仍任運知. 俱得自性現量性故. 若入地後, 許互緣, 自實他假, 亦無根境壞亂之失. 隨根立名, 建號決定三性, 違[304]順等境. 三受容[305]俱. 六位心所與識相應; 謂遍行·別境, 善但具十, 無輕安故. 煩惱具三, 貪嗔癡故. 隨惑之中, 但具[306]中大, 無小隨十, 不定全無. 界繫云何? 眼·耳·身三識通色[307]界初禪, 鼻·舌二識唯欲界一地. 緣合不定, 或俱不俱. 六意識得名, 作釋亦如前五. 不同眼[308]等別緣五塵, 此識通能了一切法, 仍非任運. 假實俱得. 亦通三性, 及與五受, 開[309]憂喜故. 三塗實苦, 三禪眞樂, 餘處苦樂, 皆假說故. 心所相應, 通五十一界地差別. 除無想天及無想·滅盡二定, 極重悶眠二位. 此五位無, 餘時無間. 七

302 《金澤寫本》에는 "於"로 되어 있다.
303 底本에는 "識",《金澤寫本》 참조 수정.
304 底本 및《金澤寫本》에는 "逢", 문맥상 수정. [역자 주]
305 底本에는 "客",《金澤寫本》 참조 수정.
306 底本에는 "俱",《金澤寫本》 참조 수정.
307 底本에는 "色通",《金澤寫本》 참조 도치.
308 底本에는 "眠",《金澤寫本》 참조 수정.
309 底本에는 "間",《金澤寫本》 참조 수정.

末那識, 末那梵語, 此翻云意. 積集了別, 劣餘七故. 恒審思量, 勝餘七故. 獨彰意號, 不名心識. 若據總名, 理亦無遮. 思量便爲體性, 行相依異熟識. 復恒緣彼, 執爲內我. 所變親相, 眞帶質境. 或本或見, 或別種生. 有覆無覆, 性亦不定. 心所相應, 具十八數; 遍行五所, 別境中慧, 根本四惑癡·見·慢·愛, 隨惑大八. 具足二執, 唯是俱生, 有覆無記性所攝故. 三受之中, 唯具捨受. 與第八識, 齊生同繫, 恒續無間, 此染法[310]名, 三乘無學, 種·現永滅, 有學滅定, 出世道中, 暫伏滅故. 善無記法正漏體者, 通此識惑, 恒行不共, 長夜未醒, 獨在無明也. 八阿賴耶識, 此翻云藏, 具有能藏·所藏·執藏義故. 謂與雜染互爲緣故, 有情執爲自內我故. 攝持因果, 以立自相·別業·總報.[311] 眞異熟識界趣生體, 變異異時異類熟故, 名爲果相, 執持一切種子不失, 立因相名. 然此種子, 亦名因相, 而有二類; 一者本有, 法爾而有, 二者始起, 熏習而有. 又此種子而有六義; 一刹那滅, 纔生卽滅故. 二果俱有, 與現[312]俱生故. 三恒隨轉, 續至究竟故. 四性決定, 善等性定故. 五待衆緣, 賴緣方生故. 六引自果, 色心各生故. 此種勢力, 生近正果, 名曰生因. 引遠殘果, 令不頓絶, 卽名引因. 內種必由熏習生長, 親能生果, 是因緣性. 何名熏習? 所熏·能熏各具四義. 所熏四者, 一堅住性,[313] 二無記性, 三可熏性, 四與能熏和合性. 此上四義, 唯[314]此識具. 能熏四者, 一有生滅,[315] 二有勝用, 三有增減, 四與所熏和合. 唯七轉識及彼心所, 具上四義, 可作能熏. 此識行相, 任運了別, 所緣之境, 而具三類, 根身·種子及器世間. 前之二類是所執受, 後之一種但爲所依. 無漏種子, 持而

---

310 底本에는 "汚",《金澤寫本》 참조 수정.

311 底本에는 "根",《金澤寫本》 참조 수정.

312 底本에는 없음.《金澤寫本》 참조 보충.

313 底本에는 "位",《金澤寫本》 참조 수정.

314 底本에는 "准",《金澤寫本》 참조 수정.

315 底本에는 "有一者",《金澤寫本》 참조 "者一有"로 수정.

不緣, 性相違故. 若隨業力, 唯變當地. 或[316]約定通, 亦變餘地. 二變之中, 因緣變故. 三境之中, 性境所攝. 心所同緣, 但分別變. 三境之中, 獨影境攝, 故無六處受熏持種六根身過. 性唯無記, 亦無覆故. 心所相應, 唯具遍行. 五受之中, 唯捨受故. 復與末那, 相依而轉, 如瀑流水, 非斷非常. 二乘無學, 八地菩薩, 方永捨故. 然此八識, 自位說竟.

[소] [317]'백법을 설하여'[318]라는 것은 무릇 백법은 유가종의 씨줄과 날줄(經緯)이고, 유식종의 토대(宗挑)이다. 뜻을 갖춤에 있어서는 무엇이 만萬의 무게보다 한계이겠는가 마는, 체성을 냄에 있어서는 백이란 숫자를 넘는 것은 없다. 만일 일찍이 저 (유식)교를 익혔었다면 구분을 지어 생각하는 것은 잊고 다만 이 문장을 연습해보라. 그러므로 표를 펼쳐서 해설하겠다.

이 백법을 5문으로 묶으면, 첫째는 심법心法이요, 둘째는 심소유법心所有法이요, 셋째는 색법色法이요, 넷째는 불상응행법不相應行法이요, 다섯째는 무위법無爲法이다.

(첫째) 심법에 여덟이 있으니, ①안식眼識, ②이식耳識, ③비식鼻識, ④설식舌識, ⑤신식身識이니 여러 식들이 차이 나지만 체성과 행상과 요별은 같다. 이 5식은 별도로 색 등의 5진을 경계로 삼아서 요별了別하되 이내 마음대로 안다. 모두 자성의 현량성現量性을 얻었기 때문이다. 만일 지地

316 底本에는 "惑",《金澤寫本》참조 수정.

317 이 '백법'의 설명은《卍續藏經》에는 전체 단락이 분단 없이 붙여져 설명되고 있지만, 편의상 단락을 분리하였고 그 단락마다 해당 페이지를 새로 삽입했다.[역자 주]

318 《大疏》권제2(T35, 512c13).

에 증입한 이후라면 서로 반연하는 것을 허여하기 때문에 자自는 '실實'이고 타他는 '가假'이니, 또한 근根과 경境이 무너지거나 혼란되는 잘못이 없다. 근에 따라서 명칭을 세우고, 건립된 호칭은 삼성三性[319]의 어긋나거나 수순하는 등의 경계를 결정한다. 삼수三受는 모두 갖춰져 있다고 용납된다.

육위六位의 심소心所가 (전5)식과 상응하니, 말하자면 변행심소遍行心所와 별경심소別境心所이며, 선심소善心所는 다만 10만을 갖추고 있으니 경안輕安이 없기 때문이고, 번뇌심소는 셋을 갖추고 있으니 탐·진·치이며, 수혹심소隨惑心所 중에는 중수혹中隨惑과 대수혹大隨惑만을 갖추고 있고, 소수혹小隨惑의 10이 없으며, 부정심소不定心所는 전혀 없다. 계界의 연루는 어떠한가? 안식·이식·신식의 3식은 색계의 초선에 통하고, 비식·설식의 2식은 오직 욕계의 한 지地일 뿐이다. 연이 합해지는 것이 일정하지 않아 갖추기도 하고 갖추지 않기도 한다.

제6 의식意識은 명칭을 얻은 것이 또한 전5식과 같다. 안식 등이 개별적으로 5진五塵을 반연하는 것과는 달리, 이 식은 일체법을 통틀어 요별하지만 이내 마음대로 아는 것은 아니다. 가假도 실實도 다 되며, 또한 3성에 통하고 및 5수와 함께하니, 우수憂受와 희수喜受를 분리했기 때문이다. 3도三塗는 실제로 고통이며, 3선천禪天은 진실한 낙이고, 나머지 곳은 고와 낙이다. 모두 가설했기 때문이다. 심소의 상응은 51계지界地의 차별에 통하지만 무상천과 무상정·멸진정의 두 선정과 극히 심한 민절과 수면의 2위는 제외된다. 이 5위五位에서는 없고 나머지에서는 시

---

319 善·惡·無記의 三性을 말한다.

간에 간극이 없다.

제7 말나식末那識에서 말나는 범어이니, 번역하면 '의意'라고 한다. 적집하여 요별하는 것은 나머지 7식보다 하열하지만 항상 살피고 사량하는 것은 나머지 7식보다 수승하기 때문에 유독 '의意'라는 호칭으로 드러내고 '심식'으로 이름하지 않은 것이다. 총 명칭에 근거하면 이치가 또한 차단됨이 없다. 사량하는 것이 곧 체성이고 행상은 이숙식에 의지한다. 또다시 항상 저 (이숙)식을 반연하여 '내아內我'라고 집착한다. 전변된 친상親相이 참된 대질경帶質境이다. 본本이기도 하고 견見이기도 하며, 혹은 종자에서 생긴다. 유부有覆, 무부無覆이고, 3성은 역시 결정되지 않는다.

심소의 상응은 18개수를 갖추고 있으니, 변행의 5심소와 별경심소 중에 혜慧와 근본심소의 4혹이니 아치我癡·아견我見·아만我慢·아애我愛이며, 대수혹의 여덟이다. 2집執을 갖춘다. 오직 구생俱生뿐이니, 유부무기성에 섭수되기 때문이다. 3수 중에 사수捨受만을 갖고 있다. 제8식과 나란히 생기고 함께 계박되며 항상 상속하여 간극이 없다. 이 염법의 명칭은 삼승의 무학은 종자와 현행이 영구히 소멸되고, 유학은 멸진정 출세간도에서 잠깐 절복되었다가 소멸된다. 선과 무기법이 바로 루漏의 체여서 이 식의 혹惑에 통하니, 항상 행하되 공유하지 않아 기나긴 밤에서 아직 깨어나지 못하고 홀로 무명 속에 있다.

제8 아뢰야식阿賴耶識은 번역하면 '장藏'이라고 하니, 능장能藏과 소장所藏과 집장執藏의 뜻을 갖추고 있기 때문이다. 말하자면 잡염과 서로 반연하므로 유정들은 집착하여 자신의 '내아'라고 여긴다. 인·과를 섭지攝持하여 자상과 별업과 총보를 성립시킨다. 진이숙식이 계취에서 체성을 내는 데에 다른 때나 다른 종류로 변이시켜 성숙하기 때문에 '과상果相'이라고 하며, 모든 종자를 모아 지니고 잃어버리지 않아서 '인상因相'이란 명칭이 성립된다. 그러나 이 종자를 또한 '인상'이라고 이름붙이는 것에 두 가지 종류가 있다. 첫째는 본유本有이니 법이 으레 있는 것이며, 둘째는 시기始起이니 훈습되어 있는 것이다.

또, 종자에 여섯 가지 뜻이 있다.

①찰나에 소멸함(刹那滅)이니, 막 생기자마자 소멸하기 때문이요,

②과가 함께 있음(果俱有)이니, 현행과 함께 생기기 때문이요,

③항상 따라 전변함(恒隨轉)이니, 구경에 이르도록 연속하기 때문이요,

④성질이 결정됨(性決定)이니, 선善 등의 성질이 정해졌기 때문이요,

⑤여러 연에 기댐(待衆緣)이니, 연을 의뢰해서야 생기기 때문이요,

⑥자신의 과를 인발함(引自果)이니, 색과 심이 각각 생기기 때문이다.

이 종자의 세력은 가까이로는 정과正果를 생기하므로 '생인生因'이라고 하며, 멀리로는 잔과殘果를 인발하여 단박에 끊어지지 않게 하므로 곧 '인인引因'이라고 한다. 내면의 종자는 반드시 훈습을 통해서 생장하여 친히 과를 내는 것이니, 이것이 '인연성'이다.

무엇을 훈습이라고 하는가? 소훈所熏과 능훈能熏에 각각 네 가지 뜻을 갖고 있다. 소훈의 네 가지 뜻은 ①견고하게 머무르는 성이요, ②무기성無記性이요, ③훈습될 만한 성이요, ④능훈과 화합하는 성이다. 이상 네 가지 뜻은 오직 이 (아뢰야)식만이 갖추고 있다.

능훈의 네 가지 뜻은 ①생멸함이요, ②수승한 작용이요, ③증감이 있고, ④소훈과 화합한다. 7전식轉識과 그 심소만이 위의 네 가지 뜻을 갖추고 있어 '능훈'이 될 수 있다.

이 (아뢰야)식의 행상은 마음대로 요별한다. 반연하는 경계에는 세 종류를 갖추고 있으니, 근신根身과 종자와 기세간이다. 앞의 두 가지는 집수執受되어지는 것이고 뒤의 한 종류는 단지 소의所依가 된다. 무루 종자는 지닐 뿐이고 반연하지는 않으니 성이 서로 어긋나기 때문이다. 업력을 따르는 경우는 오직 해당 지地만을 변화시킨다. 혹은 선정과 신통에 한정하면 또한 다른 지地도 변화시킨다. 두 변화 중에 '인연변'이고, 3경境 중에는 성경性境에 거둬진다.

심소는 연은 같지만 오직 '분별변'이고, 3경중에는 영경影境에만 거둬진다. 그러므로 6처에서 훈습 받고 종자를 지니는 6근신의 과실은 없다. 성은 오직 무기성뿐이고 또한 무부이다. 심소의 상응은 오직 변행심소만을 갖추고 있고, 5수 중에는 오직 사수捨受뿐이다. 또다시 말나식과 서로 의지하여 전변하는 것이 마치 폭포수와 같아서 끊어지지도 않으며 항상 있지도 않는다. 이승의 무학과 8지 보살이어야 비로소 영구히 버린다. 그리하여 8식 자체자리에 대한 설명은 마쳤다.

[62a13] 具能生[320]緣, 多少云何? 眼識九緣, 謂空·明·作意·種子·根·境, 明了第六, 深淨第七, 根本第八. 耳識其八, 於前九緣, 不假其明. 鼻·舌·身識, 各具七緣, 復除其空, 合中知故. 第六具五, 種子·境界·作意, 七八爲依. 第七具三, 根·境合一, 種子·作意. 第八具四, 開根·境故. 若加等無間, 於前各增一. 眼識九中, 不共眼根, 六七八識, 四是所依, 具四義故. 謂[321]決定有境爲主, 令心心所取自所緣故.

320 底本에는 없음.《金澤寫本》참조 보충.

321 底本에는 "調".《金澤寫本》참조 수정.

餘五唯依, 不具義故. 餘之七識, 准此應悉. 上所明義, 據有漏位. 若論無漏, 其義稍[322]異. 二乘入見, 直至無學, 唯轉第六, 唯生空故. 大乘入地, 亦轉第七. 六入生空, 七除我執. 六入法空, 七成無漏. 五八二識, 佛果方轉, 同境根故. 爲所熏故. 前五後得, 許疎緣故,[323] 後三通本, 亦親緣故. 第八心王變自受用及持德種. 餘之七識, 但許[324]疎緣不容親變. 餘身及土[325]親變之時, 亦不違理. 第八淨心, 如大圓鏡, 第七平等, 翻我立號, 審根兩法, 六名觀察, 五識利生, 時名成事. 實具遍·別·善所相應, 通二十二. 揀擇爲[326]勝, 但彰智號, 六識容間, 七八相續. 大同因位, 神力難思, 許化四事, 內之三分, 皆得互緣, 實亦自緣, 成遍知故. 但新舊緣, 變不變殊, 無熏緣過. 八非無記, 七無增減, 非能所熏, 更不新熏. 故先後成, 佛德平等.

능생연能生緣을 갖추고 있는 것은 그 다소가 어떠한가?

안식은 9연九緣이니, 말하자면 ①'공간(空)'과 ②'광명(明)'과 ③'작의作意'와 ④'종자'와 ⑤'근신根身'과 ⑥'경계'와 ⑦분명하게 아는 '제6식'과 ⑧깊고 맑은 '제7식'과 ⑨근본인 '제8식'이다. 이식은 8연이니, 앞의 9연에서 그 '광명'은 필요하지 않다. 비식, 설식, 신식은 각각 7연을 갖추고 있으니, 또다시 '공간'을 제외한다. 합해지는 중에 알기 때문이다. 제6식은 5연을 갖추고 있으니, 종자와 경계와 작의이며 7식과 8식이 소의가 된다. 제7식은 3연을 갖추고 있으니, 근신과 경계를 하나로 합치고 종자와

322 底本에는 "稱",《金澤寫本》 참조 수정.
323 底本 및《金澤寫本》에는 "如", 문맥상 수정. [역자 주]
324 底本에는 "故",《金澤寫本》 참조 수정.
325 底本에는 "土及",《金澤寫本》 참조 도치.
326 底本에는 "力",《金澤寫本》 참조 수정.

작의이다. 제8식은 4연을 갖추고 있으니, 근신과 경계를 분리했기 때문이다. 만약 등무간연等無間緣을 보태면 앞에 각각 하나씩 늘어난다.

안식은 9연중에 공유하지 않는 안근과 6식, 7식, 8식의 넷이 소의이다. 네 가지 뜻을 구족했기 때문이니, 말하자면 어떤 경계인지 결정하는 것으로 주主를 삼아서 심과 심소가 자체의 소연所緣을 취하도록 하기 때문이다. 나머지 5연은 오직 의지할 뿐이니, (네 가지) 뜻을 구족하지 못했기 때문이다. 나머지 7식은 이를 준거하면 다 알 것이다. 위에서 밝힌 뜻은 유루위에 근거한 것이다.

무루위로 논해보면 그 뜻이 조금 다르다. 이승은 견도위에 들어가 곧장 무학위에 이른 경우, 오직 제6식만을 전변하니 생공生空뿐이기 때문이다. 대승은 지地에 들어간 경우, 또한 제7식만이 전변한다. 6식이 생공에 들어가면 7식은 아집이 제거되고, 6식이 법공에 들어가면 7식은 무루를 이룬다. 5식과 8식의 두 식은 불과佛果에서 비로소 전변한다. 경계와 근신이 똑같기 때문이고, 소훈이 되기 때문이다.

전5식은 후득지이니 소연疎緣을 허여하기 때문이며, 뒤의 3식은 근본지에 통하니 또한 친연親緣이기 때문이다. 제8심왕은 자수용신 및 지덕종자를 변화하고, 나머지 7식은 소연疎緣은 인정되지만 친히 변화되는 것이 용납되지 않는다. 나머지는 신과 국토로 친히 변화할 때 또한 이치에 어긋나지 않는다.

제8 '청정심'은 '대원경大圓鏡'과 같고, 제7 '평등성지'는 '아'를 뒤바꿔서 호칭을 세운 것이며, 심審과 근根의 두 법으로 제6식은 '묘관찰지'로 이름하고, 5식은 중생을 이롭게 하는 그때를 '성소작지(成事智)'라고 이름한다. 실제로는 변행심소, 별경심소 선심소를 갖추고 있어 상응하는 것은

22에 통한다. 간택함이 수승하므로 '지智'라는 호칭만을 드러냈으나, 6식은 간극이 용납되고 7식과 8식은 상속한다.

인위는 거의 같지만 신통은 생각하기 어렵다. 네 가지 일을 변화하는 일은 인정되니, 내內의 3분[327]은 모두 서로 반연할 수 있다. 실제는 또한 자체의 연을 반연하여 변지遍知를 이루지만 새로운 연과 옛 연이 변화하거나 변화하지 않는 것이 다르다. 연을 훈습하는 허물은 없다. 8식은 무기無記가 아니며 7식은 증감이 없다. 능훈과 소훈이 아니면 다시 새롭게 훈습하지 않기 때문에 앞뒤로 성취하더라도 불덕은 평등하다.

[62b10] 二心所有法, 言心所者, 謂恒依心起, 與心相應. 許屬於心, 故名心所, 如屬我物, 立我所名. 心於所緣, 唯取總相, 心所於彼, 亦取別相. 助成心事, 得心所名. 如畫師資, 作摸塡彩. 故《瑜伽》說: '識能了別事之總相, 作意了此所未了相, 卽諸心所所[328]取別相, 觸能了此可意等相, 受能了此攝受等相, 想能了此言說因相, 思能了此正因等相.' 餘處復說: '欲亦能了可樂事相, 勝解亦了決定事相, 念亦能了慣習事相, 定慧亦了得失等相.' 故遍行等名心所法. 諸心所法, 皆於所緣, 兼取別相. 雖諸心所名義無異, 而有六位種類差別. 一遍行, 遍四一切故, 謂遍三性及與九地, 諸心起時, 必[329]無前却, 八識咸俱.[330] 住在何位? 一觸, 令心心所觸境爲性, 受相思等所依爲業. 二作意, 警心爲性, 引心爲業. 三受, 領順等境爲性, 愛爲業. 四想, 取像爲性, 施設名言爲業. 五思, 造作爲性, 役心爲業. 次別境, 謂緣所決

327 견분·상분·자증분의 삼분을 말한다.

328 底本에는 없음.《金澤寫本》참조 보충.

329 《金澤寫本》에는 "心"으로 되어 있다.

330 《金澤寫本》에는 "性+俱"로 되어 있다.

定, 曾習觀察別別之境, 故名別境. 四一切中, 唯遍性地, 起亦不定, 五受咸俱. 一欲, 悕望爲性, 懃[331]依爲業. 二勝解, 印境爲性, 非轉爲業. 三念, 明記爲性, 定依爲業. 四定, 專注爲性, 智依爲業. 五慧, 揀擇爲性, 斷疑爲業.

둘째, 심소유법心所有法에서 '심소心所'라고 한 것은, 말하자면 항상 심을 의지하여 일어나서 심과 상응하여 심에 소속되는 것을 허여하므로 '심소'라고 한다. 마치 나의 물건에 속하는 것에 '아소'라는 명칭을 세우는 것과 같다. 심은 소연所緣에 대해 오직 총상만을 취하고 심소는 저것에 대해 또한 별상만을 취한다. 심의 일을 이루도록 도와서 '심소'라는 명칭을 얻은 것이다. 마치 그림 그릴 때 스승과 제자가 제작하고 모사하고 메우고 채색하는 것과 같다.

그러므로 《유가사지론》에서 설하여, '식識은 요별하는 일의 총상이다. 작의作意는 아직 요별하지 못한 상을 요별하니 곧 여러 심소가 취하는 바의 별상이다. 촉觸은 가의可意 등의 상相을 요별하고, 수受는 이 섭수 등의 상을 요별하며, 상想은 언설의 인상因相 등을 요별하고, 사思는 이 정인正因 등의 상을 요별한다'[332]고 하였으며, 다른 곳에서 또다시 설하기를, '욕欲은 또한 가락可樂의 사상事相을 요별하고, 승해勝解는 결정의 사상을 요별하며, 염念은 또한 관습의 사상을 요별하고, 정·혜는 또한 득실 등의 상을 요별한다'고 하였다. 그러므로 변행 등을 '심소법'이라고 이름한다. 여러 심소법이 모두 소연所緣에 대해 별상을 겸하여 취한다.[333]

331 底本에는 "勤". 《金澤寫本》 참조 수정.

332 《瑜伽師地論》 권제3(T30, 291b21).

333 《成唯識論》 권제5(T31, 026c18)를 인용.

여러 심소법의 명칭과 뜻은 비록 차이가 없지만 6위가 있어 종류가 차별된다.

(1) 변행위遍行位이니, 네 가지 일체[334]에 변만하게 행하기 때문이다. 말하자면 3성性과 9지地에 변행하고, 모든 심이 일어날 때 반드시 앞서거나 뒤로 물러남이 없으며, 8식 모두가 갖추고 있다. 어떤 자리에 머물러 있는가?

① '촉'은 심과 심소가 경계에 접촉하게 하는 것으로 성질을 삼고, 수·상·사 등의 소의所依로 업용을 삼는다.

② '작의'는 심을 경각시키는 것으로 성질을 삼고, 심을 이끌어 내는 것으로 업용을 삼는다.

③ '수受'는 수순하는 등의 경계를 받아들이는 것으로 성질을 삼고, 좋아하는 것으로 업을 삼는다.

④ '상想'은 형상을 취하는 것으로 성질을 삼고, 명언을 시설하는 것으로 업용을 삼는다.

⑤ '사思'는 조작하는 것으로 성질을 삼고, 마음을 부리는 것으로 업을 삼는다.

(2) 별경위別境位이니, 말하자면 결정되어진 것을 반연해서 일찍이 별별 경계를 관찰하는 것을 익혔으므로 '별경'이라고 한다. 네 가지 일체 중에 오직 3성과 9지에만 두루 하고, 일어나는 것(시간)도 역시 일정하지 않다. 5수가 모두 다 있다.

① '욕欲'은 희망하는 것으로 성질을 삼고, 은근하게 의지하는 것으로

---

334 네 가지의 일체는 ①일체성性, ②일체지地, ③일체시간, ④다 갖추고 있음이다.

업용을 삼는다.

② '승해勝解'는 경계를 인증하는 것으로 성질을 삼고, 굴러가지 않는 것으로 업용을 삼는다.

③ '염念'은 분명하게 기억하는 것으로 성질을 삼고, 선정이 의지하는 것으로 업용을 삼는다.

④ '정定'은 오로지 주입하는 것으로 성질을 삼고, 지혜가 의지하는 것으로 업용을 삼는다.

⑤ '혜慧'는 간택하는 것으로 성질을 삼고, 의심을 끊는 것으로 업용을 삼는다.

[62c05] 善有十一, 唯善心俱, 得善所名. 善者順益義, 此世他世俱順益故. 有尋伺等三地有故. 唯除輕安, 非欲界有, 餘通三界. 五受之[335]中, 唯除輕安, 憂·苦不俱, 餘具五受. 此與別境, 皆得相應, 不相違故. 一信, 於實德能, 深忍樂欲. 心淨爲性, 樂善爲業. 二慚, 崇重賢善爲性, 止息惡行爲業. 三愧, 輕拒暴惡爲性, 止息惡行爲業. 四無貪, 於有有具, 無著爲性. 五無瞋, 於苦苦具, 無恚爲性. 六無癡, 於諸諦理, 明解爲性. 此三同以作善爲業. 七勤, 善惡脩斷勇捍爲性, 滿善爲業. 八輕安, 調暢身心爲性, 轉依爲業. 九[336]不放逸, 防脩爲性, 成滿善事爲業. 十行捨, 令心平等爲性, 治掉靜住爲業. 十一不害, 不損有情爲性, 治害悲愍爲業. 此十一法三是假有, 謂不放逸精進三根, 於此四法脩斷事中, 皆能防脩, 名不放逸, 非別有體, 無異相故. 行捨, 亦卽此四法上, 令心遠離掉擧等障, 靜住名捨, 非有別靜. 不

335 底本에는 "三", 《金澤寫本》 참조 수정.

336 底本에는 "八", 《金澤寫本》 참조 수정.

害, 卽以無嗔一分, 於諸有情, 不爲損惱, 假名不害. 無嗔拔苦, 不害與樂, 麤相差別. 餘八實有, 相用別故.

(3) 선심소善心所는 열하나가 있다. 오직 선심과 함께 있어 '선심소'라는 이름을 얻었다. 선은 수순하여 이롭게 하는 뜻이니, 이 세상과 저 세상에 함께 수순하여 이롭게 하기 때문이며, 심尋·사伺 등이 있어 3지地에 있기 때문이다. 오직 경안輕安만이 욕계에는 있지 않은 것을 제외하고 나머지는 삼계에 통한다. 5수중에는 경안만은 우수憂受와 고수苦受가 함께하지 않는 것을 제외하고 나머지는 5수를 갖추고 있다. 이것과 별경심소는 모두 상응한다. 서로 어긋나지 않기 때문이다.

① '신信'은 실제 덕능에 대해 깊이 즐거움을 내고 마음을 맑히려는 것으로 성질을 삼고 선을 즐기는 것으로 업용을 삼는다.

② '참慚'은 어질고 훌륭한 이들을 숭상하고 존중하는 것으로 성질을 삼고 악행을 멈추는 것으로 업용을 삼는다.

③ '괴愧'는 난폭하고 악한 것을 가벼이 여기고 거부하는 것으로 성질을 삼고 악행을 멈추는 것으로 업용을 삼는다.

④ '무탐無貪'은 소유와 소유의 도구에 대해 집착이 없는 것으로 성질을 삼는다.

⑤ '무진無嗔'은 고통과 고통의 도구에 대해 성냄이 없는 것으로 성질을 삼는다.

⑥ '무치無癡'는 모든 진리의 이치에 대해 분명하게 이해하는 것으로 성질을 삼는다. 이 셋은 똑같이 선을 짓는 것으로 업용을 삼는다.

⑦ '근勤'은 선을 닦고 악을 끊는 데에 용맹스럽고 사납게 하는 것으

로 성질을 삼고 선을 만족하는 것으로 업용을 삼는다.

⑧ '경안輕安'은 신심을 조화롭게 펴는 것으로 성질을 삼고 전변하여 의지하는 것으로 업용을 삼는다.

⑨ '불방일不放逸'은 방지하면서 닦는 것으로 성질을 삼고 선한 일을 성만하는 것으로 업용을 삼는다.

⑩ '행사行捨'는 마음을 평등하게 하는 것으로 성질을 삼고 도거를 다스려 고요하게 머무는 것으로 업용을 삼는다.

⑪ '불해不害'는 유정들을 손해하지 않는 것으로 성질을 삼고 침해를 다스리고 비심悲心으로 불쌍히 여기는 것으로 업용을 삼는다.

이 11법에서 3법은 임시로 빌려서 있으니, 말하자면 '불방일'과 '정진' 3근根[337]의 4법으로 닦고 끊는 일 가운데에 모두 방지하고 닦는 것을 '불방일'이라고 이름한 것이지 별도로 체가 있는 것은 아니다. 다른 상이 없기 때문이다. '행사行捨' 역시 이 4법으로 마음이 도거 등의 장애를 멀리 벗어나고 고요하게 머무는 것을 '사捨'라고 한 것이지 별도의 적정함이 있는 것은 아니다. '불해'는 '무진無嗔'의 한 부분으로써 모든 유정을 손해하거나 괴롭히지 않는 것을 빌려서 '불해'라고 이름한 것이다. '성냄이 없음'으로 고통을 뽑아내고, '해치지 않음'으로 즐거움을 주는 것은 추탁한 모습이 차별된다. 나머지 8법은 실제로 있으니, 모습과 작용이 구별되기 때문이다.

---

337 天親 造, 玄奘 譯, 窺基 註解,《백법명문론해》 권상에 의하면, 精進의 3근은 信, 勤, 精進을 말한다.

[62c22] 四煩惱有六, 此貪等六性是根本, 得煩惱名. 一貪, 於有·有具, 染著爲性. 能障無貪生苦爲業. 二嗔, 於苦·苦具, 增恚爲性. 不安惡行所依爲業. 三癡, 於諸理事, 迷暗爲性. 一切雜染所依爲業. 四慢, 高擧爲性, 生苦爲業. 五疑, 諸諦猶預爲性, 能障善品爲業. 六惡見, 此行相差別有五; 一薩迦耶見, 執我·我所故. 二邊見, 執斷·常故. 三邪見, 撥無因果故. 四見取, 五戒禁取, 執自見自戒是勝是淨能得涅槃故. 無利勤苦等, 以爲其相. 如是總別, 十煩惱中, 六通俱生, 及[338]分別起, 疑後三見, 唯分別起. 貪與[339]嗔·疑, 定不俱生, 貪與慢·見, 或[340]得相應. 嗔與慢·疑, 或得俱起, 嗔與二取, 必不相應, 此與三見, 或得相應. 慢於境定, 疑則不然, 無相應義. 慢與五見皆容俱起, 然與斷見必不俱生, 與身·邪見一分亦爾. 疑不審決,[341] 與見相違, 定不俱起. 五見展轉, 必不相應, 非一心中有多慧故. 癡與九種, 皆定相應, 諸煩惱生, 必由癡故. 貪·嗔·癡三, 俱生分別, 一切容與五受相應. 分別慢唯四受相應, 三塗無故. 若俱生慢, 亦苦俱故. 疑後三[342]見, 容四受俱, 唯除苦受. 俱生二見, 容五受俱, 分別二見, 唯除苦受. 三性之中, 嗔唯不善, 損自他故, 餘九通二. 上二界者, 唯無記攝, 定所伏故. 若欲界繫分別起者, 唯不善攝, 發惡行故, 若是俱生發惡業者, 亦不善攝, 餘無記攝. 三界繫別, 嗔唯在欲, 餘通三界. 六煩惱中, 見是假有, 卽慧分故, 餘是實有, 別有性故.

(4) 번뇌심소煩惱心所는 여섯이 있다. 탐심 등 여섯이 성질의 근본이므로

338 底本 및《金澤寫本》에는 "十".《成唯識論》참조 수정.

339 底本 및《金澤寫本》에는 "爲".《成唯識論》참조 수정.

340 底本에는 "惑".《金澤寫本》참조 수정. 아래도 동일.

341 底本 및《金澤寫本》에는 없음.《成唯識論》(T31, 032b04) 참조 보충.

342 底本에는 "二".《金澤寫本》참조 수정.

'번뇌'라는 명칭을 얻는다.

① '탐貪'은 소유와 소유하는 도구에 물들어 집착하는 것으로 성질을 삼고, 무탐을 장애하여 고통을 내는 것으로 업용을 삼는다.

② '진瞋'은 고통과 고통의 도구에 대해 더욱 성내는 것으로 성질을 삼고, 불안하여 악행의 의지처가 되는 것으로 업용을 삼는다.

③ '치癡'는 모든 이치와 사법에 대해 미혹하고 어둔 것으로 성질을 삼고, 일체의 잡염이 의지하는 것으로 업용을 삼는다.

④ '만慢'은 뽐내고 거만한 것으로 성질을 삼고, 고통을 내는 것으로 업용을 삼는다.

⑤ '의疑'는 모든 진리에 대해 유예하는 것으로 성질을 삼고, 선품善品을 장애하는 것으로 업용을 삼는다.

⑥ '악견惡見'은 이 행상의 차별에 5가지가 있다. 살가야견이니 '아'와 '아소'를 집착하기 때문이요, 변견邊見이니 단견과 상견에 집착하기 때문이요, 사견邪見이니 인과를 없애버리기 때문이요, 견취견見取見과 계금취견戒禁取見이다. 자신의 견해와 자신의 계율이 수승하고 청정하여 열반을 얻을 수 있다고 집착하기 때문이다. 이로운 정근이 없어서 고통이 (의지하는 것으로 업용을 삼는) 것이 그 모습이 된다.

이와 같은 총·별의 10번뇌심소 중에 6가지는 함께 생겨남(俱生) 및 분별로 일어남에 통하며, '의심'과 뒤의 3견은 오직 분별로 일어난다. '탐심'은 진심·의심과는 결정코 함께 생기지 않고, '탐심'은 아만·악견과는 혹 상응하기도 한다. '진심'은 아만·의심과 함께 생기기도 하고, '진심'은 2취(견취견, 계금취견)와는 절대 상응하지 않으며, 이것(진심)은 3견과는 혹 상응하기도 한다. '아만'은 경계에 대해 정해졌고 '의심'은 그렇지 않아 상응하는 뜻이 없다. '아만'은 5견과는 모두 함께 일어나는 것이 용납된다. 그러나 단견斷見과는 반드시 함께 생기지 않으며, 신견身見과 사견邪見과는 일분이 또한 그렇다. '의심'은 살피고 결정하지 않는 것이 악견과 상위하여 결정코 함께 일어나지 않는다. 5견은 점점 전개될수록 반드시 상응하지 않는다. 하나의 마음에 여러 혜慧가 있는 것은 아니기 때문이다. '치심'은 9가지 모두와 결정코 상응한다. 모든 번뇌가 생기는 것은 반드시 치심을 말미암기 때문이다.

탐심, 진심, 치심 셋은 구생이든 분별이든 일체가 5수와 상응하는 것이 용납된다. 분별아만은 오직 4수와 상응하니 삼도三途에는 없기 때문이고, 구생아만의 경우는 또한 고수苦受가 함께한다. 의심 뒤의 3견은 4수와 함께하는 것이 용인되고 고수苦受만은 제외된다. 구생2견은 5수와 함께하는 것이 용납되고, 분별2견은 고수苦受만은 제외된다. 3성 가운데에 진심은 오직 불선뿐이니 나와 남을 손실시키기 때문이며, 나머지 9번뇌는 두 가지에 통한다. 상2계에서는 오직 무기성에 거둬지니, 결정코 절복되는 바이기 때문이다. 만일 욕계의 계루가 분별로 일어난 경우는 오직 불선에 거둬지니 악행을 일으키기 때문이며, 구생으로 악업을 일으킨 경우는 또한 불선에 거둬지고 나머지는 무기에 거둬진다. 삼계의 계루가 구별되니, 진심은 오직 욕계에만 있고 나머지는 삼계에 통한다. 6번뇌 중에 악견은 가자해서 있는 것이니 곧 혜의 일부분이기 때문이며, 나머지는 실제로 있는 것이니 별도의 성질이 있기 때문이다.

[63a21] 五隨惑有二十; 唯是煩惱分位差別等流性故, 名隨煩惱. 此二十種類別有

三; 謂忿等十各別起故, 名小隨煩惱. 無慚[343]·無愧遍不善故, 名中隨煩惱, 掉擧等八遍染心故, 名大隨煩惱. 且[344]小隨十; 一忿, 憤發爲性, 執杖爲業. 二恨, 結怨爲性, 熱惱爲業. 三覆, 隱藏爲性, 悔惱爲業. 四惱, 佷戾爲性, 蛆螫爲業. 五嫉, 妬忌爲性, 憂戚爲業. 六慳, 祕悋爲性, 鄙畜爲業. 七誑, 詭詐爲性, 邪命爲業. 八諂, 險曲爲性. 不受教悔爲業. 九害, 損惱爲性, 逼[345]惱爲業. 十憍, 醉傲爲性, 染依爲業. 中隨二者; 一無慚, 輕拒賢善爲性. 二無愧, 崇重暴惡[346]爲性. 同長惡行爲業. 大隨八者; 一掉擧, 令心不靜爲性, 能障止品爲業. 二昏沈, 令心無堪爲性, 能障觀品爲業. 三不信, 心穢爲性, 惰依爲業. 四懈怠, 脩斷事中, 懶惰爲性. 能障精進增染爲業. 五放逸, 不能防修, 縱蕩爲性. 增惡損善所依爲業. 六失念, 不能明記爲性, 散亂所依爲業. 七散亂, 令心流蕩爲性, 惡慧所依爲業. 八不正知, 謬解爲性, 毀犯爲業. 二十皆通俱生·分別. 此二十中, 小十展轉, 定不俱起, 互相違故. 中二一切不善心俱隨應, 皆得小大俱起. 大隨煩惱, 遍諸染心, 展轉小中, 皆容俱起. 中大全與五受相應. 誑·諂·憍三五受容俱, 忿等七法, 但除其樂, 唯欲界故. 二十容與別境俱起. 此中妄念·不正知念·慧體者, 容與餘[347]四得相[348]應故. 通癡分者, 五皆相應. 忿與念俱, 刹那過去[349]曾習類故. 散亂與定, 相應無失, 染定之中, 亦躁[350]擾故. 中二大八十[351]煩惱俱, 小十定非見疑俱起, 麤細異故. 忿等五法, 容慢·癡俱, 非

343 底本에는 없음.《金澤寫本》참조 "無慚" 보충.
344 底本에는 "但",《金澤寫本》참조 수정.
345 底本 및《金澤寫本》에는 "遍",《成唯識論》참조 수정.
346 底本에는 "思",《金澤寫本》참조 수정.
347 底本에는 "餘與",《金澤寫本》참조 "與餘"로 도치.
348 底本에는 "相得",《金澤寫本》참조 "得相"으로 도치.
349 底本에는 "去過",《金澤寫本》참조 "過去"로 도치.
350 底本에는 "踈",《金澤寫本》참조 수정.
351 底本에는 "十八",《金澤寫本》참조 "八十"으로 도치.

貪·恚竝, 是嗔分故. 慳·癡·慢俱, 非貪·嗔竝, 是貪分故. 憍唯癡俱, 與慢解別, 是貪分故. 覆·誑與諂·貪·癡·慢俱, 行相無違, 貪·癡分故. 小七中二,[352] 唯不善攝, 小三大八, 亦通無記. 小七中二, 唯欲界攝. 誑·諂欲·色, 餘通三界. 此二十中, 小十大三, 定是假有. 忿·恨·惱·疾·害, 依嗔分立, 覆·諂·誑三, 貪·癡分立, 慳·憍二法, 貪·愛分立, 放逸謂由懈怠, 及貪·嗔·癡, 不能防修, 總名放逸. 非別有體, 餘皆實有.

(5) 수혹심소隨惑心所에는 스물이 있다. 오직 번뇌분위의 차별하고만 등류하는 성질이기 때문에 '수번뇌隨煩惱'라고 한다. 이 20수혹심소는 종류별로 셋이 있다. 말하자면, 분忿 등 열은 각각 별도로 일어나기 때문에 '소수小隨 번뇌'라고 하고, 무참無慚·무괴無愧는 불선에 두루하기 때문에 '중수中隨 번뇌'라고 하며, 도거掉擧 등 여덟은 염심에 두루하기 때문에 '대수大隨 번뇌'라고 한다.

먼저, 소수 번뇌의 열 가지는,

① '분忿'은 분발하는 것으로 성질을 삼고, 집착해 붙잡는 것으로 업용을 삼는다.

② '한恨'은 원망을 맺는 것으로 성질을 삼고, 열 받고 괴로워하는 것으로 업용을 삼는다.

③ '부覆'는 숨기고 감추는 것으로 성질을 삼고, 후회로 괴로워하는 것으로 업용을 삼는다.

④ '뇌惱'는 매우 사나운 것으로 성질을 삼고, 심하게 욕하고 성내는

352 底本 및 《金澤寫本》에는 없음. 아래구절(小七中二) 및 문맥상(四句) 참조 "二" 보충.[역자 주]

것으로 업용을 삼는다.

⑤ '투妬'는 질투하고 꺼리는 것으로 성질을 삼고, 근심하고 두려워하는 것으로 업용을 삼는다.

⑥ '간慳'은 숨기고 아끼는 것으로 성질을 삼고, 비루하게 모으는 것으로 업용을 삼는다.

⑦ '광誑'은 궤변으로 속이는 것으로 성질을 삼고, 삿된 직업으로 업용을 삼는다.

⑧ '첨諂'은 험담하고 아부하는 것으로 성질을 삼고, 참회하라는 가르침을 받지 않는 것으로 업용을 삼는다.

⑨ '해害'는 손해 입히고 괴롭히는 것으로 성질을 삼고, 두루 괴롭히는 것으로 업용을 삼는다.

⑩ '교憍'는 오만함에 취해 있는 것으로 성질을 삼고, 잡염에 의지하는 것으로 업용을 삼는다.

중수 번뇌의 둘은,

① '무참無慚'은 현선들을 가볍게 여기고 거부하는 것으로 성질 삼고,

② '무괴無愧'는 포악한 것들을 존중하고 소중히 여기는 것으로 성질을 삼으니, 똑같이 악행을 기르는 것으로 업용을 삼는다.

대수 번뇌의 여덟은,

① '도거掉擧'는 마음을 고요하지 못하게 하는 것으로 성질을 삼고, 지품止品을 장애하는 것으로 업용을 삼는다.

② '혼침惛沈'은 마음을 감당함이 없게 하는 것으로 성질을 삼고, 관품觀品을 장애하는 것으로 업용을 삼는다.

③ '불신不信'은 마음을 더럽히는 것으로 성질을 삼고, 게으름이 의지

하는 것으로 업용을 삼는다.

④ '해태懈怠'는 닦고 끊는 일에 나태하고 게으른 것으로 성질을 삼고, 정진을 장애하는 것으로 업용을 삼는다.

⑤ '방일放逸'은 방어하면서 닦지 못하여 방종하고 방탕한 것으로 성질을 삼고, 악을 보태고 선을 줄이는 것으로 업용을 삼는다.

⑥ '실념失念'은 분명하게 기억하지 못하는 것으로 성질을 삼고, 산란심이 의지하는 것으로 업용을 삼는다.

⑦ '산란散亂'은 마음이 흘러넘치게 하는 것으로 성질을 삼고, 악한 지혜가 의지하는 것으로 업용을 삼는다.

⑧ '부정지不正知'는 그릇되게 이해하는 것으로 성질을 삼고, 훼방하고 범접하는 것으로 업용을 삼는다.

20(수혹심소)이 모두 구생과 분별에 통한다. 이 20 가운데 소수 번뇌의 열은 점점 전개될수록 결정코 함께 일어나지 않으니, 서로 어긋나기 때문이다. 중수 번뇌의 둘은 모든 불선심이 함께 따라서 응하여 둘 다 대·소수 번뇌와 함께 일어날 수 있다. 대수 번뇌는 모든 염심에 변행하여, 전전할수록 소·중 수번뇌가 모두 함께 일어나는 것이 용납된다.

중·대수 번뇌는 전부 5수와 상응하고, (소수 번뇌의) '광'과 '아첨'과 '교만'의 셋은 5수와 함께하지만 '분노' 등 7법은 낙수樂受만은 제외된다. 오직 욕계뿐이기 때문이다. 20수혹심소는 별경심소와 함께 일어나는 것이 용납되는데, 이 가운데 '망념'과 '부정지'는 '염念'과 '혜'가 체성인 것이어서 나머지 넷과 상응하는 것이 용납되기 때문이다. '치심'의 통분인 경우는 5수가 모두 상응한다. '분심'은 '염'과 함께하니, 찰나 과거에 일찍이 익혔던 부류이기 때문이다. '산란'은 '정定'과 상응하여 유실함이 없으니, 염정染定 중에 역시 동요함을 잡아주기 때문이다.

중수 번뇌의 둘과 대수 번뇌의 여덟은 10번뇌심소와 함께하고, 소수 번뇌의 열은 결정코 '악견', '의심'과는 함께 일어나는 것이 아니니, 추탁함과 미세함이 차이나기 때문이다. '분忿' 등 5법은 아만과 치심과는 함께 일어나지만 탐심과 진애와는 나란하지 않으니, 진심의 일분이기 때문이다. '간慳'은 치심과 아만과는 함께하지만 탐심과 진심과는 나란하지 않으니 탐심의 일분이기 때문이다. '교만'은 오직 치심과 함께하니 아만과는 이해가 다르기 때문이다. 이것은 탐심의 일분이기 때문이다. '부', '광', '첨'은 탐심과 치심과 아만과 함께하니 행상이 어긋남이 없기 때문이고, 탐심과 치심의 일분이기 때문이다.

소수 번뇌의 일곱과 중수 번뇌의 둘은 오직 불선에만 거둬지고, 소수 번뇌의 셋과 대수 번뇌의 여덟은 무기에도 통한다. 소수 번뇌의 일곱과 중수 번뇌의 둘은 오직 욕계에 거둬지고, '광'과 '첨'은 욕계와 색계에 (거둬지며), 나머지는 삼계에 통한다. 이 20수혹심소 중에 소수 번뇌의 열과 대수 번뇌의 셋은 결정코 가자假藉해서 있는 것이니, '분노', '한', '열뇌', '질투', '침해'는 진심의 일분에 의거해 성립되고, '부', '첨', '광'의 셋은 탐심과 치심의 일분으로 성립되며, '간'과 '교만'의 2법은 탐애의 일분으로 성립된다. '방일'은 이를테면 해태와 탐심과 진심과 치심으로 인해 방어하면서 닦지 못하는 것을 총칭해서 '방일'이라고 한 것이지 별도로 체성이 있는 것은 아니다. 나머지는 모두 실제로 있다.

[63c05] 六不定有四; 於善·染等, 皆不定故, 非如觸等定遍心故, 非如欲等定遍地故, 立不定名. 一悔, 追悔爲性, 障止爲業. 二眠, 昧略爲性, 障觀爲業. 三尋, 令

心於境麤轉爲性. 四伺, 令心於境細轉爲性. 此二俱以安不安住身心分位所依爲業. 四中尋·伺定不相應, 麤細異故. 依於尋·伺, 有染離染, 立三地別. 不依彼種[353]現[354]起有無, 故無雜亂. 俱與前二, 容互相應. 前二亦有互相應義. 五受之中, 惡作除喜·樂, 唯慼行故. 眠除樂受, 唯欲界故. 尋·伺通五受, 遍初禪故. 四皆容與別境俱起, 行相所緣不相違故. 悔·眠俱與十善容俱, 此唯在欲, 無輕安故. 尋·伺容與十一善俱, 初靜慮中, 輕安俱故. 悔但容與無明相應, 此行相麤, 貪等細故. 睡眠·尋·伺十煩惱俱, 彼此展轉不相違故. 悔與中大隨惑容俱, 非忿等十, 各爲主故. 睡眠·尋·伺, 二十容俱, 眠等位中, 皆起彼故. 此四皆通善等三性, 於無記業亦追悔故. 生得加行二善咸通, 染淨無記後三皆通. 惡作非染, 解麤猛故. 四無記中, 悔唯中二, 行相麤猛, 非定果故. 眠除第四, 非定引生. 尋·伺除初, 彼解微劣, 不能伺察名等義故. 尋·伺是假, 思·慧合成. 悔眠是實. 尋·伺因無漏, 悔·眠唯有漏, 作惡眠唯欲界有, 尋·伺在欲及初靜慮, 餘界地法皆靜妙故. 此等心所, 望彼心王, 依同時同, 所緣亦同. 事各體一, 故所及王, 得名相應.[355]

(6) 부정심소不定心所는 넷이 있다. 선법과 염법 등에 대해 모두 정해지지 않고, '촉觸' 등이 결정코 마음에 변행하는 것과 같지 않으며, '욕欲' 등이 결정코 지地에 변행하는 것과 같지 않기 때문에 '부정不定'이란 명칭을 세운 것이다.

① '회悔'는 되돌아보고 후회하는 것으로 성질을 삼고, 지품止品을 장애하는 것으로 업용을 삼는다.

---

353 底本에는 "趣",《金澤寫本》및《成唯識論》참조 수정.

354 底本 및《金澤寫本》에는 "見",《成唯識論》참조 수정.

355 底本에는 "應故",《金澤寫本》참조 "故" 삭제.

② '수면隨眠'은 어두워 생략하는 것으로 성질을 삼고, 관품觀品을 장애하는 것으로 업용을 삼는다.

③ '사伺'는 마음이 경계에 대해 추탁하게 전전하는 것으로 성질을 삼는다.

④ '심尋'은 마음이 경계에 대해 미세하게 전전하는 것으로 성질을 삼는다. 이 두 가지는 모두 안주하든지 안주하지 않든지 몸과 마음 분위의 소의所依가 되는 것으로 업용을 삼는다.

넷 중에 '심'과 '사'는 결정코 상응하지 않으니, 추탁함과 미세함이 다르기 때문이다. '심'과 '사'에 잡염이 있거나 잡염을 여읜 것에 의지해서 3지三地의 차별이 성립된다. 저 종류에 의지하지 않고도 현재 일어남이 있거나 없다. 그러므로 잡란함이 없다. 둘 다 앞의 둘과 서로 상응하는 것이 용납된다. 앞의 두 가지 역시 서로 상응하는 뜻이 있다.

5수 가운데 '악작惡作(후회)'[356]은 희수와 낙수가 제외되니, 오직 슬픔만이 행해지기 때문이다. '수면'은 낙수는 제외되니, 오직 욕계이기 때문이다. '심'과 '사'는 5수에 통하니, 초선천에 변행하기 때문이다. 넷이 모두 별경심소와 함께 일어나는 것이 용납되니, 행상과 소연所緣이 서로 어긋나지 않기 때문이다. '후회'와 '수면'은 모두 10선심소와 함께 일어나는 것이 용납되니, 이것은 욕계에만 있어서 '경안'은 없기 때문이며, '심'과 '사'는 11선심소와 함께 일어나는 것이 용납되니, 초정려 중에 경안이 함께하기 때문이다. '후회'는 다만 무명(치심)[357]과 상응하는 것만이 용납되

356 《成唯識論》 권제7(T31, 035c11), "悔謂惡作, 惡所作業追悔爲性, 障止爲業." 참조 번역.

357 《成唯識論》 권제6(T31, 031b25), "云何爲癡? 於諸理事迷闇爲性, 能障無癡一切雜染所依爲業, 謂由無明起疑邪見貪等煩惱隨煩惱業, 能招後生雜染法故." 참조 번역.

니, 이 행상은 추탁하고 탐심 등은 미세하기 때문이다. '수면', '심', '사'는 10번뇌심소와 함께하니, 저것과 이것이 전개될수록 상위하지 않기 때문이다. '후회'는 중·대수 번뇌와 함께 일어나는 것이 용납되지만, '분심' 등 10소수 번뇌는 아니니 각자 주체가 되기 때문이다. '수면', '심', '사'는 20 수혹심소와 함께한다. '수면' 등의 자리에서 모두 저것이 일어나기 때문이다.

이 넷은 모두 선善 등 3성에 통한다. 무기업에 대해서도 또한 추억하여 후회하기 때문이며, 생득生得과 가행加行의 두 종류 선善이 다 같이 통한다. 염법 · 정법 및 무기에 뒤의 셋이 모두 통하고, '악작(후회)'은 염법이 아니니 이해가 추탁하고 맹렬하기 때문이다. 4무기[358] 중에 '후회'만이 중간의 둘에 통하니 행상이 추탁하고 맹렬하여 결정된 과가 아니기 때문이고, '수면'은 네 번째 무기는 제외되니 결정코 인발하여 생기는 것은 아니기 때문이며, '심'과 '사'는 첫 번째 무기는 제외되니 저것은 이해가 미세하고 하열하여 명언 등의 뜻을 살피고 관찰하지 못하기 때문이다.

'심'과 '사'는 가자해서 있으니(假有)이니, '사思'와 '혜慧'가 합쳐져 성립된다. '후회'와 '수면'은 실제로 있다. '심'과 '사'의 인은 무루이고, '후회'와 '수면'은 오직 유루만이다. 악을 짓는 '수면'은 욕계에만 있고, '심'과 '사'는 욕계와 초선천에 있다. 나머지 계界와 지법地法은 모두 정묘하기 때문이다. 이러한 심소는 저 심왕에 마주하면 의지처가 같고 시간이 같고 소연所緣이 또한 같다. 사법은 각각이지만 체성은 하나이기 때문에 심소와

358 《阿毘達磨俱舍論指要鈔》권제10 〈分別隨眠品〉(T63, 938a24), "善謂生得加行 無記謂四 ①異熟生, ②威儀路, ③工巧處, ④非通果心, 唯緣色故"

심왕은 상응한다는 이름을 얻는다.

[64a03] 三者色法, 略有十一; 謂五根·五境·法處所攝. 質礙變壞, 名之爲色. 言五根者, 一眼根, 二耳根, 三鼻根, 四舌根, 五身根, 謂第八所緣不共不共四大所造淨色爲體. 能與五識, 作不共根故. 言五塵者, 一色, 二聲, 三香, 四味, 五觸. 根境對論, 五識親相, 以總從別, 以暗從明. 第八所緣, 內外諸色, 亦在此收. 法處所攝, 而有五類; 一極略, 析俱礙色, 至隣虛量故. 二極逈, 析[359]所礙色, 至不可析故. 三受所引生色, 卽無表色.[360] 四定自在所生色, 卽定果色. 五偏計所起色, 意識所得. 異前四種, 皆此所收.

셋째, 색법色法은 간략하게 열하나가 있다. 말하자면 5근五根과 5경五境과 법처소섭색法處所攝色이다. 물질이어서 장애가 있고, 변화하여 괴멸하므로 '색법'이라고 한다.

5근이라는 것은 ①안근 ②이근 ③비근 ④설근 ⑤신근이니, 말하자면 제8식 소연所緣의 불공不共과 불공 사대종四大種으로 만들어진 청정한 색으로 체성을 삼는다. 5식과 불공의 근을 만들기 때문이다.

5진塵이라는 것은 ①색법 ②소리 ③향기 ④맛 ⑤감촉이다. 근과 경을 대응시켜 논하면 5식의 친상은 총상으로써 별상을 따르고, 어둠으로써 밝은 것을 따른다. 제8식이 반연하는 안팎의 여러 색은 또한 여기에 거둬진다.

359 底本에는 "折", 《金澤寫本》 참조 수정. 아래도 동일.

360 底本 및 《金澤寫本》에는 "戒", 《百法明門論開宗義記》 참조 수정.

법처法處에 거둬지는 색은 5종류가 있다.

①극략極略으로, 쪼개는데 모두 장애하는 색이니, 인허량隣虛量에 이른다. ②극형極逈으로, 쪼개는데 장애되는 바의 색이니, 쪼갤 수 없는데 이른다. ③수受로 인발되어 생긴 색이니, 무표색無表色이다. ④선정으로 자재하게 생긴 색이니, 정과색定果色이다. ⑤변계소집성으로 일어난 색이니, 의식으로 얻은 것이다. 앞의 네 종류와 다른 것은 모두 여기에 거둬진다.

[64a12] 四不相應行法, 略有二十四; 謂不與心·心所·色法相應, 名不相應行. 揀無爲以立此名. 一得, 於一切法成就用故. 二命根, 現生第八親名言種, 業[361]世勢力連持, 色心一期決定差別用故. 三衆同分, 人法自類相似用故. 四異生性, 見所斷種, 令彼聖性不成用故. 五無想[362]定, 六滅盡定, 咸以遍·別·善·王二十二法微微心種, 礙心功能, 以爲其體. 有漏·無漏, 凡聖所得, 二定別故. 七無想異熟, 彼定所熟, 感長壽天中第六別報. 遍·別·心王十一法種, 礙心功能, 中位無心, 以爲其體. 八名, 詮自性故. 九句, 詮差別故. 十文, 爲二所依, 彰彼二位故. 但依此土, 依聲假立, 若通餘土, 色等亦立. 十一生, 表先無故. 十二住, 表暫有故. 十三異, 表轉變故. 十四滅, 表後無故. 十五流轉, 因果續不斷故. 十六定異, 因果各無雜故. 十七相應, 因果相順故. 十八勢速, 行轉迅疾故. 十九次第, 因果各不俱故. 二十方, 約顯色分劑故. 二十一時, 三世異故. 二十二數, 一多等別故. 二十三和合, 二十四不和合, 有爲諸行聚散緣別故.

361 底本에는 "隨+業", 《金澤寫本》 참조 "業"으로 수정.

362 底本에는 "相", 《金澤寫本》 참조 수정.

넷째, 불상응행법不相應行法은 간략하게 스물넷이 있다. 말하자면 심과 심소와 색법과 상응하지 않는 것을 '불상응행법'이라고 한다. 무위법無爲法과 가려내어 이 명칭을 세운 것이다.

① '득得'은 일체법에 대해 성취하는 작용이다.

② '명근命根'은 현생의 8식이 친히 명언종자와 업과 세간의 세력으로 색심을 연속해서 지녀서 일정기간을 결정하는 차별적인 작용이다.

③ '중동분衆同分'은 사람과 법이 자신의 부류가 상사한 작용이다.

④ '이생성異生性'은 견도위에서 단절되는 종자가 저 성성聖性이 성취되지 못하게 하는 작용이다.

⑤ '무상정無想定', ⑥ '멸진정滅盡定'은 모두 '별경', '변행', '선' 심소와 심왕의 22법의 미세한 마음 종자가 마음을 장애하는 공능으로 체성을 삼는다. 유루·무루와 범부·성인이 얻은 두 선정으로 차별된다.

⑦ '무상이숙無想異熟'은 저 선정으로 이숙된 것으로 장수천 가운데 제6천의 별보別報를 감득한다. '변행'과 '별경' 심소와 심왕의 11법의 종자가 마음을 장애하는 공능 가운데의 위位에서 무심으로 체성을 삼는다.

⑧ '명名'은 자성을 설명하는 것이다.

⑨ '구句'는 차별성을 설명하는 것이다.

⑩ '문文'은 두 가지의 소의가 되어 저 2위(명·구)를 드러내기 때문이다. 다만 이 국토만을 의지하면 저 성聲에 의거하여 임시로 세워진 것(假立)이니, 만일 다른 국토에 통한다면 색 등으로도 역시 가립된다.

⑪ '생生'은 앞에는 없음을 표시한 것이다.

⑫ '주住'는 잠시 있기 때문이다.

⑬ '이異'는 전변함을 표시한 것이다.

⑭ '멸滅'은 뒤에는 없음을 표시한 것이다.

⑮ '유전流轉'은 인과가 상속하여 단절되지 않기 때문이다.

⑯ '정이定異'는 인과가 각각이어서 잡란함이 없기 때문이다.

⑰ '상응相應'은 인과가 서로 수순하기 때문이다.

⑱ '세속勢速'은 행이 전변하는 것이 신속하기 때문이다.

⑲ '차제次第'는 인과는 각각 함께하지 않기 때문이다.

⑳ '방方'은 현색顯色의 분제에 한정한 것이기 때문이다.

㉑ '시時'는 삼세가 다르기 때문이다.

㉒ '수數'는 하나와 여럿 등이 다르기 때문이다.

㉓ '화합'이요, ㉔ '불화합'이다. 유위의 모든 행이 취합하거나 이산되는 연이 각별하기 때문이다.

[64b05] 五無爲法, 略有六種; 本性凝寂, 無始體眞, 性離有無量[363]存, 生滅動作俱泯, 故號無爲. 一虛空, 體無色性, 無礙容受故. 二擇滅, 謂由慧力, 滅障顯得故. 三非擇滅, 緣闕不生, 性本淸淨, 伏惑所得故. 四不動, 不爲苦樂行所動故. 五想受滅, 想受不行之所顯故. 六眞如, 離妄別倒, 性常周遍故. 前五是假, 就義建[364]立[365]故, 後一是眞, 尅法本眞故. 前五亦容識變, 後一唯目法性. 法相要義不可不知, 願諸後學勿倦文繁.

다섯째, 무위법無爲法은 간략하게 여섯 종류가 있다. 본성은 응연히 적멸

363 底本에는 "豈",《金澤寫本》참조 수정.

364 底本에는 "遲",《金澤寫本》참조 수정.

365 底本에는 "六",《金澤寫本》참조 수정.

하고 무시이래로 체는 진이다. 성은 유무와 양존量存을 떠나 있으며, 생멸과 동작이 다 끊어졌다. 그러므로 '무위'라고 이름한다.

① '허공무위虛空無爲'는 체가 색성이 없어서 용납하고 받아들이는데 장애가 없기 때문이다.

② '택멸무위擇滅無爲'는 말하자면 지혜력으로 장애를 끊음으로 인해 드러나게 된(顯得) 것이다.

③ '비택멸무위非擇滅無爲'는 연이 결여되면 나지 않으며 성은 본래 청정하여 미혹을 절복시켜 얻는 것이기 때문이다.

④ '부동무위不動無爲'는 고락의 행에 의해 동요되지 않기 때문이다.

⑤ '상수멸무위想受滅無爲'는 '상'과 '수'가 행해지지 않음으로 드러나게 되기 때문이다.

⑥ '진여무위眞如無爲'는 망념을 여의고 전도와 결별하여 성이 항상 주변하기 때문이다.

앞의 다섯은 가유假有이니, 뜻에 입각해서 건립되었기 때문이며, 뒤의 하나는 진이니, 법을 확정하면 본래 진이기 때문이다. 앞의 다섯은 또한 식의 전변이 용인되며, 뒤의 하나는 오직 법성만을 지목한 것이다. 법상의 핵심적인 뜻은 알지 않으면 안 되니, 여러 후학들은 문장이 번다하다고 피곤해하지 말라.

#### b) 따로 설명함(別明[九])

##### (a) 유심의 진과 망의 다름을 밝힘(明唯心眞妄別)[366]

366 시교의 소전所詮을 종교와 비교 분석한 10문 중에, 제1문 '유심의 진과 망의 다름을 밝힘'은 종

[64b14] [《鈔》] 謂種子識等者, 一云, 種子不離識, 故名種子識, 唯取種子體. 二云, 識持種, 故名種子識, 唯取現體. 三云, 種用識體, 持業立名, 種[367]現雙取. 今據初解. [《鈔》] 一本性住, (唯法爾種.) 二習所成. (通本·新故, 本有熏[368]長, 新熏熏生.)

[초] '종자식種子識 등을 말한다'[369]라고 한 것은 첫째 해설은 종자는 식을 떠나지 않으므로 '종자식'이라고 이름하니, 오직 종자의 체성만을 취한 것이다. 둘째 해설은 식이 종자를 지녔으므로 '종자식'이라고 하니, 오직 현행의 체성만을 취한 것이다. 셋째 해설은 종자는 작용이고 식은 체성이니 지업석으로 명칭을 세운 것이니, 종자와 현행 둘을 다 취한 것이다. 지금은 첫 번째 해설에 근거한 것이다.

[초] '첫째는 본성주本性住(오직 법이 그러한 종자이다)요', '둘째는 습소성習所成(본유本有와 신훈新熏에 통한다. 본유는 훈습으로 길러지고 신훈은 훈습으로 생긴다)이다.'[370]

#### (c) 진여의 수연과 응연의 다름 중에 응연의 뜻을 밝힘
(明眞如隨緣凝然別中凝然義)

[64b18] [《疏》] 旣所立識唯業惑生者, 第八識全, 前六識分, 業惑親生, 異熟法故.

---

교보다 하열함과 소승교의 6식3독심보다 수승함을 양쪽에서 비교 분석한 내용에 해당한다.

367 底本에는 "種+出", 《金澤寫本》 참조 삭제.

368 底本에는 "重", 《金澤寫本》 참조 수정.

369 《演義鈔》 권제9(T36, 063a18).

370 《演義鈔》 권제9(T36, 063a24).

第七識全, 前六識分, 業惑疎生, 依異熟故.

[소] '이미 안립된 식이 오직 업혹業惑으로 생겨난다'[371]고 한 것은 제8식의 전부와 전6식의 일부는 업혹의 친연親緣으로 생겨나 법을 이숙하기 때문이다. 제7식의 전부와 전6식의 일부는 업혹의 소연疎緣으로 생겨나 이숙식에 의지하기 때문이다.

(d) 삼성의 공과 유의 즉함과 여읨이 다름 중에 즉하지 않은 뜻
(三性空有卽離別中不卽義)

[64b21] [《鈔》] 分別緣所生者, 一云, 虛妄義, 二云, 緣慮義.

[초] '(의타기의 자성인) 분별은 연으로부터 생겨난 것'[372]이라는 것은 첫째 해설은 허망의 뜻이며, 둘째 해설은 연려의 뜻이다.

[64b21] ○言淨分依他亦圓成者, 無漏有爲而有二門; 一常無常門, 此當無常依他性攝. 二漏無漏門, 此當無漏圓成性攝.

○ '청정분의 의타기성은 또한 원성실성'[373]이라고 한 것은 무루 유위에 2문이 있다. 첫째는 상주와 무상의 문이니, 이것은 무상의 의타기성에

371 《大疏》 권제2(T35, 512c16).

372 《演義鈔》 권제9(T36, 063b17).

373 《演義鈔》 권제9(T36, 063c04).

거둬지는 것에 해당한다. 둘째는 유루와 무루의 문이니, 이것은 무루의 원성실성에 거둬지는 것에 해당한다.

[64b24] ○言性顯二空非圓成實者, 解性字也. 二空但是所遣二我, 以爲其門, 能遠離眞性, 方是圓成. 今言其性, 卽能遠離. 揀非所離, 故此云爾. 梵云舜惹名空, 梵云多名性. 是故得知, 性與二空, 其體甚異. ○言眞如離有離無性者, 釋上性也. 意表眞性任執有無, 一切皆離故.

○ '성性은 2공二空이 원성실성은 아니라는 것을 나타낸다'[374]고 한 것은 '성性' 자를 해설한 것이다. 2공은 다만 보내버려진 '2아二我'로서 문을 삼은 것이니, 능히 멀리 여의는 진성眞性이라야 원성실성인 것이다. 지금 말한 성性은 곧 능히 멀리 여의는 주체이니, 여의는 대상이 아님을 가려냈으므로 여기서 그렇게 말하였다. 범어의 '순야舜惹(śūnya)'를 '공空'이라고 하며, 범어의 '다多(tā)'를 '성性'이라고 한다. 이로서 성과 2공은 그 체성이 매우 다르다는 것을 알 수 있다.

○ '진여는 유도 무도 여읜 성'이라고 한 것은 위의 성을 해설한 것이다. 의미는 진성은 유무를 마음대로 잡으니, 일체를 모두 여의었기 때문이란 것을 표시한 것이다.

### (f) 이제의 공·유가 즉함과 여읨이 다름 중에 여읨의 뜻 (二諦空有卽離別中離義)

374 《演義鈔》 권제9(T36, 063c23).

[64c06] [《鈔》] 依《唯識》第九有四種勝義等者, 別名略如其《鈔》. 釋名出體, 今當粗陳. "初釋名, 後出體. 初文復二; 初釋總名, 次釋別名. 釋總名者, 護法釋云, 世謂隱覆, 可毁壞義, 俗謂顯現, 隨世流義. 此諦理應名隱顯諦, 隱覆空理, 有相顯現. 如結手巾, 爲兔等物. 隱本手巾, 兔相顯現. 此亦如是. 今隨古名, 名世俗諦. 又復性墮起盡, 名之爲世, 體相麤顯, 目之爲俗. 世卽是俗, 名爲世俗, 或世之俗, 義亦無違. 諦者實義, 有如實有, 無如實無, 有無不虛, 名之爲諦. 世俗卽諦, 世俗之諦, 二釋如次. 勝謂殊勝,[375] 義有二種; 一境界名義, 二道理名義. 第四勝義, 諸論多說. 勝卽是義, 或四勝義皆勝之義. 論說依他·圓成二性, 隨其所應根本·後得二智境故. 其無漏眞智隨在何諦? 亦以勝爲義, 眞如爲境故, 通[376]有財釋. 第四勝義, 多分依於道理名義, 廢詮談旨, 非境界故. 前三勝義境界名義. 諦者實義, 事如實事, 理如實理, 事理不謬, 名之爲諦. 勝義卽諦, 勝義之諦, 二釋如前. 如四聖諦, 聖者能知, 有無事理, 皆不虛設, 目之爲諦. 次釋別名; 世間世俗者, 隱覆眞理, 當世情有, 墮虛僞中, 名曰世間, 凡流皆謂爲有, 依情立名, 假說名爲世俗. 道理世俗者, 隨彼彼[377]義, 立蘊等法, 名爲道理, 事相顯現, 差別易知, 名爲世俗. 證得世俗者, 施設染·淨因·果差別, 令其趣入, 名爲證得, 有相可知, 名爲世俗. 勝義世俗者, 妙出衆法, 聖者所知, 名爲勝義, 假相安立, 非體離言, 名爲世俗. 此中世間卽世俗諦, 乃至勝義卽世俗諦, 皆持業釋. 世間勝義者, 事相麤顯, 猶可破壞, 名曰世間. 亦聖所知, 過第一俗, 名爲勝義. 道理勝義者, 知·斷·證·修因果差別, 名爲道理, 無漏智境, 過前二俗, 名爲勝義. 證得勝義者, 聖智依詮, 空門顯理, 名爲證[378]

---

375 底本에는 "殊勝" 2자가 없다.《大乘法苑義林章》및《金澤寫本》참조 보충.

376 《金澤寫本》에는 "通+其"로 되어 있다.

377 底本에는 없음.《法苑義林章》및《金澤寫本》참조 보충.

378 底本에는 "聖", 교감 주.《法苑義林章》,《金澤寫本》참조 수정.

得, 凡愚不測,[379] 過前三俗, 名爲勝義. 勝義勝義者, 體妙離言, 逈超衆法, 名爲勝義, 聖智內證, 過前四俗, 復名勝義. 此中世間卽勝義諦, 乃至勝義卽[380]勝義諦, 皆持業釋. 或勝義之諦, 依士無失. 次出體者, 第一世俗體者,《顯揚論》說, '謂所安立甁·軍·林等, 我·有情等.' 或無實體, 或體[381]實無. 但有假名, 都無體性. 然通有用·無用二法, 甁等有用, 我等無用.《涅槃》第十三云, '有名無實. 如我衆生, 乃至旋[382]火之輪及名·句等, 五種世法, 是名世諦, 衆生等用無, 火輪等體無.' 第二世俗體者,《瑜伽論》說, '謂所安立蘊·處·界等.'《涅槃》亦言, '諸陰·界·入名爲世俗.' 卽有·無[383]爲諸法體事, 有別體用, 異於初俗. 第三世俗諦體者,《顯揚論》說, '謂所安立預流果等及所依處, 卽諸聖果四諦理等.'《涅槃》亦言, '有八苦相, 名世俗諦.' 第四世俗諦體者,《瑜伽論》說, '卽所安立勝義諦性.'《涅槃》說言, '若燒·若割, 若死·若壞,[384] 名爲世諦,[385] 由可燒割等, 無有常一我法等相, 卽二無我, 名世俗也.[386]' 第一俗體假名安立, 後三俗體有相安立. 第一勝義體者,《成唯識》說, '謂蘊·處等事.'《涅槃》亦言, '有名有實, 名第一義, 蘊·處·界等亦是勝義.' 第二勝義體者,《成唯識》說, '謂四諦等因果體事.'《涅槃》亦言, '苦·集·滅·道, 名第一義諦.' 第三勝義體者,《成唯識》說, '依詮門顯二空眞如.'《涅槃》亦言, '無八苦相, 名第一義, 總觀諸法, 爲二無我故無苦等, 名勝義也.' 第四勝義體者,《瑜伽論》說, '謂非安立一眞法

379 底本에는 없음.《法苑義林章》및《金澤寫本》참조 보충.
380 底本에는 "勝義卽" 3자가 없다.《法苑義林章》및《金澤寫本》참조 보충.
381 底本에는 "或體" 2자가 없다.《法苑義林章》및《金澤寫本》참조 보충.
382 底本에는 "施", 교감 주,《法苑義林章》,《金澤寫本》참조 수정.
383 《金澤寫本》에는 "無"가 없다.
384 底本에는 "依",《法苑義林章》및《金澤寫本》참조 수정.
385 底本 및《金澤寫本》에는 "俗",《法苑義林章》참조 수정.
386 底本 및《金澤寫本》에는 "諦",《法苑義林章》참조 수정.

界.'《涅槃》亦言, '實諦者, 卽是如來虛空佛性.' 又言, '無燒割等, 名第一義, 不依無我而顯眞故.' 前三勝義, 有相故安立, 第四勝義, 無相非安立. 初之一俗心外境無, 依情立名, 名爲世俗, 第二俗諦心所變事, 後之二俗心所變理. 施設差別, 卽前三眞, 其第四眞, 唯內智證, 非心變理. 隨其所應, 卽是三性. 上來顯名辨體竟.[387]" 更有餘門, 備在《法苑》. 法相準繩, 勿倦文繁.

[초] '《성유식론》 제9에 의거하면 네 종류의 승의勝義가 있으니'[388] 등은 각각의 명칭은 《초》와 같다. 명칭을 해설하고 체성을 내는 것은 지금 대략 진술해 보겠다.

"처음은 명칭을 해설하고 뒤에는 체성을 낸다. 첫 번째 문에 또다시 둘이니, 처음은 총명을 해설하고, 다음은 별명을 해설한다. '총명을 해설'하는 것은, 호법보살이 해석하였다.

('세속제'의 총명) '세世'는 숨기고 덮어버리는 것을 말하니, 훼손하고 파괴될 수 있는 뜻이다. '속俗'은 드러나고 나타나는 것을 말하니, 세간을 따라 유전하는 뜻이다. 이 제諦를 이치상 '은현제隱顯諦'라고 해야 할 것이다. 공의 이치를 감춰버리고 어떤 모습이 현현하는 것이 예컨대 수건을 묶어서 토끼 등의 물건을 만들면 본래 수건은 감춰지고 토끼의 모습이 현현하는 것처럼 이것 또한 이와 같다. 지금은 옛 명칭에 따라 '세속제'라고 한 것이다. 또다시 성性이 일어났다가 사라지는 것에 떨어진 것을 '세世'라고 이름하며, 체상이 거칠게 드러나는 것을 '속俗'이라고 한

387 底本에는 "境", 교감 주 및 《金澤寫本》 참조 수정.

388 《演義鈔》 권제9(T36, 064a08)이다.

것이니, '세가 곧 속'인 것을 세속이라고 하며 혹은 '세의 속'이니 뜻이 또한 어긋남이 없다. '제諦'는 실제의 뜻이니, 유有가 여실하게 있으며 무無가 여실하게 없어 유·무가 허망하지 않는 것을 '제諦'라고 한다. '세속이 곧 제'이며 '세속의 제'이니 두 가지 해설은 차례와 같다.

('승의제'의 총명) '승勝'은 수승함을 말한다. '의義'는 두 종류가 있으니, 첫째는 경계를 '의'라고 하며, 둘째는 도리를 '의'라고 한다. 네 번째의 승의는 여러 논에서 여러 설이 있다. '승'이 곧 '의'이다. 혹은 네 가지 승의가 모두 '승勝의 의義'이다. 논에서는 의타기성과 원성실성의 두 성은 그 응하는 바에 따라 근본지와 후득지의 2지二智의 경계이기 때문에 무루진지가 어느 제이든지 따라 존재하므로 또한 승의로써 '의'를 삼는다. 진여를 경계로 삼기 때문에 유재석에 통한다. 네 번째의 승의는 다분히 도리에 의거하여 '의'라고 이름하니, 설명을 없애고 지취를 얘기하며 경계가 아니기 때문이다. 앞의 셋은 승의의 경계를 '의'라고 한 것이며, '제'는 실제의 뜻이다. 사법은 여실한 사법이며 이치는 여실한 이치이다. 사법과 이치가 잘못되지 않은 것을 '제'라고 한다. '승의가 곧 제'이며 '승의의 제'이니, 두 해설은 앞과 같다. 마치 사성제의 '성'은 능히 아는 것이며 유·무와 사·리가 모두 허망하게 시설되지 않은 것을 '제'라고 하는 것과 같다.

다음으로는 '(세속제와 승의제의) 별명을 해설'한다.

① '세간세속世間世俗'은 진리를 감추어 덮고 세간의 정식情識이 있는 것에 해당하니 허위에 떨어진 것을 '세간'이라고 하며, 범부의 부류들이 모두 있다고 여겨 정식에 입각해서 명칭을 가립한 것을 가설하여 '세속'이라고 한다.

② '도리세속道理世俗'은 저 뜻에 따라 온蘊 등의 법을 세운 것을 '도리'라고 이름하며, 사상事相이 현현하여 차별을 알기 쉬운 것을 '세속'이라고 한다.

③ '증득세속證得世俗'은 염染·정淨과 인因·과果의 차별을 시설하여 취향해서 증입하게 하는 것을 '증득'이라고 하며, 알 수 있는 상相이 있는 것을 '세속'이라고 한다.

④ '승의세속勝義世俗'은 중다한 법을 묘하게 내어 성인이 아는 바를 '승의'라고 하며, 가상으로 안립하여 체성이 말을 떠나지 아니한 것을 '세속'이라고 한다. 이 가운데 세간이 곧 세속제이며 내지 승의가 곧 세속제이니, 모두 지업석이다.

① '세간승의世間勝義'는 사상이 거칠게 드러나 오히려 파괴될 만한 것을 '세간'이라고 하며, 또한 성인이 아는 바가 제1세속제를 넘어선 것을 '승의'라고 한다.

② '도리승의道理勝義'는 알고, 단멸하고, 증득하며, 수행하는 인과의 차별을 '도리'라고 하며, 무루지의 경계로 앞의 두 세속제를 초월한 것을 '승의'라고 한다.

③ '증득승의證得勝義'는 성인의 지혜로 설명에 의거하여 공문空門에서 이치가 드러나는 것을 '증득'이라고 하며, 범부의 우치로는 헤아릴 수 없는 것이 앞의 세 세속제를 넘어선 것을 '승의'라고 한다.

④ '승의승의勝義勝義'는 체가 묘하게 말을 여윈 것이 여러 법을 멀리 초월한 것을 '승의'라고 이름하며, 성인의 지혜로 내증한 것이 앞의 네 세속제를 넘어선 것을 또다시 '승의'라고 한 것이다. 이 중에서는 '세간이 곧 승의제'이거나 내지 '승의가 곧 승의제'이니 모두 지업석이다. 혹은

'승의의 제'이니 유사석有士釋이라고 해도 실수가 없다.

다음으로 '체성을 낸다'는 것은, 제1세속제의 체성은 《현양론》에서 '말하자면 안립된 병甁, 군사, 숲 등과 나와 유정 등은 혹은 실체가 없는 것이며 혹은 체성이 실제로 없는 것이다. 다만 가명만이 있고 체성이 전혀 없다. 그러나 유용과 무용의 2법에 통한다. 병 등은 유용하고 나 등은 무용이다'고 하였고, 《열반경》 제13에 역시 '명칭만이 있고 실체는 없으니, 마치 나와 중생 내지 선화륜旋火輪 및 명신名身과 구신句身 등 5종류의 세법을 '세제'라고 하는 것과 같다. 중생 등은 작용이 없고 선화륜 등은 체성이 없다'고 하였다.

제2세속제의 체성은 《유가론》에서 '말하자면 안립된 온蘊 · 처處 · 계界' 등이라고 하였고, 《열반경》에서도 역시 '모든 음陰 · 계界 · 입入을 세속이라고 한다'고 하였으니, 곧 유위 · 무위 모든 법의 체사體事가 별도의 체용이 있는 것이 앞의 세속과는 다르다.

제3세속세의 체성은 《현양론》에서 '말하자면 안립된 예류과 등 및 소의처, 곧 여러 성과聖果와 사성제의 이치' 등이라고 하였고, 《열반경》에서도 역시 '팔고八苦의 상이 있는 것을 세속제라고 한다'고 하였다.

제4세속제의 체성은 《유가론》에서 '곧 안립된 승의제의 성'이라고 하였고, 《열반경》에서 '태우거나 자르거나 죽거나 괴멸되거나 하는 것을 세제世諦라고 하며, 태우거나 자를 수 있는 등으로 인해 상주하거나 유일한 아와 법 등의 상相이 없는 것을, 곧 2무아二無我를 세속제라고 한다.'고 하였다. 제1세속제의 체성은 가명假名으로 건립한 것이고, 뒤의 3세속제의 체성은 유상有相으로 건립한 것이다.

제1승의제의 체성은 《성유식론》에서 '말하자면 온蘊 · 처處 등의 일이다'라고 하였고, 《열반경》에서도 역시 '명칭은 있지만 실체는 없는 것을 제일의第一義라고 하며 온蘊·처處·계界 등은 또한 승의이다'라고 하였다.

제2승의제의 체성은 《성유식론》에서 '말하자면 사제 등과 인과의 체사體事이다'라고 하였고, 《열반경》에서도 역시 '고·집·멸·도를 제일의제라고 한다'고 하였다.

제3승의제의 체성은 《성유식론》에서 '설명문(詮門)에 의거해서 2공진여二空眞如의 체성을 드러낸다'고 하였고, 《열반경》에서도 역시 '팔고八苦의 상이 없는 것을 승의제라고 한다'고 하였다.

제4승의제의 체성은 《유가론》에서 '말하자면 비안립非安立의 하나인 진법계이다'라고 하였고, 《열반경》에서도 역시 '실제는 여래의 허공과 같은 불성이다'라고 하였고, 또 '타거나 자르는 등이 없는 것을 제일의'라고 한다. 무아를 의지하지 않고서 진을 드러내기 때문이다' 하였다. 앞의 세 승의제는 유상이므로 안립이고, 제4승의제는 무상이므로 비안립이다.

제1세속제 하나는 마음 밖에 경계가 없으니, 정식에 의거해서 명칭을 세워서 세속이라고 하며, 제2세속제는 마음으로 변화된 바의 사법이며, 뒤의 두 세속제는 마음으로 변화된 바의 이치이다. 차별을 시설한 것은 곧 앞의 세 진(승의제)이고, 그 제4의 진(승의제)은 오직 내지內智로 증득한 것이지 마음으로 변화한 바의 이치가 아니다. 그 응할 바에 따른 것이 곧 이 삼성이다. 지금까지 명칭을 드러내고 체성을 변별하는 것은 마쳤다."[389] 다시 다른 문이 있으니, 《대승법원장》에 구비되어 있다. 법상은 준승이니, 문장이 번다하다고 피곤해 하지 말라.

---

389 窺基 撰, 《大乘法苑義林章》 권제2 〈二諦義〉(T45, 287b15)를 요약 정리한 것이다.

### (g) 사상이 일시인가 전후인가의 다름 중에 전후차제의 뜻

(四相一時前後別中前後義)

[65b19] [《疏》] 同時四相滅表後無者, 立則四相同時, 顯則滅獨過去. 但約相滅, 與[390]生異時.

[소] '사상四相[391]이 동시이지만 멸상滅相은 뒤에는 없다는 것을 표시한다'[392]라는 것은 성립되는 것은 사상이 동시이지만, 현현하는 것은 멸상만이 과거이다. 상相이 소멸(滅)한 것에만 한정하면 생상生相과 다른 때이다.

### (h) 능·소단, 능·소증의 즉함과 여윔이 다름 중에 즉하지 않은 뜻

(能所斷證卽離別中不卽義)

[65b21] [《疏》] 義說雙觀決定別照者, 一, 本後相從義, 名雙觀, 本後別論, 實乃別照. 二, 自證體同義, 說雙觀, 見分用異, 決定別照. 三, 根本雙斷義, 說雙觀, 後得單斷, 決定別照. 四, 後得遍緣[393]義, 說雙觀, 根本單緣, 決定別照. 五, 了俗由證眞義, 說雙觀, 二智不融, 二境不卽, 而常別照.

[소] '뜻으로는 쌍으로 관조한다고 하지만 결정코 별도로 비춘다'는 것

---

390 底本에는 "衆", 《金澤寫本》 참조 수정.

391 生·住·異·滅의 사상을 말한다.

392 《大疏》 권제2(T35, 512c22). 아래도 동일.

393 底本에는 "智", 《金澤寫本》 참조 수정.

은 첫째, 근본지와 후득지가 서로 따르는 뜻 측에서 쌍으로 관조한다고 했지만 근본지와 후득지를 별도로 논하면 실제로는 별도로 비춘다. 둘째, 자증自證의 체가 똑같은 뜻 측에서 쌍으로 관조한다고 하였지만 견분의 작용이 달라 결정코 별도로 비춘다. 셋째, 근본지가 쌍으로 끊는 뜻 측에서 쌍으로 관조한다고 하였지만 후득지는 홑으로 끊으므로 결정코 별도로 비춘다. 넷째, 후득지가 두루 반연하는 뜻 측에서 쌍으로 관조한다고 했지만 근본지는 홑으로 반연하므로 결정코 별도로 비춘다. 다섯째, 속제를 분명하게 아는 것은 진여를 증득함으로 말미암는 뜻 측면에서 쌍으로 관조한다고 하였지만 두 지智는 융합하지 않으며 두 경계는 즉하지 않으므로 항상 별도로 비춘다.

[65c02] [《鈔》] 世出世斷道者, 謂後得智雙緣事理故. 或後得智緣世間故名世, 性無漏故名出世.

[초] '세간과 출세간의 단멸도斷滅道(가 있다)'[394]라는 것은 말하자면 후득지는 쌍으로 사事·리理를 반연하기 때문이다. 혹은 후득지는 세간을 반연하기 때문에 '세간'이라고 하며, 성이 무루이기 때문에 '출세간'이라고 한다.

[65c03] ○言斷迷理時[395]卽觀理境等者, 附性宗談相宗義也. 性宗說彼所斷卽所

394 《演義鈔》 권제9(T36, 064c01). 아래도 동일.

395 底本에는 "事理", 《演義鈔》 및 《金澤寫本》 참조 "理時"로 수정.

緣境, 故云照惑本空. 又龍樹云, "麤中之麤, 凡夫境界等." 相宗不爾, 謂根本智唯緣眞理, 雙斷迷理·迷事二惑. 後得智通緣理事, 單斷迷事一惑故. 或根本智親緣理境, 能斷迷理之惑, 後得智親緣事境, 但斷迷事之惑也.

○ '이치에 미혹한 것을 끊을 때, 이치의 경계를 관하고 등'은 성종性宗에 부쳐서 상종相宗의 뜻을 얘기한 것이다. 성종은 저 끊을 것이 곧 반연하는 것의 경계라고 설한다. 그러므로 미혹이 본래 공한 모습을 비춘다고 한다. 또, 용수龍樹가 "추탁함 중에 추탁한 것은 범부의 경계이다" 등이라고 하였고, 상종은 그렇지 않으니 말하자면 근본지는 진리만을 반연하면서 이치와 사법에 미혹한 두 가지의 미혹을 쌍으로 끊으며, 후득지는 이치와 사법을 통틀어 반연하면서 사법에 미혹한 것을 홑으로 끊는 것이다. 혹은 근본지는 친히 이치의 경계를 반연하면서 이치에 미혹한 것을 쌍으로 끊고, 후득지는 사법의 경계를 친히 반연하면서 다만 사법에 미혹한 것만을 끊는 것이다.

[65c09] ○言應云義說雙斷者, 約本智也. 而實別斷者, 約後得智也.

○ '응당 뜻으로는 쌍으로 끊는다고 말하지만'[396]이라고 한 것은 근본지에 한정한 것이고 '실제로는 별도로 끊는다고 해야 할 것이다'는 후득지에 한정한 것이다.

396 《演義鈔》 권제9(T36, 064c07).

### (i) 불신의 무위와 유위가 다름 중에 유위의 뜻

(佛身無爲有爲別中有爲義)

[65c11] [《鈔》] 一切種等者, 一切種者, 所觀境也. 或屬能觀類差別故. 言心者, 八識心也. 言心所有法者, 謂遍行五, 別境五, 善十一也. 言及彼品類者, 通該五蘊也.

[초] '일체 종류의'[397] 등은 일체 종류는 소관所觀의 경계이다. 혹은 능관能觀에 속하기도 하니, 품류가 차별되기 때문이다. '심'이라고 한 것은 8식심八識心이다. '심소유법'이라고 한 것은 말하자면 변행심소 다섯, 별경심소 다섯, 선심소 열하나이다. '및 저 품류'라고 한 것은 오온을 통틀어 포괄한 것이다.

[65c14] ○言四念住者, 身·受·心·法也.

○ '사념주四念住'라고 한 것은 신身·수受·심心·법法이다.

[65c14] ○言大圓境智成自受用等者, 實乃第八淨識, 舉隣近勝法故. 不爾, 應有二十二根身, 過平等性智攝他受用, 成事作智攝變化身, 妙觀察智[398]應根說法故. 四智各別解也.

397 《演義鈔》 권제9(T36, 064c18). 아래도 동일.

398 底本에는 "攝他受用, 成事作智攝變化身, 妙觀察智"의 16자가 없다.《金澤寫本》 참조 보충.

○ '대원경지大圓境智가 자수용신을 이루기 때문에'[399]라고 한 것은 실제로는 제8청정식이니, 인근의 수승한 법을 들었기 때문이다. 그렇지 않다면 22근신根身이 있어야 할 것이니, 평등성지가 타수용신을 거둬들이고 성소작지가 변화신을 거둬들이며 묘관찰지가 근기에 응하여 설법하는 것을 넘어선 것이기 때문이다. 4지四智를 각각 별도로 해설한 것이다.

c. 종교終教

a) 총체적으로 밝힘(總明)

[65c18] [《疏》] 少說法相等者, 其猶說海水多波少也. 波浪之外有靜水故. 所有波浪皆是水性[400]故.

[소] '법상法相을 조금 설하고'[401]는 마치 바다를 설명하는데 물은 많이 말하고 파도는 적게 말하는 것과 같다. 파도 이외에 고요한 물이 있기 때문이며, 모든 파랑은 모두 물의 성질이기 때문이다.

b) 별도로 설명함(別明[九])

(a) 유심의 진과 망이 다름 중에 구분유식을 밝힘

(唯心眞妄別中明具分唯識)

---

399 《演義鈔》 권제9(T36, 065a02)이다.

400 《金澤寫本》에는 "法"으로 되어 있다.

401 《대소》 권제2(T35, 512c27).

[65c20] [《鈔》] 謂唯眞不生者, 問: 佛果功德, 豈非唯[402]眞生[403]耶? 答: 此據妄識, 非謂一切.[404] 如水靜[405]故, 不賴風緣. 又約擧妄顯眞, 亦非唯眞生也.

[초] '말하자면 오직 진여만으로는 생겨나지 않으며'[406]라고 한 것은, 묻는다. 불과佛果의 공덕이 어찌 오직 진여만으로 생겨난 것이 아닌가?

답한다. 이것은 망식에 근거한 것이고, 일체를 말한 것은 아니다. 마치 물이 잔잔하기 때문에 바람의 인연을 빌리지 않는 것과 같다. 또, 망식을 들어 진여를 드러낸 것에 한정하여도 역시 진여만으로 생겨나는 것은 아니다.

#### (c) 진여의 수연과 불변이 다름 중에 수연의 뜻에 통함

(眞如隨緣不變別中通隨緣義)

[65c23] [《疏》] 但以是[407]眞如等者, 下《疏》釋眞如云, "不變爲眞, 順緣曰如. 由不變故與有爲法有非一義, 由順緣故與有爲法有非異義. 而《起信》云: '無遣曰眞, 無立曰如.' 唯約遮詮, 頓彰眞[408]理." 亦非唯[409]眞生[410]也.

402 底本에는 없음.《金澤寫本》 참조 보충.

403 底本에는 "性",《金澤寫本》 참조 수정. 아래도 동일.

404 底本에는 "地",《金澤寫本》 참조 수정.

405 《金澤寫本》에는 "靜水"로 되어 있다.

406 《演義鈔》 권제9(T36, 065a27).

407 底本 및《金澤寫本》에는 "以+是",《大疏》 참조 "以" 삭제.

408 底本에는 "其",《金澤寫本》 및《大疏》 참조 수정.

409 底本에는 없음.《金澤寫本》 참조 보충.

410 底本에는 "性",《金澤寫本》 참조 수정.

[소] '다만 진여가 (수연하여 성립할 뿐)'[411] 등이라고 한 것은 아래《소》에서 '진여'를 해설하여 "불변을 '진眞'이라고 하며, 연을 수순하는 것을 '여如'라고 한다. 불변을 말미암기 때문에 유위법과 하나가 아닌 뜻이 있고, 순연順緣을 말미암기 때문에 유위법과 다르지 않은 뜻이 있다. 그러므로《대승기신론》에서 '보낼 것이 없는 것이 진이고, 세울 것이 없는 것이 여이다'라고 한 것은 오직 차전遮詮에 한정하여 한꺼번에 진리를 드러낸 것이다"[412]라고 하였으니, 역시 진여만으로 생겨난 것은 아니다.

[66a03] [《鈔》] 如失濕性將何隨風等者, 下《疏》釋, "水有十種義, 卽同眞性故. 一水體澄清, 喩自性清淨心. 二得泥成濁, 喩淨心不染而染. 三雖濁不失淨性, 喩淨心染而不染. 四若澄泥淨現, 喩眞[413]心惑盡性顯. 五遇[414]冷成氷而有硬用, 喩如來[415]藏與無明合成本識用. 六雖成硬用, 而不失軟性, 喩卽事恒眞. 七暖融成軟, 喩本識還靜. 八隨風波動不改靜性, 喩如來藏隨無明風波浪起滅, 而不變自不生滅性. 九隨地高下排引流注, 而不動自性, 喩眞心隨緣流注而性常湛然. 十隨器方圓而不失自性, 喩眞如性普遍諸有爲法, 而不[416]失自性. 略辨十義, 少分似眞故, 多以水爲喩."

[초] '만일 습한 성질을 잃는다면 장차 무엇이 바람을 따라서 (파랑을

411 《大疏》 권제2(T35, 513a01).

412 《大疏》 권제30 〈十廻向品〉(T35, 725b23).

413 底本에는 "-直",《金澤寫本》 참조 수정 및 "喩" 보충.

414 底本에는 없음.《金澤寫本》 및《大疏》 참조 보충.

415 底本에는 없음. 교감 주,《金澤寫本》,《大疏》 참조 보충.

416 底本에는 "法", 교감 주,《金澤寫本》,《大疏》 참조 수정.

이루겠는가?)'[417]라는 것은 아래 《소》[418]에서 "물에는 열 가지 뜻이 있어서 진성과 같기 때문이다. 첫째, 물의 체성이 맑고 깨끗한 것은 자성청정심에 비유된다. 둘째, 진흙을 얻으면 탁해지는 것은 청정심이 물들지 않으면서 물드는 것에 비유된다. 셋째, 탁해지더라도 깨끗한 성질을 잃지 않는 것은 청정심이 물들면서도 물들지 않는 것에 비유된다. 넷째, 진흙을 맑히면 깨끗한 물이 드러나는 것은 진심眞心은 업혹이 다하면 성性이 드러남에 비유된다. 다섯째, 냉기를 만나면 얼음이 되어 굳어지는 작용이 있는 것은 여래장이 무명과 합하여 본식本識의 작용을 이루는 것에 비유된다. 여섯째, 굳어지는 작용을 이룰지라도 부드러운 성질을 잃지 않는 것은 사법에 즉하여 항상 진인 것에 비유된다. 일곱째, 따뜻하여 녹으면 부드럽게 되는 것은 본식本識이 다시 고요해짐에 비유된다. 여덟째, 바람을 따라서 파도가 움직여도 고요성이 바뀌지 않는 것은 여래장이 무명의 바람에 따라 파랑이 일어났다 사라지지만 불변不變 자체는 불생멸성인 것에 비유된다. 아홉째, 땅이 높고 낮은 데에 따라 배척하거나 유인하여 흘러 물대주면서도 자성을 움직이지 않는 것은 진심이 수연隨緣하여 흘러 물대주지만 성性은 항상 담연한 것에 비유된다. 열째, 그릇의 네모지고 둥근 것에 따르지만 자성을 잃지 않는 것은 진여성이 모든 유위법에 널리 변만하되 자성을 잃지 않는 것에 비유된다. 간략하게 열 가지 뜻을 밝혔다. 조금은 진여와 비슷하기 때문에 대부분 물로써 비유를 한다"고 하였다.

---

417 《演義鈔》 권제9(T36, 065b12).

418 《大疏》 권제14 〈菩薩問明品〉 제10(T35, 603b19).

### (d) 삼성의 공·유가 즉함과 여읨의 다름 중에 상즉을 밝힘

(三性空有卽離別中相卽義)

[66a15] [《疏》] 依他無性卽是圓成者,《鈔》雖已明其理昭然. 仍恐初學猶懷[419]迷懵, 强用情蠡, 荐斟義海. 釋茲三性, 啓彼二門. 初直明正理, 後決擇殘疑. 且初明正理者, 三性各有二義: 眞中二義者; 一不變義, 二隨緣義. 依他二義者; 一似有義, 二無性義. 所執二義者; 一情有義, 二理無義. 由眞不變, 依他無性, 所執理無. 由此三義故, 三性一際, 同無異也. 此卽不壞末而常本也. 經云: '衆生卽涅槃, 更不滅也.' 又約眞如隨緣, 依他似有, 所執情有. 由此三義, 亦無異也. 此卽不動本而常末也. 經云: '法身流轉五道, 名衆生故也.' 則由此三義, 與前三義, 是不一門也. 是故眞該妄末,[420] 妄徹眞源, 性相融通, 無障無礙. 問: 依他似有等, 豈同所執情有耶? 答: 由二義故, 是故無異也. 一以彼所[421]執, 執似爲實, 故無異法. 二若離所執, 似無起故. 眞中隨緣, 當知亦爾, 以無所執無隨緣故. 問: 如何三性各有二義, 不相違耶? 答: 以此二義無異性故. 何者無異? 且如圓成雖隨緣, 成於染淨, 而恒不失自性淸淨, 只由不失自性淸淨故, 能隨緣成染淨也. 猶如明鏡現於染淨, 雖現染淨, 而恒不失鏡之明淨, 只由不失鏡明淨故, 方能現染淨之相. 以現染淨, 知鏡明淨, 以鏡明淨, 知現染淨. 是故二義唯是一性, 雖現淨法, 不增鏡明, 雖現染法, 不啓鏡淨, 非直不汚, 亦乃由此反現鏡之明淨. 當知眞如道理亦爾. 非直不動性淨, 成於染淨, 亦乃由成染淨, 方顯性淨, 非直不壞染淨, 明於性淨, 亦乃由性淨故, 方成染淨. 是故二義全體相收, 一性無二, 豈相違也. 依他中雖復因緣似有顯現,

---

419 底本에는 "壞", 교감 주 및《金澤寫本》참조 수정.

420 底本에는 "微",《金澤寫本》참조 수정.

421 底本에는 없음.《金澤寫本》참조 보충.

然此所有必無自性, 以諸緣生皆無相故. 若非無性, 則[422]不藉緣. 不藉緣[423]故, 卽非似有. 似有若成, 必從衆緣, 從衆緣故, 必無自性. 是故由無自性, 得成似有, 由成似有, 是故無性. 故《智論》云: '觀一切法, 從因緣生. 從因緣生, 卽無自性. 無自性故, 卽畢竟空. 畢竟空者, 是卽般若波羅蜜.' 此卽由緣生故, 卽顯無性也. 《中論》云, '以有空義故, 一切法得成'者, 此則由無性故, 則明緣生也. 《涅槃經》云: '因緣故有, 無性故空.' 此則無性卽因緣, 因緣卽無性, 是不二法門故也. 非直二義性不相違, 亦乃全體相收, 畢竟無二也. 所執性中者, 雖復當情稱執現有, 然於道理畢竟是無, 以於無處橫計有故. 如於木杌橫見[424]有鬼, 然鬼於木畢竟是無. 如其於木鬼不無者, 卽不得名橫計有鬼, 以於木有[425]非由計故. 今旣橫計, 明知理無, 理無故得成橫計, 成橫計故, 方知理無. 是故無二唯一性也. 當知所執道理亦爾. 上來直明[426]正理竟. 後決擇殘疑者, 問: 遍計是無, 依他幻有, 圓成實有, 其理逈異, 如何相卽耶? 答: 良以此宗本眞唯一圓成實性. 但隨緣故, 成餘二性. 何者? 由諸識熏習故, 擧體成依他. 因妄心分別故, 擧體作遍計. 類麻體由細合等緣, 全成其繩, 因迷倒情, 全作其蛇. 據義有異, 分成三種. 其體無殊, 故相卽也. 又解通釋, 由識熏習妄心分別, 成依遍二性, 但宿現別故. 何者? 謂從無始久[427]久熏習及與分別故, 成彼依他. 但從現在新新熏習及與分別, 復成遍計. 如誕一子, 本無名字,(同圓

---

422 底本에는 "卽", 《金澤寫本》 참조 수정.

423 底本에는 "不藉緣"의 3자가 없다. 《金澤寫本》 참조 보충.

424 《教義分齊章》 교정 주에는 "計=見〈甲〉〈乙〉〈丙〉"으로 되어 있다.

425 底本 및 《金澤寫本》에는 "有+鬼", 《教義分齊章》 참조 삭제.

426 底本 및 《金澤寫本》에는 "名", 앞 과문 및 《教義分齊章》 참조 수정.

427 底本에는 "以", 《金澤寫本》 참조 수정.

成實也.)[428] 乃爲呼爲楊[429]家. 轉習經久,[430] 自他[431]定爲.[432](似依他也.) 忽有一人, 乍呼楊家, 呼作趙家, 衆皆謂[433]非.(如遍計性.) 隨門有異, 而開三種, 統體無差, 乃相卽[434]也. 又解, 若約彼本是虛妄, 成依他起. 謂堅[435]着[436]卽名遍計. 如患冷病,(同圓成實.) 夜夢溺河,(似依他起.) 怖死求救.(如遍計性.) 分三相卽, 義不殊前. 又此三性, 各具四句; 眞約不變, 依他就相, 遍計據情, 皆是其有. 眞約隨緣, 依他就性, 遍計據理, 咸是其空. 俱存雙泯, 如常可知. 若具德有茲四句, 若遮其非亦絶四句, 反上思之, 無煩曲示, 更有餘義, 准之應悉. 三性之義, 二宗之要, 一切性相, 咸以爲源. 幸希學者, 勿咍文繁.

[소] '의타기의 무성無性이 원성실성이다'[437]라고 한 것은 《초》에서 이미 그 이치를 훤하게 밝혔지만 이내 초학들은 여전히 미몽을 품고 있어 정루情累를 강하게 쓸까 염려되므로 거듭 의해義海를 헤아려 보겠다.

이 삼성三性을 해설하는 데 2문으로 연다.[438] 처음 문은 올바른 이치를 밝히고, 다음 문은 님은 의심을 결택한다. 우선 처음에 '올바른 이치를

428 《金澤寫本》에는 대문자이지만 전후 문맥 참조 소문자로 수정.[역자 주]

429 底本 및 《金澤寫本》에는 "揚", 호용문자 "楊"으로 수정.[역자 주]

430 底本에는 "以", 《金澤寫本》 참조 수정.

431 《金澤寫本》에는 "他"가 없다.

432 《金澤寫本》에는 "爲定"으로 되어 있다.

433 《金澤寫本》에는 "云"으로 되어 있다.

434 底本에는 "卽相", 《金澤寫本》 참조 도치.

435 底本에는 "妄", 《金澤寫本》 참조 수정.

436 底本에는 "差", 《金澤寫本》 참조 수정.

437 《大疏》 권제2(T35, 513a02)이다.

438 2문 중 제1문은 《教義分齊章》 권제4(T45, 499a12)를 요약 정리한 것이며, 제2문은 선연이 직접 정리한 내용이다.

밝힘'은, 삼성은 각각 두 가지 뜻이 있다. '진여' 가운데에 두 가지 뜻은 ①불변不變의 뜻이요, ②수연隨緣의 뜻이다. '의타기성'의 두 가지 뜻은 ①사유似有의 뜻이요, ②무성無性의 뜻이다. '변계소집성'의 두 가지 뜻은 ①정유精有의 뜻이요, ②이무理無의 뜻이다. 진여의 불변의 뜻을 말미암아서 의타기성은 무성無性이고, 변계소집성은 이무理無이다. 이 세 가지 뜻을 말미암아서 삼성은 일제一際여서 똑같고 다름이 없다. 이것은 곧 지말을 무너뜨리지 않고서도 항상 근본이다. 경에서 '중생이 곧 열반이니 다시 멸하지 않는다'고 한 것이다. 또, 진여의 수연의 뜻에 한정해서 의타기성은 사유似有이며, 변계소집성은 정유精有이다. 이 세 가지 뜻으로 말미암아 역시 차이가 없다. 경에서 '법신이 오도五道에 유전하는 것을 중생이라고 한다'고 하였으니 그렇다면 이 세 가지 뜻으로 인해 앞의 세 가지 뜻과 하나가 아닌 문이다. 그러므로 진여는 망식인 지말을 꾸리고, 망식은 진여인 근원에 어우러져 통한다. 성과 상이 융통하기 때문에 무장무애하다.

묻는다. 의타기성의 '사유似有' 등이 어찌 변계소집성의 '정유精有'와 같겠는가?

답한다. 두 가지 뜻을 말미암기 때문에 차이가 없다. 첫째는 변계소집성이 사유似有를 집착해서 실제라고 여긴 것이다. 그러므로 다른 법은 없다. 둘째는 변계소집성을 여의고는 사유似有는 일어남이 없기 때문이다. 진여 중에 수연도 당연히 또한 그러한 줄 알게 된다. 변계소집성이 없고는 수연도 없기 때문이다.

묻는다. 삼성은 각각 두 가지 뜻이 있는데 어찌 서로 상위하지 않겠는가?

답한다. 이 두 가지 뜻이 다른 성이 없기 때문이다. 어째서 차이가 없는가? 우선 예컨대 원성실성은 비록 수연하여 염오染汚·청정清淨을 이루더라도 항상 자성의 청정성을 잃지 않는다. 자성의 청정성을 잃지 않음으로 말미암아 능히 수연하여 염오·청정을 이루는 것이다. 마치 밝은 거울이 더럽고 깨끗한 것을 나타내는 것이 비록 염오·청정을 나타내더라도 항상 거울의 밝고 깨끗함을 잃지 않으며, 거울의 밝고 깨끗함을 말미암는 까닭에 비로소 염오·청정의 모습을 나타내는 것과 같다. 염오·청정을 나타냄으로써 거울이 밝고 깨끗한 줄을 알며, 거울이 밝고 깨끗함으로써 염오·청정을 나타내는 줄을 안다. 그러므로 두 가지 뜻이 오직 하나의 성이어서 정법淨法을 나타내더라도 거울의 밝음을 증가시키지 않으며, 염법染法을 나타내더라도 거울의 깨끗함을 더럽히지 않는다. 더럽히지 않을 뿐만이 아니라, 이를 통해 반대로 거울이 밝고 깨끗함을 나타낸다.

마땅히 알라. 진여의 노리 역시 그러하니, 성정性淨을 움직이지 않고 염·정을 이룰 뿐만이 아니라, 또한 염·정을 이룸으로 말미암아 비로소 성정을 드러낸다. 염·정을 무너뜨리지 않고 성정을 밝힐 뿐만이 아니라 또한 성정으로 말미암아 비로소 염·정을 이룬다. 그러므로 두 가지 뜻 전체가 서로 거둔다. 하나의 성性이고 둘이 없는데 어찌 서로 어긋나겠는가. 의타기성에서 비록 다시 인연이 '사유似有'로 현현하더라도 그러나 이 있는 것들은 반드시 자성이 없다. 여러 인연으로 생긴 것은 모두 무상無相이기 때문이다. 무성이 아니라면 곧 연을 가자하지 않으며, 연을 가자하지 않았으므로 곧 '사유'가 아니다. '사유'가 성립되면 반드시 여러 연을 따른다. 여러 연을 따르기 때문에 반드시 자성이 없다. 그렇기 때문에 자성이 없음을 말미암아서 '사유'가 이뤄질 수 있고, '사유'를 이룸으로 인해 그렇기 때문에 무성인 것이다.

그러므로 《대지도론》[439]에서는 '일체 법을 관하면 인연으로부터 생긴다. 인연으로부터 생긴 것은 곧 자성이 없다. 자성이 없기 때문에 곧 필경에 공하며, 필경에 공한 것은 곧 반야바라밀이다'라고 하였으니, 이는 곧 연으로부터 생기는 까닭에 곧 무성임을 드러낸 것이다. 《중론》[440]에서는 '공의 뜻이 있기 때문에 일체법이 이뤄진다'고 하였으니, 이는 곧 무성을 말미암는 까닭에 곧 연으로부터 생겨남을 드러낸 것이다. 《열반경》에서는 '인연이기 때문에 있으며, 무성이기 때문에 공하다'고 하였으니, 이렇다면 무성이 곧 인연이며 인연이 곧 무성이니 이것이 불이不二법문인 것이다. 두 가지 뜻이 상위하지 않을 뿐만이 아니라, 또한 전체가 서로 거둬서 필경에 둘이 없다.

변계소집성에는 비록 또다시 정情에 당하여 변계소집성을 현재에 있다고 일컫지만 도리의 측면에서는 필경에 없다. 없는 곳에서 있다고 잘못 계탁한 것이다. 나무 그루터기를 잘못 보아 귀신이 있다고 보는 것과 같다. 귀신은 나무의 측면에는 필경에 없고, 그 나무귀신에 있어서는 없지 않은 것이니, 곧 귀신이 있다고 잘못 계탁한 것이라고 하지 못할 것이다. 나무가 있는 측면에서는 생각을 말미암은 것은 아니기 때문이다. 지금 이미 잘못 계탁했으니 이치상 없는 것임을 분명하게 알 수 있다. 이치상 없기 때문에 잘못 계탁함을 이루고, 잘못 계탁함을 이루었기 때

439 《大智度論》 권제68 (T25, 631c13).

440 《中論》〈觀如來品〉제22(T30, 033a22).

문에 비로소 이치상 없다는 것을 알 수 있다. 그러므로 둘이 없으며 오직 하나의 성이다. 마땅히 알라. 변계소집성의 도리 역시 그러하다. 이상 곧장 올바른 이치를 밝히는 것은 마쳤다.

다음 문의 '남은 의심을 결택함'은, 묻는다. 변계소집성은 없고 의타기성은 환으로 있으며 원성실성은 실제로 있으니, 그 이치가 아주 다른데 어찌하여 상즉하는가?

답한다. 진실로 이 종은 근본인 진여는 오직 원성실성 하나뿐이지만 수연하기 때문에 나머지 두 성을 이룬다. 무엇인가? 여러 식이 훈습력을 인하기 때문에 모든 체가 의타기성을 이루고, 망심이 분별함을 말미암기 때문에 모든 체가 변계소집성이 되는 것이다. 삼베의 체가 모두 가는 실이 합쳐지는 연으로 인해 새끼줄을 이루게 되면 미혹의 전도된 정식情識으로 인해 온전히 그 뱀을 이루는 것과 유사하다. 뜻이 다른 데에 근거하여 세 종류로 분리되어 이뤄졌어도 그 체는 다름이 없다. 그러므로 상즉인 것이다.

또, 해설이 있다. 통석으로는 식의 훈습과 망심의 분별로 인해 의타기성과 변계소집성의 두 성을 이루는데, 다만 숙세와 현재가 다르기 때문이다. 무엇인가? 말하자면 무시이래로부터 오래고 오랜 훈습 및 분별 때문에 의타기성을 이루고, 다만 현재에 새롭고 새로운 훈습이 분별과 더불어 다시 변계소집성을 이룬다. 예컨대 태어난 한 아들이 본래는 이름자가 없지만(원성실성과 같고) 이내 '양가'로 불리게 되었다가 점점 훈습되어 오래 지나면 자신과 타인들이 결정코 인정하게 된다(의타기성과 유사하며). 홀연히 어떤 한 사람이 잠시 '양가'로 불리다가 '조가'로 불리게 되면 대중은 모두 아니라고 말하는 것과 같다(변계소집성과 같다). 문에 따라 차이가 있어 세 가지로 분리했지만 체를 통괄하면 차이가 없으니 이내 상즉인 것이다.

또, 해설이 있다. 만일 저 본래 허망한 것이 의타기를 이룬 것에 한정하면 견고하게 집착하는 것이 곧 변계소집성이다. 마치 냉병을 근심하다가(원성실성과 같다) 밤에 꿈에서 강물에 빠져(의타기성과 유사하다) 죽을까 두려워 구조를 요청하는(변계소집성과 같다) 것과 같다. 셋으로 나뉘었지만 서로 즉했으니 뜻이 앞과 차이나지 않는다. 또, 이 삼성에 각각 4구를 갖추고 있으니, 진여는 불변不變에 한정하고 의타기성은 상相에 입각하고 변계는 정情에 근거하면 모두 있으며, 진여는 수연隨緣에 한정하고 의타기성은 성性에 입각하고 변계소집성은 이치에 근거하면 모두 공하다. 둘을 다 두거나 둘을 다 없애는 일은 보통과 같으니 알 것이다.

구덕해 보면 이 4구가 있고 그 아닌 것을 차단하면 역시 4구도 끊어지니 위를 돌이켜 생각하라. 번거롭게 자세하게 보이지는 않겠다. 다시 다른 뜻이 있으니 준거하면 알게 될 것이다. 삼성의 뜻은 두 종宗의 요체이고, 모든 성性·상相은 다 같이 그것으로서 근원을 삼는다. 학자들은 문장이 번다하다고 허물하지 않길 희망한다.

[67a03] [《鈔》] 一因緣上三義具足等者, 空卽所執, 假卽依他, 中卽圓成.

[초] '하나의 인연 위에 세 가지 뜻이 구족되어'[441] 등이라는 것은 공空은 곧 변계소집성이고, 가假는 의타기성이며, 중도中道는 원성실성이다.

441 《演義鈔》 권제9(T36, 065b28).

(f) 이제의 공과 유의 즉함과 여읨이 다름 중에 상즉의 뜻

(明二諦空有卽離別中相卽義)

[67a05] [《鈔》] 若言無者智不應二者, 何分理·量二也. 若言有者智不應一者, 眞智內證應見相故.

[초] '만일 (제일의第一義 가운데 세제世諦가) 없다고 한다면 지혜는 둘일 수 없으며'[442]라는 것은 어떻게 여리지와 여량지의 둘로 나누겠는가? '만일 있다고 한다면 지혜가 하나일 수 없으니'는 진지眞智로 내증內證한 것이 견분과 상분이어야 하기 때문이다.

[67a06] ○言汝今無聽者, 不可思也, 我今無說者, 不可議也. 無聽無說, 卽爲一義二義, 由不思議, 一二之義自在無礙也. 或分汝我, 約俗名[443]二. 無聽無說, 約眞名一故. 言無相第一義無自無他作者, 眞諦也. 上句標體, 下句遣執. 遠離諸相, 名[444]無相, 無所勝過, 名第一, 眞智所緣, 名義. 不賴自性諦等所作, 不賴同類因所作, 不賴單因所作, 名無自作, 不賴梵王, 不賴異熟因等, 不賴單緣, 名無他作. 因緣本自有無自無他作者, 俗諦也. 因緣之法, 無始本有. 非由自性諦等之[445]所作也.

○ '그대는 들음이 없고'라고 한 것은 생각할 수 없는 것이고, '나는 지

442 《演義鈔》 권제9(T36, 065c12). 아래도 동일.

443 底本에는 없음. 《金澤寫本》 참조 보충.

444 底本에는 없음. 《金澤寫本》 참조 보충.

445 底本에는 "自". 《金澤寫本》 참조 수정.

금 설함이 없다'는 것은 논의할 수 없는 것이며, '들음도 없고 설함도 없다는 것이 곧 제일의제와 이제의 뜻'이라는 것은 부사의함으로 인해 제일의제와 이제의 뜻이 자재 무애한 것이다. 혹은 '그대'와 '나'를 나눈 것은 속제에 한정하여 '이제'라고 하고, '들음도 없고 설함도 없는 것은' 진제에 한정해서 '제일의제'라고 한다.

'모습이 없는(無相) 제일의는 자작도 타작도 아니요'라고 한 것은 진제이니, 위 구절은 체성을 표방한 것이고, 아래 구절은 집착을 보내버린 것이다. 모든 상을 멀리 여읜 것을 '무상無相'이라고 하고, 수승함이 지나칠 것이 없는 것을 '제일'이라고 하며, 진지眞智가 반연하는 것을 '의義'라고 한다. 자성제 등으로 지어지는 것에 의뢰하지 않고 동류인同類因으로 지어지는 것에 의뢰하지 않으며 홑 인因으로 지어지는 것에 의뢰하지도 않는 것을 '자작이 없다'고 하며, 범왕에 의뢰하지도 않고 이숙인異熟因 등에도 의뢰하지 않으며 홑 연緣에 의뢰하지도 않는 것을 '타작이 없다'고 한다.

'인연은 본래 저절로 있어서 자작도 타작도 없다'는 것은 속제이니, 인연법은 무시이래로 본래 있는 것이며 자성제 등이 짓는 것을 말미암는 것은 아니다.

[67a16] ○言三假者, 法受名也.

○ '삼가三假'[446]는 법이 명칭을 받은 것이다.

446 《演義鈔》 권제9(T36, 065c17). 아래도 동일.

[67a16] ○言於解常自一者, (猶[447]悲心平等, 似明鏡無名.) 於諦常自二者, (同怨親人異, 如好醜影別.) 通達此無二者, (一云, 通達眞俗無二. 二云, 通達心境[448]無二.)

○言而皆約事令第八諦獨居事外者, 問: 三科法中法界·法處, 亦攝眞理, 四諦法中滅諦, 亦攝眞理, 二空眞如, 全是眞理, 此云[449]何通? 答: 雖[450]有其理, 皆就詮論, 咸云其事, 唯第八諦, 癈詮談旨, 故居事外.

○ '이해에 있어서는 항상 자체적으로 하나이지만'이라고 한 것은 (대비심이 평등한 것과 같고, 밝은 거울이 이름이 없는 것과 비슷하다.) '진리(諦)에 있어서는 항상 저절로 둘이다'라는 것은 (원수와 친한 이가 다른 것과 같고, 좋고 나쁜 영상이 각별한 것과 같다.) '이 둘이 없는 것을 통달하면'은 (첫째 해설은 진제와 속제가 둘이 없는 것을 통달하는 것이요, 둘째 해설은 마음과 경계가 둘이 없음을 통달하는 것이다.)

○ '(중간 6제는 상하로 상망하면 모두 두 가지 뜻에 통하니) 모두 사법에 한정한 것이며, 제8제第八諦는 홀로 사법 밖에 둔다'[451]라는 것은, 묻는다. 3과법科法 가운데 법계法界와 법처法處는 역시 진리에 거둬지고, 사제법四諦法가운데 멸제는 또한 진리에 거둬지며 2공 진여는 전부 진리인데 이것을 어떻게 회통하겠는가?

답한다. 비록 그 이치가 있지만 모두 설명에 입각해서 논한 것이어서

---

447 底本에는 "獨", 《金澤寫本》 참조 수정.

448 底本 및 《金澤寫本》에는 "鏡", 문맥상 참조 수정.[역자 주]

449 底本에는 "如", 《金澤寫本》 참조 수정.

450 底本에는 "離", 《金澤寫本》 참조 수정.

451 《演義鈔》 권제9(T36, 066a06).

다 같이 사법이라고 한 것이고, 오직 8제만은 설명을 없애버리고 종지를 얘기하였다. 그러므로 사법 밖에 둔 것이다.

[67a22] ○言二而不二者, (結《仁王經》, 境二心一.) 不二而二. (結《涅槃經》, 境一心二.) 二諦竝(於諦常自二也.) 非雙,(於解常自一也.) 恒乖(解惑分二.)[452]未曾各(本唯一諦.). 上句結《仁王》, 下句結《涅槃》.

○ '둘이면서 둘이 아니다'[453]고 한 것은 (《인왕경》을 결론지은 것이니, 경계가 둘이고 마음이 하나이다.) '둘이 아니면서 둘인지라'는 (《열반경》을 결론지은 것이니, 경계가 하나이고 마음이 둘이다.) '이제는 나란하면서도(제諦에 있어서는 항상 자체적으로 둘이고) 쌍이 아니요(이해에 있어서는 항상 자체적으로 하나이다)', '항상 어그러지면서도(이해와 미혹의 둘로 나뉜다) 일찍이 각별한 적이 없다(본래는 오직 하나의 제諦뿐이다).' 위 구절은《인왕경》을 결론지은 것이고, 아래 구절은《열반경》을 결론지은 것이다.

[67a23] ○言一諦爲眞四[454]言成權矣者, 一云, 癈詮談旨諦爲一, 二空眞如等爲四. 二云, 眞諦爲眞, 苦等四諦爲權. 三云, 空有相卽爲一, 四重二諦爲四焉.

○ '일제一諦는 진眞이고, 넷이라는 말은 권權을 이룬다'라는 것은 첫 번

---

452 底本에는 "不二而二.(結《涅槃經》, 境一心二.) 二諦竝(於諦常自二也.) 非雙,(於解常自一也.) 恒乖(解惑分二.)"의 35자가 없다.《金澤寫本》참조 보충.

453 《演義鈔》 권제9(T36, 066a09)이다. 아래도 동일.

454 《演義鈔》 권제9 및 교감 주에는 "二"로 되어 있지만, 선연은 "四"로 주석했기 때문에 그대로 두었다.[역자 주]

째 해설은 설명을 없애고 종지를 말했으니 제諦가 하나이고, 2공진여二空眞如 등이 넷이 된다. 둘째 해설은 진제眞諦가 진이고, 고제苦諦 등의 사제四諦가 권이 된다. 세 번째 해설은 공·유가 상즉한 것이 하나이고, 4중의 이제가 넷이 된다.

[67b02] ○言中道妙旨不唯約事者, (形破相宗.)

○ '중도의 묘한 지취이지 오직 사법에만 한정한 것이 아니다'[455]고 한 것은 (상종을 드러나게 논파한 것이다.)

(8) 사상의 일시와 전후가 다름 중에 일시의 뜻

(四相一時前後別中一時義)

[67b02] [《鈔》] 以性滅爲滅故得同時者, 相滅異時, 二宗同許, 性滅同時, 一宗獨立. 又下《鈔》(第十一上半三十八紙末)云, "若相融爲四者, 攬緣名生, 生卽無生.[456] 空有無礙, 虛相安立, 名之爲住, 住卽無住. 圓融形奪, 隨緣轉變, 名之爲異, 異卽無異. 兩相都盡, 各無自性, 名之爲滅, 滅卽無滅. 斯則卽相而性, 固無所得."

[초] '성멸性滅로 멸상을 삼았기 때문에 동시일 수 있다'[457]라는 것은 상멸相滅이 다른 때라는 것은 두 종宗에서 동시에 인정하는 것이고, 성멸性

455 《演義鈔》 권제9(T36, 066a27).

456 底本에는 "性",《金澤寫本》 및 《演義鈔》 참조 수정.

457 《演義鈔》 권제9(T36, 066b16). 아래도 동일.

滅이 동시라는 것은 한 종宗에서만 세운 것이다.

또, 아래《초》[458](제11권 상반 38쪽 끝)에서 "'서로 융섭하면 넷이 된다'라는 것은 연緣을 잡은 것을 생상生相이라고 하니 생상이 곧 무생無生이며, 공·유가 무애하여 허상으로 안립된 것을 주상住相이라고 하니 주상이 곧 무주無住이고, 원융하여 형상이 부정되고 연에 따라 전변하는 것을 이상異相이라고 하니 이상이 그대로 무이無異이며, 양상을 모두 다하여 각각 자성이 없는 것을 멸상滅相이라고 하니 멸상이 곧 무멸無滅이다. 이렇다면 상相에 즉하여 성性인 것이니 진실로 얻을 것이 없다"고 하였다.

[67b09] ○言一切法無生我說刹那義者, 一切法者, 總目色心等法. 云無生者, 萬法緣生無性卽[459]空, 空卽理性, 故云無生. 我說刹那義者, 由法卽眞, 是故說云性滅同時. 釋成上也.

○ '일체법이 생상生相이 없는 것을 나는 찰나의 뜻이라고 설한다'고 한 것은 '일체법'은 색·심 등의 법을 총체적으로 지목한 것이며, '생상이 없는 것을'이라고 한 것은 만법은 연으로 생긴 것이어서 무성이고, 그대로 공이며, 공이 그대로 이성理性이기 때문에 '무생'이라고 한다. '나는 찰나의 뜻이라고 설한다'라는 것은 법이 그대로 진眞인 것을 말미암았으므로 '성멸性滅이 동시'라고 한 것이다. 위를 해설하여 완성했다.

458 《演義鈔》 권제43(T36, 335a20).

459 底本에는 "耶", 교감 주 및《金澤寫本》참조 수정.

[67b12] ○言以四相俱時而有皆無自立者, 龍樹引經釋云: "悟滅相品般若, 滅相位中, 而共俱時有. 滅相品無時, 共俱時無等." 問: 若俱時有者, 有惑智俱成失, 如明與暗得俱時耶? 智有無功失, 不斷惑故. 惑有無功失, 不障智故. 若俱時無者, 有惑智不分失. 豈黑象負而白象亦負[460]耶? 智有無功失, 體已無故, 惑有自無失, 不假斷故. 答[461]: 良由惑有二義; 一相有義, 能障於智, 是智所斷, 智方得有. 二性空義, 不障於智, 非智所斷, 智亦本空. 故無前過. 今取本空, 表滅同時也.

○ '사상四相이 동시에 있으므로 모두 자립함이 없다'[462]고 한 것은 용수가 《(대총지大總持)경》을 인용하며 해설하여 '멸상품의 (시각始覺) 반야를 깨달으면 멸상 위位 중에 함께 동시에 있고, 멸상품이 없는 때에는 함께 동시에 없다'[463] 등이라고 하였다.

묻는다. 만일 동시에 있다고 하면 미혹과 지혜가 동시에 이뤄지는 잘못이 있게 된다. 저 광명과 암흑이 동시에 있을 수 있겠는가? 지혜에는 공용이 없는 잘못이 있게 되니 미혹을 끊지 못하기 때문이며, 미혹에는 공용이 없는 잘못이 있게 되니 지혜를 장애하지 못하기 때문이다. 만일 동시에 없다고 하면 미혹과 지혜가 구분되지 않는 잘못이 있게 된다. 어찌 검은 코끼리를 저버린다고 흰 코끼리를 또한 저버리겠는가? 지혜는 공용이 없는 잘못이 있게 된 것은 체성이 이미 없기 때문이며, 미혹은

---

460 底本에는 "眞". 《金澤寫本》 참조 수정.

461 底本에는 없음. 《金澤寫本》 참조 보충.

462 《演義鈔》 권제9(T36, 066b23). 아래도 동일.

463 《釋摩訶衍論》 권제3(T32, 619a23), "大總持契經中作如是說. 悟滅相品始覺般若. 有滅相位中而共俱時有. 無滅時中始覺隨無."

저절로 없어지는 잘못이 있게 된 것은 끊어지기를 가자하지 않기 때문이다.

답한다. 정말로 미혹에 두 가지의 뜻이 있는 것을 연유해서이다. 첫째는 상유相有의 뜻이니, 지혜를 능히 장애하여 지혜로 끊을 대상인 것이니 지혜가 비로소 있게 된다. 둘째는 성공性空의 뜻이니, 지혜를 장애하지 않아서 지혜로 끊을 대상이 아니니니 지혜 역시 본래 공하다. 그러므로 앞의 과실이 없다. 지금은 본래 공한 것을 취했으므로 '멸상이 동시'라고 표현한 것이다.

[67b21] ○言所相法體等者, 所相事體, 隨不變隨緣, 乃空有而自在, 能相事相, 隨緣生無性, 亦生滅而無礙.

○ '소상所相의 법체가 (법성을 따라서 융통하기 때문에 능상能相의 상이 또한 생멸하되 걸림이 없다)'라고 한 것은 소상의 사체事體는 불변을 따라서 수연하므로 이에 공·유가 자재하고 능상의 사상事相은 수연으로 생하여 무성이므로 또한 생·멸이 무애한 것이다.

### (h) 능단·소단과 능증·소증의 즉함과 여읨이 다름 중에 즉함의 뜻 (能·所斷·證卽離別中卽義)

[67b24] [《疏》] 不二而二有能所斷者, 約性是一, 名爲不二, 就相差有, 故名爲二.

如一甕水濕性無異,(同一性也.) 隨寒凜[464]緣, 半結成氷,(同妄惑也.) 隨燒煑緣, 半熱成湯.(同眞智也.) 以湯消冰, 有能所消.(同智斷惑, 分能所斷.) 言二而不二說爲內證者, 惑旣卽如. 斷便稱證.[465]《疏》明斷義以[466]彰緣境,《鈔》釋如文.

[소] '둘이 아니면서 둘이라서 능단能斷과 소단所斷이 있고'[467]라는 것은 성에 한정하면 하나이므로 '둘이 아니다'라고 이름하며, 상에 입각하면 차이가 있으므로 '둘이다'라고 하는 것이다. 예컨대 한 항아리의 물이 습한 성질은 차이가 없지만(하나의 상과 같다), 차갑고 추운 연을 따라 반쯤 맺혀지면 얼음이 되고(망혹과 같다), 태우고 굽는 연을 따라 반쯤 열 받으면 끓는 물이 되는 것과 같다(진지眞智와 같다). 끓는 물로 얼음을 녹이면 녹이는 것과 녹여지는 것이 있게 된다(지혜로 미혹을 끊을 때 능단과 소단으로 분리되는 것과 같다).

'둘이면서 둘이 아니라서 안으로 증득(內證)이라고 한다'고 한 것은 미혹은 이미 진여에 즉했으므로 끊는 것을 '증득'이라고 일컬은 것이다. 《소》에서는 단멸의 뜻을 밝혀서 반연하는 경계를 드러낸 것이고, 《초》의 해석은 문장과 같다.

[67c06] ○言照惑無本卽是智體者, 煩惱卽菩提, 如火焚薪, 薪[468]還是火. ○言照

464 底本에는 "凛",《金澤寫本》참조 수정.

465 底本에는 "澄",《金澤寫本》참조 수정.

466 底本에는 "以+以", 교감 주 및《金澤寫本》참조 "以"로 수정.

467 《大疏》권제2(T35, 513a06). 아래도 동일.

468 底本에는 없음.《金澤寫本》참조 보충.

體無自卽是證如者, 菩提卽涅槃也, 薪盡火滅歸[469]灰燼也. 以喩對法, 昭然可悉.

○ '미혹을 비춰보면 근본이 없으니 곧 지혜의 체성이고'라고 한 것은 번뇌가 곧 보리이니, 불이 섶을 태우고 섶이 다시 불이 되는 것과 같다. ○ '체성을 비춰보면 자성이 없으니 곧 진여를 증득한 것'이라고 한 것은 보리가 곧 열반인 것이니, 섶이 다 타면 불이 없어져 타고 남은 끄트머리와 재로 돌아가는 것이다. 비유로 법을 대응시키면 훤하게 알 것이다.

[67c08] [《鈔》] 云取一時則不能斷三時總取方說能斷等者, 問: 約性空義, 若別若總皆不斷, 約相有義, 若別若總皆斷, 此云何通? 答: 三[470]時別論, 互不相資, 非緣起義. 以顯性空, 彰不斷義. 三時總取, 更互相資, 是緣起義. 以顯相有, 彰斷除義. 故此云爾. 故下《大疏》(第六上半三十一紙內)云: "謂三時無斷方說斷故. 故[471]云非初非中後. 釋此有二義; 一約相翻, 二約相續. 言相翻者, 謂無間道, 正斷惑時, 爲智先起惑後[472]滅耶? 爲惑先滅智後生耶? 爲同時耶? 此三惑智各有兩失. 故不成斷. 爲智先起, 智有自成無漏過·不能滅惑過. 煩惱後滅, 煩惱有自滅過·不障聖道過. 智後同時, 各具四過. 如燈不破闇, 可以喩此. 又《涅槃》云, '毗鉢舍那不破煩惱.' 若爾云何說斷? 若依《唯識》第九明, '二眞見道現在前時. 彼二障種, 必不成就. 猶明與暗定不俱生, 如秤[473]兩頭低昂[474]時等. 諸相違法, 理必應然. 是故二

469 底本에는 없음.《金澤寫本》 참조 보충.

470 底本에는 없음.《金澤寫本》 참조 보충.

471 底本에는 없음.《金澤寫本》 및《大疏》(T35, 0752b)참조 보충.

472 底本에는 없음.《金澤寫本》 및《大疏》 참조 보충.

473 底本에는 "稱",《金澤寫本》 및《大疏》 참조 수정.

474 底本에는 "位昇",《金澤寫本》 및《大疏》 참조 "低昂"으로 수정.

性無俱成失'者, 此但[475]擧法相一邊, 亦不違餘緣集斷義. 若望此宗, 則有所遺. 謂秤衡是一, 低[476]昂無妨, 解惑不爾, 豈得俱時? 明暗之喩, 雖則相傾, 到與不到, 俱不破闇. 同時卽相乖, 異時不相預故. 若此宗斷結, 要性相無礙. 上明非先後俱, 爲顯無性, 無性緣成, 則說斷結. 由能斷無性, 方爲能斷, 所斷本空, 方成所斷. 若定有者, 則墮於常, 不可斷故. 若定無者, 則墮於斷, 失聖智故. 言相續者, 不約惑智相對, 但就一智, 自有三時.《論》依此釋, 就此三時, 復有二種. 一約初[477]心究竟, 通分三時. 二約無間道中, 刹那三時. 經·《論》竝通此二.《論》云, '此智盡漏, 爲初[478]智斷? 爲中爲後? 答云, 非初智斷, 亦非中後. 偈云, 非初非中後故.' 此上順釋偈文, 兼定三時. 唯約智說故, 言是智斷惑. 若爾三時無斷, 云何斷耶?《論》云, '如燈焰焰, 非唯初中後, 前中後取故.' 此擧與釋成, 謂實敎斷惑, 必性相雙明. 經文正[479]顯證智, 唯據甚深緣性, 不可說義. 論主兼明斷義故, 性相雙辨. 非初中後辨, 因緣無性, 是斷之不斷. 前中後取, 卽不壞緣相, 是不斷之斷. 故《大品》云: '菩薩非初心得菩提, 亦不離初心. 後心亦爾, 而得菩提. 譬如燃燈, 非初焰燋炷, 亦不離初焰. 後焰亦爾, 而炷[480]實燋故.' 龍樹判云, 佛以甚深因緣答.《涅槃》二十九: '亦云衆生五陰, 雖念[481]念滅, 而有修道. 如燈雖念念滅, 而有光明.' 上諸經·論, 皆顯性相無礙, 無斷之斷. 又今經·論反[482]覆相成. 謂若定斷者, 一念便足, 何假三

475 底本에는 "但",《金澤寫本》및《大疏》참조 수정.
476 底本에는 "位",《金澤寫本》및《大疏》참조 수정.
477 底本에는 없음.《金澤寫本》및《大疏》참조 보충.
478 底本에는 "所",《金澤寫本》및《大疏》참조 수정.
479 底本 및《金澤寫本》에는 "證",《大疏》참조 수정.
480 底本에는 "性",《金澤寫本》및《大疏》참조 수정.
481 底本에는 없음. 교감 주 및《金澤寫本》과《大疏》참조 보충.
482 底本에는 "及",《金澤寫本》및《大疏》참조 수정.

心. 旣竝取方成. 明知無性無初中後, 無初中後是無性故. 方得成於初中後斷. 此則因緣故無性,[483] 無性故因緣也. 若云, 初念卽能斷, 後念方究竟斷者, 不異毗曇一念有燒, 始終方盡. 若云, 初念獨不能斷, 積至[484]中後, 方能斷者, 不異《成實》一念不燒相續方然. 勿失宗[485]旨. (一念上能具足一切道品, 何有不能斷除煩惱. 又但成於斷惑之義, 不知斷而不斷, 不斷煩惱入涅槃義. 故結彈云, 莫失宗旨.) 上猶通實教. 若依圓宗, 所斷之惑, 一迷[486]一切迷故, 一斷一切斷, 無斷無不斷. 若具顯諸宗差別, 如別行章." 義甚幽微, 無厭繁文.

[초] '말하자면 오직 일시만을 취하면 끊을 수 없고 3시를 총체적으로 취해야 비로소 끊을 수 있다는 것이다'[487]라는 것은, 묻는다. 성공性空의 뜻에 한정하면 개별적이든 총체적이든 모두 끊지 못하고, 상유相有의 뜻에 한정하면 개별적이든 총체적이든 모두 끊는다고 했는데 이것을 어떻게 회통하겠는가?

답한다. 3시를 개별적으로 논하면 서로가 서로를 자량하지 않으니 연기의 뜻이 아니다. 성공性空을 나타냄으로써 끊지 않는 뜻을 드러내며, 3시를 총체적으로 취하면 다시 서로 자량하니 이것은 연기의 뜻이다. 상유相有를 나타냄으로써 끊어 제거하는 뜻을 드러낸다. 그러므로 그렇게 말한 것이다.

483 底本에는 "無初中後. 無初中後是無性故. 方得成於初中後斷. 此則因緣故無性."의 27자가 있다. 교감 주 및《金澤寫本》과《大疏》참조 삭제.

484 底本에는 "經".《金澤寫本》및《大疏》참조 수정.

485 底本에는 없음.《金澤寫本》및《大疏》참조 보충.

486 底本에는 "一迷"의 2자가 없다.《金澤寫本》및《大疏》참조 보충.

487 《演義鈔》권제9(T36, 066c03).

그러므로 아래 《소》[488](6권 상반 31쪽 내)에서 "말하자면 끊음이 없어야 비로소 끊는다고 하는 것이니, 그러므로 '처음도 아니고 중간도 뒤도 아니다'라고 한 것이다. 이것을 해석하는데 두 가지 뜻이 있으니, 첫째는 서로 번복하는 것에 한정하고, 둘째는 서로 연속하는 것에 한정한다.

'서로 번복한다'는 것은 말하자면 무간도에서 미혹을 끊을 그때에 지혜가 먼저 일어나고 미혹은 뒤에 단멸되는가? 미혹이 먼저 단멸되고 지혜가 뒤에 생기는가? 동시인가? 이 세 가지는 미혹과 지혜 각각에 두 가지 잘못이 있게 된다. 그러므로 단멸을 이루지 못한다. 지혜가 먼저 일어날 경우 지혜에는 스스로 무루를 이루는 과실과 미혹을 끊지 못하는 과실이 있게 되고, 번뇌가 뒤에 단멸될 경우 번뇌에는 스스로 단멸되는 과실과 성도를 장애하지 못하는 과실이 있게 된다. 지혜가 뒤에 일어나거나 동시인 것은 각각 네 가지 과실을 갖게 된다. 예컨대 등불이 어둠을 없애지 못하는 것으로 이를 비유할 수 있다.

또, 《열빈경》에서 '위빠싸나는 번뇌를 없애지 못한다'고 하였으니, 그렇다면 어째서 단멸을 설했는가? 《성유식론》 권9에 의거하여 밝히면, '두 진여가 견도위에서 현전할 때 저 두 장애의 종자는 반드시 성취되지 못한다. 마치 밝음과 어둠은 결정코 함께 생기지 못하는 것과 같으며, 저울의 두 꼭지가 내려가고 올라가는 시간이 나란한 것과 같다. 모든 상이 법과 어긋나는 것이 이치가 반드시 그렇다. 그렇기 때문에 두 성에는 함께 성립되는 잘못이 없다'[489]고 한 것은 이것은 법상의 일변을 거론했

488 《大疏》 권제33 〈十地品〉 제26(T35, 752b11).

489 《成唯識論》 권제9(T31, 052b24).

을 뿐이지만 또한 나머지 '연이 모여 끊는다'는 뜻에도 어긋나지 않는다.

만일 이 종에 마주한다면 버릴 것이 있다. 말하자면 저울대는 하나여서 올라가고 내려가는데 무방하지만 이해와 미혹은 그렇지 않은데 어찌 같은 시간일 수 있겠는가? 명암의 비유는 비록 서로 뒤집힐지라도 도달하든 도달하지 못하든 모두 어둠을 없애지 못한다. 동시이면 서로 괴리되고 다른 시간이면 서로 관여하지 않기 때문이다. 만일 이 종에서 결박을 끊는 경우라면 반드시 성·상이 무애하다. 위에서는 앞도 뒤도 동시도 아닌 것이 무성을 드러내는 것이라고 밝혔으니, 무성이면서 인연이 성립되면 결박을 끊는다고 하는 것이다. 능단이 무성임을 말미암아서야 비로소 능단이 되고, 소단은 본래 공해서야 소단을 이룰 수 있다. 만약 결정코 있다고 하면 상주에 떨어지니, 끊을 수 없기 때문이다. 만일 결정코 없다고 하면 단멸에 떨어지니, 성지聖智를 잃기 때문이다.

'서로 연속한다'는 것은 미혹과 지혜가 상대한 것에 한정하지 않고 다만 하나의 지혜가 자체에 3시가 있는 것에 입각한 것이니 《(십지경)론》은 이 해석에 의거했다. 이 3시에 입각해서 다시 두 종류가 있으니, 하나는 초심이 구경인 것에 한정해서 3시를 통틀어 나누고, 둘은 무간도에 한정하여 찰나에 3시이다. 경과 《론》이 모두 이 두 가지에 통한다.

《(십지경)론》에서 "묻는다. 이 지혜가 결루를 다했다면 초지初智로 끊은 것인가, 중간지인가, 후지인가? 답한다. 초지로 끊은 것도 아니고 또한 중간지도 후지도 아니다. 게송에서 '초지도 아니고 중간지도 아니고 후지도 아니다'고 했기 때문이다"[490] 고 하였으니, 이상은 게송의 문장을

490 《十地經論》 권제2 〈初歡喜地〉(T26, 133a28). 아래도 동일.

수순하여 해석하고 겸하여 3시를 정한 것이다. 오직 지혜에만 한정하여 말했기 때문에 이 지혜가 미혹을 끊는다고 한 것이다. 그렇다면 3시에 끊음이 없는데 어떻게 끊는가? 《(십지경)론》에서 "마치 등불이 타오를 때 처음과 중간과 뒤뿐만이 아닌 것과 같다"고 한 것은 앞 가운데 뒤를 취했기 때문이고, 여기서는 설명을 완성한 것이다.

말하자면 실교에서는 미혹을 끊을 때 반드시 성·상을 쌍으로 밝힌다. 경문에서는 바로 증지證智를 드러내어 오직 매우 깊은 인연성이 불가설의 뜻인 데에 의거하였고 논주는 끊는 뜻을 겸하여 증명했기 때문에 성·상을 쌍으로 가려낸 것이다. 처음도 중간도 뒤도 아니라고 가려낸 것은 인연이어서 무성인 것이니 끊으면서 끊지 않는 것이고, 앞과 중간과 뒤를 취한 것은 곧 인연상을 무너뜨리지 않은 것이니 곧 끊지 않으면서 끊은 것이다.

그러므로 《대품반야경》[491]에서 말하기를 '보살은 초심에 보리를 얻는 것이 아니지만 또한 초심을 여의지도 않는다. 후심도 또한 그러하여 보리를 얻는다. 비유하면 마치 등불을 태울 때 처음 불꽃이 심지를 태우는 것은 아니지만 또한 처음의 불꽃을 여의지도 않는다. 뒤의 불꽃도 또한 그러하여 심지가 실제로 타기 때문이다'고 하였고, 용수가 판석判釋하여 '부처님께서 매우 깊은 인연법으로 답하신 것이다'고 하였다. 《열반경》 권29에서 '또한 중생의 오음五陰이 비록 염념이 멸하더라도 수도할 수 있는 것이 마치 등불이 염념이 소멸하면서도 광명이 있는 것과 같다'고 하였다.

491 《大般若波羅蜜多經》 권제330 〈初分巧方便品〉 제52-3(T06, 690b08).

위의 여러 경론은 모두 성·상이 무애하여 끊음이 없이 끊는 것을 드러냈고, 지금 경론은 반복해서 서로 이뤄준 것이니 말하자면 만약에 결정코 끊는다면 일념이면 곧 되는데 무슨 3심을 빌리겠는가? 이미 모두 취해서야 이룰 수 있다면 무성이어서 처음도 중간도 뒤도 없는 것이며, 처음도 중간도 뒤도 없는 것이 곧 무성이기 때문에 비로소 초지初智와 중간지와 후지에 끊음을 이룰 수 있다는 것을 분명하게 알 수 있다. 이렇다면 인연이기 때문에 무성이고 무성이기 때문에 인연인 것이다.

만약 초념에 곧 끊고 후념에서야 구경에 끊는다고 한다면《아비담론》에서 '일념에 태우더라도 시작과 끝이라야 다한다'고 한 것과 다르지 않으며, 만일 초념에 홀로 끊지 못하고 적집해서 중간과 후념에 이르러야 끊을 수 있다고 한다면《성실론》의 '일념에 태우지 못하고 상속하여야 비로소 그럴 수 있다'라는 것과 다르지 않으니 종지를 잃지 말라(일념위에 일체의 도품道品을 구족하였는데 어찌 번뇌를 끊어 없앨 수가 없겠는가. 또 다만 미혹을 끊는 뜻만을 이루고 끊으면서 끊지 않으며 번뇌를 끊지 않고 열반에 들어가는 뜻을 알지 못하므로 결론지어 '종지를 잃지 말라'고 바로잡은 것이다). 위는 오히려 실교에 통한다.

만일 원종에 의거하면 소단의 미혹은 하나가 미혹하면 일체가 미혹하기 때문이고, 하나가 끊어지면 일체가 끊어지므로 끊음도 끊지 못함도 없다. 여러 종의 차별을 갖춰 드러낸 경우는 〈별행장〉과 같다"고 하였다. 뜻이 매우 깊고 그윽하고 미묘하니 번다한 문장이라고 싫증을 내지 말라.

[68b10] 言若以智會如非證如矣者, 乃揀權小也. 故〈永嘉偈〉曰: "若以知知寂, 非

是無緣知, 如手執如意, 非無如意手. 若以[492]自知知,[493] 亦非[494]無緣知, 如手作於拳, 非是不拳手. 知[495]雖不知寂, 亦不自知知, 不可謂無知, 以性了然故, 不同於木石. 如手不執物, 亦不作於拳, 不可謂無手, 以手安然故, 不同於兔角.[496]" 釋[497]曰: 上一卽是權小證如, 中則實教, 下乃頓宗. 今據揀權, 故此云爾.

'만일 지혜로 진여를 이해했다면 진여를 증득한 것이 아니다'[498]고 한 것은 이내 권교와 소승을 가려낸 것이다. 그러므로 영가永嘉의 게송[499]에서 "만일 앎으로서 고요를 안다면 연고 없는 앎이 아니니, 마치 손으로 여의如意하게 잡으면 여의한 손이 없지 않는 것과 같다. 만일 스스로 앎으로써 안다면 또한 연고 없는 앎은 아니니, 마치 손이 주먹을 만들면 주먹 쥐지 않은 손은 아닌 것과 같다. 앎이 비록 고요를 알지 못하고 또한 스스로 앎을 알지도 못하더라도 앎이 없다고 할 수는 없다. 성이 분명하게 그러하기 때문에 나무와 돌과는 다르다. 마치 손으로 물건을 집지 않고 또한 주먹 쥐지 않았더라도 손이 없다고 할 수는 없는 것과 같다. 손이 편안하게 그렇기 때문에 토끼의 뿔과는 다르다"고 하였다.

해설해 보면, 위의 하나는 곧 권교와 소승에서 진여를 증득하는 것이

492 底本 및 《金澤寫本》에는 "知", 《演義鈔》 및 《永嘉集》 참조 수정.

493 底本에는 없음. 《金澤寫本》 및 《演義鈔》 참조 보충.

494 底本에는 없음. 《金澤寫本》 및 《演義鈔》 참조 보충.

495 底本에는 "如", 《金澤寫本》 참조 수정.

496 底本, 《金澤寫本》, 《演義鈔》에는 "木石", 《永嘉集》 참조 수정.

497 底本에는 "釋+辛", 《金澤寫本》 참조 "釋"으로 수정.

498 《演義鈔》 권제9(T36, 066c29).

499 玄覺 撰, 《禪宗永嘉集》 〈奢摩他頌〉제4(T48, 389c01); 《演義鈔》 권제37(T36, 0284a26).

고, 중간은 실교이고, 아래는 바로 돈종頓宗이다. 지금은 권교와 가려낸 것에 근거했기 때문에 여기서 그렇게 말한 것이다.

### (i) 불신의 무위와 유위가 다름 중에 무위의 뜻 (佛身無爲有爲別中無爲義)

[68b18] [《疏》] 則有爲無爲非一非異等者, 下《疏》, "問: 無取五蘊卽有爲無漏, 何以言不爲相遷? 答: 約敎異故, 前是權小所明. 若實敎定說,[500] 非爲無爲, 同眞性故. 但似蘊相現, 立以蘊名. 故《涅槃》純陀云, '善覆如來有爲之相.' 應言如來同於無爲, 況一一融攝?" 《鈔》云: "然《雜集》第三亦云: '無取五蘊, 當言有爲? 當[501]言無爲? 答: 彼不應言有爲無爲. 何以故? 諸業煩惱所不爲故. 不應言有爲, 隨欲現前[502]不現前故. 不應言無爲, 所以者何? 無取諸蘊, 隨所樂欲, 若現前, 若不現前. 無爲不爾, 以常住故.'"

[소] '(시각과 본각이 둘이 아니므로) 유위와 무위는 동일하지도 다르지도 않다'[503]고 한 것은 아래 《소》[504]에서 "묻는다. 무취오온無取五蘊[505]은 곧 유위무루인데 어째서 상相에 의해 변천하지 않는다고 말하는가? 답

500 底本에는 "談", 《金澤寫本》 참조 수정.

501 底本에는 없음. 《金澤寫本》 및 《잡집론》 참조 보충.

502 底本에는 "現前"의 2자가 없다. 《金澤寫本》 및 《잡집론》 참조 보충

503 《大疏》 권제2 (T35, 513a09).

504 《大疏》 권제24 〈十無盡藏品〉 제22(T35, 676c11).

505 無漏五蘊의 다른 이름이다. 이와 반대는 取五蘊, "《雜集》云. 取蘊者. 與取和合故. 取者. 蘊中諸煩惱也." 《演義鈔》 권제45.

한다. 교에 한정하면 다르기 때문이다. 앞은 권교와 소승에서 밝힌 것이다. 실교의 정설이라면 유위도 무위도 아니니, 진성과 같기 때문이다. 다만 오온과 유사한 상이 나타나므로 '온'이란 명칭을 세운 것이다. 그러므로 《열반경》[506]에서 (문수보살이) 순타에게 말하여 '여래의 유위의 상을 잘 뒤덮었다'고 하였으니, 여래는 무위와 같다고 해야 할 것인데 하물며 낱낱이 융합하여 섭수하는 것이겠는가"라고 하였으며, 《초》[507]에서 "그러나 《잡집론》 제3에서 또한 '묻는다. 무취오온無取五蘊은 유위라고 해야 하는가, 무위라고 해야 하는가? 답한다. 저것은 유위라거나 무위라고 말해서는 안 된다. 어째서인가? 모든 업 번뇌의 작위하는 바가 되지 않기 때문에 유위라고 해선 안 될 것이며, 욕낙을 따라서 현전하거나 현전하지 않기 때문에 무위라고 해선 안 될 것이다. 왜냐하면 무취제온無取諸蘊은 욕락하는 것에 따라서 현전하거나 현전하지 않지만 무위는 그렇지 않고 상주하기 때문이다'고 하였다"고 하였다.

[68c03] [《鈔》] 今言不異明卽是常者, 問: 龍樹論釋, 本覺常住心念, 始覺無常住心念. 何以此云明卽是常. 答: 始覺具二種義; 一, 與本覺非異義, 卽常住也. 二, 與本覺非一義, 卽無常也. 此[508]據前義, 彼據後義, 故不相違. 言義同有爲者, 義同相宗定相有爲故.

506 《大般涅槃經》 권제2 〈壽命品〉 제1-2(T12, 374b21).

507 《演義鈔》 권제45(T36, 0345c).

508 底本에는 "以", 교감 주 및 《金澤寫本》 참조 수정.

[초] '여기서 다르지 않다고 말한 것은 곧 상주임을 밝힌 것이다'[509]고 한 것은, 묻는다. 용수보살은 《논》에서 '본각本覺은 상주하는 심념이고, 시각始覺은 상주함이 없는 심념'이라고 해석했는데 어째서 여기서는 상주임을 밝힌 것이라고 했는가?

답한다. 시각始覺은 두 가지의 뜻을 갖추고 있다. 첫째는 본각과 다르지 않은 뜻이니 곧 상주인 것이고, 둘째는 본각과 하나가 아닌 뜻이니 곧 무상無常이다. 이것은 앞의 뜻에 의거하고 저것은 뒤의 뜻에 의거한 것이다. 그러므로 상위하지 않다.

'뜻은 유위와 같다'고 한 것은 뜻이 상종에서 '결정코 상이 유위이다'고 한 것과 동일하기 때문이다.

[68c07] ○言不應宣說如來定是有爲定是無爲者, 故下《疏》(第九上半二十四紙內)云: "是知寂然不動, 未曾無爲, 應迹無方, 未曾有爲. 豈可隨於見聞, 以滯殊應之迹."

○ '여래는 결정코 유위라거나 결정코 무위라고 널리 말해선 안 된다'[510]고 한 것은 그러므로 아래 《소》[511](제9권 상반 24쪽 내)에서 "이로써 적연하여 동요하지 않으나 무위인 적이 없고, 자취에 응현하여 방소가 없으나 유위인 적이 없다는 것을 알 수 있다. 어찌 보고 듣는 데에 따라서 달리 응현하는 자취에 막히겠는가?"고 하였다.

---

509 《演義鈔》 권제9(T36, 067a17).

510 《演義鈔》 권제9(T36, 067b07).

511 《大疏》 권제50 〈如來出現品〉 제37(T35, 885a10).

### d. 돈교頓敎

[68c11] [《疏》] 無佛無不佛等者,《鈔》有兩解; 一云, 單重遣拂也. 二云, 無佛者寂也. 無不佛者照也. 無生者一切法不生也, 相本盡也, 無不生者般若生, 性本現也.

[소] '불이 없고 불이 아님도 없다'[512] 등은《초》에 두 가지 해설이 있다. 첫째 해설은 홑·겹으로 보내고 털어낸 것이다. 둘째 해설은 '불이 없다'는 것은 적멸이고 '불이 아님도 없다'는 것은 관조이다. '생함이 없다'는 것은 일체법이 생하지 않는 것이니 상이 본래 다한 것이며, '생하지 않음이 없다'는 것은 반야가 생한 것이니 성은 본래 현전하는 것이다.

[68c14] [《鈔》] 況心所變者, 五蘊法也. 故經云; "心如工畫師, 能畫諸世間, 五陰悉從生, 無法而不造."

[초] '하물며 마음으로 변화된 것이겠는가'[513]라는 것은 오온법이다. 그러므로 경에서 "마음은 화가와 같아서 모든 세간을 그린다. 오음이 다 좇아 생겨나니 어떤 법도 조작되지 않은 것이 없다"[514]고 하였다.

[68c15] ○言離言說相等, 離三假相, 滿三實德, 建立體眞如也. 離四種言說假相,

---

512 《大疏》 권제2 (T35, 513a17).

513 《演義鈔》 권제9(T36, 067c02).

514 《華嚴經》〈夜摩宮中偈讚品〉 제20(T10, 102a21).

滿畢竟平等實德, 離一種名字假[515]相, 滿無有變易實德, 離九種心緣假相, 滿不可破壞實德.

○'언설言說의 상을 벗어나고'[516] 등이라고 한 것은 세 가지 가상假相을 벗어나고 세 가지 실덕을 만족하여 '체진여體眞如'를 건립한 것이다. 4종류 언설의 가상을 벗어나면 필경에 평등한 실덕을 만족하고 한 종류의 명자의 가상을 벗어나면 변역이 없는 실덕을 만족하며 9종류의 심연心緣의 가상을 벗어나면 파괴할 수 없는 실덕을 만족한다.

[68c19] ○言唯是一心者, 結歸所入法也,[517] 故名眞如者, 結歸能入門也. 言亦通四法界皆不可說故等者, 問: 頓教分齊, 但彰理法界, 何故此云四法界也? 亦違上文云, '但諸經中一向辨眞性處, 卽屬頓教也.' 答: 有二解; 一云, 正辨理法界, 餘三法界, 因便言之. 二云, 攝四法界, 咸歸一理故.

○ '오직 일심一心일 뿐이다'고 한 것은 소입所入의 법으로 결론지어 귀속시킨 것이고, '그러므로 진여라고 이름한다'고 한 것은 능입能入의 문으로 결론지어 귀속시킨 것이다.

'또한 사종 법계가 모두 불가설에 통하기 때문'이라고 한 것은, 묻는다. 돈교의 분제는 다만 이법계理法界만을 드러낼 뿐인데, 어째서 여기서는 사종 법계라고 하는가? 또한 위의 문장에서 '다만 모든 경전에서 줄

515　底本에는 "似",《金澤寫本》참조 수정.

516　《演義鈔》권제9(T36, 067c06). 아래도 동일.

517　底本에는 "者, 結歸所入法也."의 7자가 없다. 교감주 및《金澤寫本》참조 보충.

곧 진성만을 변별한 곳은 곧 돈교에 귀속시킨다'고 한 것에도 어긋난다.

답한다. 두 가지 해석이 있다. 첫째는 바로 '이법계'를 변별한 것이고, 나머지 삼종 법계는 편리를 틈타서 말한 것이다. 둘째는 사종 법계를 거둔 것이니 다 같이 하나의 이치로 귀속되기 때문이다.

[68c24] [《鈔》] 無[518]有一法非實相故者, 仍恐未詳,[519] 借一喩明. 如衆波浪,(事法界也.) 其水澄淸,(理法界也.) 波水相収.(事理無礙法界也.) 諸波互藉,(事事無礙法界也.) 無非濕性.(無非實相歸絶待理.) 是知借圓崇信, 成頓教義, 妙之至也.

[초] '어떤 한 법도 실상實相이 아닌 것이 없기 때문에'[520]라는 것은 아직 자세히 알지 못할까 싶어 비유 하나를 빌려 밝히겠다. 예컨대 수많은 파도들이(사법계) 그 물은 맑고 깨끗하여(이법계) 파도와 물이 서로를 거둔다(이사무애법계). 모든 파도들이 서로를 의뢰하되(사사무애법계) 습한 성질이 아닌 것이 없다(실상은 절대이치로 귀결하지 않음이 없다). 이로써 원종의 숭고한 신심을 빌려서 돈교의 뜻을 이루었음을 알 수 있으니, 묘함이 지극하다.

[69a03] ○言謂以心傳心等者, 心卽本覺一心也. 傳[521]者, 師資相望也. 故圭峯云: "然達磨西來唯傳心法. 故自云我法以心傳心, 不立文字. 此心是一切衆生淸淨本

518 底本에는 없음.《金澤寫本》참조 보충

519 《金澤寫本》에는 "昧"로 되어 있다.

520 《演義鈔》 권제9(T36, 067c21).

521 底本에는 "心+傳",《金澤寫本》참조 "傳"으로 수정.

覺, 亦名佛性, 或云靈覺. 迷起一切煩惱, 煩惱[522]亦不離此心. 悟起無邊妙用, 妙用[523]亦不離此心. 妙用煩惱功過雖殊, 在悟起迷, 此心不異. 欲求佛道, 須[524]悟此心. 故歷代祖宗唯傳此也. 然若感應相契, 則雖一燈傳百千燈, 而燈燈無殊. 若機教不投,[525] 則雖一音演法, 而各隨解. 故諸宗異說, 過在後人." 卽其義也.

○ '말하자면 마음으로써 마음을 전하는 등'[526]이라고 한 것은 마음은 곧 본각일심本覺一心이다. '전한다'는 것은 스승과 제자가 서로 마주하는 것이다. 그러므로 규봉종밀이 "그러나 달마대사는 서쪽에서 와서 오직 심법心法만을 전하였다. 그러므로 스스로 '나의 법은 마음으로써 마음을 전하고 문자를 세우지 않는다'고 한 것이다. 이 마음은 일체 중생의 청정본각이니, 또한 '불성'이라고도 하며, 혹은 '영각靈覺'이라고 한다. 미혹은 일체의 번뇌를 일으키지만 번뇌가 또한 이 마음에서 벗어나지 않으며, 각오가 끝없는 묘한 작용을 일으키지만 묘한 작용이 또한 이 마음에서 벗어나지 않는다. 묘용과 번뇌는 공덕과 과실이 비록 다를지라도 각오에 있든 미혹을 일으키든 마음은 다르지 않다. 불도를 구하고자 하면 반드시 마음을 깨달아야 한다. 그러므로 역대 조사와 종사들이 오직 이것만을 전했다. 그러나 감득과 응현이 서로 계합되는 경우라면 곧 하나의 등불로 백천의 등불에 전해진다 해도 등불마다 차이가 없

522 底本에는 "煩惱"의 2자가 없다.《金澤寫本》및《師資承襲圖》참조 보충.

523 底本에는 "妙用"의 2자가 없다.《金澤寫本》및《師資承襲圖》참조 보충.

524 底本에는 "唯",《金澤寫本》에는 "雖",《師資承襲圖》참조 수정.

525 底本에는 "授",《金澤寫本》및《師資承襲圖》참조 수정.

526 《演義鈔》권제9(T36, 067a02).

고, 근기와 가르침을 보내지 않는 경우라면 한 음성으로 법을 연설했더라도 각각이 이해한 것에 따른다. 그러므로 여러 종에서 달리 말한 것이니 과실이 후학들에게 있다"[527]는 것이 곧 그 뜻이다.

[69a12] ○言心無心相卽安心者, 古師偈曰: "實相言思斷, 眞如絶見聞, 此是安心處, 異學徒云云." 又[528]二祖白達磨曰: "我心未寧, 乞[529]師與安." 師曰: "將心來與汝安." 曰: "覓心了不可得." 師曰: "我與汝安心竟." 卽思義也.

○ '마음에 심상心相이 없는 것이 곧 안심安心'[530]이라고 한 것은 옛 사師가 게송으로 "실상은 말과 생각이 끊어졌고, 진여는 보고 듣는 것이 끊어졌으니 이것이 안심처이다. 다른 학도들은 운운"이라고 하였다.

또, 2조(혜가)가 달마에게 말했다.

"제 마음이 편안하지 못합니다. 대사께서 편안케 해주십시오."

대사가 말했다.

"네 마음을 가져와라. 내가 편안하게 해주겠다."

대답하였다.

"마음을 찾아봐도 끝내 찾을 수가 없습니다."

대사가 말했다.

"내가 너에게 마음을 편안하게 해줬다."

527 宗密,《師資承襲圖》(X63, 033).

528 底本에는 "又+又",《金澤寫本》 참조 "又"로 수정.

529 底本에는 "是",《金澤寫本》 참조 수정.

530 《演義鈔》 권제9(T36, 068a08).

곧 생각해 보라.

[69a16] ○言念相都盡者, 望念之相咸除也. 或念目[531]無明, 相目四相也.

○ '염상念相이 모두 다했다'[532]고 한 것은 염의 상을 마주하여 모두 다 제거한 것이다. 혹은 염은 무명을 가리키며 상은 사상四相을 가리킨다.

[69a18] ○言寂照現前豈不名佛者, 始自發心乃至成佛, 唯寂唯照, 不變不斷. 但隨地[533]位, 名義稍殊. 謂約了悟時, 名爲理智,(理卽寂也, 智[534]卽照也.) 約[535]發心修時, 名爲止觀,(止息[536]塵緣, 契於寂也. 觀照性相, 冥於照也.) 約任運成行, 名爲定慧,(因止緣功融定, 定者寂然不變也. 因觀照功發慧,[537] 慧者照無分別也.) 約煩惱都盡, 功行圓滿, 成佛之時, 名爲菩提涅槃.(菩提梵語, 此翻爲覺, 卽是照也. 涅槃梵語, 此翻爲滅, 卽是寂也.) 當始自發心乃至成佛, 唯寂唯照也.

○ '적멸과 관조가 현전하면 어찌 불佛이라고 이름하지 않겠는가?'라고 한 것은 처음에 발심에서부터 성불에 이르기까지 오직 적멸이고 오직 관조이며 변하지도 끊어지지도 않는다. 그런데 지위에 따라 명칭과 의

531 底本에는 "自",《金澤寫本》 참조 수정.

532 《演義鈔》 권제9(T36, 068a11). 아래도 동일.

533 底本에는 "他",《金澤寫本》 참조 수정.

534 底本에는 "知",《金澤寫本》 참조 수정.

535 底本에는 "終",《金澤寫本》 참조 수정.

536 底本에는 "卽",《金澤寫本》 참조 수정.

537 底本에는 "是心",《金澤寫本》 참조 수정.

미가 조금씩 달라진다. 말하자면 분명히 알아 깨닫는 때에 한정하여 '이지理智'라고 하고(이치는 곧 적멸이고, 지혜는 곧 관조이다), 발심하여 수행하는 때에 한정하면 '지관止觀'이라고 하며(진연塵緣을 그치고 쉬어 적멸에 계합되고, 성상性相을 관조하여 각조에 명합한다), 마음껏 수행을 이룬 것에 한정하여 '정혜定慧'라고 하고(연을 그친 공력을 통해 선정에 녹아드니, 선정은 적연하여 불변한다. 관조의 공력을 통해 지혜를 내니 지혜는 비추면서 분별함이 없다), 번뇌가 모두 다하여 공행이 원만하고 성불하는 때에 한정하여 '보리열반'이라고 한다(보리는 범어이니 번역하면 '각覺'이라고 하니, 곧 비춤이다. 열반은 범어이니 번역하면 '멸'이라고 하니, 곧 적멸이다). 당연히 처음 발심에서부터 성불에 이르기까지 오직 적멸이고 오직 관조이다.

[69b01] ○言心有也曠劫而滯凡夫至刹那而登正覺者, 直說難明, 應擧喩顯. 如有大官(佛性)夢(迷也.)在牢獄,(二界) 身(本識)著枷鏁,(貪愛) 種種憂苦,(一切業報) 百計求出.(問法勤修.) 遇[538]人喚起,(善知識敎) 忽然覺悟.(聞法開心) 方見自身,(法身眞我) 元在自家,(《淨名》云, '畢竟空寂舍.') 安樂(寂滅爲樂)富貴.(體上本有河沙功德) 與諸朝寮, 都無[539]別異.(同諸佛性) 以在眠心之時, 恒處獄中, 暫得覺悟之後, 卽居高位. 法喩相對, 俱[540]然可知. 言非了心空不生[541]於了耳者, 遮癡禪也. 但不生於常無常之解, 豈不生於寂滅寂[542]靜之解耶? 問: 所生之解, 從何而生? 此門眞理, 唯

538 底本에는 "過",《金澤寫本》 참조 수정.

539 底本에는 없음. 교감 주 및 《金澤寫本》 참조 보충.

540 《金澤寫本》에는 "昭"인 듯하다.[세필주]

541 底本에는 "空不生"의 3자가 없다. 《金澤寫本》 참조 보충.

542 底本에는 없음. 《金澤寫本》 참조 보충.

不變故. 通釋此難, 已上上章.

○ '마음이 있으면 광겁曠劫 동안 범부에 막혀 있고, 마음이 없으면 찰나에 정각에 오른다'는 것은 직설한 것이어서 밝히기 어려우니 비유를 들어서 드러내겠다. 예컨대, 대관大官(불성이다)이 꿈속(미혹이다)에서 감옥에 갇혀 있으면서(2계이다) 몸(본식이다)에는 쇠고랑을 차고 있어(탐애이다) 갖가지로 근심하고 고통스러웠다(모든 업보이다). 온갖 계책으로 나갈 방법을 구했는데(법을 묻고 부지런히 수행하는 것이다) 사람이 불러 일으켜 줌을 만나(선지식의 가르침이다) 홀연히 깨어나서야(법을 듣고 마음이 열렸다) 비로소 자신의 몸이 원래 자기 집에 있었다는 것을 알았다(《정명경》[543]에서는 '필경에 공적한 집'이라고 하였다). 안락하고(적멸이 안락이다) 부귀하여(체성의 자리에 본래 항하사와 같은 공덕이 있다) 여러 관료 백관들과 도무지 별다른 차이가 없었다(불성과 같다). 수면심에 있을 때에는 항상 감옥 속에 처하고, 별안간 깨어나게 된 뒤에는 높은 지위에 거한 것이다. 법과 비유를 서로 마주하면 모두 그러함을 알 수 있다.

'마음이 공적함을 분명하게 아는 것이 아니라 분명하게 아는 것을 내지 못한 것일 뿐이다'고 한 것은 어리석은 참선을 차단한 것이다. 다만 상주함과 무상함에 대한 이해를 내지 못했다고 해서 어찌 적멸과 적정에 대한 이해를 못 내겠는가?

묻는다. 소생의 이해는 무엇으로부터 생기는가?

답한다. 이 문의 진리는 오직 불변뿐이기 때문이다. 이 논란을 통석하

543 《淨名經》〈佛道品〉 제8(T14, 0549c)의 게송.

였다. 이상은 위의 장이다.

[69b10] ○言還被無生之所纏縛者, "故古人云, '無生終不住,[544] 萬像徒流布, 若作無生解, 還被無生固[545].' 卽斯言也.

○ '도리어 무생無生에 얽혀 묶이게 된다'[546]고 한 것은 "그러므로 고인이 (게송으로), '무생無生은 끝내 머물지 않고, 만상萬像은 한갓 유포될 뿐이다. 만일 '무생'이라는 이해를 지으면 도리어 무생으로 굳어지게 된다'고 하였다"[547]고 한 것이 이 말이다.

[69b13] ○言唯亡言者可與道合等者, "卽什公〈悟玄序〉, 次[548]前云, '夫玄道不可以設功得, 聖智不可以有心知,[549] 眞諦不可以存我會, 至功不可以營事爲.' 今《鈔》[550]卽以[551]下之言. 此上二對, 反顯難思,《鈔》文所引, 卽順明難思. 亡言[552]者捨筌蹄也, 虛懷者離取著也, 冥心者不已[553]見也, 遣智者泯能證也. 道理眞聖大同小異,

544 底本에는 "性",《金澤寫本》 및 《演義鈔》 참조 수정.

545 底本에는 "顧故",《金澤寫本》에는 "故顧",《演義鈔》에는 "顧" 또는 "故",《종경록》에는 "固", 문맥상 "固"로 수정.[역자 주]

546 《演義鈔》 권제9(T36, 068a28). 아래도 동일.

547 《演義鈔》 권제37(T36, 283a08).

548 《演義鈔》에는 "其前文云"으로 되어 있다.

549 底本에는 "智",《金澤寫本》 및 《演義鈔》 참조 수정.

550 《演義鈔》에는 "疏"로 되어 있다. 아래도 동일.

551 《演義鈔》에는 "次"로 되어 있다.

552 底本에는 없음.《金澤寫本》 참조 보충.

553 底本에는 "己",《金澤寫本》 및 《演義鈔》 참조 수정.

然上三卽法, 後一約人. 道者虗通, 卽前玄道, 理以簡於事, 卽前至[554]功所契. 眞簡於俗, 卽前眞諦, 聖簡於凡, 卽前聖智. 故有心不契, 遣智方知. 若有契合, 復應拂迹故. 彼次云, 雖云道合, 無心於合, 合者合焉. 雖云聖同, 不求於同, 同者同焉. 無心於合, 則無合無散, 不求於同, 則無同[555]無異. 超[556]非於百非之外, 非所不能非焉, 忘[557]是於萬是之內, 是所不能是焉. 非所不能非, 則無非矣, 是所不能是, 則非是矣. 無異無同, 故怨[558]親無二. 無是無非, 則毁譽常一. 夫然[559]則幾[560]於道矣.[561] 今略引二對, 足令得意."

○ '말을 잊은 자라야 도와 합해질수 있고'라고 한 것은 "곧 구마라집 공의 〈오현서悟玄序〉이니, 다음 앞의 문장에서 '현묘한 도는 공력을 시설하여서는 얻을 수 없고, 성스런 지혜는 마음을 두고서는 알 수 없으며, 진제眞諦는 아상을 두고서는 회통하지 못하고, 지극한 공덕은 사법을 경영하여서는 할 수 없다'고 하였으니, 지금 《초》[562]는 곧 이 아래의 말이다. 이 위의 두 가지 대구는 '생각하기 어려움'을 반대로 드러낸 것이고, 《초》의 문장에서 인용한 것은 곧 '생각하기 어려움'을 수순해서 밝힌 것

554 底本에는 "玉", 《金澤寫本》 및 《演義鈔》 참조 수정.

555 底本에는 "無同"의 2자가 없다. 《金澤寫本》 및 《演義鈔》 참조 보충.

556 底本에는 "起", 《金澤寫本》 및 《演義鈔》 참조 수정.

557 底本에는 없음. 《金澤寫本》에는 "亡" 및 《演義鈔》 참조 "忘"으로 보충.

558 底本 및 《金澤寫本》에는 "惡", 교감 주 및 《演義鈔》 참조 수정.

559 底本에는 "天然", 《金澤寫本》에는 "天無然", 《演義鈔》 참조 "夫然"으로 수정.

560 底本에는 "機", 《金澤寫本》 및 《演義鈔》 참조 수정.

561 底本에는 "契", 《金澤寫本》 및 《演義鈔》 참조 수정.

562 인용 원문에는 "소"로 되어 있으나 지금은 "초"에 인용된 문장을 해설하는 것이므로 선연이 바꿔서 쓴 것으로 보인다.

이다.

'말을 잊은 것'은 통발과 올무를 버린 것이고, '마음을 비운 것'은 취착심을 떠난 것이며, '마음에 명합한 것'은 이미 보지 않는 것이고, '지혜를 보낸 것'은 능증能證을 없앤 것이다. 도리와 진성眞聖은 대동소이하지만 위의 세 가지는 곧 법이고, 뒤의 하나는 사람에 한정한 것이다. '도'는 텅 비어 통하니 곧 앞의 '현도'이고, '이치'는 사법과 가려낸 것이니 곧 앞의 '지공至功이 계합하는 대상'이며, '진'은 세속과 가려낸 것이니 곧 앞의 '진제'이고, '성'은 범부와 가려낸 것이니 곧 앞의 성지聖智이다.

그러므로 마음을 두면 계합하지 못하고 지혜를 보내야만 비로소 알 수 있다. 만일 계합이 있으면 또다시 자취를 털어내야 하기 때문에 저기서 다음으로 말하여 '비록 도에 합치된다고 했지만 합하는데 마음이 없어야 합한 것이 합하는 것이며, 비록 성지와 같다고 하더라도 같아지기를 구하지 않아야 같아진 것이 같다. 합하는 데 무심하면 합함도 흩어짐도 없다. 같아지기를 구하지 않는다면 같아짐도 없고 다름도 없다. 백 가지 그름 밖에서 그름을 초월해야 그름도 그릇되지 않는 것이고, 만 가지 옳음 안에서 옳음을 잊어야 옳음도 옳지 않은 것이다. 그름이 그릇되지 않다면 그름이 없고, 옳음이 옳지 않다면 옳음이 아닌 것이다. 다름도 같음도 없으므로 원수나 친척이 둘이 없으며, 옳음도 없고 그름도 없으니 훼손도 명예도 항상 하나인 것이다. 그렇다면 도에 가까울 것이다. 지금 간략하게 두 가지 대구를 들었으나 득의하는 데는 충분하다."[563]

---

563 《演義鈔》 권제32(T36, 0249a08)를 인용.

[69c04] ○言淨名默住等者, 問: 默住無言乃證頓教, 豈相愜當. 答: 但令生解, 卽是其教, 不須言說. 淸涼云: "語默視瞬皆說"也.

○ '정명淨名은 묵묵히 머물렀다'[564] 등은, 묻는다. 묵묵히 머물고 말이 없는 것은 바로 돈교를 인증하는 것인데 어찌 서로 흡족하게 맞겠는가?

답한다. 이해를 내게만 하면 곧 교이니, 언설이 불필요하다. 청량이 "말하고 침묵하고 바라보고 잠깐 보는 모두가 설법이다"[565]라고 하였다.

#### e. 원교圓教

[69c07] [《鈔》] 十身十忍十眼十通者, 十身十眼, 已見上文. 十定之名, 今雖不標, 各[566]有本品, 故略顯示. 言十定者, "定謂心一境性, 十是數之圓極. 以普賢深定妙用無涯, 寄十以顯無盡, 故云十定. 然此十定皆云大者, 因滿之定稱[567]法界故. 一普光大三昧, (身心業用包遍, 爲普. 智照自在, 名光.) 二妙光大三昧, (身智遍照, 名光, 勝用交[568]映, 爲妙.) 三次第遍往諸國土大三昧, (十方無餘之刹, 皆至入定爲遍往. 往無雜亂, 不礙時節, 歷然爲次第. 以智用如[569]理, 本自遍故.) 四淸淨深心行大三昧, (明達諸法本自淸淨, 離於想念, 契理深心. 依此起用, 遍供諸佛, 請法起說,[570]

564 《演義鈔》 권제9(T36, 068b04).

565 《演義鈔》 권제12(T36, 094a09).

566 底本에는 "名",《金澤寫本》 참조 수정.

567 底本에는 "性",《金澤寫本》 및《大疏》 참조 수정.

568 底本에는 "大",《金澤寫本》에는 "之",《大疏》 참조 수정.

569 《金澤寫本》에는 "妙"로 되어 있다.

570 底本 및《金澤寫本》에는 "行",《大疏》 참조 수정.

名之爲行.) 五知過去莊嚴藏大三昧, (佛出劫刹等事, 皆名莊嚴. 過去門中, 包此事盡爲藏.) 六智光明藏大三昧, (未來藏中, 包含諸佛及佛法[571]等, 名之[572]爲藏. 智慧徹照, 稱曰光明.) 七了知一切世界佛莊嚴大三昧, (現在諸佛作用, 衆會身相益物, 皆曰莊嚴. 橫遍十方, 故曰一切. 現可目[573]覩, 故[574]不云藏.) 八知一切衆生差別身大三昧. (於差別衆生, 其身內外, 入定起定皆自在. 雖通三種世間, 從多但云衆生. 前後諸定皆從多說.)" "觀識如[575]幻, 想[576]如焰, 受如夢, 聲如響, 行如電, 色如化. 總觀一切蘊·界·處等畢竟空故, 猶如虛空." 雖通此別意, 經文之中, 總喩一切世間出世間法, 以皆從緣無自性故, 如幻等虛而不實. 雖無有實, 非無幻化種種之相, 如一切法雖空, 不斷不壞假名, 二而不二, 喩中道義. "若依《攝論》第五, 八喩皆喩依他起性, 然竝爲遣疑. 所疑不同故, 所喩亦異. 一以外人聞依佗起相, 但是虛妄分別有, 非眞實義, 遂卽生疑云, 若無實義, 何有所行境界? 故說如幻. 謂幻者幻作所[577]緣, 六處豈有實耶[578]? 二疑云, 若無實, 何有心心法轉? 故說如焰. 漂動非水似水, 妄有心轉. 三疑云, 若無實, 何有愛非愛用, 故說如夢, 夢中實無男女, 而有愛非愛用. 覺時亦爾. 四疑云, 若無實. 何有戱論言說, 故說如響, 實無有聲, 聽者謂有. 五疑云, 若無實, 何有善惡業果? 故說如影, 謂如鏡影像, 故亦非實. 六疑云, 若無實, 何以菩薩作利樂事, 故說如化, 謂變化者雖知不實, 而作化事, 菩薩亦爾. 然彼

---

571 底本에는 "此", 《金澤寫本》 및 《大疏》 참조 수정.

572 底本에는 "云", 《金澤寫本》 및 《大疏》 참조 수정.

573 底本에는 "日", 교감 주, 《金澤寫本》, 《大疏》 참조 수정.

574 底本 및 《金澤寫本》에는 "故+曰", 교감 주 및 《大疏》 참조 수정.

575 底本 및 《金澤寫本》에는 "觀識如"의 3자가 없다. 《大疏》 참조 보충.[역자주]

576 底本 및 《金澤寫本》에는 "相", 《大疏》 참조 수정.

577 底本 및 《金澤寫本》에는 "所作", 《演義鈔》 참조 도치.

578 底本에는 "非", 《金澤寫本》 참조 수정.

論無空喩, 而有影喩, 喩鏡像. 更有映質光影喩, 喩種種識無實. 又有水月喩, 喩定地境界無實. 今經以義類同故, 合[579]在影中, 至[580]文當知."

[초] '십신十身, 십인十忍, 십안十眼, 십통十通'이라는 것은 십신十身과 십안十眼은 이미 위 글에서 밝혔고, 십정十定의 명칭은 지금 표방하지는 않았지만 각각 본 〈품〉이 있기 때문에 간략히 현시하겠다.

'십정十定'이라고 한 것은 "정定은 마음이 하나의 경계인 성을 말하고 10은 숫자의 원극圓極을 말한다. 보현보살이 깊은 선정과 묘한 작용이 무애하기 때문에 10에 의탁해서 무진함을 드러낸 것이다. 그러므로 '십정'이라고 한다. 그런데 이 '십정'을 모두 '대'라고 한 것은 인위가 원만해진 선정은 법계와 걸맞기 때문이다.

①보광 대삼매(몸과 마음의 업용이 포괄하여 변만한 것을 '보'라고 하고, 지혜로 비춤이 자재한 것을 '광'이라고 한다)요,

②묘광 대삼매(몸과 지혜가 두루 비추는 것을 '광'이라고 하며 수승한 작용이 서로 어우러져 비추는 것을 '묘'라고 한다)요,

③차례대로 모든 국토에 변만하게 가는 대삼매(시방에 남김 없는 찰토에 모두 이르러 입정하는 것을 '변만하게 간다'고 하며, 가는 것이 잡란함이 없고 시절에 구애받지 않으며 또렷하게 차례대로이다. 이 지혜의 작용과 진여의 이치가 본래 저절로 변만하기 때문이다)요,

④청정심심행 대삼매(모든 법이 본래 자체적으로 '청정하다'는 것을 밝게 통달

---

579 底本에는 "令", 《金澤寫本》 참조 수정.

580 底本에는 "經", 《金澤寫本》 참조 수정.

하여 상념想念을 벗어나서 이치에 계합된 '심심甚深한 마음'이 이것을 의지하여 작용을 일으키며, 모든 부처님을 변만하게 공양 올리고, 법을 간청하여 설법을 일으키는 것을 '행'이라고 한다)요,

⑤과거장엄장을 아는 대삼매(부처님이 념겁과 찰토 등에 출현하는 일을 모두 '장엄'이라고 한다. 과거의 문에서 이 일을 포함하여 다한 것을 '장'이라고 한다)요,

⑥지광명장 대삼매(미래의 장藏에서 모든 불과 불법 등을 포함하는 것을 '장'이라고 하며, 지혜로 꿰뚫어 비추는 것을 '광명'이라고 일컫는다)요,

⑦일체세계불의 장엄을 분명히 아는 대삼매(현재의 제불이 여러 회상에서 몸과 모습으로 작용하여 중생을 이롭게 하는 것을 '장엄'이라고 하고, 공간적으로 시방에 변만하기 때문에 '일체'라고 하며, 시현을 목도할 수 있기 때문에 '장'이라고는 하지 않는다)요,

⑧일체 중생의 차별된 몸을 아는 대삼매(차별된 중생의 그 몸 안팎에서 입정과 출정이 모두 자재하다. 비록 삼종 세간에 통하지만 다수를 좇아 '중생'이라고만 한 것이다. 앞뒤의 모든 선정이 다 다수를 좇아 말했다)이다."[581]

"'식識'은 환상과 같고, '생각(想)'은 불꽃과 같으며, '감수(受)'는 꿈과 같고, '소리(聲)'는 메아리와 같으며, '행(行)'은 번개와 같고, '색신(色)'은 화신과 같다고 관찰하며, 일체의 온蘊·처處·계界' 등이 필경에 공하기 때문

581 《大疏》 권제45 〈十定品〉 제27(T35, 842b02)을 요약 정리. 그런데 '十定' 가운데 뒤의 제9定과 제10定에 관한 설명이 생략된 채 바로 '十忍'에 관한 설명으로 이어진 것으로 볼 때 중간의 몇 문장 즉, '九於眼等十八界自在入出. 又知事法界邊際. 與理法界無礙自在故. 十無礙輪者. 三輪攝化皆自在故. 又得十無礙滿佛果故. 無盡大用一一無礙. 皆悉圓滿能摧伏故. 尋初後際不得邊故'를 요약한 내용이 빠진 듯하다.[역자 주]

에 허공과 같다고 총체적으로 관찰한다."[582] 비록 이런 개별적인 의미에 통하지만 경문에서는 총체적으로 일체의 세간법과 출세간법이 모두 연을 쫓아서 자성이 없기 때문에 마치 환상 등이 허망하고 실답지 못한 것과 같다고 비유하였다. 비록 실다움은 없더라도 환으로 변화한 갖가지 상이 없는 것은 아니니, 마치 일체법이 비록 공하더라도 단멸하지도 않고, 가명을 무너뜨리지도 않아서 둘이면서 둘이 아닌 것으로 중도의 뜻을 비유한 것과 같다. "《섭론》 권제5에 의거하면, 여덟 비유가 모두 의타기성을 비유한 것이지만 아울러 의심을 보내기 위해서이다. 의심의 대상이 다르기 때문에 비유의 대상이 또한 다르다.

첫째는 외부인이 의타기의 상이 다만 허망한 분별로 있는 것이고, 진실한 뜻은 없다고 들으면 마침내 의심을 내어 '진실한 뜻이 없다면 무슨 닦을 바 경계가 있겠는가'라고 한다. 그러므로 '환과 같다'고 설한 것이니, 말하자면 환으로 만든 소연所緣인데 6처가 어찌 진실함이 있겠는가.

둘째 의심은 진실함이 없다면 무슨 심과 심소법이 있어서 전변하는가. 그러므로 '불꽃과 같다'고 말한 것이니, 표류하며 움직이는 것은 물이 아니지만 물과 유사하듯이 이 허망하게 있는 마음이 전변한다.

셋째 의심은 진실함이 없다면 무슨 좋아함과 좋아하지 않음의 작용이 있겠는가. 그러므로 '꿈과 같다'고 설하였다. 꿈속에는 실제 남녀가 없지만 사랑하고 사랑하지 않는 작용은 있다. 깨어있을 때가 또한 그렇다.

넷째 의심은 진실함이 없다면 무슨 희론과 언설이 있겠는가. 그러므로 '메아리와 같다'고 한 것이니, 실제로 소리가 없지만 듣는 사람은 있

582 《演義鈔》 권제46 〈十忍品〉 제29(T35, 852b29)를 인용. 바로 아래 인용문도 동일.

다고 여기는 것이다.

다섯째 의심은 진실함이 없다면 무슨 선악의 업과가 있겠는가. 그러므로 '그림자와 같다'고 한 것이니, 말하자면 거울의 영상과 같다. 그러므로 실재하는 것이 아니다.

여섯째 의심은 진실함이 없다면 어떻게 보살은 이롭고 안락하게 하는 일을 일으키겠는가. 그러므로 '변화와 같다'고 한 것이니, 말하자면 변화는 실답지 않음을 알면서도 변화된 일을 짓는다. 보살이 또한 그러하다.

그러나 저 《섭론》에는 허공의 비유는 없고 영상의 비유가 있어 거울의 영상을 비유하였고, 다시 영상의 바탕 비유와 광명의 그림자 비유가 있어 갖가지 식識이 실제가 없음을 비유하였고, 또한 물속의 달 비유가 있어 선정지禪定地의 경계가 실제가 없음을 비유했다. 지금 경전은 뜻의 부류가 같은 것으로 영상의 비유에 합해 두었으니 문장에 이르면 알 것이다."

④ 총상으로 회통함(總相會通)

가. 총체적으로 표방함(總標)

[70a17] [《疏》] 第四總相會通者, 問: 旣賢首五教爲是, 餘師皆非是者, 卽収揀. 何須委曲和會? 答: 良以古今開合或二或三等, 皆憑教理, 悉非邪僻. 但緣各皆黨己爲是, 斥彼非, 彼此確定, 故須和會. 問: 旣皆非邪僻, 卽各任確定, 何須會之?

答: 至[583]道歸一, 精義無二, 不應兩存. 至道非邊, 了義不偏,[584] 不應單取, 必會之[585]令皆妙. 問: 以氷雜火, 勢不俱全. 將矛刺楯. 功不雙勝. 諸宗所執, 旣互相違. 一是則有一非, 如何會令皆妙? 答: 俱[586]存其法, 俱遣其病, 卽皆妙也. 謂法就人卽難, 以人就法卽易. 人多隨情斥執, 卽相違. 誠如氷火相和, 矛楯相敵, 故違難也. 法本稱理互通, 通則互順. 自然凝[587]流皆水, 環釧皆金故. 亦也擧要而言, 局之則皆非, 會之則皆是, 故立斯門, 不徒然矣.

[소] '네 번째 총상總相으로 회통함'[588]은, 묻는다. 이미 현수의 5교가 옳고, 다른 사들은 모두 옳지 않다면 곧 가려서 거둔 것인데, 어째서 곡진하게 서로 응하여 회통할 필요가 있겠는가?

답한다. 정말로 고금에 2교 또는 3교로 개합한 것은 모두 교리에 기댄 것이어서 다 삿되거나 편벽된 것은 아니지만 각각 모두 붕당으로 자신은 옳고 다른 이들은 그르다고 배척함을 반연하여 피차간이 확정되었기 때문에 회통하여 이해할 필요가 있다.

묻는다. 이미 모두 삿되거나 편벽된 것이 아니고 곧 각각 마음대로 확정한 것이라면 무슨 회석할 필요가 있겠는가?

답한다. 지극한 도는 하나로 돌아가고 정묘한 뜻은 둘이 없지만 양존하지는 못하며, 지극한 도는 한계가 없고 궁극의 뜻은 치우치지 않지만

583 底本에는 "經",《金澤寫本》 참조 수정. 아래도 동일.

584 底本에는 "遍",《金澤寫本》 참조 수정.

585 底本에는 "之+之",《金澤寫本》 참조 삭제.

586 底本에는 "但",《金澤寫本》 참조 수정.

587 底本에는 "疑", 교감 주 및《金澤寫本》 참조 수정.

588 《大疏》 권제2(T35, 513a23).

홑으로 취해서는 안 되니 반드시 회통하여야 모두 절묘해진다.

묻는다. 얼음을 불과 섞으면 세력이 둘 다 온전하지 못하고 창을 가지고 방패를 찌르면 공력은 둘을 다 이기지 못한다. 여러 종파가 집착한 것이 이미 서로 어긋나게 되어 하나가 옳으면 하나는 그르게 됨이 있는데, 어떻게 회통해야 모두 묘해지겠는가?

답한다. 그 법은 둘 다 보존하고 그 병은 둘 다 버려야 곧 모두 묘해진다. 말하자면 법으로 사람에 입각하면 곧 어렵고 사람으로 법에 입각하면 곧 쉽다. 사람들은 대부분 정식精識에 따라 배척하거나 집착하니 곧 서로 어긋난다. 진실로 얼음과 불이 서로 대치하고 창과 방패가 서로 대적하는 것과 같다. 그러므로 어긋나고 논란하는 것이다. 법은 본래 이치에 걸맞고 서로 통한다. 통하면 서로 수순한다. 자연히 응고되고 흐르는 것이 모두 물이고 반지와 비녀가 모두 금인 것이다. 또한 요점을 들어 말해보면, 국한되면 모두 그르고 회통하면 모두 옳다. 그러므로 이 문을 세운 것이니 쓸데없지는 않다.

나. 별도로 해석함(別釋)

가) 여러 교를 회통함(會通諸教[五])

[70b06] [《疏》] 一大善巧攝生方便者, 攝五教而爲一教也. 故賢首《義分齊》云: "諸教相收者, 有二門; 一以本收末門, 二以末歸本門. 初中於圓教內, 或唯一圓教, 以餘相皆盡故, 或具五教, 以攝方便故. 頓教中或唯一頓教, 亦以餘相盡故. 或具四, 以攝方便故. 熟教中或一或三, 初教中或一或二, 小乘中或一, 皆准上知

之.[589] 二[590]以末歸本中, 小乘內或一, 以據自宗故. 或五, 謂於後四教, 皆有爲方便故. 初教中或一, 是自宗故.[591] 或四, 謂於後三教, 皆有作方便故. 熟教中或一或三, 頓教或一或二, 圓教中唯一, 皆准上知之. 是諸教下所明義理交絡分齊, 准[592]此思攝. 是則諸教本末句結成網, 大聖善巧, 長養機緣, 無不周盡. 是故此經云, '張大教網, 亘[593]生死海. 漉天人龍, 置涅槃岸.' 此之謂也."

[소] '일대선교一大善巧로써 중생을 섭수하는 방편'[594]이라는 것은 5교를 거둬서 하나의 교로 삼은 것이다. 그러므로 현수의 《교의분제장》[595]에서 "여러 교가 서로 거둔다는 것에 2문이 있다. 첫째는 근본으로 지엽을 거둔 문이고, 둘째는 말엽으로 근본에 돌아가는 문이다. 처음 문에서, 원교 안에는 혹은 오직 원교 1교뿐이니 나머지(4교)의 상은 모두 다했기 때문이고, 혹은 5교를 갖추고 있으니 방편을 거두기 때문이다. 돈교 가운데는 혹은 오직 돈교 1교뿐이니 또한 나머지(4교) 상은 다했기 때문이고, 혹은 4교를 갖추고 있으니 방편을 거두기 때문이다. 실교(熟教) 가운데는 1교이거나 3교이고, 초교에는 1교이거나 2교이며, 소승교는 혹은 1교이니, 모두 위를 준거하면 알 것이다.

589 底本에는 "云".《金澤寫本》및《教義分齊章》참조 수정.

590 底本에는 없음.《金澤寫本》및《教義分齊章》참조 보충.

591 底本에는 "或五, 謂於後四教, 皆有爲方便故. 初教中或一, 是自宗故."의 22자가 없다.《金澤寫本》및《教義分齊章》참조 보충.

592 底本에는 없음.《金澤寫本》및《教義分齊章》참조 보충.

593 底本 및《金澤寫本》에는 "洹".《教義分齊章》및《華嚴經》참조 수정.[역자 주]

594 《大疏》권제2(T35, 513a26).

595 《教義分齊章》권제1(T45, 482b02).

둘째 말엽으로 근본에 돌아가는 것은, 소승 내에 혹은 1교뿐이니 자종自宗에 근거한 것이고, 혹은 5교이니 말하자면 뒤의 4교가 모두 방편을 이룸이 있기 때문이다. 초교에는 혹은 1교뿐이니 자신의 종이기 때문이고, 혹은 4교이니 말하자면 뒤의 3교가 모두 방편을 지음이 있기 때문이다. 숙교에는 1교이거나 3교이고, 돈교에서는 1교이거나 2교이며, 원교에서는 오직 1교뿐이니, 모두 위를 준거하면 알 것이다. 여러 교의 아래에서 밝힌 의리와 서로 묶여진 분제는 이것에 준거하여 거둬짐을 생각하라. 이렇다면 여러 교의 본말의 구수句數가 그물을 결성한 것이니, 대성은 선교로 근기와 인연을 장양해서 두루 다하지 않음이 없다. 그러므로 이 경에서 '대교大教 그물을 펼쳐서 생사 바다를 구하고, 천인용을 붙잡아 열반 언덕에 안치한다'[596]고 한 것이 바로 이 의미이다"고 하였다.

[70b18] [《疏》] 或唯後一是不共一乘者, 問: 終頓二教, 何所攝耶? 若一乘攝, 何異前解? 前解後三皆一乘故. 若三乘收, 終[597]頓二教非三乘故. 答: 實通三一. 今顯別教, 且[598]三乘攝. 何以得知? 故賢首《義分齊》云: "二明三乘, 亦五; 一小乘中三, 謂始別終同, 以俱羅漢故. 二始教中三. 始終[599]俱別, 以有入寂故. 三終教中三, 始終俱同, 竝成佛故. 四頓教中三, 始終俱離. 五圓[600]教中三, 始終俱同. 汝等所

596 《華嚴經》 권제58 〈入法界品〉 제34-15(T09, 773c08) 등.

597 底本에는 "中",《金澤寫本》 참조 수정.

598 底本에는 "具",《金澤寫本》 참조 수정.

599 底本 및 《金澤寫本》에는 "中",《教義分齊章》 참조 수정.

600 底本 및 《金澤寫本》에는 "同",《教義分齊章》 참조 수정.

行是菩薩道等故.” 故興[601]皇朗法師云: “若因開而得悟者, 聖教爲[602]之開, 若因合而得悟者, 聖教爲之合. 如其兩[603]曉, 總成甘露必[604]也. 雙迷俱成毒藥, 開合隨緣, 事無恒准.”

[소] ‘혹은 오직 뒤의 1교만이 불공不共 일승이다’라는 것은, 묻는다. 종교와 돈교의 2교는 어디에 거둬지는가? 만일 일승에 거둬진다면 어째서 앞의 해석과 다른가? 앞의 해석에서는 뒤의 3교가 모두 일승이기 때문이며, 만일 삼승에 거둬진다고 하면 종교와 돈교의 둘은 삼승이 아니기 때문이다.

답한다. 실제로는 삼승과 일승에 통하지만 지금은 별교를 드러내려고 우선 삼승으로 거둔 것이다. 어떻게 알 수 있는가? 그러므로 현수의 《교의분제장》[605]에서 “두 번째는 삼승을 밝힌다. 또한 다섯 가지가 있다. 첫째, 소승에서의 삼승은 말하자면 시작(인)은 다르고 마지막(과)은 같으니, 모두 아라한이기 때문이다. 둘째, 시교에서의 삼승은 시작과 마지막이 둘 다 다르니, 입적함이 있기 때문이다. 셋째, 종교에서의 삼승은 시작과 마지막이 둘 다 같으니, 다함께 성불하기 때문이다. 넷째, 돈교에서의 삼승은 시작과 마지막이 둘 다 벗어난다. 다섯째, 원교에서 삼승은 시작과 마지막이 둘 다 같으니, ‘너희들이 닦은 수행은 보살도이다’ 등이

601 底本에는 “與”, 《金澤寫本》 참조 수정.

602 底本에는 “爲”, 《金澤寫本》 참조 수정. 아래도 동일.

603 底本에는 “雨”, 《金澤寫本》 및 《淨名經關中釋抄》 등 참조 수정.

604 底本 및 《金澤寫本》에는 “若”, 《淨名經關中釋抄》 등 참조 수정.

605 《教義分齊章》 제1권(T45, 482a26).

라고 했기 때문이다"고 하였다.

그러므로 흥황법랑興皇法朗[606]법사가 "분리된 것을 통해 깨닫는 자의 경우는 성교聖教를 그를 위해 분리하고, 합쳐진 것을 통해 깨닫는 자의 경우는 성교를 그를 위해 합친다. 마치 양 새벽이 다 같이 감로를 이루는 것이 틀림없는 것과 같다. 쌍으로 미혹하면 모두가 독약을 이루게 된다. 분리하거나 합치는 것은 연에 따른 것이니 그 일은 일정한 기준은 없다"[607]고 하였다.

[70c05] [《鈔》] 上來開合遍收者, 問: 淸凉判教捨合縱[608]離, 何故此云開合遍收也? 答: 判雖依開, 收乃通合故. 次《鈔》云, 若唯[609]爲一, 難見淺深, 非判教也. 如依賢首五門判教, 豈不收餘師義也. 是知判收不同, 故無過失. 言行布卽始終之教者, 問: 始教旣屬眞實中攝. 彼方便中大乘, 是何教也? 答: 始教一種, 兩處收攝. 若對小乘, 眞實中攝. 若對一乘, 方便中攝. 如分半滿, 亦兩處攝故.

[초] '이상으로 분리하고 합하는 것을 변만하게 거두어서'[610]라고 한 것은, 묻는다. 청량은 교판하면서 합하는 것을 버리고 분리한 것을 좇았는데 어째서 여기서는 분리하고 합하는 것을 변만하게 거둔다고 하는가?

---

606 法朗法師(507~581): 南北朝시대의 三論宗 大師이다. 오랫동안 興皇寺에 거주하면서 설법했기 때문에 흥황법랑법사로 불린다. 三論과 《大智度論》의 四論을 널리 천양했는데 청중이 항상 천여 명에 달했다. 문하에 저명한 제자가 많았는데, 그중 吉藏法師가 제일 유명하다.

607 唐 道液 撰集, 《淨名經關中釋抄》(T85, 511b26)에 일치하는 문장이 나온다.

608 底本 및 《金澤寫本》에는 "後", 《金澤寫本》 교감 주 및 문맥상 의거 수정.

609 底本에는 "准", 《金澤寫本》 및 《演義鈔》 참조 수정.

610 《演義鈔》 권제9(T36, 069a02).

답한다. 교판은 비록 분리한 것에 의거했지만 거두면 이내 합친 것과 통한다. 그다음《초》에서 "만일 오직 하나의 교로 삼는다면 얕고 깊은 것을 보기 어려우니 교판이 아니다"고 하였으니, 현수의 5문門에 의거하여 교를 판단한 것과 같은데, 어찌 다른 대사들의 뜻을 거두지 않았겠는가? 이로서 교판과 거둠이 다르기 때문에 과실이 없다는 것을 알 수 있다.

'항포문은 곧 시교와 종교'라고 한 것은, 묻는다. 시교가 이미 진실교로 귀속되었다면 저 방편교 가운데 대승은 어느 교인가?

답한다. 시교 일종은 두 곳에 거둬지니, 저 소승에 대응시키면 진실교에 거둬지고, 일승에 상대시키면 방편교에 거둬진다. 예컨대 반자교와 만자교로 나누면 또한 두 곳에 거둬지는 것과 같다.

[70c12] ○言權實雙明者, 乘不了而法了也.

○ '권權·실實을 쌍으로 밝히니'[611]라고 한 것은 승은 '불요의'이고, 법은 '요의'이다.

[70c13] ○言帶權說實者, 帶共般若, 說不共般若也.

○ '권權을 띠고 실實을 설하니'라고 한 것은 공共 반야를 띠고 불공不共 반야를 설한 것이다.

611 《演義鈔》 권제9(T36, 069a16). 아래도 동일.

[70c13] ○言帶實明權者, 帶實相, 而說觀照也.

○ '실實을 띠고 권權을 밝히니'라고 한 것은 실상實相 반야를 띠고, 관조觀照 반야를 설한 것이다.

[70c14] ○言相想俱絶宗者, 破相始教與頓教也.

○ '형상과 상념이 둘 다 끊어진 종'[612]이라고 말한 것은 파상破相시교와 돈교이다.

나) 화의化儀의 전후를 회통함(會化儀前後[十])

(나) 근본(일승)에 의지하여 말엽(소승·삼승)을 일으키는 문(依本起末門)

[70c16] [《鈔》] 此應廣引[613]者, 故經云: "譬如日出, 先照須彌山等諸大高山,(十大山王, 以表[614]十地故.) 次照黑山,(喩緣覺者, 無法空之光故.) 次照高原,(喩聲聞者, 不生佛法蓮華故.) 然後普照一切大地.(此一種通含[615]三聚. 取決定能生處, 喩正定聚, 得緣方正, 喩不定聚, 沙鹵等地, 喩邪定聚. 然亦不捨故皆等照也.) 日[616]不作是念, 我

612 《演義鈔》 권제9(T36, 069a21).

613 실상사 승가대학원 번역본(《화엄경현담》 상권, p585)에 쓰인 저본인 《華嚴經疏鈔會本》(봉은사본)에는 "此應廣引"의 4자가 없다.

614 底本에는 "嚴", 《金澤寫本》 참조 수정.

615 底本에는 "合", 《金澤寫本》 참조 수정.

616 底本에는 "曰", 《金澤寫本》 참조 수정.

先照此後[617]照彼, 但以山地有高下故, 照有前後等." 法合准之.

[초] '이것은 널리 인증해야 된다'[618]라는 것은 그러므로 경에서 "비유하면 해가 나올 때 먼저 수미산 등 큰 고산들을 비추고(십대산왕十大山王이니, 십지十地를 표시한 것이다), 다음으로 흑산을 비추며(연각자를 비유한 것이니, 법공의 광명이 없기 때문이다), 다음으로 고원을 비추고(성문인을 비유한 것이니, 불법의 연화세계에 태어나지 못하기 때문이다), 그런 연후에 모든 대지를 널리 비추는 것과 같다(이 일종은 삼취三聚를 통틀어 포함하니, 결정적으로 태어나게 되는 곳을 취하여 정정취正定聚에 비유하고, 연을 만나야 비로소 되는 것으로 부정취不定聚에 비유하고, 모래밭과 소금 밭 등의 땅은 사정취邪定聚에 비유된다. 그러나 또한 버리지 않기 때문에 모두 동등하게 비춘다). 태양은 나는 이것을 먼저 비추고 저것을 나중에 비추겠다는 생각을 짓지 않지만 산과 대지에 높고 낮음이 있기 때문에 비춤에는 앞뒤가 있게 되는 것과 같다"[619]고 하였다. 법에 합치하는 것은 준거하라.

#### (마) 근기를 따라서 결정되지 않은 문(隨機不定門)

[70c22] [《疏》] 更有一類不定根等者, 問: 與攝末歸本根, 有何別耶? 同據從淺至深故. 答: 彼約從淺至深決定, 此約從淺至深不定故也.

617 底本에는 없음. 《金澤寫本》 참조 보충.

618 《演義鈔》 권제9(T36, 069b05).

619 《演義鈔》 권제3(T36, 019c27); 괄호 속은 《大疏》 권제49 〈如來出現品〉제37(T35, 875c02).

[소] '다시 한 부류의 결정되지 않은 근기들이 있다'[620] 등은, 묻는다. 말엽을 거둬서 근본으로 귀속시킨 근기와 무슨 차별이 있는가? 똑같이 얕은 것에서 깊은 것에 이른 데 의거하기 때문이다.

답한다. 저것은 얕은 것에서 깊은 것에 이른 것에 한정하여 '결정된'이라고 하였고, 이것은 얕은 것에서 깊은 것에 이른 것에 한정하여 '결정되지 않은'이라고 한 것이다.

(아) 적막하여 말이 없는 문(寂寞無言門)

[71a01] [《鈔》] 謂緣自得法及本住法者, 緣自內證眞實境界, 不可顯示一切衆生故. 此約證道也. 本來[621]常住無礙法界, 不由如來新所建立, 此約本性通二道也.

[초] '말하자면 자득법自得法과 본주법本住法을 반연하는 것을'[622]이라는 것은 자체 내에 증득한 진실한 경계를 반연하는 것을 일체중생에게 현시할 수 없기 때문이니 이것은 증득한 도에 한정한 것이고, 본래 상주하는 무애한 법계는 여래가 새롭게 건립하는 바를 말미암지 않으니 이것은 본성이 2도二道에 통하는 것에 한정한 것이다.

[71a04] ○言二趣者, 謂能說·所說, 能想·所想, 能名·所名之二相也.

620 《大疏》 권제2(T35, 513c25).

621 底本에는 "末",《金澤寫本》 참조 수정.

622 《演義鈔》 권제9(T36, 069c14). 아래도 동일.

○ '(문자의) 이취二趣'라고 한 것은 말하자면 능설能說·소설所說과 능상能想·소상所想과, 능명能名·소명所名의 두 가지 상相이다.

[71a05] ○言如來不說墮文字法者, 文義相屬, 謂之爲墮. 佛知名無得物之功, 物無當名之實也.

○ '여래는 문자의 법에 떨어져 설하지는 않는다'고 한 것은 글과 뜻이 서로 귀속시키는 것을 '떨어진다'고 한다. 불은 명칭은 물건의 공력을 얻을 수 없고, 물건은 명칭에 해당하는 실체가 없는 것을 아는 것이다.

[71a06] ○言四悲願所成等者, 問: 第四第五同約自利卽無, 利他方有, 有何別耶? 答: 第四佛如明鏡, 根如物身, 說如影, 在佛心故. 第五佛如天月, 根如衆水, 身如影, 在根心故. 細思甚別, 愼勿相濫.

○ '넷째는 대비와 원력으로 이루어진 것이요'[623] 등은, 묻는다. 넷째와 다섯째(본질과 영상이다)는 똑같이 자리自利에 한정하면 곧 없고 이타利他에서야 있는데 어떻게 구별이 되는가?

답한다. 넷째는 불은 밝은 거울과 같고 근기는 물신物身과 같으며, 설법은 영상과 같으니 불심佛心 속에 있기 때문이다. 다섯째는 불은 하늘의 달과 같고, 근기는 수많은 물과 같으며, 몸은 여영如影과 같으니 근기

623 《演義鈔》 권제9(T36, 069c26). '불佛은 색성色聲이 없다는 것에는 5가지의 뜻이 있다. 첫째, 허물을 막고 덕을 드러냄이요, 둘째, 진제와 속제의 이제요, 셋째, 옛것을 전하는 것이지 지은 것이 아니요, 넷째, 대비와 원력으로 이루어진 것이요, 다섯째, 본질과 영상이다.'

의 마음에 있기 때문이다. 세밀하게 생각하면 매우 구별되니 서로 혼동된다고 하지 말라.

[71a10] ○言悲願所成卽兼因果者, 悲願因也, 所成果也. 向言教證二道, 名雖常聞, 義甚幽僻. 今承文便, 粗當顯示. 准下《疏》辨, 總有[624]九重; 一, 教行相對, 言聲爲教, 行德爲證. 猶下請中字義.(義者謂諸地勝妙行, 字者謂說十地差別相.) 二, 地前地上相對, 以地前聞思修慧爲教, 地上行德爲證.(解行已前, 依教證行名教, 初地已上, 離言合實爲證.) 三, 眞僞相對, 卽於地中, 聞思修慧, 報生識智, 緣照之解, 名曰阿含, 眞智出言爲證.(謂不與如合, 隨[625]世而修, 名之爲僞, 契如爲眞. 地上菩薩生來卽有此智, 故云報生識智. 非[626]證如故, 屬於教, 可宣示故, 眞智出言, 故名爲證.) 四, 修成相對, 一切地中, 眞僞合修爲教, 捨僞契眞爲證, 猶下所明義說二大.(說大中有證智, 故云眞, 有加行後得緣世法, 故云僞, 名眞僞合修. 義大中唯明證智, 故云捨僞契眞矣.) 五, 相實相對, 世間修得彼證相名教, 契本實相爲證.(相卽前捨僞契眞, 有所[627]得故, 實相則達[628]本離相, 無所得故.) 六, 體德相對, 就彼離相, 所成行中, 顯本法性爲證, 依本成德爲教. 猶下煉金, 金體與釧等.(謂所成行體爲證, 成德爲教故, 以金喩證, 顯本性故. 莊嚴其喩教, 信等德是修成故.) 七, 體用相對, 前體及德皆證, 依體起教, 智之用爲教, 下珠放光, 光喩於教, 珠體喩證. 八, 自分勝進[629]相對, 自分所成體德及用皆證. 進受佛教爲教. 下嘆金剛藏二萬妙智及辨名爲證.

---

624 底本에는 "百",《金澤寫本》및《大疏》참조 수정.

625 底本에는 "墮",《金澤寫本》참조 수정.

626 底本에는 "悲初",《金澤寫本》참조 "非"로 수정.

627 底本에는 "卽",《金澤寫本》참조 수정.

628 底本에는 "違",《金澤寫本》참조 수정.

629 底本에는 "身", 교감주 및《金澤寫本》참조 수정.

力堅念教法爲阿含. 九, 約詮就實相對, 眞智之體爲證, 約言分十爲阿含.[630] 猶下迹[631]處虛空喩證, 空處之迹喩地阿含.[632]

○ '대비와 원력으로 성취된 것은 곧 인·과를 겸한다'[633]고 한 것은 대비와 원력은 인이고, 성취된 것은 과이다. 훨씬 전에 '교도敎道와 증도證道의 2도의 명칭은 항상 들었다하더라도 뜻이 매우 깊숙하고 치우쳤다'고 말했는데 이제 문장 상의 편리를 틈타 대략 현시하겠다. 아래 《소》[634]에서 가려낸 것에 준거하면 총체적으로 9겹이 있다.

첫째는 교리와 수행의 상대이니, 언어와 음성은 '교도'가 되고 수행의 덕상은 '증도'가 된다. 아래에서 청請하는 가운데서의 문자와 뜻과 같다(뜻은 여러 지地의 수승하고 묘한 행을 말하고, 문자는 십지十地의 차별된 상을 말한다).

둘째는 지전地前과 지상地上의 상대이니, 십지이전의 문혜·사혜·수혜로 '교도'를 삼고, 십지이상의 행덕으로 '증도'를 삼는다(해행解行이전에 교에 의거하여 행을 증득하는 것을 '교도'라고 하며, 초지初地 이상에서 언어를 떠나 실제에 합하는 것을 '증도'라고 한다).

셋째는 진실과 허위의 상대이니, 곧 지地 중에 문혜·사혜·수혜와 보생식지報生識智와 연조緣照에 관한 이해를 '아함'이라고 하며, 진지眞智는

630 底本에는 "合".《金澤寫本》참조 수정.

631 底本에는 "述".《金澤寫本》및《大疏》참조 수정.

632 底本에는 "處虛空喩證, 空處之迹喩地阿含"의 13자가 없다.《金澤寫本》및《大疏》참조 보충.

633 《演義鈔》권제9(T36, 070a28).

634 《大疏》권제31 〈十地品〉제26(T35, 739c24)의 내용을 요약 정리.

언어를 출리한 것을 '증도'라고 한다(말하자면 진여와 합하지 않고 세간을 따라서 닦는 것을 '허위'라고 하고 진여에 계합한 것을 '진실'이라고 한다. 지상地上보살은 태어날 때부터 이 지혜가 있다. 그러므로 보생식지報生識智라고 한다. 진여를 증득한 것이 아니기 때문에 '교도'에 속하니 선포하여 보일 수 있기 때문이다. 진지는 언어를 출리했기 때문에 '증도'라고 한다).

넷째는 수행과 성취의 상대이니, 일체지 가운데 진실과 허위를 합쳐 닦는 것을 '교도'라고 하며, 허위를 버리고 진실에 계합하는 것을 '증도'라고 한다. 아래에서 밝힌 의대義大와 설대說大의 2대와 같다(설대 가운데 지혜를 증득함이 있으므로 '진실'이라고 하고, 가행위의 후득지가 세간 법을 반연하므로 '허위'라고 하니, '진실과 허위를 합쳐서 닦는다'고 이름한다. 의대 가운데는 오직 증지證智만을 밝히므로 '거짓을 버리고 진실에 계합한다'고 하는 것이다).

다섯째는 상相과 실상實相의 상대이니, 세간에서 닦아 얻은 저 증득상을 '교도'라고 하며, 근본에 계합하는 실상을 '증도'라고 한다(상은 곧 앞의 허위를 버리고 진실에 계합한 것이니 얻을 바가 있는 것이고, 실상은 곧 근본을 통달하여 상을 출리한 것이니 얻을 것이 없는 것이다).

여섯째는 체성과 덕상의 상대이니, 저 이상離相에 입각해서 성취된 행行 중에 본래 법성을 드러낸 것을 '증도'라고 하며, 근본에 의거하여 덕을 성취한 것을 '교도'라고 한다. 아래에서 금을 단련하는데 금의 바탕과 반지가 같은 것과 같다(말하자면, 성취된 수행의 체성이 '증도'이고, 덕을 이룬 것을 '교도'라고 한다. 금으로 '증도'에 비유하니 본성을 드러내기 때문이며, 장엄을 그 '교도'에 비유하니 신信 등의 덕은 수행으로 성취되기 때문이다).

일곱째는 체성과 작용의 상대이니, 앞의 체성과 덕상은 모두 '증도'이고, 체성에 의거하여 교를 일으키는 지혜의 작용이 '교도'가 된다. 아래에서 구슬이 방광할 때, 광명은 '교도'에 비유하고 구슬의 체성은 '증도'에 비유한 것이다.

여덟째는 자분과 승진분의 상대이니, 자분에서 성취된 체성과 덕상과 작용이 모두 '증도'이고, 승진하여 불교를 감수하는 것을 '교도'라고 한다. 아래에서 금강장보살이 2만의 묘한 지혜를 찬탄하고 명칭을 가린 것을 '증도'라고 하고, 힘을 견고히 하여 교법을 생각하는 것을 '아함'이라고 한다.

아홉째는 설명에 한정함과 실제에 입각함의 상대이다. 진지眞智의 체성은 '증도'이고, 말에 한정하여 열 가지로 나눈 것을 '아함'이라고 한다. 아래에서 자취가 허공에 처하는 것은 '증도'를 비유하고, 허공에 처했던 자취는 '지아함地阿含'을 비유한 것과 같다.

《大方廣佛華嚴經談玄決擇》卷第五

《대방광불화엄경담현결택》권제5

〈錄摘文解〉

[71b12] 玄颺纔舉無著牽羊, 智光立無相, 寧起有見如須彌等,《智論》說法性·法界·法住·法位皆眞如異名, 因乖常理成三界無常, 六波羅蜜, 七最勝所攝, 海八德, 不可不順己宗判論錯, 但是三昧, 性相二宗, 受變易生死, 三種意生身, 衆生不入涅槃我亦不入, 法[635]相立新熏, 頓詮此理故名頓教, 百法, 四種[636]勝義,[637] 同時四相滅表後無, 水有十義, 依他無性卽是圓成, 於解常自一等,[638] 四相俱時而有, 照體無自卽是證如, 以智會如非證如矣, 謂以心傳心, 心無心相, 心有也曠劫而滯凡夫, 亡言者可與道合, 十身, 十忍, 十眼, 十通, 一大善巧攝生方便.

---

635 底本에는 "諸",《金澤寫本》 참조 수정.

636 《金澤寫本》에는 "等"으로 되어 있다.

637 底本에는 "入",《金澤寫本》 참조 수정.

638 底本에는 '於解常自一等'과 '四相俱時' 사이에 '處虛空在喩證空處之迹喩地阿含'의 14자가 있지만,《金澤寫本》에는 없다. 그런데 이는 바로 앞의 맨 마지막 구절에서 빠진 글이다. 아마도 여기에 잘못 쓰인 듯하다. 참조하여 삭제하였다.

# 大方廣佛華嚴經談玄決擇 卷第六

# 대방광불화엄경담현결택 권제6

上京開龍寺 圓通悟理大師 賜紫沙門 鮮演述

상경 개룡사 원통오리대사 사자사문 선연鮮演이 짓다.

### 3) 뜻과 이치의 분제(義理分齊)

(1) 대의를 총체적으로 드러냄(總彰大意)

② 깊고 광대함을 총체적으로 드러냄(總顯深廣)

가. 법으로 설함(法說)

[71c07] [《疏》] 然此教海宏深等者, 宏者所攝義廣也. 深者所攝義幽也.

[소] '그러나 이 원교바다(教海)가 드넓고 깊어서'[001]에서 '드넓다'는 거둬들이는 대상의 뜻이 넓은 것이며, '깊다'는 거둬들이는 대상의 뜻이 그윽한 것이다.

[71c08] ○言包含無外者, 總顯圓教所詮無障礙法界, 體義之外更無別法, 當所依體事也.

○ '포함하여 밖이 없다'는 원교에서 설명하는 대상인 무장무애한 법계의 체성과 의리 밖에 다시 별도의 법이 없다는 것을 총체적으로 드러낸 것이니, (제1문) 〈의지하는 대상(所依)의 체사體事〉에 해당한다.

[71c09] ○言色空交暎者, 約喩言之,[002] 色海空天也, 約法言之, 色事空理也. 攝色

---

001 《大疏》 권제2(T35, 514a06). 아래도 동일.

002 底本에는 "也",《金澤寫本》 참조 수정.

歸空, 理法界也, 當攝歸眞實也, 色空交暎, 事理無礙法界, 當彰其無礙也.

○ '색과 공이 서로 비추어'는 비유에 한정하여 말하면 '색'은 바다이고 '공'은 하늘이며, 법에 한정하여 말하면 '색'은 사법이고 '공'은 이치이다. 색을 거둬서 공으로 돌아가면 이법계이니, (제2문) 〈진실에 거둬져 돌아감〉에 해당한다. 색과 공이 서로 비추는 것은 사리가 무애한 법계이니, (제3문) 〈그 무애함을 드러냄〉에 해당한다.

[71c12] ○言德用重重者, 德相業用十種玄[003]門, 當周遍含容也.

○ '덕용이 중중하다'는 덕상과 업용의 십종 현문으로 (제3문) 〈주변하고 변만하며 포함하고 용납함(周遍含容門)〉에 해당한다.

[71c13] ○言語其橫收全收五教者, 能收卽是圓教, 所收卽五教義, 擧教收義也. 喩云必攝百川, 擧川取水也. ○言五教者, 一云, 同常. 二云, 除能攝圓教, 加所攝人天教也. 如何攝義, 不攝於教? 大門別故. 前門藏教所攝, 卽攝其教門. 此門義理分齊, 乃攝其義. 故前《疏》云, 已知此經總屬圓教, 未知圓義分齊云何?

○ '횡단으로 거둠으로 말하면 5교를 완전히 거둔다'고 한 것은 능수能收는 곧 원교이고, 소수所收는 곧 5교의 의리이니, 교를 들어서 의리를 거둬들인 것이다. 비유로 말하여 '반드시 온갖 강물을 거둔다'고 한 것

003 底本에는 "現",《金澤寫本》참조 수정.

은 강물을 들어 물을 취한 것이다.

○ '5교'라고 한 것은 첫째 해설은 평상과 같고, 둘째 해설은 능섭能攝의 원교를 제외하고 소섭所攝에 인천교를 보탠 것이다. 어째서 뜻을 거두면서 교를 거두지는 않는가? 대문大門이 다르기 때문이다. 앞의 문인 '(삼)장과 (십이분)교와 섭수되는 곳(藏教所攝)'은 곧 교문教門을 거둔 것이고, 지금의 문인 '뜻과 이치의 분한(義理分齊)'은 곧 그 뜻을 거둔 것이다. 그러므로 앞의《소》에서 '이미 이 경이 원교에 총체적으로 거둬지는 것은 알겠지만 원교의 뜻과 이치의 분한(分齊)은 어떠한지 아직 모르겠다'고 한 것이다.

○言乃至人天總無不包者, 謂〈十地〉第二地中, 經明十善, 而有五種; 一人天善, 二聲聞善, 三緣覺善, 四菩薩善, 五佛善. 就人天善, 復分三品. 故彼《疏》(第六下半七十紙中)云: "謂人善爲下, 欲天爲中, 色無色界爲上. 或由三時之心,(欲行·正[004]作·行已, 三時俱重, 名之爲上, 隨一二輕爲中, 三時俱輕爲下.) 或約境有勝劣, (如一不殺; 不殺蚊虻爲上, 不殺畜爲中, 不殺人爲下. 殺則反此.) 或心有輕重 (隨於一境, 如殺[005]一畜, 尤重心處, 不獲已而殺心, 爲三品之惡. 三種不殺, 卽三品之善.) 或自作教他等. (自他[006]俱[007]作爲上, 唯自作爲中, 唯教他爲下.) 細論其義, 多品不同. (將上四事交絡相望, 則成多品, 如約人[008]境是一重, 更以重心則爲二, 心復三時重卽爲三

004 底本에는 "止", 교감 주 및《金澤寫本》참조 수정.

005 底本에는 "(不殺蚊虻爲上, 不殺畜爲中, 不殺人爲下. 殺則反此.) 或心有輕重, (隨於一境如殺…)"의 31자가 없다.《金澤寫本》참조 보충.

006 底本에는 "作",《金澤寫本》참조 "他"로 수정.

007 底本에는 "但",《金澤寫本》참조 "俱"로 수정.

008 《演義鈔》에는 "殺境"으로 되어 있다.

重, 更教人殺其四重, 餘別可思.)" 問: 若准戒經, 修二乘行, 尙破禁戒, 何況修於人天善耶? 答: 雖一十善, 所用功異. 故下《大鈔》(十五上半十一紙中) "引《莊子》〈第一逍遙篇〉云; 惠子謂莊子曰, 魏王貽我大瓠之種. 我樹之, 成[009]而立[010]五石. 以盛水漿, 其堅不能自擧也. 剖之以爲瓢, 則瓠(鑊吾反)落, 而無所容非不呺(虛憍反)然大也. 吾爲其無用而掊(蒲包反)之. 莊子曰, 夫子固拙於用大矣. 宋人有善爲不龜手之藥者. 世世以洴澼絖爲事. (其藥能令手不拘折故, 常漂絮於水中也.) 客聞之曰, '請買其方百金.' 聚族而謀曰, '我世世爲洴澼絖, 不過數金. 今一朝而鬻技[011]百金, 請與之.' 客得之, 以說吳王. 越有難, 吳王使之將. 冬與越人水戰, 大敗越人, 裂地而封之. 能不龜手之一也. 或以封, 或不免 於洴澼絖則所用之異也. 今子有五石之瓠, 落無所容, 則夫子猶有蓬之心也夫. (蓬非直達者也. 此章言物各有宜, 苟得其宜, 安往而不逍遙哉!) 今借此言, 一種十善猶不龜手之藥也. 凡夫用之, 兼濟無外, 則裂地而封矣." 釋曰, 乍[012]同人天, 終殊權小. 海滴之喩, 思之[013]可悉.

○ '인천人大에 이르기까지 모두 다 포함하지 않음이 없다'고 한 것은 말하자면, 〈십지품〉의 제2지에서 십선十善을 밝히는 데에 5종류가 있다. ① 인천선人天善 ②성문선聲聞善 ③연각선緣覺善 ⑤보살선菩薩善 ⑤불선佛善이다. 인천의 선에 입각하여 다시 3품이 있다.

그러므로 저 (십지품) 《소》[014](제6 하반 70쪽)에서 "말하자면 인천의 선

009 底本에는 "或",《金澤寫本》 및 《演義鈔》 참조 수정.

010 《演義鈔》에는 "實"로 되어 있다.

011 底本에는 "枝", 교감 주 및《金澤寫本》,《演義鈔》 참조 수정.

012 底本에는 "下",《金澤寫本》 참조 수정.

013 底本에는 "云",《金澤寫本》 참조 수정.

014 《大疏》 권제35 〈十地品〉 제26(T35, 774c24).

善은 하품이고, 욕천은 중품이고, 색계·무색계천은 상품이다. 혹은 3시의 마음을 말미암고(행하려고 함과 바로 지음과 짓고 난 뒤의 3시에 모두 무거운 것을 상품이라고 하고, 하나 둘씩 가벼워지는 것을 중품이라고 하며, 3시에 모두 가벼운 것을 하품이라고 한다), 혹은 경계의 수승함과 열등함에 한정하고(불살생의 하나를 예로 들면, 모기나 등에를 죽이지 않는 것은 상품이 되고, 축생을 죽이지 않는 것은 중품이고, 사람을 살생하지 않는 것은 하품이 된다. 살생은 이와 반대이다), 혹은 마음에 경·중이 있으며(하나의 경계를 따라서 만일 축생하나를 살생하거나, 더욱 치중한 마음에 처하거나, 부득이 해서 살생한 마음이 3품의 악이 되고, 3종의 불살생의 경우는 3품의 선이 된다), 혹은 스스로 짓거나 타인이 짓게 하는 등이다(자타가 함께 짓는 것은 상품이고, 자신만이 짓는 것은 중품이며, 타인만이 짓게 하는 것은 하품이다). 그 뜻을 세밀하게 논의하면 여러 품이 다르다(위의 네 가지 일이 서로 묶여 마주하게 되면 여러 품을 이룬다. 사람에 한정하면 경계가 1중重이 되고, 다시 치중한 마음이 2중이 되고, 마음에 또다시 3시時의 치중함이 곧 3중이 되고, 다시 타인을 시켜 죽이는 것이 4중이다. 나머지 다른 것은 생각할 수 있다)"고 하였다.

묻는다. 계경戒經에 준거하면 이승의 행을 닦는 것도 오히려 항상 금계禁戒를 파괴하는 것인데 하물며 인천의 선을 닦는 것이겠는가?

답한다. 비록 한 가지 십선일지라도 소용되는 공력이 다르다. 그러므로 아래 《초》에서[015](15 상반 11쪽)에서 《장자》 제1 〈소요편〉을 인용하여 "혜자가 장자에게 말했다. '위나라 왕이 나에게 큰 표주박씨를 주셨네. 씨를 심었더니 다섯 섬 정도를 담을 정도로 자랐는데, 그것에 장물을

015 《演義鈔》 권제60(T36, 475b08).

담으려니까 단단하기는 자신조차 들지 못하고, 쪼개서 표주박을 만들어 쓰자니까 얕고(확과 오의 반절음이다) 평평해서 아무 것도 담을 수가 없었네. 효연하게 크긴 했지만 나는 그것을 무용지물로 여겨 부수어 버렸네(보와 포의 반절음이다).' 이 말을 듣고 장자가 말했다. '그네는 큰 것을 쓰는데 진실로 서투네. 송나라 사람 중에 손이 트지 않는 약을 잘 만드는 사람이 있었는데 대대로 무명 솜을 빨고 물들이는 일을 해왔다네(그 약이 손이 구애받거나 부러지지 않게 했기 때문에 항상 물속에서 솜을 빨 수 있었다). 어떤 손님이 이 소문을 듣고는 그 기법을 금 백 냥에 팔도록 요청하자, 가족들이 의논하기를 '대대로 솜을 빨아도 금 몇 냥에 불과했는데 이제 하루아침에 기술을 금 백 냥에 팔게 되었으니 그 기법을 팝시다.' 그 손님은 (비법을) 얻고 나서 오나라 왕에게 유세하였는데, 월나라에 전란이 있게 되자, 오나라 왕이 그를 장수로 임명했다. 겨울에 월나라 군사와 물속에서 전투하여 월나라 사람들을 대패시키고 땅을 나누어 봉해지게 되었다(손이 드지 않게 하는 것은 같았지만 혹은 봉지封地되고, 혹은 솜을 빠는 것에서 면하지 못한 것은 소용됨이 달랐기 때문이다). 지금 그대에게 다섯 섬을 담을 만한 표주박이 있는데 평평해 아무 것도 담을 수가 없다고만 하면 자네는 쑥처럼 막힌 사람일세(쑥과 같은 것은 곧장 통달하지 못한 사람이다. 이 장에서 말하는 것은 물건은 제각각 편의가 있는데 진실로 그 편의를 얻으면 어찌 줄곧 소요하지 못하겠는가)'라고 하였다. 지금 이 말을 빌린 것은 일종의 십선十善은 손이 트지 않게 하는 약과 같으니, 범부가 그것을 쓰되 겸하여 구제하는 데에 밖이 없게 한다면 토지를 나눠 봉해지게 될 것임을 말한 것이다"고 하였다. 해석해 보면, 얼핏 보면 인천교와 같지만 결국에는 권교나 소승과는 다르니, 바닷물 방울 비유로 생각하면 다 알 것이다.

### 다. 법에 합치함(法合)

[72a19] [《鈔》] 雖有戒善等者, 揀濫也. 恐外疑云, 此經既有人天戒善, 應是小乘教也. 故今奪云, 是圓教戒善, 乃至云以彼不[016]能事事無礙故. ○言其猶大海等者, 此言仍[017]略, 應云, 其猶大海一滴之水, 尙異江河, 況於溝洫, 以喩圓教戒善尙異終頓, 況於小始也. 若准天台, 而有四句; 謂漸漸非圓漸, 圓圓非漸圓. 謂漸家亦有圓漸, 圓家亦有圓漸. 漸家漸者, 如江出岷山始於濫觴. 漸家圓者, 如大江千里. 圓家漸者, 如初入海, 雖則漸深, 一滴之水, 已過大江, 況濫觴耶? 圓家圓者, 如窮海涯底故. 今云漸, 是圓家漸尙過漸家之圓, 況漸家之漸, 例此可悉. 溝洫二字, 出於《論語》. 包氏注云: "方里爲井, 井間有溝, 溝廣深四尺, 十里爲城, 城間有洫, 洫廣深[018]八尺." 以不可將溝洫之水, 比大海之深廣. 法合可知.

[초] '비록 계율과 선법이 있더라도'[019]라고 한 것은 혼동을 가려낸 것이다. 외부에서 의심하여 '이 경에 이미 인천교의 계율과 선법이 있다면 소승교여야 할 것이다' 할까 염려되므로 지금 부정하여 '이것은 원교의 계율과 선법이다. … 저것은 사사무애하지 못하기 때문이다'고 하였다. ○ '그것은 마치 큰 바다가 강물과는' 등이라고 한 것은 이 말은 거듭 생략되었다. '그것은 마치 큰 바다의 한 방울 물도 오히려 강물과는 다른데 하물며 구혁의 도랑물이겠는가 하는 것과 같다'라고 해야 할 것이니,

---

016 底本에는 없음.《金澤寫本》 참조 보충.

017 底本에는 "乃".《金澤寫本》 참조 수정.

018 底本에는 없음.《金澤寫本》 참조 보충.

019 《演義鈔》 권제10(T36, 070c13).

그것으로써 원교의 계율과 선법은 오히려 종교와 돈교와도 다른데 하물며 소승과 시교이겠는가 하고 비유한 것이다.

천태天台에 근거하면 4구절이 있다. 말하자면 점교의 점은 원교의 점이 아니고, 원교의 원은 점교의 원이 아니다. 말하자면 점가漸家에도 역시 원圓·점漸이 있고, 원가圓家에도 역시 원·점이 있는데, 점가의 점은 강물이 민산岷山에서 출흥하는 것이 남상濫觴에서 시작된 것과 같고, 점가의 원은 큰 강이 천리인 것과 같다. 원가의 점은 처음 바닷물에 들어가게 되면 비록 점점 깊어지는 것과 같으니 한 방울의 물이 이미 큰 강물보다 뛰어난데 하물며 남상이겠는가. 원가의 원은 바다의 바닥끝까지 도달한 것과 같기 때문이다. 여기서 말한 점은 원가의 점이어서 오히려 점가의 원보다 지나친데 하물며 점가의 점이겠는가. 이것을 준례하면 다 알 것이다.

'구혁溝洫' 두 글자는《논어》[020]에서 나왔다. 포씨包氏의 주석에서 "사방 1리를 '정井'이라고 하며, 정 사이에 '구溝'가 있고, 구의 넓이와 깊이는 4척尺이다. 십리를 성城이라고 하며, 성 사이에 '혁洫'이 있고, 혁의 넓이와 깊이는 8척이다"고 하였다. 구혁의 물로는 대해의 깊고 넓음을 비유할 수 없다. 법에 합치되는 것은 알 것이다.

[72b09] [《鈔》] 先則總收者, 圓教之中, 有前四教義也. 故《疏》云, 大海必攝百川, 圓必攝四, 後則總揀者, 圓教之中, 無前四教之[021]義也. 故《疏》云, 雖攝百川, 同一

020 《논어》 제8 〈태백편〉의 주석 내용.

021 底本에는 없음.《金澤寫本》 참조 보충.

鹹味.（如月發焰, 帶微塵而共紅. 似水澄淸, 含輕雲而俱綠.[022]）故隨一滴, 逈異百川, 雖攝於四, 圓以貫之, 故十善五戒, 亦圓教攝, 尙非三·四, 況初·二耶?

[초] '먼저는 모두 거둔다'[023]라고 한 것은 원교 중에 앞의 4교의 뜻이 있다는 것이다. 그러므로《소》에서 "큰 바다는 반드시 온갖 하천을 거두고, 원교는 반드시 4교를 거둔다"고 한 것이다.

'뒤는 모두 가려낸다'라고 한 것은 원교 가운데 앞의 4교의 뜻은 없다는 것이다. 그러므로《소》에서 "비록 온갖 하천을 거둘지라도 동일한 짠 맛이다(마치 달이 불꽃을 발하여 미세 티끌이 모두 붉은 색을 띠고 있는 것과 같고, 물이 맑고 청량하여 가벼운 구름이 모두 푸른 색깔을 함유하고 있는 것과 같다). 그러므로 한 방울의 물에 따라 온갖 하천과는 아주 다르다. 비록 4교를 거두지만 원교로 꿰뚫고 있다. 그러므로 십선과 오계도 역시 원교에 거둬진다. 오히려 제3교와 제4교도 아닌데 하물며 초교와 제2교이겠는가"[024]라고 하였다.

[72b14] ○言如圓教中亦有小乘戒善等者, 但有能同之義也, 勿謂便有所同之義. 所同之義,[025] 是所揀故.

○ '원교 가운데 또한 소승의 계율과 선법이 있는 것과 같다'라고 한 것

022 底本에는 "緣", 교감 주 및《金澤寫本》참조 수정.

023 《演義鈔》권제10(T36, 070c18).

024 《大疏》권제2(T35, 514a09).

025 底本에는 "所同之義"의 4자가 없다.《金澤寫本》참조 보충.

은 다만 능동能同의 뜻이 있는 것이지 소동所同의 뜻이 있다고 여기지 말라. 소동의 뜻은 가려낸 것이다.

[72b15] ○言水義同也者, 釋伏難也. 恐有疑云, 海中但有俱德醎水, 唯是海水, 何有百川水耶? 答: 水義同也. 此意云, 海中但有能同百川之水. 故云, '海有百川之水.' 勿謂便有所同之水, 是所揀也. 故法合難云, 圓敎中但有無礙法界, 唯是圓義, 何有前四敎義耶? 答: 義門同故. 此意云, 圓敎之中, 但有能同四敎之義, 故此云爾.

○ '물의 뜻은 같다'고 한 것은 잠복된 논란을 해설한 것이다. 묻는다. 어떤 이가 의심하여 '바다에는 덕을 갖춘 짠물만이 있어서 오직 바닷물일 뿐인데 무슨 온갖 하천의 물이 있겠는가' 할 것이다.

답한다. 물의 뜻은 같다. 이 의미는 바다에는 능동能同의 온갖 하천 물이 있을 뿐이라는 것이다. 그러므로 '바다에는 온갖 하천 물이 있다'고 한 것이니 소동所同의 물이 있다고 여기지 말라. 이것은 가려낸 것이다.

묻는다. 그러므로 법에 합하여 논란해 보면 '원교에는 다만 무애한 법계가 있을 뿐이니 오직 원교의 뜻인데 어떻게 앞 4교의 뜻이 있겠는가?'

답한다. 뜻의 문은 같기 때문이다. 이 의미는 원교에는 능동 4교의 뜻만이 있다는 것이다. 그러므로 여기서 그렇게 말한 것이다.

③ 거두어지는 곳을 결론지음(結屬所攝)

[72b23] [《疏》] 一乘有二等者, 若就能同, 卽目此經. 若約所同, 乃通餘敎. 故賢

首《教義分齊》云: "以[026]教攝乘者有二. 先一乘, 隨教有五; 一別教一乘, 二同教一乘, 三絶相一乘, 如《楞伽》, 此頓教. 四約佛性平等爲一乘, 此終教. 五密意一乘, 此約始教. 二明三乘亦五; 一小乘中三, 謂始別終同. 以俱羅漢故. 二始教中三, 始·終俱別. 以有入寂故. 三終教中三, 終·始俱同. 竝成佛故. 四頓教中三, 始·終俱離. 五圓[027]教中三, 始·終俱同. 汝等所行是菩薩道等." 證此可悉.

[소] '일승一乘에 두 가지가 있다'[028] 등은 능동能同에 입각하면 곧 이 경을 지목한 것이고, 소동所同에 한정하면 이내 다른 교에도 통한다.

그러므로 현수의 《교의분제장》[029]에서 "교로서 승을 거두면 두 가지가 있다. 먼저는 일승(을 밝힘)이니, 교를 따라서 다섯 가지가 있다. 첫째는 별교일승別教一乘이요, 둘째는 동교일승同教一乘이요, 셋째는 절상일승絶相一乘이니, 《능가경》과 같다. 이것은 돈교이다. 넷째는 불성이 평등한 것에 한정한 일승이니, 이것은 종교終教이다. 다섯째는 밀의일승密意一乘이니, 이것은 시교에 한정한 것이다.

다음으로 삼승을 밝히는데, 또한 다섯 가지가 있다. 첫째, 소승의 삼승은 말하자면 시작(因)은 다르지만 마지막(果)은 같으니, 모두 아라한이 되기 때문이요, 둘째, 시교의 삼승은 시작과 마지막이 둘 다 다르니(성문과 연각은 무여열반에 들어), 입적함이 있기 때문이요, 셋째, 종교의 삼승은 시작과 마지막이 둘 다 같으니, 다함께 성불하기 때문이요, 넷째, 돈교의

026 底本에는 "次", 《金澤寫本》 및 《教義分齊章》 참조 수정.

027 底本 및 《金澤寫本》에는 "同", 《教義分齊章》 참조 수정.

028 《大疏》 권제2(T35, 514a14).

029 《教義分齊章》 권제1(T45, 482a22).

삼승은 시작과 마지막이 둘 다 벗어나며(생각이 끊어지기 때문이다), 다섯째, 원교의 삼승은 시작과 마지막이 둘 다 같으니, '너희들이 닦은 수행은 보살도다'라고 했기 때문이다"고 하였으니, 이것을 인증하면 다 알 것이다.

[72c08] [《疏》] 以別該同皆圓教攝者, 始開則同別有異, 終合則能同亦[030]別故. 問: 別教與圓教爲同異耶? 答: 有云, 寬狹異故, 別教狹而圓教寬也, 圓教雙攝同別故. 今詳不爾. 表詮立名, 約收建號, 故名圓教, 遮詮立名, 約揀建號, 故名別教. 分相則同別乍異. 相攝則能同亦別. 故《疏》云, "今顯別教一乘, 略顯四門等故." 《鈔》云, "卽此同中必有別義, 如事理無礙, 必卽事事無礙爾, 猶彼江水入海亦鹹."

[소] '별교로 동교를 꾸리면 모두 원교에 거둬진다'[031]고 한 것은 처음(因)을 분리하면 동교와 별교가 차이가 있고, 마지막(果)을 합치면 능동 역시 별교가 되기 때문이다.

묻는다. 별교는 원교와 같은가, 다른가?

답한다. 어떤 이가 말하기를 '넓고 좁은 것이 다르기 때문에 별교는 좁고 원교는 넓은 것이니, 원교는 동교와 별교를 쌍으로 거두기 때문이다'고 하였으나 지금 상고하면 그렇지 않다. 표전表詮으로 명칭을 세운 것은 '전부 거둠'의 측면을 기준 잡아서 호칭을 건립한 것이므로 '원교'라고 이름 붙인 것이고, 차전遮詮으로 명칭을 세운 것은 '전부 가려냄'의

030 底本에는 없음.《金澤寫本》 참조 보충.

031 《大疏》 권제2(T35, 514a16).

측면을 기준 잡아서 호칭을 건립한 것이므로 '별교'라고 이름 붙인 것이다. 분상하면 동교와 별교로 조금 다르고, 상을 거두면 능동도 또한 별교이다. 그러므로 《소》에서 "이제 별교일승을 드러내는데, 간략하게 4문으로 드러낸다"라고 하였고, 《초》에서 "곧 동교(일승) 중에 반드시 별교(일승)의 뜻이 있으니, 사리무애가 반드시 곧 사사무애인 것과 같다. 저 강물이 바다에 들어가면 역시 짠맛인 것과 같다"고 하였다.

(2) 장章을 열어 별도로 해석함(開章別釋)

② 장章에 의지하여 별도로 해석함(依章別釋)

가. 의지하는 바의 체사體事를 밝힘(所依體事[十對])

나) 간략히 해석함(略釋)

(가) 교와 의리의 일대(教義一對)

[72c16] [《鈔》] 七十五法等者, 問: 彼七十五法, 當教談有, 卽互相礙, 圓教談無, 如何得爲玄門體事耶? 答: 就偏根所執, 卽互相礙, 圓教斷[032]無, 不爲體事. 就佛本意, 於無障礙法界之中, 應彼偏根, 派一分義, 依之修行, 證彼法門, 其體非無, 得爲體事. 故上《疏》云, "千門潛注,[033] 與衆典爲洪源." 卽圓教所詮無障礙法界之中, 千門異義, 暗流在衆經. 依之修行, 無不獲益. 所益之法, 還是圓教無障礙法界. 如大海水潛流四天下地, 有穿鑿者, 無不得水, 所得之水, 皆是海水. 言如性雙遣者, 如是眞如, 性卽無性. 或如卽寂義, 性卽照義.

---

032 底本에는 "談",《金澤寫本》 참조 수정.

033 底本에는 "詮",《金澤寫本》 및 《大疏》 참조 수정.

[초] '칠십오법七十五法'[034]이라는 것은, 묻는다. 저 칠십오법을 해당(소승)교에서는 있다고 말했으니 곧 서로 장애되고, 원교에서는 없다고 말했으니 어떻게 (십)현문의 체사體事가 되겠는가?

답한다. 치우친 근기들이 집착하는 것에 입각하면 곧 서로 장애되지만 원교에서는 끊어져 없어지는 것은 체사로 삼지 않는다. 부처님의 본의에 입각해서 무장무애한 법계에서 저 치우친 근기들에 응하여 일부분의 뜻이 파생된 것이니, 그것을 의지해서 수행하면 저 법문을 증득하게 되고 그 체사는 없는 것이 아니니 체사가 될 수 있다. 그러므로 위의 《소》[035]에서 "천 가지 문으로 잠겨서 물대주어 여러 경전에 넓은 근원이 되어준다"고 하였으니, 바로 원교에서 설명한 것(所詮)이 무장무애한 법계에서 천 가지 문의 다른 뜻으로 암암리에 여러 경전에 흘러든 것이다. 그것을 의지해서 수행하면 획득하지 않음이 없지만 얻어진 법은 도리어 원교의 무장무애한 법계이다. 마치 큰 바닷물이 사천하의 땅에 잠겨 흘러서 친척하는 사가 있으면 물을 얻지 못함이 없고 얻어진 물은 모두 바닷물인 것과 같다.

'여如와 성性을 둘 다 보낸다'고 한 것은 '여'는 진여眞如이고, '성'은 곧 무성無性이다. 혹은 '여'는 곧 적멸寂義의 뜻이고, '성'은 관조觀照의 뜻이다.

(다) 경계와 지혜의 일대(境智一對)

034 《演義鈔》 권제10(T36, 071a15).

035 《大疏》의 서문.

[73a03] [《鈔》] 他心等十智者, 他·法·類[036]·世·集·苦·滅·盡·無[037]·道也.

[초] '타심지 등 십지十智'[038]라는 것은 타심지他心智, 법지法智, 류지類智,[039] 세지世智, 집지集智, 고지苦智, 멸지滅智, 진지盡智, 무생지無生智, 도지道智이다.

(마) 인행과 과덕의 일대(因果一對)

[73a03] ○言七方便者, 一五停心觀; 散亂數息, 多貪不淨, 多瞋慈悲, 多癡緣生, 著我界分別.[040] 二別相念觀; 觀身不淨, 觀受是苦, 觀心無常, 觀法無我. 三總相念觀; 苦·空·無常·無我, 是資糧位. 四煖, 五頂, 六忍, 七世第一, 此是加行位. 故成方便也.

○ '칠방편七方便'이라고 한 것은 첫째, 5정심관五停心觀이니, ①산란심에는 수식관數息觀이요, ②탐욕이 많은 자에게는 부정관不淨觀이요, ③성냄이 많은 자에게는 자비관慈悲觀이요, ④어리석음이 많은 자에게는 연생관緣生觀이요, ⑤'나'에 집착하는 자에게는 계분별界分別이다. 둘째, 별상념관別相念觀이니, 몸이 부정함을 관찰하고, 느낌이 고통임을 관찰하며, 마음이 무상함을 관찰하고, 법이 무아임을 관찰하는 것이다. 셋째, 총상념관總相念觀이니, (일체법이) 고통이고, 공하며, 무상이고, 무아임을

036 底本에는 "數", 《金澤寫本》 참조 수정.
037 《金澤寫本》 권제3(X08, 020b)에 의거, "無生智"로 번역.
038 《演義鈔》 권제10(T36, 071a26).
039 '比智'를 말한다.
040 底本에는 "則", 《金澤寫本》 참조 수정.

총체적으로 관찰하는 것이니 자량위이다. 넷째, 난위煖位요, 다섯째, 정위頂位요, 여섯째, 인위忍位요, 일곱째, 세제일의이니 이것은 가행위加行位이다. 그러므로 '(칠)방편'을 이룬다.

다) 자세한 것을 결론지어 간략한 것을 따름(結廣從略)

[73a08] ○言又此十對至以爲十玄所依體事者, 問: 十對皆以五教出體, 頓教之體唯是一理, 如何得爲玄門體事? 答: 言總意別故, 或相從說故, 或疎作體事故, 或與攝歸眞實, 眞空絶相作所依故.

○ '또 이 십대十對는 … (총상으로 포괄해서 섭수하는 것으로) 십현문이 의지하는 대상(所依)의 체사體事를 삼는다'[041]고 한 것은, 묻는다. 십대는 모두 5교로 체성을 내고, 돈교의 체성은 오직 하나의 이치일 뿐인데, 어떻게 현문의 체사가 될 수 있겠는가?

답한다. 말은 총상이고 의미는 별상이기 때문이다. 혹은 서로 쫓아서 설명했기 때문이고, 혹은 소연疎緣으로 체사가 되어주기 때문이며, 혹은 '진실로 거두어 돌아감'의 '진공절상관眞空絶相觀'에 소의가 되어주기 때문이다.

나. 진실로 거두어 돌아감(攝歸眞實[眞空絶相觀])

가) 회색귀공관會色歸空觀[四句]

041 《演義鈔》 권제10(T36, 071b09).

[73a13] [《鈔》] 不卽斷空等者, 不[042]卽無物斷空, 但卽成物眞空故. 言靑黃不卽眞空等者, 相有異眞, 色不卽空也. 無性同眞, 色卽空也. 言空中[043]無色等者, 以理奪事故色不卽空, 事能顯理故色卽空也.

[초] '단공斷空에 즉하지 않고'[044] 등은 무물無物의 단공斷空에 즉하지 않고, 다만 사물을 이룬 진공眞空에 즉하기 때문이다.

'청색과 황색은 진공에 즉하지 않으니'라고 한 것은 상이 있어서 진성과 다르니 색이 공에 즉하지 않는 것이고, 무성無性이어서 진성과 같으니 색이 공에 즉한 것이다.

'공 가운데 색이 없다'라고 한 것은 이치로 사법을 부정하기 때문에 색이 공에 즉하지 않고, 사법이 이치를 드러내기 때문에 색이 공에 즉한 것이다.

### 나) 명공즉색관明空卽色觀[四句]

[73a16] 言以空[045]理非靑黃故非色等者, 不變異色故不卽色, 隨緣同色故卽色也. 言空是所依等者, 體異用故不卽色, 體從用故卽色也.

---

042 底本에는 "不+不", 《金澤寫本》 참조 "不"로 수정.

043 底本에는 "卽", 《金澤寫本》 및 《演義鈔》 참조 수정.

044 《演義鈔》 권제10(T36, 071b12).

045 底本 및 《金澤寫本》에는 "眞", 교감 주 및 《演義鈔》 참조 수정.

'공의 이치는 청색과 황색이 아니기 때문에 색이 아니라고 하며'[046]라고 한 것은 불변不變은 색과 다르기 때문에 색에 즉하지 않고, 수연隨緣은 색과 같기 때문에 색에 즉한 것이다.

'공은 소의所依이기 때문에'라고 한 것은 체성이 작용과 다르지 않기 때문에 색에 즉하지 않으며, 체성이 작용을 따르기 때문에 색에 즉하는 것이다.

### 라) 민절무기관泯絶無寄觀

[73a19] ○言第四泯絶無寄觀者, 前三門正當事理無礙, 生滅門義, 與眞空絶相, 而爲由漸, 此觀正當眞如門故. 言不可言卽色不卽色等者, 不可言貫下四度讀之. 不可言卽色者, (空若卽色, 聖應同凡見妄色.) 不可言不卽色[047]者, (空若不卽色, 應成斷滅空.) 拂前第二門也. 不可言卽空者, (色若卽空, 凡應同聖見眞空.) 不可言不卽空者, (色若不卽空, 凡夫見色, 應不成迷.) 拂前第一門也. 一切皆不可者, 拂結例一切法也. 不可亦不可者, 重拂前跡. 此語亦不受者, 重拂之語亦不受也, 受者領納也. 逈絶無寄者, 照體獨立.

○ '제4 민절泯絶하여 의탁함이 없는 관법'[048]이라고 한 것은 앞의 3문은 사리무애事理無礙에 해당하니 생멸문의 뜻이고, '진공절상관眞空絶相觀'에 점차가 되어주니 이 관법은 바로 진여문眞如門에 해당한다.

---

046 《演義鈔》 권제10(T36, 071c21).

047 底本에는 "空", 《金澤寫本》 참조 수정.

048 《演義鈔》 권제10(T36, 071c28).

'색에 즉한다거나 색에 즉하지 않는다고 말할 수 없다'고 한 것은 '말할 수 없다는 것'은 아래로 4번 관통하여 읽으니, '색에 즉한다고 말할 수 없다(공이 색에 즉한다면 성인은 범부와 똑같이 허망한 색을 볼 것이다)'는 것과 '색에 즉하지 않는다고 말할 수 없다(공이 색에 즉하지 않는다면 단멸공을 이룰 것이다)'는 것은 앞의 두 문을 털어낸 것이다.

'공에 즉한다고 말할 수 없다(색이 공에 즉한다면 범부는 성인과 똑같이 진공을 볼 것이다)'는 것과 '공에 즉하지 않는다고 말할 수 없다(색이 공에 즉하지 않는다면 범부는 색을 보고도 미혹을 이루지 않게 될 것이다)'는 것은 앞의 첫 번째 문을 털어 보낸 것이다.

'일체가 모두 불가하다'는 것은 일체법을 결론적으로 준례하여 털어 보낸 것이다. '불가함도 또한 불가하다'는 것은 앞의 자취를 거듭 털어 보낸 것이다. '이 말 또한 받아들일 수 없다'는 것은 거듭 털어 보낸 말도 또한 받아들이지 않은 것이다. 받아들이는 것은 영납하는 것이다. '멀리 끊어져 의탁함이 없다'고 한 것은 관조의 체성만을 홀로 세운 것이다.

### 다. 그 무애함을 드러냄(彰其無礙[理事無礙觀])

#### 나) 10문을 별도로 해석함(別釋十門)

##### (가) 진리가 사법에 두루 하는 문(理徧於事門)

[73b05] [《疏》] 謂無分限之理等者, 以不可分故, 性無二故. 若爾, 何故下《鈔》云, "然以理融事令事如理, 以事顯理令理如事, 故云理非無分. 謂理卽事, 事旣有分, 理亦有分, 不爾眞理不卽事故." 准此《鈔》說, 理有分限, 何故今云理無分限? 答: 彼約非一而一, 此就非異而異, 故不違.

[소] '말하자면 분한이 없는 진리가 (온전히 분한이 있는 사법에 변만하고)'[049]라는 것은 나눌 수 없기 때문이고, 성은 둘이 없기 때문이다.

묻는다. 그렇다면 어째서 아래 《초》에서 "그러나 진리로 사법을 융섭하면 사법이 진리와 같아지게 되고, 사법으로 진리를 드러내면 진리가 사법과 같아지게 된다. 그러므로 진리는 분한이 없는 것이 아니라고 한 것이다. 말하자면 진리는 사법에 즉하니, 사법에 이미 분한이 있으므로 진리 또한 분한이 있는 것이다. 그렇지 않다면 진리는 사법에 즉하지 않은 것이기 때문이다"[050]라고 하였는가? 이 《초》의 설을 준거하면 진리에 분한이 있는 것인데 어째서 여기서는 진리는 분한이 없다고 하는가?

답한다. 저것은 (진리와 사법이) 하나가 아니면서 하나인 것에 한정했고, 이것은 다른 것이 아니면서 다른 것에 입각했다. 그러므로 어긋나지 않는다.

(나) 사법이 진리에 두루 하는 문(事徧於理門)

㉮ 바로 밝힘(正明)

[73b10] [《鈔》] 以非異故全同等者, 問: 旣云非異, 云何說得理徧於事, 事遍於理耶? 答: 此言非異, 不約體一, 但分量同, 故無違理. 又解, 由非異故, 遍義得成, 由非一故, 理事得立, 二義齊擧, 理事互遍也.

049 《大疏》 권제2(T35, 514a29).

050 《演義鈔》 권제83 〈入法界品〉 제39(T36, 654b02).

[초] '다르지 않기 때문에 완전히 같아진 것이며'[051] 등은, 묻는다. 이미 다르지 않다고 하였는데 어째서 진리는 사법에 변만하고 사법은 진리에 변만하다고 말할 수 있겠는가?

답한다. 여기서 말한 다르지 않다는 것은 체성이 하나인 것에 한정한 것이 아니고, 다만 분량이 같은 것이다. 그러므로 이치에 어긋나지 않는다. 또 해설이 있다. 다르지 않음을 말미암기 때문에 변만의 뜻이 성립되고, 하나가 아님을 말미암기 때문에 진리와 사법이 세워지며, 두 가지 뜻을 일제히 들기 때문에 진리와 사법이 서로에 변만한 것이다.

㉯ 앞의 뜻을 회통함(會前)

a. 일성을 회통함(會一性)

a) 일성과 오성을 밝힘(明一性五性)

(a) 인증함(引證)

[73b14] [《疏》] 故〈出現品〉云至所謂無性等者, 斯乃圓宗祕鍵性海玄關. 若未廓於通達, 寔難臻於壺奧. 欲彰邃旨, 故引全文. 貴令時根照然可解爾. 故下《疏》云, "此中之成, 爲理? 爲事? 若是事成, 何以釋云, 同一性故. 若是理成, 何以此云, 成正覺耶? 入涅槃耶? 此是華嚴大節圓宗之義, 不對諸宗, 難以取解. 然諸衆生, 若於人天位中觀之, 具足人法二我, 小乘唯是五蘊實法, 大乘或說但心所現. 或說幻有卽空, 人法俱遣. 或說唯如來藏, 具恒沙性德故. 衆生卽在纏法身, 法身[052]衆

051 《演義鈔》 권제10(T36, 072b09).

052 底本 및 《金澤寫本》에는 "法身"의 두 자가 없다. 《大疏》 참조 보충.

生義一名異. 猶據理說, 更有說言, 相本自盡, 性本自現, 不可說言卽佛·不卽佛等. 若依此宗, 舊來成竟, 亦涅槃竟, 非約同體, 此成卽是彼成. 若爾, 何以現有衆生非卽佛耶? 若就衆生位看者, 尙不見唯心卽空, 安見圓教中事? 如迷東謂西, 正執西故. 若諸情頓破, 則法界圓現,[053] 無不已[054]成. 猶彼人悟[055]西處全東. (《鈔》云: '以理融事故, 事如理而融通, 不可作理事別解.') 若爾, 諸佛何以更化衆生? 不如是知, 所以須化. 如是化者, 是究竟化. 如是化者, 無不化時. 故下結云, 大悲相續, 救度衆生. 隨門不同, 種種有異. 約成佛門一切成也." 《鈔》釋云, "卽類結餘門, 門[056]雖[057]有多, 但略分四; 一約性, 卽一眞法界. 二約相, 卽無盡事法. 三性相交徹, 顯此二門不卽不離. 四以性融相, 德用重重. 初約體門者, 問: 體是佛不? 答: 是若[058]無礙, 應成四句. 一是佛, 以法性身, 無所不至. 故經云: '性空卽是佛故.' 二非[059]佛, 絶能·所覺, 爲其性故, 平等眞法界, 非佛非衆生故. 三亦佛亦非佛, 以法性身無自性故. 四雙非, 性與無性, 雙[060]泯絶故. 經云: '無中無有二, 無二亦復無, 三世一切空. 是則諸佛見.' 二就相門有二; 一情, 二非情. 眞心隨緣, 變能所故. 然此二門, 各分染[061]淨. 謂無明熏眞如, 成染緣起, 眞如熏無明, 成淨緣起. 染成萬類, 淨至成佛, 以修淨緣, 斷彼染緣, 方得成佛. 依此二義, 則生佛不同. 於染緣中, 復有因果, 因有純雜, 果有依正. 若約純門, 隨一菩薩, 盡未來際, 唯修一行, 一一

---

053　底本에는 "理", 《金澤寫本》 및 《大疏》 참조 수정.
054　CBETA에는 "已", 底本, 《金澤寫本》, 《演義鈔》 참조 수정.
055　底本에는 "悟入", 《金澤寫本》에는 "悟人", 《大疏》에는 "人悟", 참조 수정 및 도치.
056　底本에는 없음. 《金澤寫本》 및 《演義鈔》 참조 보충.
057　底本에는 "雜", 《金澤寫本》 및 《演義鈔》 참조 수정.
058　底本 및 《金澤寫本》에는 "不", 《演義鈔》 참조 수정.
059　底本에는 없음. 《金澤寫本》 및 《演義鈔》 참조 보충.
060　底本에는 "以", 《金澤寫本》 및 《演義鈔》 참조 수정.
061　底本에는 "深", 교감 주, 《金澤寫本》, 《演義鈔》 참조 수정.

皆然. 若約雜門, 萬行齊修, 盡未來際. 若約因門, 盡未來際, 常是菩薩, 若約果門, 盡未來際, 常是如來. 經云: '爲衆生故, 念念新新, 成等正覺.' 若雙辨門,[062] 盡未來際, 修因得果. 若約雙非, 盡未來際, 非因非果, 便同眞性. 前之[063]二門, 雙具悲智, 雙融心境. 第三性相交徹門, 曲有四門; 一以性隨相, 同第二門. 二會相歸性, 同第一門. 三雙存無礙, 具上二門. 依此則悲智雙運, 性相齊融, 寂照雙流, 成大[064]自在. 四互奪雙亡, 則性相俱絶, 沒同果海, 無成不成. 第四以性融相門, 相雖萬差, 無不卽性. 性德[065]無盡, 全在相中, 以性融相, 相如於性. 令上諸門皆無障礙, 因果交徹, 純雜相融. 事事相參, 重重無盡. 今就性門, 四句之內, 是卽佛門, 不取餘三. 就相門中, 約有情門, 是淨非染, 是果非因. 是一分義, 非此所用. 就交徹門, 佛則性相雙融, 生則會相歸性. 今經正約第四以性融相, 一成一切皆成. 謂以佛之淨性, 融生之染相, 以佛之一性, 融生[066]之多相, 令多染生隨一眞性, 皆如於佛, 已成佛竟. 非唯有情, 會萬類相, 融爲佛體, 無不皆成. 故肇公云, '會萬法而成已者, 其唯聖人乎!' 又云, '是故聖人, 空同其體, 物無非我, 以佛之性, 融於物性, 同佛皆成.' 以物之性, 融佛之相, 故令三業等於萬類. 卽今經意, 而非餘門, 故云隨門不同, 今是成佛門也. 頓教多同約性四門, 終教卽同性相交徹, 始教有二; 幻有卽空, 同會相歸性, 但唯心現, 多同第二. 小乘人天皆同相門. 由此有云, 無情成[067]佛, 是約性相相融. 以情之性, 融無情相, 以無情相隨性, 融同有情之相, 故說無情有成佛義. 若以無情不成佛義, 融情之相, 亦得說言, 諸佛衆生不成佛也.

---

062 《演義鈔》에는 "二+門"으로 되어 있다. 번역문에 반영하였다.
063 底本에는 "前",《金澤寫本》 및《演義鈔》 참조 수정.
064 底本 및《金澤寫本》에는 "不",《演義鈔》 참조 수정.
065 底本 및《金澤寫本》에는 "得",《演義鈔》 참조 수정.
066 底本에는 "性",《金澤寫本》 및《演義鈔》 참조 수정.
067 底本 및《金澤寫本》에는 "無",《演義鈔》 참조 수정.

以成與不成, 情與無情, 無二性故, 法界無限[068]故, 佛體普周故, 色空無二故, 法無定性故, 十身圓融故, 緣起相由故, 生界無盡故, 因果[069]周遍故, 遠離斷常故, 萬法虛融故, 故說一成一切成也, 非謂無情亦有覺性, 同情[070]成佛. 若許成佛,[071] 此成則能修因, 無情變情, 情變無情, 便同邪見. 餘義具如前後廣說. 二釋中先總釋, 同一無性, 故得現成. (謂既無二性. 佛證一性, 得成佛故. 生[072]隨一性, 皆成佛矣.) 妄性本虛, 生元[073]是佛. (生自有妄, 見生非佛. 佛了虛妄, 生何[074]非佛.) 眞性叵得, 非今始成, 故皆成也. (若有可得, 今得[075]成佛. 證性叵得, 佛非始成. 佛非始成, 佛本是佛. 佛之本佛, 何異生佛. 是故一成一切皆成. 亦可說言. 若一不成一切不成, 同一性故. 今是成佛[076]門, 故云一切皆成佛[077]也.)" 向[078]明要義, 不可不知, 幸希達士, 善留[079]心焉.

[소] '그러므로 〈여래출현품〉에 … 이른바 무성無性이다'[080]라고 한 것은 바로 원종圓宗의 비밀한 관건이며, 성해性海의 현묘한 관문이다. 확연히

068 底本에는 "恨",《金澤寫本》 및 《演義鈔》 참조 수정.
069 底本에는 "爲因",《金澤寫本》에는 "爲因果",《演義鈔》 참조 "因果"로 수정.
070 底本에는 없음.《金澤寫本》 및 《演義鈔》 참조 보충.
071 底本 및 《金澤寫本》에는 "成佛"의 두 자가 없다.《演義鈔》 참조 보충.
072 底本에는 "性",《金澤寫本》 및 《演義鈔》 참조 수정.
073 底本에는 "無",《金澤寫本》 및 《演義鈔》 참조 수정.
074 底本에는 "爲",《金澤寫本》 및 《演義鈔》 참조 수정.
075 底本에는 "今得"의 두 자가 없다.《金澤寫本》 참조 보충.
076 底本 및 《金澤寫本》에는 없음.《演義鈔》 참조 보충.
077 底本에는 "不成",《金澤寫本》 참조 "成佛"로 수정.
078 底本에는 "問",《金澤寫本》 참조 수정.
079 底本에는 "聖",《金澤寫本》 참조 수정.
080 《大疏》 권제2(T35, 514b03).

통달하지 못하면 진실로 진리 속까지 이르기가 어렵다. 깊숙한 뜻을 드러내고자 전체문장을 인용하겠다. 때에 맞는 근기들이 훤하게 이해하길 바란다.

그러므로 아래《소》[081]에서 "묻는다. 이 가운데 성취한다는 것은 사법으로 성취하는가, 진리로 성취하는가? 사법으로 이뤄지는 것이라면 어째서 '동일한 성'이라고 해설했으며, 진리로 이뤄지는 것이라면 어째서 여기서는 '정각을 이룬다'고 하고, '열반에 든다'고 하였는가?

답한다. 이것은 화엄의 큰 마디이며 원종의 뜻이다. 여러 종을 상대하지 않으면 이해를 갖기 어렵다. 그러나 모든 중생은 만약 인천人天의 자리에서 관찰하면 인아·법아의 2아를 갖추고 있고, 소승에서는 오직 오온만이 실법이며, 대승에서는 혹은 다만 마음으로 나타난 것이라고 하고, 혹은 환으로 있다거나 공에 즉한다고 하여 인아·법아를 둘 다 보낸다. 혹은 오직 여래장만이 항하사와 같은 성덕을 갖추고 있기 때문에 중생은 곧 번뇌에 얽매여 있는 법신(在纏法身)이라고 한다. 법신과 중생은 뜻은 하나인데 명칭이 다른 것이다.

이치에 의거해서 말하면 다시 상相은 본래 스스로 다하고 성性은 본래 스스로 드러난다고는 말할 수 있어도, 불에 즉한다거나 불에 즉하지 않는 등이라고는 말할 수 없는 것이다. 만약 이 (원)종에 근거하면 오래 전에 성불해 마치고 또한 열반해 마친 것이지, 동체에 한정해서 이것이 성취되면 곧 저것이 성취된다는 것이 아니다. 그렇다면 어떻게 현존하고 있는 중생들이 즉불이 아니겠는가. 중생의 자리에 입각해서 살펴

081 《大疏》 권제50 〈如來出現品〉 제37(T35, 882c01).

보면 오히려 '오직 마음인 것'과 '공에 즉한 것'인 줄도 보지 못하는데 어떻게 원교 가운데 일을 보겠는가. 마치 동쪽을 미혹해서 서쪽이라고 여기고는 서쪽이라고 집착하는 것과 같은 것이다. 여러 정식精識을 단박에 무너뜨리면 법계는 원만히 드러나고 이미 성취되지 않은 것이 없으니, 마치 저 사람이 알아차리면 서쪽인 곳이 온전히 동쪽인 것과 같다(《초》에서 '진리로 사법을 융합하기 때문에 사법이 진리처럼 융통하여 진리와 사법이라는 별개의 이해를 지을 수 없다'고 하였다). 그렇다면 제불은 어째서 다시 중생을 교화하는가? 이와 같이 알지 못한다. 그래서 교화할 필요가 있다. 이와 같이 교화하는 것은 구경究竟의 교화이고, 이와 같이 교화하는 것은 교화하지 않는 때가 없다. 그러므로 아래에서 결론지어 '대비심이 상속하여 중생을 구호하고 제도한다'고 한 것이다. 문에 따라서 다르므로 갖가지 차이가 있고, 성불문에 한정하면 일체가 성취되는 것이다"라고 하였으며, 《초》[082]에서 해설하여 "나머지 문을 견주어 결론지은 것이니, 문은 비록 여럿이 있지만 간략하게는 넷으로 나뉜다. 첫째, 성性에 한정한 것이니 곧 하나의 진실한 법계이다. 둘째, 상相에 한정한 것이니 곧 무진한 사법이다. 셋째, 성과 상이 서로 어우러져 통하는 것이니 이 두 문이 즉하지도 여의지도 않음을 드러낸다. 넷째, 성으로 상을 융통하는 것이니 덕용이 중중한 것이다.

첫째, 〈체성에 한정한 문(約體門)〉은, 묻는다. 체성이 불인가? 답한다. 무애한 경우라면 4문을 이뤄야 할 것이다. ①불佛이니, 법성신法性身은 이르지 않는 곳이 없기 때문이다. 그러므로 경전에서 '성性이 공空한 것

082 《演義鈔》 권제80(T36, 627b22)을 요약 정리하여 인용.

이 곧 불이다'라고 한 것이다. ②불이 아니니, 능각能覺·소각所覺이 끊어진 것이 그 성性이기 때문이며, 평등한 일진법계는 불도 중생도 아니기 때문이다. ③불이기도 불이 아니기도 하니, 법성신은 자성이 없기 때문이다. ④둘이 다 아니니, 성性과 무성無性이 쌍으로 끊어져 없어졌기 때문이다. 경에서 '무無에는 둘이 없으니, 둘이 없음도 또한 또다시 없다. 삼세의 일체가 공하다. 이것이 제불의 견見이다'고 하였다.

둘째, 〈상에 입각한 문(就相門)〉은 둘이 있다. ①정精이요, ②비정非情이다. 진심이 수연하여 능·소로 전변하기 때문이다. 그러나 이 2문은 각각 염·정으로 나뉜다. 말하자면 무명은 진여를 훈습하여 염오연기를 이루고, 진여는 무명을 훈습하여 청정연기를 이룬다. 염오는 만유를 이루고 청정은 성불에 이른다. 청정연기를 닦음으로써 저 염오연기를 끊어서야 성불할 수 있다. 이 두 가지 뜻에 의거하면 중생과 불이 다르다. 염오연기에 또다시 인과가 있으니, 인에는 순문純門과 잡문雜門이 있고, 과에는 의보依報와 정보正報가 있다. 순문에 한정하면 한 분의 보살을 따라서 미래제가 다하도록 오직 한 가지의 수행만을 닦으니 하나하나가 모두 그렇다. 잡문에 한정하면 미래제가 다하도록 온갖 행을 일제히 닦는다. 인문因門에 한정하면 미래제가 다하도록 항상 보살이며, 과문果門에 한정하면 미래제가 다하도록 항상 여래이다. 경에서 '중생을 위한 까닭으로 생각 생각에 새롭고 새롭게 등정각을 이룬다'고 하였다. 만약 두 문을 쌍으로 변별하면 미래제가 다하도록 인을 닦아 과를 얻는다. 만약 둘 다 아닌 것에 한정하면 미래제가 다하도록 인因도 과果도 아닌 것이니 진성과 같다. 앞의 2문은 대비와 지혜를 둘 다 지니고 마음과 경계를 둘 다 융합한다.

셋째, 〈성性·상相이 서로 어우러져 통하는 문(性相交徹門)〉은 자세하게는 4문이 있다. ①성으로 상을 따르는 것이니, 두 번째의 문과 같다. ②상을 회통하여 성으로 귀속시키는 것이니, 첫 번째의 문과 같다. ③쌍으로 두어도 무애함이니 위의 두 가지 문을 갖춘 것이다. 이것에 의거하면 대비와 지혜를 쌍으로 운용하고 성·상을 일제히 융합한다. 적멸과 관조가 쌍으로 흘러 대자재를 이룬다. ④서로 부정하여 쌍으로 없어지는 것이니, 곧 성·상이 둘 다 끊어진 것이다. 과해에 녹아들어 같아지므로 성취함도 성취하지 않음도 없다.

넷째, 〈성으로 상을 융합하는 문(以性融相門)〉은 상이 천차만별이지만 성에 즉하지 않은 것이 없으며, 성덕이 무진하지만 온전히 상 가운데에 있다. 성으로써 상을 융합하여 상이 성과 같아져서 위의 여러 문이 모두 무장무애한 것이니, 인과가 서로 어우러져 통하고 순·잡이 서로 원융하며 사법마다 서로 뒤섞여 중중무진한 것이다.

지금은 (첫 번째) 취성분就性門의 4구내에 즉불문卽佛門이고, 나머지 3구는 취하지 않았다. (두 번째) 취상문就相門에서는 유정문에 한정하였으니, 이것은 청정연기이고 염오연기는 아니며, 과이고 인은 아니다. 이것은 일부분의 뜻이어서 여기서 소용되는 것은 아니다. (세 번째) 교철문交徹門에 입각하면 불은 성·상을 쌍으로 융합한 것이고, 중생은 상을 회통하여 성으로 귀속시킨 것이다. 지금 경은 바로 네 번째 '성으로 상을 융합하는 문'에 한정하여 '하나가 성취되면 일체가 모두 성취된 것'이니, 말하자면 불의 청정한 성性으로 중생의 염오된 상相을 융합하고, 불의 하나의 성으로 중생의 모든 상을 융합한 것이다. 여러 염오 중생들이 하나의 진성을 따라서 모두 불과 같아져 이미 성불해 마친 것이다. 유정

뿐만이 아니라 만유의 상을 회통하여 불의 체성으로 융합하면 모두 성불하지 않은 것이 없다. 그러므로 승조 공이 '만법을 회통하여 자신을 이룬 것이 오직 성인뿐이겠는가'라고 하였고, 또 말하기를 '그러므로 성인은 텅 비어서 그 체성과 같으며 사물은 나 아닌 것이 없다'고 하였다. 불의 성으로 만물의 성을 융합하면 불과 같아져 모두 성불하고, 만물의 성으로 불의 상을 융합하기 때문에 삼업이 만유와 동등하게 된다는 것이니, 곧 지금 경의 의미이고 다른 문은 아니다. 그러므로 '문에 따라서 다르다'고 한 것이니, 지금은 성불문이다.

돈교는 대부분 (첫 번째) 성에 한정한 4문과 같고, 종교는 곧 (세 번째) 성·상이 서로 어우러져 통하는 문과 같다. 시교는 두 가지가 있으니, 환유와 즉공은 (네 번째) 상을 회통하여 성에 귀섭되는 문과 같고, 다만 오직 마음으로 현현하는 것은 대부분 두 번째와 같다. 소승교와 인천교는 모두 (두 번째) 상문相門과 같다. 이 때문에 어떤 이가 '무정이 성불한다'고 한 것은 성·상이 서로 융합하는 것에 한정한 것이니, 유정의 성으로 무정의 상을 융합하면 무정의 상이 성을 따름으로써 유정의 상과 융합되어 같아진다. 그러므로 무정에게 성불하는 뜻이 있다고 설한다. 만일 무정은 성불하지 못하는 뜻으로써 유정의 상을 융합하면 또 다시 제불과 중생도 성불하지 못한다고 말할 수 있게 된다.

성불함과 성불하지 못함, 유정과 무정은 두 성이 없는 까닭에, 법계는 무한한 까닭에, 불의 체성은 널리 주변하는 까닭에, 색과 공은 둘이 없는 까닭에, 법에 정해진 성질이 없는 까닭에, 십신十身이 원융한 까닭에, 연기하여 서로 말미암는 까닭에, 중생계는 다함이 없는 까닭에, 인과가 두루 변만한 까닭에, 단견과 상견을 멀리 벗어난 까닭에, 만법이 텅 비어 융합되는 까닭에 그러므로 '하나가 성취되면 일체가 성취된다'고 한 것이지, 무정이 또한 각성이 있어서 유정과 같이 성불한다고 하는 것은 아니다. 만일 성불한다고 허여하면 이 성취는 수행하는 인이어서, 무정이 유정으로 변하고 유정은 무정으로 변화하여 삿된 견해와 똑같아진다. 나머지 뜻은 모두 전후에서 자세하게 말한 것과 같다.

두 가지 해설 가운데 우선 총괄적인 해석은, 동일한 무성無性이기 때문에 현성現成할 수 있고(말하자면 이미 두 개의 성이 없으니 불은 하나의 성을 증득하여 성불한 것이고, 중생은 하나의 성을 따라서 모두 성불하는 것이다), 허망한 성은 본래 허망하고 중생은 원래 불이며(중생은 저절로 허망함이 있으니 중생은 불이 아니라고 보고, 불은 허망함을 분명하게 아는 것이니 중생이 어찌 불이 아니겠는가), 진성眞性은 얻을 수 없고, 지금 처음으로 성취한 것이 아니다. 그러므로 '모두가 성취한다'고 한다(얻을 수 있다면 지금 성불할 수 있다. 증득한 성을 얻을 수 없다면 불이 처음으로 성취한 것이 아니다. 불이 처음으로 성취한 것이 아니라면 불은 본래 불이다. 불이 본래 불이라면 중생과 불이 무슨 차이가 나겠는가. 그러므로 하나가 성취되면 일체가 모두 성취된다. 또한 하나가 성취되지 못하면 일체가 성취되지 못하니, 동일한 성이기 때문이라고 말할 수 있다. 지금은 성불문이다. 그러므로 '일체가 모두 성불한다.'고 한 것이다)"고 하였으니, 앞서 밝힌 핵심적인 뜻을 알지 않으면 안 된다. 통달한 학자들은 잘 유념하길 바란다.

#### c) 무성이 곧 불성임을 밝힘(明無性卽是佛性)

##### (a) 바로 밝힘(正明)

[74b11] [《疏》] 一性無性卽是佛性者, 衆生等有, 故名一性, 緣相本空, 復名無性,

覺照靈知, 又名佛性. 如一水性, 一性也, 無其波性, 無性也, 卽是濕性, 佛性也.

[소] '일성一性이며, 무성無性이 곧 불성이다'[083]라는 것은 중생이 똑같이 가지고 있으므로 '일성'이라고 하고, 인연의 상은 본래 공하므로 또다시 '무성'이라고 하며, 각조覺照하여 신령하게 앎으로 또 '불성'이라고 한 것이다. 예컨대 하나의 물의 성질이 '일성'이고, 파도의 성이 없는 것이 '무성'이며, 곧 습한 성질이 '불성'인 것과 같다.

### (b) 인증함(引證)

[74b14][《疏》] 佛性名第一義空等者, 謂本覺體無所勝過云第一, 眞智所[084]緣云義, 妄相本寂云空, 而常照云第一義空, 名爲智慧.

[소] '불성을 제일의공第一義空이라고 하며'라는 것은 본각의 체성은 그 수승함보다 지나친 것이 없으므로 '제일'이라고 하고, 진지眞智로 반연하는 것이므로 '의'라고 하며, 허망한 상은 본래 적멸이므로 '공'이라고 하며, 항상 각조하므로 '제일의공'을 지혜라고 한다.

[74b17] [《鈔》] 一性得二修得者, 如次本始二覺也. 或正緣二因也.

---

083 《大疏》 권제2(T35, 514b08). 아래도 동일.

084 底本에는 "故", 《金澤寫本》 참조 수정.

[초] '첫째는 성득性得이요, 둘째는 수득修得이다'[085]라는 것은 차례대로 본각本覺과 시각始覺의 두 가지이다. 혹은 정인正因과 연인緣因의 두 가지이다.

[74b18] ○言無相智無礙智[086]者, 如次是本覺智淨相·不思議業相也.

○ '무상지와 무애지가 (중생의 몸에 구족되어 있다)'라고 한 것은 차례대로 본각의 지정상智淨相과 부사의업상不思議業相이다.

[74b19] ○言今觀所引正證是空[087]如來藏義者, 淸凉意取能空眞法, 薦福意取所空妄法. 故義別也. 淸凉之意, 眞如妙理, 離妄名空, 具德不空, 一體莫殊也.

○ '지금 인용된 것을 살펴보니 바로 공여래장空如來藏의 뜻을 인증한 것이다'[088]고 한 것은 청량淸凉은 능공能空의 진법眞法을 의취意取했고, 천복薦福은 소공所空의 망법妄法을 의취한 것이다. 그러므로 뜻이 다르다. 청량의 의미는 진여의 묘리가 망법을 벗어난 것을 '공空'이라고 하고 덕을 갖춘 것은 '불공不空'이니, 하나의 체성이어서 다를 수 없다는 것이다.

### ㈐ 진리에 의지하여 사법이 이뤄지는 문(依理成事門)

---

085 《演義鈔》 권제10(T36, 072c25). 아래도 동일.

086 底本에는 없음. 《金澤寫本》 및 《演義鈔》 참조 보충.

087 底本에는 "豈", 《金澤寫本》 참조 수정.

088 《演義鈔》 권제10(T36, 073b01).

### ㉯ 위의 뜻을 회통함(會上二義)

[74b23] [《疏》] 心如工畫師等者, 下《疏》釋云: "心者總相之心也. 諸世間卽諸彩色, 此句爲總. 下出諸相, 卽蘊·界·處, 故云無法[089]而不造. 《晉譯》云, '造種種五蘊.' 《正法念》云: '心如工畫師, 手畫出五彩. 黑靑黃赤白, 及白白故.' 上文云, 布諸彩色, 畫手喩心. 六色如次, 喩地獄·鬼·畜·修羅·人·天. 若言種種則十法界五蘊等法, 皆心所造. 次二頌合[090]前初偈下半, 於中二; 初一擧例以令猶成前諸言, 謂如世五蘊從心而造, 諸佛五蘊亦然. 如佛五蘊, 餘一切衆生亦然, 皆從心造. 然心是總相, 悟之[091]名佛, 成淨緣起, 迷作衆生, 成染緣起. 緣起[092]雖有染淨, 心體不殊, 然佛果契心, 同眞無盡. 妄法有極, 故不言之. 若依《舊譯》云, '心佛與衆生, 是三無差別.' 則三皆無盡, 無盡則無別之相. 應云, '心佛與衆生, 體性皆無盡.' 以妄體本眞, 故亦無盡. 又上三各有二義; 總心二者, 一染, 二淨. 佛二義者, 一應根隨染, 二平等違染. 衆生二者, 一隨流背[093]佛, 二根熟感佛. 各以初義, 成順流無差, 各以後義, 爲反流無差, 則[094]無差之言[095]含盡無盡. 又三中二義各全體相收. 此三無差, 成一緣起. 上約橫論. 若約一人, 心則總相, 佛則本覺, 衆生則不覺. 乃本覺隨緣而成此二, 爲生滅門,[096] 下半卽體性無盡, 卽眞如門, 隨緣不失自眞性故.

---

089 底本에는 "性", 《大疏》 및 《金澤寫本》 참조 수정.

090 底本에는 "令", 《大疏》 및 《金澤寫本》 참조 수정.

091 底本에는 "云", 《大疏》 및 《金澤寫本》 참조 수정.

092 底本에는 "緣起"의 2자가 없다. 《大疏》 및 《金澤寫本》 참조 보충.

093 底本에는 "皆", 《大疏》 및 《金澤寫本》 참조 수정.

094 底本에는 "別", 《大疏》 및 《金澤寫本》 참조 수정.

095 底本에는 "差", 《金澤寫本》에는 "差言", 《大疏》 참조 "言"으로 수정.

096 底本 및 《金澤寫本》에는 없음. 《大疏》 참조 보충. [역자 주]

正合前文大種無盡. 若謂心·佛·衆生三有異者, 卽是虛妄取異色也."

[소] '마음은 훌륭한 화가와 같아서'[097]라는 것은 아래《소》[098]에서 해석하여 "'마음'은 총상總相의 마음이다. '여러 세간'은 곧 여러 채색이니 이 구절은 총상이다. 아래에 나온 여러 상은 곧 온蘊·계界·처處이다. 그러므로 '어떤 법도 조작하지 않음이 없다'고 하였다.《진역晉譯》(화엄경)에서는 '갖가지 오온을 조성한다'고 하였고,《정법념경》에서는 '마음은 훌륭한 화가가 솜씨로 5채색을 그려내는 것과 같으니, 검정, 파랑, 노랑, 빨강, 흰색 및 희고 흰색'이라고 하였다. 위 글에서 말한 '여러 채색을 폄'과 '그리는 솜씨'는 마음에 비유되고, 6색은 차례대로 지옥, 아귀, 축생, 아수라, 인간, 천상에 비유된다. 만일 갖가지라고 한다면 십법계와 오온 등의 법이 모두 마음으로 조성된 것이다.

다음 두 게송은 앞의 게송 하반에 합치된다. 그 가운데 둘이니, 처음 한 게송은 예를 들어서 앞의 '모든(諸)'이란 말을 석성釋成한 것이다. 말하자면 세간의 오온이 마음에서 조성된 것처럼 제불의 오온도 또한 그러하며, 불의 오온이 그런 것처럼 나머지의 일체 중생 또한 그러하여 모두가 마음에서 조작된다. 그러나 마음은 총상이니, 각오하면 '불'이라고 하는지라 청정연기를 이루고, 미혹하면 중생이 되는지라 염오연기를 이룬다. 연기에는 비록 염오됨과 청정함이 있을지라도 마음의 체성은 달라지지 않는다. 그러나 불과가 마음에 계합하면 진여와 같아져 다함이 없

097 《大疏》 권제2(T35, 514b13).

098 《大疏》 권제20 〈夜摩宮中偈讚品〉 제20(T35, 658b26)을 요약 정리.

지만 망법은 다함이 있다. 그러므로 말하지 않은 것이다.

《구역舊譯》(화엄경)에 의거해서 '마음과 부처와 중생, 이 셋은 차별이 없다'고 한다면 셋 모두가 다함이 없는 것이다. 다함이 없다면 차별된 상이 없는 것이니, 응당 '마음과 부처와 중생은 체성이 모두 다함이 없다'고 해야 할 것이다. 망법의 체성은 본래 진여와 같으므로 또한 다함이 없다.

또, 위의 셋이 각각 두 가지의 뜻이 있다. '총심總心'의 두 가지는 ①염오심이요, ②청정심이다. '부처'의 두 가지 의미는 ①근기에 응하여 염오를 따르는 것이요, ②평등하여 염오에서 어긋난 것이다. '중생'의 두 가지는 ①흐름에 수순하여 부처를 등지는 것이요, ②근기가 성숙하여 부처를 감득하는 것이다. 각각 처음의 뜻은 흐름에 수순하여 차별이 없음을 이루고, 각각 뒤의 뜻은 흐름에 거슬러서 차별이 없음을 이루니 곧 '차별이 없다'는 말은 다함과 다함 없음을 포함한다. 또, 셋 중에 두 가지 뜻은 각각이 전체를 서로 거두니, 이 셋이 차별이 없어서 하나의 연기를 이룬다. 이상은 횡단에 한정해서 논한 것이다. 한 사람에 한정하면 마음은 총상이고, 부처는 본각이며, 중생은 불각이다. 이내 본각이 수연하여 이 둘을 이룬 것은 생멸문이고, 하반은 체성에 즉하여 무진한 것이니 진여문이다. 수연하여도 자체의 진성을 잃지 않기 때문이다. 바로 앞 문장의 '대종大種이 무진하다'는 것과 합치된다. 만일 마음과 부처와 중생, 셋이 차이가 있다고 여긴다면 곧 '허망하게 다른 색깔을 취하는 것'이 된다"고 하였다.

[74c21] [《鈔》] 有云影外有質名半頭唯識等者, 小乘宗中, 除正量部, 餘十九部,

說似自相, 如鏡中影, 得名唯識, 本質識外, 不名唯識. 取之不全, 故號其半. 大乘之義, 若相[099]若質, 皆從心變, 咸名唯識, 乃號其具. 言譬如工畫師等者, 如次心·依·計·圓, 配釋可知.

[초] '어떤 해설에는 영상 밖에 본질이 있는 것을 반두유식半頭唯識이라고 한다'[100]는 것은 소승종 가운데 정량부正量部를 제외하고, 나머지 19부파가 '자신과 유사한 상'이 마치 거울 속의 영상과 같다고 설하였으니 '유식唯識'이라고 이름할 수 있고, 본질이 식 밖에 있다면[101] '유식'이라고 이름하지 않는다. 불완전한 것을 취하였으므로 그것을 '반분半分'이라고 부른다. 대승의 뜻은 상분이든 본질이든 모두 마음에서 전변된 것이므로 모두 '유식'이라고 이름한다. 이에 그것을 '구분具分'이라고 부른다.

'비유하면 마치 훌륭한 화가가 (모든 색채를 칠해서 허망하게 여러 모양을 그리지만 대종大種은 차별이 없는 것과 같다)'라고 한 것은 차례대로 마음과 의타기성과 변계소집성과 원성실성에 배대해서 해석하면 알 것이다.

(라) 사법이 진리를 드러내는 문(事能顯理門)

㉯ 인증함(引證)

099 底本 및《金澤寫本》에는 "相"으로 되어 있지만, 후대에《결택기》를 인용하고 있는《會解記》 권제8과《會玄記》 권제29에는 "影"으로 되어 있다. '本質'과 '影像'에 관한 내용이므로 "影"의 오자일 가능성이 있지만, 법상종에서는 제8식의 相·見二分을 본질로 삼아서 제7식과 전6식이 所變한 '相分'을 '影像'이라고 하므로 '相' 字를 그대로 두어도 가능하다.

100 《演義鈔》 권제10(T36, 073b29).

101 《會玄記》 권제29에 인용된《決擇記》의 문장 "本質在於識外, 不名唯識."을 참조 해설.

[75a02] [《疏》] 譬如谷響從緣所起者, 故叡公云, 響無所在, 緣會發聲. 不知自我喜怒交爭, 妄[102]和[103]眞[104]心. 事像萬形莫知, 其本終日營營.

[소] '비유하면 골짜기에 메아리가 연을 따라서 일어나는 것과 같다'고 한 것은, 그러므로 승예僧叡 공이 "메아리는 아무 곳에도 없지만 연緣이 모이면 소리를 낸다. 자아의 즐겁고 노여워함이 서로 다투어 망령되게 진심을 변화시킨 줄을 모르고, 사상事像의 온갖 모습은 그 근본이 종일토록 경영하는 것인 줄을 알지 못한다"[105]고 하였다.

다) 총체적으로 결론지음(總結[四對八義])

(가) 총체적으로 표방함(總標)

[75a05] [《疏》] 上之十事同一緣起者, 前之十門, 勿謂歷別, 亦乃互資相待. 擧一全收, 無有障礙, 故成斯觀. 欲令易了, 重復略示. 一觀佛法身, 遍自身中. 二觀自色身, 遍法身中. 三觀佛法身, 變作自身. 四觀自色身, 露現法身. 五觀佛法身, 奪盡色身. 六觀自色身, 隱映法身. 七觀佛法身, 卽是色身. 八觀自色身, 本是法身. 九觀佛法身, 非是色身. 十觀自色身, 非是法身. 如彼金體對彼環相, 一觀金體遍環相中, 二觀環相遍金體中, 三觀金體匠成環相, 四觀環相顯出金體, 五觀金體奪盡環相, 六觀環相隱徹金體, 七觀金體不異環相, 八觀環相不異金體, 九觀金體是非環

---

102 底本에는 없음. 《金澤寫本》 및 《演義鈔》 참조 보충.

103 底本 및 《金澤寫本》에는 "叩", 《演義鈔》 참조 수정.

104 底本에는 "其", 《金澤寫本》 및 《演義鈔》 참조 수정.

105 《演義鈔》 권제76 〈十忍品〉 제7(T36, 596b19)에서 인용.

相, 十觀環相是非金體. 以喩對法, 昭然可知. 自身旣爾, 他身亦然. 有情如是, 非情例之. 然上十觀, 始習則前後別作, 久鍊乃首尾總觀, 何有障而不寂? 何有德而不具? 但請群英, 諦留[106]心焉.

[소] '위의 십사十事가 동일하게 연기하기 때문에'[107]라는 것은 앞의 십문이 뚜렷이 다르다고 여기지 말라. 또한 이내 서로 자량이 되어 상대한다. 하나를 들면 온전히 거둬져 장애가 없으므로 이 관법을 이룬다. 쉽게 알도록 거듭 또다시 간략하게 보이겠다.

첫째 불의 법신이 자기 몸에 변만한 것을 관찰하고, 둘째 자신의 색신이 법신가운데 변만한 것을 관찰하며, 셋째 불의 법신이 자신을 변화하여 만든 것임을 관찰하고, 넷째 자신의 색신에 법신이 노출되어 나타남을 관찰하며, 다섯째 불의 법신이 색신을 부정하여 다함을 관찰하고, 여섯째 자신의 색신이 법신을 감추어 가렸음을 관찰하며, 일곱째 불의 법신이 곧 색신임을 관찰하고, 여덟째 자신의 색신이 본래 법신임을 관찰하며, 아홉째 불의 법신이 색신이 아님을 관찰하고, 열째 자신의 색신이 법신이 아님을 관찰한다.

예컨대 금의 체성이 반지 모양을 마주하여 첫째, 금체가 반지 모양 가운데 변만함을 관찰하고 둘째, 반지 모양이 금체 가운데 변만함을 관찰하며, 셋째, 금체가 반지 모양으로 공교하게 만들어진 것을 관찰하고, 넷째, 반지 모양이 금체를 도드라지게 드러내는 것을 관찰하며, 다섯째,

106 底本에는 "晉", 《金澤寫本》 참조 수정.

107 《大疏》 권제2(T35, 515a13).

금체가 반지 모양을 뺏어서 다함(奪盡)을 관찰하고, 여섯째, 반지 모양이 금체를 감춰서 통함(隱徹)을 관찰하며, 일곱째, 금체가 반지 모양과는 다름을 관찰하고 여덟째, 반지 모양이 금체와는 다름을 관찰하며, 아홉째, 금체가 반지 모양이 아님을 관찰하고, 열째, 반지 모양이 금체가 아님을 관찰한다. 비유로 법을 상대하는 것은 환하여 알 것이다. 자신이 이미 그렇고 타신도 또한 그렇다. 유정이 이와 같으니 비정은 준례하라. 그러나 위의 십관十觀은 처음 익히는 경우는 전후를 각별하게 짓고 오랜 동안 단련해서야 이에 수미를 총체적으로 관찰하는 것이니, 적멸하지 못한 장애가 어디 있으며 갖추지 못한 덕이 어디 있겠는가. 다만 여러 영걸들은 잘 살펴서 유념하라.

(나) 10문을 따로 묶어서 8자를 이룸(別束十門以成八字)

㉮ 진리가 사법을 대하는 것의 네 가지 뜻(理望於事[四對])

c. 즉함과 여읨이 있음(有卽有離)

[75a20] [《疏》] 有卽有離者, 眞理離相故名爲離, 翻離云卽. 事法不爾, 故唯在彼理望於事.

[소] '즉함이 있고 여읨이 있다'[108]라는 것은 진리는 현상을 벗어났으므로 '여의었다'고 하며, 여읜 것을 뒤집어 말하면 '즉함'이라고 한다. 사법은 그렇지 않다. 그러므로 '진리가 사법에 마주하는 것에만 (즉함과 여

108 《大疏》 권제2(T35, 515a14). 8자: 約理望事;①成②壞③卽④離, 事望於理;①隱②顯③一④異

원이) 있는 것이다.'

㉯ 사법이 진리를 대하는 것의 네 가지 뜻(事望於理[四對])

d. 동일함과 다름이 있음(有一有異)

[75a21] ○言有一有異者, 事法卽理具二種一; 一[109]能·所卽同, 一種一也, 二所卽理同, 二種一也. 事法非理具二種異; 一事別於理, 一種異也, 二事有萬差, 二種異也. 理望於事, 不具二種, 故唯在彼事望於理. 細思有味.

○'동일함이 있고 다름이 있다'[110]고 한 것은 '사법이 진리에 즉한 것'에 두 종류의 동일함이 있다. 하나는 즉함 주체(能卽)와 즉함 대상(所卽)이 동일한 것이니 첫째 종류의 동일함이요, 둘은 소즉의 진리가 동일한 것이니 둘째 종류의 동일함이다. '사법은 진리가 아닌 것'에 두 종류의 다름이 있다. 하나는 사법이 진리와 각별한 것이니 첫째 종류의 다름이요, 둘은 사법에 온갖 차별이 있으니 그러므로 사법이 진리를 마주하는 것에만 (동일함과 다름이) 있다. 세밀하게 생각하면 의미가 있다.

서로 두루하는 2문을 회통하지 않은 까닭(不會相徧二門)

[75b02] [《鈔》] 以相遍之義義皆相似者, 如相卽二門, 義亦相似, 云何却會? 答:

109 底本에는 없음. 《金澤寫本》 참조 보충.

110 《演義鈔》 권제10(T36, 074c19).

餘對但約以理望事. 或以事望於理事, 自類爲對, 各成二對, 所謂成·壞卽·離, 隱·顯一·異也. 唯有相遍,[111] 自類無對, 互望爲對, 義皆相似, 故不會之.

[초] '서로 변만한 뜻으로써 뜻이 모두 비슷하다'[112]라고 한 것은, 묻는다. 상즉의 2문은 뜻이 또한 비슷한데 어째서 회통하는 것을 그쳤는가?

답한다. 나머지 대구는 다만 진리로써 사법을 마주한 것에 한정한 것이다. 혹은 사법이 진리와 사법에 마주한 것은 자체 부류가 대구가 되어 각각 두 가지 대구를 이룬다. 이른바 성사와 괴멸, 즉함과 여읨, 감춰짐과 드러남, 동일함과 다름이다. 서로 변만한 것만이 있는 것은 자체 부류에는 대대가 없고, 서로 마주해야 대구가 된다. 뜻이 모두 서로 비슷하므로 회통하지 않은 것이다.

[75b06] ○言又相遍者卽後八門之所以故者, 問: 此之十門, 互爲緣起, 隨擧一門, 卽與餘九, 而作所以, 何故此云唯相遍義作餘所以? 答: 實則互通, 但從初說, 故《鈔》云爾.

○ '또 서로 변만한 것은 곧 뒤의 여덟 문의 까닭이기 때문이다'고 한 것은, 묻는다. 이 10문은 서로 반연하여 일어나므로 1문을 거론하는 것에 따라 곧 나머지 9문에게 까닭이 되어주는데 어째서 여기서는 서로 변만하는 뜻만이 나머지문의 까닭이 된다고 하는가?

111 底本에는 "徧",《金澤寫本》참조 수정.

112 《演義鈔》권제10(T36, 074c27). 아래도 동일.

답한다. 실제로는 서로 통하지만 처음에 말한 것을 따랐으므로《초》에서 그렇게 말한 것이다.

#### (다) 사법이 진리를 대함을 기준삼은 묘유의 네 가지 뜻(妙有四義)

[75b09] ○言自他俱泯義卽眞理卽事門者, 問: 自泯可然, 能卽癈體故. 他泯難通, 所卽體存故. 答: 此意云, 既是眞理所卽之事, 驗事無體. 如水卽波, 波無別體. 故《鈔》云由其卽故而互泯也.

○ '자타가 모두 없어지는 뜻[113]이 곧 진리가 사법에 즉한 문[114]'이라고 한 것은, 묻는다. 자自가 없어지는 것은 그럴 수 있으니, 능즉能卽은 체를 폐하기 때문이다. 타他가 없어지는 것은 회통하기 어렵다. 소즉所卽은 체가 존재하기 때문이다.

답한다. 이 의미는 이미 진리에 소즉所卽인 사법은 사법을 검증해도 체가 없다는 것이다. 마치 물이 파도에 즉하지만 파도는 별도의 체가 없는 것과 같다. 그러므로《초》에서 '그 즉함을 말미암기 때문에 서로 없어진다'고 하였다.

### 라. 주변하고 변만하며 포함하고 용납함(周徧含容[事事無礙觀])

113 卽眞空四義. 一廢己成他義; 卽依理成事門. 二泯他顯己義; 卽眞理奪事門. 三自他俱存義; 卽眞理非事門. 四自他俱泯義; 卽眞理卽事門. 由其卽故而互泯也.

114 所依體事의 무애함을 드러내는 10문: ①理徧於事門, ②事徧於理門, ③依理成事門, ④事能顯理門, ⑤以理奪事門, ⑥事能隱理門, ⑦眞理卽事門, ⑧事法卽理門, ⑨眞理非事門, ⑩事法非理門이다.

### 가) 현문玄門을 분별함(正辨玄門)

#### (가) 장문을 표방하여 거론함(標擧章門)

[75b13] [《疏》] 且依古德顯十玄門者,《鈔》釋依賢首所立也, 準此《鈔》指賢首新立廣狹·主伴二門以替至相純雜·迴轉二門也. 若爾, 何故賢首《義分齊》中, 乃有純雜·迴轉, 卽無廣狹·主伴. 其故何耶? 應是賢首初依至相, 後方改易. 故《鈔》云爾.

[소] '우선 고덕古德에 의지하여 십현문十玄門을 나타내면'[115]이라는 것은 《초》에서 현수賢首가 세운 것에 의거하여 해설한 것이니, 이것에 준거하면 《초》에서는 현수가 새로 '광협문廣狹門'과 '주반문主伴門'의 2문을 세워서 지상至相의 '순잡문純雜門'과 '회전문迴轉門'을 대체하였음을 가리킨 것이다.

묻는다. 그렇다면 어째서 현수의 《교의분제장》에 '순잡문'과 '회전문'은 있고, '광협문'과 '주반문'은 없는가? 그 까닭이 무엇인가?

답한다. 현수가 처음에는 지상에 의지했고 뒤에서야 고쳤다. 그러므로 《초》에서 그렇게 말한 것이다.

[75b18] [116][《疏》] 同時相應具足圓滿者, 問: 佛果海中具苦集不? 若云具者, 何云蕩無纖塵耶? 若云不具, 卽闕此玄. 今謂通云, 約佛自體, 苦集皆盡. 融他衆生, 亦

115 《大疏》 권제2(T35, 515a18).

116 본 《소》문은 바로 뒤의 《초》문과는 상관없고, 저 뒤의 과목 ㉯-ⓐ에 해당하는 것으로 "(76b03)[《鈔》]如具自十對旣爾" 앞에 놓여야 하지만, 《결택기》의 순서가 이렇기 때문에 그대로 두었다.

無不具. 故前《鈔》云, "而聖不同凡, 無煩惱故.[117]" "又佛心中有衆生等." 如次證上, 其理昭然. 又解, 以彼妄染有二種義; 一者過患卽是所斷, 二者淸淨卽非所斷. 全此彼亦無有二. 若約初義, 不斷而斷, 佛無妄染. 若約後義, 斷而不斷, 佛無所闕. 但隨迷悟, 成染成淨, 非謂本性定斷不斷.[118] 是故前難一時頓遣. 故《淨名經》云: "阿難, 有此四魔八萬四千諸煩惱門, 而諸衆生爲之疲勞, 諸佛卽以此法, 而作佛事." 斯良證也. 又賢首《義分齊》中云: "一切煩惱不可說其體性, 但約其用, 卽甚深廣大. 以所障法一卽一切, 具足主伴等. 彼能障惑亦如是也. 是故不分使習現·種, 但如法界一得一切得故. 是故煩惱, 亦一斷一切斷也. 故賢首品明一障一切障, 小相品明一斷一切斷. 是此義也. 又此斷惑分齊, 准上下經文有四種; 一約證, 謂十地中斷. 二約位, 謂十住已去斷. 三約行, 謂十信終心斷. 四約實, 謂無可斷以本來淸淨故. 廣如經說." 立理引證, 初卷廣陳, 無煩再述.[119]

[소] '(십대를 갖추고) 동시에 상응하고 구족하여 원만하다'[120]라는 것은, 묻는다. 불의 과해果海 속에 고제와 집제를 갖추고 있는가? 만일 갖추고 있다면 어째서 '탕탕하여 조그마한 티끌조차 없다'고 하였으며, 갖추지 않았다면 이 현문을 결여한 것이다.

답한다. 이제 회통해서 말하겠다. 불 자체에 한정하면 고제와 집제는 모두 다했으며, 중생들을 융합하면 또한 갖추고 있지 않음이 없다. 그러

117 底本 및 《金澤寫本》에는 "故+無". 《演義鈔》 참조 삭제.[역자 주]

118 底本에는 "佛無所闕. 但隨迷悟, 成染成淨. 非謂本性, 定斷不斷."의 20자가 없다. 《金澤寫本》 참조 보충.

119 底本에는 "如經說. 立理引證. 初卷廣陳, 無煩再述."의 15자가 없다. 《金澤寫本》 참조 보충.

120 《大疏》 권제2(T35, 515a27).

므로《초》에서 "성인은 범부와 다르다. 번뇌가 없기 때문이다"고 하였다. 또 "부처님의 마음속에는 중생이 있다" 등이라고 하였다. 차례대로 위를 증명하면 그 이치가 훤할 것이다.

또, 해설이 있다. 망념에는 두 가지의 뜻이 있다. 첫째는 과환過患이니, 단멸되는 것이다. 둘째는 청정淸淨이니, 곧 단멸되는 것이 아니다. 이것을 온전히 하면 저것은 또한 둘이 없다. 만일 첫 번째 의미에 한정하면 끊지 않아도 끊어진 것이니 불은 망념이 없기 때문이며, 만일 뒤의 뜻에 한정하면 끊어도 끊어지지 않으니 불은 빠뜨린 것이 없기 때문이다. 그러나 미혹과 각오에 따라서 염법을 이루고 청정을 이룬 것이지, 본성이 결정코 끊어지거나 끊어지지 않는다는 것은 아니다. 그러므로 앞의 논란을 일시에 한꺼번에 보내버린다. 그러므로《정명경》[121]에서 "아난아! 이 네 가지 마군과 팔만사천 번뇌의 문이 있어서 모든 중생은 그것으로 피로하게 된다. 제불은 곧 이 법으로써 불사를 짓는다"고 하였으니 이것은 좋은 인증이다.

또, 현수의《교의분제장》[122]에서 "모든 번뇌는 체성을 말할 수 없지만 작용에 한정하면 곧 매우 깊고 광대하다. 소장所障의 법은 하나가 곧 일체이니 '구족문具足門'과 '주반문主伴門' 등이기 때문이다. 능장能障의 미혹이 또한 이와 같다. 그러므로 사습使習의 현행과 종자를 나누지 않는다. 다만 법계와 같이 하나가 얻어지면 일체가 얻어지기 때문이다. 그러므로 번뇌 또한 하나가 끊어지면 일체가 끊어진다. 그러므로〈현수품〉에

121 《維摩詰所說經》권하〈菩薩行品〉제11(T14, 553c29).

122 《敎義分齊章》권제3(T45, 495c28).

서 하나가 장애되면 일체가 장애됨을 밝히고, 〈소상품〉에서 하나가 끊어지면 일체가 끊어짐을 밝혔으니 이는 이런 뜻이다.

또, 미혹을 끊는 분제는 위아래의 경문에 준거하면 네 가지가 있다. ①증득에 한정한 것이니, 말하자면 십지十地에서 끊어지고, ②지위에 한정한 것이니, 말하자면 십주十住 이후에 끊어지며, ③수행에 한정한 것이니, 말하자면 십신十信의 종심終心에 끊어지고, ④실제에 한정한 것이니, 말하자면 끊을 대상이 없으니 본래 청정하기 때문이다. 자세한 것은 경에서 설한 것과 같다"고 하였다.

이치를 세우고 인증하는 것은 초기 권(권제2)에서 자세하게 진술했으니 번거롭게 다시 진술하진 않겠다.[123]

#### ㈏ 장에 의하여 별도로 해석함(依章別釋)

##### ㉮ 이름을 열거하여 모두 드러냄(列名總顯)

[75c12] [《鈔》] 相容則二體俱存但力用交[124]徹者, 此意有力之體爲所入, 無力之體爲能入, 非謂但用相入也.[125] ○言攝他[126]他雖存而不可見故有隱顯門者, 問: 佛見不? 若云不見, 佛非遍知. 若云[127]見者, 應非是隱, 若許非隱, 應闕隱顯一種玄

---

123 《決擇記》 권제2(X08, 10b20)에서 자세히 밝혔다.

124 底本에는 "鈔相容則二體俱存, 但力用交"의 12자가 없다. 《金澤寫本》 참조 보충.

125 底本에는 "相入也"의 3자가 유실, 《金澤寫本》 참조 보충.

126 底本에는 "言攝他"의 3자가 유실, 《金澤寫本》 참조 보충.

127 底本에는 "佛非遍知. 若云"의 6자가 유실, 《金澤寫本》 참조 보충.

門也. 若許闕者, 佛證窮[128]門應非通與[129]十玄作所以也. 答: 有二義; 佛雖不見, 而但了知, 卽無前難.[130] 良恐不爾, 豈可佛智但是遍[131]知, 見無遍見耶? 又解, 今就因位, 有見不見, 成隱[132]顯門. 佛皆遍見, 彼不見. 不見攝所歸能, 佛具隱顯. 又解, 言不見者, 正就隱[133]門, 不見彼顯. 非謂彼隱亦皆不見, 故成遍知. 若爾, 不見彼顯, 還非遍知. 通[134]云, 良以彼法具隱具顯, 佛智遍知若隱若顯. 且就隱義, 不見其顯, 故云不見. 各據當門, 或隱或顯, 一切皆見, 故成遍知. 如月半晦, 但不見明, 名之爲隱. 非謂彼晦亦皆不見. 又解, 以所觀法具彼可見不可見義, 方[135]成無礙. 能觀佛智雙見可見不可見義, 可成遍知.[136] 若但見於可見, 不見不可見者, 應非[137]遍知. 故下《鈔》云: "則無一處無有普賢, 今何不見? 釋有三意; 一約權不見, 是盲者過. 二不見是見, 見虛空身. 以虛空不可見. 若不見者, 眞見虛空. 三亦遍不見處故. 明見則不遍, 何者? 以可見不可見皆是普賢身. 要令可見爲身, 則普賢身不周萬有." 釋曰, 義相當者, 猶而作證, 學者諦思. 又解, 此隱彼顯, 彼隱此顯等五句. 但是解境, 隱顯門成, 非佛智境. 五句皆絶, 方是行境遍知[138]義立. 安有隱顯而當方寸? 何得難言佛見不見耶? 此理甚邃, 宜審詳悉.

---

128 底本에는 "許闕者, 佛證窮"의 6자가 유실, 《金澤寫本》 참조 보충.

129 底本에는 "興", 《金澤寫本》 참조 수정.

130 底本에는 "但了知, 卽無前難."의 7자가 유실, 《金澤寫本》 참조 보충.

131 底本에는 "徧", 《金澤寫本》 참조 수정. 아래도 동일.

132 底本에는 "位, 有見不見, 成隱"의 7자가 유실, 《金澤寫本》 참조 보충.

133 底本에는 "解, 言不見者, 正就隱"의 8자가 유실, 《金澤寫本》 참조 보충.

134 底本에는 "通"의 1자가 유실, 《金澤寫本》 참조 보충.

135 底本에는 "亦", 《金澤寫本》 참조 수정.

136 底本에는 "智", 《金澤寫本》 참조 수정.

137 底本에는 "彼", 교감 주 및 《金澤寫本》 참조 수정.

138 底本에는 "智", 《金澤寫本》 참조 수정.

[초] '서로 용납하면 두 체가 함께 존재하지만 역용力用이 서로 어우러져 통한다'[139]고 한 의미는 유력의 체성은 소입所入이 되고, 무력의 체성은 능입能入이 된다는 것이지, 역용만이 상입한다는 것은 아니다.

○ '저것을 섭수하므로 저것이 있더라도 볼 수는 없기 때문에 감춰지고 드러나는 문(隱顯門)이 있다'고 한 것은, 묻는다. 부처는 보는가? 만약 보지 못한다고 하면 불은 변만하게 아는 것이 아니다. 만약 본다고 하면 감춰진 것은 아닐 것이다. 만일 감춰진 것이 아니라고 허여하면 '은현문隱顯門'의 한 가지 현문玄門을 결여하게 된다. 만일 결여된다고 허여하면 불이 끝까지 증득한 문(證窮門)은 통틀어 십현문에 소이所以가 되어주는 것이 아닐 것이다.

답한다. 두 가지 뜻이 있다. 불은 보지 못하더라도 다만 밝게 아는 것이니 앞의 논란이 없다. 정말로 그렇지 않다면 어찌 불지佛智는 변만하게 알기만 하고 보는 것은 변만하게 봄이 없겠는가.

또 해설이 있다. 지금은 인위因位에 입각해서, 보거나 보지 못함이 있어서 은현문隱顯門을 이룬다. 불은 모두 다 변만하게 보지만 저들은 보지 못한다. 보지 못한다는 것은 소견所見을 거둬 능견能見으로 돌아간 것이니 불은 '은현'을 갖추고 있다.

또, 해설이 있다. 보지 못한다는 것은 바로 은문에 입각해서 저것이 드러난 것을 보지 못한다는 것이지 저것이 감춰진 것도 또한 모두 보지 못한다는 것은 아니다. 그러므로 변만하게 안다.

묻는다. 그렇다면 저것이 드러난 것을 보지 못하니 도리어 변만하게

---

139 《演義鈔》 권제10(T36, 075c11).

아는 것은 아닌 것이다.

답한다. 회통해서 말해보면, 진실로 저 법은 은문隱門과 현문顯門을 갖추고 있고, 불지는 은문이든 현문이든 변만하게 안다. 우선, 감춰진 뜻에 입각하면 그 드러난 것을 보지 못하므로 '보지 못한다'고 한 것이고, 각각 해당문에 근거하면 감춰지거나 드러나거나 일체를 모두 본다. 그러므로 '변만하게 아는 것'을 이룬다. 마치 달이 반달일 때 다만 밝은 면을 보지 못하는 것을 '감춰진다'고 한 것이고, 저 어둔 면을 또한 다 보지 못한다는 것은 아닌 것과 같다.

또, 해설이 있다. 소관所觀의 법은 볼 수 있고 볼 수 없는 뜻을 갖추고 있어야 비로소 무애함을 이루고, 능관能觀의 불지는 볼 수 있고 볼 수 없는 뜻을 쌍으로 보아야 변만하게 아는 것을 이룰 수 있다. 만일 볼 수 있는 것만을 보고 볼 수 없는 것을 보지 못한다면 변만하게 아는 것이 아니다.

그러므로 아래《초》[140]에서 "한 곳도 보현보살이 없는 곳이 없는데 지금은 어째서 보지 못하는가? 해설하면 세 가지 의미가 있다. 첫째, 권權에 한정하면 보지 못하는 것이니 이는 맹인의 허물이고, 둘째, 보지 못하는 것을 보는 것이니 허공신虛空身을 보는 것이다. 허공은 볼 수 없는 것이므로 만일 보지 못한다면 허공을 진실로 보는 것이다. 셋째, 또한 변만하게 보지 못하는 곳이기 때문이니, 본다면 변만하지 못한 것이 분명하다. 무엇인가? 볼 수 있고 볼 수 없는 것이 모두 보현보살의 몸이다. 요컨대 볼 수 있는 것을 신身이라고 하면 보현신은 만유에 두루하지 못

140 《演義鈔》 권제25(T36, 191b11).

하는 것이다"고 하였으니, 해설해 보면 의미가 상당한 것은 그것으로써 인증이 되는 것이니 학자들은 세밀하게 생각하라.

또, 해설이 있다. 이것은 감춰지고 저것은 드러나며 저것은 감춰지고 이것은 드러나는 등의 5구절은 해경解境의 은현문이 성립된 것일 뿐이고, 불지의 경계는 아니다. 5구절이 모두 끊어져서야 행경行境의 변만하게 아는 뜻이 성립된다. 어찌 은현함이 있는 것이 마음에 해당하겠으며 어떻게 불은 보는가 보지 못하는가 하는 논란을 할 수 있겠는가? 이 이치가 매우 깊숙하니 살펴서 상세하게 다 알아야 한다.

[76a11] ○言故彼相在卽相入也者, 淸凉意也. 若爾, 《刊定》何故德相但有相在而無相入耶? 彼師意謂, 從外至內名相入, 本居其內名相在, 旣本居其內故[141]無相入, 但具相在. 若爾, 淸凉義云何通? 答: 行布門中常相出, 圓融門中常相入, 行布不礙圓融故, 從外而至內也.

○ '그러므로 저기의 상재相在가 곧 상입相入이다'[142]라고 한 것은 청량의 의미이다. 그렇다면 《간정기》에는 어째서 덕상德相에 상재만이 있고 상입은 없는가? 스승(혜원)이 말씀하신 의미는 밖으로부터 안으로 이른 것을 '상입'이라고 하며, 본래 그 안에 머문 것을 '상재'라고 한다. 이미 본래 그 안에 머문 것이므로 상입은 없고 다만 상재만을 갖추고 있다.

묻는다. 그렇다면 청량의 뜻과 어떻게 회통하겠는가?

---

141 底本에는 "居", 《金澤寫本》 참조 수정.

142 《演義鈔》 권제10(T36, 076a13).

답한다. 항포문行布門에서는 항상 상출相出하고 원융문圓融門에서는 항상 상입相入한다. 항포는 원융을 장애하지 않기 때문에 밖으로부터 안에 이른 것이다.

[76a17] ○言又德相不能入作眞如則闕此德者, 問: 德相不能入作, 但是事事無礙, 何關眞如耶? 答: 稱性之事事旣無之, 理亦闕. 又解, 玄門乃是事事無礙, 德相卽是眞界性德, 故云爾耳.

○ '또, 덕상은 능히 상입相入하거나 상작相作하지 못하니, 진여는 이 덕이 결여되어 있다'[143]고 한 것은, 묻는다. 덕상은 능히 상입하거나 상작하지 못해도 이는 사사무애事事無礙인데, 진여와 무슨 상관이겠는가?

답한다. 성품에 걸맞은 사법은 사법이 이미 없는 것이니 이치 또한 결여된다. 또 해설이 있다. 현문은 바로 사사무애이고, 덕상은 진법계의 성덕이다. 그러므로 그렇게 말했을 뿐이다.

[76a20] ○言不應有普攝諸法之德等者, 破轉救也. 恐[144]外救云, 眞如闕入作之德, 有何過耶? 故《鈔》云, 不應等, 先[145]破闕相入救, 次破闕相作救. 尋《鈔》可悉.

○ '제법을 널리 섭수하는 덕이 없게 될 것'이라는 것은 점점 변론하는 것을 논파한 것이다. 외부에서 변론하여 '진여에 상입相入과 상작相作의

143 《演義鈔》 권제10(T36, 076a21). 아래도 동일.

144 底本에는 "敎", 《金澤寫本》 참조 수정.

145 底本에는 "光", 《金澤寫本》 참조 수정.

덕이 결여된들 무슨 허물이 있겠는가' 할까 염려했으므로 《초》에서 '… 없게 될 것'이라고 한 것이니, 먼저 상입이 결여됐다는 변론을 논파하고, 다음으로 상작이 결여됐다는 변론을 논파하였다. 《초》를 찾아보면 다 알 것이다.

[76a23] ○言今明時無別體等者, 問: 行位一對, 位無別體, 何爲所依? 答: 位有別[146]體, 理智體故. 或雖無別體, 附行而說, 得爲所依. 又非外道所執故.

○ '지금은 시간이 별도의 체성이 없음을 밝히는'[147] 등이라고 한 것은, 묻는다. 수행과 지위의 일대一對이니 지위는 별다른 체성이 없는데 어떻게 의지할 바가 되겠는가?

답한다. 지위는 별도의 체성이 있으니 이지理智의 체성이기 때문이다. 혹은 비록 별도의 체성이 없지만 수행에 붙여서 말하면 소의가 될 수 있다. 또, 외도들이 집착하는 대상은 아니기 때문이다.

㉯ 사를 가리켜 별도로 설명함(指事別明)

b. 십현문을 별도로 드러냄(別顯十門)

a) 동시구족상응문(同時具足相應門)

(a) 바로 밝힘(正明)

ⓐ 당문(상응문)에 구족함을 밝힘(明當門中具)

---

146 底本에는 "別"의 1자가 유실, 《金澤寫本》 및 교감 주 참조 보충.

147 《演義鈔》 권제10(T36, 076b07).

[76b03] [《鈔》] 如具自十對旣爾者, (卽是自體義開十對) 彼一華葉具前十門亦然者, (攝一切法, 他十對故) [《鈔》] 今欲會取等者, 純雜一門, 古師建立, 賢首改之, 清凉會取. 三師意殊,[148] 略伸區別, 古師立云, 一行名純, 萬行名雜, 純不礙雜, 雜不礙純. 若華開於錦上,[149] 名具德也. 賢首破云, 同一法界故純, 不壞事相故雜, 卽事理無礙. 一行長行故純, 不是其雜, 不妨餘行故雜, 不是其純, 此但約事而闕無礙. 若一行多行而無障礙者, 一行之中多行若存, 濫相入門, 一行之中多行若泯, 濫相卽門, 故賢首癈之, 而立廣狹. 若爾, 廣同純義, 狹同雜義, 亦有上難. 通答此難, 已見上文.

[초] '자체에 십대十對를 갖춘 것이 이미 그런 것처럼'[150]이라는 것은 (곧 자체의 뜻으로 십대를 분리한 것이다.) '저 한 개의 꽃잎이 앞의 십문을 갖춘 것도 또한 그렇다'는 것은 (일체법을 섭수한 것이 타他의 십대이기 때문이다.)
[초] '지금은 회통하여 취한다'라는 것은 '순잡문純雜門' 하나는 옛 스승(지엄)이 건립하고, 현수가 고쳤으며 청량이 회통한 것이다. 세 분의 의미가 다르니 간략하게 구별해 보겠다. 옛 스승이 건립하면서 "한 가지 수행을 '순純'이라고 하며, 만 가지 수행을 '잡雜'이라고 한다. '순'은 '잡'을 장애하지 않고 '잡'은 '순'을 장애하지 않는다. 꽃이 비단 천위에 피면 '구덕具德'이라고 이름하는 것이다"고 하였는데, 현수가 논파하여 "일진법계와 동일하기 때문에 '순'이고 사상을 무너뜨리지 않기 때문에 '잡'이니, 곧 사리무애事理無礙이다. 한 가지 수행을 길게 수행하기 때문에 '순'이고, 이

148 底本에는 "取", 《金澤寫本》 참조 수정.

149 底本에는 "上"의 1자가 유실, 《金澤寫本》 및 교감 주 참조 보충.

150 《演義鈔》 권제10(T36, 076c01).

렇지 않은 것은 '잡'이다. 나머지 행을 방해하지 않기 때문에 '잡'이고, 이렇지 않은 것은 '순'이다"고 하였다. 이것은 사상에 한정했을 뿐이고, 무애는 결여된 것이다. 한 가지 수행과 여러 수행이 무장무애한 경우, 한 가지 수행에 여러 수행이 있다면 '상입문'과 혼동되고, 하나의 수행에 여러 수행이 없다면 '상즉문'과 혼동된다. 그러므로 현수가 그것을 폐지하고 '광협문'을 세운 것이다. 그렇다면 '광'은 '순'의 의미와 같고, '협'은 '잡'의 뜻과 같아 역시 위의 논란이 있게 된다. 이 논란을 통틀어 답한 것은 이미 윗글에서 보였다.

#### e) 비밀은현구성문秘密隱顯俱成門

##### (a) 바로 해석함(正釋)

[76b14] [《鈔》] 一卽十時一卽顯者, 問: 一旣卽十, 一體不存, 如何名顯? 答: 此言一卽十時, 非謂癈　, 但一正卽十時, 一法正顯也. 如世十人共作其事, 一人正作十人[151]之事, 一顯餘隱也.

[초] '하나가 열에 즉할 때 하나가 곧 드러나고'[152]라는 것은, 묻는다. 하나가 이미 열에 즉했다면 하나의 체는 존재하지 않는데 어째서 드러난다고 하는가?

답한다. 여기서 말한 '하나가 열에 즉할 때'라는 것은 하나를 폐한다는

151　底本에는 "十人+十人", 《金澤寫本》 참조 "十人" 삭제.

152　《演義鈔》 권제11(T36, 079a10).

말이 아니다. 다만 하나가 바로 열에 즉할 때 하나의 법이 바로 드러나는 것이다. 마치 세간에서 열 사람이 함께 그 일을 짓는데 한 사람이 열 사람의 일을 지을 때에 하나가 드러나고 나머지는 감춰지는 것과 같다.

(c) 인증함(引證)

[76b18] [《鈔》] 西方從定起爲隱者, 問: 旣見出定, 何名爲隱? 答: 不見入定, 故名爲隱, 如見暗處, 不見其明, 故名爲隱, 非謂彼暗亦不見也. 又解, 東方衆生不見西方出定, 故名爲隱. 尋《鈔》可悉.

[초] '서방에서 선정에서 일어난 것은 감춰진 것(隱)이 되고'[153]라는 것은, 묻는다. 이미 출정하는 것을 보았는데 어떻게 '은隱'이라고 하는가?

답한다. 입정하는 것을 보지 못했으므로 '은'이라고 한 것이다. 마치 어둔 곳을 볼 때 밝은 것을 보지 못하므로 '은'이라고 하는 것과 같으니, 저 어둔 것을 역시 보지 못한다고 하는 것은 아니다.

또, 해설이 있다. 동방의 중생은 서방에서 출정하는 것을 보지 못하므로 '은'이라고 한다. 《초》를 찾아보면 다 알 것이다.

(d) 비유로 드러냄(喩顯)

[76b22] [《鈔》] 又暗處非無明等者, 上但約明上, 論隱顯, 此通約明暗兩法上, 論

153 《演義鈔》 권제11(T36, 079a27).

隱顯也.

[초] '또 어둔 곳은 밝음이 없는 것이 아니다'[154]라는 것은 위에서는 다만 명明 위에 한정하여 '은현隱顯'을 논한 것이고, 이것은 명암의 두 법 위에 통틀어 한정하여 '은현'을 논한 것이다.

f) 미세상용안립문(微細相容安立門)

(a) 바로 밝힘(正明)

[76b24] [《鈔》] 三約難知微細微塵不大而刹不小而能廣容者, 問: 微塵不壞相義作能含耶? 稱性義作能含耶? 若不壞相作能含者, 更有何義, 作所含也? 豈一小塵不壞事相而含多種大事相也? 若稱性義作能含者, 還是大能含小, 何名難知? 答: 雖彼塵毛不壞相故小, 而有力用故能含大. 如一尺鏡照現星月. 又解, 雖彼稱性而爲所以不壞小相而作能含, 亦無違理. 如彼事理無礙得爲事事無礙所以, 不應便難令同事理無礙義也.

[초] '셋째는 미세함을 알기 어렵다는 것에 한정한 것이니, 미진은 크지 않고 찰토는 작지 않지만 능히 널리 용납한다'[155]라는 것은, 묻는다. 미진은 상을 무너뜨리지 않는 뜻 측면에서 능함能含이 되는가? 성품에 걸맞은 뜻 측면에서 능함이 되는가? 상을 무너뜨리지 않는 측면에서 능함이

154 《演義鈔》 권제11(T36, 079b04).

155 《演義鈔》 권제11(T36, 079c01).

된다면 다시 무슨 뜻이 있어서 소함所含이 되는가? 어찌 하나의 작은 미진이 사상事相을 무너뜨리지 않으면서 여러 중대한 사상을 포함하겠는가? 성품에 걸맞은 뜻에서 능함이 된다면 도리어 큰 것이 작은 것을 포함하는 것인데 어떻게 알기 어렵다고 하는가?

답한다. 비록 저 미진과 털끝이 사상을 무너뜨리지 않기 때문에 작더라도 역용이 있기 때문에 큰 것을 포함한다. 마치 1척尺의 거울이 별과 달을 비추어 나타내는 것과 같다.

또 해설이 있다. 비록 저것이 성품에 걸맞아서 소상小相을 무너뜨리지 않으면서 능함이 되는 까닭이 된다고 해도 이치에 어긋남이 없다. 마치 저 이사무애가 사사무애의 까닭이 된다고 해서 사리무애事理無礙의 뜻과 같아진다고 논란해선 안 되는 것과 같다.

(b) 인증함(引證)

[76c09] [《鈔》] 若是眞者何異同時具足相應門耶者, 此是淸凉難《刊定》也. 問: 若將此難返破淸凉, 若爲通會.[156] 答: 同時門中, 具足十對, 幷下九門, 圓滿無遺, 微細玄門, 但攝相入, 四句之中, 多入其一, 一句之義. 勢若雲泥, 豈相濫耶? 但由《刊定》錯立, 故帶是難. 故《鈔》云, "'此但當法卽具一切, 炳然齊著.' 故濫同時門也."

[초] '이것이 정말이라면 어떻게 동시구족상응문同時具足相應門과 다르겠

156 底本에는 "含",《金澤寫本》 참조 수정.

는가'[157] 라는 것은 청량이 《간정기》를 힐난한 것이다.

묻는다. 이 논란을 가지고 반대로 청량을 논파한다면 어떻게 회통하겠는가?

답한다. '동시문'에는 십대十對 및 아래의 아홉 현문을 구족하여 원만하고 빠뜨림이 없고, '미세현문微細玄門'은 '상입문'의 4구절 가운데 '여럿이 하나에 들어감'의 한 구절 뜻만을 섭수한다. 세력이 구름과 진흙 같은데 어찌 서로 혼동되겠는가. 그런데 《간정기》에서 잘못 세운 것으로 인해 이 논란을 띠게 된 것이다. 그러므로 《초》에서 "'여기서('미세문'에서의 상재相在)는 해당하는 법만이 곧 일체를 갖추어서 분명하게 일제히 드러난다'고 하였다. 그러므로 동시문同時門과 혼동된다"고 하였다.

#### g) 인드라망경계문(因陀羅網境界門)

##### (a) 그 상을 해석함(正釋其相)

[76c15] [《鈔》] 第二重所含諸剎等者, 問: 第一重塵含盡一切剎耶? 含不盡耶? 若[158]含盡何有第二重所含剎耶? 若含不盡, 第一重塵應不稱性, 性外無法故. 若云稱性含不盡者, 彼不含剎, 應是性外, 性外有法, 事無依故. 若更互含, 與相入·微細有何別耶? 答: 詞已見上文.

[초] '제2중의 소함所含의 제 찰토'[159] 라는 것은, 묻는다. 제1중의 미진이

157 《演義鈔》 권제11(T36, 079c22).

158 底本에는 "答",《金澤寫本》 참조 수정.

159 《演義鈔》 권제11(T36, 080a11).

일체의 찰토를 포함하여 다하는가, 포함하여 다하지 못하는가? 만일 포함하여 다한다면 무슨 제2중의 소함의 찰토가 있겠는가? 포함하여 다하지 못했다면 제1중의 미진이 칭성稱性하지 못한 것이니, 성 밖에 법이 있기 때문이다. 만일 칭성이라고 하면서 포함하여 다하지 못했다면 저것은 찰토를 포함하지 못한 것이니 성 밖일 것이니, 성 밖에 법이 있어 사상事相이 의지함이 없기 때문이다. 다시 서로 포함한다고 하면 '상입문'과 '미세문'과는 무슨 차별이 있겠는가?

답한다. 말은 이미 윗글에서 보였다.

#### h) 탁사현법생해문(託事顯法生解門)

##### (c) 인증함(引證)

[76c21] [《鈔》] 金色世界卽是本性者, 本性無染, 與緣成器, 爲自體故, 故名金色. 言彌勒樓閣卽是法門者, 經云: "時善財童子漸次南行, 至毗盧舍那莊嚴藏大樓閣前, 暫時斂念. 白彌勒菩薩言, 唯願大聖, 開樓閣門, 令我得入, 彌勒彈指, 其門卽開, 善財卽入, 入已還閉. 見一樓閣中, 有百千樓閣, 彼百千樓閣中, 一一各現百千樓閣, 一一樓閣前, 各有彌勒菩薩, 一一彌勒前, 各有善財童子, 一一善財童子, 皆悉合掌在彌勒前等." 此顯樓閣卽是法門, 隨一法門, 卽是一切無盡法門.

[초] '금색 세계는 곧 본성이다'[160]라는 것은 본성은 염오됨이 없지만 연緣과 더불어 그릇을 이뤄 자체를 삼기 때문에 '금색'이라고 이름한다.

160 《演義鈔》 권제11(T36, 081a06). 아래도 동일.

'미륵의 누각은 곧 법문'이라고 한 것은 경에서 "그때 선재동자가 점차 남쪽으로 가서 비로자나장엄장대누각 앞에 이르러 잠깐 동안 생각을 가다듬고 미륵보살에게 아뢰었다. '원컨대 대성이시여! 누각의 문을 열어 제가 들어갈 수 있게 하소서.' 미륵보살이 손가락을 튕기자 그 문이 곧 열렸고 선재는 곧장 들어갔다. 들어가자 다시 닫혔다. 하나의 누각 가운데 백 천의 누각이 있고, 백천의 누각 가운데 낱낱이 각각 백천의 누각을 나타내고, 낱낱 누각 앞에 각각 미륵보살이 있으며, 낱낱의 미륵보살 앞에 각각 선재동자가 있고, 낱낱 선재동자는 모두 다 합장하고 미륵보살 앞에 있었다"[161]라고 하였으니, 이것은 누각이 곧 법문으로 하나의 법문을 따라서 곧 일체의 무진한 법문임을 드러낸다.

[77a06] ○言火聚刀山卽般若無分別智者, 經云: "善財童子見彼勝熱, 修諸苦行, 求一切智. 四面火聚, 猶如大山. 中有刀山, 高峻無極, 登彼山上, 投身入火." 彼《疏》釋云: "四面火聚者, 四句般若皆燒惑薪故. 中有刀山者, 無分別智最居中道, 無不割故, 高而無上, 難可登故. 投身入火者, 從無分別智遍入四句, 皆無滯故. 又釋, 刀是斷德無不[162]割故, 火是智德無不照故. 投身下者, 障盡證理故. 卽刀山爲能證, 火聚爲所證, 故此火等卽是法門, 不須別表. 現所用故, 稱性事故. 此意甚深難解, 不可輕爾."

○ '불무더기와 칼산은 곧 반야의 무분별지이다'라고 한 것은《경》[163]에

161 《華嚴經》 권제79 〈入法界品〉 제39-20(T10, 434c29).

162 底本에는 없음.《金澤寫本》 및 교감 주 참조 보충.

163 《華嚴經》 권제64 〈入法界品〉 제39(T10, 346b18).

서 "선재동자가 승렬바라문을 친견하고 많은 고행을 닦으며 일체지一切智를 구하였다. 사면이 불덩어리인데 커다란 산과 같고, 중간에는 칼산이 있는데 높고 험준하기가 그지없었다. 저 산 위로 올라가서 몸을 던져 불 속으로 들어갔다"고 하였는데, 《소》[164]에서 해설하여 "'사면이 불덩어리'라는 것은 4구의 반야가 모두 미혹의 섶을 태워버리기 때문이다. '중간에 칼산이 있는 것'은 무분별지로 중도에 가장 잘 머물면서 잘라내지 않음이 없기 때문이며, 위없이 높아서 오르기 어렵기 때문이다. '몸을 던져 불속으로 들어갔다'는 것은 무분별지혜로 변만하게 4구에 들어가 모두 막힘이 없기 때문이다.

또 해설이 있다. '칼'은 단덕斷德이니 잘라내지 않음이 없기 때문이고, '불'은 지덕智德이니 비추지 않음이 없기 때문이며, '몸을 아래로 던진 것'은 장애가 다하여 이치를 증득했기 때문이다. 곧 '칼산'은 능증能證이고, '불덩어리'는 소증所證이 된다. 그러므로 이 '불덩어리' 등이 곧 법문이니 별도로 표시가 필요하지 않다. 소용됨을 드러내기 때문이고, 성품에 걸맞기 때문이다. 이 의미는 깊고 깊어 이해하기 어려우니 가벼이 여겨선 안 된다"라고 하였다.

#### i) 십세격법이성문(十世隔法異成門)

##### (a) 바로 해석함(正釋)

164 《大疏》 권제57(T35, 932a02)을 요약 정리해서 인용.

[77a17] [《鈔》] 現在以可目覩例同過·未故云平等者, 過未是無, 衆所感[165]悉, 現在是無, 理難顯示, 故例過·未, 說云平等. 良以現在不住, 過·未分故, 急流度刃, 其喩可知. 緣生無性, 其義無差, 故云平等.

[초] '(현재평등은 곧 현재의 현재인데) 현재를 목도할 수 있는 것은 그 예가 과거나 미래와 같으므로 평등이라고 한다'[166]라는 것은 과거와 미래가 없는 것은 중생이 감득하는 것으로 다 알지만 현재가 없는 것은 이치상 현시하기 어렵기 때문에 과거와 미래를 준례하여 평등이라고 한 것이다. 정말로 현재는 머물지 않으니 과거나 미래로 나뉘기 때문이다. 급류를 건너는 칼날 비유는 알 것이다. '연생緣生'과 '무성無性'은 그 뜻이 차이가 없다. 그러므로 '평등'이라고 하였다.

[77a21] [《鈔》] 謂如因過·未而有現在等者, 如昨日日輪上立過去世, 來日日輪上立未來世, 今日日輪上立現在世. 今日日輪自立現, 攬二日輪所[167]成, 離二日輪無體, 復立過·未. 是知現在一世成就三世矣, 餘二三世准此可悉. 問: 過·未之法, 有體耶? 無體耶? 若[168]云有體, 還同小乘. 復滯常見, 違背如來一向說故. 生必滅也. 緣生之法, 過去緣息, 如何得存? 未來緣闕, 如何得有? 若不藉緣, 應非釋子. 若云無體, 何殊法相? 如何說得三世相因? 無體之法不堪[169]作因果故, 若無體法

165 底本에는 "咸",《金澤寫本》참조 수정.

166 《演義鈔》권제11(T36, 081a19).

167 底本에는 "所+以",《金澤寫本》참조 삭제.

168 底本에는 "答",《金澤寫本》참조 수정.

169 底本에는 "但",《金澤寫本》참조 수정.

得作因果, 龜毛兔角應作因果, 若作因果, 龜應生毛, 兔應生角. 今謂通云, 過去曾有, 現在今有, 未來當有. 約自位論, 三世[170]皆有, 約他位論, 三世皆無. 如曾有中無現·未故, 餘例可知. 又緣生義自位皆有, 無性之義一切皆無, 有無雙具竝殊[171]權·小. 若就行布, 三世之有定不同時, 若就圓融, 三世之有而得同時. 融行布異時之有, 而作同時之有也. 如相入門, 若就行布異處之有, 約圓融同處之有也. 融異處之有, 而作同處之有也, 故名相入. 以處例時, 其義昭然矣. 又解, 緣起門中, 過未是無. 已滅未生故. 性起門中, 過未是有. 本來具足故. 亦無諸難.

[초] '말하자면 과거와 미래를 인하여 현재가 있는 것과 같다'[172]라는 것은 어제의 해 위에 과거세가 세워지고 내일의 해 위에 미래세가 세워지며, 오늘의 해 위에 현재세가 세워진다. 오늘의 해는 스스로 현재를 세우고, 두 번의 해를 잡아서 성립된 바는 두 번의 해를 여의고는 체가 없으니, 또다시 과거와 미래를 세운다. 이로써 현재의 1세에서 삼세가 성취되는 것을 알 수 있다. 나머지 2세(과거, 미래)의 삼세는 이것을 준거하면 다 알 것이다.

묻는다. 과거와 미래의 법은 실체가 있는가, 실체가 없는가? 만일 실체가 있다고 하면 도리어 소승과 같으니, 또다시 상견에 막혀 여래가 줄곧 설한 것에 위배되기 때문이다. 생기면 반드시 소멸하는 것이니 연으로 생긴 법이 과거의 연이 쉬어지면 어떻게 존재할 수 있겠으며, 미래의 연이 결여되면 어떻게 있을 수 있겠는가? 만일 연을 가자하지 않으면 석

170 底本에는 "三世"의 2자가 없다.《金澤寫本》참조 보충.

171 底本에는 없음.《金澤寫本》참조 보충.

172 《演義鈔》권제11(T36, 081a27).

존의 자식이 아닐 것이다. 만일 체성이 없다고 하면 어떻게 법상종과 다르겠으며, 어떻게 삼세가 서로 인한다고 말할 수 있겠는가? 무체의 법은 인과를 감득해서 짓지 못한다. 만일 체성이 없는 법이 인과를 지을 수 있다면 거북이 털과 토끼 뿔이 인과를 짓게 될 것이니 인과를 짓는다면 거북이는 털이 나고 토끼는 뿔이 날 것이다.

답한다. 이제 회통해서 말하겠다. 과거는 일찍이 있었고, 현재는 지금 있으며, 미래는 앞으로 있을 것이다. 자체의 자리에 한정해서 논하면 삼세는 모두 있고, 타의 자리에 한정해서 논하면 삼세는 모두 없다. 저 일찍이 있었던 것(과거)에는 현재와 미래가 없기 때문이다. 나머지 예는 알 수 있다. 또, 연생緣生의 뜻은 자체의 지위에는 모두 있고, 무성無性의 뜻은 일체가 모두 없으며, 유와 무를 쌍으로 갖춘 것은 나란히 권교나 소승교와는 다르다. 항포문에 입각하면 삼세의 존재는 결정코 동시일 수 없으며, 원융문에 입각하면 삼세의 존재는 동시일 수 있다. 항포문의 다른 시간에 존재하는 것을 융섭하여 동시에 존재하는 것을 짓는 것이다. 예컨대 상입문은 항포문에 입각하면 이처異處에 존재하고, 원융문에 한정하면 동처同處에 존재하는 것인데, 이처의 존재를 융섭하여 동처의 존재를 짓는 것이다. 그러므로 '상입'이라고 하는 것과 같다. 처處로써 시간을 준례하면 그 뜻이 분명하다.

또, 해설이 있다. 연기문緣起門에서는 과거와 미래는 없으니 이미 소멸했고, 아직 생기지 않았기 때문이다. 성기문性起門에서는 과거와 미래는 존재하니, 본래 구족하기 때문이다. 또한 여러 논란이 없어진다.

(c) 혼동되는 것을 가려냄(揀濫)

[77b17] [《鈔》] 是故依古別立玄門者, 問: 長短劫卽入, 還是卽入玄門, 豈可順古立時, 而作玄門耶? 答: 成門已竟, 望義別故. 由長劫卽短劫竟, 彼短劫便表長劫法體, 多劫卽一念, 一念便表多劫法體, 彼時劫非幽玄耶?

[초] '그러므로 고덕에 의거하여 별도로 현문을 세우니'[173]라는 것은, 묻는다. 장겁과 단겁이 즉입卽入한다는 것은 도리어 상즉·상입의 현문인데, 어찌 고덕을 따라서 시겁을 세워 현문을 지을 수 있겠는가?

답한다. 문을 성립한 것은 이미 마쳤고, 뜻이 다른 데 마주했기 때문이다. 장겁이 단겁에 즉함을 말미암아서야 마침내 저 단겁이 장겁의 법체를 문득 표시하고, 다겁이 일념에 즉함으로 일념이 다겁의 법체를 문득 표시하니 저 시겁이 그윽하고 현묘한 것이 아니겠는가.

(다) 이익을 이룸을 결론지어 준례함(結例成益)

㉮ 하나를 들어서 나머지를 준례함(擧一例餘)

c. 소의의 법으로써 능의의 문을 준례함(以所依例能依門)

[77b22] [《鈔》] 然其後千不異前千但互擧爲首者,[174] 帶餘九所依能所相, 兼有十所依, 隨一所依, 有十玄門, 故成百門. 餘九所依, 各各爲首, 成百亦然, 故成千門, 此是前千. 如一玄門爲首, 帶餘九門能所相, 兼有十玄門. 隨一玄門, 有十所依, 差別一門, 而成十種, 所帶九門各十所依, 差別一門, 各成十種, 故成百門. 餘九玄門,

173 《演義鈔》 권제11(T36, 081b26).

174 底本에는 없음.《金澤寫本》 참조 보충.

各各爲首, 成百亦然, 故有千門, 此是後千. 依依各具十門, 門[175]門各具十依, 門門互帶, 依依互帶. 實無二千, 爲顯[176]別故. 如云, 三七二十一, 七三二十一故.

[초] '그러나 뒤의 1천(문)이 앞의 1천(문)과 다르지 않고, 다만 서로 앞머리가 되는 것을 들어 (차이를 이룬 것일 뿐이다)'[177]라는 것은, [178]나머지 9소의所依(법)의 능의·소의의 상을 띠고, 겸하여 10소의를 지니며, 1소의를 따라서 10현문이 있으므로 100문을 이룬다. 나머지 9소의가 각각 앞머리가 되어 100문을 이루는 것도 또한 그렇다. 그러므로 1천문을 이룬다. 이것이 앞의 1천문이다.

저 1현문이 앞머리가 되어 나머지 9현문의 능의·소의의 상을 띠고, 겸하여 10현문을 지니며, 1현문을 따라서 10소의가 있어 차별된 1문이 10종을 이루고, 띠고 있는 9현문의 각각의 10소의에 차별된 1문이 각각 10종을 이루므로 100문을 이룬다. 나머지 9현문이 각각 앞머리가 되어 100문을 이루는 것이 또한 그렇다. 그러므로 1천문이 있다. 이것은 뒤의 1천문이다. 소의마다 각각 10현문을 갖추고 있고 현문마다 각각 10소의를 갖추고 있어서 문마다 서로를 띠고 있고 소의마다 서로를 띠고 있다. 실제는 두 개의 1천이 없지만 차별을 드러내려 했기 때문이니, 3의 7은 21이고 7의 3은 21이라고 하는 것과 같다.

---

175 底本에는 "十".《金澤寫本》 참조 수정.

176 底本에는 "頭".《金澤寫本》 참조 수정.

177 《演義鈔》 권제11(T36, 082a24).

178 이 문장은 '뒤의 1천문'과 비교할 때, 바로 앞 구절에 "一所依爲首"가 빠진 듯하다.[역자 주]

나) 덕상과 업용이 원인으로 하는 것(德用所因)

(가) 문답으로 총체적으로 밝힘(問答總明)

㉮ 장문을 표방하여 거론함(標擧章門)

[77c08] [《疏》] 德用所因[179]者, 德相業用與彼玄門, 而作所因也.

[소] '덕상과 업용의 소인所因'[180]이라는 것은 덕상과 업용이 저 현문玄門에 소인이 되어주는 것이다.

㉱ 총상으로 회통함(總相會通)

b. 차별된 것을 헤아려 가려냄(料揀差別)

[77c09] [《鈔》] 德相業用者, 一云, 十種玄門, 自體本具名德相, 蘊之在內[181]故. 故下《鈔》云: "謂眞如旣具過恒沙德, 如所起事亦具德無量.[182]" 故知玄[183]門卽是德相也. 應根示[184]現名業用, 施之在外故. 如世水火, 本性濕熱, 名德相, 令人受用, 名業用. 二云, 德相是眞界上性德之相, 業用是解脫等益物之用, 德相業用非是玄門. 若將玄門, 就性德論, 法爾本具, 便屬德相. 若將玄門, 就應用論, 隨根新現, 便屬業用. 如世油蜜秤用斗各不同故, 或名一斗, 或名一秤. 又解, 德目眞界上性

179 底本에는 "由",《金澤寫本》 참조 수정.

180 《大疏》 권제2(T35, 515c25).

181 底本에는 "因",《金澤寫本》 및 《大疏》 참조 수정.

182 《演義鈔》에는 "盡"으로 되어 있다.

183 底本에는 "云",《金澤寫本》 참조 수정.

184 底本에는 "互",《金澤寫本》 참조 수정.

德, 業目解脫等功業, 十種玄門名相名用. 就性德論, 名相, 本具足故, 就功業論, 名用, 應根現故. 如尖刀就劒自體名相, 鋒銳之相故, 就人執持爲用, 斫剌之用故.

[초] '덕상德相과 업용業用'[185]이란 것은 첫 번째 해설은 10종 현문의 자체에 본래 갖추고 있는 것을 '덕상'이라고 하니, 간직한 것이 안에 있기 때문이다. 그러므로 아래 《초》[186]에서 "말하자면 진여가 이미 항하사를 넘어선 덕을 갖추고 있고, 진여가 일으킨 사상도 또한 무량한 덕을 갖추고 있다"고 하였다. 그러므로 현문이 곧 덕상인 것을 알 수 있다. 근기에 응하여 서로 나타낸 것을 '업용'이라고 하니, 베푸는 것이 밖에 있기 때문이다. 마치 세상에 물과 불이 본성이 습하고 뜨거운 것을 '덕상'이라고 하며 사람들이 수용하게 하는 것을 '업용'이라고 하는 것과 같다.

두 번째 해설은 '덕상'은 일진법계 위의 성덕의 상이고, '업용'은 해탈 등 만물을 이롭게 하는 작용이다. 덕상과 업용은 현문이 아니다. 만일 현문을 가지고 성덕에 입각해서 논하면 법이 으레 본래 구족한 것은 곧 바로 '덕상'에 속하고, 현문을 가지고 응용에 입각해서 논하면 근기에 따라서 새롭게 나타나는 것은 곧바로 '업용'에 속한다. 마치 세상에서 기름과 꿀 100근에 말(斗)을 사용한 것이 각각 다르기 때문에 혹은 '1두'라고 하거나 혹은 '1칭'이라고 하는 것과 같다.

또, 해설이 있다. '덕'은 진여 법계 위의 성덕을 가리키고, '업'은 해탈 등 공업功業을 가리키며, 10종 현문은 '상'이라 하고 '용'이라 한다. 성덕에

185 《演義鈔》 권제11(T36, 082b17).

186 《演義鈔》 권제12(T36, 086b26).

입각해서 '상'이라고 하니 본래 구족하기 때문이고, 공업에 입각해서 논하면 '용'이라고 하니 근기에 응하여 나타나기 때문이다. 예컨대 뾰족한 칼은 검 자체에 입각해서 '상'이라고 하니 칼끝과 창끝의 형상 때문이고, 사람이 잡고 있는 것에 입각해서 '용'이라고 하니 자르고 찌르는 작용 때문이다.

㉰ (열 가지) 수로 열거하여 총체적으로 답함(列數總答)

[77c22] [《疏》][187] 因廣難陳略提十類等者, 此是表法無礙之所以名因, 非是辨果之法體名因, 如比量三支中因支也. 如上所立十玄無礙, 恐人不信, 生疑詰問, 有何所以得知如是無礙耶? 答: 一唯心所現故, 得知無礙也. 此意能變之心旣許無礙, 全心作境, 境何有礙? 不取心境作義爲因, 但取心上無礙之義爲因, 亦不取境體作果, 但取境上無礙之義爲果. 細思細思. 二法無定性故, 得知無礙也. 但取諸法無定性義, 與彼玄門而作所以. 餘准可知. 勿謂諸法本不無礙. 由此十種, 令彼無礙. 但令彼無礙, 但令根信, 故置令言. 如人遙指樹下有水, 餘人不信, 乃問前人, 何以得知樹下有水? 前人答曰, 樹有白鷺故, 方能令彼信知有水. 勿謂水本是無, 白鷺令有, 但彼白鷺, 表有水因. 今此亦示, 勿見令字, 而乃封言不生信解.

[소] '인因의 광대함을 진술하기는 어렵지만 간략하게 제시하면 열 가지이니'[188]라는 이것은 법이 무애한 까닭을 표시하여 '인'이라고 한 것이지

187 이 소문은 위의 초문 앞에 와야 순서가 맞다. 과목이 ㉱→㉰로 역순이 되었다.

188 《大疏》 권제2(T35, 515c26).

과果의 법체와 변별하여 '인'이라고 한 것은 아니다. 저 비량의 3지三支 가운데 인지因支와 같고, 위에서 성립된 십현문이 무애한 것과 같다.

묻는다. 아마도 사람들이 믿지 않고 의심을 내어서 힐문하길 '무슨 까닭이 있어서 이와 같이 무애한 줄을 알겠는가?' 할 것이다.

답한다. 첫째, 오직 마음이 나타낸 것이기 때문에 무애한 줄을 알 수 있다. 이 의미는, 능변能變의 마음이 무애한 것이 인정되었다면, 완전히 마음으로 경계를 짓는 것일 텐데 경계가 어찌 장애가 있겠는가. 마음과 경계가 짓는 뜻을 취하여 '인'을 삼지 않고 마음 위에 무애한 뜻을 취하여 '인'을 삼은 것이며, 또한 경계의 체가 과를 짓는다는 것을 취하지 않고 다만 경계위에 무애한 뜻을 취하여 '과'를 삼은 것이다. 세밀하게 생각하고 세밀하게 생각하라.

둘째, 법에 정해진 성질이 없기 때문에 무애한 줄을 알 수 있다. 다만 모든 법에 정성定性이 없는 뜻이 저 현문의 까닭이 되어주는 것을 취한 것이다. 나머지는 준례하면 알 것이다. 제법은 본래 무애하지 않다고 여기지 말라. 이 십종 (원인)을 말미암아 저것으로 하여금 무애하게 한다. 그런데 저것으로 하여금 무애하게 하고, 근기들로 하여금 믿게 하였으므로 '하게 하다'라는 말을 둔 것일 뿐이다. 예컨대, 사람이 멀리서 나무 아래에 물이 있다고 가리켰는데 다른 사람들이 믿지 않고 이내 앞 사람에게 '어떻게 나무 아래에 물이 있는 줄을 알 수 있는가?' 하고 물으니 앞 사람이 대답하여 '나무에 백로가 있기 때문이다'고 하자, 비로소 저들이 물이 있다는 것을 믿게 된 것과 같다. 물은 본래 없는데 백로가 있게 했다고 여기지 말라. 저 백로는 물이 있는 원인을 표시할 뿐이다. 지금 이것도 또한 보여준 것이니, '하게 하다'라는 글자를 보고 말을 봉합해서 믿음과 이해를 아니 내지 말라.

[78a12] [《疏》][189] 七約起修義通德相業用者, 約自利修內, 證境界名德相, 約利他修外, 示境界名業用. 或約始覺相修, 名業用, 本覺性修, 名德相.

[소] '(10소인 중) 일곱 번째는 수행을 일으킴에 한정한 것인데 뜻이 덕상과 업용에 통한다'[190]라는 것은 자리自利에 한정하여 안을 닦아 경계를 증득한 것을 '덕상'이라고 하고, 이타利他에 한정하여 밖을 닦아서 경계를 보여주는 것을 '업용'이라고 한다. 혹은 시각에 한정하여 상으로 닦는 것을 '업용'이라고 하고, 본각에 한정하여 성으로 닦는 것을 '덕상'이라고 한다.

#### c. 덕상과 업용을 회통함(會通德用)

[78a15] [《疏》] 約佛[191]用亦德相等者, 釋非兩別也. 謂佛利生自然業用卽是德人本具之相, 如刀有斫刺餘物之用歸刀, 還是尖薄之相.

[소] '불에 한정하면 업용이 또한 덕상이니'[192]라는 것은 양쪽이 별개가 아님을 해설한 것이다. 말하자면 불은 중생을 이롭게 하니 자연히 업용

189 이 소문은 〈㉣ 총상으로 회통함〉 〈b 차별된 것을 헤아려 가려냄〉에 해당된다.

190 《大疏》 권제2(T35, 516a04).

191 《大疏》에는 佛 뒤에 "則"이 있다.

192 《大疏》 권제2(T35, 516a06). 아래도 동일.

은 덕인德人이 본래 갖춘 상이다. 마치 칼날이 다른 물건을 자르고 찌르는 작용이 있는 것은 칼날에 귀속되지만 도리어 뾰족하고 얇은 모습과 같다.

[78a17] ○言約根相亦稱用等者, 令生新見其相, 相爲利生之用, 令物新觸其刀, 尖薄之相, 便是斫刺之用.

○ '근기에 한정하면 덕상은 또한 업용이라고 한다'는 것은 중생들이 새로 그 모습을 보게 되면 덕상은 중생을 이롭게 하는 업용이 되고, 물건이 그 칼날을 새로 닿게 되면 뾰족하고 얇은 모양이 곧 자르고 찌르는 작용이다.

[78a20] [《疏》] 卽用之相染淨雙融者, 如卽影之明, 好醜容盡.

[소] '업용에 즉한 덕상이 염오와 청정을 쌍으로 융섭한다'라는 것은 곧 영상에 즉한 밝음이 예쁘고 추한 것을 다 용납하는 것과 같다.

[78a20] ○言卽相之用能染能淨者, 如卽明之影, 能好能醜.

○'덕상에 즉한 업용이 능히 염오하고 능히 청정하게 한다'고 한 것은 밝음에 즉한 영상이 예쁘기도 추하기도 한 것과 같다.

[78a22] [《鈔》] 十定品山間山上日影喩等者, 彼《疏》[193]釋云: "喩中有五; 一明日光現影, 七寶山者, 卽七金山, 如十地末列名. 但除[194]妙高及雪香二山, 山間有七香海, 海現日[195]影, 山以淨金能現影. 二其寶山上下, 明兩影互現, 正喩菩薩自他互入, 以彼影明淨如今之鏡故能互現. 三或說日影下, 正辨得名不同. 謂水中本影現山上影時, 此所現影, 從山上出, 來入山間. 若山上本影, 現水中影時, 此[196]所現影, 從山間出入七山上, 故正入時, 卽名爲出. 所喩可知. 四但此日影下, 明重現無盡, 喩菩薩帝網身土. 五體性下, 明體離二邊故, 能互現而無雜亂. 謂取不可得故非有, 影現分明故非無."

[초] '〈십정품十定品〉에서 산 사이와 산 위를 비추는 해 그림자의 비유에서'[197]라는 것은 《소》[198]에서 해설하여 "비유에는 다섯이 있으니, 첫째는 햇빛이 그림자를 나타내는 것을 밝힌 것이다. '일곱 보산'은 곧 칠금산이니 〈십지품〉의 끝에서 열거한 명칭과 같다. 그런데 묘고산妙高山과 설향산雪香山의 두 산을 제외하고, 산 사이에 일곱 향수해가 있고 향수해에는 해 그림자가 나타나고, 산은 맑은 금으로 그림자를 나타낸다. 둘째는 '그 보산의 위' 아래는 두 그림자가 서로 나타내는 것을 밝힌 것이니, 바로 보살이 자타에 서로 상입하는 것을 비유한다. 저 그림자가 밝고 맑은 것이 지금의 거울과 같기 때문에 서로 나타내는 것이다. 셋째는 '혹

193 底本에는 없음. 《金澤寫本》 참조 보충.

194 底本에는 "餘", 《金澤寫本》 및 《大疏》 참조 수정.

195 底本 및 《金澤寫本》에는 "月", 《大疏》 참조 수정. 아래도 동일.

196 底本에는 "之", 《金澤寫本》 및 《大疏》 참조 수정.

197 《演義鈔》 권제11(T36, 082c05).

198 《大疏》 권제45 〈十定品〉 제27(T35, 843a05).

은 해그림자' 아래는 득명이 다른 것을 가려낸 것이니, 말하자면 물속에 본래 그림자가 산 위의 그림자를 나타낼 때 이 나타난(所現) 그림자는 산 위에서 나와 산 사이로 들어간다. 만일 산 위가 본래 그림자라면 물속에 그림자를 나타낼 때 이 나타난 그림자는 산 사이에서 나와 일곱 보산의 위로 들어간다. 그러므로 들어갈 때를 곧 나온다고 한다. 비유 대상은 알 것이다. 넷째는 '다만 이 해그림자' 아래는 거듭 나타나서 다함이 없음을 밝힌 것이니, 보살의 제석천 그물망 같은 몸과 찰토를 비유한 것이다. 다섯째는 '체성' 아래는 체성이 양변을 벗어났기 때문에 서로 나타내어도 잡란함이 없음을 밝힌 것이니, 말하자면 취하여도 얻을 수 없기 때문에 있는 것이 아니고 그림자가 나타나는 것이 분명하기 때문에 없는 것이 아니다"고 하였다.

#### ㈏ 문을 따라서 해석함(隨門德別釋[十段])

##### ㉮ 오직 마음이 나타낸 것이기 때문(唯心所現故)

[78b10] [《疏》] 一切諸法眞心所現等者, 圭峯云: "然象外之理, 直[199]說難證. 今以喩爲衡鏡, 定諸宗之是非.(便[200]隨喩以法合之, 隨文以注對之. 冀[201]法喩一一, 相照

199 底本 및《金澤寫本》에는 "眞",《師資承襲圖》 참조 수정.

200 底本 및《金澤寫本》에는 "注+便",《師資承襲圖》 참조 "注" 삭제.

201 底本 및《金澤寫本》에는 "異",《師資承襲圖》 참조 수정.

易見[202]也. 然初覽時, 但請[203]且一向[204]讀喩, 辨本末了. 然後却以注文, 對詳[205]其理.) 如一摩尼珠,(一靈心也.) 唯圓淨明,(空寂知也.) 都無一切差別色相.(此知本無一切分別, 亦無一切善惡也.) 以體明[206]故, 對外物時, 能現一切差別色相.(以體知故, 對諸緣時, 能分別一切是非好惡, 乃至經營造作, 世出世間種種事數, 此是隨緣義也.) 色相自有差別, 明珠不曾變易.(愚智善惡自有差別, 憂喜愛憎自有起滅, 能知之心不曾間斷, 此是不變義也.) 然珠所現雖百千般, 今且[207]取與明珠相違之黑色, 以況靈明知見, 與黑暗無明, 雖相違而是一體.(法喩已具.) 謂如珠現黑色時, 徹體全黑, 都不見明.(靈知之心, 在凡夫時, 全是迷愚貪愛, 都不覺[208]如來知見大圓鏡智. 故經云, '身心等相皆[209]是無明也.') 愚癡孩子或村野人見之, 直是黑珠.(迷人但見, 定是凡夫.) 有人語言此是明珠, 炳然不信, 却嗔前人, 謂爲欺誑, 任說種種道理, 終不聽覽.(宗密頻遇如此類者, 向道汝今了了能知見[210]是佛心. 灼[211]然不信却云, 此是誘三婆二婦之言, 直不肯照察, 但言某乙[212]鈍根, 實不能入. 此是大小乘及人天教中, 著相之人意所見如此也.) 縱有肯信所說是明珠者, 緣目覩其黑, 亦謂被黑色纏裹覆障,

202 底本 및《金澤寫本》에는 "見+覽",《師資承襲圖》 참조 "覽" 삭제.
203 底本 및《金澤寫本》에는 없음.《師資承襲圖》 참조 보충.
204 底本 및《金澤寫本》에는 "切",《師資承襲圖》 참조 수정.
205 《師資承襲圖》에는 "辨"으로 되어 있다.
206 底本에는 "名",《金澤寫本》 및《師資承襲圖》 참조 수정.
207 底本 및《金澤寫本》에는 "具",《師資承襲圖》 참조 수정.
208 《師資承襲圖》에는 "知"로 되어 있다.
209 底本에는 "智",《金澤寫本》 및《師資承襲圖》 참조 수정.
210 底本 및《金澤寫本》에는 "現",《師資承襲圖》 참조 수정.
211 底本에는 "炳",《金澤寫本》 및《師資承襲圖》 참조 수정.
212 底本에는 "是",《金澤寫本》 및《師資承襲圖》 참조 수정.

擬待磨[213]拭揩洗, 去却黑暗, 方得明出現, 始名親見明珠.(北宗見解如此.) 復有一類人指示云, 卽此黑暗, 便是明珠, 明珠[214]之體, 永不可見. 欲得識者, 卽黑便是明珠,[215] 乃至卽青黃種種皆是. 致[216]令愚者的信此言, 專記黑相, 或認種種相以爲明珠, 或於異時, 見黑槵子珠,[217] 米[218]吹青珠乃至赤虎珀白石瑛等珠, 皆云是摩尼珠. 或於異時, 見摩尼珠, 都不對色時, 但有明淨之相, 却不認之. 以不見有諸色可識認故. 疑恐局於一明相故.(洪洲見解如此也. 言愚者者, 彼宗後學也. 異時乃至黑槵子等者, 心涉世間, 分別塵境時, 見貪愛嗔慢之念也. 虎珀石[219]瑛者, 如慈善謙敬之念也. 不對色時者, 無所念也. 但有明淨者, 了了自知無念也. 疑局者, 彼之[220]唯認知是偏局也.) 復有一類人, 聞說珠中種種色, 皆是虛妄, 徹體全空. 卽計此一顆珠, 都是其空. 便云, 都無所得. 方是達人, 認有一法, 便是未了. 不悟色相, 皆空之處, 乃是[221]不空明瑩之珠.(牛頭見解如此也. 聞說空等者, 諸部《般若》, 說空之經也. 計此一顆等者, 計本覺性亦空, 無所有認有等者, 聞說諸法空寂之處, 了了能知是本覺眞心. 却云不[222]了, 不知心體不空. 不空者,《涅槃經》云: '如缾空者, 謂缾中無物, 名爲缾空, 非謂無缾. 卽明眞心之中, 無分別貪嗔等念, 名爲心空, 非謂無心.' 言無心者, 但爲遣却心中煩惱也. 故知牛頭但遣其非, 未顯其是. 從此已下, 皆喩荷澤之意.) 何如

213 底本에는 "麼",《金澤寫本》 및《師資承襲圖》 참조 수정.
214 底本 및《金澤寫本》에는 없음,《師資承襲圖》 참조 보충.
215 底本 및《金澤寫本》에는 "明珠"의 2자가 없다.《師資承襲圖》 참조 보충.
216 底本에는 "知",《金澤寫本》 및《師資承襲圖》 참조 수정.
217 底本 및《金澤寫本》에는 없음.《師資承襲圖》 참조 보충.
218 底本에는 "末",《金澤寫本》 및《師資承襲圖》 참조 수정.
219 底本에는 "色",《金澤寫本》에는 "白石",《師資承襲圖》 참조 "石"으로 수정.
220 底本 및《金澤寫本》에는 "云",《師資承襲圖》 참조 수정.
221 底本 및《金澤寫本》에는 "至",《師資承襲圖》 참조 수정.
222 底本에는 "了",《金澤寫本》 및《師資承襲圖》 참조 수정.

直云唯瑩淨圓明, 方是珠體,(唯空寂知也, 若但說空寂, 而不顯知. 則何異虛空? 亦如圓顆瑩淨之瓷團,[223] 雖圓淨而無明[224]性, 何名摩尼? 何能現影? 洪洲·牛頭, 但說無一切, 不顯靈知, 亦如此也.) 餘一切相悉是虛妄?(善惡分別, 舉動運爲, 如洪洲所[225]認, 起心動念等, 悉是虛妄. 故經云: '凡所有相, 皆是虛妄等.' 當知彼宗認虛妄爲眞性也.) 正見黑時, 黑光不黑, 但是其明. 青元不青, 但是其明. 乃至赤白黃等, 一切皆然, 但是其明. 旣於諸色相處, 一一但見瑩淨圓明, 卽於珠不惑.(一切皆空, 唯心不變, 迷時亦知, 知元不迷, 念起亦知, 知元無念.[226] 乃至哀[227]樂喜怒愛惡一一皆知, 知元空寂, 空寂而知, 卽於心性, 了然不惑. 此上皆逈異於諸宗也.) 但於珠不惑, 則黑卽無黑, 黑卽是珠. 諸色皆爾, 卽是有無自在. 明暗融通, 復何礙哉.(此皆同彼二宗也. 黑卽無黑, 同牛頭·洪洲俱指[228]一切皆無, 又黑卽是珠已下, 同洪洲云一切皆佛性, 凡聖善惡都無所礙. 自此已下喻意, 再將荷澤本宗, 結揀三宗云.[229]) 若不[230]認得, 明是能現之體永無變易,(荷澤,) 但云黑等是珠,(洪洲,) 或擬離黑覓珠,(北宗,) 或言明黑都無者,(牛頭,) 皆是未見珠.(結也.)" 釋曰, 彼約禪門, 隨見解而淺深汎異, 據法理而南北源同. 此約圓宗, 隨事相而終行布, 據心性而本末圓融. 頓圓之義旨雖殊, 法喻之意趣罔別. 以頓成圓, 妙之至矣. 學者存心, 靡[231]不曉乎.

---

223 底本 및《金澤寫本》에는 "慈圓",《師資承襲圖》참조 "瓷團"으로 수정.

224 底本에는 "聞",《金澤寫本》및《師資承襲圖》참조 수정.

225 底本에는 "初",《金澤寫本》및《師資承襲圖》참조 수정.

226 底本에는 없음.《金澤寫本》및《師資承襲圖》참조 보충.

227 底本에는 "愛",《金澤寫本》및《師資承襲圖》참조 수정.

228 底本에는 "此",《師資承襲圖》에는 "[洪州]但云",《金澤寫本》참조 수정.[역자 주]

229《師資承襲圖》에는 "也"로 되어 있다.

230《師資承襲圖》에는 "不"이 없으나 전후의미상 있어야 하므로 그대로 두었다.

231 底本에는 "非",《金澤寫本》참조 수정.

[소] '일체법은 진심에서 나타난 것이다'[232]라는 것은 규봉圭峰이 말하기를[233] "그런데 표상 밖의 진리는 직설로는 증득하기 어려우니 이제 비유로 저울과 거울을 삼아서 여러 종파의 시비를 규정해보겠다(편리상 비유를 따라 법으로써 합치시키고, 문장을 따라 주석으로써 상대하겠다. 법과 비유의 낱낱을 서로 비추어 쉽게 보길 바란다. 그러나 처음으로 볼 때는 다만 우선 줄곧 비유를 읽어 본말을 분명히 알고 난 연후에 다시 주석한 문장으로 그 이치를 대조하여 변별하라).

예를 들어 마니보주가(하나의 신령한 마음이다) 오직 둥글고 깨끗하고 밝아서(텅 비어 적멸한 앎이다) 전혀 일체의 차별된 색상이 없지만(이는 본래 일체의 분별이 없고 또한 일체의 선악도 없다는 것을 알 수 있다) 체가 밝기 때문에 밖의 사물을 대할 때 일체의 차별된 색상을 나타낸다. 색상은 자체로 차별된 상이 있지만(체성이 아는 것이기 때문에 여러 연을 대할 때 모든 옳고 그름과 좋고 나쁨을 분별하고 내지 세간과 출세간의 갖가지 사수事數를 경영하고 조작한다) 명주明珠는 일찍이 바뀌지 않는다(어리석음과 지혜, 착함과 악함은 자체로 차별됨이 있고 근심하고 기뻐하며 사랑하고 미워하는 것은 자체로 생기하고 소멸함이 있다. 능히 아는 마음은 일찍이 사이사이에 끊어짐이 없다. 이것이 불변의 뜻이다). 명주가 나타내는 것이 백천 가지로 아롱지더라도 지금은 우선 명주와 상위한 검은색을 취하여서, 신령하고 밝은 지견知見이 검고 어두운 무명과는 상위하지만 동일한 체성이라는 것에 견주겠다(법과 비유는 이미 갖추고 있다).

232 《大疏》 권제2(T35, 516a09).

233 《師資承襲圖》 권제1(X63, 034a10)을 요약 정리한 것이며, 괄호 내용도 규봉의 주석을 요약 정리한 것이다.

말하자면 저 명주가 검은색을 나타낼 때 체를 꿰뚫어 완전히 검어서 도무지 밝음을 볼 수 없거든(신령하게 아는 마음이 범부에 있을 때에 온전히 미혹하고 어리석으며 탐애하여서 도무지 여래의 지견인 대원경지를 깨닫지 못한다. 그러므로 경에서 '신심 등의 상은 모두가 무명이다'고 하였다), 어리석은 자나 어린 아이나 혹은 촌뜨기들은 다만 검은 구슬이라고 본다(미혹한 사람은 다만 결정코 범부라고만 본다). 어떤 이가 이것은 빛나는 밝은 구슬이라고 말을 해도 믿지 않고 도리어 앞 사람에게 화를 내고 거짓말쟁이나 미치광이라고 여기며, 갖가지 도리를 임의대로 설하여도 끝내 듣거나 살피려 하지 않는다(종밀은 자주 이런 부류의 사람들을 만나면 그들을 향해서 '그대가 지금 분명하고 분명하게 알고 보는 것이 불심이다'라고 하면, 밝게 믿지 않고 도리어 말하기를 '이것은 세 분 할머니와 두 명 부인이라는 말로 유인하는 것이다'고 하면서 곧장 비춰 살펴보려고 하지 않고 다만 누구누구는 둔근기여서 실제로는 들어가지 못한다고 말한다. 이것은 대소승 및 인천교에서 상에 집착한 사람의 의견이 이와 같다). 설령 말한 바대로 명주라고 믿으려고 해도 그 검은 색을 눈으로 보았기 때문에 또한 검은 색에 쌓여 묶이고 뒤덮여 장애되었다고 여겨 갈고 털어내며 문지르고 씻어내어 검고 어둔 것을 제거하길 가만히 기다렸다가 밝음이 드러나서야 비로소 명주를 친히 보았다고 이름한다(북종의 이해가 이와 같다).

또다시 한 부류의 사람들이 제시하길 '곧 검고 어둔 것이 명주이다. 명주의 체는 길이 볼 수 없다. 알고자 하면 곧 검은 것이 명주이며 내지 곧 청색과 황색의 갖가지가 모두 이것이다'라고 하면 어리석은 자들은 이 말을 딱 믿고 오로지 검은 모습만을 기억하게 된다. 혹은 갖가지 상을 오인하여 명주라고 여기며, 혹은 다른 때에 흑환자 구슬을 보거나 혹은 미취청주 내지 붉은 호박, 흰 석영 등의 구슬을 보고는 모두 마니보주라고 하며, 혹은 다른 때에 마니보주가 전혀 아무 색도 상대하지 않을 때 밝고 맑은 모습만이 있는 것을 보고는 오히려 알아채지 못하니, 알아차릴 만한 어떤 색깔이 있는 것을 보지 못했기 때문이며, 아마도 밝은 형상 하나에만 국한했기 때문일 것이다(홍주종의 견해가 이렇다. '어리석은 자들'이라고 말한 것은 저 종의 후학들이다. '다른 때에 흑환자 구슬을 보거나' 등은 마음이 세간을 섭렵하여 미진경계를 분별할 때 탐애와 성냄과 오만 등의 생각을 보는 것이다. '호박과 석영'은 자비와 선함과 겸손과 공경의 생각과 같다. '아무 색도 상대하지 않을 때'는 생각하는 것이 없는 것이다. '밝고 맑은 모습만이 있는 것을' 분명하고 분명하여 스스로 무념인 줄을 아는 것이다. '아마도 국한했기 때문일 것'이라는 것은 저들이 오직 인식하고 아는 것이 편집되고 국한된 것이다).

또다시 한 부류가 있다. 보주 가운데 갖가지 색깔이 모두 허망하고 체성까지 전부 공하다고 하는 것을 듣고는 이 한 알의 보주가 도무지 텅 비었다고 계탁하여 곧 전혀 얻을 것이 없다고 하다가 바야흐로 통달한 사람이 한 법이 있다고 인식하지만 문득 아직 분명히 알지는 못하여 색상이 모두 공한 곳이 이내 텅 비지 않고 밝으며 빛나는 구슬이라는 것을 알지 못한다(우두종의 견해가 이렇다. '공하다고 설하는 것을 듣고는'이라는 것은 제부《반야》이니, 공을 설한 경전이다. '이 한 알을 계탁하여' 등은 본각의 성이 또한 공하다고 계탁하거나 존재하는 바가 없는 것을 있다고 인식하는 이들이 제법이 공적空寂한 곳에서 분명하고 분명하게 아는 것이 본각의 진심이라는 것을 듣고도 도리어 분명하게 알지 못한다고 하는 것이니, 마음의 체성이 공하지 않는 것을 알지 못한 것이다. '불공不空'이라는 것은《열반경》에서 말하길 '마치 병이 텅 빈 경우, 병속에 물건이 없는 것을 병이 공하다고 하고 병이 없다고 한 것은 아닌 것처럼, 곧 밝은 진심가운데 분별과 탐심과 성냄 등의 마음이 없는 것을 마음이 공하다고 하고 마음이 없다는 것은 아니다'고 하였다. '무심'이라고 한 것은 다만 마음속의 번뇌를 보내 버리기 위한 것이다. 그러므로 우두종이 다만 그 아닌 것만을 보내버리고 그 맞는 것은 드러내지 않았다는 것을 알 수 있다. 이로부터 아래는 모두 하택종의 의미를 비유한 것이다).

어째서 곧장 오직 영롱하고 맑으며 둥글고 밝은 것만이 바로 구슬의 체성이고(오직 공적하고 아는 것인데, 만일 공적함만을 설하고 아는 것을 드러내지 않으면 허공과 무엇이 다르겠는가? 또한 저 둥근 한 알의 빛나고 맑은 자단瓷團이 비록 둥글고 맑더라도 밝은 성품이 없다면 어떻게 마니보주라고 하겠으며 어떻게 그림자를 나타내겠는가? 홍주종과 우두종은 다만 일체가 없는 것만을 설하고 신령하게 아는 것을 드러내지 않았으니 또한 이와 같다), 나머지의 모든 상은 다 허망하다고 말하는가(선악분별과 거동운위는 홍주종이 인식한 바대로 마음을 일으키고 생각을 움직이는 등이 모두 허망하다. 그러므로 경에서 '무릇 존재하는 것은 모두 허망하다' 등이라고 하였으니, 저 종은 허망을 인식해서 진성이라고 여겼음을 알 수 있다)? 바로 검은 색을 볼 때 검은 빛은 검지 않고 다만 밝은 것일 뿐이고 청색은 원래 푸르지 않고 다만 그 밝은 것일 뿐이며 내지 붉은 색, 흰색, 황색 등 일체가 모두 그러하여 다만 그 밝은 것일 뿐이다. 이미 모든 색상 처에서 낱낱이 다만 빛나고 맑으며 둥글고 밝은 것만을 보게 되면 곧 구슬에 대해 미혹하지 않은 것이다(일체가 모두 공하지만 오직 마음만은 불변하여 미혹할 때도 역시 안다. 아는 것은 원래 미혹되지 않는다. 생각이 일어남도 알지만, 아는 것은 원래 무념이며, 내지 슬픔과 즐거움, 기쁨과 성냄, 좋아함과 싫어함도 낱낱이 모두 안다. 아는 것은 원래 공적하지만 공적하면서도 안다. 곧 심성에 대해 분명히 알고 미혹되지 않는다. 이상이 모두 여러 종과 현저히 다르다).

다만 구슬에 대해 미혹하지만 않으면 검은 색은 곧 검은 색이 없고, 검은 색이 곧 구슬이며 여러 색이 모두 그러하여 곧 있고 없는 것이 자재하고 밝고 어둔 것이 융통한데 또다시 어찌 장애되겠는가(이것은 모두 저 두 종과 같은 것이니, '검은 색이 곧 검은 색이 없다'는 것은 우두종과 홍주종이 둘 다 '일체가 모두 없다'고 지적한 것과 같고, 또 '검은 색이 곧 구슬'이라는 것은 홍주종에서 '일체가 모두 불성이고, 범부와 성인, 선과 악이 도무지 장애됨이 없다'고 하는 것과 같다. 이로부터 아래에서 비유한 의미는 재차 하택종의 본래 종지를 가지고 3종을 결론적으로 가려내어 말한 것이다). 만일 밝음이 능현能現의 체성이고 영원히 변역됨이 없다고(하택종) 인식하지 못하고, 다만 검은 색 등이 구슬이라고 하거나(홍주종) 혹은 응연히 검은 색을 떠나서 구슬을 찾고자 하거나(북종) 혹은 밝음과 검은색이 모두 없다고 한다면(우두종) 모두 아직 구슬을 보지 못한 것이다(결론이다)"고 하였다.

해설해 보면, 저것은 선문禪門에 한정한 것이니, 견해에 따라서 얕고 깊음이 전체에 길쳐서 다르지만 법리에 준거하면 북종과 남종은 근원이 같다. 이것은 원종에 한정한 것이니, 사상을 따라서 항포문을 완결하고 심성에 근거하여 본말이 원융하면 돈교와 원교의 뜻과 종지는 다를지라도 법과 비유의 의취는 별개가 없다. 돈교로써 원교를 석성釋成한 것이니 묘함이 지극하다. 학자들이 마음을 두면 깨닫지 못할 것이 아니다.

㉰ 연기하여 서로 말미암기 때문(緣起相由故[十])

b. 개별적으로 해설함(別釋)

a) 여러 연이 각기 다른 뜻(諸緣各異義)

[79a12] [《鈔》] 若爾何以初異體門中云等者,《鈔》約不相由義立同體, 相由義立異體.《疏》釋反此, 故《鈔》伸問《鈔》答文云: "謂要由各異(《疏》家異體), 方得待緣(《鈔》家異體). 要由遍應(《疏》家同體), 方自具德(《鈔》家同體)."《鈔》據直論, 相由異體, 諸法互資故, 不相由同體, 各自具德故.《疏》據所以, 相由是同體所以, 因相由故各自具德, 乃是同體. 不相由是異體所以, 因各守自性, 方始互待其緣, 乃是異體.

[초] '만일 그렇다면 어째서 처음에 이체문異體門에서 (여러 연이 각별하여 서로 잡란하지 않다)고 하고'[234] 등은 《초》에서는 서로 말미암지 않는(不相由) 뜻으로 동체를 세우고 서로 말미암는(相由) 뜻으로 이체를 세운 것에 한정하였고, 《소》의 해설은 이와 반대이다. 그러므로 《초》에서 질문을 펴고 《초》에서 답변하여 "말하자면 반드시 각각 다름을 말미암아서야(《소》가家의 이체異體이다) 비로소 연에 기댈 수 있으며(《초》가家의 이체이다), 반드시 변만하게 응함을 말미암아서야(《소》가의 동체同體이다) 비로소 덕을 구족할 수 있다(《초》가의 동체이다)"고 하였다. 《초》에서는 직접적으로 논한 것에 근거하여 '이체를 서로 말미암으니 제법이 서로 돕기 때문이고, 동체를 서로 말미암지 않으니 각각 자체에 덕을 구족했기 때문'이라고 하였고, 《소》에서는 '소이所以'에 근거하여 '서로 말미암는 것은 동체의 소이여서 서로 말미암는 것을 통해서 각각 자체에 덕을 구족하는 것이니 바로 동체이고, 서로 말미암지 않는 것은 이체의 소이여서 각각 자성을 지킴을 통해서야 비로소 처음 서로 연에 기대는 것이니 바로 이체이다'라고 하였다.

234 《演義鈔》 권제11(T36, 083a22).

b) 서로 두루 미치고 서로 돕는 뜻(相徧相資義)

[79a20] [《鈔》] 一錢當體自是本一等者, 賢首云: "此且約現事[235]錢中, 況彼一乘[236]緣起無盡陀羅尼法, 非謂其法只如此也. 應可去情如理思之." 仍恐未曉, 今復略陳. 如一尊佛,(乃本一也.) 而應多根, 物旣異感, 佛必殊形,(卽多一也.) 雖應質不一, 然本身無二,(多一不礙, 本一也.) 匪唯佛佛能爾, 抑又法法皆然. 故《鈔》云: "如十錢爲喩. 其法界差別無盡法中, 各各遍應. 故隨一一, 各具法界差別法也." 恐封其喩故, 勸去情思之.

[초] '하나의 동전 당체는 자체로 본래 하나이고'[237]라는 것은 현수가 말하였다.[238] "이것은 우선 사법인 동전에 나타난 것에 한정하여 저 일승의 연기하여 다함이 없는 다라니문을 비유한 것이지, 그 법이 다만 이와 같다는 것은 아니다. 정식情識을 제거하고 이치와 같이 생각해야 한다."

알지 못할까 싶어 지금 또다시 간략하게 진술하면, 예컨대 한 분의 불이(바로 본래 하나이다) 여러 근기들에 응현하면 만물은 이미 달리 감득하게 되어 불은 반드시 다른 형상이니(곧 여럿과 하나이다), 비록 바탕에 응현하여 하나가 아니지만 본래 신은 둘이 없다(여럿과 하나가 장애하지 않고 본래 하나이다). 부처님마다 그러할 뿐만이 아니라 또 법마다 모두 그렇다. 그러므로 《초》에서 "열 개의 동전으로 비유한 것과 같으니, 그 법계는 차별됨이 다함이 없는 법 가운데 각각 변만하게 응현한다. 그러므로

235 底本에는 없음. 《金澤寫本》 및 《敎義分齊章》 참조 보충.

236 底本에는 "來". 《金澤寫本》 및 《敎義分齊章》 참조 수정.

237 《演義鈔》 권제11(T36, 083b07).

238 《敎義分齊章》 권제4(T45, 504c20).

낱낱을 따라 각각 법계의 차별된 법을 갖추고 있다"고 하였다. 그 비유를 봉합할까 염려했으므로 정식情識을 제거하고 생각하라고 권청한 것이다.

### g) 동체가 서로 들어가는 뜻(同體相入義)

[79b04] [《疏》] 七同體相入義等者, 問: 一體之法如何立相入玄門耶? 夫相入者, 自他體在, 但互涉入故. 答: 同體之法, 凡夫見時, 可定同體, 聖智觀時,[239] 同異無礙, 是故得立相入玄門也. 如菩提場世尊與忉利等處世尊, 互相涉入, 豈不得立相入門也. 若爾還是異體, 何名同體耶? 答: 就本眞體, 全此全彼故, 約凡夫解, 唯一體故. 若不許爾, 云何異體之法相卽門中, 許作一體法耶? 彼此異因不可得故. 又云, 何立得法? 無定性故. 同體相卽, 准此可知.

[소] '일곱째, 동체가 상입하는 뜻이다'[240]라는 것은, 묻는다. 체성이 하나인 법으로 어떻게 상입의 현문을 세우는가? 대저 상입은 자타의 체가 있으면서 다만 서로 섭입涉入하는 것이기 때문이다.

답한다. 동체의 법은 범부가 볼 때는 동체라고 정할 수 있지만 성지聖智로 관조할 때는 동체와 이체가 무애하다. 그래서 '상입현문相入玄門'을 세울 수 있다. 예컨대 보리도량의 세존은 도리천 등 처소의 세존과 서로 서로 섭입하는데 어찌 상입현문을 세우지 못하겠는가.

---

239 底本에는 "智",《金澤寫本》참조 수정.

240 《大疏》권제2(T35, 516c17).

묻는다. 그렇다면 도리어 이체일 텐데 어째서 동체라고 이름하는가?

답한다. 본래 진체에 입각하면 온전히 이것이고 온전히 저것이기 때문이며, 범부의 이해에 한정하면 오직 체성이 하나일 뿐이기 때문이다. 그렇다고 허여하지 않으면 어떻게 이체의 법이 상즉문에서 체성이 하나인 법을 짓는 것을 허여하겠는가. 피차에 다른 인을 얻을 수 없기 때문이다.

또 해설이 있다. 법을 어떻게 세울 수 있는가? 정해진 성질이 없기 때문이다. 동체상즉同體相卽은 이것을 준거하면 알 것이다.

[79b13] [《鈔》] 亦如一人望父名子等者, 但舉喩明,[241] 勿謂是法.

[초] '또한 한 사람을 아버지에 마주해선 아들이라고 하고'[242]라는 것은 다만 비유를 들어 밝힌 것이니 법이라고 여기지 말라.

[79b15] [《鈔》] 異體相入故令同體相入者, 旣忉利天根旣入菩提場佛身, 彼忉利天佛豈不入菩提場佛身中也? 相卽準知.

[초] '이체가 상입하기 때문에 동체로 하여금 상입하게 하고'[243]라는 것은 이미 도리천의 근기들이 보리도량의 불신에 들어갔는데 저 도리천의 불신이 어찌 보리도량의 불신 가운데에 들어가지 않겠는가. 상즉은 준

241 底本에는 "用+明",《金澤寫本》참조 삭제.

242 《演義鈔》 권제11(T36, 085a27).

243 《演義鈔》 권제11(T36, 085b02).

거하여 알라.

i) 다 함께 융통하여 걸림이 없는 뜻(俱融無礙義)

[79b18] [《鈔》] 冥同性海者, 謂前五句屬因分, 有迹可說故, 第六句屬果分, 絶待離言故.

[초] '그윽하게 성해性海와 하나가 된다'[244]라는 것은 말하자면 앞의 5구는 인분因分에 속하니 설할 만한 자취가 있기 때문이며, 제6구는 과분果分에 속하니 상대가 끊어져서 말을 여의었기 때문이다.[245]

j) 동체와 이체가 원만한 뜻(同異圓滿義)

(b) 십현문을 갖추고 있음을 별도로 해석함(別釋具足十玄)

[79b20] [《鈔》] 住一遍[246]應故有廣狹至卽前本門第二門也者, 若爾, 但有遍應, 廣狹寧成? 答: 斯則躡前起後, 不相離故.

---

244 《演義鈔》 권제11(T36, 085c22).

245 1구: 체가 용이 아님이 없기 때문에 체가 전부 온전히 용이니, 동체가 상입하는 뜻만 있고 상즉하는 뜻은 없다. 2구: 용이 체가 아님이 없기 때문에 용이 전부 온전히 체이니, 동체가 상즉하는 뜻만 있고 상입하는 뜻은 없다. 3구: 체로 돌아간 용이 용을 장애하지 않으며, 온전한 용의 체가 체를 잃지 않으니 무애하게 함께 존재하여 상입하기도 상즉하기도 하며 자재하게 함께 나타난다. 4구: 온전한 용의 체이므로 체가 없어지고, 온전한 체의 용이므로 용이 없어지니 상즉하지도 않고 상입하지도 않는 원융한 일미이다. 5구: 앞의 4구를 합하여서 동체의 연기와 같으니 무애하게 함께 존재한다. 6구: 앞의 5구가 없어져서 상대가 끊어지고 말을 떠났으니 그윽하게 성해와 하나가 된다. (澄觀 外,《華嚴經玄談》 下卷, p.122).

246 底本에는 "邊",《金澤寫本》 및 《演義鈔》 참조 수정.

[초] '하나에 머무름과 변만하게 응함으로 말미암아 광협문이 있다는 (것은) 곧 앞의 본문(십현문)의 제2문이다'[247] 고 한 것은, 묻는다. 그렇다면 변만하게 응하는 것만 있는데 '광협문'이 어찌 성립되겠는가?

답한다. 이것은 앞을 뒤밟아서 뒤를 일으킨 것이니 서로 여의지 않기 때문이다.

[79b22] ○言由此卽彼故此隱彼顯者, 問: 能卽體無,[248] 云何名隱? 答: 正能卽無體時, 不妨便爲所卽有體. 此所卽有體之法, 在能卽門隱也. 又解, 擧難況易也. 能卽尙無, 豈不名隱? 如敗軍尙死, 豈不爲餞耶?

○ '이것이 저것에 즉함으로 말미암아 이것이 감춰지고 저것이 드러난다'[249] 고 한 것은, 묻는다. 능즉能卽은 체體가 없는데 어째서 '감춰진다'고 하는가?

답한다. 능즉이 무체일 때 곧 소즉이 유체가 되는 것을 방해하지 않으니, 이 소즉 유체의 법이 능즉문에 있어서는 감춰진다.

또 해설이 있다. 어려운 것을 들어 쉬운 것을 비유한 것이다. 능즉도 오히려 없거늘 어찌 '감춰진다'고 이름하지 못하겠는가. 저 패잔군도 오히려 죽거늘 어찌 '전별했다'고 하지 못하겠는가.

[79c02] ○言又由異體相入帶同體相入者, 如忉利等毗盧佛身皆入菩提場毗盧佛身中, 此菩提場毗盧佛身更入阿閦佛身中, 旣所入菩提場毗盧佛在阿閦佛身中, 彼

---

247 《演義鈔》 권제11(T36, 086a03).

248 底本에는 "無體", 《金澤寫本》 참조 도치.

249 《演義鈔》 권제11(T36, 086a15).

能入忉利等毗盧佛居然在阿閦佛身中也.

○ '또, 이체가 상입하는 것을 말미암아서 동체가 상즉하는 것을 띠고 있다'[250]고 한 것은 도리천 등에서 비로자나불신이 모두 보리도량의 비로자나불신에 들어가는 것처럼, 이 보리도량의 비로자나불신이 다시 아촉불신으로 들어간다. 이미 소입所入의 보리도량의 비로자나불신이 아촉불신 가운데 있다면 저 능입能入의 도리천 등의 비로자나불신은 거연하게 아촉불신 가운데 있는 것이다.

(c) 속한 곳을 결론짓고 인증함(結屬引證)

[79c07] [《鈔》] 後之七門從[251]前三生者, 前三正[252]是緣起相由所以, 後七乃是玄門, 將果顯因也.

[초] '뒤의 7문은 앞의 3문을 쫓아서 일어난 것이라서'[253]라는 것은 앞의 3문은 바로 '연기상유문緣起相由門'의 '소이所以'이고, 뒤의 7문은 이내 '현문玄門'이니, 과를 가지고 인을 드러낸 것이다.

[79c08] ○言約智顯理等者, 上兩句因分, 下兩句果分. 言說與不說無礙難思者, 因果互融其猶波水相收也. 又准下《疏》釋, 而有多門. 義既幽微, 理須委辨. 幸願

---

250 《演義鈔》 권제11(T36, 086a26).

251 底本에는 "促",《金澤寫本》 및 《演義鈔》 참조 수정.

252 底本에는 "生",《金澤寫本》 참조 수정.

253 《演義鈔》 권제11(T36, 086b05).

群英, 勿倦文繁. 故彼《疏》云: "初就[254]義大, 次約說大, 後辨雙融. 義中有三; 一約果海, 可以總標, 令人知[255]有, 名爲可說, 不可指斥示人, 名不可說. 二約證處, 旣此所證, 離相離名, 還云此法不可說聞,[256] 以此遣言之言當彼法, 故名爲可說, 有言斯遣, 名不可說.(如鳥跡所履之所以喩所證, 而言此處非有非無, 卽爲可說, 而迹處不可示, 名不可說.) 三約本智, 謂以遮詮令解, 故名可說, 直[257]詮不逮, 故不可說.《攝論》云, '無分別智, 離五相故.' 謂睡眠昏醉等, 以直詮不到故, 約遮詮以示彼法.(謂以空中之迹喩證智, 說有空中之迹, 卽是可說, 不可示其長短大小, 卽是不可說. 言五相者, 一離無作意故, 二離過有尋有伺地故, 三離相受滅寂靜故, 四離色自性故, 五離於眞義異計度故. 又準後《鈔》, 更有二義; 一約自體, 眞法互相顯現, 名爲可說, 不可以此性相別取, 名不可說. 二者情實相對, 以情望實情外有眞, 可以談說, 據眞就情眞外無情, 用何起說?) 二就說大中亦三; 一約後得智, 隨事行相可以言分別, 是則可說, 是出世間故不可說.(以後得智必由證眞故, 是出世如何說乎?) 二約加行智, 謂是意言觀故, 是則可說, 觀中行相言不至故, 名不可說.(以修中觀, 必稱性修, 性出名言, 故不可說. 彌勒云, '種性麤相, 我已略說. 諸餘實義, 唯我能知.') 三約所寄法, 可以寄此表示令人解十地故, 名爲可說, 不可以此卽爲十地, 名不可說. 三約雙融中, 此上六中各, 說卽無說, 無說卽說, 無二俱融, 准思可見. 又果海離緣, 故不可說, 所證就緣, 是卽可說. 二, 所證非修, 故不可說, 能證修起, 是則可說. 三, 正證離相, 故不可說, 後得帶相, 是則可說. 四, 後得無分別, 故不可說, 加行

---

254 底本에는 "從".《金澤寫本》및《大疏》참조 수정.

255 底本에는 "智".《金澤寫本》및《大疏》참조 수정.

256 底本에는 없음.《金澤寫本》및《大疏》참조 보충.

257 底本에는 "眞".《金澤寫本》및《大疏》참조 수정. 아래도 동일.

有意言,[258] 是則可說. 五, 加行觀無分別, 故不可說, 寄法表地,[259] 是則可說. 此上不可說皆各不異於可說, 以眞理普遍故, 可說不異於[260]不可說, 以緣修無性故.(眞理不可說, 以普遍於事, 是則可說. 緣修卽可說, 無性故便同眞理, 卽不可說也.)" 釋曰, 彼《疏》大門而有三義, 今據後義云, 說與不說, 無礙難思. 言庶幾者, 卽《周易》〈繫詞〉云: "顔氏之子, 其殆庶幾乎! 有不善未嘗不知, 知之未嘗復行也." 注釋云: "殆者近也, 庶者慕也, 幾者事動之微也, 謂聖人見幾, 賢人庶幾, 今令後學, 亞夫聖賢也."

○ '지혜에 한정하여 이치를 드러내는 것에는 (모든 문이 같지 않고, 지혜를 없애고 방편을 잊으면 일체를 설할 수 없다)'라고 한 것은 위의 양 구절은 인분因分이고, 뒤의 양 구절은 과분果分이다. '설함과 설하지 않음이 무애하여 생각하기 어렵다'고 한 것은 인과가 서로 융합하는 것이 파도와 물이 서로 거두는 것과 같은 것이다. 또 아래 《소》의 해설에 준거하면 여러 문이 있다. 뜻이 이미 유현하고 미세하니 이치상 자세하게 변별해야 한다. 여러 영재들은 문장이 번다하다고 싫증내지 말라. 그러므로 《소》[261]에서 "처음은 의대義大에 입각하고, 다음은 설대說大에 한정하며, 뒤는 쌍으로 융통한다.

258 底本에는 "寄法表示", 《金澤寫本》에는 "寄法表地", 《大疏》 및 《探玄記》의 "四後得無分別故不可說, 加行有意言是則可說. 五加行觀無分別故不可說, 寄法表地是則可說." 참조 "加行有意言"으로 수정.

259 底本에는 "示", 《金澤寫本》 및 《大疏》 참조 수정.

260 底本에는 "可說, 以眞理普遍故, 可說不異於"의 13자가 없다. 《金澤寫本》 및 《大疏》 참조 보충.

261 《大疏》 권제32(T35, 750c19), 원문은 《探玄記》(T35, 295c02). 괄호 속의 글은 《연의초》 권제56(T36, 441b27)을 정리한 것.

(첫 번째) 의대義大에 세 가지가 있다. 첫째, 과해果海에 한정한 것이니, 총체적으로 표시하여 사람들에게 있다는 것을 알게 하는 것을 '가설'이라고 하고, 꼭 짚어 가리켜 사람들에게 보일 수 없는 것을 '불가설'이라고 한다. 둘째, 증득처에 한정한 것이니, 이미 이 소증所證이 형상과 명칭을 여의었으므로 도리어 이 법은 설할 수도 들을 수도 없다고 하는 것이니, 이 말을 보내는 말이 저 법에 해당하기 때문에 '가설'이라고 하며, 이 보낸 말을 '불가설'이라고 한다(마치 새 발자취가 밟았던 곳으로 소증을 비유하면, 이 처소가 있는 것도 아니고 없는 것도 아니라고 말하는 것을 '가설'이라고 하고, 자취가 있던 곳을 보일 수 없는 것을 '불가설'이라고 한다). 셋째, 근본지에 한정한 것이니, 말하자면 차전遮詮으로 이해시키기 때문에 '가설'이라고 하고, 직접 표전表詮하여 도달하지 못하기 때문에 '불가설'이라고 한다.

《섭론》[262]에서 '무분별지는 다섯 가지의 상相을 여의었기 때문이다'고 하였으니, 말하자면 수면과 혼침 등이다. 직접 표전하여 도달하지 못하므로 차전遮詮을 잡아서 서 법을 보인 것이다(말하자면 허공의 자취로써 증지證智를 비유해보면 허공에 자취가 있다고 말하는 것이 '가설'이고, 그것의 길고 짧음과 크고 작음을 보일 수 없는 것이 '불가설'이다. 다섯 가지 상이라는 것은 ①작의作意를 여의어 없앴기 때문이고, ②심尋·사伺 지地의 허물을 여의었기 때문이고, ③'상수멸적정相受滅寂靜'을 여의었기 때문이고, ④색의 자성을 여의었기 때문이며, ⑤진실한 뜻에 대해 달리 계탁하는 것을 여의었기 때문이다. 또 뒤의 《초》를 준거하면, 다시 두 가지 뜻이 있다. 첫째는 자체에 한정한 것이니, 진법이 서로 서로 드러내는 것을 '가설'이라고 하고, 이 성·상을 별도로 취할 수 없는 것을 '불가설'이라고 한다. 둘

262 《攝大乘論本》 권하 〈增上慧學分〉 제9(T31, 147b26). 아래 괄호 속 설명도 동일.

째는 정情과 실實로 상대한 것이니, 정으로 실을 마주하면 정 밖에 진이 있는 것을 '담설할 수 있다'고 하고, 진이 정에 입각한 것에 근거하면 진 밖에 정이 없는데 무엇으로서 담설을 일으키겠는가).

두 번째, 설대說大에 입각한 것에 또한 셋이 있다. 첫째, 후득지에 한정한 것이니, 사법의 행상에 따라 분별해서 말할 수 있으니 이것은 '가설'이고, 이것은 출세간이기 때문에 '불가설'이다(후득지는 반드시 진여를 증득함으로 말미암으니, 출세간을 어떻게 설하겠는가). 둘째, 가행지에 한정한 것이니, 말하자면 뜻으로 관법을 말할 수 있기 때문에 이것은 '가설'이고, 관법 중의 행상은 말이 도달하지 못하기 때문에 '불가설'이다(수행 중에 관법은 반드시 성에 걸맞게 수행해야 한다. 성품에서 명언이 나오기 때문에 '불가설'이라고 한다. 미륵보살이 말했다. '종성의 추탁한 상은 내가 이미 간략하게 말했다. 나머지 모든 실제의 뜻은 오직 나만이 알 수 있다'). 셋째, 의탁된 법에 한정한 것이니, 이것에 의탁해서 표시하여 사람들이 십지十地를 이해할 수 있게 하기 때문에 '가설'이라고 하고, 이것이 곧 십지가 되지는 않기 때문에 '불가설'이라고 한다.

세 번째, 쌍으로 융통한 것에 한정한 것이니, 위의 여섯 가지 중에 각각 '설함이 곧 설함이 없고' '설함 없음이 곧 설함'이니, 둘이 없고 둘 다 융통되는 것은 준거하여 생각하면 알 것이다. 또, 과해는 연緣을 여의었기 때문에 '불가설'이고, 소증이 연에 입각하면 곧 '가설'이다. 둘째, 소증은 닦는 것이 아니기 때문에 '불가설'이고, 능증은 수행을 일으키게 되면 '가설'이다. 셋째, 바로 증득할 때 상을 여의기 때문에 '불가설'이고, 뒤에 상을 띠게 되면 '가설'이다. 넷째, 후득지는 무분별이므로 '불가설'이고, 가행하여 의미와 말을 두게 되면 '가설'이다. 다섯째, 가행지의 관법은 무분별이기 때문에 '불가설'이고, 법에 기탁해서 지위를 표시하게 되면 '가설'이다.

이상 '불가설'은 모두 각각 '가설'과 다르지 않으니 진리는 널리 변만하기 때문이고, '가설'은 '불가설'과 다르지 않으니 반연하여 닦는 것은 무성無性이기 때문이다(진리는 '불가설'이지만 널리 사법에 변만하게 되면 '가설'이고, 반연하여 닦는 것은 곧 '가설'이지만 무성이기 때문에 진리와 같아지게 되면 곧 '불가설'이다)"고 하였다. 해설해 보면, 저《소》의 큰 단락은 세 가지의 뜻이지만 지금은 뒤의 뜻에 근거하여 "설함과 설하지 않음이 무애하여 생각하기 어렵다"고 하였다.

'거의 가까울 것이다'고 한 것은 곧《주역》〈계사전〉[263]에서 "안씨의 아들은 거의 도에 가까울 것이다. 불선함이 있으면 일찍이 모른 적이 없었고 알면 일찍이 다시 행하지 않았다"고 하였는데, 주석에서 "'거의'는 가깝다는 것이다. '서庶'는 원함이다. '기미'는 일이 움직이는 미미함이다. 말하자면 성인은 기미를 알고 현인은 기미에 가깝다는 것이니, 이제 후학들이 성현에 버금가게 되었다"고 하였다.

㉣ 법성이 융통하기 때문(法性融通故)

[80a19] [《鈔》] 如所起事亦具德無盡者, 謂眞如所起事法, 必須稱性, 故德無盡.

263 《周易》〈繫辭傳〉 하 제5장의 내용.

[초] '소기所起의 사법이 또한 덕을 구족하여 무진하다'[264]라는 것은 말하자면 진여가 일으킨 바의 사법은 반드시 성품에 걸맞게 된다. 그러므로 덕이 무진하다.

[80a20] ○言斯言未當耳者, 此唯約但空之理也, 闕事理無礙及不空之德也.

○ '이 말이 해당되지 않는다'[265]는 이것은 오직 다만 공의 이치에 한정한 것이니, 사리무애事理無礙 및 불공不空의 덕은 결여된 것이다.

[80a22] [《鈔》]今略舉十四[266]德者, 准《鈔》標列而有十六, 應是廣狹·微細二中, 普攝諸法, 合爲一德, 及相卽·託事二中, 與一切法同其體性, 合爲一德, 乃成十四. 又《鈔》中無有分限及與一切法恒共相應, 經中卽無, 應是經中遍一切處無有邊際, 幷與一切法無有相違二德. 準經中, 晝·夜·年·劫, 以爲四德, 此《鈔》合論, 但云二德, 餘與經同. 若依舊《鈔》, 標列雖同, 似違經故. 初後之經, 經各開二, 《鈔》合爲一, 學者詳悉.

[초] '(제8회향에서 진여에 100문의 덕을 갖추고 있음을 밝혔는데) 지금은 간략하게 14덕을 들어서 (십현문을 성립한다)'[267]라는 것은 아래 《초》에서 표방하여 열거한 것에 준거하면 16덕이 있는데, '광협문'과 '미

264 《演義鈔》 권제12(T36, 086b26).

265 《演義鈔》 권제12(T36, 086c02).

266 《演義鈔》에는 "四+種"으로 되어 있다.

267 《演義鈔》 권제12(T36, 086c21).

세문'의 2문에서 '제법을 널리 거두는 것'을 합쳐 하나의 덕으로 삼고, 아울러 '상즉문相卽門'과 '탁사문託事門'의 2문에서 '일체법과 그 체성이 같아진 것'을 합쳐 하나의 덕으로 삼아서 이에 14덕을 이룬 것이다. 또, 《초》 가운데에 '분한이 없는 것' 및 '일체법과 항상 함께 상응하는 것'은 경에는 없지만, 경 가운데 '일체처에 두루하여 변제邊際가 없는 것'과 아울러 '일체법과 상위함이 없는 것'의 2덕이다. 경에 준거하면 주晝·야夜·연年·겁劫으로 4덕을 삼았는데, 이 《초》에서는 합쳐 논해서 다만 2덕이라고 한 것이고, 나머지는 경과 같다. 옛 《초》에 의거하면 표방하여 열거한 것은 같더라도 경과는 어긋난 듯하다. 앞뒤의 경문을 경에서는 각각 둘로 분리했으나 《초》에서는 하나로 합친 것이니, 학자들은 자세히 알 것이다.

㉶ 허깨비 같고 꿈과 같기 때문(如幻夢故)

[80b06] [《鈔》] 枕上片時等者, 此之兩句, 卽是唐·宋類詩中, 〈春夢詩〉也. 乃古人[268]岑參所作. 具云, "洞房昨夜東風起, 遙憶美人湘江水. 枕上片時春夢中, 行盡江南數千里." 上之兩句, 非此所[269]用,[270] 故《鈔》不引.

[초] '침상에 누워 잠깐 봄날 꿈속에서'[271]라는 두 구절은 곧 당·송류의

268 《金澤寫本》에는 "今"으로 되어 있다.

269 底本에는 없음. 《金澤寫本》 참조 보충.

270 底本에는 "申", 《金澤寫本》 참조 수정.

271 《演義鈔》 권제12(T36, 087b16).

시 가운데 〈춘몽시〉이다. 바로 옛사람 잠삼岑參이 지었다. 갖춰서 읊는다.

어젯밤 동방洞房에 봄바람이 이니
아득히 임 그리워 상강湘江 물가로 간다오
침상에 누워 잠깐 봄날 꿈속에서
강남의 수천 리를 다 돌아 다녔네

위의 두 구절은 여기서 소용되는 것이 아니므로 《초》에서 인용하지 않았다.

[80b09] ○言皆由如夢者, 謂色心等法, 皆如夢境, 所以卽入等自在也. 故叡公云: "長夜之內, 大夢所成, 皆由心畫. 遍造衆形, 神傳五道, 備[272]盡伶傳.[273] 若能悟之, 卽破無明."

○ '(이와 같은 자재함은) 모두 꿈과 같기 때문이다'[274]고 한 것은 말하자면 색심 등의 법이 모두 꿈의 경계와 같다. 그 때문에 즉입 등이 자재한 것이다. 그러므로 승예 공이 말하였다.

"기나긴 밤에 큰 꿈으로 이뤄진 것은 모두 마음으로 그려진 것이니, 온갖 모습을 두루 조작하고 오도五道에 신묘하게 전전하면서 구비되게 다 절룩거리고 비틀거린다. 만일 이것을 깨달으면 곧 무명을 무너뜨린다."

---

272 底本에는 "脩", 《金澤寫本》 및 《演義鈔》 참조 수정.

273 "伶傳"은 《演義鈔》에는 "跉竮"으로 되어 있다.

274 《演義鈔》 권제12(T36, 087b27).

### ㉥ 영상과 같기 때문(如影像故)

[80b13] [《疏》] 六如影像者者, 影字疑錯, 應是鏡. 尋《鈔》自知. 故叡公云: "形不入鏡, 光照而有. 世亦如是, 業影而受. 不知此者, 長嬰其咎, 若能悟之, 還神氣母." 或是影字, 以況虛無自在之義亦得. 故叡公云: "光不照處, 謂之爲影, 不照慧明, 生[275]死長[276]永, 捨遠夷途, 而行榛梗. 若能悟之, 狂惑自醒."

[소] '여섯째, 영상影像과 같다'[277]에서 '영影' 자는 의심컨대 잘못되었으니, '경鏡' 자여야 한다. 《초》를 찾으면 저절로 알 것이다. 그러므로 승예 공이 말하였다.

"모습은 거울에 들어가지 않고 광명이 비추면 있다. 세간 또한 이러하여 업의 그림자로 받는다. 이것을 알지 못하는 자는 길이 그 허물로 파리해지고, 만일 그것을 깨달으면 신비로운 기운의 어머니로 돌아간다."

혹은 '영影' 자이니 허무하고 자재한 뜻을 견준 것이라는 것도 된다. 그러므로 승예 공이 말하였다.

"광명이 비추지 않는 곳을 일러서 '영影'이라고 하니, 혜명慧明을 비추지 못해 생사가 길이 영구하며, 평탄한 길을 버리거나 멀리하고서 가시나무 길을 간다. 만일 그것을 깨달으면 미치광이에서 스스로 깨어난다."

[80b18] ○言略有二義者, 准下《疏》文, 而有四義; 一妄分別故, 二諸識熏習故,

---

275 底本에는 "生+生",《金澤寫本》참조 삭제.

276 《金澤寫本》에는 "長+夜"로 되어 있다.

277 《大疏》 권제2(T35, 517b26).

三由無性不相知故, 四眞如隨緣故. 今云其二, 故云略也.

○ '(일체 만법은) 간략하게 두 가지 뜻이 있다'고 한 것은 아래《소》의 문장에 준거하면 네 가지 뜻이 있다. 첫째 허망한 분별이기 때문이고, 둘째 여러 식이 훈습하기 때문이며, 셋째 무성을 말미암아 서로 알지 못하기 때문이고, 넷째 진여가 수연隨緣하기 때문이다. 지금은 그중 두 가지를 말했기 때문에 '간략하게'라고 하였다.

[80b21] [《疏》] 下經云遠物近物雖皆影現影[278]不隨物而有遠近等者,《大鈔》(十八上半三十三紙)云: "如執鏡臨池, 池中月出, 而此影不近, 天上之月, 去地四萬二千由旬, 影落潭中, 而亦不遠, 以喩菩薩遠在他方, 恒住此故. 雖住此處, 常在彼, 安有遠近之異相耶? 一切遠近, 類此可知."

[소] '아래 경에서 먼 물건과 가까운 물건이 비록 모두 그림자로 나타날지라도 그림자는 물건을 따라서 멀고 가까움이 있지 않다 등이라고 하였다'[279]라는 것은《대초》[280]에서(18권 상반 33쪽) "예컨대 거울을 잡고 연못에 임하면 연못 속의 달이 나오지만 이 그림자는 가깝지 않으며, 하늘 위의 달은 땅과의 거리가 4만2천 유순이지만 그림자가 연못 속에 떨어지면 또한 멀지 않다는 것으로 보살이 멀리 타방에 있어도 항상 이곳에 머무는 것을 비유했다. 비록 여기에 머무르더라도 항상 저기에 있

278 底本에는 없음.《金澤寫本》및《大疏》참조 보충.

279 《大疏》권제2(T35, 517c01).

280 《演義鈔》권제76〈十忍品〉제7如響忍(T36, 597b22).

는데 어찌 멀고 가깝다는 다른 상이 있다고 하겠는가. 일체의 원근을 이것에 유례하면 알 것이다"고 하였다.

㉴ 불佛이 증득하여 다했기 때문(佛證窮故)

[80c02] [《鈔》] 但得成佛法爾能爾者, 釋成唯德相也.

[초] '다만 성불하면 법이 으레 능히 그럴 뿐이다'[281]라는 것은 오직 덕상만을 설명한 것이다.

[80c02] ○言前卽德相此則業用者, 問: 前《疏》料揀云, '八約果分, 唯是德相.' 今《鈔》引證, 何通業用? 答: 《鈔》約利生, 故通業用. 《疏》約佛證, 唯是德相. 故《疏》中云, '約佛用亦德用, 德上用故.'

○ '앞의 것은 곧 덕상德相이요, 이것은 곧 업용業用'[282]이라고 한 것은, 묻는다. 앞의 《소》에서 헤아려 뽑아 '여덟째는 과분에 한정하면 오직 덕상일 뿐'이라고 하였는데, 지금 《초》에서 인증한 것은 어째서 업용에 통용되는가?

답한다. 《초》에서는 중생을 이롭게 하는 데에 한정하였으므로 업용에 통용되고, 《소》에서는 불의 증득에 한정하였으니 오직 덕상일 뿐이

281 《演義鈔》 권제12(T36, 088b14).

282 《演義鈔》 권제12(T36, 088b20).

다. 그러므로《소》에서 '불의 작용에 한정하면 또한 덕용이니, 덕상 위의 작용이기 때문이다'고 하였다.

(다) 소속을 모두 결론 지음(總結所屬)

[80c07] [《鈔》] 該取前三故皆別教分齊者, 以別該同也.

[초] '앞의 셋(소의의 체사, 진실로 섭수하여 돌아감, 그 무애함을 드러냄)을 꾸려 취하기 때문에 모두 별교의 분제이다'[283]라는 것은 별교로 동교를 포괄한 것이다.

## 4) 가르침을 받을 대상의 근기(教所被器)

(2) 별도로 밝힘(別明)

② 그 상을 따로 해석함(別釋其相)

가. 가르침의 대상이 아닌 근기를 가려냄(揀非機[五])

다) 실에 어긋난 비기(乖實非器)

[80c08] [《疏》] 隨聲取義有五過失者, 下《疏》釋云: 一不正信, 以隨言解不稱實故, 二退勇猛, 不能亡相趣眞實故, 三誑他, 以己謬解爲人說故, 四者謗佛, 指己謬

283 《演義鈔》 권제12(T36, 0888c03).

解是佛說故, 五者輕法, 以淺近解解深旨故, 謂法如言不殷重故.

[소] '음성을 따라 뜻을 취하는 데 다섯 가지 과실이 있으니'[284]라는 것은 아래《소》[285]에서 해설하여 "첫째, 바르게 믿지 않는 것이니 말에 따라 이해하여 실제에 걸맞지 않기 때문이요, 둘째, 용맹에서 물러남이니 현상을 없애지 못하고 진실에 나아가기 때문이요, 셋째, 타인을 미치도록 하는 것이니 자신의 잘못된 이해로 남을 위해 설명하기 때문이요, 넷째, 불을 비방함이니 자신의 잘못된 이해를 가리켜서 불설佛說이라고 하기 때문이요, 다섯째, 법을 경시하는 것이니 천근한 이해로 심심한 종지를 이해하기 때문이니, 말하자면 법이 말과 같아지면 은중殷重하지 못하기 때문이다."

### 나. 가르침의 대상이 되는 근기를 드러냄(彰所爲[五])

#### 나) 겸하여 위함(兼爲)

[80c12] [《疏》] 約未悟入故名爲兼者, 謂地獄天子聞天鼓說法, 頓超十地, 乃是正爲, 今約前身熏種之時, 故屬兼爲. 問: 彼時聞經, 不信謗經, 卽墮地獄, 應屬遠爲, 何名兼爲? 兼爲之根, 約信向故. 答: 地獄天子而有二類; 一者謗經, 屬遠爲攝, 二者戒緩,[286] 當兼爲收, 故無其失.

---

284 《大疏》 권제3(T35, 517c29)이다.

285 《大疏》 권제33 〈十地品〉 제26(T35, 754a15)이다.

286 底本에는 "緩",《金澤寫本》 참조 수정.

[소] '아직 깨달아 들어가지 못한 것에 한정했기 때문에 겸하여 위함이라고 한다'[287]라는 것은 말하자면 지옥천자地獄天子는 천고天鼓의 설법을 듣고 단박에 십지十地를 초월하였으니 '바로 위함(正爲)'이고, 지금은 앞의 몸이 종자를 훈습할 때에 한정하였으므로 '겸하여 위함(兼爲)'에 속한다.

묻는다. 저 때에 경을 듣고 믿지 않고 경을 헐뜯은 것은 곧 지옥에 떨어진 것이니 '멀리 위함(遠爲)'에 속하는데 어째서 '겸하여 위함'이라고 하는가? 겸하여 위하는 근기는 신위와 회향위에 한정하기 때문이다.

답한다. 지옥천자는 두 가지 부류가 있다. 첫째 부류는 경을 헐뜯으니 원위遠爲에 섭속되고, 둘째 부류는 계가 느슨하니 겸위兼爲에 거둬진다. 그러므로 그 과실이 없다.

### 다) 이끌어 위함(引爲)

[80c17] [《疏》] 借其三乘行布之名等者, 問: 爲卽圓融之行布耶? 爲異圓融之行布耶? 若異圓融之行布者, 乃是抗行非圓教義. 若卽圓融之行布者, 是圓教義, 應不名借. 答: 良以圓教, 兼具行布正宗圓融. 十宗之中, 具德宗故. 十地之中, 隱其圓融, 彰其行布, 乍觀名相, 似唯行布, 所以[288]名借. 又解若就眞證道, 唯是圓融. 若隨根宜教道, 通於行布. 故上《疏》云: "行布是教相施設, 圓融是理性德用, 所以名借."

287 《大疏》 권제3(T35, 518a17)이다.

288 底本에는 없음. 《金澤寫本》 참조 보충.

[소] '삼승三乘 항포行布의 명칭을 빌렸다'는 것은, 묻는다. 원융에 즉한 항포인가, 원융과 다른 항포인가? 원융과 다른 항포라면 이내 항포를 둔 것이니 원교의 뜻은 아니다. 만일 원융에 즉한 항포라면 원교의 뜻이니 '빌려서'라고는 하지 못할 것이다.

답한다. 진실로 원교는 항포를 겸하여 갖추고 원융을 바른 종지로 한다. 십종十宗 가운데 '구덕종具德宗'이기 때문이다. 십지十地 가운데서는 그 원융함을 숨기고 그 항포를 드러내니, 명칭과 모습을 잠깐만 관찰하면 오직 항포와 비슷하다. 그런 까닭에 '빌린다'고 한 것이다.

또 해설이 있다. 만일 진실한 증도에 입각하면 오직 원융일 뿐이고, 만일 근기의 마땅함에 따른 교도일 경우는 항포에 통한다. 그러므로 위의《소》[289]에서 "항포는 교상을 시설한 것이고 원융은 이성理性의 덕용이다"라고 하였으니 그 때문에 '빌렸다'라고 하였다.

[80c24] ○言權教極果無實事故者, 斯則暗用天台意也. 故下《鈔》云: "智者雖說四教三教, 至果[290]處無有實事. 但就教中, 施設有果, 進入位後, 果卽便虛. 如別教說三賢十地, 修三賢位, 則有可[291]修, 及[292]至證地, 更無有別.(此約證道.) 別教十地證竟,[293] 但是圓家住耳.(此據教道, 癈別就圓.) 卽由此義, 圓教初住, 自在過地."

289 《大疏》 권제1 〈世主妙嚴品〉 제1(T35, 504b22)이다.

290 底本에는 "果+海",《金澤寫本》에는 "果",《演義鈔》는 "至+果" 참조 수정.

291 底本에는 "何",《金澤寫本》 및《演義鈔》 참조 수정.

292 底本에는 "乃",《金澤寫本》 및《演義鈔》 참조 수정.

293 底本에는 "境",《金澤寫本》 및《演義鈔》 참조 수정.

○ '권교의 지극한 과는 실다운 사법이 없다'[294]는 것은, 이렇다면 천태의 뜻을 암암리에 인용한 것이다. 그러므로 아래《초》[295]에서 "지자대사가 비록 4교와 3교를 설했더라도 과처果處에 이르면 실사實事가 없으며 다만 교에 입각해서 과를 시설한 것이니 지위에 진입한 이후의 과는 곧 허망하다. 별교에서 삼현과 십지를 설한 것과 같이, 삼현위를 닦으면 닦을 만한 것이 있으며, 십지를 증득한 것에 이르면 다시 별개가 없다(이것은 증도에 한정한 것이다). 별교는 십지의 증득에서 끝나지만 이는 다만 원가의 주위住位일 뿐이다(이것은 교도에 근거하여 별교를 폐지하고 원교에 입각한 것이다). 곧 이 뜻을 말미암아서 원교의 초주初住는 자재함이 십지十地를 넘어선다"고 하였다.

#### 라) 방편으로 위함(權爲)

[81a06] [《疏》] 權爲等者, 謂佛菩薩, 權作同類, 方便爲彼, 故名爲權.

[소] '권權으로 위하는'[296] 등은 말하자면 불보살은 권으로 동류同類를 짓고 방편方便으로 저들을 위한다. 그러므로 '권'이라고 한다.

[81a07] ○言或在法會而聾盲彰其絶分者, 以化將作聲聞, 亦顯法深故.

294 《大疏》 권제3(T35, 518a17).

295 《演義鈔》 권제40 〈初發心功德品〉 제17(T36, 308c25). 괄호 속은 선연의 주석이다.

296 《大疏》 권제3(T35, 518a21). 아래도 동일.

○ '혹은 법회에 있으면서도 귀먹고 눈먼 것은 그 분한이 끊어짐을 드러낸 것이다'고 한 것은 변화하여 장차 성문을 지음은 또한 법의 깊음을 드러낸 것이다.

[81a08] ○言或示在道而起悟知可迴心者, 化已[297]作聲聞, 兼彰法廣故.

○ '혹은 도에 있으면서 깨달음을 일으켜서 회심할 줄을 알도록 보이고'라는 것은 변화하여 이미 성문이 된 것은 법의 광대함을 겸하여 드러낸 것이다.

마) 멀리 위함(遠爲)

(나) 인증함(引證)

[81a10] [《疏》] 墮無爲坑者, (無爲正位一墮難出, 故喩深坑. 又無悲[298]水取灰斷, 故如彼地獄.) 言壞善根至貪愛之水等者, (邪見撥無, 貪愛浸爛, 皆喩於水. 不容善根, 又闕土緣, 非生處故.) 言曾無厭捨者, (上據現惡闕緣令生厭怖, 而同有佛性久久當成, 故不厭捨.) 是知顯惡明[299]無則無惡必有. 故《涅槃》云: "一闡提人, 雖復斷善, 猶有佛性, 若能發心, 非闡提也." 問: 後之所爲, 卽前所揀, 五類非器, 收揀相違,

297 底本에는 "己",《金澤寫本》 참조 수정.

298 底本에는 "悲無",《金澤寫本》 참조 도치.

299 底本에는 없음.《金澤寫本》 참조 보충.

其猶水火, 若爲通會? 答: 下《疏》云: "其猶黎[300]庶以對於王[301]貴賤懸隔.(斯則揀也.) 以王收人, 則率土之內, 莫非王人.(斯則收也) 是以若約普收, 則一切衆生無不具有如來智慧, 況於二乘無漏因果. 若校優劣, 則權教久行菩薩, 尙不信聞, 況於二乘. 二乘上首, 尙如聾盲, 況凡夫外道."

[소] '무위無爲의 구덩이에 떨어진다'[302]라는 것은 (무위의 정위正位는 한번 떨어지면 나오기 어려우므로 깊은 구덩이에 비유된다. 또, 무자비한 물이 죄다 태어버려서 단멸한 것을 취하므로 저 지옥과 같다.)

'선근을 무너뜨려 … 탐애의 물' 등이라고 한 것은 (삿된 견해는 인과를 뽑아 없애고, 탐애는 빠져 문란하니 모두 물에 비유된다. 선근을 용납하지 않고 또 토연土緣이 결여되면 생장시키는 곳이 아니기 때문이다.)

'일찍이 싫증내어 버린 적이 없었다'고 한 것은 (위에서는 현재의 악에 근거하여 연이 결여되면 싫증과 공포를 내게 한 것이며, 똑같이 불성이 있는 것은 오래고 오랜 뒤에 당래에 성불할 것이다. 그러므로 싫증내어 버리지 않는다.) 이로써 악이 분명히 없다는 것을 드러내면 악은 반드시 없다는 것을 알 수 있다. 그러므로 《열반경》에서 "일천제(선근이 끊어진 사람)가 비록 또다시 선근이 끊어지더라도 오히려 불성이 있어서 발심한다면 천제가 아니다"[303]라고 하였다.

---

300 底本에는 "棃-艹", 《金澤寫本》 참조 수정.

301 底本에는 없음. 《金澤寫本》 참조 보충.

302 《大疏》 권제3(T35, 518a27).

303 ( )속의 내용과 이 부분은 《大疏》 권제49 〈如來出現品〉 제37(T35, 879c19)을 요약·인용한 것이다.

묻는다. 뒤의 위하는 것은 앞에서 가려낸 것이다. 다섯 부류는 근기가 아니어서 거두거나 가려냄이 서로 어긋나 물과 불과 같은데 어떻게 회통하겠는가?

답한다. 아래 《소》[304]에서 "그것은 검은 머리 서민들이 왕을 상대해서는 귀천이 현격한 것과 같다(이것은 가려낸 것이다). 왕으로 사람을 거두면 모든 국토 안에 왕의 사람이 아닌 이가 없다(이것은 거둔 것이다). 그러므로 만일 널리 거두면 일체 중생이 여래의 지혜를 갖추지 않음이 없는데 하물며 이승의 무루인과이겠는가. 만일 우열을 비교하면 권교의 구행久行보살도 오히려 듣고서 믿지 못하는데 하물며 이승이겠는가. 이승의 상수上首보살도 오히려 농아와 맹인과 같은데 하물며 범부와 외도이겠는가"라고 하였다.

(다) 회통하여 해석함(會釋)

[81a21] [《鈔》] 欲配前非器令盡者, 問: 但配前四何名盡? 答: 以少從多故, 權不乖實故.

[초] '앞의 아닌 근기(非器)에 배대하여 다하게 하려고'라는 것은, 묻는다. 그런데 앞의 네 가지에 배대하였는데 어째서 다했다고 하는가?

답한다. 적은 것으로 많은 것을 따랐기 때문이며, 권은 실을 괴리하지 않기 때문이다.

---

304 《大疏》 권제54 〈入法界品〉 제39 (T35, 915b20).

(라) 악도 위하는 대상이 됨을 밝힘(明惡是所爲)

㉮ 두 가지의 경을 인용하여 그 악을 위함을 밝힘(引二經明其爲惡)

[81a23] [《疏》] 謗雖墮惡道[305]由[306]聞歷耳終醒悟故等者, 准下《疏》釋, "此則[307]益深.《如來祕密藏經》明, '罵藥, 服之得力, 罵沈, 燒以還香, 罵佛, 猶勝敬[308]諸外道.' 若爾, 豈無罵罪? 罵罪非無, 今語遠益. 故《法華》云, '跋陀婆羅等, 罵常不輕, 千劫墮於阿鼻地獄, 受大苦惱, 畢是罪已, 還遇[309]常不輕菩薩教化.'《涅槃》喩以毒塗之鼓, 欲聞不聞, 無不死者故. 菩薩之名起[310]自聞謗之日,[311] 謗尙遠益, 況深信耶? 況解行耶? 況證悟耶? 弘[312]持之者, 勉思此文."

[소] '헐뜯음으로 비록 악도에 떨어지더라도 오히려 듣는 것이 귀를 거침으로 인해 끝내는 깨닫게 되는 까닭에' 등은 아래《소》[313]의 해설에 준거하면 "이것은 곧 이익이 깊다.《여래비밀장경如來祕密藏經》에서는 '약을 욕하더라도 복용하면 득력하고, 침향을 꾸짖더라도 태우면 도리어 향이 나며, 부처님을 욕하더라도 외도들을 공경하는 것보다 수승하다'고 밝히고 있다. 그렇다면 어찌 꾸짖은 죄는 없는가? 꾸짖은 죄가 없지는

305 底本 및《金澤寫本》에는 없음.《大疏》 참조 보충.

306 底本 및《金澤寫本》에는 "猶",《大疏》 참조 수정.

307 《大疏》에는 "明"으로 되어 있다.

308 底本에는 "供",《金澤寫本》 및《大疏》 참조 수정.

309 底本에는 "過",《金澤寫本》 및《大疏》 참조 수정.

310 底本에는 "趣",《金澤寫本》 및《大疏》 참조 수정.

311 底本에는 "曰",《金澤寫本》 및《大疏》 참조 수정.

312 底本에는 "佛",《金澤寫本》 및《大疏》 참조 수정.

313 《大疏》 권제50 〈如來出現品〉 제37(T35, 886a04).

않지만 지금은 먼 이익을 말하였다. 그러므로《법화경》에서 '발타바라跋陀婆羅 등이 상불경보살常不輕菩薩을 헐뜯어 천 겁 동안 아비지옥에 떨어져 큰 고뇌를 받고, 이 죄를 끝내고 나서 도리어 상불경보살의 교화를 만나게 된다'고 하였으며,《열반경》에서는 '독을 칠한 북으로 비유하였으니, 듣고자 하든 듣지 않으려 하든 죽지 않은 자가 없기 때문이다. 보살의 명칭으로 자신이 듣고 헐뜯음을 일으킨 날, 헐뜯는 것도 오히려 깊은 이익이 있는데 하물며 깊이 믿는 것이겠으며, 하물며 이해하고 수행하는 것이겠으며, 하물며 증득해 깨달은 것이겠는가. 널리 지니려는 자들은 이 문장을 힘써 생각하라'고 하였다."

### ㉯ 두 가지 경을 인용하여 평등하게 지닌 성을 밝힘(引二經明等有性)

[81b07] [《疏》] 大海潛流至無不具有如來智慧等者, 故下《疏》云, "所以知佛智遍者, 無一衆生不有本覺, 與佛體無殊故. 以上言潛流, 則以[314]佛智遍他衆生. 今顯生[315]生自有, 故云遍爾. 此有三[316]意; 一明無一衆生不有, 則知無性者非衆生數, 謂草木等已過五性之見, 二衆生在纏之因, 已具出纏之果法,[317] 故云有如來智慧, 非但有性後方當成, 亦非理先智後. 是知《涅槃》對昔方便, 且說有性, 後學尙爲談有藏無, 況聞等有果智, 誰當信者? 三彼因中之果智, 卽他佛之果智, 以圓敎宗, 自他因果無二體故. 不爾, 此說衆生有果, 何名說佛智耶? 斯則玄又玄矣. 非華嚴宗,

314 《大疏》에는 "似"로 되어 있다.

315 《大疏》에는 "衆"으로 되어 있다

316 底本에는 "二",《金澤寫本》 및《大疏》 참조 수정.

317 底本에는 "佛",《金澤寫本》 및《大疏》 참조 수정.

無有斯理."

[소] '대해는 잠겨 흘러 … 여래의 지혜를 갖추지 않음이 없다'[318] 등은, 그러므로 아래 《소》[319]에서 "'그런 까닭에 불지佛智가 변만한 줄을 안다'는 것은 어떤 한 중생도 본각이 없는 이가 없어서 불체佛體와 차이가 없기 때문이다. 위에서 '잠겨 흘러'라고 한 것은 불지가 중생들에게 변만하고, 지금은 중생마다 자체에 지니고 있음을 드러낸 것이기 때문에 변만하다고 하였다. 이것에 세 가지 의미가 있다.

첫째, '한 중생도 없는 이가 없다'고 밝힌 것은 무성無性인 자는 중생의 수가 아님을 알 수 있다. 말하자면 초목 등은 이미 오성五性의 견해를 지나친다.

둘째, 중생의 재전在纏 원인에 이미 출전出纏의 과법을 갖추고 있다. 그러므로 '여래의 지혜가 있다'고 하였으니, 다만 유성인 이후에서야 성불하는 것이 아니며 또한 이치가 먼저이고 지혜가 뒤인 것도 아니다. 이로써 《열반경》은 옛 방편에 마주하여 우선 불성이 있음(有性)을 설했는데 후학들은 오히려 담설에는 있지만 장경에는 없다고 여긴 것임을 알 수 있다. 하물며 듣는 등도 과지果智가 있는데 누군가 당래에 믿는 것이겠는가.

셋째, 저 인因 가운데의 과지果智가 타불의 과지에 즉한 것이니, 원교의 종지는 자타의 인과에 두 가지 체가 없기 때문이다. 그렇지 않다면,

318 《大疏》 권제3(T35, 518b05). 아래도 동일.

319 《大疏》 권제49 〈如來出現品〉 제37(T35, 880a10).

여기서는 중생에게 과가 있다고 설한 것인데 어째서 불지를 설했다고 이름붙이겠는가. 이렇다면 현묘하고 또 현묘하다. 화엄종이 아니면 이런 이치는 없다"고 하였다.

[81b17] ○言又破塵出經卷等者, 下《疏》又云, "《如來藏經》等說, 有九種喩; 喩如來藏, 謂如青蓮華在泥水中, 未出泥水人無貴者, 又如貧女而懷聖胎, 如大價寶垢衣所纏, 如摩尼珠落在深廁, 如眞金像弊衣所覆, 如菴羅樹華實未成, 亦如稻米在糠檜中, 如金在礦, 如像在模,[320] 皆是塵中有佛身義."

○ '또 티끌을 무너뜨리고 경권經卷을 꺼냈다'라고 한 것은, 아래《소》[321]에서 또 "《여래장경》 등에서 설한 것에 9종류의 비유가 있다. '여래장如來藏'을 비유한 것은 말하자면, 청연화가 진흙 물속에 있는데 아직 진흙 물속에서 나오지 않아 사람들이 귀하게 여김이 없는 것과 같고, 또 가난한 여인이 성인의 태아를 회임한 것과 같고, 큰 값어치의 보배가 더러운 옷에 묶여진 것과 같으며, 마니주가 깊은 측간에 떨어진 것과 같고, 진금으로 된 형상이 해진 옷에 덮여 있는 것과 같으며, 엄라수의 꽃과 열매가 아직 맺지 않은 것과 같고, 또한 정미된 쌀이 왕겨 속에 있는 것과 같으며, 금이 광석에 있는 것과 같고, 형상이 본틀에 있는 것과 같은 것이 모두 티끌 속에 불신佛身이 있는 뜻이다"고 하였다.

320 底本에는 "摸",《金澤寫本》 및《大疏》 참조 수정.

321 《大疏》 권제49 〈如來出現品〉 제37(T35, 880b14).

[81b24] [《鈔》]言被非情者以所被情卽非情故者, 問: 情卽非情, 情體旣癈, 何爲所被? 不可非情而爲所被. 縱爲所被, 都無覺知,[322] 有何益用? 不可能卽情體不癈也, 體若不癈, 不名卽故. 答: 由常卽而常不卽, 是故得名非情亦是所被.

[초] '비정非情에도 가르침을 입힌다고 한 것은 가르침을 입는 대상(所被)인 유정이 비정에 즉한 것이기 때문'[323]이라고 한 것은, 묻는다. 유정이 비정에 즉하면 유정의 체성이 없어진 것인데 어떻게 소피所被가 되는가? 비정이 소피가 되는 것은 불가하다. 설령 소피가 되더라도 전혀 각지覺知가 없는데 무슨 이로운 작용이 있겠는가? 능즉能卽 유정의 체성은 없애지 않아서는 안 되는 것이니, 체성을 없애지 않는다면 '즉함'이라고 이름하지 못하기 때문이다.

답한다. 항상 즉함을 말미암아 항상 즉하지 않는다. 이렇기 때문에 비정도 또한 소피所被라고 이름할 수 있다.

## 5) 교체의 얕음과 깊음(敎體淺深)

### (1) 총체적으로 밝힘(總明)

#### ③ 헤아려 가려냄(料揀[四重])

##### 가. 체體와 성性으로 구별함(體性料揀)

322 底本에는 "智", 《金澤寫本》 및 《大疏》 참조 수정.

323 《演義鈔》 권제12(T36, 089b19).

[81c05] [《疏》] 前五唯體者, 問: 下《疏》料揀前三重體云, "然大小諸宗雖通用四法, 而理不同也." 准此豈不通理也, 何云唯體? 答: 前五重體, 本唯事法, 將後深義, 料揀前四, 乃通其理. 故無有失. 又問: 通取所詮體, 豈不通理? 答: 約親所詮故, 或以少從多故, 或以性從相故.

[소] '(열 가지의 교체 중에) 앞의 다섯은 오직 체이고'[324]라는 것은, 묻는다. 아래《소》[325]에서 앞에 3중으로 교체를 헤아려 가려내면서 "그러나 대소승의 여러 종이 비록 4법(성聲·명名·구句·문文)을 통용하더라도 이치는 다르다"고 하였으니 이것에 준거하면 어찌 이치에 통하지 않겠는가? 어째서 '오직 체'라고 하는가?

답한다. 앞의 5중의 교체는 본래 오직 사법뿐이어서 뒤(교체)의 깊은 뜻을 가져다가 앞(교체)의 넷을 헤아려 가려내서야 이에 그 이치에 통한다. 그러므로 과실이 없다.

또 묻는다. 소전所詮의 체를 통틀어 취하면 어찌 이치에 통하지 않겠는가?

답한다. 친히 소전에 한정하기 때문이고, 혹은 적은 것으로 많은 것을 따랐기 때문이며, 혹은 성性으로 상相을 따랐기 때문이다.

### 라. 동교와 별교를 헤아려 가려냄(同教別教料揀)

---

324 《大疏》권제3(T35, 518b14).

325 《大疏》권제3(T35, 518c29).

[81c10] [《鈔》] 於後三重料揀則前前無後後等者, 問: 前[326]四通小、前七通三乘, 前八約同教, 既皆言通, 應知通大, 通一乘, 通別教也. 若許皆通, 何云前前無後後耶? 答: 不據所料揀教體, 前無後故, 但約能料揀義, 前無後故. 小乘無後六, 三乘無後三, 同教無後二, 故作是說. 因論生論. 問: 海印炳現體, 準還源觀, 指論本覺, 豈同教中無本覺耶? 何故《疏》云: "後二唯別教也"? 答: 汎論本覺, 可通同教,[327] 若作海印定體, 唯屬別教, 似談[328]假者, 可通諸衆, 若作萬乘, 唯目一人.

[초] '뒤에 3중으로 헤아려 가려냄에 있어 앞앞의 (뜻)은 뒤뒤의 (뜻)이 없다'[329]라는 등은, 묻는다. 앞의 넷은 소승에 통하고, 앞의 일곱은 삼승三乘에 통하며, 앞의 여덟은 동교同敎에 한정한 것이니, 이미 모두 통한다고 한다면 대승에 통하고 일승에 통하고 별교에 통한다는 것을 알 수 있다. 모두 통한다고 인정하면 어째서 앞앞의 (뜻)은 뒤뒤의 (뜻)이 없다고 하는가?

답한다. 헤아려 가려내는 대상(所料揀)의 교체에 근거하여 앞에는 뒤의 뜻이 없다는 것이 아니기 때문이고, 다만 헤아려 가려내는 주체(能料揀)의 뜻에 한정하면 앞에는 뒤의 뜻이 없기 때문이니, 소승은 뒤의 여섯이 없고, 삼승은 뒤의 셋이 없으며, 동교는 뒤의 둘이 없다. 그러므로 이 말을 한 것이다. 논을 인해 논의를 내보겠다.

---

326 底本에는 없음.《金澤寫本》 참조 보충.

327 底本에는 若 앞에 "中無本覺耶何故疏云後二唯別教也答汎論本覺可通同教."의 24자가 없다.《金澤寫本》 참조 보충.

328 底本에는 "以讚".《金澤寫本》 참조 "似談"으로 수정.

329 《演義鈔》 권제12(T36, 089c11).

묻는다. '해인삼매에서 환하게 드러나는 교체'는 환원관還源觀에 준거하면 본각을 가리켜서 논한 것일 텐데, 동교에는 본각이 없다는 것인가? 무슨 까닭으로 《소》에서는 "뒤의 둘은 오직 별교일 뿐이다"라고 했는가?

답한다. 본각을 전체에 걸쳐 논하면 동교에 통할 수 있지만 해인선정의 체성을 짓는 경우라면 오직 별교에만 속한다. 가假 방편을 얘기하면 여러 중승에 통할 수 있지만 만승을 짓는 경우는 오직 한 사람만을 지목하는 것과 유사하다.

(2) 얕고 깊음을 별도로 해석함(別釋深淺)

① 앞의 셋을 합쳐서 해석함(合釋前三)

나. 쌍으로 해석함(雙釋)

가) 소승의 세 가지 교체(小乘三)

(나) 별도로 해석함(別釋)

㉮ 어업語業이 교체가 됨(語業爲體)

[81c18] [《疏》] 謂佛語·言乃至是謂佛教者, 問: 語路一種, 或是意識, 或是脣等, 旣非是聲, 何爲教體? 答: 尅性乃非, 相從可是故.

[소] '말하자면 부처님의 어語와 언言과 … 이것을 불교라고 한다'[330]라는 것은, 묻는다. 어로語路 한 종류는 혹은 의식이거나 혹은 입술 등이어

330 《大疏》 권제3(T35, 518b20).

서 이미 소리가 아닌데 어째서 교의 체성을 삼는가?

답한다. 체성을 확정하면 이내 아니지만 서로 따르면 그럴 수 있기 때문이다.

[81c21] [《鈔》] 正出今之教體等者, 正出《婆沙論》體也.

[초] '지금의 교체教體를 바로 드러내는 것이니'[331] 등은《파사론》의 체성을 바로 낸 것이다.

㉯ 명名·구句 등이 교체가 됨(名等爲體)

[81c22] [《鈔》] 語教異名[332]等者,《正理》同[333]意語, 謂語者音聲爲體, 故謂言教, 亦卽音聲色蘊所攝, 名是不相應體, 行蘊所攝. 名與言教,[334] 其體條別, 教何是名? 問意約語卽教故. 後答意云, 語之教故, 以名爲體. 如云佛子, 非佛爲體, 但用弟子, 以爲體故.

[초] '어語와 교教는 명칭과는 다르니'[335] 등은《순정리론》의 의어意語와 같다. 말하자면 어語는 음성으로 체성을 삼으므로 '언교'라고 하고, 또한

331 《演義鈔》 권제12(T36, 090a07).

332 底本에는 "名+教",《金澤寫本》 참조 "教" 삭제.

333 《金澤寫本》에는 "問"으로 되어 있다.

334 底本에는 "教言",《金澤寫本》 참조 "言教"로 도치.

335 《演義鈔》 권제12(T36, 090b19).

음성은 색온에 거둬지며, 명칭은 체와 상응하지 않으니 행온에 거둬진다. '명칭과 언교는 그 체성이 각별한데 교가 어떻게 명칭이겠는가?'라고 물은 의미는 어語가 교에 즉한 것에 한정했기 때문이다. 뒤에 답한 의미는 '어의 교'이므로 명칭으로 체성을 삼은 것이니, 마치 '불자佛子'라고 하면 '불'을 체성으로 삼은 것이 아니고 다만 '제자弟子'만으로 체성을 삼은 것과 같다.

### ㉰ 음성만이 교체가 됨(唯聲爲體)

[82a03] [《鈔》][336] 影由假發者, 問:《正理論》說, '麤細俱實', 云何名假? 答云: 但藉多塵故名爲假, 非謂虛假. 或云, 本計是實, 末[337]計是假, 義亦可通.

[초] '영상은 가假를 말미암아 발생한 것이지만 (체는 가假가 아닌 것처럼)'[338]이라는 것은, 묻는다. 《순정리론》에서는 '추탁하거나 미세하거나 모두 실實'이라고 하였는데 어째서 가假라고 하는가?

답한다. 다만 여러 진塵을 가자했기 때문에 가假라고 한 것이고, 허망한 가를 말한 것은 아니다. 혹은 본계는 실實이고 말계는 가假라고도 하니 뜻이 또한 통한다.

## 나) 대승의 세 가지 교체(大乘三)

336 底本에는 "鏡",《金澤寫本》참조 수정.

337 底本에는 "未",《金澤寫本》참조 수정.

338 《演義鈔》권제12(T36, 090c23).

(가) 표방함(標)

[82a06] [《疏》] 大乘有三大意同前者, 小乘前二, 或單取聲, 或單取名等. 大乘不爾, 取聲必攝於名等, 取名等亦攝於聲故.

[소] '대승에는 세 가지가 있으니, 대의는 앞과 같다'[339]라는 것은 소승은 앞의 둘은 혹은 홑으로 음성을 취하고 혹은 홑으로 명칭 등을 취한다. 대승은 그렇지 않아서 음성을 취하면 반드시 명칭 등에 거둬지고, 명칭 등을 취하면 또한 음성에 거둬지기 때문이다.

(나) 별도로 해석함(別釋)

㉮ 오직 음성만을 취함(唯取聲)

[82a09] [《疏》] 成所引聲者, 圓成實性所引聲也.

[소] '성成으로 인발된 음성'[340]이라는 것은, 원성실성으로 인발된 음성이다.

[82a10] [《鈔》] 若因受大種等者, 謂因第八識執受有情四大種所造之聲, 餘二準知.

339 《大疏》 권제3(T35, 518c08).

340 《大疏》 권제3(T35, 518c12).

[초] '대종大種을 집수한 것을 인한 경우'[341]등이라는 것은, 말하자면 제8식이 유정의 4대종을 집수하므로 인해 조성된 음성이다. 나머지 둘은 준거하여 알라.

[82a11] ○言若世所共成等者, 如次依他·圓成·遍計三性, 所發之聲也. 言聖[342]言者, 聖[343]猶正也.

○ '세간에서 함께 이룬 경우' 등이라고 한 것은 차례대로 의타기성과 원성실성과 변계소집성의 삼성으로 인발된 음성이다. '성언聖言'이라고 한 것은 성聖은 정正과 같은 것이다.

### ㉯ 명·구·문신이 교체가 됨(名·句·文身爲體)

[82a14] [《鈔》] 天愛[344]非餘者, 謂彼愚人世無錄用唯天怜愛方得自存. 又世間所尊, 莫過於天, 世間所賤, 莫越於愚. 呼卑賤之愚夫, 立尊高之天號, 如呼奴爲郎君, 戱而調之. 應云咄天! 汝甚可怜. 故云天愛作如是說, 非餘有智之人, 亦作如是說也.

---

341 《演義鈔》 권제12(T36, 091a14).

342 底本에는 "非+聖", 《金澤寫本》 참조 삭제.

343 底本에는 없음. 《金澤寫本》 참조 보충.

344 底本에는 "受", 《金澤寫本》 참조 수정.

[초] '천애天愛 (정리논사)만이 그럴 뿐이고 다른 이들은 그렇지 않다'[345] 고 한 것은 말하자면 저 어리석은 사람이 세간에는 기록하여 쓸 것이 없고 오직 천상만이 영애怜愛해서야 비로소 스스로 존재할 수 있다. 또 세간에서 존중받는 것으로는 하늘보다 지나친 것이 없고 세간에서 천대받는 것으로는 어리석음보다 지나친 것이 없다. 비천한 어리석은 범부를 불러 존귀하고 높은 천상의 호칭을 세워준 것은 마치 노비를 '낭군'이라고 불러서 희롱하면서 길들이는 것과 같다. 응당 '쯧쯧 천이여! 그대는 매우 불쌍하도다'라고 해야 할 것이다. 그러므로 '천애만이 이와 같은 말을 하는 것이고, 다른 지혜 있는 사람은 또한 이와 같은 말을 하는 것은 아니다'라고 하였다.

[82a18] [《鈔》] 法詞二無礙解[346]境有差別者, 法緣名等, 詞緣於聲.

○ [초] '법法과 사詞의 둘이 무애한 해경解境이 차별이 있으며'[347]라는 것은 '법'은 명칭을 반연하고, '사'는 음성을 반연한다.

[82a19] ○言蘊·界·處攝亦各有異者, 聲與名等, 色蘊·行蘊, 聲界·法界, 聲處·法處, 如次攝故.

○ '온蘊·계界·처處에 거둬짐에도 또한 각각 차이가 있다'고 한 것은 음

345 《演義鈔》 권제12(T36, 091b10).

346 底本에는 "解+脫", 《金澤寫本》 및 《演義鈔》 참조 "脫" 삭제.

347 《演義鈔》 권제12(T36, 091b14). 아래도 동일.

성과 명칭 등은 색온色蘊·행온行蘊과 성계聲界·법계法界와 성처聲處·법처法處에 차례대로 거둬지기 때문이다.

[82a21] ○言正理[348]救云等者, 本計聲上屈曲非名·句·文, 末[349]計云是.

○ '정리논사가 변론해서 말하기를 (음성 위의 굴곡이 명·구·문이니, 명 등의 체는 음성과 달리 확실한 실유이다)'[350]라고 한 것은 본계本計는 음성 위의 굴곡이 명名·구句·문신文身이 아니며, 말계末計는 이렇다고 하였다.

[82a22] ○言依一切位非自在者, 依凡夫位, 非聖人故. 十地菩薩於一字中, 顯無量名句故.

○ '일체의 지위에 의지한 것은 자재한 것이 아니기 때문이다'[351]고 한 것은 범부의 지위에 의지한 것이고 성인의 지위는 아니기 때문이니, 십지보살은 한 글자 중에 무량한 명구名句를 드러내기 때문이다.

[82a24] ○言而體非顯者, 非顯[352]自差別義故.[353] 字者無改轉義者, 謂[354]不詮義,

348 《演義鈔》에는 "正理" 뒤에 "師"가 있다.

349 底本에는 "未", 《金澤寫本》 참조 수정.

350 《演義鈔》 권제12(T36, 091b17).

351 《演義鈔》 권제12(T36, 091c03).

352 底本에는 "非顯"의 2자가 없다. 《金澤寫本》 참조 보충.

353 底本에는 없음. 《金澤寫本》 참조 보충.

354 底本에는 "理", 《金澤寫本》 참조 수정.

不可翻譯. 如梵云菩提, 是名, 此翻爲覺, 如但云菩, 是字未有所屬之義, 不可翻譯故, 號不改轉也.

○ '그런데 체가 드러나는 것은 아니다'[355]라고 한 것은 자성의 차별되는 뜻이 드러나는 것이 아니기 때문이다. '글자로는 뜻을 고치거나 바꿀 수 없다'는 것은 말하자면 뜻을 설명하지 못하면 번역할 수 없다는 것이다. 마치 범어로 '보리菩提'는 명칭이고 이것을 번역하면 '각覺'인데, 다만 '보'만을 말하면 이 글자는 소속된 뜻이 없어서 번역할 수 없기 때문에 호칭을 고치거나 바꾸지 않은 것과 같다.

[82b03] ○言多刹那聲集成一字等者, 問: 前一刹那聲現在時, 後一刹那聲至現在時, 前聲已滅. 如何集成其字? 今謂通云, 本質前後, 互不相見. 影像連帶, 許同時現, 故乃集成. 又解, 雖非同時, 隨其解心, 攀前接後, 假建立故. 如旋[356]火輪, 實非是輪, 隨心作輪. 又如佛言, 昔日鹿王今我身是. 名句問答, 準字應知.

○ '여러 찰나의 음성이 모여 한 글자를 이루는' 등이라고 한 것은, 묻는다. 앞의 한 찰나의 음성은 현재 시점이고 뒤의 한 찰나가 현재 시점에 이르면 앞의 음성은 이미 소멸했는데 어떻게 글자를 집성하겠는가?

답한다. 이제 회통해서 말하겠다. 본질의 전후는 서로 보지 못하지만 영상은 연대하여 동시에 나타나는 것을 허여한다. 그러므로 집성했다고

355 《演義鈔》 권제12(T36, 091c09). 아래도 동일.

356 底本에는 "施", 《金澤寫本》 참조 수정.

한다. 또 해설이 있다. 비록 동시는 아니지만 그 이해하는 마음에 따라 앞을 붙잡고서 뒤를 교차하여 임시로 건립되기 때문이다. 마치 선화륜이 실제는 바퀴가 아니지만 마음에 따라서 바퀴가 되는 것과 같다. 또 부처님이 '옛날의 사슴 왕은 지금의 내 몸이 이것이다'라고 말씀하신 것과 같다. 명구문답은 글자를 준거하면 알 것이다.

[82b09] ○言自·共相者, 局附己體名自相, 貫通他義名共相, 色礙心緣各局己體, 故名自相, 空無我等遍一切, 故名共相, 此是體義對. 復有寬·狹對, 色蘊名共相,(寬也.) 色處名自相等.(狹也.) 復有離言·帶言對, 乃至極微爲共相,(帶言也.) 離言不可說爲自相.(離言也.) 復有增益·非增益對, 此非緣境而有解行, 貫通多法, 名爲共相,(增益也.) 現量緣境, 行離動搖, 局附本眞, 名爲自相.(非增益也.) 復有有作用無作用對, 如因緣變境有作用名爲自相, 如分別變境無作用名爲共相.

○ '자상自相과 공상共相'[357] 이라고 한 것은 자신의 체성에 국한해서 붙이면 '자상自相'이라고 하고 타의 뜻에 관통하면 '공상共相'이라고 한다. 색의 질애와 마음의 반연이 각각 자신의 체성에 국한되기 때문에 '자상'이라고 하고 공·무아 등은 일체에 변만하기 때문에 '공상'이라고 하니, 이것은 체體·의義의 상대이다. 또다시 관대함(寬)과 협소함(狹)의 상대가 있으니, 색온은 '공상'이라고 하며(관대함이다), 색처를 '자상'이라고 하는 등이다(협소함이다). 또다시 말을 여읨(離言)과 말을 띰(帶言)의 상대가 있으니, 이내 극미에 이른 것을 '공상'이라고 하며(대언帶言이다), 말을 여의어

---

357 《演義鈔》 권제12(T36, 091c20).

설할 수 없는 것을 '자상'이라고 한다(이언離言이다). 또다시 증익增益과 비증익非增益의 상대가 있으니, 이것은 경계를 반연하는 것이 아니면서 이해와 수행이 있어 많은 법을 관통하는 것을 '공상'이라고 하며(증익이다), 현량으로 경계를 반연하지만 수행은 동요를 벗어나서 본래의 진성에만 국한하여 따르는 것을 '자상'이라고 한다(비증익이다). 또다시 작용이 있고 작용이 없음의 상대가 있으니, 저 인연으로 변화된 경계에 작용이 있는 것을 '자상'이라고 하고 저 분별로 변화된 경계에 작용이 없는 것을 '공상'이라고 한다.

[82b18] ○言一扇者, (現凉風[358]故,) 二相好者, (現大人故,)[359] 三根形者, (現男女故,) 四味者, (應云鹽, 現食味故, 應云文, 現義味故.)

○ (범어의 '변선나'는 여기에 네 가지 뜻이 있으니) 첫째, '부채'라는 것은 (시원한 바람을 나타내기 때문이요,) 둘째, '상호相好'라는 것은 (대인大人을 드러내기 때문이요,) 셋째, '근根의 형태'라는 것은 (남녀를 드러내기 때문이요,) 넷째, '맛'이라는 것은 ('소금'이라고 해야 하니 음식의 맛을 드러내기 때문이고, '문文'이라고 해야 할 것이니 의미를 드러내기 때문이다.)

(다) 헤아려 가려냄(料揀)

㉯ 앞의 둘을 회통함(會通前二)

358 底本에는 "凡",《金澤寫本》 참조 수정.

359 底本에는 본문으로 되어 있다.《金澤寫本》 참조 '주석하는 문장'으로 수정. 아래 괄호도 동일.

b. 까닭을 드러냄(出所以)

[82b21] [《鈔》] 顯無方理者, 方猶比也, 無比道理也. 或顯義體無定方域,[360] 娑婆一方亦許色等爲佛事故, 不同《唯識》, 此方定用音聲爲佛事故.

[초] '비교할 수 없는 이치를 나타내기 때문에'[361]라는 것은 '방方'은 비교함과 같으니, 비교할 도리가 없는 것이다. 혹은 뜻의 체성이 일정한 방역方域이 없음을 드러낸 것이니, 사바세계 일방은 또한 색 등이 불사가 되는 것이 인정되기 때문이고, 《성유식론》에서 '이 방方(욕계)에서는 결정코 음성을 써서 불사를 삼는다'는 것과 다르기 때문이다.

e. 인증하여 성립함(引證成立)

[82b24] [《鈔》] 七賢四果者, 三資糧(五停心觀, 別相念觀, 總相念觀.) 四加行(煖, 頂, 忍, 世第一.) 爲七賢也. 預流, 一來, 不還, 阿羅漢, 四果也. 言預流者, 初預聖流故. 見愛定斷, 修惑不定. 或一至五, 前十五心六人名向, 第十六心見相諦圓六皆名果. 言一來者, 依次初果進斷修惑. 一至六品, 六無間道前五解脫, 咸名爲向, 第六解脫其心容預, 得名爲果. 超越初果, 先伏六七及第八品, 來登見道, 前十五心亦名此向, 第十六心, 超證此果, 闕品證初, 後證一來, 准[362]義可思. 但就次第,

360 底本에는 "城",《金澤寫本》 참조 수정.

361 《演義鈔》 권제12(T36, 092b16).

362 底本에는 "經",《金澤寫本》 참조 수정.

約皆離欲, 有下三[363]品. 潤一往來, 欲界生故, 得名一來, 超證相從, 亦復此名. 言不還者, 依次二果進斷欲惑. 後之三品三種無間, 二品解脫咸名爲向, 第三解脫方得名來. 超前二果, 先伏九品及上七地六十三品, 來登見道, 前十五心名不還向, 第十六心證不還果, 證果已後, 必不還生欲界中故. 言阿羅漢者, 依次不還進斷, 八地七十二品俱生障盡, 七十二品無間之道, 七十一品解脫之道, 咸名[364]爲向, 第七十二一解脫道, 方名爲果. 復有具縛, 預流果人超中二果, 直證第四. 通將九地八十一品, 品品相梯, 合爲九類. 九種無間, 前八解脫咸名爲向, 第九解脫超證此果. 上之所明, 唯是八輩, 依彼具談有二十七, 今承文便, 故略區別. 八名已釋, 餘十九者, 依此義開; 一解, 二見至, 但就見道, 前三果向利鈍分二. 三七生, 四家家, 已證初果, 九品惑在, 可潤七生. 若斷四三, 容受三二生, 故得名家家. 五一間者, 已證二果, 進斷七八, 容受小生, 故名一間. 六身證, 已證不還. 復得滅定, 轉名身證. 七中般, 八生般, 九有行般, 十無行般, 十一上流般, 不[365]還聖人, 色界中有, 起智斷惑, 證得涅槃, 故名中般. 色界生有, 及初[366]本有, 證得涅槃, 得名生般. 色界經久加行懃修, 證得涅槃, 名有行[367]般. 由[368]串[369]習力, 不假加行, 證得涅槃, 名無行般. 從彼梵衆轉生餘天,[370] 或超或次, 或半或全. 至色究竟, 證得涅槃, 名上

363 《金澤寫本》에는 "二"로 교감되어 있다.

364 《金澤寫本》에는 無, 전후 동일문장에 근거 보충.[역자 주]

365 底本에는 '欲 이하에 빠진 글자가 있는데 丁數를 알 수 없다'고 하였고,《金澤寫本》 참조하여 '欲'이하부터 '還聖人'까지 총 247자를 보충했다.

366 底本에는 "斷惑, 證得涅槃, 故名中般. 色界生有, 及初"까지의 16자가 유실.《金澤寫本》 참조 보충.

367 底本에는 "經久加行懃修, 證得涅槃, 名有行"까지의 13자가 유실,《金澤寫本》 참조 보충.

368 底本에는 "申",《金澤寫本》 참조 수정.

369 底本에는 "事",《金澤寫本》 참조 수정.

370 底本에는 "般從彼梵衆轉生餘天"까지의 9자가 유실,《金澤寫本》 참조 보충.

流般. 十二退法, 退失[371]禪定, 現法樂住. 十三思法, 若不思惟, 卽便退失. 若思惟已, 便不退失. 十四護法, 作意防護故. 十五安住, 住[372]平等位, 不煉不退. 十六堪能, 證達故. 十七不動性, 是利根無上可[373]進, 對下不退. 十八慧解脫, 但斷慧障故. 十九俱[374]解脫, 復斷定障[375]故.

[초] '칠현사과七賢四果[376]'라는 것은 3자량(5정심관, 별상념관, 총상념관)과 4가행위(난위, 정위, 인위, 세제일의)가 7현이 되고, '예류'와 '일래'와 '불환'과 '아라한'이 4과이다.

'예류預流'라고 한 것은 처음으로 성인의 부류에 참예했기 때문이니, 견애見愛를 결정코 단멸하고 수혹修惑은 일정하지 않다. 혹은 1품에서 5품까지 앞의 15심의 6인人은 '(예류)향向'이라고 하며, 제16심은 견상見相이 자세하고 원만하여 6인을 모두 이 '(예류)과果'라고 한다.[377]

'일래一來'라고 한 것은 다음으로 초과에 의지해서 정진하여 수혹을 단멸한다. 1품부터 6품에 이르기까지 6무간도의 앞의 5해탈을 모두다 '(일래)향'이라고 하며, 제6해탈에서 그 마음이 참예를 용납하면 '(일래)과'라고 한다. 초과를 초월하여 먼저 6품, 7품 및 제8품을 조복하고 (한 번) 와서 견도위에 오르면 앞의 15심을 또한 이 '향'이라고 하며, 제16심

371 底本에는 "上流般十二退法退失"까지의 9자가 유실, 《金澤寫本》 참조 보충.

372 底本에는 없음. 《金澤寫本》 참조 보충.

373 底本에는 없음. 《金澤寫本》 참조 보충.

374 底本에는 "但", 《金澤寫本》 참조 수정.

375 底本에는 "性", 《金澤寫本》 참조 수정.

376 《演義鈔》 권제12(T36, 092b26).

377 16심에 관한 내용은 《결택기》 권제4, (X08, 50c15)에서 자세히 밝혔다.

은 이 '과'를 초월하여 증득한다. 품을 생략하고 초과를 증득하거나 뒤에 일래과를 증득하니, 뜻을 준거하면 생각할 수 있다. 그러나 순서대로 입각해서 모두가 욕계를 벗어난 것에 한정하면 하3품이 있다. 일생을 윤생하여 왕래하는 것은 욕계에 태어나기 때문에 '일래'라고 이름할 수 있고, 증득을 초월하여 서로 따르면 또한 이 명칭을 얻을 수 있다.

'불환不還'이라고 한 것은 다음으로 2과에 의지해서 정진하여 욕계의 미혹을 단멸한다. 뒤의 3품은 3종 무간도의 2품 해탈을 모두 '향'이라고 이름하고, 제3해탈에서야 '래'라고 이름붙일 수 있다. 앞의 2과를 초월하여 먼저 9품 및 위의 7지63품을 조복하고 와서 견도위에 오르면 앞의 15심을 '불환향'이라고 하고, 제16심은 '불환과'를 증득한다. 과를 증득한 이후에는 반드시 욕계에 환생하지 않기 때문이다.

'아라한阿羅漢'이라고 한 것은 다음으로 불환과에 의지해서 정진하고 단멸하여 8지72품의 구생俱生의 장애가 다하게 되면 72품 무간도의 71품 해탈도를 모두 '(아라한)향'이라고 하며, 제72품 한 해탈도에서야 '(아라한)과'라고 이름붙일 수 있다. 또다시 구박범부와 예류과인이 중간의 2과위를 초월하여 곧장 제4과위를 증득함이 있다. 9지81품을 통틀어 가져다가 품과 품이 서로 차례로 올라가면 함께 9류가 된다. 9류 무간도에서 앞의 8해탈은 모두 '향'이라고 하며, 제9해탈은 이 '과'를 초월해서 증득한다.

위에서 밝힌 것은 오직 팔배八輩뿐이고 저것에 의지하여 갖춰 말하면 27품이 있으니 지금은 문장상의 편의를 틈타서 간략하게 구별하겠다. 여덟(팔배)의 명칭은 이미 해설하였으니, 나머지 열아홉은 이 의미에 의거해서 열어보겠다. ①해解요, ②견지見至니, 다만 견도위에 입각하면 앞의 세 과·향은 이근利根과 둔근鈍根의 둘로 나뉜다. ③칠생七生이요, ④가가家家이니, 초과를 증득하였지만 9품의 미혹이 있어 7생을 윤생한다. 만일 4생과 3생에 끊는다면 3생과 2생을 받는 것이 용납되므로 '가가'라고 이름할 수 있다. ⑤일간一間이니, 이미 2과를 증득하고 7, 8품을 정진하여 단멸하지만 소생小生을 받는 것이 용납된다. 그러므로 '일간'이다. ⑥신증身證이니, 불환과를 증득하고 나서 또다시 멸진정을 얻으면 '신증'으로 이름이 바뀐다. ⑦중반中般이요, ⑧생반生般이요, ⑨유행반有行般이요, ⑩무행반無行般이요, ⑪상류반上流般이니, 불환과의 성인이 색계의 중유로 지혜를 일으키고 미혹을 끊어 열반을 증득하므로 '중반'이라고 하고, 색계의 생유 및 처음의 본유가 열반을 증득하므로 '생반'이라는 이름을 얻으며, 색계에 경유한지 오래되어 가행을 부지런히 수행하여 열반을 증득하는 것을 '유행반'이라고 하고, 관습력을 말미암아 가행을 빌리지 않고서 열반을 증득하는 것을 '무행반'이라고 한다. 저 범천의 대중을 따라 다른 천으로 옮겨 태어나 초월하든 다음이든, 절반이든 전부이든, 색구경천에 이르러 열반을 증득하므로 '상류반'이라고 한다. ⑫퇴법退法이니, 선정에서 퇴실하여 현재의 법에 즐거이 머문다. ⑬사법思法이니, 사유하지 않으면 곧 퇴실하고 사유하고 나면 곧 퇴실하지 않는다. ⑭호법護法이니, 작의하여 방호하기 때문이다. ⑮안주安住니, 평등자리에 머물러 단련하지도 퇴실하지도 않는다. ⑯감능堪能이니, 증득해 통달했기 때문이다. ⑰부동성不動性이니, 이 이근利根은 나아갈 만한 상위上位가 없지만 아래를 마주해서 퇴실하지 않는다. ⑱혜해탈慧解脫이니, 지혜의 장애만을 단멸하기 때문이다. ⑲구해탈俱解脫이다. 또다시 선정의 장애를 단멸하기 때문이다.

다. 쌍으로 회통함(雙會)

[83a01] [《鈔》] 以其被呵者, 呵其乞食不平等也. 言置鉢欲出者, 維摩詰問, 亡絶之理, 須菩提不知所以, 捨鉢欲出其舍. 言維摩詰言至卽諸法也者, 令須菩提了言相同, 幻了幻化同, 眞了自身如化故. 言一切諸法如幻化相者, 故叡公云: "衆生如化, 非有非眞, 不達此者, 轉如車輪. 解法清[378]淨, 無我無人, 衆垢消除, 如日無雲."

[초] '꾸짖음을 받고나서'[379]라는 것은 그의 걸식이 불평등한 것을 꾸짖은 것이다. '발우를 두고 나오고자 했다'는 것은 유마힐維摩詰은 상대가 없어진 이치를 물었고, 수보리須菩提는 까닭을 알지 못하여 발우를 버리고 그 집을 나오려고 한 것이다. '유마힐이 말했다. … (해탈상이) 곧 일체법이다'라고 한 것은 수보리가 언言과 상相이 같음을 알고 환으로 알고 환으로 교화하는 것이 같음을 알며 참으로 자신이 환화와 같음을 분명하게 알게 한 것이다. '모든 법들이 환으로 변화한 모습과 같다'고 한 것은 그러므로 승예 공이 "중생은 환화와 같으니 있는 것도 아니고 참인 것도 아니다. 이것을 통달하지 못하면 수레바퀴처럼 굴러갈 것이다. 법이 청정함을 이해하면 나도 없고 남도 없으며, 온갖 때가 소멸하여 없어지면 마치 구름 한 점 없는 해와 같다"고 하였다.

[83a07] ○言文字性離無有文字者, 一云, 上句標, 下句釋. 此意云, 文字眞性本離

378 底本에는 "清+涼", 《金澤寫本》 참조 "涼" 삭제.

379 《演義鈔》 권제12(T36, 092c05)이다.

文字之相. 下句釋云, 無有文字. 又解, 長讀兩次. 一云, 文字性離無文字. 二云, 文字性離有文字. 是則有無雙遣.

○ '문자성을 떠나서는 문자가 없다'[380]고 한 것은 첫째는 위 구절은 표방이고, 아래 구절은 해설이다. 이 의미는 문자의 진실한 성질은 본래 문자의 상을 떠나 있다는 것이다. 아래 구절 해설에서 문자가 없다고 한 것은 또 해설해 보면, 둘을 이어서 길게 읽으면 첫째는 문자성을 여의어 문자가 없다는 것이고 둘째는 문자성을 떠나서 문자가 있다는 것이다. 이렇다면 유무를 쌍으로 보낸다.

[83a10] ○言卽言[381]亡言通圓頓意者, 卽言緣生也, 亡言性空也. 又卽言隨順也, 亡言得入也.

○ '말에 즉하고 말을 잊은 것은 원교와 돈교의 의미에 통한다'고 한 것은 말에 즉하는 것은 연생緣生이고 말을 잊은 것은 성공性空이다. 또 말에 즉한 것은 수순한 것이고 말을 잊은 것은 득입한 것이다.

[83a12] ○言但就敎道則可見聞者, 約眞空頓敎, 隨順門也. 就破相始敎, 俗諦門也. 言念處者, 照寂也.

---

380 《演義鈔》 권제12(T36, 092c11)이다. 아래도 동일.

381 底本에는 없음. 교감 주 및 《金澤寫本》 참조 보충.

○ '다만, 교도에 입각하면 보고 들을 수 있다'[382]고 한 것은 진공眞空 돈교頓敎에 한정하면 수순문隨順門이고, 파상破相 시교始敎에 입각하면 속제문俗諦門이다. '염처念處'라고 한 것은 적멸처를 관조하는 것이다.

② 뒤의 일곱을 별도로 해석함(別釋後七)

라.[383] 소전所詮을 모두 거두는 체(通攝所詮體)

가) 소전에 통하는 것을 인증하여 분별함(證辨通所詮)

[83a15] [《鈔》] 五行相者, 或取蘊等相應語言, 或取能說佛菩薩等, 皆能顯義, 故號於文.

[초] '다섯째, 행상이요'[384]라는 것은 혹은 온蘊 등과 상응하는 언어를 취한 것이고, 혹은 능설의 불보살 등을 취한 것이니, 모두 뜻을 드러내는 것이므로 '문文'으로 불린다.

[83a16] ○言一地者, 資糧·加行等, 二相者, 自相·共相等, 三作意者, 七作意, 四依處者, 三依處, 五過患者, 所毁厭法, 六勝利者, 所稱讚法, 七所對治法者, 謂貪·嗔等, 八能治者, 謂不淨觀等. 略·廣如名可知.

○ '(열 가지의 뜻은) 첫째, 지위'는 자량위·가행위 등이요, '둘째, 상'은

382 《演義鈔》 권제12(T36, 092c15).

383 앞의 세 가지 교체에 이어 네 번째에 해당하므로 이렇게 과목 번호를 적었다.

384 《演義鈔》 권제12(T36, 093a05). 아래도 동일.

자상自相·공상共相 등이요, '셋째, 작의作意'는 일곱 작의요, '넷째, 의처依處'는 세 의처요, '다섯째, 과실과 우환'은 법을 헐뜯고 싫어하는 것이요, '여섯째, 수승한 이익'은 법을 칭찬하는 것이요, '일곱째, 소대치법所對治法'은 탐·진 등을 말함이요, '여덟째, 능대치법能對治法'은 부정관不淨觀 등을 말한다. '(아홉째) 간략함'과 '(열째) 광대함'은 명칭과 같으니 알 것이다.

마. 제법이 뜻을 드러내는 체(諸法顯義體)

나) 인증함(引證)

[83a21] [《疏》] 而作佛事者, 但爲教體, 攝化衆生,[385] 斷惡進善, 名作佛事.

[소] '불사를 짓다'[386]라는 것은 교체로 삼은 것일 뿐이니, 중생을 거둬 교화하여 악을 끊고 선에 나아가게 하는 것을 '불사를 짓는다'고 이름한다.

[83a23] [《鈔》] 非言說有性有一切性耶等者, 非字之上, 加一莫字, 其義方顯. 此問意云, 由能詮言說有性, 知所詮一切法有性. 或不加莫字, 但是牒世尊言. 最後耶字, 疑問之詞也. 佛告下答, 初答, 法無其性而有言說, 遣[387]法也. 又云下答, 無有言說, 遣言也. 大慧問意, 言法必相須問,[388] 世尊答意,[389] 言法不相須, 先明無

385 底本에는 "生衆", 《金澤寫本》 참조 도치.

386 《大疏》 권제3(T35, 519a20).

387 底本에는 "遺", 교감 주 및 《金澤寫本》 참조 수정.

388 底本에는 없음, 《金澤寫本》 참조 보충.

389 底本에는 "意+意", 《金澤寫本》 참조 삭제.

法而有言, 後明無言而有法. 是故下結言法不相須也. 大慧下舉事釋成也.

[초] '언설에는 자성이 있으며 일체성이 있는 것이 아닙니까?'[390]라는 것은 '비非' 자 위에 '막莫' 자를 더해야 그 의미가 비로소 드러난다. 이 질문의 의미는 능전能詮의 언설이 자성이 있음을 말미암아 소전所詮의 일체법이 자성이 있음을 알 수 있다는 것이다. 혹은 '막莫' 자를 더하지 않아도 되니, 다만 세존의 말씀을 포갠 것일 뿐이다. 마지막의 '야耶' 자는 의문사이다. '부처님이 말씀하시길' 이하의 대답은 첫 번째 대답은 법에는 그 자성이 없고 언설에는 있다는 것이니 법을 보낸 것이며, '또 말씀하시길' 이하의 대답은 언설에는 없다는 것이니 말을 보낸 것이다.

대혜보살이 질문한 의미는 언설과 법은 반드시 서로 필요하다는 질문이고, 세존이 대답하신 의미는 언설과 법이 서로 필요하지 않으니, 먼저 법에는 없고 언설에는 있다는 것을 밝히고 뒤에 언설에는 없고 법에는 있다는 것을 밝힌 것이다. 그러므로 아래에서 결론지어서 '언설과 법이 서로 필요하지 않다'고 한 것이다. '대혜여!' 아래는 일을 들어서 해설을 완성시킨 것이다.

다) 대의를 결론지어 해석함(結釋大意)

(나) 설함과 들음을 결론지음(結成說聽)

[83b07] [《疏》] 旣語嘿視瞬皆說者, 問: 嘿名爲說, 行相云何? 復用何法, 而爲敎

390 《演義鈔》 권제12(T36, 093b21).

體? 答: 由其嘿住, 令根生解, 故名爲說. 或取彼人五蘊爲體, 約事相也, 或取無言眞如爲體, 約理性也.

[소] '이미 말하고 침묵하고 바라보고 눈을 깜박이는 것이 모두 설하는 것이라면'[391] 하는 것은, 묻는다. 침묵하는 것을 설법한다고 하면 행상은 어떠한가? 또다시 무슨 법을 써서 교체로 삼는가?

답한다. 침묵하면서 머무는 것을 통해 근기들에게 이해가 생기게 하므로 설한다고 한다. 혹은 그 사람의 오온五蘊을 취하여 교체로 삼기도 하니 사상事相에 한정한 것이고, 혹은 무언의 진여로써 교체를 삼기도 하니 이성理性에 한정한 것이다.

바. 경계를 거둬 오직 마음뿐인 교체(攝境唯心體)

가) 총체적으로 밝힘(總明)

[83b11] [《鈔》] 如聲是色卽二所顯影者, 耳·意二識所現影也. 或說·聽二識所現影也.

[초] '예컨대 음성은 색법이라서 곧 둘이 나타낸 바(所顯)의 영상인데'[392]라는 것은 이식耳識과 의식意識의 2식이 나타낸 바의 영상이다. 혹은 설하거나 듣는 2식이 나타낸 바의 영상이다.

391 《大疏》 권제3(T35, 519a28)이다.

392 《演義鈔》 권제13(T36, 094b27)이다.

나) 장을 나눠 따로 해석함(開章別釋)

(나) 따로 해석함(別釋[四句])

㉮ 본질과 영상이 상대함(本影相對[四句])

a. 오직 본질이요 영상은 없음(唯本無影)

[83b13] [《疏》] 唯本無影者, 如日舒光, 親[393]照本法故.[394]

[소] '오직 본질뿐이요, 영상은 없다'[395]라는 것은 해가 빛을 뻗치는 것처럼 친히 본래의 법을 비추기 때문이다.

b. 본질이면서 영상임(亦本亦影)

b) 모이고 쌓여서 드러남을 밝힘(明聚集顯現)

(a) 모이고 쌓이는 모습을 모두 밝힘(總明聚集之相)

[83b14] [《疏》] 復說五心集現者, 非是五心法等現, 但是經歷五心影像, 聚集影[396]現. 言五心者, 一率爾心, 創初[397]遇境, 都未作解, 二尋求心, 推求前境, 仍猶預故, 三決定心, 了知前境, 生印可故, 四染淨心, 旣識前境, 作善作惡, 五等流心, 同前善惡, 後念相續故.

---

393 底本에는 "新",《金澤寫本》 참조 수정.

394 底本에는 "也",《金澤寫本》 참조 수정.

395 《大疏》 권제3(T35, 519b13)이다.

396 底本에는 "顯",《金澤寫本》 참조 수정.

397 底本에는 "物",《金澤寫本》 참조 수정.

[소] '또다시 5심五心이 모여 나타나는 것으로 설명한다'[398]라는 것은 5심의 법이 똑같이 나타나는 것이 아니고, 다만 5심을 경력한 영상이 취집되어 영상으로 나타나는 것이다. '5심'이라고 한 것은 첫째는 솔이심率爾心이니, 처음으로 경계를 만나 아직 진히 이해를 짓지 못하는 것이요, 둘째는 심구심尋求心이니, 앞의 경계를 추구하여 이내 유예하기 때문이요, 셋째는 결정심決定心이니, 앞의 경계를 요지하여 인가를 내기 때문이요, 넷째는 염정심染淨心이니, 이미 앞의 경계를 식별하여 선도 짓고 악도 짓기 때문이요, 다섯째는 등류심等流心이니, 앞의 선악과 동일하게 뒤의 생각이 상속하기 때문이다.

(b) 5심의 많고 적음을 따로 해석함(別釋五心多少)

[83b19] [《疏》] 總十二心等者, 散亂聞經也. 專注聞經, 但有八心, 於行常二字上, 除率爾·尋求二心故.

[소] '총체적으로 12심'[399] 등이라는 것은 '산란심'으로 경전을 듣는 것이다. 전일하게 주재하여 경전을 듣는 것은 다만 8심만이 있으니, (제)행行(무)상常의 2글자 위에 '솔이심'과 '심구심'의 둘은 제외되기 때문이다.

[83b20] ○言十四相者, 一云, 十四个[400]影像相, 一云, 是四聲相, 餘相依聲, 假建

398 《大疏》 권제3(T35, 519b24).

399 《大疏》 권제3(T35, 519c07). 아래도 동일.

400 底本에는 "人",《金澤寫本》 참조 수정.

立故.

○'14상相'은 일설에는 14개 영상의 상이라고 하고, 일설에는 4성상四聲相이라고 하니 나머지 상은 음성에 의거하여 임시로 건립하기 때문이다.

[83b23] [《鈔》] 言其五心初後通六識中三唯意識者,《法苑》云: "第六具五, 前之五識, 因果合說, 可有五心. 因但有四, 尋求見聞, 未了之間, 五[401]隨意轉, 亦是尋求, 有希望故. 不爾, 此心應非五攝, 率爾一念, 決定未生, 若非尋求, 便爲大失. 決定意識旣許多時, 染淨自無勢力可自引生故, 果卽具有勢力緣故. 有義八地已上五識自在, 前後相引, 亦成染淨. 許七八識前能引後, 爲染淨心, 五何不爾? 故知五識因亦具五. 總結之者, 前六具五心, 七八各四. (但無尋求. 第八界初第七轉依, 遇新境故, 容有率爾. 餘三可知.) 此中有義, 五識唯二, 但有率爾及等流心. 尋求等中五隨生者, 卽等流心, 許亂生故." 今據後義, 故《鈔》云爾.

[초] '그 5심의 처음과 뒤는 6식에 통하고, 중간의 3심은 오직 (제6)의식뿐이다'[402]라고 한 것은 《법원의림장》[403]에서 "제6식은 5심을 구족하고, 전5식은 인·과를 합하여 설하면 5심이 있게 된다. 인에는 4심만 있으니, '심구심'으로 보고 들으면서 아직 분명하게 알지 못하는 사이에 5식이 의식을 따라 전전하니 또한 '심구심'이다. 희망이 있기 때문이다. 그렇지 않으면 이 심은 5식에 거둬지는 것이 아닐 것이다. '솔이심'은 일념이

401 底本에는 "前之五識. 因果合說, 可有五心. 因但有四, 尋求見聞, 未了之間, 五"의 25자가 없다. 《金澤寫本》 참조 보충.

402 《演義鈔》 권제13(T36, 096a09). 아래도 동일.

403 《大乘法苑義林章》 권제1 〈五心章〉(T45, 256a29).

고 '결정심'은 아직 생기지 않았으니, 만일 '심구심'이 아니라면 곧 크게 잘못된다. '결정심'은 (제6)의식에서 이미 허다한 시간이고, '염정심'은 자체에 스스로 인발하여 생길 만한 세력이 없기 때문이며, 과果에는 세력의 연을 갖추고 있기 때문이다. 어떤 뜻에는 8지 이상은 5식이 자재하여 전후가 서로 인발하여 또한 '염정심'을 이룬다. 7, 8식은 앞이 뒤를 인발하여 '염정심'이 되는 것을 허여하는데 5식은 어째서 그렇지 않겠는가. 그러므로 5식의 인에도 또한 5심을 갖추고 있음을 알 수 있다.

총체적으로 결론해보면, 앞의 6식은 5심을 갖추고 있고 7, 8식은 각각 4심이다(다만 '심구심'이 없다. 제8식의 계초界初와 제7식의 전의轉依가 새로운 경계를 만나기 때문에 '솔이심'은 있다고 용납된다. 나머지의 3심은 알 것이다). 이 중에서 어떤 뜻은 5식에는 오직 둘 뿐이니 '솔이심'과 '등류심'만 있다. '심구심' 등 중간(3심)은 5식이 (의식을) 따라서 생긴 것이니 곧 '등류심'이다. (여러 식이) 뒤섞여 생기는 것을 허여하기 때문이다"고 하였다. 지금은 뒤의 뜻에 근거하였으므로《초》에서 그렇게 말한 것이다.

[83c09] ○言又前三是無記後二通善惡者,《法苑》云:"《瑜伽論》說, 初三心是無記, 第四五通三性, 此依因位中容無亂境, 五識中一與第六識, 連續生說. 若在因位, 境界强勝, 諸識雜生, 竝生五心, 皆通三性所攝. 若無漏位, 乃得自在一切多善."

○ '또 앞의 3심은 무기無記이고 뒤의 2심은 선·악에 통한다'고 한 것은

《법원의림장》[404]에서 "《유가사지론》에서 설하기를, '앞의 3심은 무기이고, 제4, 제5심은 삼성에 통한다'고 하였으니, 이것은 인위에 잡란한 경계가 없다고 허용되는 것에 의거하여 5식 가운데 1식과 제6식이 연속하여 생기는 것을 말한다. 인위에 있으면서 경계가 강승하면 여러 식이 뒤섞여 생기고 5심을 아울러 생하니 모두 삼성에 통틀어 거둬진다. 무루위의 경우는 이내 모든 선善에 자재할 수 있다"고 하였다.

c. 오직 영상이요 본질은 없음(唯影無本)

[83c14] [《疏》] 唯影無本謂大乘實教至是故聖教唯是衆生心中影像者, 問: 若爾, 何故下文說聽全收中, 終教亦具四句, 或唯說佛心現故等? 今謂通云, 彼宗以始同本, 相盡成佛, 寧有本質? 但隨妄心變現身說, 豈非唯影? 是則能現衆生爲聽, 所現影佛爲說. 本覺眞心體通二故, 名說聽全收也. 如人夢中, 見一[405]法師昇座說法, 自聽他說, 二義得成. 唯影無本, 其義亦立. 又解, 約自利內證,(隨染·智淨·性淨前三鏡.) 名唯影無本也, 約利他外現,(隨染·不思議業相·性淨緣熏習鏡) 說聽全收也.

[소] '오직 영상이요 본질은 없다. 이를테면 대승실교大乘實敎는 … 그러므로 성교는 오직 중생심 가운데의 영상일 뿐이다'[406] 등은, 묻는다. 만일 그렇다면 어째서 아래 문장에서 '설함과 들음을 전부 거둠에서는 종

404 《法苑義林章》 권제1 〈五心章〉(T45, 257c14).

405 底本에는 "一見", 《金澤寫本》 참조 도치.

406 《大疏》 권제3(T35, 519c08).

교終教도 또한 4구를 갖추고 있다. 혹은 오직 설함뿐이니, 불심이 나타낸 것이기 때문' 등이라고 했는가?

답한다. 이제 회통해서 말하겠다. 저 종은 시각始覺이 본각本覺과 같아져 상이 다해야 성불하는 것인데 어찌 본질이 있겠는가. 다만 망심을 따라 변화하여 나타난 몸이 설하는 것인데 어찌 오직 영상인 것이 아니겠는가. 이렇다면 능현能現의 중생은 듣고 소현所現의 영상불은 설하는 것이니, 본각의 진심은 체성이 둘에 통하기 때문에 '설함과 들음을 전부 거둠'이라고 하는 것이다. 마치 사람이 꿈속에서 한 법사가 법좌에 올라 설법하는 것을 본다면 자신은 듣고 타인은 설하는 것과 같으니 두 가지의 뜻이 모두 성립될 수 있고, '오직 영상이요 본질은 없다'는 그 뜻도 또한 성립된다.

또 해설해 보면, 자리의 내증內證에 한정하면(수염隨染과 지정智淨과 성정性淨은 앞의 세 가지 거울이다)[407] '오직 영상이요 본질은 없다'고 하는 것이며, 이타의 외현外現에 한정하면(수염과 부사의업상과 성정은 (넷째) 훈습을 반연하는 거울이다) '설함과 들음을 전부 거둠'이라고 하는 것이다.

[83c23] [《疏》] 此前四說至攝衆生故者, 如次圓融行布二義也. 或全收全揀二義. 或別教同教二義也.

[소] '이 앞의 네 가지 설은 (모두 합하면 하나이니 원융무애의 설이다.

407 《대승기신론》 1권(T32, 576c20)에 의하면, 覺의 체상을 비유한 네 가지 거울은 一者如實空鏡, 二者因熏習鏡, 三者法出離鏡, 四者緣熏習鏡이다.

얕은 곳에서 깊은 곳에 이르기까지) 중생을 거두기 때문이다'[408]라는 것은 차례대로 원융圓融과 항포行布의 두 가지 뜻이다. 혹은 완전히 거둠과 완전히 가려냄의 두 뜻이다. 혹은 별교別教와 동교同教의 두 가지 뜻이다.

㈏ 설함과 들음을 전부 거둠(說聽全收[四句])

b. 해석함(釋)

a) 동교同教[四句]

(c) 서로 장애하지 않기 때문에 함께 존재함(卽互不相礙)

[84a01] [《疏》]說聽雙存二教齊立者, 問: 與[409]亦影亦本何別? 答: 亦影亦本,[410] 二教條別, 今此二[411]教, 其體無殊, 全此全彼. 二門雙取, 故云齊立.

[소] '설함과 들음이 함께 존재하니 2교(동교·별교)가 나란히 이뤄진다'[412]라는 것은, 묻는다. '영상이기도 하고 본질이기도 하다'는 것과는 어떻게 구별되는가?

답한다. '영상이기도 하고 본질이기도 하다'는 2교에서 조항이 구별되지만, 지금은 이 2교가 그 체성이 다름이 없어서 온전히 이것이고 온전히 저것이다. 2문을 쌍으로 취했으므로 '나란히 이뤄진다'고 한 것이다.

---

408 《大疏》 권제3(T35, 519c20).

409 底本에는 "輿", 《金澤寫本》 참조 수정.

410 底本에는 "何別答亦影亦本"의 7자가 없다. 《金澤寫本》 참조 보충.

411 底本에는 "可", 《金澤寫本》 참조 수정.

412 《大疏》 권제3(T35, 519c28).

b) 별교別教[四句]

(b) 인문이 법을 거둠(因門攝法)

ⓒ 해석함(解釋)

[84a03] [《鈔》] 雖[413]明始本不二三大攸同而是自心各各修證等者, 譬如一珠本性明淨,(如本覺也.) 久埋泥中,(在無明中,) 瑩新明淨,(如始覺也.) 新本無殊.(始本不二,) 輕重之體, 圓明之相, 出寶之用, 一味無差.(三大攸同,) 普對多鏡,(齊對多心.) 一鏡磨時, 至明至淨, 獨照無殊, 體·相·用三,(一人心中, 先[414]修獨證三大.[415]) 餘鏡未磨, 未照其殊.(餘心未修, 未證二大.) 《華嚴》不爾也. 磨未磨二鏡互入, 故與前殊. 問: 攝境唯心中, 唯本無影, 是小乘義, 何故前文前[416]四通小、後六唯大乘? 答: 唯本無影, 非唯心義, 爲明四句, 因便言之, 故《疏》云: "唯本無影, 謂卽小乘不知唯識故." 卽斯義也. 又問: 說聽全收中, 旣有別教, 何云前八同教? 答: 旣無唯字, 理有何妨?

[초] '(《대승기신론》에서) 비록 시각과 본각이 둘이 아니라서, 삼대가 같은 바라고 밝혔지만, 이는 자심에서 각각 닦아 증득하는 것이지 (중생과 부처의 둘이 서로 온전히 거두는 것을 말한 것은 아니다)'[417] 등은, 비유하면 마치 한 개의 구슬이 본래 성질이 밝고 맑은데(본각과 같다) 오래

413 底本에는 "唯",《金澤寫本》 및 《演義鈔》 참조 수정.

414 底本에는 "光",《金澤寫本》 참조 수정.

415 底本에는 "大三",《金澤寫本》 참조 도치.

416 底本에는 없음.《金澤寫本》 참조 보충.

417 《演義鈔》 권제13(T36, 097a15).

도록 진흙 속에 묻혔다가(무명 속에 있다) 밝은 것이 새롭게 밝고 맑아지면 새로운 것과 본래의 것이 차이가 없다(시각과 본각이 둘이 아니다). 가볍고 무거운 체성과 둥글고 밝은 모습과 보석을 내는 작용은 일미여서 차별이 없다(삼대가 똑같은 것이다). 널리 여러 거울을 상대하고(나란히 여러 마음을 대한다), 한 개의 거울을 닦아낼 때 지극히 밝고 지극히 깨끗하여 홀로 비추되 체·상·용의 셋에는(한 사람의 마음 가운데 먼저 닦고 홀로 삼대를 증득하는 것이다) 차이가 없다. 나머지 거울은 아직 닦이지 않아 그 차이를 비추지 못하지만(나머지 마음은 아직 닦지 않아 아직 2대를 증득하지 못한 것이다), 《화엄》은 그렇지 않아서 닦고 닦지 않은 두 거울이 서로 들어가므로 앞과는 다르다.

묻는다. '경계를 거둬 오직 마음뿐인 것'에서는 '오직 본질이요 영상은 없다'는 것은 소승의 뜻인데, 무슨 까닭으로 앞 문장에서 앞의 네 가지 설은 소승에 통하고 뒤의 여섯은 오직 대승뿐이라고 하는가?

답한다. '오직 본질이요 영상은 없다'는 것은 유심唯心의 뜻이 아닌데 4구를 밝히기 위해서 편리를 틈타 말한 것이다. 그러므로 《소》에서 "오직 본질이요 영상은 없다. 말하자면 곧 소승은 유식唯識임을 알지 못하기 때문이다"고 한 것이 곧 이 뜻이다.

또, 묻는다. '설함과 들음을 전부 거둠' 가운데에 이미 별교가 있다고 했는데, 어째서 앞의 여덟(교체)은 동교라고 하는가?

답한다. 유唯 자가 없는데 이치상 무엇이 방해되겠는가.

### (c) 인문과 과문이 서로 어우러져 통함(因果交徹)

[84a15] [《疏》] 則隨一聖教俱非二心者, 問: 二心旣泯, 其教寧存? 又問: 心泯教存, 何言攝境唯心耶? 答: 此言泯者, 非謂落空, 但約互奪, 歸一心故, 無前二難.

[소] '즉 하나의 성교는 2심(중생심과 불심)이 모두 아닌 것을 따랐으니'[418]라는 것은, 묻는다. 2심이 이미 없다면 그 교가 어떻게 존재하겠는가? 또, 묻는다. 마음이 없어지고 교가 존재한다면 어째서 '경계를 거둬 오직 마음뿐'이라고 말하는가?

답한다. 여기서 '없어진다'고 한 것은 공에 떨어진 것을 말한 것이 아니고 다만 서로 부정하여 일심으로 귀의한 것에 한정했기 때문에 앞의 두 가지 논란이 없다.

### 사. 연緣을 모아 실제에 드는 교체(會緣入實體)

[84a18] [《疏》] 會緣入實體者, 立相始教, 攝相名會緣, 從性名入實. 終教, 緣生無性, 名會緣入實. 頓教, 相盡性現, 名會緣入實. 圓教, 將緣起相由, 歸理性融通, 名會緣入實. 義雖通爾, 正唯始·頓.

[소] '연緣을 모아 실제에 드는 (교)체'[419]라고 한 것은 입상시교立相始教는 상을 거둔 것을 '회연會緣'이라고 하고, 성을 좇는 것을 '입실入實'이라고 하며, 종교에서는 연생이어서 무성인 것을 '회연입실會緣入實'이라고

418 《大疏》 권제3(T35, 520a29).

419 《大疏》 권제3(T35, 520b07).

하며, 돈교에서는 상이 다하여 성이 나타난 것을 '회연입실'이라고 하고, 원교에서는 '연기상유문緣起相由門'을 가지고 '이성융통문理性融通門'에 귀속하는 것을 '회연입실'이라고 한다. 뜻은 비록 통할지라도 정식으로는 오직 시교와 돈교이다.

### 자. 사事와 사事가 걸림 없는 교체(事事無礙體)

#### 나) 여러 경을 인용하여 이 교체가 십현문을 갖췄음을 인증함

[84a22] [《疏》] 此方所說十住等十方亦爾卽主伴敎也者, 此意就能說之人, 分所說敎, 成主伴也. 豈可將說對[420]聽者敎分主伴也. 例知上文主伴重重, 極十方而齊唱, 不關於聽.

[소] '이 곳(方)에서 설한 십주十住 등이 시방에서 또한 그러하다는 것은 곧 주반교主伴敎이다'[421]라는 것은 이 의미는 능설能說의 사람에 입각해서 소설所說의 교를 분리하여 '주·반'을 이룬 것이다. 어찌 설자로써 청자에 상대하여 교를 주·반으로 나눌 수 있겠는가? 위의 문장에서 "주·반이 중중하게 시방 끝까지 일제히 제창한다"고 한 것에 준례하면 듣는 자와는 상관없다는 것을 알 것이다.

[84b01] ○言卽眷屬敎雖不得爲主亦是伴類者, 如因對果亦不爲主, 但得爲伴. 何所

420 底本에는 없음.《金澤寫本》참조 보충.

421 《大疏》권제3(T35, 520c19)이다. 아래도 동일.

以耶? 以劣對勝故. 問: 法法稱性, 何分勝劣? 答: 就不壞相化生儀軌, 故作是說.

○ '곧 권속교이니, 비록 주主가 되지는 못하지만 또한 반류伴類이다'고 한 것은 인이 과를 상대하면 또한 주主가 되지 못하고, 반伴이 될 수 있을 뿐인 것과 같다. 무슨 까닭인가? 열등한 것으로 수승한 것에 상대했기 때문이다.

묻는다. 법마다 성에 걸맞는데 어째서 수승함과 열등함을 나누는가?

답한다. 상을 무너뜨리지 않고 중생을 교화하는 의범에 입각하였으므로 이 말을 하였다.

[84b04] [《鈔》] 譬如書字普入一切事等者, 如書一切字, 隨目何法皆能目故. 言而無所住者, 而作其法, 無定目故.

[초] '비유하면 글자를 쓸 적에 널리 일체 사법 … 에 들어가면서도'[422] 라고 한 것은, 비유하면 '일체'라는 글자를 쓸 때 어떤 법을 지목하는 대로 모두 다 능히 지목하는 것과 같기 때문이다. '머문 바가 없다'고 한 것은 그 법을 짓되 결정코 지목한 것이 없기 때문이다.

차. 해인삼매에서 훤히 나타나는 교체(海印炳現體)

[84b06] [《疏》] 海印炳現體者, 前九爲別, 此一爲總. 攝別歸總, 此定爲體, 如香

422 《演義鈔》 권제13(T36, 098a26)이다.

海之萬影咸以香海爲體.

[소] '해인삼매에서 환하게 나타나는 교체'[423]라는 것은 앞의 아홉(교체)은 개별이 되고, 이 하나는 총체가 된다. 개별을 거둬서 총체에 귀속시키면 이 선정이 교체가 된다. 마치 향수해의 만 가지 영상이 모두 향수해로써 체성을 삼는 것과 같다.

## 6) 종취의 공통적인 것과 개별적인 것(宗趣通局[十宗])

(2) 장에 의하여 따로 해석함(依章別釋)

① 통종을 해석함(釋通宗)

다. 지금의 바른 해석을 폄(申今正解)

나) 별도로 해석함(別釋)

(가) 아我와 법이 둘 다 존재한다는 종(我法俱有宗)

[84b08] [《疏》] 諸部論師共惟[424]不受者, 受[425]者, 信也, 納也.

[소] '제부諸部의 논사가 함께 오직 받아들이지 않으면서'[426]에서 '받아

423 《大疏》 권제3(T35, 520c24)이다.

424 《大疏》에는 "推"로 되어 있다.

425 《金澤寫本》에는 "不+受"로 되어 있다.

426 《演義鈔》 권제13(T35, 521a17).

들이다'는 것은 믿는 것이고 용납하는 것이다.

(아) 진공이어서 상이 끊어졌다는 종(眞空絶相宗)

[84b09] [《疏》] 八眞空絶相宗者, 一收破相始敎, 二攝頓敎. 問: 何故列敎[427]終前頓後, 列宗頓前終後? 答: 敎約成佛遲速, 終遲在前, 頓速在後. 宗約[428]攝法寬狹, 頓狹在前,(唯理法界) 終寬在後.(通三法界) 又解, 約無相義, 正始兼頓, 故在終前. 約絶待義, 唯論[429]頓義, 故在終後.

[소] '여덟째, 진공절상종'[430]이라는 것은 첫째는 파상시교를 거두고, 둘째는 돈교를 거둔다.

묻는다. 무슨 까닭으로 교를 열거하는 데는 종교終敎를 앞으로 하고 돈교頓敎를 뒤로 하며, 종을 열거하는 데는 돈교를 앞으로 하고 종교를 뒤로 하는가?[431]

답한다. 교는 성불의 더딤과 빠름에 한정한 것이니, 종교는 더디므로 앞에 있고 돈교는 빠르므로 뒤에 있다. 종宗은 법을 거둔 것이 넓고 좁은데 한정한 것이니, 돈교는 좁으므로 앞에 두고(오직 이법계 뿐이다) 종교는 넓어서 뒤에 둔다(삼종법계에 통한다). 또 해설하면, 무상無相의 뜻에 한

---

427 底本에는 "列敎"의 두 자가 없다.《金澤寫本》 참조 보충.

428 底本에는 없음.《金澤寫本》 참조 보충.

429 底本에는 없음.《金澤寫本》 참조 보충.

430 《演義鈔》 권제13(T35, 521b29).

431 10종 가운데에 아홉째가 '공과 유가 장애되지 않는다는 종(空有無礙宗)'이기 때문이다.

정하면 바로 시교이면서 돈교를 겸하므로 종교의 앞에 둔 것이고, 절대의 뜻에 한정하면 돈교의 뜻만을 논하므로 종교의 뒤에 둔 것이다.

다) 헤아려서 가려냄(料揀)

(나) 논란을 회통함(會通妨難)

[84b14] [《疏》] 然此十宗五教互有寬狹等者, 文義稍隱, 今略指陳. 一, 以經望宗教料揀, 教寬宗狹. 一經容有多教,(寬也.) 一經唯是一宗.(狹也.) 二, 以宗教望經[432]料揀, 一宗全攝多經,(宗寬) 一教但攝一經少分.(教狹) 又解, 具數多少論寬狹, 教寬宗狹. 一經容多教,(教寬也.) 一經唯一宗.(宗狹也.) 攝經全分論寬狹, 宗寬教狹.[433] 一宗全攝於多經,(宗寬也.) 一教分攝於經文.(教狹[434]也.) 應舉喻云, 經如一國, 宗如帝王, 教如民類. 一國容有多民,(寬也.) 唯有一王,(狹也.) 民類各別不攝全國,(狹也.) 一王總攝全國.(寬也.) 思之.

[소] '그러나 이 십종十宗과 오교五教가 서로 넓음과 좁음이 있다'[435] 등은 문장의 뜻이 약간 감추어져 있으니 이제 간략하게 지목하면서 진술하겠다. 첫째, 경전으로 '종'과 '교'를 마주하여 요간하면, 교는 넓고 종은 좁다. 하나의 경전에 여러 교가 있는 것이 용납되지만(넓은 것이다) 하나의 경전에 오직 하나의 종뿐이다(좁은 것이다). 둘째, '종'과 '교'로 경전

432 底本에는 "教", 《金澤寫本》 참조 수정.

433 底本에는 "教", 교감 주 및 《金澤寫本》 참조 수정.

434 底本에는 "教", 교감 주 및 《金澤寫本》 참조 수정.

435 《大疏》 권제3(T35, 521c14).

에 마주하여 헤아려 가려내면, 하나의 '종'이 완전히 여러 가지 경전을 거두지만(종이 넓다) 하나의 교는 다만 한 가지 경전의 적은 부분만을 거둔다(교가 좁다).

또 해설해 보면 갖춘 수의 다소로 넓고 좁은 것을 논하면, '교'는 넓고 '종'은 좁으니, 하나의 경전에 여러 '교'가 용납되지만(교가 넓다), 하나의 경전에 오직 한 '종'뿐이다(종이 좁다). 경전의 전체부분을 거둬 넓고 좁은 것을 논하면, '종'은 넓고 '교'는 좁으니, 하나의 '종'은 여러 가지의 경전을 전체적으로 거두지만(종이 넓다), 하나의 '교'는 경전을 부분적으로 거둔다(교가 좁다). 비유를 들어서 말하면 경전은 한 국가와 같고 '종'은 제왕과 같으며 '교'는 백성의 부류와 같다. 한 국가는 여러 백성들이 있는 것이 용납되지만 오직 한 명의 국왕뿐이고, 백성의 부류는 각별하여 전국을 거두지 못하지만(좁다), 한 명의 국왕은 전국을 총괄적으로 거둔다(넓다) 생각하라.

② 별종을 해석함(釋別宗)

나. 장章을 열어 별도로 해석함(開章別釋)

나) 장에 의지하여 별도로 해석함(依章別釋)

(나) 지금의 뜻을 폄(申今義)

㈐ ('부사의' 자를) 첨가한 까닭을 드러냄(彰加所以)

[84b23] [《疏》] 龍樹指此爲《大不思議經》者, 問:[436] 準此淸凉宗中, 少一大字. 如

436 底本에는 "同",《金澤寫本》참조 수정.

無大字, 揀濫不盡, 還同賢首. 答: 法界緣起等言, 義同大字. 以揀神通解脫等不思議也.

[소] '용수보살은 이 경을 가리켜 《대부사의경大不思議經》이라고 하였다'[437]라는 것은, 묻는다. 여기 청량의 종취에 준거하면 '대大' 한 글자가 적다.[438] '대' 자가 없다면 혼동을 가려내는 것을 다하지 못하고 도리어 현수와 같아질 것이다.[439]

답한다. '법계연기(부사의)' 등의 말은 의미상 '대大' 자와 같다. 신통과 해탈 등의 부사의함과 가려낸 것이다.

### 7) 부류와 품과 회(部類品會)

#### (2) 품과 회의 차별을 드러냄(顯品會差別)

[84c02] [《疏》] 第二品會差別者, 據文約簡, 攝義淵弘, 綸[440]綜宏綱, 研覈妙趣也. 且八十卷,《圓經》浩渺, 畢在斯門, 況十萬偈, 具本幽微, 盡含此處. 是以《鈔》文控提首尾, 區[441]派源流, 隨會會而來意先陳, 依品品而正文次釋. 躡前起後, 歷歷

437 《大疏》 권제3(T35, 522a27).

438 징관은 《화엄경》의 종취를 '法界緣起不思議'라고 했으므로 '대' 자가 없다는 말이다.

439 법장은 《화엄경》의 종취를 광통율사가 말한 '因果理實'을 취하였고, '緣起法界'를 덧붙여서 '因果緣起理實法界'라고 하였다.

440 《金澤寫本》에는 "論"으로 되어 있다.

441 底本에는 "漚",《金澤寫本》 참조 수정.

兮[442]星布義天, 辨趣開宗, 昭昭兮月臨性海. 遵泣岐悲絲之誨, 焉敢增華, 憑爭衣折杖之儀, 叨輝潤色. 類五岳而巉崿, 何讓纖塵, 同四海以汪洋, 靡辭滴水. 鮮演昔但講宣之際, 於茲尙欲書細, 今當染翰之時, 至此難緘狂簡. 不揆庸虛, 粗伸重釋. 良以餘論餘經, 顯隨宜乎, 但依一勢, 斯文斯義, 表稱性乎, 轉變多端. 由是附《大疏》十例之科判, 狀若星分, 收《圓經》一部之眞詮, 形同滿月.

[소] '제2 품品과 회會의 차별'[443]이라는 것은 문장에 근거하면 간략하지만 뜻에 준거하면 깊고 넓으니, 크나큰 강령을 꿰뚫어 종합하고 미묘한 취지를 연구하여 실상을 조사한 것이다. 우선, 80권의 《원경圓經》이 드넓고 아득하지만 모두 이 (품과 회의 차별)문에 있다. 하물며 10만 게송에 본래 갖춰진 유미幽微를 이곳에 다 포함하고 있는 것이겠는가. 이 때문에 《초》의 문장에서 수미를 끌고 당기면서 원류를 구획지어 갈라내되, 회마다 먼저 오게 된 의미를 좇아 진술하고, 그 다음으로 품마다 정문正文에 의거하여 해설한다.

앞을 뒤밟아 뒤를 일으킴이 뚜렷하고 뚜렷함이여! 별이 의천義天에 넓게 깔린 듯하고, 취지를 가려내고 종파宗派를 나눔이 훤하고 훤함이여! 달이 성해性海에 비춘 듯하다. 기로岐路를 근심하고 사로絲路를 애달파하는 가르침에 따랐는데 어찌 감히 잡화를 보탤 것이며, 가사를 다투고 석장을 꺾는 의례에 기댔는데 광채를 함부로 하여 색을 윤택하겠는가. 오악五岳과 무리를 짓는데 험준한 산악이 어찌 섬세한 미진에 밀리겠으

442 底本에는 "分", 교감 주 및 《金澤寫本》 참조 수정.

443 《大疏》 권제3(T35, 523b22).

며, 사해四海와 같이 넘실대는데 한 방울 물에 고사하겠는가.

선연이 옛날에 강의만을 펼 즈음에 이에 대해 오히려 세밀하게 쓰려고 했는데 이제 금계에 물든 때를 만났으니 여기에 이르러서 소홀하고 거친 점을 함구하기가 어렵다. 나의 용렬하고 허망함을 살피지 않고 대략 거듭 해설을 펴겠다. 참으로 다른 논서와 경전은 마땅함에 따른 것임을 드러내되 한 세력에만 의지했지만 여기 문장과  뜻은 성품에 걸맞음(稱性)을 표현하되 여러 갈래로 점차 변화한다. 이로 인해《대소》의 열 가지 예로 과판科判을 붙인 것은 모습이 별처럼 나뉘고,《원경》 한 부질의 참된 말씀(眞詮)을 거둔 것은 형상이 만월과 같다.

(2) 경문의 뜻을 따로 해석함(別解文義)[444]

① 총체적으로 과판함(總科判)

다. 해석함(解釋[10과])

가) 본부本部를 삼분한 과(本部三分科)

且初本部三分科者, 肇興彌天之判, 終符《佛地》之文, 今古同遵,[445] 華梵共稟. 洎從光統, 迄至淸凉, 通將一經, 科爲三分, 〈妙嚴品〉爲序分, 〈現相品〉下爲正宗, 〈法界品〉內, "時文殊從善住樓閣出"下爲流通. 所以三者, 慈龍降雨八方, 先布於密雲, 大聖談眞三世, 始彰於嚴事, 故受之以序分. 醫王治世, 逢痾必賜於靈丹, 善逝

444 이 단락과 아래의 과판 부분은《大疏》와《演義鈔》에는 〈10) 경문의 뜻을 따로 해석함(別解文義)〉의 (2) 경문의 뜻을 따로 해석함(10문)의 '제1문, 총체적으로 과판함'에 해당된다. 선연은 이를 〈7) 부류와 품과 회(部類品會)〉에서 함께 설명하고 있다. 따라서 10)의 해당 과문을 여기에 덧붙였다.[역자 주]

445 底本에는 "導",《金澤寫本》 참조 수정.

調根, 遇器當宣於妙法, 故受之以正宗. 天池浩汗, 派流橫亘於四方, 教海汪洋, 傳道[446]竪窮於三際. 雖本會而周畢, 貴末葉而葉葉傳芳,[447] 然佛日而潛輝, 令法燈而燈[448]燈續焰. 故受之以流通. 羅初·中·後之三善, 始末可觀, 列孟·仲·季之三時, 寒喧[449]有序.

'우선, 처음 〈본부本部의 삼분三分 과단〉'[450]은 '미천彌天(동진)'의 과판에서 비롯해 일어나 '《불지론佛地論》'의 문장에서 종지부를 찍었다. 고금에 똑같이 준수하고 중국과 인도에서 함께 품 받은 것으로 광통으로부터 청량에 이르기까지 한 경전을 통틀어 삼분으로 과단하였으니, 〈세주묘엄품〉은 '서분'이고, 〈여래현상품〉 이하는 '정종분'이며, 〈입법계품〉 내에 '그때 문수보살이 잘 머물던 누각으로부터 나와' 이하는 '유통분'이다.

삼분인 까닭은 자비로운 용왕이 팔방으로 비를 내릴 때 먼저 빽빽한 구름을 펼치듯이, 대성께서 삼세에 걸쳐 '진'을 말할 때 처음에 장엄하신 일을 드러낸다. 그러므로 '서분'으로 받는다. 의왕醫王이 세간을 치유하는 데에 숙병을 만나면 반드시 영단靈丹을 주듯이, 선서께서 근기를 길들이는 데에 근기를 만나면 당연히 묘법을 널리 선설해야만 한다. 그러므로 '정종분'으로 받는다. 천지天池가 드넓게 넘실대니 지류가 흘러서 공간적(橫)으로 사방에 뻗치고, 교해敎海는 드넓게 넘쳐나니 도道가 전해

446 底本에는 없음.《金澤寫本》참조 보충.

447 底本에는 "方",《金澤寫本》참조 수정.

448 《金澤寫本》에는 "而燈"의 두 자가 없다.

449 "喧"은 "暄"이 되어야 할 듯하다.[역자 주]

450 《大疏》권제4(T35, 527a03).

져 시간적(竪)으로 삼제三際를 다한다. 비록 본회에서 두루 다했지만 말엽이어야 잎마다 꽃향기를 전하는 것이고, 불일佛日이 빛을 잠겨두더라도 법등이어야 등불마다 계속해서 타오르는 것이다. 그러므로 '유통분'으로 받는다. 초선·중선·후선의 세 선법善法을 나열하되 처음부터 끝까지 볼 만하고, 맹·중·계의 삼시三時로 열거하되 춥고 더움에는 질서가 있다.

#### (가) 서분序分[제1품]

且初〈妙嚴品〉爲序分者, 總標六成就, 顯七處之圓宗, 遍嚴三世間, 爲九會之都序. 以〈現相品〉下爲正宗者, 勒五十五卷之寶偈, 日朗星纏, 編三十八品瓊章, 連珠貫玉.

우선, 초품인 〈세주묘엄품〉으로 '서분'을 삼은 것은 6성취를 총체적으로 표시하여 7처의 원종圓宗을 드러내고, 삼세간을 변만하게 장엄하여 9회의 도서都序(모든 첫머리)가 된다. 〈여래현상품〉 이하로 '정종분'을 삼은 것은 55권의 보배로운 게송을 묶은 것이 해가 별무리에서 밝은 듯하고, 38품의 아름다운 문장은 구슬과 옥을 연이어서 꿴 듯하다.

#### (나) 정종분正宗分[제2품~제39품 본회]

粗衣品次, 略辨宏綱, 且由致旣彰, 正宗將闡. 四十念興於衆海, 擧其問端, 五重相現於如來, 將其酬答, 面門光召於衆刹, 表從佛生, 眉間光矚於普賢, 示說法主, 降神力而威加, 震動刹網, 垂禎祥而應現, 警策群根, 地湧妙色之華, 顯談依果, 毫出勝音之衆, 彰教佛流, 爲說法之端倪. 故受之以〈如來現相品〉. 二, 瑞相彌著, 法主將宣, 覩毫光而懸解毗盧之心, 照法理而親入藏身之定, 內觀事理, 外鑒根宜, 上感佛加, 下爲物軌, 故受之以〈普賢三昧品〉. 三, 旣入至定, 感諸佛而讚揚, 特沐勝緣, 篤群根而信受, 陳十方之依報, 刹海莊嚴, 攬十種之因緣, 世界成就. 故受之以〈世界成就品〉. 四, 已知大覺之通依, 體同狀異, 未審本師之別刹, 因淨果嚴, 莊嚴無盡, 一一量等於虛空, 妙勝難思, 塵塵遍含於法界. 故受之以〈華藏世界品〉. 五, 依報旣彰, 昔因宜顯, 猶根深而果茂, 若源遠而流長. 修因號威光, 歷事難思, 佛尅果名遍照, 莊嚴無盡, 方擧果人而顯因法. 故受之以〈毗盧舍那品〉. 已上明所信因果, 爲第一會, 名擧果勸樂生信分也. 六, 已知依報殊勝, 無量莊嚴, 未審正報難思, 如何圓滿. 乃應物而成身, 遍百億四天之下, 各隨宜而立號, 建百億萬種之名. 故受之以〈名號品〉. 七, 普隨物欲, 廣說法輪, 一諦別名一十千, 四諦通稱四百億, 故受以〈四諦品[451]〉. 八, 顯身智而兩光, 鑒事理[452]之二境, 境旣性相而無礙, 光必色心而圓融. 故受之以〈光明覺品〉. 九, 上四品爲所信, 身語意之三業, 下三品作能信, 解行德之三心. 十, 首菩薩顯解而互相激揚, 十種甚深彰玄而往復徵詰, 故受之以〈菩薩問明品〉. 十旣有正解, 復須勝行, 類膏明而相助, 猶足目而更資, 歷境造修, 逢緣運觀, 轉煉悲智, 兼濟自他. 故受之以〈淨行品〉. 十一, 妙解旣發, 淨行復修, 得具殊因, 須獲勝德. 以圓功德而莊嚴, 攝四十二位之賢聖, 以圓力用而建立, 化二十五有之衆生. 賢首說此, 故受之以〈賢首品〉. 已上明第二會十信法門竟. 十二, 十信已周, 十住將演, 不動覺樹而昇釋天. 其猶澄江者, 一月共觀者, 三舟隨南北而不離中流, 住中流而常隨南北, 應赴彼根. 故受之以〈昇須彌山

451 底本 및《金澤寫本》에는 "品"자가 없음. 이 〈사제품〉을 제외하고 나머지 38품은 모두 "품"자를 붙였다. 따라서 빠진 것으로 간주하여 보충[역자 주]

452 底本에는 없음.《金澤寫本》참조 보충.

頂品〉. 十三, 隨根緣而如來月現, 讚佛德而菩薩雲臻, 彰雲體而深玄, 顯眞空而寥廓, 故受之以〈須彌山頂上偈讚品〉. 十四, 感應旣交, 根敎相扣, 明信滿而得入正定, 談慧深而安住眞空, 故受之以〈十住品〉. 十五, 總位別行已彰, 通修淨行宜顯, 歷十境之深觀, 運四等之妙心, 趣[453]十力之眞智, 生不二之勝解, 初發心時便成正覺, 故受之以〈梵行品〉. 十六, 位行旣具, 勝德須談, 且明初住之殊功, 以況後位之勝德. 强取世喩, 但量等於虛空, 若就圓宗, 寔功齊於種智. 故受之以〈初發心功德品〉. 十七, 下賢旣滿, 將[454]起中賢, 說於妙慧明門, 示於策心勝進. 故受之以〈明法品〉. 已上明第三會十住竟. 十八, 十住已圓, 將談十行, 亦須赴感, 俯應其根, 故受之以〈昇夜摩天宮品〉. 十九, 主旣赴感, 件必讚揚, 顯行體而深玄, 依佛智而寥廓, 故受之以〈夜摩宮中偈讚品〉. 二十; 由致旣彰, 正宗宜顯, 因修正行, 位尅中賢. 故受之以〈十行品〉. 二十一, 已圓中賢, 將趣後位, 蘊積衆行, 擬將圓迴. 故受之以〈十無盡藏品〉. 已上明第四會十行竟. 二十二, 中賢旣具, 將闡上賢,[455] 示應當根, 說主赴感, 故受之以〈昇兜率天宮品〉. 二十三, 旣主件而咸集, 伸總別之讚揚, 顯迴向之願門, 依如來之智海. 故受之以〈兜率宮中偈讚品〉. 二十四, 由漸[456]旣圓, 本宗應顯. 分十向而無障無礙, 迴三處而難思議. 故受之以〈十迴向品〉. 上已明第五會竟. 二十五, 三賢具闡, 十聖宜談, 趣佛智而四河同入於天池, 秀德華而萬物齊生於地面, 類十德之大海, 德德該通, 同十德之寶珠, 德德增勝, 作菩薩之心階, 爲如來之智業. 故受之以〈十地品〉. 第六會竟. 二十六者, 因地將滿, 正覺將成, 建勝

453 底本에는 "赴", 《金澤寫本》 참조 수정.

454 底本에는 "性", 《金澤寫本》 참조 수정.

455 底本에는 "顯", 교감 주 및 《金澤寫本》 참조 수정.

456 底本 및 《金澤寫本》에는 "漸"이지만 전후 문맥상 "由致"의 "致"가 되어야 할 것이다.

進之殊熏, 立等覺之勝位, 廣闢多門, 量同法界, 略伸教義, 分顯深玄, 先[457]明妙定, 徹究眞源, 善發神通, 能生智慧. 故受之以〈十定品〉. 二十七, 深定之用至聖至靈, 妙智之功無擁無障. 故受之以〈十通品〉. 二十八, 定力難思, 神通圓[458]議, 由智極而作本, 假慧奧而爲源. 故受之以〈十忍品〉. 二十九, 定通智之三用, 辨說[459]難量, 算[460]數喩之三門, 慧心莫測, 重重校比, 明等覺而難知, 一一對量, 況妙覺而微細, 阿僧祇爲大數之首, 故受之以〈阿僧祇品〉. 三十, 念劫圓融, 刹那間莫窮邊際, 塵刹該攝, 極微有無盡普賢, 略陳指示, 粗顯如來, 以後刹而倍前時, 以前劫而爲後日. 故受之以〈壽量品〉. 三十一, 上就實說, 無塵不是佛所居, 指事寄談, 有處堪爲聖依心. 故受之以〈菩薩住處品〉. 三十二, 等覺已周, 妙覺應闡, 明佛德而總超言念, 顯果位而悉扣冲玄. 故受之以〈佛不思議法品〉. 三十三品,[461] 身相普周, 具十蓮藏之塵數, 功業宏廓, 該三世間之分量. 故受之以〈十身相海品〉. 三十四,[462] 大相旣爾, 隨好更多, 一一好中有多光明, 一一光明有多神用, 破阿鼻之地獄, 生兜率之天宮, 三重頓圓, 十地速滿. 故受之以〈隨好光明功德品〉. 上明差別因果, 次辨平等因果, 謂因無異果之因, 果無異因之果,[463] 因果[464]交徹而不一, 因果歷然而莫殊, 因卽普賢之[465]行門, 三十五, 故受之以〈普賢行品〉. 果卽如來之性起, 三十六, 故受之以〈如來出現品〉. 上六會修因契果生解分竟. 三十七, 上契果而修因, 該羅

---

457 底本에는 "光".《金澤寫本》 참조 수정.

458 底本에는 "門".《金澤寫本》 참조 수정.

459 底本에는 없음.《金澤寫本》 참조 보충.

460 底本에는 "等".《金澤寫本》 참조 수정.

461 전후의 모든 숫자에 '품' 자가 없는데 33에만 '품' 자가 있다. 따라서 연문인 듯하다.

462 底本 및 《金澤寫本》에는 "+海品三十四"의 5글자가 더 있다. 교감 주 및 《大疏》 참조 삭제.

463 底本에는 "果之因"으로 되어 있다.《金澤寫本》 및 《演義鈔》 참조 수정.

464 底本에는 "因果"의 두 자가 없다.《金澤寫本》 참조 보충.

465 底本에는 "三".《金澤寫本》 참조 수정.

六位, 今攝解而成行, 融貫一時. 雲興二百之問, 掩義天之慧光, 缾瀉二千之酬, 漲心地之法水, 處世無染. 故受之以〈離世間品〉. 第八會竟. 三十八, 上辨其行, 今明其證, 佛入嚬申之定, 普現神通, 衆在[466]逝多之林, 頓證法界. 故受之以〈法界〉本會. 上來多段, 總是正宗已竟.

대강 품品의 차례에 의거하여 간략하게 크나큰 강령을 변별하겠다. 우선, 유치由致는 드러났으니 정종분을 천양해 보겠다.[467]

(1.) 대중바다(衆海)에서 40가지의 생각(念)[468]을 일으켜 그 질문의 단서를 거들고, 여래께서 오중五重으로 현상을 나타내어 답변할 적에, 입의 광명으로 중찰을 불러들여 부처로부터 생겼음을 표현하고, 미간의 광명으로 '보현보살'을 자세히 보여 설법의 주체임을 보이며, 신통력으로 위엄 있는 가피를 내려서 찰토의 제망을 진동시키고, 상서로운 징조를 응현하는 데에 드리워서 많은 근기들을 경책하며, 땅에서는 묘색의 꽃이 솟아올라 의보의 과를 말할 것임을 현시하고, 털끝에서는 승음勝音보살의 대중들이 나와 가르침이 부처님으로부터 유출된 것임을 드러내는 것이 설법의 단서가 된다. 그러므로 〈여래현상품〉으로 받는다.

466 底本에는 "生",《金澤寫本》 참조 수정.

467 이하 39품의 유치와 정종을 밝힌 부분은《演義鈔》 권제15(T36, 111a10)의 내용을 선연이 자구나 구절을 첨삭하는 형태로 재정리한 것이다. 이로써 좀 더 정연한 문장이 되었다.

468 전호련(海住),《화엄의 세계》(서울, 민족사, 1998) p.40, "'제불諸佛'의 '지地, 경계, 가지加持, 소행, 력, 무소외, 삼매, 신통, 자재, 무능섭취, 안, 이, 비, 설, 신, 의, 신광身光, 광명, 성聲, 지智'의 20념과 '세계, 중생, 법계안립, 불, 불바라밀, 불해탈, 불변화, 불연설, 불명호, 불수량'등 '해'의 10념과 '일체'의 '보살서원, 발취, 조도, 보살승, 보살행, 보살출리, 보살신통, 보살바라밀, 보살지地, 보살지智'등의 '해' 10념 등 40념으로 질문한 것이다."

2.[469] 상서로운 현상이 온 세상에 드러나서 법주가 설법을 펴려고 할 적에, 백호의 광명을 보고서 비로자나불의 마음을 알며, 법의 이치를 비추어 몸소 '여래장신' 선정에 들어서 안으로는 사事·리理를 관찰하고 밖으로는 근기의 마땅함을 비추며, 위로는 불의 가피를 감득하고 아래로는 사물의 궤칙이 된다. 그러므로 〈보현삼매품〉으로 받는다.

3. 이미 지극한 선정에 들었으니 제불이 찬양하는 것을 감득하고, 특별히 수승한 연을 윤택하였으니 여러 근기들이 믿어 받아들이는 것을 돈독히 한다. 시방의 의보依報를 진술하니 찰해가 장엄되고, 십종의 인연을 가려 뽑으니 세계가 성취된다. 그러므로 〈세계성취품〉으로 받는다.

4. 대각大覺의 공통적인 의보依報가 체성은 같고 모습은 다르다는 것은 알았으나, 아직 본사本師의 개별적인 찰토가 인행이 청정하고 과덕이 장엄하다는 것을 환히 알지 못한다. 장엄이 무진하여 낱낱이 허공과 길이 같고, 묘하고 수승함은 생각하기 어려워 찰진마다 법계를 변만하게 포함한다. 그러므로 〈화장세계품〉으로 받는다.

5. 의보는 드러났으니 옛날의 인연이 마땅히 현시되어야 한다. 마치 뿌리가 깊으면 열매가 무성하고, 근원이 멀면 흐름이 장구한 것과 같다. 인행을 닦을 때는 '위광태자'라고 부르니 경력한 일은 생각하기 어렵고, 부처의 정확한 과를 '변조遍照(비로자나)'라고 하니 장엄이 무진하다. 과인果人을 들어야만 인법因法을 드러낸다. 그러므로 〈비로자나품〉으로 받는다. 이상 '믿음 대상의 인과(所信因果)'를 밝혔다. 제1회 '과덕을 거론하여

---

469 정종분이 제2품인 〈여래현상품〉에서 시작되므로 그것이 1이 되고, 다음의 〈보현삼매품〉이 2가 된다. 따라서 39품의 순서와는 1씩 차이난다.

즐거이 믿음을 내도록 권장하는 분(擧果勸樂生信分)'이라고 한다.

6. 이미 의보가 수승하여 무량한 장엄인 것을 알았지만 아직 정보正報는 생각하기 어려워 얼마나 원만한지 모른다. 이에 만물에 응현함으로 몸을 이루어서 백억 사천하에 변만하고 각각 마땅함을 따라 호를 세워 백억만 종류의 명칭을 건립한다. 그러므로 〈여래명호품〉으로 받는다.

7. 널리 사물의 욕락에 따라 자세하게 법륜을 설하니 한 가지의 성제聖諦에 별명이 만 가지여서 사성제의 통칭이 4백억 명칭이다. 그러므로 〈사성제품〉으로 받는다.

8. 신身과 지智의 두 광명을 나타내어 사·리의 두 경계를 비추니, 경계는 이미 성·상이 무애하고 광명은 반드시 색·심이 원융하다. 그러므로 〈광명각품〉으로 받는다.

9. 위의 4품은 믿음 대상(所信)의 신·어·의 삼업이 되고, 아래의 3품은 믿음 주체(能信)의 해·행·덕 3심이 된다. 열 분의 '수首' 보살이 이해를 나타내어 서로서로 격양하고 십종의 심심甚深[470]함으로 현묘함을 드러내어 왕복으로 따져 묻는다. 그러므로 〈보살문명품〉으로 받는다.

10. 바른 이해가 있게 되었으니 또다시 수승한 수행이 필요하다. 기름과 등촉이 서로 돕는 것과 비슷하고 발과 눈이 서로 밑천이 되는 것과 같다. 경계를 경력하면서 수행으로 나아가고, 연을 만나 관조를 운용하며, 대비와 지혜를 점점 단련하고 자타를 겸하여 구제한다. 그러므로 〈정행품〉으로 받는다.

---

470 十種의 甚深은 ①연기緣起, ②교화, ③업과, ④설법, ⑤복전, ⑥정교正敎, ⑦정행, ⑧조도, ⑨일승, ⑩불의 경계 등이다.

11. 묘한 이해가 이미 발현되었고 정행을 또다시 닦았으니, 특수한 인행을 구족하려면 수승한 공덕을 얻을 필요가 있다. 원만한 공덕으로써 장엄하여 42계위의 현성을 거두며, 원만한 역용으로써 건립하여 25유有의 중생을 교화한다. 현수보살이 이것을 설한다. 그러므로 〈현수품〉으로 받는다. 이상 '제2회의 십신十信 법문'을 밝혔다.

12. 십신十信이 주변하였으니 십주十住를 연설하려 할 적에 보리수(覺樹)에서 움직이지 않고 제석천에 오른다. 그것은 마치 맑은 강물위에서 달 하나를 함께 보는 자들이 세 개의 배로 남북으로 따라가되 중류를 벗어나지 않으며, 중류에 머무르되 항상 남북으로 따라가는 것처럼 저 근기들에 응현하여 달려간다. 그러므로 〈승수미산정품〉으로 받는다.

13. 근기의 연을 따라서 여래가 달처럼 나타나고, 불덕佛德을 찬탄하면서 보살들이 구름처럼 이르니 구름의 체성이 깊고 현묘한 것임을 드러내고, 진공眞空은 적막하고 드넓은 것임을 현시한다. 그러므로 〈수미정상게찬품〉으로 받는다.

14. 감득과 응현을 주고받았으니 근기와 가르침이 서로 당기는 데는 신심의 원만을 밝혀야 바른 선정에 들어갈 수 있고, 지혜의 깊음을 얘기하여야 진공眞空에 안주한다. 그러므로 〈십주품〉으로 받는다.

15. 총체적인 지위와 개별적인 인행이 드러났으니 통틀어 닦는 정행을 마땅히 드러내어야 한다. 열 가지 경계의 심관深觀을 거치고, 사등四等의 묘심[471]을 운용하며, 십력十力의 진지眞智에 취입하고, 둘이 아닌 수승한 이해를 내어 처음 발심할 때에 곧 정각을 성취한다. 그러므로 〈범

471 무연無緣의 사등심四等心을 말하니, 자리自利·이타利他·상구上求·하화下化의 네 가지이다.

행품〉으로 받는다.

16. 지위와 인행이 갖춰졌으니 수승한 덕을 말해야 한다. 우선 초주初住의 수승한 공덕을 밝혀서 후위後位의 수승한 공덕에 견준다. 세상의 비유를 억지로 취하면 무릇 그 양이 허공과 똑같고, 원종에 입각한다면 진실로 공덕은 일체종지와 가지런하다. 그러므로 〈초발심공덕품〉으로 받는다.

17. 하현下賢이 원만해졌으니 장차 중현中賢을 일으키려 함에 묘혜妙慧의 명문明門에 대해 설하여 마음을 채찍질하여 정진을 수승하게 하는 것을 보인다. 그러므로 〈명법품〉으로 받는다. 이상 '제3회 십주十住'를 밝혔다.

18. 십주가 원만해졌으니 십행을 말하려 할 적에 또한 감득한 데 달려가 굽어서 그 근기에 응해야 한다. 그러므로 〈승야마천궁품〉으로 받는다.

19. 주체가 감득한데로 달려갔으니 반려는 반드시 찬양하게 된다. 인행의 체성이 매우 현묘함을 드러내고 불지佛智가 고요하고 드넓은 데 의지한다. 그러므로 〈야마궁중게찬품〉으로 받는다.

20. 유치가 드러났으니 정종을 현시해야만 한다. 인행은 정행을 닦고 지위는 중현에 확정된다. 그러므로 〈십행품〉으로 받는다.

21. 중현이 원만해졌으니 장차 후위에 나아가야 한다. 중다한 인행을 모아 쌓고 원만한 회향을 버금가게 가져온다. 그러므로 〈십무진장품〉으로 받는다. 이상 '제4회 십행'을 밝혔다.

22. 중현中賢이 갖춰졌으니 앞으로 상현上賢을 천명해야 한다. 해당 근기에 응현함을 보여주고 설주說主가 감득한 데로 달려간다. 그러므로 〈승도솔천궁품〉으로 받는다.

23. 주체와 반려가 다 함께 모였으니 총체적이고 개별적인 찬양을 펴고 회향의 원력 문을 현시하는데 여래의 지혜바다에 의지한다. 그러므로 〈도솔궁중게찬품〉으로 받는다.

24. 유치가 원만해졌으니 본종本宗을 현시해야 한다. 십회향을 구별하되 무장무애하고, 3처에 회향하되 생각하기 어렵다. 그러므로 〈십회향품〉으로 받는다. 이상 '제5회'를 밝혔다.

25. 삼현이 갖춰져 드러났으니 의당 십성十聖을 말해야 한다. 불지佛智에 취입하면 사천하의 물이 똑같이 천지天池로 잠입하고 덕화가 뛰어나면 만물이 지면地面에서 일제히 생긴다. 십덕十德의 대해와 일족이 되어 덕마다 꿰어서 관통하고, 십덕의 보배구슬과 같아져 덕마다 더욱 수승하니 보살의 심계心階가 되고 여래의 지업智業이 된다. 그러므로 〈십지품〉으로 받는다. '제6회'는 마쳤다.

26. 인지因地가 장차 만족되고 정각이 성취되려 할 적에 승진의 수승한 훈습을 건립하고 등각等覺의 수승한 지위를 세워야한다. 여러 문을 자세하게 드러낸 것은 그 양이 허공과 같고, 간략하게 교의를 편 것은 깊고 현묘함을 일부분 드러낸다. 먼저 묘한 선정을 밝히고 진실한 근원을 꿰뚫어 연구하며 신통을 잘 일으키고 지혜를 생기한다. 그러므로 〈십정품〉으로 받는다.

27. 깊은 선정의 작용이 지극히 성스럽고 지극히 신령하며 묘지妙智의 공덕은 막힘도 장애도 없다. 그러므로 〈십통품〉으로 받는다.

28. 선정력은 생각하기 어렵고 신통력은 원만하게 논의하였으니 지혜의 지극함을 통해서만 근본이 되고, 지혜의 그윽함을 빌려야만 근원이 된다. 그러므로 〈십인품〉으로 받는다.

29. 선정과 신통과 지혜의 셋의 작용은 변설로도 헤아리기 어렵고, 산수로 비유한 세 가지 문[472]은 혜심慧心으로도 측량할 수 없다. 거듭거듭 비교하여 등각은 알기 어렵다는 것을 밝히고, 낱낱이 비교해 헤아려 묘각妙覺은 미세하다는 것을 견준다. 아승지는 대수大數의 첫머리가 된다. 그러므로 〈아승지품〉으로 받는다.

30. 일념과 다겁이 원만하게 융합하니 찰나지간에도 끝을 다할 수 없고, 진찰塵刹을 꾸려 거두니 극미에도 무진한 보현보살이 있다. 간략하게 지시를 진술하고 대략 여래를 드러내니 뒤의 찰토에서는 앞의 시간보다 두 배이고, 앞의 겁으로 뒤의 날을 삼는다. 그러므로 〈(여래)수량품〉으로 받는다.

31. 위로는 실實에 입각해서 설하면 어떤 미진도 불이 거주하는 곳이 아닌 것이 없고, 일을 가리키고 말에 기대면 성인이 마음을 의지할 만한 곳이 있다. 그러므로 〈보살주처품〉으로 받는다.

32. 등각이 주변하였으니 묘각을 천명해야 한다. 불덕佛德은 말과 생각을 모두 초월한다는 것을 현시하고, 과위는 텅 빔과 현묘함을 다 끌어낸다는 것을 드러낸다. 그러므로 〈불부사의법품〉으로 받는다.

33. 신상身相이 널리 주변하였으니 열연화장의 찰진 수를 갖추고 있다. 공업功業이 드넓고 확 트여 삼세간의 분량을 포괄한다. 그러므로 〈십신상해품〉으로 받는다.

34. 대상大相이 이미 그러하고 수호隨好가 다시 많다. 낱낱의 수호 중에 많은 광명이 있고, 낱낱 광명에는 많은 신통력이 있어서 아비지옥을

472 《大疏》 권제47 〈阿僧祇品〉 제30(T35, 858). 상등수, 중등수, 하등수의 세 가지 산수법이다.

무너뜨리고 도솔천궁에 태어난다. 삼중으로 단박에 원만해지고 십지가 빨리 만족된다. 그러므로 〈수호광명공덕품〉으로 받는다.

이상은 '차별인과'를 밝혔고, 다음으로 '평등인과'를 밝힌다. 말하자면 인因은 과果와 다른 인이 없고, 과는 인과 다른 과가 없다. 인과가 서로 어우러져 통하지만 하나가 아니고, 인과가 뚜렷하지만 차이는 없다. 인은 곧 보현보살의 수행문이다. 35. 그러므로 〈보현행품〉으로 받는다. 과는 곧 여래의 성기性起이다.

36. 그러므로 〈여래출현품〉으로 받는다. 이상 6회[473]의 '인행을 닦아 과에 계합하여 이해를 내는 분(修因契果生解分)'은 마쳤다.

37. 위에서는 과에 계합하여 인행을 닦으므로 6위를 포괄하여 나열하였으니, 지금은 이해를 거둬서 수행을 성취하므로 일시에 융합하여 펜다. 구름처럼 2백 가지의 질문을 일으켜서 의천義天의 혜광을 엄폐하고, 한꺼번에 2천 가지의 대답을 쏟아내어 심지心地의 법수를 장광하게 설한다. 세간에 처하면서도 물듦이 없다. 그러므로 〈이세간품〉으로 받는다. 제8회는 마쳤다.

38. 위에서는 수행을 변별하였으니, 지금은 증득함을 밝힌다. 불이 '사자빈신' 선정에 들어 널리 신통을 나타내시고 대중은 서다림(회)에 있으면서 법계를 단박에 증득한다. 그러므로 〈입법계품〉 본회로 받는다. 지금까지 여러 단락은 모두 정종분이었다.

(다) 유통분流通分[제39품 말회]

---

473 제2회(2회 보광명전)부터 제7회(3회 보광명전)까지를 말한다.

[86a22] ○後流通者, 文開五相之異, 五星炳現於長空. 義列五位之殊, 五岳群分於率土. 良以此之一品, 大文有二; 分本末之會筵, 折因果之法界, 剖頓漸之證入, 辨總別之圓融. 非頓無以顯圓, 非漸無以階進, 非本無以垂末, 非末無以階本, 非人無以證法, 非法無以成人. 前明不異漸之頓, 多門而衆人同契, 此明不異頓之漸, 一人而歷位圓修. 今托人以修進, 軌範後徒, 使大教而弘通, 法眼無缺. 故受之以〈法界〉末會. 上來多義不同, 總是本部三分科竟.

○ 뒤의 〈유통분〉은 오상五相[474]의 차이로 문장을 분리한 것은 오성五星이 드넓은 하늘에 환하게 나타난 듯하고, 오위五位의 갈래로 뜻을 나열한 것은 오악五岳이 전 국토를 무리지어 나눈 것 같다. 이 한 품은 대문에 둘이 있으니, 본회와 말회의 법연法筵으로 나누고, 인과의 법계로 쪼개며, 돈점의 증입으로 가르고, 총별의 원융함으로 변별한다. 돈頓이 아니면 원圓을 드러낼 수 없고 점漸이 아니면 승진에 오를 수 없으며, 근본이 아니면 말엽을 드리울 수 없고 말엽이 아니면 근본에 오를 수 없으며, 사람이 아니면 법을 증득할 수 없고 법이 아니면 사람을 이룰 수 없다. 앞에서는 점과 다르지 않는 돈을 밝혔으니 여러 문으로 많은 사람들이 똑같이 계합하는 것이고, 여기서는 돈과 다르지 않은 점을 밝혔으니 한사람이 지위를 경력하면서 수행을 원만히 한다. 지금은 사람에 의탁해서 수행 정진하여 후세 문도들에게 규범이 되고 대교가 널리

474 오상五相은 〈입법계품〉의 말회를 ①지위에 의탁해서 수행하는 상(寄位修行相), ②연을 모아 실제에 들어가는 상(會緣入實相), ③덕을 거둬들여 인행을 이루는 상(攝德成因相), ④지혜와 관조가 둘이 없는 상(智照無二相), ⑤ 인행의 광대함을 드러낸 상(顯因廣大相)의 5상으로 설명한 것이다.

유통되어 법안法眼이 결여됨이 없게 한 것이다. 그러므로 〈입법계품〉 말회로 받는다. 여기까지 여러 뜻이 달랐지만 모두 본부本部를 삼분한 과판이다.

### 나) 문답으로 서로 잇는 과(問答相屬科) 외 여덟 과

[86b06] 二問答相屬科者, 或問或徵, 各擧千鈞之杵, 或通或答, 咸鳴萬碩之鐘. 三以文從義科者, 分因果之五周, 華敷實茂, 攝文義之九會, 月皎光輝. 四前後攝疊科者, 捨後從前, 折因源而爲異派, 開總成別, 分一路而作多歧. 五前後鉤鏁科者, 或以前而躡後, 繼武聽[475]蹤, 或以後而續[476]前, 連絲接縷. 六隨品長分科者, 開無盡之雜華, 隨品長分於十段, 類莫限之刹海, 辨處無越於十方. 七隨其本會科者, 前八各當其一科, 時會各[477]異, 後一獨開其兩段, 本末自殊. 八本末大位科者, 總列六十四之雅會, 尅果嚴因, 別彰五十五之嘉筵, 依人證法. 九本末遍収科者, 總合百二十六之大分, 法盡幽玄, 別開三千大千之微塵, 人皆善友. 十主伴無盡料者, 一一會而一一品結通十方, 一一義而一一文展遍三際, 旣主伴而互遍, 一一難思. 若自他之相資重重, 莫盡科列. 十審條貫乎, 五周不紊收歸, 一揆囊括乎, 四分無參由是. 七處九會之法苑, 枝枝森茂. 十玄六相之義林, 叢叢蓊鬱. 幸冀良工, 妙施斤斧.

475 底本에는 "聯",《金澤寫本》 참조 수정.

476 底本에는 "編",《金澤寫本》 참조 수정.

477 底本에는 "名",《金澤寫本》 참조 수정.

[478]둘째, '문답으로 서로 잇는 과'[479]는 질문하기도 하고 힐문하기도 한 것은 천개의 갈고리 공이를 제각각 들은 듯하며, 회통하기도 하고 대답하기도 한 것은 만석萬碩의 종을 다함께 울리는 듯하다.

셋째, '문장으로 뜻을 따르는 과'는 인·과를 나눈 5주周[480]는 꽃이 활짝 피어 열매가 무성하며, 문文·의義를 거둔 9회는 달이 밝아 달빛이 발광하는 듯하다.

넷째, '앞뒤로 거둬서 포개어지는 과'[481]는 뒤를 버리고 앞을 따른 것은 인의 근원을 쪼개서 다른 물길을 만들고, 총체를 거둬 개별을 이룬 것은 하나의 길을 나눠 여러 갈래로 만든 것이다.

다섯째, '앞뒤로 걸어서 연결하는 과'[482]는 앞으로써 뒤를 뒤밟는 경

---

478 高雄文殊講堂, 《華嚴經疏科文表解》(臺灣, 文殊文教基金會, 2000), pp.5-6의 總表2 〈《華嚴經》總科〉에 지금 다룬 모든 과문을 총괄해서 정리해 놓았다.

479 《大疏》 권제4(T35, 527a04). 아래 과판도 동일.

480 五周는 본문을 ① 所信因果周(1품~6품), ② 差別因果周(7품~35품), ③ 平等因果周(36품~37품), ④ 成行因果周(38품), ⑤ 證入因果周(39품)로 나눈 것이다.

481 高雄文殊講堂, 앞의 책, p10의 〈鉤鎖攝疊兩科對照表〉에 39품의 전후가 〈鉤鎖科〉로 걸쳐져 있는 모습과 〈攝疊科〉로 중첩된 모습을 일목요연하게 제시했다. 〈攝疊科〉대로 39품을 정리하면 다음과 같다.
佛依報果(1~6품)+佛正報果(7~9품)=[所信佛果法]+能依能信菩薩行(10~12품)=[位前十信行]+入位三賢行(13~25품)=[地前比行]+十地證行(26품)=[位中因行]+位後之行(27~32품)=[修生因]+修生果(33~35품)=[修生因果]+修顯因果(36~37품)=[歷位修成行]+圓融周普行(38품)=[所成解行]+所證法界(39품)=[本會]+末會의 모습이 된다.
선연의 '總을 거둬 別을 이룬다'는 설명은 바로 위의 문장을 순방향으로 볼 때 =[ ]일 때는 [ ] 속은 모두 總이 되고 다시 +사이에 놓여 질 때는 양쪽 모두 別이 되는 것을 말하며, 거꾸로 향해 볼 때를 '인을 쪼개어 다른 물길을 만든다'고 표현한 것이다.

482 〈鉤鎖科〉는 39품을 10因果로 설명한 것으로, ①依報(果1~5품-因6품), ②正報(前因後果; 7품-9품), ③依起(前果後因; 7품-32품), ④差別(前因後果; 10품~35품), ⑤圓融(前果後因; 32품-36품), ⑥平等(因36품-果37품), ⑦出現(果37품-因38품), ⑧成行(具因果; 38품), ⑨法界(因38품-果39품) ⑩證入(先果後因; 39품) 등의 因果를 표로 만들면 전후가 마치 낚싯줄이 서로 교차해 드리워진 것처럼 연결된 모습이다.

우는 계속 굳세게 자취를 뒤따르는 것이고, 뒤로써 앞을 잇는 것은 실을 이어 실 가닥을 교차하는 것이다.

여섯째, '품을 따라 길게 나누는 과'[483]는 다함없는 잡화를 분리하되, 품을 따라 길게 10단락으로 나누고, 한량없는 찰해를 분류하되 처를 나누어 시방을 건너뜀이 없다.

일곱째, '본회를 따르는 과'는 앞의 8회는 각각이 한 과에 해당하니 시간과 법회가 각각 다르고, 뒤의 1회만이 홀로 두 단락으로 나눠지니 본회·말회가 자체적으로 다르다.[484]

여덟째, '본회와 말회가 대위大位인 과'는 총체적으로 64(회)의 우아한 법회를 나열하되 과를 판단하여 인을 장엄하고, 개별적으로 55(회)의 아름다운 법연을 드러내되 사람에 의지하여 법을 증득한다.[485]

아홉째, '본회와 말회가 변만하게 거두는 과'는 126분의 대분大分을 모두 합한다면 법은 그윽하고 현묘함을 다했고, 별도로 삼천대천의 미진을 나누면 사람들이 모두 선우이다.[486]

열째, '주체와 반려가 무진한 과'는 낱낱 회와 낱낱 품이 시방에 맺혀

---

483 〈隨品長分科〉는 會와 分을 기준삼지 않고 39품을 곧장 10分으로 나눈 것으로, ①通辨教起因緣分, ②(現相品이하):佛果無涯大用分, ③(毘盧遮那品):擧彼往因證成分, ④(名號品이하3품):大用應機普周分, ⑤(問明品~十地品):諸位差別令修分, ⑥(十定品~隨好品):差別因圓果滿分, ⑦(普賢行品이하 2품):普行因成現果分, ⑧(離世間品):因果超絶世間分, ⑨(法界品中前分):大衆頓證法界分, ⑩(十爾時文殊下):一人歷位漸證分.

484 제1회(1~6품):擧果令信分, 제2회(7~12품):能信成德分, 제3회(13~18품):初賢十住分, 제4회(19~22품):中賢十行分, 제5회(23~25품):上賢十向分, 제6회(26품):聖位十地分, 제7회(27~37품):因圓果滿分, 제8회(38품):普賢大行分인 것을 말하며, 제9회(39품)의 본회:行成證入分, 말회:善友教證分이다.

485 본회의 9회와 말회의 55회가 있어 모두 64회가 된다.

486 9회의 九分+ 문수가 6천명의 비구들을 위하여 설법한 一分=(十分)+선재의 110선지식=(120分)+여러 용+삼승+미륵+뒤의 문수+보현+나누기 전 미진수의 선우=126分이 된다.

통하고 낱낱 뜻과 낱낱 문장이 전개되어 삼제에 변만하다. 주·반이 서로에 변만하였으니 일일이 생각하기 어렵다. 만일 자타가 서로 도와 중중한 것은 이루다 과단하여 나열하지 못한다.

열 번 조목[487]으로 꿺이여! 오주五周가 문란하지 않고 거둬져 돌아가고, 한 번 헤아림[488]으로 포괄함이여! 사분四分이 뒤섞임이 없이 이로 말미암는다. 7처와 9회의 법원法苑이 가지마다 빽빽하고 무성하며, 십현十玄과 육상六相의 의림義林은 떨기마다 우거지고 울창하다. 다만 훌륭한 장인이 절묘하게 도끼질을 시행하길 바랄 뿐이다.

## 8) 전하고 번역하는 데에 감응과 통함(傳譯感通)

### (2) (《화엄경》을) 전하여 유통하는 데에 감응을 밝힘(明傳通感應)

#### ① 감득과 응현을 분별함(正辨感應)

#### 마. 관행觀行한 일을 밝힘(解脫和尙)

[86b24] [《鈔》] 衆等勤精進者, 故《遺教經》云: "汝等比丘! 晝則勤心修習善法, 無令失時, 初夜後夜亦勿有癈, 中夜誦經以自消息, 無以睡眠因緣令一生空過無所得也. 當念無常之火燒諸世間, 早求自度, 勿睡眠也. 諸煩惱賊, 常伺殺人, 甚於怨家, 安可睡眠, 不自驚悟, 煩惱毒蛇, 睡在汝心, 譬如黑蛇在室眠, 當以持戒之

487 위 〈鉤鎖科〉에서 十條目으로 因果를 나눠 설명한 것이다.

488 〈問答相續科〉에서 四分으로 설명하는 것을 말한다.

鉤, 早併除之, 眠蛇旣出, 乃可安眠, 不出而眠, 是無慚人也. 慚恥之衣, 於諸莊嚴, 最爲第一, 慚如鐵鉤, 能制人非法. 是故比丘! 常當慚愧, 無得暫替. 若離慚恥, 則失諸功德, 有愧之人, 則有善法, 若無慚者, 與諸禽獸, 無相異也."

[초] '대중이 똑같이 부지런히 정진하고'[489]라는 것은, 그러므로《유교경遺教經》[490]에서 "그대 비구들이여! 낮에는 마음을 부지런히 하여 선법을 수습하여 시간을 잃게 함이 없고 초저녁이나 새벽에도 폐함이 있어선 안 된다. 한밤중에는 경전을 독송하면서 스스로 쉬어주고, 잠자는 인연으로 얻은 것 없이 일생을 헛되이 보내버리는 일이 없게 하라. 마땅히 무상의 불꽃이 모든 세간을 불태우고 있다고 생각해서 일찌감치 자신이 제도되기를 구하여 잠자지 말라. 모든 번뇌의 적이 항상 사람을 죽이려고 엿보는 것이 원수의 집안보다 심각한데 어찌 잠잘 수 있겠는가. 스스로 놀라 깨닫지 못하면 번뇌의 독사가 그대들 마음에 잠자고 있는 것이 마치 검은 뱀이 침실에서 자고 있는 것과 같으니 지계의 갈고리로써 일찌감치 한꺼번에 제거하여 잠자는 뱀이 나간 뒤에야 편안히 잘 수 있다. 나가지 않았는데도 자는 것은 부끄러움이 없는 사람이다. 수치심을 부끄러워하는 옷이 모든 장엄에서 최고 제일이다. 부끄러운 마음은 철갈고리와 같아 사람의 비법적인 것을 제어할 수 있다. 그러므로 비구들아! 항상 참괴하여 잠시라도 버림이 없게 하라. 만일 수치심을 부끄러워하지 않으면 모든 공덕을 잃게 된다. 부끄러움이 있는 자라면 선법이 있

---

489 《演義鈔》 권제15(T36, 115b28).

490 《遺教經》(T12, 1111a27).

고 부끄러움이 없는 자는 금수와 더불어 서로 차이가 없다"고 하였다.

### ② 감응하는 까닭을 밝힘(明感應所以)

#### 나. 공능을 변별함(辯其功能)

[86c11] [《鈔》] 地獄門前見一僧云是地藏菩薩乃教誦偈云等者, 問: 菩薩具四等心, 何不普教耶? 答: 有緣無緣故, 業有定不定, 受苦有益無益故. 故下《疏》: "問: 衆生[491]之苦, 自業所招, 自心所變, 云何菩薩而能代耶? 答: 通諸代苦, 有其七義. 一以苦自要[492]增悲念故. 《瑜伽》四十九云: '菩薩自勝解行地, 隨[493]入淨勝意樂地時, 云何超過諸惡趣等[494]? 此問菩薩云何自離惡趣? 下答文廣. 意云, 謂菩薩於世間, 淸淨靜[495]慮, 已善集資糧, 於多苦有情, 修習哀愍, 無餘思惟. 由此修習故. 得哀愍意樂及悲意樂. 爲[496]利惡趣有情, 誓處惡趣, 如己舍宅. 設住惡趣, 能證菩提, 亦能忍受, 爲除物苦, 願身代受. 令彼惡業永不現行, 一切善業常得現行. 由此悲願力故. 一切惡趣諸煩惱品, 所有麤重, 於自所依, 皆得除遣, 得入初地.' 釋曰, 約此但有悲願意樂, 身不能代, 由悲決定, 自獲勝益. 二約菩薩本爲利生求法苦行, 已名爲代, 後能爲物爲增上緣, 亦名代受. 三約菩薩留惑同事, 受有苦身, 爲生說法, 令不造苦因, 因亡果喪, 亦名代受. 四設有衆生欲造無間等業, 菩薩化此不從, 遂斷其命, 菩薩自受惡趣苦報, 令彼得免無間大苦, 名爲代受. 此依《梁攝論》

---

491 底本 및 《金澤寫本》에는 "菩薩", 《大疏》 참조 "衆生"으로 수정.

492 底本에는 "妄", 《金澤寫本》 및 《大疏》 참조 수정.

493 底本에는 "墮", 《金澤寫本》 및 《大疏》 참조 수정.

494 底本 및 《金澤寫本》에는 "+此問菩薩云何自離惡趣等"이 더 있다. 《大疏》 참조 삭제. [역자 주]

495 底本에는 없음. 《金澤寫本》 및 《大疏》 참조 보충.

496 底本에는 없음. 《金澤寫本》 및 《大疏》 참조 보충.

第十一說.《涅槃》仙預國王, 亦同此義, 非唯意樂而已. 五由菩薩初修正願, 爲生受苦. 至究竟位, 願成自在, 常在惡趣, 救代衆生. 如地藏菩薩及顯莊嚴王等乃至飢世身爲[497]大魚, 皆其類也. 或以光明照觸, 或以神力冥加, 其事非一. 六由菩薩此願, 契同眞如, 彼衆生苦卽同如性, 以同如之願, 還潛至卽眞之苦. 依此融通, 亦名代受. 七由普賢以法界爲身, 一切衆生皆是法界, 卽衆生受苦, 常是菩薩, 故名爲代. 上來七義, 初但意樂, 次二但約爲增上緣, 四五二義實能身代, 六七二義理觀融通. 問: 若依四五二義, 應能普代, 何故猶有衆生受苦? 答: 此有三義, 一有緣無緣故, 與菩薩有緣, 卽可代也. 二業有定不定故, 不定者可代. 三若受苦有益, 菩薩令受, 方能究竟得離苦故. 如父母教子, 付[498]嚴師令治, 如是密益, 非凡小所知."
但以《圓經》略本, 該十萬偈之眞宗.《大疏》全文, 盡一十[499]軸之奧致, 應樂廣之偉器, 備彰九會之詮, 接好[500]略之煩根, 唯闡八門之趣. 今所釋者, 卽斯文也. 實可謂文布蜀錦, 行行競吐於芬芳, 義貫驪珠, 句句爭呈於煥爛. 包雜華之法寶, 類天宮之賢瓶. 出方廣之聖財, 同龍藏之如意. 若窮妙旨, 海墨難書, 但竭愚誠, 管毫可盡. 初解題目, 已[501]控擧於[502]提綱. 次釋文義, 又委盡[503]於妙理. 後彰結束, 復綰收於大節, 倣經開初·中·後善, 依僧分序·正·流科. 故有斯文, 不徒然矣.

[초] '지옥문 앞에서 한 스님을 뵈었는데 지장보살이라고 하였다. 이에

497 底本에는 "意",《金澤寫本》및《大疏》참조 수정.
498 底本에는 "附",《金澤寫本》및《大疏》참조 수정.
499 底本에는 없음.《金澤寫本》참조 보충.
500 底本에는 "如",《金澤寫本》참조 수정.
501 底本에는 없음.《金澤寫本》참조 보충.
502 底本에는 유실, 교감 주 및《金澤寫本》참조 보충.
503 底本에는 유실,《金澤寫本》참조 보충.

게송을 외우게 하자'[504] 등은, 묻는다. 보살은 네 가지 등심等心을 갖추고 있는데 어째서 널리 교화하지 않는가?

답한다. 연이 있고 연이 없기 때문이고, 업이 정해지거나 정해지지 않기 때문이며, 고통을 받는 것이 유익하거나 무익하기 때문이다.

그러므로 아래《소》[505]에서 "묻는다. 중생의 고통은 자업自業으로 초래된 것이며 자심自心에서 변화된 것인데 어째서 보살이 대신하는가?

답한다. 고통을 대신하는 것에 통틀어 일곱 가지 뜻이 있다. 첫째, 고통은 자체에 대비심을 증대하기 때문이다.《유가사지론》권제49에서 '보살이 승해행지에서 정승의락지로 따라 들어갈 때 어째서 모든 악취惡趣들을 초월해 벗어나는가? 이것은 보살이 어째서 자신이 악취 등을 벗어나는가 하는 질문이다. 아래에서 대답한 문장이 자세하다. 의미는 말하자면 보살은 세간에 대해 청정하게 정려하고 자량을 잘 적집하고 나서는 많은 고통 받는 유정에 대해 애민심을 닦고 다른 생각은 없다. 이런 수습으로 말미암아 애민 의락과 비심 의락을 얻지만 악취의 유정을 위해 이롭게 하려는 서원으로 악취에 머물러 자신의 집에 머문 듯이 한다. 설령 악취에 머문다 해도 보리를 증득하고 또한 감내해 받아들인다. 만물의 고통을 없애기 위해 원력으로 몸소 대신 받고 저 악업이 영원히 현행하지 않게 하고 일체의 선업이 항상 현행하게 한다. 이 비심과 원력을 말미암은 까닭에 추탁하거나 무거운 일체 악취의 모든 번뇌품을 자신이 의지하는 바로 모두 제거해 보내버리고 초지初地에 득입한다'고 하였다.

---

504 《演義鈔》 권제15(T36, 116b20).

505 《大疏》 권제26 〈十迴向品〉 제25(T35, 699a19).

해설해 보면, (첫째는) 이것이 대비와 원력의 의락만이 있는 데에 한정하면 몸소 대신하지는 않으며, 대비심이 결정적인 것으로 인해 스스로 수승한 이익을 얻는 것이다. 둘째는 보살이 본래 중생을 위하여 법을 구하고 고행하는 것에 한정하면 '대신 한다'고 이름할 수 있고, 뒤에 만물을 위해 증상연이 되는 것을 또한 '대신 받는다'고 할 수 있다. 셋째는 보살이 미혹을 남겨두어 동사섭을 하는데 한정하면 고통의 몸을 받아 중생을 위해 설법하여 고통의 인을 만들지 않게 하여서 인이 없어지고 과가 상실되는 것을 또한 '대신 받는다'고 한다. 넷째는 설령 어떤 중생이 무간지옥 등의 업을 지으려 해도 보살이 이것을 좇으면 안 된다고 교화하면 곧장 그 명을 끊게 되니 보살은 자신이 악취의 고보를 받았지만 저들이 무간지옥의 큰 고통을 모면하게 하는 것을 '대신 받는다'고 한다. 이는《양섭론》제1권의 설명에 의거한 것이다.《열반경》의 선예국왕이 또한 이 뜻과 같으니, 의락일 뿐만이 아니다.

다섯째는 보살은 처음에 바른 원력을 닦음으로 인해 중생을 위해 고통을 받고 구경위에 이르러서는 원력이 자재함을 성취하여 항상 악취에 있으면서 중생을 대신하여 구호한다. 지장보살과 현장엄왕 등 내지 굶주린 세상에 몸이 커다란 고기가 되는 것이 모두 그런 부류이다. 혹은 광명으로 비추어서 닿으며, 혹은 신통력으로 그윽하게 가피하니 그 일이 한 가지가 아니다. 여섯째는 보살은 이 원력으로 인해 진여와 계합하고 중생의 고통은 곧 진여성과 같으니, 진여와 같은 원력으로써 도리어 진여에 즉한 고통에 잠기어 이른다. 이것에 의거하여 융통하면 또한 '대신 받는다'고 할 수 있다. 일곱째는 보현보살이 법계를 몸으로 삼는 것을 말미암아서 일체중생이 모두 법계이고 중생들이 고통을 받는 것은 항상 보살이다. 그러므로 '대신한다'고 하는 것이다.

위의 일곱 가지 뜻은 처음은 의락意樂일 뿐이고 다음의 둘은 다만 증상연增上緣이 되는 것에 한정한 것이고 넷째와 다섯째의 두 가지 뜻은 실제 몸으로 대신하는 것이고, 여섯째와 일곱째의 두 가지 뜻은 이치적으로 관찰하면 융통한다.

묻는다. 만일 넷째와 다섯째 뜻에 의거하면 널리 대신하는 것일 텐데 어째서 여전히 어떤 중생은 고통을 받는가?

답한다. 이것은 세 가지 뜻이 있다. 첫째, 유연有緣과 무연無緣이기 때문이니, 보살과 인연이 있으면 곧 대신할 수 있다. 둘째, 업이 정해짐과 정해지지 않음이 있기 때문이니, 정해지지 않은 것은 대신할 수 있다. 셋째, 만일 고통을 받는 것이 유익하면 보살이 받게 하여서야 비로소 구경에 고통을 여읠 수 있기 때문이다. 마치 부모가 자식을 교육할 때 엄격한 스승에게 청하여 바로잡는 것과 같다. 이와 같은 비밀스런 이익은 범부나 소승이 알 수 있는 것이 아니다"라고 하였다.

다만, 《원경》의 약본略本으로 십만 게송의 진종眞宗을 꾸리고, 《대소》의 전문全文으로 십축十軸의 오묘한 지취를 다했다. 광본의 위대한 그릇을 즐기려면 9회의 말씀을 구비되게 드러내고, 약본의 유연한 뿌리를 접하여 자상하게 하려면 오직 여덟 문의 지취만을 열어보라. 지금 해설한 것이 곧 이 문장이다. 실제로는 문양이 비단 옷에 펼쳐진 듯이 행마다 꽃향기를 다투어 뿜어내고, 뜻은 아름다운 구슬에 꿴 듯이 구절마다 다퉈 문채를 나타낸다. 잡화의 법보를 끌어안은 것은 천상궁전의 현병賢甁과 짝하고, 방광의 성스런 재물을 출현하는 것은 용궁장의 여의주와 같다. 만일 묘한 종지를 다하려면 해묵海墨으로도 다 쓰기 어렵다. 다만 나(우愚)의 정성을 다하여 좁은 소견을 다했을 뿐이다.

처음에 '제목을 해석'하는 데에 제강提綱을 당겨 들었고, 다음으로 '문장의 뜻을 해설'하는 데에 또 묘한 이치를 자세하게 다했다. 뒤에 '결속을 드러내'는 데는 또다시 대절大節로 얽어 거두었다. 경전을 모방하여 초선初善과 중선中善과 후선後善으로 분리하고, 승가僧伽에 의거하여 '서분'과 '정종분'과 '유통분'의 과로 나눴다. 그러므로 이 문장이 있는 것이니 쓸데없이 그러했겠는가.

# 제4편
# 《대소》의 문장을 총체적으로 해석함

[4문](總釋《疏》文)[506]

## 제1장 | (《화엄경》의) 명칭과 의미를 총괄하여 서술함 (總敍名意)

[87b08] 釋茲一《疏》,[507] 啓彼四門; 一總敍名意, 二歸敬請加, 三開章釋文, 四謙讚迴向. 且初總敍名意者, 總則略而咸周, 敍則述而不作, 名乃毗盧敎藏, 意乃普賢心胸. 麤分四段, 類[508]四海而汪洋, 細列十門, 同十山而巘崿. 標宗體而歸法界, 超言超思, 歎[509]能詮而屬此經, 具深具廣, 顯敎主而難思, 眞[510]應一多而無礙, 彰

506 여기부터는《大疏》와《演義鈔》의 수문 해설을 모두 마치고, 다시 선연鮮演이 직접 찬술한 것으로《대소》의 전체 내용을 그 과목에 맞춰 총정리한 부분이다. 선연은 여기에 별도의 과목을 붙이진 않았지만, 앞의《결택기》자체의 과목인 제3편〈능찬의《소》를 변별함〉에 이어 제4편〈《대소》의 문장을 총체적으로 해설함(總釋疏文)〉으로 덧붙였다.[역자 주]

507 《金澤寫本》에는 "衆"으로 되어 있다.

508 底本에는 "數(-攵(+頁))",《金澤寫本》참조 수정.

509 底本에는 "歡",《金澤寫本》참조 수정.

510 底本에는 "有",《金澤寫本》참조 수정.

說儀而周普, 橫竪能所而該通, 言該本末, 等天池而納[511]百川. 旨趣玄微, 似香海而印萬像, 權小莫測, 積行菩薩猶[512]迷. 遍益頓圓, 難報含靈速證, 暫聞暫見, 熏五智而金剛, 圓解圓修, 結十身之妙果. 文殊示教利喜, 六千道成, 毗盧自入嚬呻, 衆海頓證. 或啓明而東廟, 智海初心, 或寄位而南求, 因圓毛孔. 破妄想之纖塵, 空空絶迹, 取佛性之經卷, 了了分明. 在一塵而化一生, 心心無倦, 經多剎而歷多劫, 念念忘疲. 結歎宏遠者, 比須彌而橫海面, 高掩群峯, 方杲日而掛天心, 光奪衆彩. 感慶逢遇者, 久沉八苦之巨海, 忽遇龍舟, 永墜三覺之高山, 頓駕仙鶴, 感慶再三, 忻歡[513]千萬, 旣抃躍不能階也. 非聖賢曷能知之! 或略釋於經[514]題, 彰五對義之妙理, 或粗陳於品目, 顯三世間之莊嚴. 雖控提於法門, 分列十段, 然總敍於[515]名意, 收歸一科.

한《소》를 해설하는데 4문으로 연다. 첫째 명칭과 의미를 총체적으로 서술함이요, 둘째 귀경하며 가피를 청함이요, 셋째 장章을 열어 문장을 해설함이요, 넷째 겸손하게 찬탄하며 회향함이다.

'제1장, (《화엄경》의) 명칭과 의미를 총체적으로 서술함(總敍名意)'[516]은 '총체적으로'라는 것은 간략하면서 모두에 변만한 것이고, '서술함'이란 서술한 것이고 창작하지 않은 것이다. 명칭은 '비로자나불의 교장敎藏'이

511 底本에는 "能", 《金澤寫本》 참조 수정.

512 底本에는 유실, 《金澤寫本》 참조 보충.

513 《金澤寫本》에는 "視"로 되어 있다.

514 底本에는 "住", 교감 주 및 《金澤寫本》 참조 수정.

515 底本에는 없음. 《金澤寫本》 참조 보충.

516 이는 《大疏》의 서문으로 敎迹이라고도 한다. 《演義鈔》에서는 이를 10장으로 분석하였고, 《決擇記》에서는 권제1에서 설명하였다.

고, 의미는 바로 '보현보살의 심흉心胸'이다. 대략 4단락[517]으로 나눈 것은 사해와 짝하여 넘실대고, 세밀하게 10문[518]으로 나열한 것은 10산과 똑같아 높고 가파르다.

'종체宗體는 법계法界로 귀결됨'을 표방하였으니 말과 생각을 초월하고, '능전能詮은 이《화엄경》에 귀속됨을' 찬탄하였으니 매우 깊고 광대함을 구족하며, '교주敎主는 생각하기 어려움'을 드러내었으니 진신과 응신, 일신과 다신이 무애하고, '설법하는 위의가 주변하고 널리 함'을 밝혔으니 능설能說과 소설所說을 종횡으로 포괄하여 통하며, '말씀은 근본과 말엽을 포괄'하여 천지天池가 온갖 하천을 받아들이는 것과 똑같고, '지취旨趣는 유현하고 미묘'하여 향수해에 만 가지 형상이 찍히는 것과 유사하며, 권교대승과 소승들은 헤아릴 수 없고 적행積行보살조차도 미혹하다.

'변만하게 이익준 것이 한꺼번에 원만하여' 난보難報의 중생(含靈)들도 빨리 증득한다. 잠깐 듣고 잠깐 보아도 오지五智의 금강종자를 훈습하고 원만한 이해와 원만한 수행은 십신十身의 묘과를 맺는다. 문수보살이 교를 보여 이익하고 기쁘게 하자 6천 명의 (비구)가 도를 이루고 비로자나불이 스스로 사자빈신삼매에 들자, 대중바다(衆海)가 단박에 증득한다. 혹은 맨 처음 동쪽의 묘지(대탑)에서 밝아지니 지혜바다(智海)는 초심初心이고, 지위에 의탁해서 남쪽으로 구하니 인행因行이 모공까지 원만하다. 망상의 섬세한 미진을 무너뜨리니 텅 비고 텅 비어 자취가 끊어지고, 불성의 경권을 취하니 명확히 알고 알아서 분명하다. 한 티끌에 있으면

---

517 이 제1장을 다시 ① 通敍法界以爲佛法大宗(往復), ② 別敍此經以申旨趣(剖裂), ③ 慶遇由致激物發心(是以), ④ 略釋名題令知綱要(題稱)의 4과단으로 나눈 것이다.

518 《大疏》의 서문(往復~斯經)을 10문으로 과단한 것이다. 그 내용은 뒤이은 본문의 ①~⑩이다.

서 일생을 교화하여 마음마다 게으름이 없고 여러 찰토를 지나고 여러 겁을 지내면서도 생각마다 피로를 잊어버린다.

'광대하고 요원함을 결론지어 찬탄'한 것은 수미산이 해수면을 가로지르게 되면 그 높이가 여러 봉우리를 엄폐하고, 높은 태양이 하늘 중심에 걸리게 되면 그 햇빛이 모든 빛을 앗아가는 것이다. '만나게 됨을 감격하고 경축'한 것은 팔고八苦의 거대한 바다에 오랫동안 침몰해 있다가 갑자기 용주龍舟를 만나고, 길이 삼각三覺의 높은 산에 떨어져 있다가 단번에 선학仙鶴을 타게 되었으니 재삼 감격하고 경축하며, 천만 번을 흔쾌히 여기고 기뻐하는 것이다. 손뼉을 치면서 뛴다한들 다 표현하지 못하니 성현이 아니면 어찌 알겠는가. '경의 제목을 간략히 해석(略釋)'하여 다섯 가지로 상대하는 뜻(對義)의 묘한 이치를 드러내기도 하고, '대략 품목을 진술'하여 삼세간의 장엄을 드러내기도 한다. 비록 법문을 끌어 당겨서 열 단락으로 나눠 나열했지만 '명칭과 의미에 대해 총체적으로 서술함'의 하나의 과로 거둬져 돌아간다.

## 제2장 | 귀의하고 공경하며 가피를 청함 (歸敬請加)

[87c05] 二歸敬請加者, 歸謂歸投, 依托之貌, 敬謂[519]敬禮,[520] 虔[521]恭之儀, 請乃祈求之詞, 加乃護助之義. 以我疏主清凉大師握管臨牋, 祐文布義, 慮凡情而迷昧, 恐四魔以侵凌. 仗[522]聖力以冥資, 降六通而護祐, 希無障而無難, 願有始而有終. 言言調契於佛心, 字字無乖於經意, 使造解而成觀, 根根頓證於眞源, 令涉有而達[523]空, 念念沒同於性海. 陳製《疏》之十意, 廣有多文, 幷敬請之三門, 束歸一段.

'제2장, 귀의하고 공경하며 가피를 청함(歸敬請加)'에서 '귀의'는 귀의하여 몸을 던지는 것을 말하니 의탁하는 모습이다. '공경'은 공경하는 예를 말하니, 공경하고 공손한 위의이다. '청함'은 바라고 구하는 말이다. '가피'는 보호하고 돕는 뜻이다. 우리의 소주疏主 청량대사가 붓을 쥐고 책상에 임하여 문장을 도와 뜻을 폈지만 범부의 성정이 미혹하고 암둔할까 염려되고 네 마군들에 의해 침릉될까 걱정되어 성인의 힘에 기대어 그윽이 도와주시기를, 육신통을 내려 보호해 도우시기를, 장애 없이 무

519 底本 및《金澤寫本》에는 "請", 교감 주 및 문맥상 참조 "謂"로 수정. [역자 주]

520 底本에는 유실,《金澤寫本》참조 보충.

521 底本에는 "處",《金澤寫本》및 교감 주 참조 수정.

522 底本에는 "伏",《金澤寫本》참조 수정.

523 底本에는 유실,《金澤寫本》참조 보충.

난하길 희망하고 시작이 있고 끝이 있게 되길 원하는 것이다. 말씀마다 불심에 적합하게 맞아떨어지고 글자마다 경전의 의미에 어긋남이 없어서 이해를 짓고 관법觀法을 성취하여 근기마다 참된 근원(眞源)을 단박에 증득(頓證)하게 하고, 유有를 섭렵하고 공空을 통달하여 생각마다 성품바다(性海)에 녹아들어 같아지게 한다. 《대소》를 지은 열 가지 의미를 진술하면 자세하게는 여러 문이 있지만, 공경하고 청하는 세 가지의 문을 병합하면 한 단락으로 묶여진다.

# 제3장 | 장문을 열어 문장을 해석함

(開章釋文[十])

[87c13] 三開章釋文者, 初標列於章門, 如宣開於衆庫, 後次第而別釋, 似頒[524]賜於名珍. 同畫摸[525]而塡彩, 先後恒規, 若鑄而發明, 古今常則. 文分十段, 斯辰以盡於八門, 義列萬途, 此日[526]總收其一會. 一敎起因緣者, 動須彌之轉[527]側, 實非小緣, 激巨海而傾搖, 誠爲大事. 現德山而勝智海, 理不徒然, 談稱性而闡通方, 言無虛發. 所起雖無勝劣, 能起自有親疎, 隨兼·正而各殊, 開因緣而逈異. 初因十義者, 應法爾之良觀, 窮時[528]窮處, 酬宿因之妙用, 能遍能常. 順根感, 則中秋玉兔, 影下印於潭心. 爲敎本, 則晨旦金烏, 光先臨於山頂, 顯果德而依正參融, 卽入無礙. 彰地位而圓行自在, 超思難思. 說勝行也, 分頓成與遍成, 猶[529]開闢於天地. 示眞法也, 融理界而事界, 譬交參於陰陽. 開因性者, 顯示衣內明珠, 咄呵醉客. 取出塵中經卷, 饒益衆生. 利今後者,[530] 或利今而利後, 勝益難思, 或得見而得聞, 殊功叵測. 刹那成於堅種, 狀若金剛, 一念生佛家, 形同王子. 後緣者, 依時也, 竪窮念劫, 始終延促而相融. 依處也, 橫遍刹塵, 染淨通局而交徹. 依主而[531]依應, 超情依定,

---

524 底本에는 유실, 《金澤寫本》 참조 보충.

525 底本에는 "橫", 《金澤寫本》 참조 수정.

526 《金澤寫本》에는 "此日"이 "皆"로 되어 있다.

527 底本에는 유실, 교감 주 및 《金澤寫本》 참조 보충.

528 底本에는 "晴", 《金澤寫本》 참조 수정.

529 底本에는 유실, 《金澤寫本》 참조 보충.

530 底本에는 "顯示衣內明珠, 咄呵醉客, 取出塵中經卷, 饒益衆生. 利今後者,"의 24자가 없다. 《金澤寫本》 참조 보충.

531 底本에는 없음. 《金澤寫本》 참조 보충.

而靜亂豈測? 現相乎, 瑞應種種, 說人乎, 賢聖重重. 聽人則除當根之衆會, 德本則揀化主之昔因. 依請乃有言念之兩殊, 依加乃具冥顯之二異. 率向多義, 收歸一科,[532] 咸爲教起因緣, 總辨說經所以. 二藏教所攝者, 或藏教而各攝, 兼正不同. 或此彼而更收, 全分有異. 初藏攝者, 二藏也, 隨半·滿字, 而區分上乘·下乘, 三藏也, 依寬狹義, 而辨析具分具全. 若藏攝於此經, 有攝不攝. 若經收於彼藏, 無收不收. 後教攝者, 或華梵而咸同, 通分十二, 或古今而各異, 別辨一多. 大意離合者, 離則淺深逈別, 隨草木而千差, 合則大小攸同, 本天雨而一味. 二古今違順者, 東土·西土之賢師, 各張教網. 性宗·相宗之英彦, 互啓玄關. 覺愛則佛言具異, 如善口之歌音. 童壽則異自在根, 似水形之任器. 牟纖·隋[533]延·唐印·劉虬[534]四人, 共立於二教. 南中諸師[535]光統·吉藏兩[536]師, 同建於三門. 光宅四乘, 已分折於權實, 天台四教, 復區別於偏圓, 元曉·苑公, 亦開四類. 波頗·賢首, 更立五重. 戒賢則分有空幷中道, 顯了三乘, 智光則開實·假與眞空, 終極一性. 會了義而及不了, 總具二門, 辨性宗而與相宗, 別有十義. 三立[537]教開宗者, 教分五教, 由斷證而不同, 宗列十宗, 因淺深而辨異. 言五教者, 悟單空而行自利, 四諦緣生, 修自利而證俱空, 三乘五性. 約幻有而與隨緣, 生佛有異, 據體空而與不變, 寂照無差. 障則一斷一切斷, 因則一修一切修, 果則一成一切成, 理則一證一切證. 言十宗者, 義在下門, 無繁預敍. 四總相會通者, 初通諸教而淺深, 隨緣益物, 後會化儀而前後, 逐性開迷. 三義理分齊者, 具深具廣, 明一乘而無量乘, 全揀全收, 說同教而帶別教. 包四重

532 底本에는 "果",《金澤寫本》참조 수정.

533 底本에는 "陌",《金澤寫本》참조 수정.

534 底本에는 "亂",《金澤寫本》참조 수정.

535 底本에는 "佛",《金澤寫本》참조 수정.

536 底本에는 "多",《金澤寫本》참조 수정.

537 底本에는 "五",《金澤寫本》참조 수정.

之法界, 四序無參, 攝三重之觀門, 三光不亂. 會色空之四句, 不亡具源, 分理事之十門, 同一緣起. 談十種之玄門, 總別有異, 出十重所以, 德用不同. 既窮理而盡性, 又徹果而該因, 言念不可詮緣, 牋毫那能載錄. 四教所被根者, 揀非器也, 抑挫令其發心, 彰所爲也, 褒揚令其聽受. 以根對教, 量自力而有未任,[538] 以教對根, 約佛心而無不被. 所以蟾輪皎潔, 落影不現於渾池, 兔魄輝霞, 流光逈照於濁水. 輪王髻寶, 豈賜無功之臣, 親友衣珠, 密與醉臥之客. 或揀或爲, 良有以焉. 五教體淺深者, 能·所單雙而有異,《俱舍》《婆沙》, 體用出沒而不同,《深密》《唯識》. 或通攝於所詮, 更兼十義, 或盡收於能顯, 具足六塵. 若本影而於對, 有實有權, 若說師[539]而, 全收亦別. 會緣入實之體, 或攝末而或顯如, 理事無礙三門, 或互存而或於卽, 事事無礙圓音, 具足於十玄, 海印禪那教體, 總歸於三昧. 淺深行布, 後二正是經宗, 首尾圓融, 前八無非教體. 六宗趣通局者, 宗謂宗祟, 猶翹心[540]而侍主. 趣謂意旨, 若干[541]祿[542]而養親, 通謂總通於餘教, 性相師而多同, 局謂別屬於此經, 古今說而全異. 翫諸師之各別, 勢若星分, 仰疏主之孤圓, 形同月滿. 依一題而用四句, 至妙至深. 隨一句而列十門, 難思難議. 七部類品會者,[543] 部謂部帙, 或略本而或圓滿, 類謂支[544]類, 或相似而或派流, 品者篇目不同, 會者法筵亦異. 八十卷之極談, 難陀翻譯, 十萬偈之妙說, 龍樹流傳. 中上二本, 非閻浮提人所受, 匿在龍宮, 普眼一經, 唯總持菩薩能知, 空竭海墨. 同說則遍同類之刹塵, 不可結集,

538 《金澤寫本》에는 "住"로 되어 있다.

539 底本에는 "听",《金澤寫本》 참조 수정. 그러나 "說聽"의 "聽"자여야 한다.[역자 주]

540 底本에는 "猶翹心"의 3자가 유실,《金澤寫本》 참조 보충.

541 底本에는 "子",《金澤寫本》 참조 수정.

542 底本에는 유실,《金澤寫本》 참조 보충.

543 底本에는 유실, 교감 주 및《金澤寫本》 참조 보충.

544 底本에는 유실,《金澤寫本》 참조 보충.

異說則該異類之世界, 部類難量. 主伴者, 重重齊唱, 眷屬者, 處處別談. 圓滿者, 或擧一而全收, 無障無礙, 或以多而互攝, 超言超思. 世親·龍樹釋經, 備在於西乾, 靈辨·謙之造論, 盛[545]行於東夏. 八傳譯感通者, 先譯傳乎有緒, 使習學者無疑, 後感應乎垂積, 令見聞而仰信. 雖歷代而唯二譯, 幷補闕而唯四經, 各奉綸言, 編入寶藏. 或翻譯而或書寫, 瑞應彌多, 或讀誦而或講傳, 禎祥難錄.

〈제3장, 장문을 열어 문장을 해설함(開章釋文)〉은 처음에는 장문을 표방하여 열거하였으니 모든 창고를 활짝 연 것과 같고, 뒤에는 차례로 개별적인 해설을 하였으니 이름난 보배를 반포하여 준 것과 비슷하다. 그림을 베끼고 채색으로 메우는 것에 전후가 항상 본받는 것과 같고, 주조하여 발명하는 것에 고금이 항상 규범인 것과 같다. 문장은 10단락[546]으로 나뉘었지만 지지地支는 8문八門에서 다했고, 뜻은 만 갈래로 나열되었지만 일간日干은 하나의 회해會海에 모두 다 거둬진다.

〈제1, (《화엄경》의) 가르침이 일어난 인연(敎起因緣)〉은 수미산을 움직여 점점 옆으로 가는 것이니 실제로 작은 인연이 아니고, 거대한 바다를 격동하여 뒤집혀 요동치게 하는 것이니 정말로 큰일이다. 덕산德山을 드러내고 지해智海를 뛰어넘었으니 이치가 한갓 그런 것이 아니고, 성품에 걸맞은 것(稱性)을 말하여 통방에 널리 퍼졌으니 말씀이 헛되게 나온 것이 없다. 일어난 대상(所起)은 수승함과 하열함이 없더라도 일어남 주체(能起)는 자체적으로 친인親因과 소연疎緣이 있다. 겸함과 바로 함에 따

545 《金澤寫本》에는 "感"으로 되어 있다.

546 10단락은 본문의 ①~⑧과 같고 ⑨總釋名題, ⑩別解文義이다.

르면 각각 달라지고, 원인과 연기로 분리하면 아주 차이 난다.

처음에 원인(因)의 열 가지 뜻은, '응당 법이 으레'라는 훌륭한 관법觀法은 시간과 처소를 다했으며, '숙인宿因을 받음'이라는 묘한 작용은 변만하고 항상 있으며, '근기가 감득한 데에 수순함'은 한 가을에 달그림자가 연못 가운데에 내려와 찍히는 것이고, '교의 근본이 됨'은 이른 아침에 해가 먼저 산 정상을 비추는 것이며, '과덕을 드러냄'은 의보依報와 정보正報가 뒤섞여 원융하고 상즉·상입이 무애하다. '지위를 드러냄'은 원만한 수행은 자재하고 생각을 초월하여 생각하기 어렵다. '수승한 행을 설함'은 단박에 성취됨과 변만하게 성취됨으로 나눈 것이 천지가 개벽하는 듯하고, '진법眞法을 보여줌'은 이법계와 사법계를 융합하였으니 음양이 서로 섞여진 듯하다. '인성因性을 열어줌'은 옷 속의 명주를 보여주어 술 취한 객을 꾸짖고, 옷 속에서 경권을 꺼내어 중생을 이롭게 한다. '지금과 후세를 이롭게 함'은 혹은 지금을 이롭게 하고 혹은 후세를 이롭게 하니 그 수승한 이익을 생각하기 어렵고, 혹은 볼 수 있고 혹은 들을 수 있으니 그 특수한 공덕을 헤아리지 못한다. 찰나지간에 견고한 종자를 이루니 모습이 금강과 같고, 일념지간에 불가에 태어나니 형상이 왕자와 같다.

뒤의 연기(緣) (열 가지 뜻)은 '시간에 의지함(依時)'은 시간적으로 염겁을 다하여 처음과 끝, 더딤과 빠름이 서로 융합한다. '처소에 의지함(依處)'은 공간적으로 찰진에 변만하고 염오와 청정, 통함과 국한이 서로 어우러져 통한다. '교주에 의지함(依主)'은 응신에 의지하고, 정식을 초월하여 '선정에 의지(依三昧)'하였으니 적정과 산란을 어찌 헤아리겠는가? '현상(에 의지함)(依現相)'은 상서로운 응현이 갖가지이고, '설법하는 자(에 의지함)(依說者)'은 현성들이 중중하다. '청법하는 사람(에 의지함)(依聽者)'은 해당 근기의 중회衆會는 제외하고, '덕의 근본(에 의지함)(依德本)'은 교화하는 교주의 옛 인을 가려낸 것이다. '청한 자에 의지함(依請者)'은 이내 말로 청함(言請)과 생각으로 청함(念請)의 두 갈래가 있고, '가피에 의지함(依加者)'은 이내 그윽한 가피(冥加)와 드러난 가피(顯加)의 두 차이를 갖추고 있다. 여러 뜻을 이끌어 냈지만 하나의 과科로 거둬져 돌아가니, 다함께 이 '가르침이 일어난 인연'이 되고 모두 다 경을 설한 까닭을 가려낸 것이다.

〈제2, 장藏과 교敎와 섭수되는 대상(藏敎所攝)〉은 혹은 (《화엄경》은) 장藏과 교敎에 각각 거둬지니 겸함과 바로 함이 다르고, 혹은 피차에 다시 거둬지니 전부와 부분의 차이가 있다. '첫째, 장섭藏攝'은 '이장二藏'은 반자교와 만자교에 따라서 상승上乘과 하승下乘으로 구분되며, '삼장三藏'은 관대함과 협소함의 뜻에 의거하면 부분과 전부를 갖추고 있다. 장藏으로《화엄경》을 거두면 거둬지고 거둬지지 않음이 있지만,《화엄경》으로 장藏을 거두면 거둬지고 거둬지지 않음이 없다. 뒤의 '교섭敎攝'은 혹은 중국과 인도가 모두 같이 '통괄적으로 12분교로 나누고', 혹은 고금이 각각 달라서 하나와 여럿으로 변별한다. '대의로 떼어놓거나 합치는 것'은 떼어놓으면 깊고 얕음이 아주 다르니 초목을 따르면 천차만별이고, 합쳐놓으면 대승과 소승이 같아지니 천우天雨에 근본하면 일미이다.

'둘째, 고금의 어긋남과 수순함(違順)'은 동토(중국)와 서토(인도)의 현사들이 각각 교망敎網을 펼치고, 성종과 상종의 뛰어난 영걸들이 서로 현관玄關을 열었다. '각애覺愛'의 경우는 '부처님 말씀이 다름을 갖추고 있다'고 하였으니 훌륭한 입에 아름다운 노래와 같고, '동수童壽'의 경우는

'차이점은 자체적으로 근기에 달려 있다'고 하였으니 물의 모양이 그릇에 달려 있는 것과 같다. '담무참'과 '수나라 연延법사'와 '당나라 인印법사'와 '유규劉虯' 4인은 다같이 '2교'를 세웠고,[547] 남쪽의 여러 사들 가운데 '광통율사'와 '길장삼장' 두 분은 똑같이 '3문'을 건립했다.[548] 광택의 '4승'은 권·실로 분석하였고,[549] 천태의 '4교'는 또다시 편·원으로 구별했다.[550] 원효와 혜원 공은 또한 '사류四類'로 분리했고,[551] 파파와 현수는 다시 '5종'을 세웠다.[552] 계현은 유종, 공종, 중도종으로 나눠 '요의了義 삼승'을 드러내었고, 지광은 실實·가假와 진공으로 분리하였으니 종극에는 '일성'이다. 요의와 불요의를 회통하는 데에 총체적으로 2문을 갖추고 있고, 성종을 상종과 변별하는 데에 별도로 열 가지 뜻이 있다.

셋째, '교敎를 세우고 종宗을 분리함'은 '오교'로 교를 분리한 것은 단

---

547 ⑴曇無讖: ①半字教(聲聞藏) ②滿字教(菩薩藏) ⑶延법사: ①漸教(大由小起) ②頓教(直往於大, 不由於小) ⑵印법사: ①屈曲教(以逐機性, 隨計破着.) ②平道教(以逐法性, 自在說故.) ⑷劉虯: ①頓教(謂《華嚴經》) ②漸教(餘皆名漸, 從小之大故.) ⑴은 化法式, ⑵⑶은 化儀式이 기준, ⑷는 化儀와 時를 기준 삼음.

548 ⑴光統: ①漸教 ②頓教 ③圓教, ⑵吉藏: ①根本法輪 ②枝末法輪 ③攝末歸本法輪(⑴⑵化儀를 기준 삼음.)

549 光宅: 권교삼승(성문, 연각, 보살승)과 실교대승(일불승)의 4승이다.

550 天台: ①三藏教(明因緣生滅四眞諦理), ②通教(3乘同稟故), ③別教(不共二乘人說故), ④圓教(圓以不偏爲義). 통교는 뜻으로 3藏을 융합, 별교는 하나의 법성에 의지하여 삼장을 드러내고, 원교는 셋과 일이 무애.

551 元曉: ①三乘別教, ②三乘通教,(三乘共學이므로 三乘教이며, 이 중 ①은 未明法空, ②는 說諸法空) ③一乘分教, ④一乘滿教.(不共二乘이므로 一乘教이며, 이 중 ③은 未顯普法, ④는 具明普法)
慧苑: ①米眞異執教(범부), ②眞一分半教(이승), ③眞一分滿教(초심보살), ④眞具分滿教(여래장을 아는 자). 眞의 二分은 隨緣과 不變의 두 뜻을 갖추면 具分, 生空法空의 雙辨二空을 滿教

552 波頗: ①四諦教(《阿含》等), ②無相教(諸《般若》), ③觀行教(《華嚴經》), ④安樂教(《涅槃經》), ⑤守護教(《大集經》).

멸함과 증득함이 다른 것을 말미암고, '십종'으로 종을 나열한 것은 얕음과 깊음의 차이로 인하여 가려진 것이다. '오교'라고 한 것은 단공單空을 깨달아 자리自利를 행하는 것은 사제四諦와 연생緣生이고(소승교), 자리를 닦아서 구공俱空을 증득한 것은 삼승과 오성이며(시교), 환유幻有와 수연隨緣에 한정하면 중생과 부처가 다른 점이 있고(종교), 체공體空과 불변不變에 근거하면 적정과 관조가 차별이 없다(돈교). 장애는 하나가 끊어지면 일체가 끊어지고, 인은 하나가 닦아지면 일체가 닦아지고, 과는 하나가 성취되면 일체가 성취되며, 이치는 하나가 증득되면 일체가 증득된다(원교). '십종'이라고 한 것은 뜻이 아래 문장에 있으니 번거롭게 미리 서술하지 않겠다.

넷째, '총상으로 회통함'은 처음에 '여러 교의 얕고 깊은 것으로 회통'하면 수연하여 만물에 이익준 것이고, 뒤에 '교화하는 의식이 전후인 것으로 회통'하면 성품에 맞춰서 미혹을 열어준 것이다.

〈제3, (《화엄경》의) 뜻과 이치의 분제(義理分齊)〉는 깊음과 광대함을 구족한 것은 일승이면서 무량승인 것을 밝힌 것이고, 전부 가려내고 전부 거둔 것은 동교同教이면서 별교別教를 띠는 것을 말한다. 사중四重 법계를 포함하면서도 사중의 차례가 뒤섞임이 없고 삼중 관문[553]을 거두면서도 삼광三光이 잡란하지 않다. 색·공을 4구로 회통하지만 근원을 갖춤이 없지 않고, 이·사의 십문[554]으로 나누었지만 동일한 연기이며, 십

553 三觀門은 ①眞空絶相觀, ②理事無礙觀, ③周徧含容觀이다.

554 所依體事의 무애함을 드러내는 理事十門은 ①理徧於事門, ②事徧於理門, ③依理成事門, ④事能顯理門, ⑤以理奪事門, ⑥事能隱理門, ⑦眞理卽事門, ⑧事法卽理門, ⑨眞理非事門, ⑩事法非理門이다.

종의 현문을 얘기하지만 총체와 개별로 차이가 있고[555] 십중의 소이(所以)를 내면서도 덕상과 업용이 다르다.[556] 이치를 다하면서도 성을 다했고, 과에 어우러져 통하면서도 인을 포괄한다. 말과 생각으로 연緣을 설명할 수 없다면 문서와 붓인들 어찌 기록하겠는가.

〈제4, 가르침의 대상인 근기(教所被機)〉는 '아닌 근기'를 가려낸 것은 억누르고 꺾어서 발심하게 한 것이고, '위하는 대상'을 드러낸 것은 포상하고 드날려서 듣고 받아들이게 한 것이다. 근기로 교를 상대한 것은 자력으로 헤아리면 감당하지 못함이 있고, 교로 근기를 상대한 것은 불심에 한정하면 입히지 않음이 없다. 그래서 달빛이 밝고 깨끗하지만 떨어진 그림자는 탁한 연못에서는 나타나지 않고, 햇볕이 빛나 노을 지더라도 유광流光은 탁한 물에서는 아득히 비추는 것이다. 전륜왕의 계주髻珠를 어찌 공이 없는 신하에게 하사하겠으며 절친한 벗의 옷 속 보배를 비밀스럽게 술에 취한 객에게 주겠는가. 가려내기도 하고 위하기도 한 것은 진실로 까닭이 있다.

〈제5, 교체의 얕고 깊음(教體淺深)〉은 능전能詮·소전所詮과 홑으로 쌍으로 차이 있는 것은 《구사론》과 《파사론》이고, 체·용의 출몰이 다른 것은 《해심밀경》과 《유식론》이다.[557] 혹은 소전을 통괄적으로 거두면 다시

555 十玄門의 제1문이 총체이고 나머지 아홉 문은 개별이다.

556 덕용의 10소인은 ①唯心所現, ②法無定性, ③緣起相由, ④法性融通, ⑤如幻夢, ⑥如影像, ⑦因無限, ⑧佛證窮, ⑨深定用, ⑩神通解脫등 故이다. 이 중 ③緣起相由에 또다시 '諸緣各異義' 등 10문의 뜻이 있고, 또 ④法性融通에 십현문과 동일한 10문의 뜻이 있는데 이를 표현한 것으로 보인다.

557 《大疏》 권제3(T35, 0517)에 간략하게 十教體를 밝혔는데, ①音聲言語體, ②名句文身體, ③通取四法體, ④通攝所詮體, ⑤諸法顯義體, ⑥攝境唯心體, ⑦會緣入實體, ⑧理事無礙體, ⑨事事無礙體, ⑩海印炳現體이다. ①②와 ③은 홑·쌍으로, 앞의 셋과 ④는 능전·소전으로

열 가지 뜻을 겸하고, 혹은 능현能顯을 모두 다 거두면 육진六塵을 구족한다. 만일 '본질과 영상이 상대'하는 경우는 (대승의) 실교實教와 권교權教가 있고, '설법과 청법을 전부 거두는' 경우는 별교이기도 동교이기도 하다.[558] '연을 모아 실제에 들어가는 교체'는 말엽을 거두기도 하고 진여를 드러내기도 하며, '이理·사事가 무애한 3문'은 서로 거두거나 서로 즉하며, '사事·사事가 무애한 원음圓音'은 십현문을 갖추고 있다. '해인선나의 교체'는 모두다 삼매로 돌아간다. 얕음과 깊음을 일렬로 나열하면 뒤의 두 가지는 《화엄경》의 종지이고, 수미를 원융하면 앞의 여덟이 교체 아닌 것이 없다.

〈제6, 종취의 통함과 국한(宗趣通局)〉은 '종'은 으뜸으로 숭상하는 것을 말하니 마음을 높이 하여 주인을 시봉하는 것과 같고, '취'는 의지를 말하니 녹봉을 구하여 부모를 섬기는 것과 같다. '통함'은 다른 교에 총체적으로 공통하는 것이니 성종과 상종의 사들이 대부분 같고, '국한'은 이 《화엄경》에만 특별히 국한되는 것이니 고금에 설한 것이 전혀 다르다. 여러 사들의 각별함을 완미해 보면 기세가 별이 나눠진 것과 같고, 우리 소주疏主의 고원함을 우러러 보면 모습이 꽉 찬 달과 같다. 한 제목에 의거하여 4구절을 분리하면 지극히 묘하고 지극히 깊다. 한 구절에 따라 10문으로 열면 생각하기도 어렵고 논의하기도 어렵다.

〈제7, 부류와 품과 회(部類品會)〉는 '부'는 부질을 말하니 약본이거나 원만본이며, '류類'는 지류이니 서로 비슷하거나 갈라져 흐른 것이다. '품'은

---

차이 난다.

558 教體의 ⑥攝境唯心體를 "本影相對"와 "說聽全收"로 설명한 문이다.

편목이 다른 것이고, '회'는 법연法筵이 또한 다른 것이다. 80권《화엄경》의 지극한 말씀은 실차난타가 번역하였고, 십만 게송의 묘한 설법은 용수보살이 유전시켰다. 중본과 상본의 두 본은 남염부제의 사람들이 받을 것이 아니어서 용궁에 감춰져 있고, 보안普眼의 한 경전은 오직 총지보살만이 알 수 있어서 공연히 해묵海墨을 다하였다. 똑같이 설한 것은 동류의 찰토에 변만하니 결집할 수 없고, 달리 설한 것은 이류의 세계를 포괄하니 부류를 헤아리기 어렵다. 주체와 반려는 거듭거듭 제창하고 권속들은 곳곳마다 개별적으로 말씀한다. 원만본은 하나를 들면 전부 거둬지니 무장무애하고, 혹은 여럿을 써서 서로 거두니 언사를 초월한다. 세친과 용수가 경전을 해설한 것은[559] 인도(서건)에 구비돼 있고, 영변靈辨과 겸지謙之가 논을 지은 것은[560] 중국(동하)에서 성행했다.

〈제8, 전하고 번역하는 데에 감응이 통함(傳譯感通)〉은 먼저 번역하여 전해진 것이라는 단서를 둔 것은 배우고 익히는 자들이 의심이 없도록 한 것이고, 뒤에 감득한 데 응현하여 자취를 드리운 것은 보고 듣는 자들이 우러러 믿게 한 것이다. 시대를 경과했어도 오직 두 가지 번역(晉譯, 唐譯)뿐이고, 아울러 빠진 것을 보충한 것은 오직 네 경전뿐이다. 각각 윤언綸言을 들어 보물 장藏에 편입시켰다. 번역하고 서사한 일은 상서로

559 《大疏》 권제3에, "龍樹가《大不思議論》을 지었는데 또한 10만 게송이 서역에 구비되어 전해지는데, 중국에《十住毘婆沙論》16권이 곧 이것이니, 10지地중에 앞의 2지를 해석한 것이다. 世親은《十地論》을 지었으니〈十地品〉을 해설한 것"이라고 한 것을 선연이 이렇게 요약한 것이다.

560 《演義鈔》(T36, 0114)에서《大疏》의 '志徹淸凉感通玄悟者'라는 문구로 영변과 겸지의 공통점을 묶어 설명한 것을 이렇게 해설한 것인데,《華嚴經感應傳》(惠英撰集; T51, 173)에는 영변이《華嚴論》100권(X208, 권제10의 한권만 수록)을 지은 것과 겸지가 600권을 짓게 된 과정이 자세히 전한다.

운 감응이 두루 많았고, 독송하고 강연하여 전수하는 그 길상한 일을 다 기록하기 어렵다.

## 선연 찬술,
## 〈저술 동기〉와 〈회향 게송〉

[088c21] 鮮演首習《唯識》三能變, 叵究其源, 次覽華嚴十所因, 罔窮其邃. 且揮麈傳灯, 膚受空慚於孟浪, 操觚翰牘, 散材[561]實而心[562]於[563]文. 然承諸徒而勸請, (偶因前夏, 續啓法筵, 洎至初秋. 列狀扣請, 其詞曰, "切以滿規等, 五百學流, 宿慕圓宗, 時被了[564]義, 理·事之異同莫辨, 生·佛之卽離難分, 昧因·果而感酬, 迷染·淨而斷證. 擬請於玄談上下之內, 據義門隱闕之間, 略集記文, 永爲義釋.") 勞謙靡遑. 憑衆聖而潛加, 强陳鄙作, 儻片言而合理, 唯願鉤深. 或大義而違賢, 眞更希攎而已矣. 〈迴向偈〉曰: 已得冥加力, 集成決擇文, 遍熏含識類, 普入解脫門.

내가(선연) 맨 먼저 《유식》의 3능변三能變을 배우면서 그 근원을 파악하지 못했고, 다음으로 《화엄》의 10소인十所因을 열람하다가 그 심오함을 다하지 못했는데, 우선 미진함을 휘둘러 전등하려하니 맹랑함에 괜스레 부끄러움이 피부에 와 닿는다. 금계문서(翰牘)[565]를 쥐고 있으니 재주의 실체를 문장 한가운데에 풀어놓겠다.

---

561 底本에는 "村",《金澤寫本》참조 수정.

562 底本에는 "惡",《金澤寫本》참조 "而心"으로 수정.

563 底本에는 "於□",《金澤寫本》참조 "於"로 수정.

564 底本에는 유실,《金澤寫本》참조 보충.

565 안부, 소식, 용무 등을 적어 주고받는 글이다. ①《文選》·任昉〈王文憲集序〉: "求之載籍, 翰牘所未紀; 訊之遺老, 耳目所未接. ②李周翰 注: "翰, 筆也. 牘, 版, 所以書記事也. ③淸 錢泳《履園叢話·書學·趙松雪》: "吾儕旣要學書, 碑版翰牘, 須得兼備. 碑版之書其用少, 翰牘之書其用多([漢語詞典])

여러 문도들이 권청하는 것을 받아들였으니 (지난여름부터 계속해서 법석을 열어 초가을에 이르게 되자, 편지를 주면서 고구정녕하게 청하기를 "간절하게 만규滿規 등 오백 명의 학류들이 숙세에 원종圓宗을 사모하여 이제 '요의了義'(의 가르침)을 받게 되었으나, 이理·사事의 동일과 차이를 구별할 수 없고, 중생과 부처의 즉함과 여읨을 분간하기 어려우며, 인행과 과덕의 감득과 응수에 어둡고, 염오와 청정의 단멸과 증득에 미혹합니다. 〈현담〉의 상·하권 내에서 의문義門의 가려지고 멀어진 틈에 근거하여 간략하게 기문記文을 집성해서 길이 뜻풀이가 되기를 청합니다") 수고롭게 겸손할 겨를도 없다.

여러 성현들로부터 은근한 가피에 기대어 억지로 졸작을 진술하였으니 혹시라도 한마디 말이 이치에 합하여 연결고리가 깊어지길 바랄 뿐이다. 혹 대의가 현성에 어긋나면 참으로 다시 흔들어버리기를 희망한다. 회향하며 게송을 읊는다.

그윽한 가피를 얻어서
《결택기》의 글을 집성하였으니
함식(중생)들이 변만하게 훈습하여
널리 해탈문에 들지이다

《大方廣佛華嚴經談玄決擇》卷第六

《대방광불화엄경담현결택기》권제6

[부록]

卷六[75c13~c21]

非謂但用'相入也. ○言攝他'他雖存而不可見故有隱顯門者, 問: 佛見不? 若云不見, 佛非遍知. 若云見者, 應非是隱. 若許非隱, 應闕隱顯一種玄門也. 若'許闕者, 佛證窮'門應非通與十玄作所以也. 答: 有二義; 佛雖不見而'但了知, 卽無前難.' 良恐不爾, 豈可佛智但是遍知, 見無遍見耶? 又解, 今就因'位, 有見不見, 成隱'顯門. 佛皆遍見, 彼不見. 不見攝所歸能, 佛具隱顯. 又'解, 言不見者, 正就隱'門, 不見彼顯. 非謂彼隱亦皆不見, 故成遍知. 若爾, 不見彼顯, 還非遍知. '通'云, 良以彼法

卷六[082c14~c20]

第十六心, 證不還果. 證果已後, 必不還生欲'界中故. 言阿羅漢者, 依次不還進斷, 八地七十二品俱生障盡. 七十二品無間之道, 七十一品解脫之道, 咸名爲向, 第七十二一解脫道, 方名爲果. 復有具縛, 預流果人超中二果, 直證第四. 通將九地八十一品, 品品相梯, 合爲九類. 九種無間, 前八解脫, 咸名爲向, 第九解脫, 超證此果. 上之所明, 唯是八輩, 依彼具談有二十七. 今承文便, 故略區別. 八名已釋. 餘十九者, 依此義開; 一解, 二見至, 但就見道, 前三果向利鈍分二. 三七生, 四家家, 已證初果, 九品惑在, 可潤七生. 若斷四三, 容受三二生. 故得名家家. 五一間者, 已證二果, 進斷七八, 容受小生, 故名一間. 六身證, 已證不還. 復得滅定, 轉

名身證. 七中般, 八生般, 九有行般, 十無行般, 十一上流般, 不'還聖人, 色界中有, 起智斷惑, '證得涅槃, 故名中般. 色界生有, 及初本'有, 證得涅槃, 得名生般. 色界'經久加行懃修, 證得涅槃, 名有行'般. 由串習力, 不假加行, 證得涅槃, 名無行'般. 從彼梵衆轉生餘天,' 或超或次, 或半或全. 至色究竟, 證得涅槃, 名'上流般. 十二退法, 退失'禪定, 現法樂住

# 《결택기》의 주요 인용 문헌

## 1. 경전류

- 東晉 佛馱跋陀羅 譯,《大方廣佛華嚴經》(T0278)
- 支謙 譯,《維摩詰所說經》(T0474)9권
- ______,《大方廣如來秘密藏經》(T0821)卷下
- 鳩摩羅什 譯,《妙法蓮華經》(T09)
- 地婆訶羅 譯,《大乘密嚴經》〈阿賴耶微密品〉 제8(T0681)
- 僧伽婆羅 譯,《佛說大乘十法經》(T0314)
- 實叉難陀 譯,《大乘入楞伽經》 권제5, 제6(T0671)
- 眞諦 譯,《無上依經》 제1권(T0669)
- 求那跋陀羅 譯,《勝鬘師子吼一乘大方便方廣經》(T0353)
- 鳩摩羅什 譯,《小品般若波羅蜜經》(T0227)卷第7〈深功德品〉 第17
- 曇無讖 譯,《大般涅槃經》(T0374)卷第二〈壽命品〉 第一之二
- 般若三藏 譯,《大乘本生心地觀經》 卷第二〈報恩品〉(T0159, 0300)
- 月婆首那 譯,《勝天王般若波羅蜜經》(T0231)
- 維祇難等 譯,《法句經》(T0210)
- 彌伽釋迦 譯,《首楞嚴經》(T0945)卷第四, 卷第六
- 元魏 曇摩流支 譯,《如來莊嚴智慧光明入一切佛境界經》 卷下(T0357)
- 姚秦 竺佛念 譯,《菩薩瓔珞本業經》(T1845)
- 失譯人名,《佛說菩薩本行經》(T0155)
- 東晉 佛陀跋陀羅 譯,《文殊師利發願經》(T0296)

- 菩提流支 譯,《佛說文殊師利巡行經》(T470)1권
- 鳩摩羅什 譯,《仁王般若波羅蜜護國經》(T0245)第3


## 2. 논서류


- 龍樹菩薩 造 鳩摩羅什 譯,《大智度論》 권2, 권제6(T1509)
- 馬鳴菩薩 造, 眞諦 譯,《大乘起信論》(T1666)
- 無著 造 波羅頗蜜多羅 譯,《大乘莊嚴經論》(T1604)
- 彌勒菩薩說 玄奘 奉譯,《瑜伽師地論》(T1579) 49·50권
- 天親菩薩 造 菩提流支 譯,《十地經論》〈論初歡喜地卷之二〉(T1522)
- 菩提流支 譯,《彌勒菩薩所問經論》(T1525)
- 訶梨跋摩 造, 鳩摩羅什 譯,《成實論》(T1646)
- 龍樹 造, 筏提摩多 奉譯,《釋摩訶衍論》(T1668)권제2, 권제3
- 天親 造 眞諦 譯,《佛性論》(T1610)권제3
- 無著 造 玄奘 譯,《攝大乘論本》(T1594),권제10
- 眞諦 譯,《攝大乘論》(T31)
- 世親 造, 玄奘 譯,《阿毘達磨俱舍論》(T1558)권제1, 卷第11,
- 婆藪盤豆 造, 眞諦 譯,《阿毘達磨俱舍釋論》(T1559)
- 護法等 造 玄奘 譯,《成唯識論》(T31)권제1, 권9
- 無著 造 玄奘 譯,《顯揚聖教論》 권제2(T1602)
- 無著 造 玄奘 譯,《大乘阿毘達磨集論》(T1605)
- 僧肇 著,《肇論》(T45)
- 僧肇 著,《寶藏論》(T1857)
- 法琳 撰,《辨正論》(T2110)
- ______,《破邪論》(T2109)


## 3. 장소류


- 慧遠 述,《涅槃義記》(T1764, 0828)권제8
- 智儼 集,《孔目章》(T1870, 0582)권제4
- 法藏 撰,《華嚴一乘教義分齊章》(T1866)
- ______,《探玄記》(T1733)卷6

- ______, 《起信論義記》(T1846, 0280)卷下本
- ______, 《華嚴經旨歸》(T1872)
- 澄觀 撰, 《華嚴經行願品疏》(X0227)
- 天親 造, 玄奘 譯, 窺基 註解, 《大乘百法明門論解》(T1836)卷上
- 規基 撰, 《大乘法苑義林章》(T45)
- ______, 《唯識論述記》(T1830)
- ______, 《成唯識論掌中樞要》(T1831)
- ______, 《妙法蓮華經玄贊》(T34)권제1
- ______, 《瑜伽師地論略纂》(T1829)권제1
- ______, 《因明入正理論疏》(T1840)
- ______, 《觀彌勒菩薩上兜率天經題序》(T1772)
- 慧苑 述, 《續華嚴略疏刊定記》(X0221)
- 唐 圓暉 述, 《俱舍論頌疏論本》 第一(T1823, 0813)
- 唐 道液 撰集, 《淨名經關中釋抄》(T2778)
- 宗密 述, 《禪源諸詮集都序》(T48) 卷下之一
- ______, 《師資承襲圖》(X1225)
- ______, 《圓覺經大疏釋義鈔》(X0245) 卷第三
- 聖法, 《鈔釋摩訶衍論記》一卷(X0770)
- 唐 曇曠 撰, 《大乘百法明門論開宗義記》(T2810, 1057)
- 子璿 述, 《起信論疏筆削記》 卷第17(T1848, 0391)
- 湛睿 撰, 《華嚴演義鈔纂釋》(T57, 0168)
- 明 通潤 述, 《楞嚴經合轍》 권제1(X0289)
- ______, 《華嚴原人論發微錄》(X58n1031, 0728)
- 普瑞 述, 《華嚴懸談會玄記》(X0236)
- 觀復 述, 《遺教經論記》(X0846) 권제3
- 晉 干寶, 《搜神記》 卷二十
- 道宣 撰, 《曇無德部四部律删補隨機羯磨》 권제1(T1808)


## 4. 기타류


- 玄覺, 《永嘉集》

- 永明延壽 集,《宗鏡錄》(T2016)
- 慧達 造,《肇論序》(T45)
- 玄奘 譯, 辯機 撰,《大唐西域記》(T2087)
- 志磐 撰,《佛祖統紀》(T2035)
- 唐 道宣,《律相感通傳》(T1898)

## 5. 외전류

- 《尙書》 권2
- 《周易》
- 《周易參同契》
- 《春秋》
- 《文子》〈道德篇〉
- 司馬相如, 〈자허부〉
- 李學勤 主編,《爾雅注疏》
- 《列子》〈說符篇〉
- 《藝文志》
- 상수·곽상 주해,《莊子注》

## 6. 참고 논문

- 구미숙, 〈王弼의 得意忘象에 관한 연구〉,《대동철학》 42, 2008.

지은이 | 보인지현寶印智玄

지현 스님은 1968년 12월에 경기도 파주에서 태어났다. 1992년 2월 이화여자대학교 사학과를 졸업한 후, 수년간 대흥사 진불암, 지리산 칠불사, 가야산 해인사 등지에서 백일기도 정진을 통해 출가수행의 기틀을 다졌다. 1998년 민족문화추진회의 연수과정(3년)에 입학하여 성백효 선생님 등을 모시고 사서삼경과 제자백가의 여러 문헌들을 연찬하였고, 《맹자》의 〈곡속장觳觫章〉을 삼천 번 독송함으로써 문리를 터득했으며, 한문번역능력 1급자격증을 취득했다. 2001년 지리산 쌍계사 원통암에서 보현 스님을 은사로 출가 득도하여 2002년 4월 직지사에서 녹원 스님을 계사로 사미니계를 수지하였다. 오대산 적멸보궁과 남해 보리암에서 49일기도와 백일기도를, 운문사승가대학 시절엔 경전 강독과 함께 오백전 백일기도를 봉행하는 등 정진을 하였다. 2007년 직지사에서 성수 스님을 계사로 비구니계를 구족했다. 이후 2008년부터 2년간 교종본찰인 봉선사 능엄승가대학원에서 《화엄현담회현기》 40권을 완독하였으며, 2010년 11월부터 위봉사 위봉선원, 동화사 부도암, 월정사 지장암 등 제방선원에서 5안거를 성만하였다. 2012년에 정덕定德 법계 품서를 받았다. 2017년 8월에 동국대학교 일반대학원 한국불교융합학과 불전한문번역 전공으로 《화엄경담현결택기》 6권의 연구·역주를 통해 박사학위를 취득하였다. 이후 2019년 6월 한국연구재단의 박사후과정 연구원(2년)으로 선정되었으며, 동국대 일반대학원과 조계사불교대학원에서 징관의 《화엄경현담》과 선연의 《결택기》와 보서의 《회현기》를 위주로 한 화엄 강의를 꾸준히 진행해왔다. 전 동국역경원장 월운 큰스님의 전강제자로서 교종본찰의 강맥을 잇고 있다. 역서로는 연담유일의 《절요과목병입사기》 1권(출간예정) 등이 있으며, 현재 대한불교조계종 교육아사리로서 연구매진하고 있다.